インド・パキスタン分離独立と難民

移動と再定住の民族誌

中谷哲弥

明石書店

まえがき

　本書は、1947年に英領インドからインドとパキスタンの2つの国家が同時に独立したこと、すなわち、分離独立によって発生した難民（避難民）の問題を扱っている。分離独立に伴いヒンドゥー教徒やシク教徒はインドへ、イスラーム教徒はパキスタンへと、大量の難民移動が生じた。難民発生には大きな歴史過程が関わり、人々の移動の過程や再定住後の歩みは多様で複雑であることから、本書の内容を端的に示すことは容易ではない。

　そこで、本書の全体像をイメージしてもらうために、ここでは分離独立難民（partition refugees）と筆者との出会いから書き起こしておきたい。本書はフィールド調査に基づく成果である。そうであるならば、調査対象との出会いを示すことは本書を読み進めてもらうために、わずかながらも導きの糸を提供することにつながるであろう。

　分離独立難民との出会いは、大学院の修士課程在籍中に、第6章で取り上げるナム・キルトンというヒンドゥー教のクリシュナ神への賛歌を演奏する人々との偶然の遭遇をきっかけとする。ある時、コルカタの町中を歩いていると、歩道と車道を大きく塞ぐようにして何かの会場らしきものが仮設されて人だかりがしており、拡声器から大きな音で音楽が流れていた。なかを覗くと、鉦や太鼓にハルモニウム（手風琴）、バイオリンなどの伴奏を伴いながら歌い手の2、3人が、「ハレ　クリシュナ　ハレ　クリシュナ……」と、クリシュナ神の名前を情感豊かに繰り返し歌唱していた。当時、ヒンドゥー教に関連することで修士論文をまとめようと考えていた筆者は、この人々に興味を抱き、話を聞いてみることにした。すると、彼らは10人ほどでグループを組んで西ベンガル州を中心に各地を巡業していることが分かり、彼らの巡業地を聞いて、後を追っていくことにした。

　彼らの巡業地は西ベンガル州内がほとんどなのだが、数日ごとに巡業地を渡り歩く彼らの後を訪ねて行くのは、当初は少々骨が折れた。とはいえ、地名とそこへ辿り着く列車やバスの乗り継ぎ方法を聞き出して各地を訪ねるのだが、彼らの指示はたいてい適確で、言われた通りに乗り継いで行けば、いつもほぼ問題なく辿り着けた。あるグループと懇意になってからは、訪ねた先での寝食も問題はなかった。行事は24時間昼夜を問わず連続して数日間続くために、巡業地には同じようなグループがいくつも同宿していて、交代しながら演奏を担当していた。

よって、行事を通じてさらに多数の人々と知り合うことができた。ナム・キルトンは各地で年中行事として開催されていて、彼らは行事の主催者により雇われる演奏家達だった。はじめは、グループは兄弟や親族などの関係によって構成されているのかと思ったがそうではなく、彼らは各人が契約に基づきグループの親方に雇われるプロの集団であった。

　当初は分かっていなかった、もうひとつのことがあった。それは、彼ら演奏家も行事の主催者も、皆もともとは東ベンガル（東パキスタン）の出身者であったことである。この行事は近隣住民がお金を出しあって開催する地域イベントであったが、主催者も行事の聴衆も、みな東ベンガル出身者なのである。ある演奏家は、「ナム（神の御名）が唱せられる所にはクリシュナ神が遍在される」というお決まりのフレーズをもじって、「ナム・キルトンがおこなわれる所、そこには必ず東ベンガルの人々が遍在する」と言っていたが、このタイプのナム・キルトンに関する限り、その言葉の通り、彼らの巡業地は常に東ベンガルからの移住者達の居住地であった。コルカタのような大都市の一角であれ、周辺の地方都市や遠く離れた農村地帯であれ、彼らを追って訪ねて行くところ、すべて東ベンガルの人々ばかりであった。そして、演奏家の人たちも皆、東ベンガルの出身者やその子弟であり、彼ら自身の居住地も彼らの巡業地圏内に存在していた。

　都鄙を問わず、訪ねていく先々で東ベンガルの人々に遭遇することで、筆者は西ベンガル州における彼らの存在の大きさを実感することになった。その後、筆者の興味は、次第にナム・キルトンという宗教行事の枠を越え、行事を担っている人々そのものに移り、インド・パキスタンの分離独立と難民の問題へと関心は収斂していった[1]。

　1990年代初頭の当時は、現在よりもさらに先行研究は限られており、この問題の全体像の把握は容易ではなかった。筆者は、コルカタの国立図書館、インド統計研究所の図書館、NGOのライブラリーなどを訪ねて、州政府や中央政府が作成した分離独立難民に関するレポート類をできる限りかき集めた。その後、デリーでもネルー記念博物館・図書館やデリー大学の図書館、あるいは官庁発行の古い刊行物をストックしている古書店などもめぐって資料を集めた。

　また、Chakrabarti［1990］の著者であるプロフッロ・チョクロボティ氏（ご自身も東ベンガル出身）や、難民支援の実践に携わり、西ベンガル州政府の難民リハビリテーション委員会委員も務めていたオニル・シンホ氏（Sinha［1979; 1995］）を直接訪問して様々なことをご教示いただいた。お二人とも当時すでにかなりご高齢

---

1) 筆者の難民問題との関わりと西ベンガル州での調査については中谷［2000］を参照のこと。

であったが、分離独立難民の研究や支援活動に対する、いずれも劣らぬ真摯な姿勢に感銘を受けた。その後、西ベンガル州でのフィールド調査は、上述のナム・キルトンの演奏家の案内をきっかけとして、第2部で取り上げるB村でおこなうことができた。

　以上のように、分離独立難民と筆者との出会いは偶然によるものであったが、筆者にとって多くの時間と労力をかけるに値する研究対象となった。また、文献資料によっては明らかにできない対象、現地フィールドワークによってこそ捉えることができる対象であったことも、文化人類学を専攻していた者としては魅力に感じられた。

　本書では、第3部においてインドの首都デリーにおける東パキスタン難民の事例も扱っている。西ベンガル州以外への東パキスタン難民の流入については、アッサム州やトリプラ州、あるいは遠くマディヤ・プラデーシュ州など、西ベンガル州以外にも多数流入していたことは先行研究から学んでいたが、デリーにもまとまった数の人々が存在することまでは長らく把握できていなかった。

　しかし、勤務校（奈良県立大学）より、2001年11月から2002年8月まで在外研究の機会を得て、デリー大学のDelhi School of Economicsで客員研究員として過ごす機会を得られたことによって、デリーにおける東パキスタン難民との出会いが可能となった。今となっては明確には思い出せないが、デリーにチットロンジョン・パークという住宅地、すなわち、かつて「東パキスタン避難民コロニー」と呼ばれていた東パキスタン難民集住地があることは、デリーに到着して早々にデリーに居住する知人のベンガル人から初めて聞いたように思う。

　その後、デリー大学の教員に尋ねてみると、あそこは東ベンガルの人々が政府から土地を得て居住しており、今では高級住宅街となっているとのことであった。また、調査ごとにはあまり協力的ではないかも知れないが、なかにはアカデミックな事柄に理解がある人もいるだろうとのことだった。

　ともあれ、デリー到着早々に現地を訪ねてみたが、実際にはじめてチットロンジョン・パークを訪れた際には、衝撃に近い驚きを覚えた。近代的で無味乾燥な都市イメージしかなかったデリーにおいて忽然と現れたベンガルの世界は、コルカタや西ベンガル州の農村の生活に慣れ親しんでいた筆者にとって、まさに衝撃的であった。聳え立つベンガル様式のヒンドゥー教寺院に加えて、ベンガル人が好む野菜や魚を扱う生鮮市場、ベンガルの儀礼用品店、ベンガル語のCD・DVD販売店、ベンガル料理の食堂などが軒を連ねるマーケットの様子に、ここはコルカタかと目を見張った。

驚きと同時に、ベンガル語やベンガル地域の文化に関する知識や経験があればこそ、はじめて調査が可能となる対象ではないかとの印象も抱いた。何がベンガル的で何がそうではないのかの判別が付かなければ、現地で展開される宗教・文化行事の特徴や意義、ベンガル語の維持が課題となっていることなども、十分には理解できなかったであろう。東パキスタン難民に関する筆者の関心は、難民としての移動の経緯のみならず、再定住後の生活空間や地域社会の構築の在り方にあったために、色濃くベンガル文化が反映されているチットロンジョン・パークは格好の調査対象と感じられた。

　こうした経緯によって、筆者はチットロンジョン・パークでの調査を開始した。ただし、デリーの住民は西ベンガル州農村の開放的でおおらかな人々とは異なる面もあった。デリー大学の教員が懸念していたような、協力的ではないということではなかったが、例えば、個人情報に関して、農村部の人々よりも遙かにプライバシー意識が高いなど、デリーではより注意深く人々と関わる必要があった。また、農村は完全にベンガル語のみの世界であったが、デリーでは学校教育や仕事上で英語が重要であるために、はじめはベンガル語でインタビューを始めるのだが、話が込み入ってくると、いつの間にか英語に切り替わってしまうなどの場面もあった。

　以上のように、同じ東パキスタン難民を扱いながらも、西ベンガル州の農村の事例とデリーの事例とでは、調査対象とした経緯も現地の様々な状況や条件も大きく異なっていた。従って、本書は必ずしも2つの事例を直接的に比較研究することを目的とはしていないことをあらかじめ断っておきたい。

　分離独立難民の研究における、それぞれの事例の位置づけと意義については、各部において論じている。また、序論において全体に通底する大きな問題意識を示しつつ、第2部の西ベンガル州の事例と第3部のデリーの事例のそれぞれにおいて、章ごとに別途、個別の問題意識や問いを提示しながら議論を進めている。

インド・パキスタン分離独立と難民
―移動と再定住の民族誌

目　次

まえがき　*3*

現地語表記について　*13*

図表一覧　*14*

序　論 ……………………………………………………………………… *17*

1. 概　要／ *17*
2. 問題の所在——分離研究（partition studies）と難民研究／ *20*
3. 分離独立難民に関する先行研究／ *25*
4. 難民の定義／ *34*
5. 調査について／ *37*
6. 本書の構成／ *38*

第1部：インド・パキスタン分離独立と難民問題

第1章　分離独立とヒンドゥー・ムスリム関係 ……………………… *43*

第1節　ヒンドゥー・ムスリム関係／ *43*
第2節　分離独立への政治過程／ *47*
第3節　国境画定問題／ *57*

第2章　分離独立による難民の発生と政策 …………………………… *63*

第1節　南アジアにおける難民問題／ *63*
　（1）植民地主義の終焉に伴う難民／ *64*
　（2）独立後の国民形成に伴う難民／ *64*
　（3）地域外からの難民流入／ *65*
第2節　分離独立による難民の発生と難民移動／ *66*
　（1）東パキスタンからの難民流入状況／ *66*
　（2）難民統計と分布／ *69*
第3節　難民政策／ *72*
　（1）パンジャーブとベンガルにおける難民への政府対応の相違／ *72*
　（2）西ベンガル州におけるレリーフとリハビリテーション／ *76*
　　1）難民認定／ *78*
　　2）レリーフとリハビリテーション／ *79*
　　3）難民コロニー開発／ *81*
　　4）その他の支援／ *82*

第2部：農村部での再定住——西ベンガル州のボーダー・エリア

第3章　西ベンガル州・ノディア県における難民の移動と再定住……………… 87

第1節　調査地の概要 / 88
　（1）西ベンガル州・ノディア県と調査村　88
　（2）調査村の産業 / 89
　（3）行政区分と公共インフラ等 / 91
　（4）人口の変化と特徴 / 92
　（5）独立時の調査村の状況 / 95
　（6）分離独立難民の居住地としての位置づけ / 96

第2節　難民の属性と移動形態の特徴——世帯調査より / 98
　（1）世帯調査について / 98
　（2）難民の属性 / 99
　　1）出身地 / 100
　　2）カースト / 100
　　3）職　業 / 103
　　4）教　育 / 107
　（3）移動のパターン / 108
　　1）出身地 / 108
　　2）移動年 / 109
　　3）移動理由 / 113
　　4）移動経緯 / 117
　　5）往復移動と連鎖移動 / 118
　　6）政府の出入国管理政策への対応 / 121
　　7）キャンプでの生活 / 127
　　8）市民権と法的身分 / 132

小　括 / 135

第4章　農村部での難民再定住の諸形態…………………………………………… 137

第1節　政府によるリハビリテーション / 139
　（1）リハビリテーション政策と土地取得ローン / 139
　（2）B村におけるリハビリテーション / 142
　　1）難民による「自主的スキーム」と「ボシュ・スキーム」/ 142
　　2）リハビリテーションの実績と問題点 / 148

第2節　ムスリムとの財産交換 / 155
　（1）財産交換と難民移動の条件 / 155
　（2）財産交換の実践 / 161
　（3）財産交換の収支バランス / 169

第3節　自力での再定住 / 172
　（1）東パキスタンからの動産の持ち込み / 172
　（2）自力再定住と土地所有 / 174
　（3）生存戦略 / 175
　　1）農業関連 / 176
　　2）商業関連 / 180
　　3）サービス関連 / 184

小　括 / 187

第5章　ノモシュードロ：リハビリテーション活動と社会開発……………… 189
　第1節　「フォリドプルのガンディー」と呼ばれたソーシャル・ワーカー／ 190
　　　（1）チョンドロナト・ボシュと伝記／ 190
　　　（2）東ベンガルでの活動──農村振興、分離独立の狭間で／ 194
　　　（3）西ベンガル州での活動──難民リハビリテーション／ 200
　　　（4）小　括／ 204
　第2節　「フォリドプルのガンディー」と難民リハビリテーション／ 205
　　　（1）リハビリテーション活動と難民政策／ 205
　　　（2）チョンドロナト・ボシュによる2つのリハビリテーション／ 208
　　　　　1）難民リハビリテーション前史／ 208
　　　　　2）ボーダー・エリアへの難民再定住／ 213
　　　　　3）ドンドカロンノへの難民再定住／ 218
　第3節　難民再定住から社会開発へ／ 224
　　　（1）難民の記憶と社会開発／ 224
　　　（2）難民再定住のその後──教育機関、NGOの設立／ 228
　　　（3）地域社会との関係／ 234
　小　括／ 235

第6章　カースト・アイデンティティと難民の記憶……………………… 237
　第1節　ノモシュードロの宗教世界──モトゥア／ 239
　　　（1）ノモシュードロ・カーストの成立／ 240
　　　（2）ノモシュードロによる抵抗の歴史とモトゥア／ 243
　　　（3）モトゥアの教義／ 247
　　　（4）B村のモトゥア／ 252
　第2節　移住先での難民社会と宗教祭礼／ 259
　　　（1）分裂したナム・ジョッゴ祭礼──ノモシュードロとマヒッショ／ 259
　　　（2）ナム・ジョッゴ行事と難民ネットワーク／ 265
　第3節　難民の記憶と相互認識／ 272
　　　（1）難民か地元民か？／ 272
　　　（2）強制移住の記憶／ 274
　　　（3）難民の相互関係とカースト／ 275
　小　括／ 278

第3部：大都市圏での再定住──首都デリー

第7章　デリーにおける東パキスタン避難民コロニー獲得運動……………… 286
　第1節　独立後のデリーと東パキスタン避難民／ 287
　　　（1）デリーへの難民（避難民）流入と新たな市街地の形成／ 287
　　　（2）デリーのエスニック構成と東パキスタン避難民／ 288
　　　（3）デリーのベンガル人／ 291
　第2節　東パキスタン避難民コロニー獲得運動／ 293
　　　（1）背　景／ 293
　　　（2）交渉の過程／ 296
　　　（3）土地配分と申請資格／ 303

（4）コロニー開発と住民の活動／　308
　　　（5）さらなる獲得運動——714グループ／　317
　小　括／　327

第8章　チットロンジョン・パーク：住民の属性と移動形態……………………329

　第1節　チットロンジョン・パークの概要／　330
　　　（1）位　置／　330
　　　（2）建設プラン／　332
　　　（3）現　況／　334
　第2節　住民の特性——世帯調査より／　338
　　　（1）住民イメージの再考／　338
　　　（2）住民の属性／　339
　　　　　1）土地受給時期／　339
　　　　　2）出身地／　340
　　　　　3）カースト／　342
　　　　　4）教　育／　343
　　　　　5）職　業／　344
　　　（3）移動の背景と避難民／難民的特徴／　345
　　　　　1）デリーへの移住年／　345
　　　　　2）インド側への移動年／　346
　　　　　3）デリーへの移動経緯／　347
　　　（4）東ベンガルと西ベンガル／　353
　　　　　1）東ベンガルの記憶／　353
　　　　　2）西ベンガル州に対する評価／　356
　小　括／　358

第9章　生活空間の構築とベンガルをめぐる模索……………………………360

　第1節　ミニ・ベンガルを構築するアソシエーション的連合／　362
　　　（1）東パキスタン避難民アソシエーション／　363
　　　（2）チットロンジョン・パーク・カーリー寺院ソサエティ／　364
　　　（3）国の友・チットロンジョン記念ソサエティ／　374
　　　（4）プルボシュリ女性協会／　377
　　　（5）チットロンジョン・パーク・ベンガル協会／　382
　　　（6）ビピン・チョンドロ・パル記念トラスト／　385
　第2節　チットロンジョン・パークを越えて広がるベンガル・ネットワーク／　389
　　　（1）デリーにおけるベンガル人居住地／　389
　　　（2）ベンガル関連宗教施設／　393
　　　（3）文芸・音楽活動のネットワーク／　398
　第3節　ミニ・ベンガルの揺らぎと模索／　400
　　　（1）ベンガル語教育の現状／　400
　　　　　1）ベンガル語教室／　402
　　　　　2）ブックフェアー／　404
　　　　　3）ベンガル学校／　408
　　　（2）世代間の問題／　411
　　　（3）多様で重層的な価値観／　413
　　　（4）在外ベンガル人としての模索／　416
　小　括／　419

第 10 章　近隣関係の構築と都市化・再開発 …………………………… *421*
　第 1 節　デリーにおける都市化の進展／　*423*
　第 2 節　ドゥルガ・プジャ（ドゥルガ女神年祭礼）の拡大と分裂／　*426*
　　（1）ドゥルガ・プジャの歩み／　*426*
　　　1）ドゥルガ・プジャとベンガル人／　*426*
　　　2）デリーにおけるドゥルガ・プジャの歴史／　*427*
　　（2）チットロンジョン・パークにおけるドゥルガ・プジャの変遷／　*429*
　　　1）第 1 段階：1 カ所での開催／　*429*
　　　2）第 2 段階：世帯の増加とともに分裂増加／　*431*
　　　3）第 3 段階：1990 年代の入居者によるプジャの開始／　*433*
　　　4）第 4 段階：プジャの肥大化とコマーシャリズムの介入／　*434*
　　　5）第 5 段階：親密さへの回帰／　*434*
　　　6）ドゥルガ・プジャの概要／　*435*
　　（3）コマーシャリズムと融合するドゥルガ・プジャ／　*438*
　　（4）親密さへ回帰するドゥルガ・プジャ／　*443*
　　（5）近隣の残像としてのドゥルガ・プジャ／　*446*
　第 3 節　都市開発によるミニ・ベンガルの揺らぎ／　*450*
　　（1）不動産開発と地価高騰／　*451*
　　（2）マーケット再開発／　*454*
　小　括／　*461*

結　論 ……………………………………………………………………………… *463*

　あとがき　*473*

　参考文献　*479*

　索　　引　*497*

現地語表記について

　本書では、主な調査対象となったベンガル人の母語であるベンガル語の単語が頻出する。ベンガル語のカタカナ表記では、原語の発音に近い表記を採用した。単母音のঅ (a) は「オ」、長母音のআ (ā) は「ア」とし、短母音のই (i) とউ (u)、長母音のঈ (ī) とঊ (ū) は、それぞれ区別せずに短母音扱いとして「イ」と「ウ」とした。ただし、人名、地名、歴史・行政用語、神格名など、すでに慣用が定着しているものについては、基本的に『新版　南アジアを知る事典』(辛島昇ほか監修、2012 年刊、平凡社) に従った (ラーム・モーハン・ローイ、パンジャーブ、カーリーなど)。また、カースト名の *Namaśūdra* については「ノモシュドロ」とはせず、「ノモシュードロ」としている。

　初出の現地語については、カタカナないし漢字表記の後ろに括弧でくくり、ローマ字表記に発音補助記号を付記してイタリックで表記している。(「化身 (*avatār*)」、「ナム・ジョッゴ (*nām-yajña*)」など)。発音補助記号の用法は、ベンガル語 - 英語辞書の定番である Samsad Bengali-English Dictionary を発行する Shishu Sahitya Samsad 社の *Samsad Bengali for Non-Bengalis Book I* (Tushar Kanti Mahapatra 著、1999 年刊、カルカッタ) の表記法に従った。ただし、このなかで複数の表記法が示されているものについては、例えば、ঙ は ng ではなく、ṅ、ঃ (オヌッシャル) は、ṁ ではなく、m̥ とするなど、任意にひとつを選んで統一している。

　人名については、歴史上の人物及び現地調査の対象となった人々についても活動の指導者層についても一部、カタカナ表記の後にローマ字表記 (発音補助記号はなし) も加えている。また、活動の指導者層については実名を記しているが、その他は氏名を伏せて出身地、年齢、カースト名称などを、あるいは肩書き等のみ記している。

図表一覧

図表序－1　英領インドの分割／　20

第1部：インド・パキスタン分離独立と難民問題

図表1－1　1931年センサス時点のベンガル（100人あたりのヒンドゥー人口）／　61
図表2－1　東パキスタンからの難民移動の動向／　67
図表2－2　西ベンガル州における難民人口の分布／　71

第2部：農村部での再定住──西ベンガル州のボーダー・エリア

図表3－1　人口の推移／　93
図表3－2　カースト構成／　101
図表3－3　職業構成／　104
図表3－4　教育／　107
図表3－5　カースト別出身地／　109
図表3－6　村への流入年別世帯数／　110
図表3－7　村への流入年別・カースト別世帯数／　111
図表3－8　移動理由／　114
図表3－9　村への移動経緯／　117
図表3－10　ボーダー・スリップ入手状況／　122
図表3－11　パスポート・移住証明書の保持状況／　123
図表3－12　移住証明サンプル／　124
図表3－13　市民権登録書サンプル／　133
図表4－1　政府によるリハビリテーション（土地供与）／　147
図表4－2　ムスリムとの財産交換(1)／　156
図表4－3　包括委任証書サンプル／　164
図表4－4　包括委任証書を用いた登記サンプル／　166
図表4－5　ムスリムとの財産交換(2)／　170
図表4－6　自力再定住世帯の土地所有面積／　175
図表5－1　『回想録』表紙／　193
図表5－2　チョンドロナト・ボシュ年譜／　195
図表6－1－1　個人宅の祭壇／　253
図表6－1－2　個人宅の祭壇（拡大図）／　253
図表6－2　個人宅のホリチャンド寺院／　254
図表6－3　モトゥアによるキルトン／　255
図表6－4　マヒッショのナム・キルトン／　263
図表6－5　ノモシュードロによるナム・キルトン／　263
図表6－6　シッデシュワリ寺院／　266
図表6－7　ハイスクールの校庭／　266
図表6－8　マヒッショらが招いた演奏家の概要／　267
図表6－9　ノモシュードロが招いた演奏家の概要／　269

第3部：大都市圏での再定住――首都デリー

図表8－1　デリーにおけるチットロンジョン・パークの位置／　330
図表8－2　チットロンジョン・パークとその周辺／　331
図表8－3　チットロンジョン・パークのレイアウト・プラン／　333
図表8－4　土地受給時期別世帯数／　340
図表8－5　出身地／　341
図表8－6　カースト／　343
図表8－7　教育／　344
図表8－8　職業／　345
図表8－9　デリーへの移住年／　346
図表8－10　インド側への移住年／　347
図表9－1　カーリー寺院ソサエティ／　365
図表9－2　国の友・チットロンジョン記念ソサエティ／　375
図表9－3　チットロンジョン・パーク・ベンガル協会／　385
図表9－4　ビピン・チョンドロ・パル記念トラスト／　387
図表9－5　ドワルカのEPDP集合住宅／　392
図表9－6　ニベディタ・アパートメント／　392
図表9－7　ニューデリー・カリバリ／　395
図表9－8　ドッキン・デリー・カリバリ／　396
図表9－9　ラム・タクル寺院／　397
図表9－10　ベンガル語教室／　403
図表9－11　ブックフェアー／　404
図表9－12　ライシナ・ベンガリ・スクール／　409
図表10－1　デリーの領域拡大プロセス／　424
図表10－2　チットロンジョン・パークにおけるドゥルガ・プジャ会場配置／　430
図表10－3　アノンド・メラ／　437
図表10－4　聖火コンテストの様子／　437
図表10－5　コーポレイティブ・グラウンドの神像／　440
図表10－6　会場のバナー広告／　441
図表10－7　自動車会社のブース／　441
図表10－8　個人宅でのドゥルガ・プジャ／　445
図表10－9　分譲当時の家屋／　452
図表10－10　現在の住宅地景観／　452
図表10－11　マーケットの再開発前の店舗状況／　457
図表10－12　再開発後の2番マーケット／　458
図表10－13　再開発後の1番マーケット／　459
図表10－14　再開発前の1番マーケット／　460

序　論

　……パーティションとは厄介な長々としたプロセスである。それはけっして1947年8月に最終的にきっちりと完了したのではない。それどころか、そのプロセスはそのときまさに始まったのであり、そして今日においてもいまだに完了していないのである。

Joya Chatterji, "The Fashioning of a Frontier: The Radcliffe Line and Bengal's Border Landscape, 1947-52", in *Modern Asian Studies* 33(1), 1999, p. 186.

1．概　要

　インドとパキスタンは1947年8月にイギリスから独立した。それはイギリスからの権力委譲（transfer of power）による政治的な「独立（independence）」という面と、独立に伴って英領インドが2つの国民国家に地理的に分割された「分離（partition）」という2つの面を伴っていた[1]。そして、2つの国家に別れたことによって、独立はいくつもの大きな問題を伴っていた。ひとつは、英領インド内に500以上あった「藩王国（princely states）」の統合という課題であった。英領時代には、イギリスの統治下には大きく分けて、イギリスが直接統治する直轄領と、藩王をおきながらイギリスは間接的にそれを統治する「藩王国」の2つの領域があった。独立時には、藩王国は自らの意志でインドとパキスタンのどちらに所属するのかを決める選択肢が与えられていた。しかし、この問題は一部の地域においてこじれ、インド中南部のハイデラバード藩王国は最終的に武力でインドに併合される事態

---

1) 英領インドとは、1858年からイギリス政府による直接統治に移行し、1877年にイギリス国王がインド皇帝（女帝）を兼ねてインド帝国と称した領域を指す。ビルマ（ミャンマー）が編入されていた時期もあるが、本書では1947年にインドとパキスタンとして独立した領域を英領インドとして捉えている。

が生じた[2]。

2つ目は、藩王国問題とも関連しての国境の未画定問題である。北部のカシュミール（カシミール）藩王国がどちらの国に帰属するかの問題を巡って、両国間の戦争へと発展した。今日「カシュミール問題」として知られるこの問題は、21世紀に入った現在においても解決しておらず、カシュミール地域に関しては両国間の国境が未だに確定していない[3]。この意味においても、冒頭に引用したチャタジー（Joya Chatterji）が述べるように、国を2つに「分離」するプロセスはいまだに完了していない。

3つ目は、難民の移動と再定住の問題であり、これが本書の主題となる。地理的にパキスタンは、西パキスタンと東パキスタンに分かれる形で、インドを挟んで東西に1,500キロメートル以上も離れた2つの飛び地国家で構成されていた。政治的な面では、当初2つの自治領（dominion）として独立した両国は、まもなくインドは1950年1月、パキスタンは1956年3月に、それぞれ憲法を施行して国家としての「独立」は完結した。しかし、「分離独立」のもうひとつの側面である「分離」は、多くの困難を伴いながら長く尾を引く問題となった。東側の東パキスタンとインドとの間では国境は確定されたものの、この地域からは独立後も多くの難民が排出し続けたうえに、1971年に東パキスタンはバングラデシュとして独立するに至った。分離後も「(東) パキスタン」というナショナル・アイデンティティから漏れ出す人々（ヒンドゥー教徒のマイノリティ）が難民化してインド側に流出し続けた末に、「パキスタン」そのものが揺らぎ、崩壊して、新たに「ベンガル」をアイデンティティとしたバングラデシュが成立したのである[4]。この一連の過

---

2) 各藩王国には、独立後の帰属を決める選択肢が与えられたとはいえ、現実的にはインドの領域内に入ってしまう藩王国は、インドに帰属するしか選択の道はなかった。ところがハイデラバードの藩王は王国の独立を構想したために、最終的に武力でもってインドに併合されることとなった。藩王国の問題については、井坂［1995; 1998］を参照のこと。
3) インドとパキスタンの分離独立に際して、カシュミールの藩王は当初独立を構想しており、帰属については態度を留保していた。しかし、パキスタンがカシュミールで軍事行動を起こして混乱が生じたのを受けて、住民の8割近くがイスラーム教徒であったが、最終的にヒンドゥー教徒の藩王がインドへの帰属を表明した。しかし、これを認めないパキスタンとインドとの間での戦争に発展した。これが第1次印パ戦争である。1949年に国連による停戦勧告を受けて、停戦ライン（line of control）が定められた。未だに問題は解決しておらず、これが両国対立の最も大きな争点となっている。さらにインド側は中国との間にも国境問題をかかえており、1962年には両国軍が衝突する中印紛争に発展した。
4) バングラデシュ（bāmlā - deś）とは、「ベンガル（bāmlā）」の「国（deś）」を意味する。イスラーム教徒のために建国されたはずのパキスタンであったが、西パキスタンと東パキスタンではエスニックな構成は異なっていた。西パキスタンはパンジャービー人、シンディー人、パシュトゥーン人などから構成されていたが、東パキスタンではベンガル人が支配的であった。住民の数は東パキスタンの方が多かったにもかかわらず、主導権が常に西パキスタン側に握られていたことや国語問題などによって、東パキスタンは独立の道を選んだ。

程において、数多くの難民の発生をみた。このような長期に渡る人の移動のプロセスも「分離」が独立によっては完結せず、長引いたことの証左である。

　本論の目的は南アジア地域における近代史と現代史の結節点であるインドとパキスタンの「独立」について、そのもうひとつの側面である「分離」という面から問い直すことである。そのための具体的な研究対象として、分離によって生じた難民を取り上げている。

　英領インドが、インドとパキスタンに分離する形で独立したことによって、両国の国境を挟んで大量の難民が発生した。パキスタンはいわゆる「二民族論（two nation theory）」に基づいて建国が唱えられて成立した新生国家である。ムスリム（イスラーム教徒）とヒンドゥー教徒はそもそも異なる2つの民族（ネーション）であるので、ムスリムはムスリムのための独自の国家を持つべきだと主張されていた。従って、「分離」がなされた時、国境画定によってインド側に取り残されたムスリムは、国境を越えてムスリムのための国家であるパキスタンへ、逆にパキスタンに取り残されたヒンドゥー教徒やシク教徒はインドへ向かうという流れが生じた。

　パキスタンはインドを挟んで東西に分かれた飛び地国家であったために、インドの西側に位置する西パキスタンからは1951年センサス（国勢調査）の時点で、約470万人のヒンドゥー教徒やシク教徒がインドへ、逆にインドから西パキスタンへは610万人のイスラーム教徒が移動した。インドの東側の東パキスタンからは約255万人のヒンドゥー教徒難民がインドへ、インドから東パキスタンへは150万人のイスラーム教徒が移動した［Government of India: 1954；Bhattacharya 1956: 103］。また、東パキスタンからはその後、1971年のバングラデシュ独立に至るまで、長期に渡ってインド側に難民流入が継続した。

　図表序－1「英領インドの分割」は、独立によって分割された東西パキスタンの状況[5]、特に、西パキスタン成立によって分割されたパンジャーブ地方と、東パキスタン成立によって分割されたベンガル地方の状況を表している。どちらの地域においても、もともとの地域的なまとまりが両断されている様子が分かる。

　本書は、これらの難民のなかでも、特に東パキスタンからインド側へ移動した分離独立難民に注目し、分離を伴った独立が、人々にどのような影響を与え、何をもたらしたのかを明らかにしていく。人々は分離という現実をどのように受け止め、いかに対応したのか。分離によって、どのような困難に直面しながら、い

---

5) 国境線は独立後にもある程度変更されたので、図表「序－1」は、独立直後の国境線を正確に示しているわけではない。第1章の注12も参照のこと。

図表 序-1　英領インドの分割

出典：チャンドラ［Chandra 2001: 333］より作成

かなるプロセスで移動し、移住先での適応にどのような努力を払い再定住を果たしたのか。移住先において、人々はどのように新たな社会関係を築き、生活空間をつくりあげ、地域社会を構築してきたのか。このような観点から、東パキスタン難民の事例を通して、分離独立の歴史を再考したい。具体的な事例として、第2部では西ベンガル州・ノディア県の農村部の再定住地を取り上げ、第3部ではインドの首都デリーに建設されたベンガル人難民（避難民）コロニーを取り上げる。

2．問題の所在──分離研究（partition studies）と難民研究

　分離独立の影響をより直接的に受けたのは、分離に伴って故郷を離れ、新たに画定された国境を越えて移動した難民達に他ならない。ところが、分離独立に関する歴史研究においては、これまで難民はほぼ忘れ去られた存在であった。分離の帰結としての難民に対する研究は、「分離」そのものに関する研究の数の多さに比べると、はるかに少ないのである［Haque 1995: 186］。

　井坂［1998: 185-186］は分離独立に関する研究、特に1980年代までの研究では全インド・レベルの政治過程を分析したものが多く、視点の中心はガンディーやジンナーなどの全国レベルの政治家や政党、あるいはイギリス政府、インド総督の議論や政策、彼らの間での交渉などにおかれていたこと、そして、これらの研究が意図していたのは「分離」の起源をさぐることであり、次のような見解が代表的なものとなってきたと指摘する。

　　i）インド・パキスタン分離はイギリスの分割統治政策に起源がある
　　ii）ヒンドゥー、ムスリムを含む全インドを代表すると主張する会議派が統一インドを望んでいたのに対して、ムスリム連盟、特にその指導者のジン

ナーが強力にパキスタン国家建設を押し進めた結果である
　iii）ヒンドゥー、ムスリムの両者は「異民族」であり（二民族論）、分離はなるべくしてなった結果である
　iv）会議派のムスリム問題への無理解、柔軟性のなさが、ムスリムによるパキスタン要求の運動を促した

　井坂が指摘する諸点は、いずれも分離に関するこれまでの研究が、政治家によるハイ・ポリティクスに注目し、なぜ「分離」が生じたのかという原因論に集約されてきたことを示している。

　政治過程にのみ注目するこのような関心のあり方は、政治過程の切れ目が学術的関心の切れ目となってしまう傾向をも生み出してきた。ラフマンとファン・シェンデルは、この時期の歴史研究には学問上の分断があり、多くの研究が1947年8月をある時代の終わりとみなすとともに、この時点以降を新たな時代の始まり、すなわち、現代南アジアの出発点と考えていると指摘している［Rahman and van Schendel 2003: 553］。つまり、1947年8月が近代史と現代史の分岐点となり、研究者の関心はそこで分断されてしまっている。その結果、1947年を挟む数十年の間の社会変化に関する研究は無視されることとなった［同上］。そうしたなかでは、分離によって生じた難民への関心も低いものとならざるを得なかった。

　ところで井坂［1998: 186-187］は、1980年代後半以降の歴史研究では、さきにみたような分離に関する見解に対するいくつものアンチテーゼが提出されていると述べ、3つの動向を紹介している。ひとつは、ジャラールによる従来の常識を覆すジンナー論［Jalal 1985］で、ジンナーが掲げたパキスタン建国の要求（「分離」すること）は、駆け引きのための道具に過ぎず、彼は中央政府レベルでヒンドゥーとムスリムが対等の権力を持つ形での統一インドを望んでいたというものである。2つ目は、全インド・レベルではなく地方レベルの政治分析による見解で、中央政治とは別の動きとして、ベンガルではヒンドゥー郷紳層（ボドロロク、後述）は、実は積極的に分離を要求していたとするチャタジー［Chatterji 1994］の研究などを紹介している。3つ目は、1980年代に民衆史を掲げて活躍し始めた「サバルタン研究」の影響下でなされた研究である。そこでの中心的な問いは、「分離はなぜ起こったのか」ではなく、分離独立そのものの意味や衝撃をサバルタンの視点から検証することであった。

　3つ目の点について井坂は、別稿においてパーンデー［Pandey 2000］、ブターリア［Butalia 2000/1998］、メーノーンら［Menon and Bhasin 1998］らを引用しながら、

1990年代以降に注目されているのは分離がなぜ起こったのかではなく、分離独立そのものの意味を、分離を体験した人々の「記憶」や「語り」を通して再考する試みであり、そこではそれまであまり取り上げられることのなかった「暴力」の問題や、国家中心の言説のなかで「沈黙」していた、あるいはさせられていた部分、周辺に追いやられた声を回復すること、そして沈黙がどのようにつくられるのかが問題とされるようになったと述べている［2002a: 282-287］。

1980年代までの全インド的・エリート主義的な分離独立の理解に対して、井坂が提示する3つのアンチテーゼのうち、ここでは後者2つ、すなわち、ベンガルの地域史におけるボドロロク層の問題とサバルタン研究の視点を手がかりに、本書の問題意識について述べ、研究上の位置づけをおこなっておきたい。

まず、冒頭でも引用しているチャタジー［Chatterji 1994］による分離理解である。井坂も説明するとおり、チャタジーの分離に対する斬新な見解は、分割された当事者であるベンガルにおいては、実は中央政治とは別の論理と脈絡において情勢は動いていたことを明確に示している[6]。1905年に当時の総督であったカーゾンが、ナショナリズム運動の中心地であったベンガルを分断するために、ベンガル分割案を発表した際、大きな反対運動がわき起こり、それはスワデーシー運動として興隆した。ところが、この最初のベンガル分割案の際には真っ向から反対したベンガルのヒンドゥー郷紳層（「ボドロロク（*bhadralok*）」と呼ばれた、高カーストのヒンドゥー教徒・ミドル・クラスのベンガル人を指す。イギリス統治下においてエリート層を形成していた。以下、「ボドロロク」とする）は、2回目の分割案ともいえる分離独立時には、分離に賛成していたというのである。というのは、彼らはもし統一ベンガルのままで独立すると、ムスリムが多数派となり、彼らがイギリス統治下で享受してきた地位や権益が危機にさらされると考えたからであった。実際、1932年のいわゆる「コミュナル裁定」によって、州議会では宗派別の選挙がおこなわれることとなり、1937年の州議会選挙では、中央政治を指導していた国民会議派ではなく、ムスリム農民層を支持基盤とする農民大衆党（Krishak Praja Party）とムスリム連盟の連立政権が誕生していた。

分離独立によってベンガルは、ボドロロクの希望通り分割された。しかし、ベンガルの西側はインドの西ベンガル州として確保されたものの、パキスタンとなった東ベンガル側にいたボドロロクにとっては、分離は自らをマイノリティ化

6）ただし、第1章で述べるように、独立へ向けての最終局面においては、ネルーら中央政治の指導者達も、より強力な中央集権的政府をつくるために分離に賛同しているのであり、ベンガルの地域政治の意図と中央政治の意図は、最終局面においてはひとつに収斂していたといえる。州政治に注目する点は井坂［1998］も参照のこと。

することを意味していた。彼らはそのまま東に残ればどのような運命が待ち受けているかを察して独立前からすでに西側に移動するか、あるいは独立後に難民化して西ベンガル州側に流入した。

チャタジーによる分離研究は、中央ではなく、地方の政治過程に注目したことで従来にない成果を上げている。しかし一方では、彼女の分析対象はボドロロクというエリート層の動向に偏ったものである。ベンガルという地方に限ってみても、分離独立に関わる政治過程にはもっと多くの要素が絡み合っている。例えば、ノモシュードロなどの低カースト農民層の政治過程に注目したボンドパッダエ（Sekhar Bandyopadhyay）による一連の研究がそのことを示している［Bandyopadhyay 1989; 1990; 1994; 1995; 1997; 2001］。

加えて、同様に東パキスタン難民に関する研究も実のところ多分にボドロロク層に関するものに偏っている。さきに難民に関する研究は分離のそれと比べて少ないと述べたが、その少ないなかでも、さらに研究対象には偏りがみられる。ラフマンとファン・シェンデル［Rahman and van Schendel 2003: 555-6］は、その偏りについて、第1に研究対象が西ベンガル州へ向かった難民、それも大都市コルカタやキャンプ難民に関するものに焦点が当てられ、ほとんどの研究は難民政策や難民が政治に与えた影響など、難民と州政府との関係について扱っていると述べる。第2には、それらの諸研究は、もっぱらボドロロクと呼ばれる特定の人々の声やアイデンティティについて、彼らが感じる東ベンガルへのノスタルジアや故郷を失ったトラウマとともに取り上げているとしている[7]。整理すると、i）対象が西ベンガル州内の難民、特にコルカタやキャンプの難民に偏っていること、ii）州レベルでの政治分析が中心であること、iii）ボドロロクばかりが取り上げられていることである。

西ベンガル州の州都であるコルカタの難民コロニーの概要を示したChaudhuri［1983］、難民コロニーにおける運動から難民の行為主体性（agency）について論じたChatterjee［1992］、西ベンガル州の左翼政治と難民運動との関わりについて詳細な研究をおこなったChakrabarti［1990］、ナショナリズムというコンテクストから世帯のリネージ神とボドロロクとしてのアイデンティティの問題について論じたGhosh［1998］など、いくつかの例を挙げるだけでも、ラフマンらの指摘通り、政治分析的な視点から西ベンガル州内の都市的なボドロロクを扱っている先行研究は多く見受けられる。

7） ラフマンとファン・シェンデルが第1の点で挙げているのは、Pakrasi［1971］、Chakrabarti［1990］、Kudaisya［1996］、Mallick［1999］、Dasgupta［2001］などである。第2点については、Chakrabarty［1996］、Ghosh［1998］などを挙げている。

つまり、全インドレベルであれ、ベンガル地方レベルであれ、分離の歴史研究においては、多分に政治エリートやボドロロクの目を通したハイ・ポリティクスが注目されてきたのと同様に、東パキスタン難民の研究についてもそうした視点が大勢を占めてきたのである。これに対して本論では、第2部において西ベンガル州・ノディア県の農村部に再定住した低カーストを含む難民の事例を取り上げることで、都市ではなく農村部、ボドロロクではなく低カースト農民らの難民としての経験について論じている。歴史の狭間において忘却されてきた分離独立難民のなかでも、農村部へ向かった人々は最も見過ごされてきた存在である。

次に、サバルタン研究の視点についてである[8]。分離独立に関する研究は、1990年代以降、サバルタン研究の影響のもとに、抑圧され、周縁化し、断片化し、隠蔽されてきた民衆の声を取り上げるようになった。具体的に取り上げられているのは、分離という大きな政治的過程のなかで被った暴力をめぐる記憶や語りである。政治過程ではなく、「個」の視点から人々の分離をめぐる経験を捉えるこうした研究は、まさに分離研究に新たな研究領域を切り拓いたといえる。国家や国民の構築に関わる政治過程やヒンドゥー・ナショナリズムとの関係など、分離を単なる「過去」「歴史」のひとこまとして捉えるのではなく、それらが現代に至るまで南アジア社会に与えている影響を考察している点［井坂 1998: 282-288］も評価できる。しかし、分離に関わる難民研究という観点からは不足も感じられる。それは個人の記憶や語りに注目するがゆえに、語り手が生きてきた生活空間や地域社会の構築に関する視点を欠いていることである。

別の言い方をすれば、これらのサバルタン研究の流れを汲む諸研究は、非空間的な内面を中心に扱うことで、社会・文化研究の視点が欠落している。分離を経て、人々がどのように移動してどこに住み、いかにして再定住地において生活の基盤をつくり、新たな社会関係を築き、生活空間をつくりあげ、地域社会を構築してきたのかという長期的な過程そのものについては、十分な答えを出しているようには思われない。また、人々がどのような生活様式や信仰を持って生きてきたのかについても十分には捉えられていない。これらの点は、第3部の事例において、当初避難民コロニーとして成立した難民の居住地が、デリーを代表する住宅地へと変貌を遂げていった過程を検討するなかで論じている。

以上が、本書に通底する大きな問題意識である。難民に関する2つの事例でもって、これまでの歴史研究では等閑視されてきたとされる、独立を挟む数十年のあ

---

8) サバルタン研究は、当初は既存のエリート主義的な歴史記述に対すべく「下からの歴史」を標榜していたが、その後はポスト・モダニズムやポスト構造主義などの潮流と結びついた。粟屋［2007］、井坂［2002a; 2002b］などを参照のこと。

いだの社会変化について捉えたい。次節では、より直接的に分離独立に伴う難民を対象とした先行研究について取り上げ、本書の視点をさらに整理しておきたい。

3．分離独立難民に関する先行研究

　本節では、あらためて分離独立難民に関する先行研究について確認しておきたい。すでに述べたとおり、近代史の主要なトピックとなってきた「分離研究(partition studies)」に比べると、分離独立難民に関する調査研究ははるかに少ないが、先行研究を俯瞰すると、大きく3つの時期に分けることができる。ひとつ目の時期は、分離独立から間もない時期におこなわれた政府や政府系機関による各種サーベイ類(1950年代)である。難民の流入動向や属性の把握を目的とした実態調査であり、政策的な意味合いが強い。またこの時期には、政府絡みとそうでないものと両方を含めて、研究者による散発的な調査も実施されている。2つ目は、政府等ではなく研究者自身が主として難民に関わる政治動向や政策への関心からアプローチをしていた時期(1960～80年代)である。3つ目はジェンダー、エージェンシー、記憶・語りなど、より近年の多様でアカデミックな関心領域から分離独立に伴う難民を研究対象とするようになった時期(1990年代以降)である。以下、東パキスタン難民に比重をおきながらも、可能な限り分離独立難民全体にも目を配りながら先行研究について検討する(なお本節では、外国人研究者名はカタカナ表記していない)。

(1) 分離独立難民に関するサーベイ類 (1950年代)

　この時期には、現に目の前に存在する難民の現状を知りたいという政策的な意図のもとに、公的機関によって実施されたセンサスやサーベイ類がいくつかある。まず、1949年7月にインド中央政府によって実施された調査があり、ここでは東パキスタンからの難民数は130万人とされている[Government of India 1950; Pakrasi 1971: 24][9]。その後、1951年のセンサスでは、"Census of India Paper No.4, Displaced Persons"という別冊が発行され、1946年からの月別の流入数、流入先別の統計、出身地別の統計などが示されている[Government of India 1954]。

　コルカタに所在する中央政府のインド統計研究所(Indian Statistical Institute)は、1948年という、かなり早い時期に東パキスタンからの難民についてのサンプル・

---
9) Pakrasi [1971] による引用から。残念ながら筆者はこの報告書の現物を確認できていない。

サーベイを実施している。1948年の5月25日から9月9日にかけて17,436世帯について調査をしている。難民世帯の家族構成や職業構造などの社会的属性を捉えた初めての本格的な調査である。その成果は、Pakrashi［1965; 1966; 1967; 1971］による一連の著作において公表されている。ただし、これらの著作においては、統計上のわずかな差異を有意の差異として、過大に判断しているように思われる点も多い。

　西ベンガル州政府による調査報告としては、州政府の統計局（State Statistical Bureau）によって西ベンガル州内の難民について実施された調査報告書が、1951年と1956年に出ている。1951年の報告書は2部に分かれている。ひとつは、1950年10月から12月にかけて実施された悉皆調査［Government of West Bengal 1951a］で、もうひとつは、その悉皆調査をベースに1950年の12月から1951年の1月にかけて実施されたサンプル・サーベイ［Government of West Bengal 1951b］である。これらは西ベンガル州政府が有効なレリーフ支援の計画を立案し、実施するための基礎データの収集としておこなわれたものである。悉皆調査では、世帯主の氏名、職業、移住年と世帯の人数などについて調べている。これによって集計された州内難民の総数は2,301,514人であった。サンプル・サーベイでは、移住前の住所のほか、世帯主だけではなく、世帯構成員すべての年齢、性別、カースト・カテゴリー（指定カーストかどうか）、職業、教育、政府支援受給の有無、収入などが詳細に調査されている。移住前にどこに居住していた世帯が、移住後にはどこに流入したかや、移住前後での職業変化など興味深い調査内容も多く含まれている。

　1956年の調査は1955年の4月から7月にかけて実施されている。この実態調査においても、悉皆調査と、難民の属性、職業、土地や家屋の所有状況などについてのサンプル・サーベイ（27,745世帯）が組み合わされて実施された。この時には西ベンガル州内の難民人口は2,890,400人と集計されている［Government of West Bengal 1956a］。

　この時期には、研究者による散発的な調査も実施されている。政府絡みのものとしては、インド政府の人類学局のGuha［1954］によって主管された調査がある。1951年にコルカタに成立した2つの東パキスタン難民コロニー（政府提供と不法占拠）において調査を実施している。社会経済的状態、ライフヒストリー、態度分析（イスラーム教徒、政府、ローカルの人々、他のカーストに対する）などをおこなっており興味深い。

　同種の調査として、ウッタル・プラデーシュ州の西パキスタン難民について扱っ

た Saksena［1961］や、ムンバイーに定着した西パキスタン難民を扱った Vakil and Cabinetmaker［1956］がある。前者は、政府、地元民、自身の未来、他のカースト、ムスリムなどに対する難民の態度を調査している。後者は、ムンバイーの2つのキャンプにおいて、政府の政策に対する難民の評価や、移住前の職業、移住のパターン、カーストについて分析している。

　このほか、研究者による個別の簡易的な調査として、1947年の11〜12月に東パキスタンとの国境に接するバンガオン（Bangaon）という町で100の家族に対して家族構成、カースト、移住年、移住理由、移住前の職業などについて簡単なインタビュー調査を実施した Basu［1951］や、西ベンガル州のトランジット・キャンプにおいて難民の婚姻関係の調査をおこなった Sen and Sen［1953］がある。

　以上のうち、政府系の主要な調査報告、特に西ベンガル州政府の統計局による調査［Government of West Bengal 1951a; 1951b; 1956a］は、初期の東パキスタン難民（政府の区分によるところの「旧移住者」）に関する基本的な情報を得るためにはきわめて有用である。

（2）政治や政策に対する関心を主とする研究（1960〜80年代）

　この時期には、研究者がそれぞれ独自の関心を持って難民問題が調査研究されていたが、主要な関心は難民に関わる政治や政策であり、研究の数もけっして多くはない。大量に流入した難民がその後どのように分布し、彼らに対してどのような政策が採られ、どのように定着したか、またそのことがいかにコルカタなどの都市形成に影響したかという点などが取り上げられている。

　まず、1960年代にコルカタの都市研究の一環として、当時の人類学の泰斗であった Bose［1968］がおこなった社会調査がある。調査の対象は、難民というよりも都市住民であり、その出身地や宗教等の状況に関するものであった。しかし、当時のコルカタにおいて難民の存在は大きく、東パキスタン難民が多い地区も取り上げられている。Chatterjee［1978］は西ベンガル州内の難民人口の分布や居住・労働形態について簡単な分析をおこなっている。Chaudhuri［1983］と Sen and Banerjee［1983］はいずれもコルカタにある社会科学研究センター（Centre for Studies in Social Sciences）に関係する研究者による論考で、主として独立後のコルカタの都市形成過程を捉えるなかで、難民の状況、政策、難民コロニーをめぐる問題などを扱っている。なかでも Chaudhuri［1983］は西ベンガル州全体も含めた包括的な記述となっている。難民の分布については Mukherji［1991（1985）］も分析をおこなっている。

Mukherji［1974］はバングラデシュの独立まもない時期に西ベンガル州のキャンプに収容された難民の調査をおこなっている。バングラデシュ独立時の難民を調査した論考はほとんど見当たらないだけに貴重である。難民達は特定のキャンプに収容されるやいなや、ほかのキャンプに分散している親族や知人とのコミュニケーションを取り始め、社会的紐帯の復興を図っていたとして、難民の社会的ネットワーク形成について論じている。

　この時期には、分離独立後数十年を経て、より長期的な視点で捉える研究もおこなわれるようになっている。例えば、Keller［1975］は、"refugeeism"の3つの段階を設定して、西パキスタンから逃れたパンジャービーを対象に、難民の段階的な心理的状態の変化を取り上げている。ここで用いられている"refugeeism"とは、難民症候群（refugee syndrome）ともいうべきもので、移住前の恐怖にさらされ、見捨てられた存在と感じる段階から、現地を離れて精神的に持ち直す段階、そして再定住するなかで育まれる自立・自信の念と、自分達だけが生き残ったという罪の意識が相半ばする段階へと人々の心理は変化していくとされる。

　難民が移住後に辿ってきたプロセスを政策面とあわせて、難民自身による適応、自立、政治参加などに注目する研究もなされている。Talukdar［1986］は、東パキスタン難民の多様な適応のパターンについて論じている。リハビリテーション・サイト、キャンプ、自力定着という3つの異なる条件を念頭に、最も適応がうまくいった人々は、もともと東ベンガルで裕福だった人々であること、あまり現地社会に統合されていないのは、依存的で長くキャンプに居る人々であること、スラム居住の難民は経済的には適応していないが、地元住民とは一体感を持っていることなどを指摘している。

　西ベンガル州での左翼政治運動との関連で、コルカタの不法占拠難民コロニーにおける運動を詳細に描写したものとしてChakrabarti［1990］がある。コルカタでは市街地の周縁部の湿地帯などに難民が入り込み、不法占拠の難民コロニーが多数出現した。その結果、政府による強制退去圧力、それに対する反立ち退き運動、住民の組織化、リハビリテーションの一環としての不法占拠コロニーの合法化など、政府と難民の双方にとって困難な課題が存在していた。難民達は「難民統一中央会議（United Central Refugee Council）」などの組織を結成し、難民運動を展開して政治的な圧力団体化する一方、他方では左派政党にとっての票田として、いつしか西ベンガル州の政治に大きな影響をもたらすようになった。研究の関心は以上のような政治的プロセスをレビューすることであるが、同書はそれまで取り上げられてこなかった難民による居住地獲得運動を詳細に記述した、初めての研究

書である。この力作以降、コルカタにおける難民運動は広く知られることとなり、研究上の関心も集めるようになったといえよう[10]。

　この他、90年代以降の刊行であるが、内容的にはここに含まれるものとして、ベンガルの分離独立と難民問題を主として政策面から扱った論集としてSamaddar［1997］とBose［2000］などがある。

（3）多様な関心領域における研究（1990年代以降）

　1990年代となると、より多様でアカデミックな関心領域に引きつける形で難民問題が取り上げられるようになっている。例えば、Chatterjee［1992］は、Chakrabarti［1990］同様にコルカタにおける不法占拠難民コロニーの運動を取り上げながら、それを難民の行為主体性（refugee agency）の構築の問題として捉えている。Chatterjeeによれば、難民達は政府によるヘゲモニックなリハビリテーションのイデオロギーにおいて、常に依存的で受身の存在として扱われてきた。しかしながら、強制退去に抵抗しながら居住地獲得運動を進め、政府によるリハビリテーションの介入に抵抗する難民達の行動からは、依存的ではない、むしろ彼らの行為主体性の存在が明らかである。そのような意味での難民性（refugeehood）ないしは、主体（subject）の構築という観点から難民問題を扱っている。

　脈絡は異なるが、Ghosh［1998］は、イギリスによる統治を長らく支えてきたベンガルのボドロロク層の難民について、移住後の彼らのナショナリズム意識を支えるために、世帯のリネージと連なる神格への信仰が大きな役割を果たしていたと論じている。政治的な主体の構築とリネージ神への宗教・文化的なアイデンティティが強く結びついていたという訳である。同様に、Chakrabarty［1996］はボドロロクとしてのアイデンティティと記憶について論じている。

　このような難民の「主体」に対するまなざしは、分離独立時に人々の主体を脅かした「暴力」の問題や、主体と国家（state）の関係へと広がり、すでに見たようにサバルタン研究とリンクする諸研究が現れるようになった。Aiyar［1995］は、分離独立時のパンジャーブ地域において、ヒンドゥーとシク教徒及びムスリムの双方が、インドとパキスタンにそれぞれ移動するなかで、難民を運ぶ難民列車が格好の標的となるなどして、双方をあわせて20万から25万人が虐殺の被害にあっ

10）Sen［1992］は、そのような不法占拠コロニーに居住する住民の労働形態に注目した調査をおこなっている。大量の難民がコルカタ南部の未開発地に入り込んで不法占拠し、次第にそれらの地域がタウンシップに転化され、ミドル・クラスと日雇いなどの労働者階層が共住するようになったことや、労働者階層では補助的な仕事で労働市場に参入するものの、延々と異なる種類の補助的な仕事を転々とするだけで、熟練職や専門職への転換が図られていない現実を指摘している。

たとされる問題を取り上げている[11]。

　分離独立の悲劇は、このような死に至る暴力以外にもレイプ、女性の誘拐と強制的な改宗や誘拐者との結婚などにも及んでいた。Das［1995］は、1949年の時点でインドでは5万人のムスリム女性が、パキスタンでは3.3万人のヒンドゥーとシクの女性が誘拐され、両国において女性を取り戻す試みが政府によっておこなわれた事象を取り上げている。Das は国家が女性の地位回復を図ったのは、そこに「国家の名誉（national honor）」がかかっていたからだと論じる。国家にとって女性は象徴的な意味において、市民というよりもセクシャリティや生殖を体現する存在であり、それが他国によって奪われることは国家の名誉が失われるというのである。よって子どもを産める年齢の女性の奪還が議会でも強調されていたと指摘する。

　Butalia［1993］は、誘拐された女性と夫や家族との関係について論じている。当初、誘拐された女性を奪還すべきということは夫によって訴えられた。女性の保護者として、自分の女性が奪われたことは自らの主体性の崩壊を意味していたからである。ところが、国家に対して女性を奪還するようにと要請して、首尾良く女性が戻ったとしても、奪還せよと訴えていた当の男性達がその受け入れを拒むケースが生じた。一度誘拐された女性は汚れているとみなされたのだった。政府は、3回の生理を経れば女性は浄化されるというマヌ法典の記述を引用するなどして、女性の受け入れを促さなければならなかった。一方女性の方も、拒否されることを恐れて、国家による奪還を拒むケースもみられた。その場合には強制的な奪還もおこなわれた。Butalia はこのような、女性と父系的イデオロギーに基づく男性や国家との関係について報告している。

　Butalia は国家と女性の関係の分析にとどまらず、その後 Butalia［2000/ブターリア 2002］において、分離独立に関して、うえに述べたような国家中心の言説のなかで隠蔽され、周縁化されてきた女性の声を詳しく取り上げている。このような、それまで明らかにされなかった声を拾う研究には、このほかにも、Bagchi and Dasgupta［2003］、Menon and Bhasin［1993; 1998］、Menon［2004］、Chakravartty［2005］、そして主として文学作品を題材とした分析であるが Sengupta［2016］などがある。Talbot and Tatla［2006］は、すべてではないが女性の語りに目配りしながら組まれた論集である。Kaur［2007］は、デリーに移住したパンジャービ難民のなかでも指定カーストを取り上げている。Kaul［2001］は歴史遺産、ダリット（指定カースト）、

---

11) 分離独立をめぐる暴力や暴動については、Das［1989; 1991］、Kamra［2000］、Pandey［1994; 1997a; 2001; 2006］、Roy［1994］なども参照のこと。

手紙、男性性、子どもなどのユニークなテーマで分離の問題を扱っている。テーマや視点が多様なので一括はできないものの、これらの諸研究は、従来の中央政治・エリート中心の歴史ではなく、これまで余り注目されなかった立場の人々に注目して、沈黙し、周縁に追いやられていた声を回復しようとする1990年代以降に顕著になってきた分離研究の流れのなかに位置づけられる[12]。

　語りや記憶に関連して、井坂［2002: 282］が言及するように、歴史学が注目してきた民衆レベルでの分離をめぐる体験や認識については、主に文学や映画などの分野で描かれてきたことも指摘しておきたい。分離独立をめぐる作品群は、今日では「分離独立文学」(partition novels) と呼ばれるジャンルとして確立されている。大平［2015］のように、日本でも近年この分野の紹介がなされるようになっている。ベンガル語作品については、Mandal［2011: chapter 5］で主要なものが紹介されているほか、上述のSǝngupta［2016］が作品群の紹介の役割も果たしている。

　適応の問題についても、1990年代以降いくつかの論考がみられる。まず、Kudaisya［1995］はパキスタン側の西パンジャーブからインド側の東パンジャーブに関しては、「人口交換」により西側のパンジャービー農民が東に来て農地を取得し、地域全体がうまく発展したとする。逆方向の移住、インド側の東パンジャーブからパキスタン側の西パンジャーブへ移住したパンジャーブ人に関しても、Waseem［2004］によれば、避難者財産の活用によりリハビリテーションが成功したことはもちろん、イデオロギー的、文化的、政治的に移住先の地元の人々（locals）と同化 (assimilation) したとされる。現地のホスト社会との統合がうまくいったのは、継続的にパンジャービーとしてのアイデンティティがナショナル・アイデンティティの核にあったからだと述べる。

　しかし、西パキスタン側のシンド地方に移住した難民（ムハージル/Muhajir）は異なる言語と文化を持ち、流入は四半世紀に渡ったために十分な適応ができていないと指摘されてきた。Waseem［1997］は、シンド地方に移住した難民は文化的にも、言語的にも移住先とは異なる人々であったために十分な適応ができておらず、またムハージルは教育を受けたミドル・クラスが多く都市部に流入し、ある時期までは政治権力を握っていたことで政治的にも緊張関係にあったとする。広瀬［1998］も同様に、パンジャーブでは移住者は新しい土地になじみ、やがて自身「土地の子」となっていくが、ムハージルは独立後半世紀経っても依然として「よそ者」であると述べる。このようにシンドに関しては、言語と文化、加えて職業

---

12) この他、分離独立と独立後の国家形成を全体テーマとしながら、多岐にわたるトピックを含む興味深い論集として Hasan and Nakazato［2001］と Settar and Gupta［2002b］を挙げておく。

階層や政治の問題による極端な不適合が指摘されてきた[13]。シンド地方への移住者については、Ansari [2005] も有益である。

再定住地での適応という点では、東パキスタン難民については、西ベンガル州だけではなく州外、特にマディヤ・プラデーシュ州とオリッサ州にまたがって設置されたドンドカロンノ（Dandakaranya）への難民送致と、そこでの適応の問題が注目されてきた。この問題はすでに取り上げた Talukdar [1986]、Chakrabarti [1990]、Chatterjee [1992] などにおいても言及され、取り上げられてきた課題である。肥沃なベンガルとは全く異なる環境での適応の困難さや、現地の部族民との土地をめぐる争いの発生などが従来から指摘されてきた [Elahi 1981; Kudaisya 1995]。1978年には約3万人が政府の反対を押し切って、西ベンガル州に帰還して、南部のマルジャピ（Marichjhapi）という地域に自力で住み着いた。しかし、政府は経済封鎖や警察による発砲などで排除にかかり多数の死者を出した。この事件でも注目されてきた [Mallick 1993; 1999; Tan and Kudaisya 2000]。

この他、西ベンガル州以外に向かった東パキスタン難民に関しては、先行研究はきわめて少ない。Sinha-Kerkhoff [2000] は、ビハール州では分離独立当初はボドロロク層を含む東パキスタン難民のみならず、パキスタン側へ移動しなかった一部のムスリムも州内でマイノリティ化してしまう状況にあったが、ジャールカンドをビハール州から分離し単独州とする運動について、これを支持し参画するなかで、両者がともに「ジャールカンド人」「地元民（locals）」としての自己認識を高めていったと論じている。アッサム州に関して、Dasgputa [2001; 2004] は東パキスタンに編入されたシレット（Sylhet）からアッサム州へのベンガル人の移動においては、イギリス植民地時代からすでに同州では下級・中級の役人や専門職として働いていたボドロロク層がおり、これらの人々は暴力の被害に遭うこともなく、独立後も元のように役人、専門職、小規模ビジネスなどに就いてスムーズに再定住できたとしている[14]。

アンダマン諸島について、Basu Ray Chaudhury [2000] によれば、遠方への難民送致は難民リハビリテーションという脈絡だけでなく、低カースト農民を主体とする難民定住によるアンダマン・ニコバル諸島の開発も主要な目的であった。土地は不足しておらず、米、雑穀、野菜などの栽培には十分に土壌が肥沃であった

---

13) インド側からパキスタンのシンド地域へ流入したムスリム移住者「ムハジール（Muhajir）」の問題については近藤 [2003; 2005] も参照のこと。
14) アッサムでは1970年代末からの「反外国人運動」の高まりのなかで、バングラデシュやネパールからの不法移民排斥のみならず、植民地時代に移住してきたベンガル人、特にムスリムのベンガル人が暴力の対象となり大きな虐殺事件も発生している。木村 [2012]、Nag [1990] などを参照のこと。

ために農業開発が進み、諸島全体を担う食料生産の中心地となったとする。トリプラ州について Bhattacharyya［1988］は、大量の難民流入が人口圧力となり土地問題や地元部族民との摩擦を引き起こした一方で、リハビリテーションによる経済資本の投入が州内総生産を引き上げたと論じる。

インド側から東パキスタンへ移動したムスリム難民に関しては Rahman and van Schendel［2003: 555］が貴重な研究であるが、彼らが指摘する通り、東パキスタンからの難民に関する研究と比べて、逆方向へ移動した難民に関して書かれたものはほとんど皆無である。ただし、分離独立を挟み、近代から現代までの長いスパンにおいてベンガル人ムスリムの移動・移住に関して分析した Alexander, Chatterji and Jalais［2016］は、近年の数少ない研究のひとつとして挙げておきたい。

このほか、政治学的な分析であるが、南アジアの難民、マイノリティ問題、市民権などの問題を詳細に扱った佐藤による一連の著作［2004a; 2004b; 2005a; 2005b］、ベンガル地域の国境と越境の問題を扱っている Samaddar［1999］や van Schendel［2005］、バングラデシュのヒンドゥー・マイノリティの問題を論じた外川［2004］などが本書に密接に関わる先行研究ということができる。

以上、分離独立に関する研究と比べると数は少ないとはいえ、分離独立難民に関する調査研究も独立直後より一定の蓄積がなされてきたことが分かる。これら先行研究のなかに本書を位置づけるとしたら、本書はこれら先行研究の第2期と第3期の双方に関わる部分を含んでいる。

まず、難民の分布、政策、再定住などに関心を寄せた第2期に関連してである。実のところ、これらの先行研究は大まかな難民分布や政策については記述しているものの、詳細な移動の背景と経緯、再定住の過程を十分に読み取ることは困難である。特に、移動から再定住までの過程が、それぞれの難民各自の歩みのなかでどのように一連の過程として連なっていたのか、また政策が実際にどのような影響を難民達に与えたのかについてなど、相互関連的・包括的な観点からの調査が先行研究には欠けていた。よって、本書では2つの事例において実施した世帯調査に基づき、難民の属性、移動と再定住の過程など基礎的な事項について、政策が及ぼした影響も含めて相互関連的に詳しく検討している。

一方、難民の行為主体性やアイデンティティ、ホスト社会への適応の問題、あるいは記憶と語りを軸とするサバルタン研究的な潮流を含む第3期との関連でいえば、例えば、本書においても難民の行為主体性は大きなテーマとしている。ただし、そこでの行為主体性とは先行研究で論じられてきたような政治過程において構築・表出する行為主体性には限定されない。「難民」から「地域の開発者」へ（第

2部)、あるいは「難民」ではなく「避難民」、さらには「デリーのベンガル人」(第3部)へと自己規定を転換する過程で構築された、より大きな幅を持った社会文化的なコンテキスト(加えて情緒的な面も重要)における行為主体性として捉えている。

　難民のアイデンティティも本書では重要なテーマである。しかし、先行研究におけるようなボドロロクのアイデンティティの危機といった問題としては扱っていない。注目しているのは、ともに難民である2つのカースト集団間の関係性において現出するカースト・アイデンティティであり(第2部)、ボドロロクというよりも「ベンガル人」というエスニックな面に関わるようなアイデンティティであり、デリーという環境における適応の問題である(第3部)。

　以上の問題意識から、難民の移動と再定住の過程及びそれらと政策との関連については共通項目としておさえたうえで、第2部では農村地帯に再定住した難民、特に低カースト農民層を含む難民を取り上げ、難民達による地域社会の構築と自己認識の変容、宗教実践や移住経験とも絡むカースト間関係などについて検討を進める。第3部では、大都市圏である首都デリーで建設された難民(避難民)コロニーを取り上げ、東パキスタン難民(ベンガル人)の人々による様々な団体の設立による生活空間の構築とアイデンティティ、宗教行事を通じて窺われる近隣関係の形成、さらには都市化の影響などについて議論する。

　なお、本書ではこれらの問題意識は各章に振り分けられる形で存在している。従って、個別の章の冒頭において、あらためて適宜、論点を示すように心がけたい。

4．難民の定義

　各章での個々の脈絡における定義はそれぞれ後述するとして、より一般的な議論に引きつけながら「難民」の定義の問題についてここで確認しておきたい。一般に「難民」という場合には、1951年に開催された国連の外交会議で採択された「難民の地位に関する条約」による定義が重視される。難民条約の第1条では、難民とは「人種、宗教、国籍もしくは特定の社会的集団の構成員であることまたは政治的意見を理由に迫害を受けるおそれがあるという十分に理由のある恐怖を有するために、国籍国の外にいる者であって、その国籍国の保護を受けられない者またはそのような恐怖を有するためにその国籍国の保護を受けることを望まな

い者」と定義されている。

　この定義は、そもそも第2次世界大戦によってヨーロッパ地域で発生した難民保護のために制定されたものであり、時限的な制約と地理的な制約があったが、1967年に採択された「難民の地位に関する議定書」によって、1951年の条約にあった地理的・時間的制約は取り除かれた。通常この2つをあわせて「難民条約」という。

　しかし、難民条約の定義では、難民はあくまで、ある「個人」がその人種や宗教などの属性によって迫害を受けることが前提であったために、個人の属性ではなく、戦争や紛争に遭遇することによってその被害から身を守るために国境を越える人々までは定義に含んでいなかった。内戦や武力紛争が盛んとなったアフリカにおいて、こうした事態にも対応するべく1969年にアフリカ統一機構（OAU）によって新たに採択された条約では、これらの人々も難民とされるようになった。

　以上が国際法上の難民定義である。しかし、本論の脈絡においては、これらの定義はあまり意味をなさない。なぜならば、インドとパキスタンが独立したのは難民条約が採択される前の1947年であり、両国は難民条約とは関係なく分離独立難民に対処していた。今日のように国際難民レジーム（国連機関や国際NGOなどの国際支援機関による難民支援と保護体制［久保 2014: 34］）が整ってはいない時代である。加えて現在に至るまで、インドをはじめとして南アジア諸国のどの国も難民条約には加盟せず、締約国とはなっていない。

　要するに、インドやパキスタンでは、難民条約には依拠せずに独自に分離独立難民に対処してきたのである。用語についても、インド政府はセンサス、政府レポート、実態調査など、その時々で「難民（refugee）」「移住者（migrant）」「避難民（displaced persons）」などの用語を用いている。これらの使い分けの基準が明確に存在したのかどうかも不明であるが、管見の限りでは、支援対象の基準を示す場合には大抵「避難民（displaced persons）」という用語が用いられてきたように思われる。

　分離独立難民に関して概ね共通している定義内容は、i) 移動の理由が「騒乱（civil disturbances）の発生」あるいは「インドとパキスタンの分離」によることと、ii)「1946年10月15日以降」など一定の日付以降の移住者を対象としていることである。

　なかでも、最も包括的な表現となっているものとして、1951年センサスにおける定義を挙げることができる。

　　「避難民（Displaced Person）とは、西パキスタンにあっては1947年3月1日以降、東パキスタンにあっては1946年10月15日以降において、騒乱（civil disturbances）の発生ないしはその恐れによって、あるいはインドとパキスタンの 2 つの自治領（dominions）が成立したことによって、居住地を離れたあるいは離れることを強いられた人々」［Government of India 1954］

　この定義における「西パキスタンにあっては、1947 年 3 月 1 日以降」という設定は、西パキスタンからの避難民のみを対象とした「避難民（補償と復興）法（Displaced Persons (Compensation and Rehabilitatin) Act 1954)」においても同様である。

　東パキスタンに関する年月設定は、1951 年の西ベンガル州政府の統計局による調査でも同様に、「1946 年 10 月 15 日以降、この調査の日までにパキスタンから移住したすべての人々を避難民とする」とされている［Government of West Bengal 1951a］。

　1955 年の西ベンガル州政府による実態調査［Government of West Bengal 1956a］では、「移住者（migrant）とは、ノアカリ（Noakhali）とティッペラ（Tippera）から来た人々については、1946 年 10 月 1 日以降、その他の東パキスタンの地域から来た人々については 1947 年 6 月 1 日以降に、パキスタンからインドに来た人々」として、同じ東パキスタン難民でも、地域によって日付を変えている。

　このように、インド政府による定義では、「騒乱」や「分離」を理由として、一定の日付以降に移動した者を避難民（難民）としている。「騒乱」による移住者とは、第 2 章で検討する難民の流入動向と対応させて考えるならば、暴動や政情不安による暴力の被害やその怖れによって移動した人々を指している。「分離」による移住者とは、必ずしも暴力から逃れるためではなくとも、分離という現実を受けて、自らの生きる場所を新たに選択して移動した人々を含んでいる[15]。分離独立難民に関わる定義は、難民条約によるそれとは大きく異なっている。

　本論においても、以上の定義は念頭には置くものの、これによって調査対象を限定してはいない。なぜならば、これらの定義は、基本的に難民数の把握や支援対象の限定などの、特定の政策目的のために採用されたものであり、分離独立難民という現象のすべてを説明するものではないからである。特に、流入者が長期にわたって継続した東パキスタン難民については、この定義に該当しなくても、実質的には該当者と同様にみなすべき人々が多く含まれている。流入の流れは、グラデーションのように、より深刻に難民的な人々から移民に近い人までも含んで継続したのである。従って本論では、分離独立との関連において東パキスタ

---

[15] 具体的なリハビリテーションの段階では、後の章で検討するように、「旧移住者」「新移住者」など、それぞれに年限を区切ったカテゴリーと定義も採用されている。

から移住した人々を網羅的に対象とするために、用いる用語は「難民」を基本としながらも、脈絡に応じて「避難民」（特に第 3 部において）、「移住者」などの用語も用いている。

　本論では、難民を狭義の法的・政策的な存在としては扱わない。かつて Malkki［1995: 496］が述べた通り、「難民（refugee）という用語は、特定の一般化された人や状況の種類やタイプを表すラベルではなく、むしろ様々に異なる社会経済的ステータス、個人史、心理的・精神的状況を含む、広範な法的ないし記述的題目 (rubric) として、分析的な有効性を持っている」と考えたい。市民権登録の問題など法的な要素はあるものの、むしろそうした公的な制度をかいくぐりながら生きてきた分離独立難民の経験や生活世界、地域社会の構築などについて、分離から現在に至るまでの長いスパンのなかで扱うことこそを眼目とする。

5．調査について

　本書は、長期に渡るフィールドワークの成果をとりまとめたものである。西ベンガル州・ノディア県での調査は、1995 年 4 月からのカルカッタ大学大学院人類学研究科への留学中（96 年 4 月まで）に着手した。村落での調査は 1996 年から断続的に進められた。1996 年 8 月、1997 年 4 月と 8 月、1998 年 8 月には、それぞれ村落内でのサンプル世帯調査を実施して、難民の移動経験や世帯構成などの基本的なデータを蓄積するとともに、各種のデータ収集をおこなった。その後も、2002 年 1 月及び 6 〜 7 月、2009 年 1 月に訪れて追加の調査をおこなった。この間、村落での現地調査以外にもコルカタにおいて図書館、研究機関、行政機関、現地 NGO 等での文献調査、行政機関や研究者へのヒヤリングなども実施した。デリーでの調査は、デリー大学の Delhi School of Economics に客員研究員として所属していた 2001 年 11 月から 2002 年 8 月までほぼ継続的に実施された。サンプル世帯調査の大部分は 2002 年の 8 月に集中的に実施した。その後、2006 年 9 月、2007 年 8 月、2008 年 9 月、2009 年 3 月にも追加調査をおこなった。デリーにおいても図書館、研究機関等での文献調査や研究者へのヒヤリングを実施した。

6．本書の構成

　本書が扱う内容は多岐に渡っているので、簡潔に構成を示しておきたい。
　まず、第1部では分離独立難民を発生させた背景と当時の政府の対応について検討する。第1章においては、ヒンドゥー・ムスリム関係とナショナリズム運動の過程がいかにインド・パキスタン分離独立へ結びつき、また国境画定が難民発生に結果したのかを検討している。第2章では、難民の流入動向と政府の政策の特徴について、西パキスタン側と東パキスタン側との相違も含めて扱っている。
　第2部は西ベンガル州・ノディア県の農村における難民に関する事例研究である。第3章では、難民とはどのような人々なのかを明らかにしている。具体的には、東パキスタンから移住して村に再定住した難民の属性や移住の過程について、主として世帯調査の結果から検討している。調査村では低カーストが多く、教育レベルも全体的に低く、農業従事者が多い。移動過程については、出身地、移動年、カーストに関して相関関係がみられた。
　第4章は、難民達はどのように再定住したのかについてである。特に土地の問題に注目して、難民達の再定住のパターンや戦略について検討している。農民出身である難民達は、農地を得るために、政府によるリハビリテーションを活用し、またはパキスタンから出て行ったヒンドゥーとインドから出て行ったムスリムの間で、各々が母国に残してきた財産、主として土地を互いに交換する「財産交換」というシステムを活用していた。また、これらの手段に訴えずに、生存戦略を採ってきた難民達も多くみられるので、それぞれ検討を加えている。
　第5章では、難民達がいかに地域社会を構築していったのかについて扱っている。特に、難民自身による協働と難民支援活動、そしてそこから受け継がれた社会活動について検討している。東ベンガル出身のチョンドロナト・ボシュというソーシャル・ワーカーと彼の協働者達の活動を取り上げ、ボーダー・エリアへの難民再定住のための活動、及びその活動と社会奉仕の精神が協働者であった低カースト難民達に受け継がれ、様々なNGO活動へと結実したことを辿っている。難民としての歩みや活動が、再定住後の地域社会の構築や社会開発へと明確に結びついたことを論じている。
　第6章は、地域社会における難民達の社会関係に関して、特に難民間でのカースト間関係という点から論じている。調査村における社会関係の構築においては、

ある意味で難民と地元民との関係よりも、難民同士の間での関係の構築が容易ではなかった。このことについて、低カースト難民の間で信仰されている宗教や宗教行事の事例の分析によって論じている。

第3部はインドの首都デリーにおける、チットロンジョン・パークという東パキスタン難民（避難民）のために建設されたコロニーの事例を扱っている。第7章は、避難民達はいかに再定住の地としてコロニーを獲得したのかについて、詳細な記述をおこなっている。

第8章では世帯調査のデータから住民の属性や移動の過程について検討している。チットロンジョン・パークの住民の属性は西ベンガル州の事例とは大きく異なり、高カースト、高学歴、ホワイトカラーという特徴が明らかである。彼らの移動の経緯や東西のベンガル地域に関する認識も含めて論じている。

第9章は、チットロンジョン・パークの住民達が、どのように今日「ミニ・ベンガル」と呼ばれる生活空間を構築してきたのかという点、及び「ベンガル」をめぐるアイデンティティの問題を検討している。前者に関しては、コロニー内で活動する諸団体の活動を通じて、後者についてはベンガル語の保持や世代間の問題などを取り上げて論じている。

第10章は、避難民達の間でいかに社会関係が構築されているのかを検討している。「近隣」に注目し、デリーの都市環境において、チットロンジョン・パークがその成立と成熟の過程においてどのように近隣を構築してきたのかについて、ドゥルガ・プジャという祭礼を手がかりに検討している。また、デリーで進む都市化や再開発が、「ミニ・ベンガル」としてのチットロンジョン・パークに対して、揺らぎを与え続けていることを論じている。

最後に、既発表論文との対応関係について触れておく。本書は、基本的に2010年に甲南大学に提出した博士論文『移動と再定住――インド・パキスタン分離独立難民の民族誌』に基づいているが、構成や議論内容を含めてかなりの変更を加えている。また、その過程において、博士論文提出以前と以降を含めてすべての既発表論文も参照している。よって、厳密に示すことは困難であるが、おおよその対応関係について記しておきたい。第2部の西ベンガル州の事例については Nakatani [2000]、第3部のデリーの事例については Nakatani [2007] が、それぞれの部の概要を示す内容となっている。序論の分離独立難民に関する先行研究と第2章・第1節で南アジアにおける難民問題を概説している部分については、Nakatani [2003a] 及び中谷 [2004b] と対応している。第5章は中谷 [1999] に対応している。第6章・第2節の祭礼については、中谷 [1994; 1995; 2003a; 2006a]

と Nakatani［2011］に対応している。第 7 章には中谷［2015; 2018］、第 10 章には中谷［2010b; 2015; 2018］と Nakatani［2015］が対応している。

第 1 部

インド・パキスタン分離独立と難民問題

第1章

分離独立とヒンドゥー・ムスリム関係

第1節　ヒンドゥー・ムスリム関係

　インドとパキスタンの分離独立には、長期にわたる歴史過程が関わっている。ここでは、本論に関わる範囲で振り返っておきたい。東パキスタンから移動したヒンドゥー（ヒンドゥー教徒）難民に対して筆者がおこなったインタビューにおいては、「東ベンガルの村では自分達はムスリムと仲良く暮らしていて、互いの行き来もあったのに、それを政治が壊してしまった」とする趣旨の話がよく聞かれた。ヒンドゥー・ムスリム関係は、ある時期から独立に向けてのナショナリズム運動の基軸をなし、後でみるように両者間の宗派暴動は難民発生の大きな要因であった。しかし、インドの歴史において、両者の関係が常に対立関係にあったとはできないし、対立を単純に宗派間の信仰の相違に還元することもできない。難民達がコメントするように、両者の対立関係は信仰問題というよりも、むしろ政治や社会経済的な問題としての面が大きい。

　両者の関係を考える際には歴史的な視点が必要である。インドを含む南アジア地域ではイスラーム教は外来宗教であるので、いかに歴史的にイスラームがインドで受容されてきたのかという問題がひとつある。また、イギリスが入ってくるまではインドではイスラーム政権が広い地域で権力を握っており、イギリスは最終的に1857年のインド大反乱を契機にムガル帝国を滅ぼし、直接統治へと移行したという経緯がある。つまり、イギリスにとってムスリムは旧支配者側の存在と捉えられ、それがイギリス統治下でのムスリムの後進性につながり、ヒンドゥーとの格差が生じたという政治的経緯がある。そこで、本節では両者の関係について、ムスリム（特にベンガルのムスリム）の立場に目を配りながら、両者の対立構図のベースとなった社会経済問題の存在を確認しておきたい。

南アジア地域では、すでに紀元8世紀あたりから交易を通じてイスラームとの接触は始まっていたが、歴史上重要なのは、13世紀以降のイスラーム諸王朝の成立である。ただし、今日のような形で南アジアにおいてイスラームが普及したのは、イスラーム権力による強制的な改宗によるものではない。時々のイスラーム権力の多くは在地のヒンドゥー王侯との宥和政策を採っていた。普及に大きな役割を果たしたのは、むしろスーフィーと呼ばれるイスラーム神秘主義者達である。彼らは神と自己との合一（ファナー）の境地を目指して修行した。また、各地に道場を開いて弟子を集め、民衆を教化した。

　この中世の時代には、イスラーム教とヒンドゥー教との習合も生じた。習合は、イスラーム教やキリスト教のような外来宗教が南アジアで浸透していく際に生じた。多くのムスリム人口をみるベンガルでは、イスラームが入ってきたある時期には、ヒンドゥーへの布教のために、イスラーム教の預言者や使徒をヒンドゥー教の化身観念でもって説明するなどの試みもなされていたといわれる。しかし何といってもイスラーム教の普及に大きな貢献を果たしたのは、スーフィーである。ベンガルでは彼らは専ら「ピール」（pir / pīr）と呼ばれる。ピールとはそもそもは信仰上の導師を意味するが、ベンガルではイスラームの聖者のみならず、ヒンドゥー教や仏教の神格や自然崇拝的な精霊など様々なものが含まれ、混交的な性格を持っていた。ピールは病気治癒、嘆願成就、奇跡の発現などを通じて人々の信仰を集めた［Roy 1983］。現在でも、ヒンドゥーとムスリムの双方の参拝が絶えない聖者廟は各地にみられる。

　中里［2008: 24-26］によると、ベンガルにおいては、イスラームの浸透は2つの段階を経て進んだとされる。ひとつめは、イスラーム王朝の樹立とともにベンガルより西にあるインドの諸地域から、あるいはイラン、アフガニスタン、中央アジア、アラビアなどから、ムスリムの貴族、官僚、軍人、聖職者、スーフィー、遠隔地交易商人などが移住してきて支配層を形成した時期である。彼らは在地のベンガル人とは一線を画し、非ムスリムの宗教に対しても不干渉政策を貫いた。また、ベンガル社会の上層部が「改宗」して、支配層に組み込まれた。2つめの段階は、在地のベンガル人のムスリムへの改宗である。これにはガンジス川デルタにあたるベンガル東部の開墾が関わっていた。ムガル帝国は16世紀末にベンガルまで支配を拡大すると、地租を減免して有力者に土地を授与し、深い森に覆われていたベンガル東部の大規模な開墾を推進した。この時、開墾の組織者になった者にムスリムが多かったこと、ムスリムが関わる開墾地にはモスクの建設が義務づけられたことなどによって、開墾に労働者として従事した農民が集団でイス

ラーム化した。彼らの多くは不可触民であった。

　中世のベンガル社会においてはムスリムとヒンドゥーは、宗教的には対立というよりも共生していた。イスラームの浸透は、数世紀もの長い時間をかけて、政治的・軍事的支配、交易活動、宗教活動、開墾などの多様な経路を通じて進んだ複雑なプロセスであり、両者の空間的分布は複雑に入り組んでいた。その分布状況からすれば、両者は共生する以外には選択肢の余地がない関係にあったことを示している［中里 2008: 31-34］。

　近代に入ると、西欧諸国による南アジア地域への関与の高まり、特にイギリスによる植民地支配が、インドの宗教事情に大きなインパクトを与えるようになった。植民地主義に裏打ちされた西欧近代の価値観に直面した各宗教は、西欧近代を写し鏡として、自己の再定義を迫られることとなったのである。その結果、各宗教は自己と他者を峻別し、それまで比較的緩やかだった各宗教の境界が明確化され、宗教が実体化し、後に宗教的アイデンティティに基づくナショナリズム運動へと結びつくようになった。

　こうした近代の動きは、具体的には各宗教や社会を改革しようという改革主義と自らの原点に立ち返ろうとする復古主義の両面を含む運動として展開された。ヒンドゥー教とイスラーム教の動きについてみてみたい。

　ヒンドゥー教では、ラーム・モーハン・ローイ（1774～1833）によってその先鞭がつけられた。彼は寡婦殉死（サティーと呼ばれ、夫が死ぬと妻も一緒に火葬される習慣）など、ヒンドゥー教に結びついていた不合理とされる慣習の禁止などの社会改革を進めた。また、偶像崇拝が本来のヒンドゥー教を歪めているとして批判し、ヴェーダーンタ哲学に基づく無形の唯一神への回帰を唱えた。これらは西欧近代の合理性を念頭に置いた改革であると同時に、西欧の精神に比肩できる普遍的な精神を自らのなかに見いだそうとする運動でもあった。

　この動きは、その後、内部分裂などで次第に影響力を失うが、1870年代になるとダヤーナンダ・サラスヴァティー（1824～1883）とアーリヤ協会の活動により新たな展開をみせることとなった。彼もローイ同様に偶像崇拝を否定したが、「ヴェーダに帰れ」とスローガンを唱える彼の運動は、より復古主義的な色彩を帯びていた。キリスト教への改宗者を再改宗させようとしたり、反イスラーム宣伝をしたりと、他宗教に対抗する運動にも関わった。こうした運動は、その後のナショナリズムの展開に大きな影響を及ぼした。

　一方、ムスリムの立場は異なっていた。彼らはイギリスからすると旧支配層に属する警戒すべき相手と捉えられ、彼ら自身も植民地政府に仕えるのを潔しとし

なかった。その結果、ムスリムの西欧化は遅れヒンドゥーに比べて後進的な立場に立っていた。よって、19世紀半ばまでは西欧化された知識人ではなく、伝統的なイスラームの知識人層により様々な運動が展開された。19世紀後半になると、インド大反乱の敗北のなかでイギリスの力を知ったムスリムは植民地支配の枠内で再生の道を探るようになり、デーオバンド運動やアリーガル運動などの近代的な高等教育機関を基盤とした運動が展開されるようになった[1]。

イギリスによる支配の拡大は、このような近代における宗教の実体化をもたらしたが、同時に政治的にも社会経済的にもムスリムとヒンドゥーの関係を左右する大きなインパクトを与えていた。まず、支配権力がムスリム政権からイギリスに代わったことによって、直接的に権力の座にいたムスリム貴族は没落するとともに、統治の官僚機構においてムスリムの占めていた高級官僚の地位はイギリス人に取って代わられてしまった。このような過程はすでに18世紀から進んでいた。18世紀後半には、イギリスが徴税機構に進出し、イギリス人の徴税官が各県に任命されるようになったり、ムスリムの判事が罷免されたりするようになった。また、ペルシャ語が裁判所の用語ではなくなり、官用語として英語と地域言語が採用されるようになり、アラビア語とペルシャ語のみによる教育がおこなわれていたムスリムは官吏登用の点で、すでに英語教育が進んでいたヒンドゥーよりも不利な状況となった［長崎1978: 65］。さきに、ムスリム自身も植民地政府に仕えるのを潔しとしなかったと述べたが、それ以上に彼らを取り巻く状況そのものが厳しいものとなっていたのである。

さらに、イギリスによって導入された土地制度は、ムスリムの地主としての立場も奪っていった。1793年にベンガル管区で導入された「永代ザミーンダーリー制度」という地租制度では、地租額が永久に固定されるとともに、ザミーンダール（領主層、地主層）に近代法的な土地所有権が付与されることとなった。これによって実際に耕作をしていた農民は、一夜にして単なる借地人の立場へと落とされてしまった。ところが、ザミーンダール自身も、地租額がきわめて高額に設定されていたために納税できず、地租滞納によってザミーンダールとしての地位を失っ

---

1) ヒンドゥー教とイスラーム教に関する以上の動きについては、中里［2008］の第2〜3章を参照した。アリーガル運動は、1875年にサイイド・アフマド・ハーンによって設立されたムハマダン英国東洋カレッジに始まるもので、ムスリムの子弟に英語教育を施し、インド政庁のもとでムスリムのミドル・クラスを育てようとした。親英的で西欧的なエリート運動であったアリーガル運動とは対照的に、1867年にラシード・アフマドらによって設置された小さな神学校に始まるデーオバンド運動は、復古的改革主義の性格を持っていた。伝統を墨守する教育機関ではなく、イギリスに倣った近代的・組織的な宗教教育を実践していたが、英語や西欧教育ではなく、コーランやハディース（預言者言行録）を教育し、外国支配への抵抗を維持しようとした［辛島2004: 354-355; 中里2008: 65-77］。

て没落する者が多数発生した。そうした没落ザミーンダールの土地は公競売にかけられ、イギリスと関係のある商人、旧ザミーンダールの家臣、植民地政府の役人、あるいは高利貸しなどによって入手された［臼田ほか編 1993: 73-76; 辛島 2004: 307-310］。

　この大きな変動の過程において、ムスリムも大きな影響を被った。この制度転換において、ベンガルではヒンドゥーがザミーンダールの10分の9を占めるようになり、それはイギリス支配を支える一団のヒンドゥー地主を生み出すこととなった。ムスリムとヒンドゥーとの関係は、ムスリム耕作者とヒンドゥー地主という関係に固定化されていくこととなった［長崎 1978: 65］。

　1872年にインドで初めて実施されたセンサスによって、ベンガルではムスリムが人口の約半数を占めることや（それまではヒンドゥーの数の方がかなり上回っていると考えられていた）、ムスリムの多くが東ベンガルの低湿地帯に居住していることが判明した。都市人口は少なく、ムスリムの多くは農村においてヒンドゥー地主のもとで小作人か農業労働者として暮らしていた。ムスリム農民は様々な機会に付加的な費用負担を強いられ、ヒンドゥーの高利貸しによって借金で縛られていた。都市（コルカタ）では、1911年時点でヒンドゥーの識字率32%に対して、ムスリムは15.3%であり、この時期の政府職員や専門職に占めるヒンドゥーとムスリムの比率は7対1であった。都市のムスリムは日雇い労働者、食肉処理業者、大工、荷車運転手、御者などの仕事に従事していた［Das 1991: 17-20］。

　以上のように、中世の時代には長い時間をかけてイスラーム教が浸透し、政治的には統治者として影響力を保っていたムスリムは、イギリスの支配が拡大するにつれて次第に力を奪われ、ヒンドゥー優位の政治、社会経済体制のなかで近代を過ごしていたのである。

第2節　分離独立への政治過程

　独立のためのナショナリズム運動においては、当初からムスリムやヒンドゥーといった宗教的帰属に基づくアイデンティティ・ポリティクスやコミュナルな対立が問題となっていたわけではない。政治過程の様々な局面においては、「ヒンドゥー」・「ムスリム」だけではなく、「カースト」、「ひとつのベンガル（ベンガル人）」、「インド（インド人）」などの異なるアイデンティティが錯綜していた。にも

かかわらず、独立への最終局面においてはヒンドゥー・ムスリムの分断が突出し、その他のアイデンティティはこれを横断してつなぎ止めるような力を持たなかったとされる［Gordon 1993: 282］。

このような宗教的帰属が前面に突出して相克する政治状況は、南アジアのコンテクストでは「コミュナリズム（communalism）」と形容されてきた。日本語では「宗派主義」と訳される。宗派間の関係はヒンドゥーとムスリムのみに限られるものではないが、多分にこの両者間の対立や暴力がこの用語のもとに説明されてきた[2]。

チャンドラは、コミュナリズムとは基本的に一種のイデオロギーであり、宗派間暴動（communal riots）はこのイデオロギーの普及が生んだひとつの結果であるとする。そして、コミュナリズムとは、i）ある集団が特定宗教に従っていることで、その成員が社会的、政治的、経済的な利害を持つと信じることであり、インド民族といったものはありえず、ただヒンドゥー民族、ムスリム民族などが存在するのみという確信であり、ii）異なる宗教に従う者の間では利害が一致せず異なっており、iii）異なる宗教コミュニティの利害は相互に両立せず、矛盾し、敵対するものだとみなすことであると説明する［チャンドラ 2001（Chandra 1990）: 260］。

また、チャンドラによれば、1870年代以前にはコミュナルなイデオロギーも政治もなかったのであり、コミュナリズムは近代の現象なのであって、その源泉は近代の植民地的な社会経済・政治構造にあった［同上］。以下、本節では、ムスリム勢力の動きに注意を払いながら、ナショナリズム運動が本格化し、コミュナルな要素がそこに流し込まれていく政治過程の流れについて確認しておきたい。

初期のナショナリズム運動、すなわち19世紀後半においては、運動はヒンドゥーの高カーストのエリート層によって独占されていた。1885年に設置されたインド国民会議（国民会議派 / Indian National Congress）はヒンドゥー・エリート層による小さなサークルにすぎず、ムスリムや低カーストは蚊帳の外に置かれていた。

ムスリムの政治参加が始まり、「ムスリム」であることが政治性を帯びるようになったのは、イギリスによる政策、とりわけいわゆる「分割統治」と形容される一連の政策の影響が大きい。ゴードン［Gordon 1993.: 286-287］は、その契機とし

---

2) 近藤は、共同体主義という用語を用いながら、「コミュナリズム」を「排他的で攻撃的な共同体主義」［2004: 399］、「コミュナル（communal）」を「宗教的帰属にもとづく共同体主義が過激化し、互いの差異が際立たせられ、ときに暴力の応酬へといたる、そういった事態を形容するのに用いられる語」［2009: 105］と説明する。南アジアでは、これらの用語には自己と他者を峻別する共同体意識や、対立と暴力といった側面が結びついている。

て次の3つを挙げている。ひとつは1905年のカーゾン総督によるベンガル分割案である。イギリス統治政府は、分割案は単なる行政上の便宜のためであると説明したが、当時のコルカタ（カルカッタ）を中心とするナショナリズム運動を分断し、東ベンガルのムスリムを運動の影響から引き離そうとするものであるとして、大きな反対運動が盛り上がった［辛島 2004: 355-356］。この時の運動は、その後のナショナリズム運動の歴史を通じて、ひとつの大きなモーメントであったが、同時にそれは「ムスリムが多数派の東ベンガル」と「ヒンドゥーが多数派の西ベンガル」という認識や、「宗派別の行政区の分割」という考え方を人々に意識させることとなった［Gordon 1993: 286］。

　2つめは、「モーリー・ミントー改革」と呼ばれる、1909年の参事会（legislative council）法改定である。これによってムスリムのための議席があらかじめ確保され、投票はムスリムのみによっておこなわれるという、分離選挙制が適用された。ここではじめてムスリムがひとつの政治的主体として独自に抽出されたことの意味は大きい。分離選挙制は後に、1919年にはシク教徒へ、1935年にはキリスト教徒やインド在住のヨーロッパ人にも拡大された［辛島 2004: 347］。

　3つめは、1906年にダッカにおいて全インド・ムスリム連盟（All-India Muslim League／以下、ムスリム連盟）が設立されたことである。ムスリム連盟の設立は、うえに述べたベンガル分割や分離選挙制の導入とも関連している。ヒンドゥー・エリートが主体のインド国民会議（派）（以下、会議派）が主導するベンガル分割反対運動に対して、ムスリムは必ずしも賛同していなかった。一方、イギリスは会議派に対抗する勢力を育成するためにムスリムの組織化を進めようとしていた。この両者の利害が一致する形で設立されたのがムスリム連盟であった。分離選挙制の導入は、それに先立ち、ムスリムの指導者アーガー・ハーンが総督を訪問して要請していたものであった。こうした経緯から、ムスリム連盟はインドのマイノリティとしてのムスリムの政治的権利の擁護とイギリス統治への忠誠を掲げ、ベンガル分割も支持した。これら20世紀初頭における、宗派の別にもとづいたベンガル分割というアイディア、分離選挙、ムスリムによる政治運動主体の設立などの出来事は、いずれも最終的に「分離」へといたる政治過程を構成する重要な要素であった。

　しかし、会議派とムスリム連盟の設立によって、直ちに政治過程は両者の対立と分離独立へと突き進んだのではない。ある時期までは両者は共闘していた。例えば、1916年のいわゆる「ラクノウ協定」では、会議派とムスリム連盟は中央と州における立法議会の改革や自治の獲得に関する合意をみた。この時には、後

にムスリム連盟の議長となるムハンマド・アリー・ジンナーは会議派に属していて、この協定のために両組織の間を取り持った。1919年には、イギリスが第1次世界大戦で敗戦国となったオスマン帝国のカリフ（ムスリム共同体の教主）制度を廃止しようとしたことに対して、インドのムスリムの間ではこれに反対するヒラーファト運動が高まりを見せたが、ガンディーはこれを強く支持して、ヒンドゥーにも共闘を呼びかけた。1920年のインド国民会議には多くのムスリムも参加した。この時期以降、ガンディーによってナショナリズム運動はエリートだけのものではなく、広く大衆も巻き込むものとなっていった。

しかし、ガンディーが1922年に一旦、非暴力不服従運動を中止した際には、会議派の運動は沈滞した。また、ムスリムの側も結局のところカリフ制が廃止されたことで、ヒラーファト運動が終息して、反英運動は沈滞した。会議派内では、運動に重点を置いて議会をボイコットする固守派（ガンディー派）と、議会への進出を通じて活動しようとするスワラージ党（Swaraj Party）の対立が生じた。後者は、1923年にチッタランジャン・ダース（チットロンジョン・ダス）らによって結成された。

当時、中央及びベンガルの政治リーダーであったダースは、ムスリムも含めた運動を目指し、ある程度のムスリムの支持を得たものの、1925年にダースが死去して以降は、スワラージ党はムスリムの支持をつなぎ止めることはできず、有力なムスリム指導者の多くが会議派から離反した。ベンガルも含めて、各地で宗派間暴動が頻発するようになったのもこの頃である［Chatterjee 1993: 262］。

ヒンドゥーの側では、1915年にヒンドゥー大連合（Hindu Mahasabha）、1925年には民族奉仕団(RSS)が設立された。ヒンドゥー大連合の指導者である V.D. サーヴァルカルが打ち出した「ヒンドゥトヴァ（Hindutva）」という観念では、インド文化とはすなわちヒンドゥー文化であり、インドのナショナリズムとはヒンドゥー・ナショナリズムであるべきと主張された。この観念では、インドとは聖なるテリトリーであるヒンドスタン（ヒンドゥーの国）であり、かつてムスリムやキリスト教徒などへ改宗した人々は、ヒンドゥーへ再改宗すべきとされた［Gordon 1993: 293］。このような動きは一般大衆にコミュナルな意識を掻き立てることとなり、ムスリムとヒンドゥーとの間に緊張感を生む一因となった[3]。

1920年代後半には、大きな政治のうねりがみられた。1919年のインド統治法の再検討のために、サイモンを委員長とするサイモン委員会が1927年に設置された。しかし、この委員会にインド人がひとりも含まれていないことで大きな反

---

[3] ベンガルに関していえば、ヒンドゥー大連合の指導者であった S.P. ムカルジーの個人的な影響力が大きかった。特に高カースト層に対して、ムスリムの勢力が伸張すれば、それまで彼らが享受してきた経済、教育、公職などでの優位性が脅かされるとして危機感を煽っていた［Gordon 1993: 293］。

対が巻き起こり、翌年サイモン一行がインドに到着した際には、「サイモン帰れ」と叫ぶデモによって迎えられることとなった。また、このデモの最中に、有力政治家であったラージパト・ラーイが警官の警棒殴打によって亡くなったことで、人々の怒りは心頭に達した。

　この時期までは、会議派内ではインドの将来について、イギリス領内で「自治領」としてその地位を高めるのか、あるいは「完全独立」をめざすのかという意見の相違があった。しかし、1929年の年次大会において、会議派の一致した最終目的を「完全独立」とすることが初めて正式に決定された。この年次大会では、ガンディーを指導者として再び迎えることが決定され、ガンディーによる第2次サティヤーグラハ運動（非暴力不服従運動）が開始された。イギリスによる塩の専売体制に抗議した、有名な「塩の行進」はこの時期におこなわれたものである。ガンディーによって、官職の放棄、公立学校やイギリス製綿布のボイコットなどが呼びかけられ、各地でストライキが実施された。運動の高まりに抗しきれなかったイギリスは、1931年3月にガンディーとの間で協定を結び（ガンディー・アーウィン協定）、自家消費のための塩の製造許可や政治犯の釈放などを認めた［辛島2004: 394-399］。

　ガンディーはその後、1931年9月にイギリスでの第2回円卓会議（第1回を会議派は拒否した）に招かれて参加したが、インドの各マイノリティ・コミュニティの利害対立のなかで埋没し、重要な成果は得られなかった。ガンディーは帰国後に逮捕された。1932年8月にはマクドナルド首相によって、いわゆる「コミュナル裁定（Communal Award）」が提出された。これは宗派別の分離選挙に加えて、女性や非抑圧階級（不可触民）についても分離選挙をおこなうことを定めていた。これに対して、獄中にあったガンディーは、非抑圧階級への分離選挙導入が撤回されない限り、死に至るまで断食するとして反対した。このため、これを強く支持していた非抑圧階級の指導者アンベードカルは、ガンディーが断食を続け衰弱していくなかで妥協を強いられ、同年9月に分離選挙ではなく留保議席（議席の一定数を留保するものだが、コミュニティごとの完全な分離選挙ではなく、投票は全有権者によっておこなわれる）を定めた「プネー協定（Poona Pact）」が締結された［内藤・中村2006: 173］。

　ガンディーが頑として分離選挙を拒否したこの出来事は、非抑圧階級は一般ヒンドゥー（カースト・ヒンドゥー）と一体であり、両者を分かつべきではないというガンディーの信念の表れである。しかし同時に、ムスリムの分離選挙実施に対してはヒンドゥーの間で不満もあったものの、ムスリム分離選挙は既定事項とさ

れていたことも重要である。第2次サティヤーグラハ運動はこれ以降衰退し、ガンディーは政治運動よりも不可触民差別や農村開発へと活動を転換した。

この間、1935年に新たなインド統治法が制定された。これは、中央に連邦政府を置きながら、地方分権を進め、州レベルではインド人による責任政府を設置するものであったが、中央政府の財政、通貨、軍事、外交などの中枢部分はインド人には譲渡されることにはなっていなかった。この統治法に関しては、藩王国が連邦に加わることを拒否したために「連邦制」は実現されなかった［辛島 2004: 401］。しかし、これに基づいて1937年に州選挙が実施され、会議派もムスリム連盟も参加した。

1937年の州選挙の結果は、11州のうち、9つの州において会議派が政権を獲得した（7州では単独、2州では連立）［同上：404］。ムスリム連盟は、ムスリムが多く居住するベンガルやパンジャーブなどの州も含めて、会議派に対して惨敗した。しかし、重要な点は、ムスリム連盟はふるわなかったものの、この2つの州では、ベンガルでは農民大衆党（Krishak Praja Party）⁴⁾、パンジャーブでは連合党（Unionist）という、どちらもムスリム主導の地域政党が政権を獲得したことである。農民大衆党はムスリム連盟との連立により、連合党は単独過半数により政権の座についた。

この選挙は、1932年のコミュナル裁定の枠組みに基づいて実施されたものであり、そこではベンガルの州議会の全議席250のうち119議席がムスリムに割り当てられ、残る131議席についても、そこにはヨーロッパ人ほかの集団への割り当てが含まれていたために、これ以降、州議会でヒンドゥーがムスリムの議席を上回ることは、事実上不可能となっていた。それまでイギリス統治下で政治・経済・社会的な主導権を握っていたベンガルのヒンドゥー・エリートは強い不満を持ち、自らの利益が脅かされることを懸念した［井坂 1998: 188-189］。

ムスリム連盟は、1937年州選挙の頃にはまだ、ムスリム・マイノリティ州が主な支持基盤であり、ベンガルやパンジャーブのようなムスリム多数派州では十分な支持を得ていなかった。この州選挙以降、ムスリム連盟は会議派との協調路線を放棄するようになり、会議派州政権を批判し、連盟組織の大衆化を進めるようになる。ヒンドゥー支配のもとでの牛の売買・屠殺の妨害、ムスリム祭礼の規

---

4) 農民大衆党は、「全ベンガル農民協会（All Bengal Tenants' Association）」を母体として、1936年にフォズルル・ホク（A.K. Fazlul Huq）によって結成された政党である。ベンガル・ムスリム農民層を支持基盤としていた。ホクはアシュラーフと呼ばれた外来の旧ムスリム支配層ではなく、この時期に成長してきたベンガル人ムスリムのミドル・クラスに属していた。ホク政権はその後、ムスリム連盟との連立を解消して1941年末に新たな内閣を組閣するが、ムスリム連盟からの攻撃やベンガル州知事の介入によって、1943年に政権の座を追われた。

制、ヒンドゥー的内容を含む「バンデー・マータラム（母なる大地への賛歌）」の歌の押しつけ、ウルドゥー語の使用規制など、ムスリムへの迫害・抑圧がおこなわれているという会議派批判のキャンペーンを展開した［内藤・中村 2006: 186］。

　実際のところ、ムスリム連盟の大衆化と組織の強化が進んだのはこの時からであった。1930 年代半ばまでは、政党組織といえるような組織もなく、活動といっても年次大会に上流階級のムスリムが集まって要求をまとめて決議を採択する程度のものであった。よって 1937 年の州選挙の時点では、ムスリムの有権者をとりまとめて全国的な運動を組むような組織も資金も十分ではなかったのであった［加賀谷・浜口 1977: 125］。

　第 2 次世界大戦が勃発すると、イギリスは第 1 次世界大戦時と同じくインドの対独宣戦布告を発表した。第 1 次世界大戦時には、戦後の自治獲得の期待からイギリスに協力した会議派であったが、州政権の多数を握っていた会議派は、この時にはイギリスによる勝手な決定に抗議して、参戦の見返りとして即時の独立付与を求めた。しかしイギリスがこれを拒否したために、会議派は諸州政府を総辞職させた。これに対して、ベンガルとパンジャーブのムスリム州政権はイギリスを支持した。また、ムスリム連盟は会議派州政府が総辞職した際には、これを会議派支配からの「解放記念日」であるとした［内藤・中村 2006: 185］。

　イギリスはそれまでもムスリム優遇の分離選挙制の導入などによってムスリムの歓心を買ってきたが、頑迷で対立的な会議派よりも、ムスリムへの譲歩と連携のスタンスを大戦期にもとっていた。このような状況下において、1940 年にムスリム連盟はラーホール大会においていわゆる「パキスタン決議」を採択し、ムスリム多住地域では各構成単位が「独立諸国家」を設置するとされた。この決議は、この段階ではまだ現実性を伴ったものとは必ずしも受け止められなかった［内藤・中村 2006: 187］。しかしインドとは別の国家が成立する可能性が公式の場で示されたのであり、これがパキスタン成立への端緒となったことは間違いない。この時期にジンナーらが掲げたのが、ヒンドゥーとムスリムはそもそも異なる民族（ネーション）であるので、ムスリムは独自の国家を取得するべきであるという「二民族論」である[5]。

　1941 年に日本が参戦し、シンガポールなどイギリスの権益のあった地域へも日本軍の支配が及ぶと、イギリスはあらためてインドの戦争協力を求めるために、1942 年 3 月にクリップス使節をインドに派遣し、ネルーと会談させた。クリッ

---

[5] 序論でも紹介したとおり、近年の修正主義的歴史研究では、ジンナーはあくまで交渉のカードとしてムスリムの独自国家建設を主張していたのであり、本心は統一国家内でのムスリムの地位向上を望んでいたに過ぎないとの新たな解釈も提起されている。Jalal［1985］（ジャラール 1999）を参照のこと。

プスが示した提案は、戦後にインドに対して自治領としての地位を付与することを初めて公式に述べたものであった。しかし、即時の独立を戦争協力の条件とするネルーの姿勢は変わらず、交渉は決裂した。ムスリム連盟も、その提案にはムスリム国家設置の確約がないとして拒否した。

クリップスとの交渉決裂の結果、会議派は8月からイギリスに対して即時の撤退を求める「インドを出て行け（Quit India）」運動を開始した。この大衆運動は開始直前にガンディーやネルーらの指導者が軒並み逮捕されたために、指導者不在のもとに進められたが、地下に潜った指導部によって指導されて全土的な展開を見せ、イギリスはこれに対して武力鎮圧をもって応えた。この運動は大きな盛り上がりを見せたが、ムスリム連盟は参加せず、距離を保ち続けた。この時、ムスリム連盟は大衆運動においてさえ、会議派と共同行動ができなくなっていたのである［辛島 2004: 419］。

第2次世界大戦終結後、1937年以来、戦時中に中断していた中央と州の選挙が1945〜46年に実施された。選挙の結果は、中央では会議派が多数を占めた。州でも会議派が一般議席区で圧倒的勝利を収め、8つの州で政権を獲得した。ムスリム議席区では、ムスリム連盟がすべての議席を獲得した。ベンガルではムスリム連盟政権が発足した。1937年の選挙とは異なり、これによって、ジンナーが公言していた通り地域政党ではなく、ムスリム連盟こそがムスリムの利益を代表する状況が生まれた［辛島 2004: 419-420］。

また選挙期間中には、インド国民軍裁判が開始されようとしていた。インド国民軍とは、大戦中に東南アジアに在住していたインド人やインド人の戦争捕虜を組織化した軍隊である。インド国民軍は当初、日本に亡命して日本で独立運動を続けていたラーシ・ビハーリー・ボースによって主導された。彼が退いた後には、ガンディーと対立して会議派を去ったベンガルの指導者スバース・チャンドラ・ボースが指導者となった。インド国民軍は日本軍と協力してミャンマー（ビルマ）からインドへ進軍しようとしてインパールまで進んだものの、兵站面での失敗から撤退した。計画の失敗後、インド国民軍の将校や兵士は反逆の罪によって、デリーで裁判にかけられることになった。会議派は彼らの無罪を訴え、一般の人々も彼らを愛国者として熱烈に支持し、各地で裁判に反対するデモが渦巻いた。コルカタでは空軍兵士によるデモにまで発展した。また、ムンバイではイギリス人将校による人種差別に抗議するインド海軍の反乱も発生した［同上］。イギリスによる統治の屋台骨は大きくぐらつき始めていた。

イギリスは1946年3月に閣僚使節団を派遣して、新たな案を提示した。それ

は現在のパキスタン、インド、バングラデシュに相当する領域をそれぞれ「連邦」として分け、そのうえに「統一連邦」をいただく形をとっていた。この案は分離要求を掲げるムスリム連盟とインド統一を臨む会議派の両者を合意に導くための折衷案であったが、両陣営はその解釈をめぐって対立を激化させた［井坂 1998: 195］。よって、この案は当初、会議派とムスリム連盟の双方によって受諾されたにもかかわらず、最終的には実現しなかった。

　この事態に対して、ジンナーはパキスタンを獲得するための「直接行動」を 1946 年 8 月 16 日におこなうと呼びかけた。ムスリム連盟が想定していた直接行動とは、ゼネスト、ストライキ、集会などであったが、ふたを開けてみるとコルカタでの一般のヒンドゥーとムスリムの間での大きな暴動に発展し、4,000 人の死者と 1 万人の負傷者を出す大惨事へと結果した。暴動の波はその後もなかなか収まらず、東ベンガル、ビハール、ムンバイ、連合州、パンジャーブへと広がっていった［加賀谷・浜口 1977: 166］。ガンディーはこの時、宗派間の暴動を諫め、融和を図るために各地を行脚した。

　コルカタで発生した大暴動は、それまで統一ベンガルを考えていた大部分のヒンドゥーの意識を変える決定的な契機となった。一般の人々の間でも、ヒンドゥーとムスリムの地理的分布に沿ってベンガルを分割することを求める動きが加速し、1947 年はじめまでには、会議派中央の政治家の間でも分離の受け入れの方向が有力になっていった［井坂 1998: 195］。

　会議派の指導者が分離の方向に傾いたことには、独立後の統治問題への懸念があったことも見逃せない。この時期には、ムスリム連盟によるパキスタン要求以外にも、労働運動の高まりや、独立後も自治権を確保しようとする藩王国の問題があった。また、独立後に、異なる利害を持つ諸州が、中央の意図に反して独自の路線に傾く可能性もあった。従って、会議派としては、独立後には地方の自治権を制限した強力な中央支配体制を打ち立てることは必須条件であると考えていた。ところが、もし分離せずにムスリム多住地域をインドに含めるとすると、ムスリム連盟が同意するだけの緩い連邦制、すなわち権限の弱い中央政府体制を採用しなければならない。そこでムスリム多住地域はパキスタンとして外に出してしまった方が得策と考えられたのである。また、その際はもうひとつ譲れない条件があった。ムスリム連盟は、分離するのであれば州の分割はせず、ベンガルとパンジャーブをまるごとパキスタンに含めることを要求していた。これに対して、両州を分割し、ヒンドゥー多住地域はインド側に含めることが、会議派にとって重要であった。ベンガルを分割し、西ベンガルをヒンドゥー主導の州としてイン

ドに組み入れることは、今や不可避な選択となっていた［同上：195-196］[6]。

ところで、1946年7月には制憲議会選挙がおこなわれ、その結果を受けてネルーを首班とする、インド人による初めての中間政府が9月に成立していた。10月にはムスリム連盟も中間政府に入閣したが、閣内でも両者の対立は収まらなかった。12月に招集された制憲議会でさえ、ムスリム連盟はボイコットしたほどであった［辛島 2004: 421-422］。

インドの混乱は、すでにイギリスの手に負えないほどになっていた。コミュナル暴動だけではなく、大戦後の経済危機と社会不安のなかで農民闘争や労働争議も頻発し、植民地体制が危機に直面していることをイギリスも覚っていた［加賀谷・浜口 1977: 167］。イギリス自身も戦勝国であったとはいえ、大戦による疲弊によって、もはやインドを維持することは困難であった。イギリス首相アトリーは1947年2月に、1948年6月までにイギリスはインドを去るとの声明を発表した。イギリスが初めて具体的に権力移譲の日程を示したのであった。1947年3月には、最後の総督としてマウントバッテンがインドに送り込まれてきた。マウントバッテンは6月3日にいわゆる「マウントバッテン計画」を発表し、ここにインドとパキスタンを分離独立させることが最終決定された。権力委譲日も繰り上げられた。1947年7月にイギリス議会においてインド独立法が制定され、8月14日にパキスタン、8月15日にインドが独立した。「分離」への道筋は長い期間において形づくられてきたとはいえ、正式な表明から実際の分離までは、急転直下ともいえる展開であった。

このように、分離独立に至る大きな政治過程は、イギリスによる分割統治という基本ラインの線上において、会議派とムスリム連盟を中心とするムスリム勢力が、協調から対立へと関係を移行させるなかで動いてきた。その過程において、分離選挙やムスリム諸政党の働きによって、次第に「ムスリム」であることや、その対抗関係としての「ヒンドゥー」であることが焦点化していった。そこに暴動などの大きな混乱と悲劇が覆い被さり、イギリスの統治能力の限界の末に、分離独立へと至ったのである。

---

6) ベンガル分割案に対して、会議派の指導者のひとりであったサラト・チャンドラ・ボース（スバース・チャンドラ・ボースの兄）を中心として、ベンガルを分割せずにインドやパキスタンとは別の国家として独立させようという「統一ベンガル(United Bengal)」構想も存在していた。彼らは1947年4月に「全ベンガル・反パキスタン・反分離委員会（All Bengal Anti-Pakistan and Anti-Partition Committee）」を結成した。しかし、これは会議派内部からの批判によって早々に潰されてしまった。Gordon [1993]、井坂 [1998]、Misra [2000] などを参照のこと。

第3節　国境画定問題

　分離独立を実行するにあたっての最大の課題は、いかに両国の国境（boundary）を画定するかであった。国が分かれるのであれば、その間に国境線を引く必要が生じるのは当然であった。しかし、インドとパキスタンの双方を満足させるプランなど、端から無理な話であり、画定作業はかなりの荒療治によっておこなわざるを得なかった。

「分離」の作業は、これまで「外科手術」や「生体解剖」に例えられてきた。英領インドの地図上に線引きをおこなうことは、一面に広がる田や畑、連続する河川、あるいは鉄道や道路を分断し、そこに居住する人々を分断すること、まるで外科医のメスでもって問答無用にそもそも一体であったものを切り分けるかのような荒療治を意味していた。

　この困難な作業のために、最後のインド総督となったマウントバッテンは1947年6月30日に「国境画定委員会（Boundary Commission）」を設置した。その委員長に任命されたのは、当時の高名なイギリス人法律家ラドクリフ卿（Sir Cyril Radcliffe）であった。しかし、ラドクリフ卿は百科全書的知識の持ち主ではあったが、インドのことはほとんど知らず、インド関係の法律問題にも関与したことがなく、一度もインドに来たことがなかった。この人物が選ばれた理由は、国境の画定にあたっては、ネルーやジンナーなどの当事者同士の間では、とうてい合意には達することができないこと、そして結論の公平さを担保するためには、あえてこれまでインドとは全く関係のなかった人物による裁定が望ましいと考えられたからである[7]。

　この委員会は、うえに述べた英領インドを分割して独立させることを明示した1947年6月3日の「マウントバッテン計画」の公表を受けて設置されたものである。この計画では、それまで1948年6月までとされていた権力委譲の時期が1947年8月15日と変更された。すなわち、ラドクリフ卿を委員長とする国境画

---

7) D. ラピエール & L コリンズ［1981: 上巻272-273］。この時期について扱ったラピエールとコリンズによる作品では、その後、最終的な裁定が両陣営に手交された際の情景が次のように描かれている。「マウントバッテンは封筒の一通をインド首相のジャワハルラル・ネルーに、他の一通をパキスタン首相のリアカット・アリ・カーンに手渡し、両首相がそれぞれ政府で内容検討のうえ、再びお出でをいただきたいと申し渡した。マウントバッテンは、部内検討後、再び総督官邸にやってきた両首相の顔に表れていた怒りの表情によって、ラドクリフの境界画定が完全に公平なものであるとの確信を得た」［下巻1981: 78］。

定委員会は、委員会の設置から分離独立までのわずか6週間のうちに結論を出すようにと命じられたのである。分割は西のパンジャーブ地域と東のベンガル地域でおこなわれたので、それぞれの地域での国境画定のために2つの委員会が設置され、どちらもラドクリフ卿が委員長を務めた。委員の構成はヒンドゥー側とムスリム側からそれぞれ2名ずつであった。以下では、ベンガルの委員会について検討する[8]。

　国境画定作業を進めるための指針として示されたのは、「ムスリムと非ムスリムがそれぞれ連なっている地域を確認することで、ベンガルの2つのパートの国境を画定すること。またその際に、その他の要素も考慮すること」[Chatterji 1999: 196]というかなり大雑把で曖昧なものであった。国境画定の目的は、「ムスリム」と「非ムスリム」が「連なっている地域（contiguous area）」を分けること、つまりそれぞれがかたまっている領域を見極めて、そこにメスを入れることで、ムスリムのためのパキスタンと、非ムスリムのためのインドに国を分けることであった。「非ムスリム」と記述しているのは、英領インドにはムスリムとヒンドゥー以外にもシク教徒や仏教徒、独自の信仰体系を持つ部族民など、多様な人々が暮らしていたからである。次章でみるように、分離によって西パキスタンからはシク教徒の人々も多くインド側へ移動している。

　しかし、言うは易く行うは難しとはこのことであり、具体的な作業としてこれを実現することは困難であった。ベンガルについていえば、1941センサスでは、ベンガル全体の人口約6,146万人のうち、ヒンドゥーは約2,580万人で42%を占め、ムスリムは3,337万人で54%を占めていた。確かに大きな区分、例えば、独立前のベンガルに設定されていた5つの区（division）でみると、ムスリムはベンガルの東のダッカ（Dacca）区やチッタゴン（Chittagong）区、北のラジシャヒ（Rajshahi）区などの地域でヒンドゥーよりも多数であり、ヒンドゥーは西のボルドワン（Burdwan）区やプレジデンシー（Presidency）区でムスリムよりも多数を占めていた［Chatterjee 1947: 5-6］。しかし、もっと下位レベルの行政区分でみると、分布状況はもっと多様で複雑な状況を呈していた。

　そこで、どのレベルでそれぞれの「連なり」を見極めるのかが大きな争点となった。どの区分で線を引くかによって、それぞれの領土の面積も大きく変わる可能性があったのである。区よりも下のカテゴリーである郡（sub-division）なのか、あるいはさらに下位のユニオン（union）やタナ（thana / police station）なのか［同上：

---

[8] 西側のパンジャーブの国境画定委員会については、Tan [1997]、Tan and Kudaisya [2000: Chapter 3] を参照のこと。

198]。結局、タナを基本とすることとなったものの、このように議論のベースづくりからして委員会は常に異論を抱えていたのである。

　また、「ムスリムと非ムスリムがそれぞれ連なっている地域」を見極めることにも問題があった。これを単純に受け止めると、非ムスリムの連なっている地域とは、うえに見たようにボルドワンやプレシデンシーなどの西ベンガル側の地域となる。しかし、実際には非ムスリムの連なりは、西ベンガルとは接触していない地域、例えば、チッタゴン丘陵地（Chittagong Hill Tracts）にもあったのである。ここでは部族民が多数派であり、ムスリムは約3％、ヒンドゥーは約2％にすぎなかった［Chatterjee 1947: 48］。

　さらに曖昧だったのは、「その他の要因も考慮すること」という部分であった。この部分は総督によって、あえて曖昧にしたうえで委員会に投げかけられたのであった。行政上の便宜、自然条件、交通、水源や灌漑施設などの物的条件のみならず、無形の要因についても議論は開かれていた［Hodson 1969: 347］。従って、「その他の要因」を考慮した結果が、それぞれの「連なり」という要件とは反するケースも生じた。例えば、港や河川の帰属問題という「その他の要因」では、南東部のチッタゴン港は、非ムスリムが多いチッタゴン丘陵地と連なっていたが、パキスタンに帰属された。逆にコルカタ（とその港）は、ムスリムがマジョリティであるムルシダバド県やノディア県、ジョショル県の一部とともに、インドに帰属した。クルナ県は非ムスリムがマジョリティであったが、河川の関係でパキスタンに帰属された［van Schendel 2005: 40-41］。

　委員会の協議には、多分に国民会議派とムスリム連盟からのそれぞれの要求事項が反映されていたのであり、「その他の要因」をめぐっても様々なやりとりがあった。例えば、ムスリム連盟はコルカタをパキスタン側に帰属させようとしていた。そこで、人口に見合った歳入が確保されるべきだという「その他の要因」を持ち出し、これを可能とするにはコルカタを東側に組み入れるしかないと主張した。コルカタには（東ベンガルで生産されるジュートを加工する）ジュート紡績工場をはじめ、軍事施設、軍需品工場、鉄道工場と路線などがあったが、これらが東パキスタンの経済、交通、防衛にとって不可欠であると考えていたのである［Chatterji 1999: 198-199］[9]。

　以上のような困難な議論を経て、委員会は8月12日に裁定を下している。その結果、西ベンガルと東ベンガルの面積比率は36.4％対63.6％となり、抱える

9）コルカタについて、ラドクリフ卿は総督への報告文のなかで、「コルカタはどちらの国に入れるべきか、あるいは2つの国で分割する何らかの方法があるだろうか」ということが、委員会の問題意識のひとつであったと述べている［Chakrabatti 1999: 168］。

人口は35.1%（2,120万人）対64.9%（3,911万人）となった。各地域での宗派別人口は、西ベンガルでは非ムスリムが75.0%でムスリムが25.0%、東ベンガルではムスリムが70.8%で非ムスリムが29.2%となった［Chakrabarty 1974: 59-60］。宗派比率の点でも、各地域でのマジョリティとマイノリティの比率のバランスがとられた。チャタジー［Chatterji 1999: 206］の指摘に従えば、この裁定は概ね会議派の意向に沿ったものであった。この時、分割によって新たにできるインド側のベンガル州（西ベンガル州）では、独立後にはインド国民会議派が政権を握ることは確実であったのであり、彼らはあえて過度の要求を通して将来問題化しかねない地域や人口を抱え込むよりも、ヒンドゥーのマジョリティが明確となっているよりコンパクトな領域を確保して、将来の州の運営に備えたいと考えていたのである。

ところで、国境画定委員会の裁定は8月12日にはすでに準備されていたものの、実際の公表は8月17日となった。たとえ画定作業が粗雑になったとしても、あえて権力委譲日までに裁定（award）を提出することで、インド国民会議派とムスリム連盟の両陣営も一致していたにもかかわらず、公表は先送りされた［Hodson 1969: 347-348］。チャタジーによれば、先送りはマウントバッテン総督の意向によるものであった。裁定がすでに準備されていることは周知のこととなっており、その公表が遅れることはでたらめな噂を呼び起こすこととなって大きな混乱や悪影響を生むとの諫言に対して、総督はあえてそれを無視した[10]。総督はこの件について、確かに純粋に行政上の見地からすると、直ちに公表することが望ましいが、公表を遅らせた方が、イギリスに対する反感がより少なくなるであろうと、イギリス政府に説明していたというのである。また、チャタジーは、華麗な行列や儀式を好むマウントバッテン総督の個人的な資質が、最後の総督として臨む権力移譲のセレモニーが乱されることを恐れたためであろうとも指摘している［Chatterji 1999: 195］。国境画定案はインドとパキスタンの両陣営にとって決して完全に満足のいくものではなく、公表されると反発が生じるのは必然と予想されていた。よって、その反発がイギリスに向けられ、権力委譲の式典が台無しになることを避けるために公表日をあえて遅らせたというのである[11]。

かくして独立から遅れること数日を経て裁定は公表されたが、やはり各地で混

---

[10] この点について、総督付のアドバイザーであったメノン（V.P. Menon）は、「ラドクリフ卿の裁定は8月13日に準備されていた。マウントバッテン総督は、裁定の受領後直ちにそれを会議派とムスリム連盟の指導者に手渡すつもりであったが、13日には総督はカラチに出かけており、指導者達を招集できなかった。それが可能となった最も早い日が8月17日であった」と述べている［Menon 1957: 402］。

[11] ハドソンも同様に、総督が裁定の公表を権力委譲後としたのは、イギリスへの憎悪が巻き起こることを避けるためと、独立の歓喜が悲嘆へと一転してしまうことを避けるためであったと述べている［Hodson 1969: 351］。

乱が生じた。ムスリムが多数を占め、まさに東ベンガルのムスリムの連なった地域と接していたムルシダバド県では、住民は独立の日にパキスタンの国旗を掲げ、パキスタンの行政機関が業務を開始したにもかかわらず、数日後にはこの県はインドに帰属することとされた。

同様に、ほとんどの住民が非ムスリムであったチッタゴン丘陵地では、住民は8月15日にインドの国旗を掲げたが、数日後にはパキスタンの軍隊によって旗は降ろされた。それだけではなく、当初のこの帰属国家に関する誤解は、チッタゴンの人々の国家への忠誠に関する疑念を、パキスタン政府に生じさせ、その後チッタゴン丘陵地がパキスタンという国家のなかで排斥されることへとつながっていったとされる［van Schendel 2005: 48-49］。

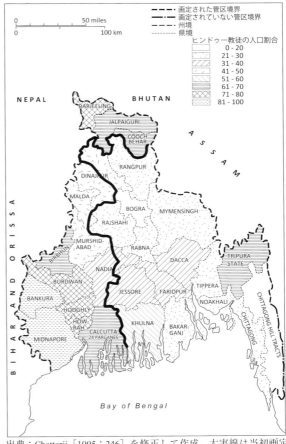

図表1-1 1931年センサス時点のベンガル（100人あたりのヒンドゥー人口）

出典：Chatterji［1995：246］を修正して作成。太実線は当初画定された国境

本論との関連でいえば、この裁定の最大の問題点は、両地域で各宗派の多数が確保されたとはいえ、両地域においてそれぞれ3割近い人口がマイノリティとして置き去りにされていたことである。簡単に国境でムスリムと非ムスリムの間に線を引けるほど、人口分布の状況は単純ではなかった。ムスリムがマジョリティの地域であっても、そこには非ムスリムも混在していたのであり、国境をどのように引こうと、必ずそこには取り残される人々が発生することは必定で

あった。図表1－1「1931年センサス時点のベンガル（100人あたりのヒンドゥー人口）」は、当時の県ごとに人口100人あたりのヒンドゥーの割合を示したものである[12]。ムスリムがマジョリティを占める東ベンガルの諸県においても、かなりのヒンドゥーの人口が存在していたことは明白である。分離によって難民が発生することは、国境画定の当然の帰結であった。

---

12) 図表1－1の国境線によって分けられている領域は、現在のインド・西ベンガル州とバングラデシュ（旧東パキスタン）の領域とは一致していない。例えば、当時アッサム州に入れられていたシレット（Sylhet）地域については本節で検討したラドクリフ卿による委員会とは別の形で審議がなされ、後に一部が東パキスタンに編入された。西ベンガル州側のジョルパイグリ（Jalpaiguri）、ダージリン（Darjeeling）、クチビハル（Coochbehar）の3つの県は、南側のディナジプル（Dinajpur）などと分断されてしまっているが、ひとつの州が飛び地状態になることを避けるために、のちに回廊状のエリアが追加されて接合された。

第2章

分離独立による難民の発生と政策

第1節　南アジアにおける難民問題

　本書で扱う難民は、20世紀において植民地主義の終焉を告げる嚆矢となった、英領インドの分離独立に伴って発生した問題である。それは、植民地主義後の国家形成・再編に伴う痛みであった。そして歴史的にも民族、言語的にも深いつながりのある南アジアの諸地域では、国民国家形成のプロセスは隣接する周辺地域にも多大の影響を与え、国家成立後もそれぞれの国家間の関係を複雑なものとしてきた。南アジア諸国においては、例えば、スリランカではタミル人はマイノリティであるが、インドではタミルナードゥ州というタミル人をマジョリティとする州があり、インドにおいてマイノリティ的な立場にはない。現在のインドではヒンドゥーがマジョリティでムスリムがマイノリティであるのに対して、逆にバングラデシュではムスリムがマジョリティで、ヒンドゥーがマイノリティであるというように、マジョリティとマイノリティが入れ替わる形で共存している。
「難民」や「国内避難民」の発生は、新生国家における国民形成（nation-building）プロセスのひとつの帰結としてみることができる。南アジアでは国民形成において、抑圧ないし排除された宗教的マイノリティやエスニック・マイノリティが難民や国内避難民となって、数多く発生してきた。よってここではまず、分離独立難民の問題を広く南アジア地域のなかで捉え、位置づけておきたい。
　ムニとバラル（Muni, S.D., and Lok Raj Baral［1996: 9-24］）は、南アジア地域における難民問題を、植民地主義の終焉とそれに伴う新しい国民国家の形成のプロセスのなかで捉え、i）植民地主義の終焉に伴う難民、ii）独立後の国民形成に伴う難民、iii）地域外からの難民流入の3つに類型化している。この枠組みに基づいて、南

アジア諸国における難民発生の状況について確認しておきたい[1]。

（1）植民地主義の終焉に伴う難民

西欧列強、特にイギリスの植民地主義の終焉は、南アジア諸国に新しい国民国家の誕生と再編をもたらした。その過程で発生した最大の難民が、本書で扱うインド・パキスタン分離独立に伴う難民である。1951年のインドのセンサスによれば、西パキスタンからは約470万人のヒンドゥーやシク教徒が、東パキスタンからは約255万人のヒンドゥー難民がインドへ流入した［Government of India: 1954］。逆に西パキスタンへは610万人、東パキスタンへは150万人のムスリムが移動したとされる［Bhattachrya 1956: 103］。また、東パキスタンでは分離独立後、1971年のバングラデシュ独立に至るまで、長期にわたって難民流入が継続したことが特徴的である。

イギリス支配の終焉に伴い、ビルマ（ミャンマー）やスリランカにおいても難民が発生した。ビルマではイギリス統治時代には、多数のインド人が専門職や官僚として活動していた。1948年の独立により、ミャンマー政府は公職からインド人を追放した。ミャンマーの市民権を与えられたのはごくわずかであり、多くのインド系の住民が帰還した。

スリランカでは2つのタミル人グループ、すなわち10世紀頃から移住していたスリランカ・タミル人と、イギリスによって労働者としてインドから連れてこられたスリランカ・インド人が存在していた。1948年の独立時には、当時の政府は後者のスリランカ・インド人の市民権を否定し、またインド側も受け入れを拒否したために、90万人の「無国籍者」が発生する事態となった。

（2）独立後の国民形成に伴う難民

植民地主義の終焉後、独立した国々はそれぞれの国民形成を進めたが、その過程でエスニックな問題や経済的要因と絡みながら、多くの宗教的マイノリティが難民化した。東パキスタンからは、分離独立以降もヒンドゥー・マイノリティがインドへ移住を続け、1971年にバングラデシュとして独立した際には、750万人［Government of West Bengal 1981: 1］もの難民がインド側へ流入した。バングラデシュには「残留パキスタン人（stranded Pakistani）」と呼ばれる人々が現在でも存在する。

---

1) 紙幅の関係上、南アジア諸国の難民の現況についての詳しい記述は省く。Nakatani［2003］及び、UNHCR (United Nations High Commissioner for Refugees)、USCRI (U.S. Committee for Refugees and Immigrants)、SAFHR (South Asia Forum for Human Rights)、SAHRDC (South Asia Human Rights Documentation Centre) などを参照のこと。

彼らはインドのビハール州出身で、分離独立時には難民化して東パキスタンに移動した。しかし、バングラデシュの独立時には、彼らは独立に反対し、西パキスタンに協力したとみなされ、バングラデシュの市民権を否定されて、国内避難民化した[2]。

　スリランカでは、植民地時代にはスリランカ・タミル人が高等教育、専門職、公職などを独占していた。しかし、独立後には、多数派である仏教徒のシンハラ人との摩擦が生じた。国民形成は仏教やシンハラ・ナショナリズムを軸に運営されるようになり、高等教育や雇用でシンハラ人優遇政策が採られるようになった。1983年には深刻な民族暴動が生じて、多数のタミル人が国内避難民化、あるいは難民化してインド、欧州、米国、カナダ、オーストラリアなど世界中に流出した。

　この他にも、ムスリムが支配的なバングラデシュから逃れたチャクマ仏教徒や、仏教国のブータンから逃れたネパール系住民なども存在している。いずれも、各国が特定の宗教やエスニシティに基づく国民統合を進めようとする過程で、それに合致しない人々が難民化している。

（3）地域外からの難民流入

　南アジア諸国外からの難民流入として最も注目を浴びてきたのは、1959年にダライ・ラマとともにチベットからインドへ逃れてきたチベット難民である。チベット難民は身分証や労働許可を与えられ、10万人以上がインドで生活している。ミャンマーからはロヒンギャ・ムスリムがバングラデシュへ流入している。

　このように、南アジア地域では各地で国民国家の形成が進む過程において、それぞれのナショナル・アイデンティティの確立が模索され、その結果としてそれに合致しない人々（マイノリティ）が難民化や国内避難民化してきたのである。分離独立による難民の場合、歴史や文化を共有し、共通のエスニックな特徴を有する人々が居住する地域が、国境によって唐突に分断され、宗教を基準に所属する国家を選ぶことを強いられた。人々は平和裡にどちらかの国家を選択できたのではなく、凄惨な暴力や日常的な社会・経済的な迫害によって、非自発的な移動を強いられた。

2）「残留パキスタン人」については拙稿［中谷 2004］を参照のこと。

第2節　分離独立による難民の発生と難民移動

（1）東パキスタンからの難民流入状況

　分離独立に伴う難民は、インド亜大陸の東西の2つの地域で発生した。パキスタンは、インドを挟む東西2つの地域から構成される飛び地国家であった。西パキスタンと東パキスタンが、1,500キロも離れた地域でインドと国境を接していたのである。難民は双方の地域で発生したが、その動向は大きく異なっていた。端的にいえば、西パキスタンからの難民移動は短期間のうちに完了し、難民リハビリテーションも迅速に実施されて、問題は早期に解決したとされるのに対して、東パキスタンからの難民流入は20年以上にわたって継続し、リハビリテーションは多大の困難を伴い、かなりの年月を要した。

　西パキスタンからは、1948年半ばまでに500万人以上のヒンドゥーやシク教徒の難民がインド側へと移動し、この時まで西パキスタンに残っていたのはわずか数千名であったといわれる［Rao 1967: 141］[3]。難民の移動があまりにも急であったために、西パキスタンからの難民移動は、1948年までのわずかの期間のうちに完了したとされる。西パキスタンのなかでも、特にパンジャーブ地域から多くの難民がインド側（パンジャーブもベンガル同様分割されたので、インド側のパンジャーブへ）へと流入した。第3部でも触れるように、パンジャービー難民は、首都のデリーへも多数流入している。

　これに対して、東パキスタンからの難民移動は長期にわたって途切れることなく継続していた。図表2－1「東パキスタンからの難民移動の動向」は、東パキスタンから西ベンガル州への難民流入者数、及び西ベンガル州以外の州への流入者数を示している。東パキスタン難民は、分割された反対側のベンガル、すなわち東パキスタンと接する西ベンガル州への移動だけではなく、周辺のアッサム州、トリプラ州、ビハール州、オリッサ（オディシャー）州などへも多数が流入した。

　東パキスタンからの難民流出には、いくつもの波がみられるが、それらは東パキスタンにおけるコミュナル状況や政治過程によって引き起こされたものであ

---

[3] センサスなどの政府統計が示す数値は実際よりも低く、全体像を示していないとの見解は多く示されてきた（例えば、Gupta［1993: 23］；Haque［1995: 196］；Kudaisya［1995: 73］など）。西パキスタン側における難民移動に関しては、Elahi and Sultana［1991: 22］は約500万人の非ムスリムがインド側へ、約600万人のムスリムがパキスタン側へ移動したと見積もっている。Keller［1975: 37］の推計はさらに高く、約750万人の非ムスリムがインド側へ、約600万人のムスリムがパキスタン側へ移動したとしている。

図表2－1　東パキスタンからの難民移動の動向（人）

年	西ベンガル州	その他の州	計
1946～52	2,518,000	573,000	3,091,000
1953	61,000	15,000	76,000
1954	104,000	17,000	121,000
1955	212,000	29,000	241,000
1956	247,000	334,000	581,000
1957	4,000	2,000	6,000
1958	5,000	0	5,000
1959	5,000	1,000	6,000
1960	9,000	1,000	10,000
1961	10,000	1,000	11,000
1962	13,000	1,000	14,000
1963	14,000	2,000	16,000
1964	419,000	274,000	693,000
1965	81,000	26,000	107,000
1966	4,000	4,000	8,000
1967	5,000	19,000	24,000
1968	4,000	8,000	12,000
1969	4,000	6,000	10,000
1970	233,000	18,000	251,000
1971（3月まで）	7,000	2,000	9,000
計	3,959,000	1,333,000	5,292,000

出典：Government of India 1976, Appendix-IIIをもとに作成

る。従って、難民の大量移動は平和裡に自発的に生じたのではなく、多くの場合に暴動や政情不安による治安悪化状況から避難するために、非自発的な移動として生じたのであり、分離独立の1947年が難民発生のピークであった訳ではない。実のところ、ベンガルでは人口の流出・流入は独立前から始まっていた。前章で述べたように、ムスリム連盟がパキスタン獲得のための「直接行動の日（direct action）」として1946年8月16日を定めたことは、カルカッタ（コルカタ）での凄惨な殺戮、暴動を引き起こした。暴動の火の手は、ベンガル南部ノアカリやティッペラ（クミッラ）とへ波及し、さらにビハール州、パンジャーブ州、北西辺境州へと野火のごとく広まっていった［同上：4］。独立前のこの暴動によって、すでに難民は発生していたのである。

その後、1947年7月の分離独立から暫くは、人の移動はむしろ小康状態を保っていた。設置直後の「レリーフ・リハビリテーション省（Ministry of Relief and Rehabilitation）」の年次報告書では、「東ベンガルから西ベンガルへの非ムスリムの移住はとても遅い。分離以降には東ベンガルではコミュナル暴動が発生していないが、経済面での不安のためにミドル・クラスは移住を開始している」と述べられていた［Government of India 1947-48: 6］。

　しかし、この小康状態はすぐに打ち破られることとなった。1948年9月にはインド中央部、ムスリムの藩王が統治するハイデラバード藩王国がインド政府によって武力によって併合される事態が生じた。これによるムスリムからの報復を恐れたヒンドゥーが東パキスタンから流出した[4]。そして1949年末からは、東パキスタン南部のクルナ、ボリシャルなどの地域で反ヒンドゥー暴動が発生したことで、1950年に難民流出のピークをみた。この間の西ベンガル州への難民流入の状況をみておくと、1946年は1.4万人、1947年は25.8万人、1948年は59.0万人、1949年は18.2万人、1950年は118.2万人、1951年は14.0万人、1952年は15.2万人となっていた［Chatterjee 1992: 27］。

　難民の発生は1950年代以降も継続している。1950年代半ばには、東パキスタンにおいて、パキスタンの国語をウルドゥー語のみとすることに反対し、ベンガル語も国語化することを求める言語運動が高まったことや、東パキスタンの自治権獲得問題などによる政情不安によって、難民の発生は続いた。1960年代では、1963年末にカシュミールのモスクで祀られていた、預言者ムハンマドのものとされる聖髪が紛失する事件が発生し、これがヒンドゥーの仕業であるとの噂が広がり、この混乱が飛び火して、東パキスタンと西ベンガル州の双方の地域において、ヒンドゥーへの攻撃とその仕返しによって大きな暴動が発生した。これによって西ベンガル州へは約42万人もの難民が流入している。この前後においても数千人単位での難民流入は継続している。

　そして、1971年のバングラデシュ独立前夜の時期における政情不安によって1970年にも大きな難民流入をみている。図表2－1で引用している政府統計では、1971年3月までの数値しか示されていないが、これは同年3月26日に「独立ベンガル放送」を通じて、バングラデシュの独立が宣言されたことを踏まえてのことである。しかし、バングラデシュ独立に絡む難民移動が本格化するのは、むしろ独立宣言がなされて以降である。独立宣言を受けて、西パキスタン政府による

4）序章で取り上げたように、藩王国の統合問題のなかで最終的にハイデラバードはインドに併合された。東パキスタンはハイデラバードから遠く離れていたが、当時（そして現在に至るまで）、国境を跨いでコミュナル暴動が飛び火するのが常であった。

弾圧は過酷を極めるようになり、一般住民へも無差別の攻撃が加えられるようになった。農村部へ移動したゲリラに対しても攻撃が加えられたことで、農村部からの一般農民の難民化も引き起こした。12月3日からはインドが参戦して、第3次インド・パキスタン戦争となり、12月16日にはパキスタン軍が降伏した。この一連の事態において、1971年には750万人もの難民が発生した。パキスタン軍が降伏して戦争が終結したことで、多数の人々はバングラデシュに帰還したものの、西ベンガル州内に留まった人々も相当な数にのぼったと考えられている［Government of West Bengal 1981: 1］。

（2）難民統計と分布

　図表2－1では、1971年3月31日までの西ベンガル州への難民流入者数は3,959,000となっているが、1974年に西ベンガル州政府の難民レリーフ・リハビリテーション局（Refugee Relief and Rehabilitation Department）が作成した提案書（proposal）では、1973年12月末時点の集計として、西ベンガル州全体の難民数を5,999,475人としている。これは当時の州人口の13.5％を占めていた［Government of West Bengal 1974: 9］。この2つの統計の差異は約200万人である。これを一概にバングラデシュ独立の混乱によって流入し、帰還せずに残留した人口とみなすことはできないが、ひとつの目安とはなろう。

　西ベンガル州政府が、レポート等で明確な県別内訳も含めて難民統計を示しているのはこの1973年末までである。しかし州内の難民問題を再検討するために、西ベンガル州が1978年12月に設置した難民リハビリテーション委員会（Refugee Rehabilitation Committee）は、その1981年の報告書において、西ベンガル州内の1981年時点での難民人口は少なくとも約800万人で、州全体の人口の約6分の1を占めるとしている［Government of West Bengal 1981: 1］[5]。この数値は人口増加率を算入した推計であり、大雑把なものにすぎないが、1970年代を経ての州政府による難民人口の規模に関する認識を示している[6]。

---

[5] 約800万人という数値は、1971～81年の10年間での州人口の増加率24％を1971年3月末時点の難民人口5,999,475人にも適用して、この間の増加を約144万人とし、それに難民人口統計からはそれまで除外されていた1950年以降の不法占拠コロニーの人口21万人を加えたもので、600万人＋144万人＋21万人＝765万人、つまり大まかに800万人であると説明されている。

[6] 難民人口に関するデータは、中央政府（リハビリテーション省）によるもの、西ベンガル州政府（難民レリーフ・リハビリテーション局）によるもの、州議会での議事録における数値、センサスの数値などがあるが、それぞれの集計年の相違もあり、一定していない。本稿では、1973年末時点で5,999,475人という数値を当局による最終的な公的集計と考えておきたい。ただし、この数値にしても国境にある政府のチェックポストを通過した人数など、政府が直接把握できた人数にすぎない［Bhattacharya 1956: 100］。第2部でみるように、チェックポストを通ってボーダー・スリップ（通過確認書）などの

西ベンガル州内の難民人口の分布状況には、大きな特徴がみられる。1973 年 3 月 31 日の時点でみると、県（district）別で最も多くの難民人口が分布しているのが 24 ポルゴナス（24 Parganas）県（1,650,000 人）で、次いでノディア（Nadia）県（1,500,750 人）、コルカタ（900,000 人）である［Government of West Bengal 1974: 5-9］。この 3 つの県で 67.5％もの難民人口を受け入れていた。図表 2 － 2「西ベンガル州における難民人口の分布」は、1973 年時点での西ベンガル州内の各県の人口と難民人口をそれぞれ表している。白い外側の丸枠が県人口で、内側の網かけ丸枠が難民人口である。大都市コルカタ、その南側に 24 ポルゴナス県、北側にノディア県が連なる形となっている。この地理的分布は、コルカタを挟みながら、東パキスタンとのボーダー沿いに南北に広がる巨大な難民ベルト地帯が形成されていたことを物語っている。難民達は、鉄道で移動した際の終着駅であり、また、就業機会の点でも有利と考えられるコルカタや東パキスタンから国境を越えたすぐ隣のボーダー地帯に多く流入しているのである。なかでも、ノディア県は県人口を示す外枠に難民人口を示す内枠が迫っている。つまり、県人口の多数を難民人口が占めていることを示している。

　都市－農村別の分布でみると、農村再定住者の割合は、ノディア県で 75％、24 ポルゴナス県で 45.7％、コルカタでは 0％である。州全体でみると、都市再定住者の割合が 45.5％で農村定住者が 54.6％である［Government of West Bengal 1974: 5］。ただし、農村部への再定住者のすべてが農業従事者という訳ではない。農村再定住者の割合が最も高いノディア県においても、農業従事者は農村再定住者のうちの 52.1％にすぎない。次節でみるように、西ベンガル州には十分な土地の余剰がなかったために、農民出身の難民が移住したとしても、必ずしも農地の提供ができなかったのである。よって、農村部のみならず、コルカタとその周辺の都市部へも大きな難民人口の流入が見られることとなった。

　州都のコルカタでは、独立前にはそれぞれ離れて独立していた住宅地が、難民人口流入による宅地の拡大によって、互いに接してしまうほどであった。さらに難民達は、コルカタの都市内部の公有地と私有地の別を問わず空き地を不法占拠し、周辺部の荒れ地や湿地などの未整備地にも侵入するようになり、コルカタの北部や南部の市街地も大きく拡大した。特に、ミドル・クラスに属する難民の多

書類を得ている人は少ないし、第 3 部でみるように、東ベンガルを故郷としながら、独立以前からコルカタなどの現インド側に居住していた人々も含まれていない。このように、当局によってカウントされていない人口はかなりの規模にのぼると推定されるので、実際の難民人口は政府の示す統計よりもはるかに多いと考えざるを得ない。この点、西ベンガル州政府の 1981 年報告書も、（チェックポストのない）無人の 1,200 マイルものボーダーを越えてくる人々についての公的記録はなく、正確な数の把握はできないことを述べている［Government of West Bengal 1981: 1］。

図表2－2　西ベンガル州における難民人口の分布

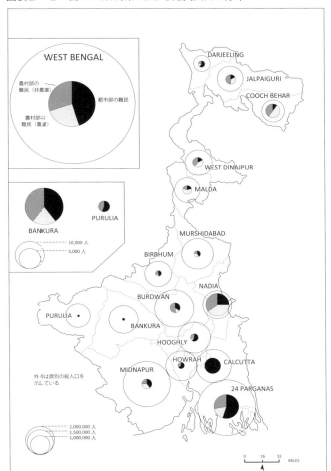

出典：Chatterjee［1978：59］より作成

くは、農村部よりもコルカタ周辺に居住することを希望したので、彼らがそうした周辺部に住み着くことでも、不法占拠を含む難民コロニーの形成がなされていった［Chaudhuri 1983: 21］。そして、特に広大な未開拓地が広がっていた南部において、難民居住地は次第にミドル・クラスと労働者クラスが混在する市街地（township）に転化され、また後に合法化されていった［Sen 1992: 11-12］。

　難民移動には様々な動因や個々の難民の事情などが絡みあっているので、単純な類型化はできないが、ここでは最後に、クラス（階級）によって大まかに移動

の時期が異なることのみ指摘しておきたい。端的にいえば、より上位のクラスほど早く移動しているということである。Chatterjee［1990］は、これを3つの時期に分けて説明する。まず、1946〜49年の早期には、アッパー・クラスとミドル・クラスが移動している。これらの人々は独立前から西ベンガル州、特にコルカタで働いていたり、親族がいたりして、西側とのつながりを持っていた人々である。また、独立前から中央政府公務員として働いていた人々には、独立時にインド政府とパキスタン政府のどちらに所属するかの選択権が与えられていたので、選択によってインドを選んだ人々も含まれている。よって、現地でボドロロク[7]と呼ばれたこれらの人々は、西ベンガル側に来てもキャンプに頼る必要もなく、必ずしも難民の統計には含まれていない。うえの段落で述べたミドル・クラスとはこのような人々のことである。2つめの時期は1949年末からの暴動の時期で、多くは農村部での土地所有農民、商人、職人などであった。そして3つめは、1951年以降の時期で、低カーストの人々を主としていた。筆者による現地調査においても、地主などの村の指導者が出ていったので、後から自分達も村を出たという低カーストの人々の説明があり、大まかにはこのようなパターンがあったと考えられる。

第3節　難民政策

（1）パンジャーブとベンガルにおける難民への政府対応の相違

　西パキスタンと東パキスタンにおける難民をめぐる状況の相違は、難民の流入動向だけではなく、難民に対する政策においてもみられる。西パキスタンからインドに向かう難民については、当初こそ両国政府は難民の移動を制限しようと考えたものの、すぐに方針は変更された。1947年のうちに「軍避難組織（Military Evacuation Organization）」が両国に設置されて、政策的・組織的に両国からの難民移動が推し進められた［Rao 1967: 12-13］。その過程では、流血の惨事、難民列車への襲撃、婦女子の誘拐など、多くの深刻な問題も生じたが、インド西部では難民移動がより早期に終結した。双方向での人口移動が生じたために、こちら側ではいわゆる「人口交換（exchange of population）」といわれる状況が生じた。これによって、

7）ボドロロクとは、序論でも触れたようにベンガル人の高カースト・ヒンドゥー教徒のミドル・クラス層のことで、イギリスによるインド統治下において、英語教育を受け、政府の役人や弁護士などのホワイトカラー職に就いていた人々である。これについてはあらためて取り上げる。

インド側パンジャーブ州では、出ていったムスリムが残置した財産（避難者財産/evacuee properties）を、流入してきた難民のリハビリテーションに活用することができた［Chaudhuri 1983: 5］。

　移住前に土地に生計を依存していた農民にとっては土地の有無は死活問題であった。そこで、政府は西パキスタンで所有していた土地の規模に応じて一時的に土地を配分する「準恒久的土地配分スキーム」（Quasi-permanent Land Allotment Scheme）を1948年に導入した。さらに、正規の所有権につながる「避難民（補償と復興）法」（Displaced Persons (Compensation and Rehabilitation) Act 1954）が後に施行された［Rao 1967: 48-54］。その流れは次のようなものであった。

　まず、分離独立直後には農民出身の難民を早急にリハビリテーションするために、移住前の土地所有の規模と実態に関わりなく、暫定的な土地配分が試みられた。しかし、複数カ所での土地獲得を企む違法なケースが発生するなど混乱した。これを全面的に是正するために導入されたのが、移住前の土地所有規模に応じた土地配分を目的とした「準恒久的土地配分スキーム」であった。それでも導入の当初、西パキスタン側に残してきた土地に関する要求（claims）は実際よりも誇張されたものが多いことが問題となった。そこでパキスタン側と土地に関する書類を相互交換することになったが、十分に入手できたのは西パンジャーブに関するものだけであった。よって、実質的に準恒久ベースでの土地配分が認められたのは、西パンジャーブ地域から来て、東パンジャーブ地域とPEPSU（Patiala and East Punjab States Union）地域に土地を求める難民のみであった。西パンジャーブ側の避難者財産が673万エーカーであったのに対し、東パンジャーブ側のそれは473.5万エーカーであったので、その差を埋めるべく、元々の大規模土地所有者ほど配分する土地面積の削減率を高くするなどの措置も採られた。その後、上記スキームのままでは土地名義は土地を残置していったムスリムの名義（所有）のままだったので、「避難民（補償と復興）法」によって、一旦、中央政府に土地の権利を移行させ、そのうえで避難民に土地を再配分した［同上］。

　こうした政策によって、西パキスタンにおいて土地を所有していた避難民に対しては、1950～51年度までに47.7万世帯に対して、「準恒久」ベースでパンジャーブに残されたムスリムの避難者財産が配分された。その後、「避難民（補償と復興）法」によって27万件の準恒久的配分の土地が正規所有権（property right）に転換された。都市部では、住居の供給（避難者財産の住居に入れたのは半数のみ）や都市居住に応じた職業の獲得などにおいて様々な問題があったのに対して、避難者財産の土地があったために農村部でのリハビリテーションは順調に進展した［Government of India 1961:725-29〕。

　これら措置によって、インド政府は早くも第2次五カ年計画（1956～61年）において、西パキスタンからの難民に関しては、「西パキスタン避難民をリハビリテーションする事業の大方は、第1次五カ年計画（1951～56年）が終了するまでに完了している」と述べているのである〔Government of India 1956: 611〕。

　対して、東パキスタン難民については、第2次五カ年計画（1956～61年）は、第1次五カ年計画の期間中に383万人の移住者のうち、38.8万世帯に土地や補助的職業を提供したこと、難民は西ベンガル州のみならず他州にも向かっていること、政府ローンによって難民向けに、35万の住居が建設されたこと、2.2万人が職業訓練を受けたこと、ビジネス・ローンを8.8万の家族に提供したことなどを述べながら、継続的な流入がリハビリテーションの問題を難しくしていると指摘している〔同上〕。第3次五カ年計画（1961～66年）は第2次五カ年計画までを振り返り、東パキスタンからの難民についても第1次と第2次計画期間中に対応され、住宅ローン、雇用創出、職業訓練、医療施設や学校の設立など各種の支援がなされてきたものの、継続的な流入や西ベンガル州内での土地不足や経済的なプレッシャーによって、リハビリテーションは困難であること、土地不足への対応のために、他州へも移住が促進されていることを述べている〔Government of India 1961: 725-727〕。

　第3次五カ年計画ではまた、これまで東パキスタン難民の対応には困難が伴ってきたと振り返りながらも、第3次の計画期間中については、「難民のリハビリテーションの仕事は徐々に終わりに近づいている」、「難民のリハビリテーションは、国家、州、地域の経済再建のなかに組み込まれているのであり、リハビリテーションと開発の統合こそが、難民の経済への迅速な吸収を可能とする」と述べている〔同上〕。ここには、リハビリテーションを経済開発のプロセスのなかに発展的に解消しようとする姿勢が見てとれる。

　しかし、大量の難民を受け入れていた西ベンガル州政府は、このような判断は時期尚早であると感じていた。西ベンガル州政府が1973年に独自に作成した難民リハビリテーションのためのマスタープランは、中央政府がまともにベンガルの問題に取り組みだしたのは、1955年頃からであるにもかかわらず、その5年後には、問題はすでに「残余（residual）」の段階であるとして、幕を引こうとした〔Government of West Bengal 1973: 4〕と批判している。1977年、政権が左翼戦線（Left Front）になってからも、中央政府の判断は客観性を欠いているとして、早く幕引きがしたい中央政府の態度を牽制している〔Government of West Bengal 1981: i〕。

このような、積極的とはいいがたい中央政府の東パキスタン難民に対する姿勢にはいくつかの理由がある。まず西パキスタンからの難民が大量に流入したパンジャーブ州との比較でいえば、地政学的にみて首都デリーと近距離で、かつデリーにも多数のパンジャーブ難民が流入するなかで、パキスタンと接するパンジャーブ州の安定化が、優先されたであろうことは想像に難くない。次に、東側では継続的な難民流入がいつ終結するのかが予測不能であったので、最終的に支援対象とすべき人口の規模が不明であった。さらに、西ベンガル州の面積は分割前のベンガルの3分の1近くに縮小したところに、1951年の時点ですでに自然増加率に換算すれば50年分の人口増加を抱えるほどの急激な人口流入に見舞われ、人口圧力が上昇していた。にもかかわらず、パンジャーブのような人口交換はおこなわれず、難民の移動はもっぱら東パキスタンからインド側への一方通行であったばかりではなく、一旦東パキスタンに向かったムスリム難民のかなりが、インド側へと舞い戻ってきていたといわれている［Rao 1967: 28］。

　よって、西ベンガル州内に残された流出ムスリムの残置財産はわずかであった。また、そもそもベンガル地域では、パキスタン側へ流出したムスリムの多くは貧しい下層農民が多く、難民のリハビリテーションに転用できるほどの土地を残さなかったのである［Kudaisya 1995: 89］。このような事情が、パンジャーブでは可能であった「補償（compensation）」という概念、つまりパキスタン側に残してきて失ってしまった財に対する補償、具体的には流出したムスリムの土地を代替として与えるという形での補償を困難としていた。実際のところ、うえに述べた「避難民（補償と復興）法」は西パキスタンからの避難民のみを対象としていた。

　西ベンガル州政府は、上述の1973年マスタープランにおいて、西ベンガル州では難民のリハビリテーションは、ごく部分的にしか達成されていないと述べている。さらに、西パキスタンからの難民のリハビリテーション問題が早期に解決されたことに関して、西パキスタンに残してきた財産に対する補償が迅速に支払われた（1971年3月31日までに19.1億ルピー）ことが鍵となっていたにもかかわらず、東パキスタンに残された財産に対する補償は全くなされていないとして、金銭的な補償についても差別があると主張している［Government of West Bengal 1973: 7-8］[8]。

　中央政府が東パキスタン難民の受け入れに消極的な姿勢を示していたと思われ

---

8) この点については、それぞれの国におけるマイノリティの保護を定めた「ネルー・リヤーカト協定」（1950年）によって、名目的には東パキスタンに残された財産に対する権利がまだ有効であったことを盾に、このような差別的な対応がなされたとマスタープランは述べている［Government of West Bengal 1973: 7-8］。「ネルー・リヤーカト協定」及び協定に至るまでのコミュナル暴動に関しては佐藤宏［2004a; 2005a; 2005b］に詳しい。

るもうひとつの理由は、ベンガルでは難民流入は一時的なものであり、東パキスタンの状況が回復すれば帰還すると考えられて（期待されて）いたことである。そこでパンジャーブ地域のように、わざわざ政府が政策的に移動を補助する必要はないと考えられ、当初は恒久的な再定住につながるリハビリテーションではなく、一時的な救援措置であるレリーフ（relief）のみが実施されていた。

さらには、流入そのものを抑制する政策が採られてきた。例えば、1950年には両国間でそれぞれの国内のマイノリティ保護を定めた「ネルー・リヤーカト協定（Nehru-Liaquat Pact）」が結ばれた。しかし協定は遵守されず、東パキスタンに残っていたヒンドゥーに安心を与えるものではなかったために、流出は継続した［Bengal Rehabilitation Organization 1950: 1-3］。

1952年にはパスポート・システムが導入された。この時までは両国間の国境は開かれていたのであり、自由な往来があった。これをパスポートの導入によって制御しようとしたが、国境が閉ざされるかも知れないという不安を駆り立てることになり、導入直前の駆け込み流入を招いた。1956年には、「移住証明書（migration certificate）」の制度を導入して、合法的移住の道筋をつけることで流入抑制が図られた。しかしこの時期は、国語問題などで東パキスタンの状況は不安定化しており、流入は抑制されなかった。その後、1958年4月以降の流入者に対しては、いかなる支援もしないと決定することでも、流入の抑制が図られたが、流入は止まらず、1963年末の聖髪紛失事件以降には大量の流入をみることとなった。中央政府の難民流入抑制の施策は有効性を持たなかったのである。

（2）西ベンガル州におけるレリーフとリハビリテーション

分離独立を契機に大量の難民が発生した当時、中央政府は1947年9月に「レリーフ・リハビリテーション省（Ministry of Relief and Rehabilitation）」を設置して対応した［Rao 1967: 11］。しかし、「設置当初の主たる役割は、西パキスタンからの非ムスリムの退避、受け入れ、レリーフを進めること」［Government of India 1947-48: 1］とされており、西パキスタンからの難民支援が優先されていた。

この省はその後、再編成を繰り返しながらレリーフ・リハビリテーション局として機能し続けてきた。同様に、西ベンガル州政府においてもすでに引用した「難民レリーフ・リハビリテーション局」が設置された。難民対策は中央政府主導のもとに、州政府との共同により実施された。

中央政府と州政府は、難民問題について調査委員会を設置して、評価をおこなってきた。西ベンガル州の難民対策の正念場は1950年代といってよいが、その時

期に実際の難民施策のベースとなったのが、1954年に作成された「西ベンガル州における避難民リハビリテーションのための諸大臣委員会報告書（Report of the Committee of Ministers for the Rehabilitation of Displaced Persons in West Bengal）」である。中央政府は、西ベンガル州においてそれまでに実施されたレリーフとリハビリテーションの全体を再検討することを決定し、まず「実態調査委員会（Fact Finding Committee）」を結成した。同委員会が1953年6月に提出した調査報告と提言にもとづいて作成されたのが、この諸大臣委員会（中央政府の財務、リハビリテーションの担当大臣と西ベンガル州の首相から構成されていた）の報告書である［Government of West Bengal 1954: 1-2］。この報告書の内容は、第4章においてあらためて取り上げる。

　1960年代に入ると、中央政府は1961〜62年におこなった評価作業に基づいて、「西ベンガル州におけるリハビリテーション評価委員会（Committee of Review of Rehabilitation Work in West Bengal）」を1967年1月に立ち上げた。この委員会はその後1974年6月まで存続し、その間にテーマごとに24種もの評価報告書を作成している。さらに、中央政府レベルでは、1975年5月の担当大臣の声明に基づいて「西ベンガル州でのリハビリテーションに関する残余問題検討委員会（Working Group on the Residual Problem of Rehabilitation in West Bengal）」が設置され、その報告書が1976年3月に提出されている［Government of India 1976］。その目的は、東パキスタン難民問題に関する「残余問題」を整理することで、i) 継続すべきまたは導入すべきスキームを特定し、ii) 可能な限りそれらを州政府による通常の開発スキームと統合し、iii) そのための必要な財政支援を査定することであった［同上: 3］[9]。よって、この報告書にはそれまで西ベンガル州で実施されてきたレリーフやリハビリテーションの実績、中央政府による難民問題の認識や基本的な政策について網羅的に記述されており、総まとめ的な報告書となっている。

　一方、州政府は中央政府の第5次五カ年計画（1974〜79年）の策定にあわせる形で、すでに触れた独自のマスタープランである「西ベンガル州における避難民の経済的リハビリテーションのためのマスタープラン（A Master Plan for Economic Rehabilitation of Displaced Persons in West Bengal）」を1973年に作成している。このマスタープランを作成した州政府の難民レリーフ・リハビリテーション局の局長は、はし

---

9) 検討の結果、継続すべきスキームとして提起されているのは、1950年までに成立した政府コロニー及び不法占拠コロニーのための土地取得、旧キャンプ収容者向けのハウジングローンや土地取得、新移住者対象の教育施設、難民女性対象の職業訓練、旧移民対象の医療施設などである。新たに導入すべきスキームとしては、農村部における小規模農民・限界農民・農業労働者向け支援、各種難民コロニーの開発と維持、1950年以降コロニーにおける家屋土地に対する所有権付与、タイプ・スキーム債務者の債務免除、新移住者向けの医療施設設置などが挙げられ、これらはすべて可能な限り州政府の開発スキームと統合することとされている［Government of India 1976: 67-72］。

がきにおいて「計画の実施はもとより計画の完成も中央政府にかかっているのであり、早期の考慮を促すためにこれを作成した」と述べている［Government of West Bengal 1973: 頁番号なし］。財源を握られていた州政府は、難民政策において中央政府に依存せざるを得なかったのである。州政府は左翼政権に政権交代した直後の1978年にも、「難民リハビリテーション委員会」を設置して、1981年に「難民リハビリテーション委員会報告書（Refugee Rehabilitation Committee Report）」［Government of West Bengal 1981］を作成しているが、そのいずれにおいても、中央政府が東パキスタン難民の問題をすでに終結に近いとしていることを批判していることは、すでに述べたとおりである[10]。

州政府と中央政府による見解の相違はあれど、以下では1970年代半ばまでの総まとめ的な内容を記述となっている1976年作成の中央政府による残余問題検討委員会報告書（以下「検討委員会報告書」）に基づき、西ベンガル州において実施されてきたリハビリテーションの概要についてみておきたい。

1）難民認定

検討委員会報告書によれば、東パキスタンからの流入者はその流入時期により3つのグループに分類される。

i) 1946年10月から1958年3月の間に移住した旧移住者（Old Migrants）
411.7万人。このうち西ベンガル州に流入したのは314.7万人、流入後に同州内に留まったのが約313.2万人。旧移住者は同州内でリハビリテーションを受ける資格がありとされた。

ii) 1958年4月から1963年12月の間に移住した者
正確な数は不明だが一時6.1万人を数えた。うち、5.5万人が西ベンガル州に流入した。政府はさらなる流入を阻止するため、1958年4月以降の流入者は支援しないと決定した。よって、この期間中の移住者は政府によるいかなるレリーフ及びリハビリテーション援助も受けられない。

---

10) 州政府の1981年の報告書は、「西ベンガル州におけるリハビリテーション評価委員会」によって出された数々の提言は、結局のところ中央政府によって十分には実施されなかったと述べているが［Government of West Bengal 1981: 2］、1976年の残余問題検討委員会報告書は、第5次五カ年計画の策定ではこの問題のための作業部会が設置されて、上記評価委員会の提言も州政府のマスタープランの内容も盛り込まれているとしている［Government of India 1976: 2］。実際のところどれほどそれらが反映されているのかを判断するのは困難であるが、中央政府と州政府との認識の相違は常に存在していたことは確かである。

iii) 1964年1月から1971年3月の間に移住した新移住者（New Migrants）
111.4万人。この期間の移住者に対しては、政府は西ベンガル州以外のレリーフ・キャンプに入り、州外に再定住する意向の者のみ援助すると決定。だがこの期間中の西ベンガル州への流入者は75.5万人あり、うち60万人が西ベンガル州内に留まった［Government of India 1976: 5-6; Appendix III: iv-v］。

このような、i）「旧移住者」と iii）「新移住者」、そしてその狭間で何の支援も受けられない ii）の移住者の扱いは、西ベンガル州への流入状況と政府の対応姿勢を明確に示している。「旧移住者」は分離独立とその後の暴動や政情不安による継続的な流入に対応したものである。従って、基本的に西ベンガル州内でのリハビリテーションが目指された。1958年という区切りは、前年に流入数が急減したことを受けて、西ベンガル州内の難民受け入れキャンプを閉鎖して、恒常的なリハビリテーションを中心とした施策へと移行しようとしたためである。このあたりでもう難民の発生は終焉にきたと考えて、この時期までの流入者のみを支援対象とした。

ところが、それからも流入が完全に終結することはなく、少しずつ増加し、すでに述べた1963年末の聖髪紛失事件によって、1964年には全体で70万人近い難民が発生してしまった。そして、バングラデシュ独立に至るまでの政情不安によって、新たな流入を被った。この時期の大量流入を受けて、「新移住者」という新たなカテゴリーが設けられたのである。

1958年にはもうひとつの意味がある。この年は、東パキスタン難民のリハビリテーションのために、マディヤ・プラデーシュ州とオリッサ州の州境にまたがるドンドカロンノ（Dandakaranya）という地域に大規模な難民コロニーを建設する計画が開始された年でもある。西ベンガル州での難民リハビリテーションは、この頃までにすでに限界に達していた。流入は1958年以前であっても、長くキャンプに滞在していた難民も含めて、ドンドカロンノには実際に多数の難民が送致された。

以下に示す内容は、基本的に西ベンガル州内で支援の対象となった「旧移住者」に対するものである。

2）レリーフとリハビリテーション

流入者に対する支援は、大きく分けて流入当初の緊急の必要を助ける「レリー

フ」段階と、より恒久的な再定住を支援する「リハビリテーション」に分類される。難民発生の当初から州政府はレリーフ・キャンプを開設し、食料、衣類、シェルター、医療などの分野での支援をおこなった。だが旧移住者の75％はキャンプへ入ろうとしなかった。彼らには友人や親族、あるいは独立以前からすでに西ベンガル側に居住していた家族がいたからである。一方、孤児や身寄りのない女性のためには収容施設（ホーム）が設置された。

1958年7月には、西ベンガル州内のレリーフ・キャンプをすべて閉鎖し、キャンプにいた1万世帯は州内に留めるものの、残りはドンドカロンノを含む州外に再定住させることが決定された。農民世帯はリハビリテーションのためにドンドカロンノへ行くか、あるいは6か月分の現金支給（cash dole）をもらってキャンプを追い出されるかの選択を迫られた。1961年9月、キャンプは公式的には閉鎖されたが、閉鎖後も約1万の家族が政府支援なしにキャンプに居住し続けた。

リハビリテーションでは、土地購入、農業、住宅、職業、小規模ビジネスなどのためのローン供与をはじめ、職業訓練、雇用創出、教育、医療などの面での支援が実施された。リハビリテーションは農村部と都市部に分けて考えられていた。

農村部におけるリハビリテーション上の最大の問題は、農業従事者のための農地や宅地の確保であった。パンジャーブ地域とは異なり、西ベンガル州ではリハビリテーションに活用できる土地がごく限られていた。調達可能な未開発地57.8万エーカーのうち、耕地や宅地に転用可能なのはわずか24.7万にすぎず、そのうち23.0万エーカーは、すでに何らかの目的で使用されていたとされる。

政府は農業従事者に対しては、次の4種類のスキームを提供した。

i)「タイプ・スキーム（type scheme）」では、政府により取得された土地を難民へ供与すること、または難民自身が土地を購入しそれに対して政府がローンを与えること、家屋建設や農業や小規模ビジネスのためにローンを与えることなどが実施された。

ii)「ユニオンボード・スキーム（union board scheme）」は、難民を様々な村（mauza）に少しずつ再定住させる試みであった。だが、家屋建設と農業のためのローンは供与されたものの、農地取得のためのローンはなかったために、うまくいかなかった。

iii)「バルジビ・スキーム（barujibi scheme）」は、現地の嗜好品の原料であるキンマの葉の栽培者のためのもので、平均で0.66エーカーの土地が提供された。だが、充分な灌漑施設が整備されなかったためにうまく進まなかった。

iv)「園芸スキーム（horticultural scheme）」も、バルジビ・スキームと同様の理由でうまくいかなかった。

都市部のリハビリテーションでは、「土地取得」（受益家族数 29,820）、「家屋建設」（同 139,000）、「小商売」（同 68,670）、「ビジネス（Refugee Businessman's Rehabilitation Board）」（同 4,670）、「上位ビジネス（Rehabilitation Finance Administration）」（同 6,000）、「専門職」（同 1,290）の各カテゴリーでローンが供与された［Government of India 1976: 6-10］。

3）難民コロニー開発

難民が再定住した居住地は「コロニー（colony）」と呼ばれる。難民の居住地を整備するためのコロニー開発は、政府にとって重要な施策であったが、同時に不法占拠されて勝手に成立したコロニーも多数あり、その再開発は頭痛の種でもあった。政府はコロニーを3種類に分類している。

i）政府提供コロニー（Government-sponsored Colony）

州政府は 8.5 万エーカーの土地を取得し、528 の政府提供コロニーを設置した。うち、288 は都市部、240 が農村部にある。9.5 万の家族がそれらに再定住した。

ii）不法占拠コロニー（Squatters' Colony）

充分な土地がなかった西ベンガル州では、1950 年までに大量の難民がカルカッタ周辺の低湿地に入り込み、土地を不法に占拠して居住を始めた。この時期のコロニー 149 カ所（3 万家族）は「1951 年前コロニー（Pre-1951 Colony）」と呼ばれる。政府はこの状況に対して、不法占拠者の代わりに地主に対して補償をすることで、不法占拠を合法化するほか手立てがなかった[11]。1951 年以降さらに 175 のコロニー（1.6 万家族）が出現し、これらは「1950

---

11) Chaudhuri［1983:24-30］は、コルカタ域内での合法化について、その状況を以下のように説明している。不法建築物が増加を始めた当初、政府はそこに居住する人々をリハビリテーションサイトに移動させようとした。だが、難民が増加し続けるなかでそれは不可能であった。よって 1950 年 12 月 31 日までに出現した不法占拠コロニーを合法化すべく、「不法占拠地からの立ち退きに関する法案（The Eviction of Persons in Unauthorised Occupation of Land Bill）」を 1951 年の西ベンガル議会は通過させた。この法律には、立ち退きのための代替地が見つからない場合には、政府が不法占拠地を獲得し、それを合法化できるという条項があった。だが政府は土地の獲得のために地主と交渉しなければならず、合法化は複雑な過程を要した。当面の作業である測量などにも長い時間がかかった。合法化が完了すると、政府は「譲渡証明書（gift deeds）」を住民家族に発行した。地主に対しては補償が州政府により支払われた。このような手法により、1956 年までに 21 カ所、57 年までに 69 カ所、58 年までに 87 カ所、59 年までに 92 カ所、そして 64 年 8 月までに 5 カ所を除いてほぼすべての 1951 年前コロニーが合法化された。Government of West Bengal［1973: 47-48］も参照のこと。このように土地の合法化は進められていっ

年以降コロニー（Post-1950 Colony）」と呼ばれる。

　iii）プライベート・コロニー（Private Colony）

　上記２つに加え、政府の援助の有無にかかわらず、難民自身により設立されたコロニーが750カ所（7.1万家族）あり、これらはプライベート・コロニーと呼ばれる。

　以上を総計すると1,602カ所もの難民コロニーが西ベンガル州に存在していたことになる。政府はこのように難民の居住地を分類し、コロニーの開発をおこなってきた。だがその実績は充分ではなく、第４次五カ年計画（1969～74年）終了時までに政府提供コロニー102カ所と不法占拠コロニー9カ所の開発が終了したのみであった［同上：10-11; 42-45］。

　4）その他の支援

「職業訓練」として、青少年向けの技術職業訓練所の開設、ホームに居住する女性のための訓練兼雇用センターの開設がなされた。「雇用創出」のために、官民の両分野での雇用創出が図られた。企業への優遇措置や、電力や交通公社などの政府系機関への資金援助による難民のための雇用創出などもなされた。中小企業への資金援助もなされた。

「教育」分野では、1,300以上の初等学校が設立され、無償で難民の子弟が教育を受けた。中等教育でも多くの学校が新たに設立され、奨学金が与えられた。「医療」分野では、総合病院、診療所、ヘルス・センターなどが設置された［同上：12-15］。

　このように政府は様々な分野でのリハビリテーション事業をおこなってきたが、最大のハードルは、検討委員会報告書も最後に述べるように、西ベンガル州における土地不足であった。州内にすべての難民を収容することは困難であった。それまで豊かな水と肥沃な土地に生きてきた東パキスタンの難民達は、ベンガルとは全く異なる条件や環境の他州へは行きたがらなかった。よって、西ベンガル州内にリハビリテーションしなければならない約320万人の「旧移住者」に加えて、原則として何のレリーフもリハビリテーションも受ける資格のない「新移住者」のうち、60万人もが同州内に留まっていた［同上：19］。

　以上のように、東パキスタン難民はその数の多さと流入の継続性、そして主な

たものの、本文中で述べているように、コロニーを居住地として整備していくための開発事業の進捗は思わしくなく、開発をコロニーの種別に関わらず進めるべきであると残余問題検討委員会報告書にも述べられている［Government of India 1976: 42］。

流入先となった西ベンガル州のリソース不足といった要因により、決して十分な支援がなされていたとはいえない。難民の存在は、財政のうえでの大きな負担としてのしかかっていた。

　しかし、第２部の事例で明らかとなるように、移住後の難民の適応状況を長いスパンでみると、「旧移住者」「新移住者」など、政府によるいずれの難民カテゴリーに該当していたかということだけによって、その後の難民達の行く末が決まったのではない。政府支援の有無は、適応過程のなかのごく一部を占めていたにすぎないし、政府支援を受けた者がいち早く自立できたというほど、難民のその後の再定住の過程は単純ではなかった。次章以降、政府報告書からは読み取れない、実際の難民再定住の歩みを検討していきたい。

第 2 部

農村部での再定住

──西ベンガル州のボーダー・エリア

第3章

西ベンガル州・ノディア県における

難民の移動と再定住

　本章の目的は、難民移動に関する基礎的な情報を示すことである。1950年代におこなわれた分離独立難民に関するサーベイ類は、分離独立の間もない時期に、現に眼前のキャンプにいる難民の状況、西ベンガル州に分散している難民の統計的な分布と属性など、施策のための基礎データを収集する政策的な意図を持ったものが多かった。1960年代以降は、その後施行された施策や再定住の過程に関するもの、1990年代以降はより多様で個別のアカデミックなテーマのもとに研究がなされてきた。

　しかし、序論ですでに述べた通り、それらの先行研究からは、難民達はどこから来てどのような段階を経て村まで来たのか、そこにどのような現状認識があり、何を頼って来たのか、国境はどのように越えたのか、移動の過程でキャンプへは行ったのか、インド側に来てからの法的な身分はどうなっていたのか、これらについて明確な情報を得ることはできなかった。例えば、統計的なデータとしては流出元の県と流入先の県との対応関係は、政府によって調査されたことがある［Government of West Bengal 1951b］。しかし、そのことがひとりの「個」としての難民の移動から再定住に至るひとつながりの過程において、さらにいえば現在に至るまでの人生において、どのような意味を持っていたのかについては、統計データは何も語っていない。

　このような問題意識から、本章では調査村の概要について説明したのち、村でのサンプル世帯調査のデータとインタビューによって、難民とはどのような人々なのか、その属性に関わる面と移住の過程について、可能な限り詳細に検討したい。

第1節　調査地の概要

（1）西ベンガル州・ノディア県と調査村

　第2部で取り上げる調査地は、西ベンガル州のノディア県のある村（以下、B村）である。県都のクリシュノノゴル（Krishnanagar）は西ベンガル州の州都であるコルカタから北へ約120キロメートルにあり、B村はさらにクリシュノノゴルから北へ30キロメートルほどの距離にある。公共交通機関ではコルカタのシアルダー（Sealdah）駅から鉄道で約3時間をかけてクリシュノノゴルに至り、そこからリキシャ（人力車）でバスターミナルへ行き、バスに乗り換えて約2時間揺られてようやく到着となる。

　ちなみに、県名となっている「ノディア」の名称は、中世にヒンドゥー教のバクティ運動を広めた聖人チョイトンノ（チャイタニヤ、1485～1533年）に由来している。クリシュノノゴルからバスや渡し船でそう遠くない距離には、チョイトンノの生誕地であるマヤプル（Mayapur）があり[1]、多くの巡礼者や観光客を集めている。また、クリシュノノゴルには旧藩王の屋敷跡やローマ・カトリックの教会、土人形制作で有名な工房などもあり、ローカルながら若干の観光関連スポットも存在している。B村は、イギリスがフランスとの間でインドでの勢力争いを繰り広げていた当時、フランスを蹴落とす大きなきっかけとなったプラッシーの戦い（1757年）で有名なプラッシー（Plassey）からもそう遠くない距離に位置している。

　ノディア県は1947年の分離独立によって分割された。独立前のノディア県にはクスティア（Kushtia）、チュワダンガ（Chuadanga）、メヘルプル（Meherpur）、クリシュノノゴル／ショドル（Krishnanagar / Sadar）、ラナガト（Ranaghat）の5つの郡（sub-division）があったが、前3者は東パキスタンに属することになり、インド側には後2者が残るのみとなった。これにより、独立前には2,800平方マイル近くあったノディア県の総面積は、インド側では約1,500平方マイルとなった[2]。その後、2つの郡がさらに再分割され、現在ではB村が属するテホット（Tehatta）に加え、クリシュ

---

1) 聖人チョイトンノの生誕地をめぐっては、従来はノボディプ（Navadvip）とされていたが、19世紀末になって、ノボディプの川向こうのマヤプルこそが真正の生誕地であるという主張がなされ、現在でも議論は決着していない。詳しくは中谷［2003b, 2004a, 2006b］、Nakatani［2003b］を参照のこと。
2) Census of India 1951, District Census Handbook: Nadia, 1953, pp. i-ii. このセンサス・ハンドブックでは、独立に伴う分割によって、3つの郡に含まれていた肥沃な土地の大半を失ってしまったとも記述されている。ノディア県を通る国境の確定は、インドとパキスタンの両国の間で、ラドクリフ裁定の内容の解釈をめぐって一時、意見の不一致もみられた。

ノノゴル・ショドル、ラナガト、コッラニ（Kalyani）の計4つの郡がある。

ノディア県はおおむねベンガル・デルタの中心に位置しており、同県の西部には南北にガンジス川（現地名ではバギロティ / Bhagirathi 川）、東部には同じく南北に流れるジョロンギー（Jalangi）川があり、この両川はちょうどチョイトンノの聖地マヤプルで合流していて、そこからは名称がフーグリー（Hooghly）川となって、コルカタ方面へと至っている。地質的には県全域がガンジス川とその支流の沖積土平野に重なり、農業を主要な産業としてきた[3]。1991年センサスのノディア県版によれば、主たる労働人口のうち、29.3%が農業者、27.5%が農業労働者であり、製造業従事者は17.2%にすぎない。このほか、卸売り・小売業が10.1%、運輸・通信が3.0%などとなっており、現地調査当時のノディア県は基本的に農業県であるといってよい[4]。

（2）調査村の産業

ノディア県内の都市部から離れ、一面に農村景観が広がるB村では、農業従事者の割合は県全体よりもさらに高い。1991年センサスによれば、労働人口の35.1%が農業者、30.8%が農業労働者、6.6%が家内制製造業、27.6%がその他となっている[5]。また、土地利用形態をみると、全土地面積のうち、灌漑された耕地が12.9%、灌漑されていない耕地が59.9%、非耕地が27.2%、森林0%である[6]。

B村での主な作物には、米のほかバングラデシュにおいても重要な作物となっているジュート（黄麻）があり、盛んに栽培されている。ベンガル暦のボイシャク（$Bai\acute{s}\bar{a}kh$）月（4月中旬から5月中旬）にジュートが播種され、これがシュラボン（$\acute{S}r\bar{a}ba\d{n}$）月（7月中旬から8月中旬）からバドロ（$Bh\bar{a}dra$）月（8月中旬から9月中旬）にかけて収穫される。この間、成長を促すために、何度も間引きをおこなわなければならない。また、収穫後には数日の間、水に浸した後、繊維をはぎ取る作業をおこなわなければならない。これが最も過酷な労働であるため、あらゆる日雇い

---

[3] ノディア県の概要については、西ベンガル州政府による地誌 Majumdar [1978] や Mallik [1986/初版ベンガル暦1317] を参照のこと。

[4] District Census Handbook: Nadia、West Bengal、Series-26, Part XII-A, Census of India 1991, pp. vii-viii より。1981年のセンサス（District Census Handbook: Nadia、West Bengal、Series-23, Part XIII-B, Census of India 1981, pp. 24-25）では、農業者31.4%、農業労働者28.7%で、家内製造業従事者5.8%、その他34.1%であった。農業関係はあわせて60.1%であり、1991年にはこの数値が56.8%と低くなるが、農業部門が労働力の第一の受け皿となっていることには変わりない。

[5] このセンサスデータについては、テホットのブロック開発官事務所（Block Development Office）より入手。1981年センサス（同上：56-57）によれば、B村での農業者は44.3%、農業労働者は27.6%、家内制製造業は3.7%、その他24.4%である。1991年までの10年間で、農業者の割合が減少し、これ以外の従事者の割合が全体的に高くなっている。

[6] District Census Handbook: Nadia、West Bengal、Series-26, Part XII-A, Census of India 1991, pp. 72-73 より。

労働のなかで、労賃が最も高額である。はぎ取られた繊維は、村を回る買い付け人、村内のマーケットに倉庫を持つ仲買人などを通じて、コルカタ方面の繊維工場へと運ばれる。ちなみに、ある仲買人によれば、この地域の仲買人のほとんどは、もともとインド西部のラージャスターン州出身のマールワーリー（Marwari）とのことである。実際に、B 村にもマールワーリーでこのビジネスに従事している世帯がある。繊維をはぎ取った後の芯の部分は、家庭での煮炊きの燃料や家屋の壁材として活用される。

　ジュートの刈り取り作業が続くシュラボン月とバドロ月には、ほぼ同時進行で米（主に 3 か月ものの外来種、アモン作 / āman）が植えられるために作業が重なり、この時期が一番の農繁期となる。米はジュートを刈り取った同じ農地に植えられるケースも多いため、2 メートルに及ぶ高さのジュートが群生していた農地が、一瞬にして田植え後の田園景観に転換する様子は驚きである。この米はカルティク（Kārtik）月（10 月中旬から 11 月中旬）からオグロハヨン（Agrahāyaṇ）月（11 月中旬から 12 月中旬）にかけて収穫される。ジュートが栽培されていない農地ではシュラボン月から田植えが開始される。

　その後、マグ（Māgh）月（1 月中旬から 2 月中旬）には、また米の田植え（主に 5 か月ものの外来種）があり、これはジョイスト（Jyaiṣṭha）月（5 月中旬から 6 月中旬）に収穫される。米作についてはこのほか、ボイシャク月に低湿地に植えられる在来種（アモン作）やボイシャク月に植えられる在来種（アウス /āuś 作）もあるが、作付け面積は多くない。ある農業者によれば、以前にはいわゆるアウス作、アモン作、ボロ（Boro）作などの区別があったが[7]、現在では外来種の使用が主となり、旧来の区分は意識されないようになっているとのことである。

　以上のほか、B 村では麦、ダル（レンズ豆）、ひよこ豆、芥子菜、ナス、オクラなどの各種野菜類が生産されている。また、B 村からほど近いコリンプル（Karimpur）はバナナの特産地で有名であることから、B 村においてもバナナ生産のための菜園が散見される。

　農業暦上では、ジュートの収穫と田植えが重なるシュラボン月とバドロ月を過ぎると、その後カルティク月からの稲刈りとマグ月の田植えがあるものの、比較的仕事が少なくなる。特に、稲刈りも田植えもないポウス（Pauṣ）月（12 月中旬から 1 月中旬）、ファルグン（Phālgun）月（2 月中旬から 3 月中旬）、チョイトロ（Caitra）月（3 月中旬から 4 月中旬）の 3 か月間は農業労働者の稼働日数は月の半分以下とな

7）　一般に西ベンガル州では、アウスは春先に植えて夏から秋の間に収穫する稲、アモンは春から夏の間に植えて秋または冬に収穫する主作期の稲、ボロは冬に植えて春に収穫する稲である［須田 2006: 53］。

るために、村外への出稼ぎ労働がみられるようになる。主要な出稼ぎ先は建設現場であり、コルカタをはじめとして、デリー、ムンバイー、ラーンチーなど、インド各地に働きに出る。また、季節労働ではなく、数年単位での国外への出稼ぎ者もみられる。こちらも中東地域などでの建設現場での労働が主となる。

　第1次産業としてはこのほかに、池や湿地帯を活用した魚の養殖がおこなわれている。ベンガル地方では一般に多くの大小のため池が耕地や屋敷地に作られているが、B村においても同様であり、池は農業用水、沐浴、洗濯などの生活用水のほか、魚の養殖場としても活用されている。魚の養殖は業者がビジネスとしておこなっている場合もあれば、各世帯で屋敷地の池を用いて、小規模に家庭消費用や販売用に養殖している場合もある。

　第2次産業は、小規模な手機織りの工房がある以外には特に認められない[8]。第3次産業は小売業が主であるが、県都のクリシュノノゴルとつながる幹線道路沿いに、B村の村名が付けられているバス停があり、その周辺に集中している。この一体がいわゆるマーケット・エリア（bājār、市場）を形成している。分離独立直後に移住した村人の話によれば、その当時にはこの付近には家屋自体が7、8軒ほどしかなく、店舗は食品や日用品を売る食品雑貨屋（mudikhānā）が一軒あるのみであった。それが現在では、食堂、茶屋、魚市場、養鶏販売所、衣服店、靴店、仕立屋、電話・ファックス店、家具店、食品雑貨店、文具・雑貨店（stationery）などの生活関連の店舗をはじめ、行政書士事務所、セメントなどの建材店や肥料店などの業務関連、ラジオ・テレビ販売修理、カセット・ビデオ店、映画館などの娯楽関連業など、多種多様な店舗が軒を連ね、幹線道路に沿ってマーケット・エリアが拡大を続けている。

（3）行政区分と公共インフラ等

　B村はセンサス上ではひとつの行政村（village/mouza）を形成しているが、末端の地方行政機関であるグラム・ポンチャヤト（村落議会、grām pancāyāt）には単体では属しておらず、B村は2つに分割されて、それぞれ周辺のいくつかの村とあわせて、別々のグラム・ポンチャヤトを構成している[9]。県都であるクリシュノノ

---

8) ただし、センサスのカテゴリーでいえば、家内制製造業には、機織り、染織、大工、煙草（biḍi）巻き、壺作り、自転車修理、鍛冶、仕立てなど、第2次と第3次の業種が混在する形で含まれている。これらの多くはB村においても存在しているため、1991年センサスでは6.6%と、決して小さくない数値が示されている。

9) グラム・ポンチャヤト（grām pancāyāt）とは、「村落議会」を意味する。インドでは農村部で全土的に設置されている「パンチャーヤット（panchayat）」という地方自治制度がある。グラム・ポンチャヤトは村落レベルの自治組織である。住民の直接選挙によって議員（メンバー）が選出される。州

ゴルから B 村に向かう途中にあるテホット（Tehatta）という町が、周辺地域では中核的な役割を果たしており、警察署、ブロック開発事務所、病院、開発系の銀行などの事務所がある。

B 村には、このテホットを経由し、県都のクリシュノノゴルからムルシダバド（Murshidabad）県までを結ぶ幹線道路やプラッシーにも通じる道路が通っており、これらがバス道となっており、村の主要道路となっている。バス道からは未舗装道路が何本も村内をめぐっており、村内の各集落（パラ、*pāḍā*）へと通じている。村人は徒歩、自転車、バイク、リキシャ（人力車）などで村内を移動している。

電力供給は、バス道沿いの家屋では電気を屋内に引いているところもあるが、マーケット・エリアとバス道沿いの家屋以外は、電気は各戸までは至っていない。調理用の燃料は、薪、ジュートの芯、牛糞などが使用されているが、近年ではガス・シリンダーを設置している世帯もみられる。上水道は未整備であるが、多くの世帯では自前の浅井戸が設置されており、手押しポンプで地下水を汲み上げて利用している。しかし、1990 年代半ばに西ベンガル州とバングラデシュを含むガンジスデルタ地帯で明らかになった砒素による広範な地下水汚染の影響を B 村も被っており、村内の一部の集落では砒素汚染による深刻な健康被害がみられるところもある。下水道も未整備であるが、浄化槽を設置している世帯もみられる。

公共的な性格を持つ施設としては、マーケット周辺に銀行支店、郵便局、グラム・ポンチャヤト事務所、魚販売業組合、教育機関として中等学校、少し南に離れたところにカレッジと、村落地帯では珍しい英語ミディアムの高等学校がある。また、マーケットから西に少し入ったところには州政府が運営する小さな図書館（蔵書数 3,300 冊）がある。村内には個人営業のクリニック程度はいくつか存在するものの、病院施設はなく、テホットまで行かなければならない。

（4）人口の変化と特徴

B 村の人口は 1991 年センサスでは 16,037 人、2001 年センサスでは 18,445 人であり、ひとつの行政村としてはかなり規模が大きいといえる。また、州レベル

によって制度の運用は異なる面もあるが、西ベンガル州では 1978 年以来、左翼戦線政府（Left Front Government）によって、政策の柱として取り組まれてきた。村落議会の上位には、開発ブロック・レベルのポンチャヤト・ショミティ（*pañcāyāt samiti*）、その上位に県レベルのジラ・ポリシャド（*jelā pariṣād*）と、三層構造を構成して、農業・農村開発行政を担っている。B 村が属するふたつのグラム・ポンチャヤトは、周辺の計 11 のグラム・ポンチャヤトとともに上位のテホット-I・ポンチャヤト・ショミティ（Tehatta-I *pañcāyāt samiti*）を構成している。ブロック・レベルでは、ブロック開発事務所（Block Development Office）が設置されて、開発行政の中核を担っている（西ベンガル州における制度の詳細については松井［1994］、森［2006］を参照のこと）。このほか、地域の警察署の所管エリアである警察管区 (police station) という行政単位がある（B 村は Tehatta police station に属する）。

図表3-1　人口の推移（人）

	西ベンガル州	ノディア県	B村全体
1931	17,070,664	721,907	n.a.
1941	21,196,453	840,303	n.a.
1951	24,139,150	1,144,924	2,514
1961	34,926,279	1,713,324	5,645
1971	44,312,011	2,230,270	7,759
1981	54,580,647	2,964,253	10,890
1991	68,077,965	3,852,097	16,037
2001	80,176,197	4,604,827	18,445

出典：各年 District Census Handbook: Nadia、及び1991年と2001年の西ベンガル州とノディア県については Census of India, Directorate of Census Operations, West Bengal の HP (http://www.wbcensus.gov.in/Home.htm)、2001年のB村についてはノディア県のHP(http://nadia.nic.in/) より。

や県レベルでもそうであるように、独立以降一貫して人口増加の傾向にある。

　図表3-1は、独立前からの「人口の推移」を示している。ノディア県における、独立を挟んだ1941年と1951年の間の人口増加には、東パキスタンからの移住者の流入が影響している[10]。ただし、表中には示していないが、B村を含むテホット警察管区でみると、1941年には92,539人であったものが1951年には90,402人と、若干の減少を示している。州内の全体的な人口増加の傾向に反して、この時期にノディア県内ではテホットとその北側のコリンプルの両警察管区のみで人口の減少がみられた。その理由として、1951年のセンサス・ハンドブックは「非衛生的な状況の継続とムスリムのパキスタンへの流出」を挙げている[11]。1941年当時、分割前のノディア県の人口はヒンドゥー教徒657,950人に対して、ムスリム（イスラーム教徒）は1,078,007人であり、それぞれ県の総人口の37.4%と61.3%を占めていた。ノディア県はその北側のムルシダバド県と南側の24ポルゴナス（24 parganas）県とともに、絶対数でみても多数のムスリムが居住していた地域であった［Chatterjee 1947］。従って、県全体では移出者よりも移入者が多い入超であっても、地域によっては移出者（ムスリム）の方が多い出超であったとしてもおかしくはない。

　B村に関してもうひとつ顕著なことは、指定カースト（SC=Scheduled Castes）[12]の

---

10) Census of India 1951, District Census Handbook: Nadia, 1953, p. xii.
11) 同上。
12) 指定カーストとはインド憲法第341条に基づき、大統領令によって州もしくはその一部ごとに指定された諸カースト、もしくはその一部の総称である。指定の基準が被「不可触差別」であることからカースト制度における「不可触民」諸カーストを指す語として日常的に用いられるが、「指定カースト」は

人口割合の高さである。2001年センサスでみると、西ベンガル州全体での指定カーストの割合は23.0％、ノディア県では29.7％であるのに対して[13]、B村では指定カーストの人口割合は74.8％と、極めて高い数値を示している。指定カーストの割合は、1981年には69.1％だったのであり、近年に至るにつれてより上昇傾向を示している[14]。

B村における指定カーストの割合の異常な高さの理由は、独立前には人口がまばらであったところに、指定カーストが大量に流入したことによる。図表3－1では独立前のB村の人口は示されていないが、次節で述べるように、独立前にはB村周辺はまだまだ未開発地が多く残る過疎地であった。そして、筆者による世帯調査結果が示すように、独立以降1950～51年までは様々なカーストの人々による大きな流入の波が続いたものの、この時期以降は、指定カーストに属するノモシュードロ（Namaśūdra）の人々のみがバングラデシュの独立に至る時期まで一貫して継続的な流入を示しているのである。

ここで、県レベルでの指定カーストの流入状況についても確認しておきたい。西ベンガル州政府の統計局（State Statistical Bureau）が1950年の12月から1951年の1月にかけて実施したサーベイによれば、ノディア県に流入した移住者の家族（family）うち、65.5％がカースト・ヒンドゥー、33.8％が指定カースト、0.3％が指定部族であった。州全体では、76.4％がカースト・ヒンドゥー、20.8％が指定カースト、2.5％が指定部族であることと比べても、ノディア県では指定カーストの移住者の割合が高かったことが分かる[15]。

同統計局は、1955年の4月から7月にかけてもサーベイを実施している。これによれば、ノディア県では移住者家族のうち、69.3％がカースト・ヒンドゥー、

　基本的に行政用語である。被差別の歴史が社会・教育・経済などの諸分野で後進性をもたらしてきたことから、「指定カースト」に対して高等教育や公的雇用での人口比に即した留保、奨学金、農村開発政策等における優先などが実施されている［辛島ほか 2012: 345-347］。同様のカテゴリーとして「指定部族（Scheduled Tribes）」も存在する。

13）Census of India 2001 によれば、西ベンガル州の総人口 80,176,197 人に対して、指定カーストの人口は 18,452,555 人である。ノディア県では、総人口 4,604,827 人のうち、指定カーストは 1,365,985 人である。農村部人口（rural）だけでみると、指定カーストの人口は、総人口 3,625,308 人に対して、1,128,190 人で、比率は 31.1％ になる。

14）B村での指定カーストの人口比率は、このような高い指定カースト人口比率を受けて、2008年の村落議会選挙ではB村の属するB－Ⅰ村落議会選挙では、計12の議席のうち9つが指定カーストのための留保議席となっていた（指定部族のための留保議席はひとつ）。同様にB－Ⅱでは、計14の議席のうち9つが指定カーストのための留保議席となっていた（指定部族のための留保議席はなし）。

15）［Government of West Bengal 1951b: 18］。同サーベイでは、「家族数」のほかに「移住者数」の数値も掲載されており、両者でパーセンテージは若干異なる。ノディア県への移住者数は、66.2％ がカースト・ヒンドゥー、33.2％ が指定カースト、0.3％ が指定部族民で、州全体では、78.3％ がカースト・ヒンドゥー、18.9％ が指定カースト、2.4％ が指定部族である［同上：19］。

30.2%が指定カースト、指定部族は家族数が100以下で実数は未掲載である。1950～51年のサーベイに比べるとノディア県では、指定カーストの割合が若干低くなっているが、それでもこの時点で州全体では、カースト・ヒンドゥーが75.1%、指定カーストが23.2%、指定部族が1.2%であることを考えると[16]、やはりノディア県では指定カーストの移住者の割合は高めであったことが分かる。ノディア県には他県よりもより多くの指定カーストが流入していた。そのなかでも、B村のようなボーダー・エリアには大量の指定カースト難民が流入したと考えられるのである。

　もうひとつ重要な点は、移住者の社会経済的なバックグラウンドによって移住パターンに大きな隔たりがみられたことである。すでにみたように、ノディア県は西ベンガル州のなかでは2番に多くの難民が存在し、その75%は農村部に再定住している。ホワイトカラーのミドル・クラス層はコルカタなどの都市部へ向かったのに対して、農民層は都市部には伝もなく、やはり農村へ向かい、また政府も農民は農村部に土地を与えてリハビリテーションをしようとしてきた経緯がある。こうしたなかで、より低いカーストの人々が農村部、それもボーダー・エリアに多く流入・再定住する結果となったのである。

(5) 独立時の調査村の状況

　独立時のB村の状況を明らかにすることは容易ではない。これも後に筆者による世帯調査で示すように、B村では非移住者よりも、移住者の人口割合が圧倒的であり、地元の出身者が極端に少ない。西ベンガル州出身であっても、必ずしもB村出身という訳ではなく、西ベンガル州の他所からの移住者もみられる。独立前（分割前）のノディア県はムスリムの人口が6割を超えていたとされる。B村には現在ムスリムの人口はごくわずかに存在しているが、その人々はムルシダバド県など近隣のムスリム多住地域からの移住者である。

　独立前からのB村の居住者や独立当初の移住者によれば、独立前の人口はムスリムの方がヒンドゥーよりも多く、ムスリムが集住している集落もあったが、すべてパキスタンに移住したとのことである。よって、独立当初の時期早々にムスリムはいなくなり、人口がまばらななかで、少数のヒンドゥーのみが残っていた状態であったと思われる。

---

[16]　[Government of West Bengal 1956: 42]。1955年のサーベイでも、移住者の実数が掲載されており、パーセンテージは家族数とは若干異なる。ノディア県への移住者数は、71.3%がカースト・ヒンドゥー、28.3%が指定カースト、0.02%が指定部族民で、州全体では、78.2%がカースト・ヒンドゥー、20.2%が指定カースト、1.2%が指定部族である。

1950年代のはじめでも、村はジャングルのような状態であり、虎がでたりしたので、夜は棒で缶をたたいて虎を追い払って寝たものだったとの話がある。バングラデシュ独立前後の時期についても、当時の自分の集落からバス道までは家屋がまったくなかったと語る人もあり、独立後20年を経た時期でも、まだまだ村内には閑散とした空間があった。

　しかし、センサス・データにおいて、1971年と1991年を比べると人口が倍増していることにも表れているように、B村では継続的かつ急激な人口増加があり、現在では村内がかなり人口過密な印象を受ける。B村での人口増加には継続的な人口流入が大きく影響している。ある村人は、自分が移住してきた頃にはすべての村人の顔を知っていたが、ここ20年くらいはもう、誰が誰だか分からなくなってしまったと述べていたが、このことは新たな人口流入が常に継続していたことの反映と考えられよう。

　ところで、ベンガルでは英領時代、1793年にコーンウォリス総督によって、いわゆる「永代ザミーンダーリー制度」が導入されていた。初期の移住者達によれば、B村は、ノディアに広く所領を有していたパルチョウドゥリ（Palchaudhury）家とフーグリーに拠点を持っていたボンドパッダエ（Bandyopadhyay）家の2つの大きなジョミダル（ザミーンダール、zamīndār）のもとにあったという[17]。移住当初の1950年代前半までは、政府ではなくまだジョミダルに地代（khājnā）を支払っていたと述べる者もいた。

（6）分離独立難民の居住地としての位置づけ

　次節以降で、B村での調査結果を検討するに先立ち、西ベンガル州における分離独立難民の分布状況からB村の位置づけをおこなっておきたい。第2章で検討したように、東パキスタンからの難民を最も多く受け入れたのは、いうまでもなく西ベンガル州である。1973年の時点でみると、県別でもっとも多くの難民人口が分布しているのが24ポルゴナス県で、次いでノディア県、コルカタである［Government of West Bengal 1974: 5-9］。この3つで67.5%の難民人口を受け入れて

---

[17] 当時の土地制度に関する移住者による説明は、次のとおりである。土地所有の頂点にはジョミダルがいた。多くの場合不在地主である。その下には、プロジャ（prajā）がいて、ジョミダルに地代を支払っていた。プロジャはジョミダルから土地の保有を認める証書（āmalnāmā）を貰っていて、これは売買することもできた。また、プロジャは自分が管理する土地に対して、さらに別の人間を居住、耕作させることもできた。この場合には、その転借（人）はコルファ（korphā）と呼ばれた。この三層構造によって、コルファはプロジャに地代を払い、プロジャはジョミダルに地代を払っていた。以上の説明は、近隣から移住してきた農民カースト（マヒッショ・カースト）の人々による説明である（1997年8月27日にインタビュー）。彼らはみなプロジャだったという。

おり、東パキスタンとのボーダー沿いに南北に広がる難民ベルト地帯を形成していた。

　都市-農村別の分布でみると、農村再定住者の割合は、ノディア県で75%、24 ポルゴナス県で45.7%、コルカタでは0%である。州全体でみると、都市再定住者の割合が45.5%で農村再定住者が54.6%である［同上］。

　さらに、年代はかなり遡るが、先に述べた西ベンガル州・統計局によるサーベイと同時期（1950年10月から12月にかけて）に実施された難民悉皆調査によれば[18]、ノディア県の難民家族（82,313世帯）のうち、世帯主の52.7%が農業関係者であった。これはノディア県とともに大量の難民の流入先となったコルカタ（0.13%）や24 ポルゴナス（13.4%）における数値と比べると、いかにノディア県が多くの農民層の流入先となっていたかが分かる。

　以上のことから、B村について調査することは、分離独立難民が最も多く分布する地域のひとつであるノディア県を取り上げて、そこでの難民人口の75%を占める農村再定住者を対象としている、つまりは「西ベンガル州の農村部に再定住した分離独立による難民」を調査することに他ならない。

　最後に、難民の流入先と流入元（出身県）の対応関係についても触れておく。先述の西ベンガル州政府・統計局によるサーベイ［Government of West Bengal 1951b］では、難民が東パキスタンのどの県から西ベンガル州のどの県に移住しているのかについてもデータを集計している。それによれば、ノディア県に流入した難民は東パキスタン側に分割された旧ノディア県（Nadia［Kushtia］, 42.0%）、フォリドプル県（Faridpur, 12.6%）、ジョショル県（Jessore, 11.6%）、ダカ県（Dacca, 10.7%）、すなわち分割されたノディア県のパキスタン側と、そのままより東へと連なる東パキスタン西部・中央部から、より多くの難民が来ているのである［同上：3, 16］。加えて、この4つの県は、絶対数で最も多くの指定カーストの難民を排出した上位4県でもある［同上：3, 20］。筆者による世帯調査でも、構成比は異なるものの、これらの諸県からの移住者が95%を占めている。

　また、流入元（出身地）の側からしても、東パキスタン側の旧ノディア県から流出した難民の85.4%は、国境を跨いだだけの西ベンガル州側のノディア県に

18）［Government of West Bengal 1951a］。このサーベイでは、農業関係者（cultivating class）は、さらに細分化されている。農業関係者の内訳は、農業者（agriculturist, 82.6%）、農業労働者（agricultural labourer, 16.8%）、バーン栽培者（barujibi, 0.6%）、ジョミダル等（Zamindar and Talukdar, 0.05%）であった。なお、同サーベイはそもそも［Government of West Bengal 1951b］のサーベイとともにひとつのスキームとして実施されたものである。まず1951aによって、難民の悉皆調査をおこなって実数を把握する作業をおこない、その後、時を置かずしてサンプル・サーベイによって難民の詳細な属性や移動情報について調査したものが1951bである。

流入している［同上：2, 14-15］。同様に、新しく国境と接するようになった諸県ではいずれも、国境を接する反対側のインド側の県へ極端に大量の人々が流れ込んでいる[19]。

筆者による世帯調査では、フォリドプル県出身者が大きな割合を占めているので、フォリドプル県についても同サーベイの数値を確認しておくと、同県からの難民は 27.0% が 24 ポルゴナス県へ、23.3% がコルカタへ、21.5% がノディア県へ流入している［同上］。フォリドプル県は、分割前のノディア県とは一部接していたが、分割後はインド側のどの県とも隣接しておらず、ボーダー・エリアの県のように極端に偏ってひとつの県のみに流入するような事態とはならなかった。しかし以上の数値から、フォリドプル県出身の難民にとっては、ノディア県を含む西ベンガル州内の難民多住地域が、主要な流入先となっていたことが分かる。従って、ノディア県の農村部、それもボーダーに近い B 村は難民の分布状況や移動動向の点からしても、難民再定住地としてはかなり一般的であり、代表性は高いといえよう[20]。

第 2 節　難民の属性と移動形態の特徴——世帯調査より

（1）世帯調査について

調査村において、重点的に取り組んだ調査のひとつは世帯調査である。この村には、どこからどのような社会経済的背景を持った人々が移り住んだのか。人々は直接この村まできたのか、あるいは多くのところを転々としながら、最終的にここに来たのか（この村が終の住処とは限らないが）。どのような理由で東パキスタンの村を出て、その後どのような経緯でここまできたのか。そして、現在はどのような暮らしをしているのか。

---

19) 例えば、クルナ県（Khulna）からの難民は、その 63.3% が国境の反対側の 24 ポルゴナス県、17.1% がコルカタへと向かっている。ジョショル県からは、隣接する 24 ポルゴナス県、ノディア県、コルカタへそれぞれ 41.2%、33.0%、13.2% が移住している。ラジシャヒ県からは、隣接するマルダ県（Malda）、西ディナジプル県（West Dinajpur）、ムルシダバド県へ、それぞれ 40.7%、24.2%、18.3%、ディナジプル県（Dinajpur）からは、西ディナジプル県とジョルパイグリ県（Jalpaiguri）へ、それぞれ 77.1%、15.4% が移住している。いずれのケースも、8 割を超える人々が、国境を接した隣接するインド側の県へ移動しているのである。

20) 同サーベイは、1950〜51 年にかけての調査実態であり、その後の度重なる東パキスタンにおける世情不安やバングラデシュ独立に関わる移住者を含んでいない。とはいえ、分離独立難民の問題を検討する上では、統計的な指標について貴重な基礎的データを示している。

これまで、政府等によって実施されてきた調査は、1950年代におこなわれたものがほとんどであり、その後の政策を策定するための難民の数的把握を目的とするものであった。よって、難民の属性についての項目も限られているうえに、全体的な数値の提示のみがなされて、個人の顔はみえない。筆者はまず世帯調査によって、個々の難民の社会経済的バックグラウンドや移動の過程について明らかにすることを試みた。

　しかし、B村は1991年センサスの時点で16,037人の人口を抱えるかなり大規模な村であった。悉皆調査は困難であったために、サンプル調査を実施した。サンプル抽出のための台帳として用いたのは、1995年に実施された州議会選挙のための選挙人名簿である。このときのB村の選挙人は、B−Iグラム・ポンチャヤトに9つ、B−IIグラム・ポンチャヤトに3つの、計12のパートに区分けされていた。選挙人総数は9,646人であった。そのなかから、最も古いとされる集落とマーケットのエリアを含む、B村の主要な構成領域から6つのパートを選択した。そこには4,167人の選挙人が含まれていた。そのなかから、さらにパートごとに5％のサンプルを抽出した結果、208人のサンプルを得た[21]。サンプル聞き取り調査は、1996年8月、1997年4月及び8月、1998年8月に分けて実施した。なお、聞き取りの対象者はサンプルが属する世帯の世帯主とした。つまり、サンプルが世帯主の場合には本人、サンプルが既婚女性の場合にはその夫、サンプルが未婚者でかつ親世代と同居している場合には親（父）を世帯主として聞き取りの対象とした[22]。以下では、ひとつを除いた計207の有効回答サンプル・データを用いる。

（2）難民の属性

　まず、B村に居住する人々の属性から検討する。数値はすべて世帯調査の対象となった世帯主に関するデータである。

---

21) 5％のサンプルの抽出は、選挙人名簿において20名ごとに順番にピックアップしていく方法を採った（つまり全体の20分の1＝5％の数を抽出した）。何度訪れても対象者が不在の場合には、その前後の名簿掲載者をサンプルとして代替した。また、この調査は、基本的には同一のチェック項目を埋めて後に集計をおこなう定量調査だが、筆者自身が各戸を訪問して時間をかけて対面インタビューをおこなうことで、単なる項目の穴埋めではなく、より質的なインタビューとしての性格も持たせるように心がけた。

22) ジェンダーの観点からすると、あえてインタビュー対象者を男性世帯主に限定していることには問題があるかもしれない。実のところ、サンプル調査の開始当初には、サンプルが女性であれば、女性に対してインタビューを試みていた。しかし、移住前後の財産状況、移住のプロセスと手続、世帯の職業変遷など、サンプル調査の意図する内容について、女性の世帯成員からは十分な情報を得ることができなかった。そのために、インタビュー対象者を男性世帯主に限定し直して、調査をおこなった。

1）出身地

207世帯のうち、現在の西ベンガル州の出身者は19世帯（9.2%）であった。このうち、独立前からB村に居住していたとの明確な回答を得たのは、わずかに5世帯のみである。つまり、現在のB村においては独立前からの居住者はごくわずかであり、大多数の人々は独立以降の移住者、それも東パキスタンからの移住者である。

19世帯のうち、独立前からの5世帯以外は、独立後にB村へ移住した人々（8世帯）や移住年については不明の人々（6世帯）である。独立後にB村へ移住した理由は、「分離独立により、土地がボーダーにかかってしまったので、あらためてB村に代替の土地を入手した」（2世帯）、「B村に土地を求めて（安かったので）」（2世帯）、及び「親族間での養子縁組による」、「親族がいたので移住した」、「隣県のムルシダバドに居住していたが、ムスリム地帯だったので移住した」「不明」など各1世帯である。分離独立が西側でも、ボーダーに居住していた人々の移動をもたらしていること、西ベンガル州内においてもムスリムとの関係において移動する人々が存在することがみてとれる。

2）カースト

図表3－2「カースト構成」は、東パキスタンと西ベンガル州の出身地別にカースト構成を表したものである。まず西ベンガル州出身者からみておくと、指定カーストに属するバグディ、マロ、ムチ、東ベンガル出身者のなかにもかなりの数がみられるマヒッショなどのカーストがいる。バグディは指定カーストのなかでは、西ベンガル州では2番目に人口規模が大きなカーストである。伝統的職能としては、農業のほか、漁業や雑役がある。マロは池や低湿地での魚取りを、ムチは靴などの皮革加工が主な職能である。マヒッショは主に農業・農業労働を伝統的職能とする。独立前からのB村の居住者には、バグディ3世帯、マヒッショと機織りのタンティがそれぞれ1世帯含まれる。カーストは伝統的職能と結びついているが、現在の各人の職業がそうとは限らない。この点については、次項で触れる。

次に、東パキスタンからの移住者についてみると、ノモシュードロが108世帯で、サンプルの過半数を超えるほどに多数であることが特徴的である。西ベンガル州出身のノモシュードロはおらず、すべて東からの移住者であることも際だっているが、これはそもそものノモシュードロの分布が、主に東ベンガルに広がっていたことの反映といえる。ノモシュードロに次いで、マヒッショとマロが比較的大きな集団となっている。ほかには、商業カーストのボニク、司祭職のブラフ

図表3－2　カースト構成（世帯数）

カースト名（伝統的職能）	東パキスタン出身者	西ベンガル州出身者	計
バグディ　Bāgdi（農業）	0	5	5
ボニク　Baṇik（商業）	6	0	6
ブラフモン　Brāhmaṇ（司祭職）	4	0	4
ゴアラ　Goyālā（搾乳業）	4	0	4
マヒッショ　Māhisyo（農業）	25	3	28
モイラ　Mayrā（製菓業）	4	0	4
マロ　Mālo（漁業）	15	2	17
ムチ　Muci（皮革加工）	3	5	8
ノモシュードロ　Namaśūdra（農業）	108	0	108
タンティ　Tāṅtī（機織り）	3	1	4
テリ　Telī（搾油）	5	0	5
ティリ　Tilī（油商）	3	0	3
その他	8	3	11
計	188	19	207

出典：筆者による調査

モン（ブラーマン/バラモン）、搾乳業のゴアラ、製菓業のモイラ、ムチ、タンティ、搾油業のテリと、その油を売るティリなどがいる。

　ベンガルのカーストは、他所でもそうであるように、カースト間の儀礼的な上下関係というヒニラルキー的な面と、地域的にそれぞれ特徴的な分布を示すというテリトリアルな面を持っている。従来、いわゆるヴァルナ（varṇa）・システムにおいては、ベンガルにはバラモン（Bāhmaṇ）とシュードラ（Śūdra）の2つのヴァルナしかないといわれてきた。シュードロのなかでは、ボイッド（医術師、Baidya）とカヨスト（書記、Kāyastha）が最高位と位置づけられ、バラモンに次ぐ地位を占めてきた［Sanyal 1981: 17-19］。これら3つの上位カーストは、ボドロロク層を形成して、英領時代を通じてベンガル社会で指導的な立場を占有していた。

　B村における諸カーストのほとんどは、ベンガル社会の主流を担ってきたこのようなボドロロクとはかなりかけ離れているが、カーストごとの人口数では、ベンガルによくみられるカーストを含んでいる。1941年のセンサスでは、ベンガルには118の異なるカーストが抽出され、うち62が指定カーストであった［Sarma 1980: 28］。数についていえば、最も多い順に上位5つを挙げると、マヒッショ、ラージボンシ（Rājbaṃśī）、ノモシュードロ、カヨスト、ブラフマンとなる（1931年セン

サス)。これらのうち、マヒッショとノモシュードロはB村においても、かなりの数を占めている。

マヒッショとノモシュードロは、それぞれ特徴的な地域的分布も示している。英領時代にベンガルを大きく5つに分けていた区分(division)でみると、マヒッショはバルドワン(Burdwan)区とプレシデンシー(Presidency)区に主要な分布がみられ、ノモシュードロはダカ(Dacca/Dhaka)区とチッタゴン(Chittagong)区に多く居住していた［Sarma 1980: 31］。要するに、マヒッショはベンガル中西部の代表的なカーストであったのに対して、ノモシュードロはベンガル東南部の代表的なカーストであった。

マヒッショは、漁民カーストであるコイボルト(*Kaibarta*)から分派したグループである。彼らは、農業(*cāṣ*)を生業として選択することで、カースト上の地位向上を意図したために、かつては農民コイボルト(*Cāṣā Kaibarta*)と呼ばれていたこともある。農民コイボルトは、16世紀半ばから18世紀の間に出現し、19世紀末から20世紀の初頭にかけて、独立したカーストとして確立したとされる［Sanyal: 1981: 41］。

ノモシュードロは、古くはチョンダル(チャンダーラ；*Caṇḍāl*)と呼ばれ、カースト社会の最底辺に位置づけられてきた。彼らの主たる居住地は東ベンガルの低湿地で、バケルゴンジ(Bakarganj)県とフォリドプル県、及びその周辺の諸県にも多く居住していた。彼らは、そもそも漁業者やボート漕ぎ(船頭)として生計を立てていたが、19世紀からの土地開拓に伴い農業者へと転換していき、19世紀末には定住化した農民社会を形成するようになったとされる［Bandyopadhyay 1989: 171-173］。

ノディア県についてみると、1941年に26,891人だったノモシュードロの人口は、1951年には72,179人へと大幅な増加を示している［Mitra 1953: 110］[23]。この間の3倍近い増加は、人口移動の影響なしには説明できない。西ベンガル州全体でみると、ノモシュードロの人口は1941年に134,748人、1951年に324,723人［同上］、1961年に729,057人、1971年に980,524人、1981年には1,692,233人となり［Das and Saha 1989: 83; 250; Singh 1993: 978］、西ベンガル州の指定カースト人口の14.1%(1981年)を占めて、3番目に大きな指定カーストとなっている。B村におけるノモシュードロの移住人口の多さも、このような県、州レベルでの人口動態を反映している。

---

[23] Mitra［1953］の記述では、ノディア県のように独立に伴って分割された県の1941年以前の数値が分割前のものなのか、あるいは分割後の領域に設定し直した数値なのかについては、本文の記述からは不明であったが、いずれにせよ、1951年での増加は大量の人口移動なしには説明できない。

3）職　業

　図表3－3「職業構成」は、B村における職業分布について示している。現地での聞き取りに基づいて、人々の実際の就労形態に即した分類項目を設定し、それを「農業関連」「商業関連」「サービス関連」の3つの大きなカテゴリーに区分している。

　東パキスタンと西ベンガル州のどちらの出身者においても、「農業関連」の職に従事している人々が多いことが分かる。ただし、ひとくちに農業といっても、その形態は様々である。その点を踏まえながら、東パキスタン出身者の傾向についてみていく。まず本書でいう「自農」とは、自己の世帯が所有する農地での農作物の生産によって、生計が成り立っている世帯である（28世帯）[24]。自分の農地のみでは十分な糧が得られない人々は、何らかの形で他人の土地にも関わることになる。「自農・農業労働」は、自分もある程度の耕作地を持っているが不十分なので、他者の土地で農業労働（賃金労働）[25]に携わっている（29世帯）。ほとんど自分の農地を持たずに、もっぱら農業労働にのみ従事している人々もおり（26世帯）、これらの3つの形態で農業関連の8割近くを占めている。また、自分の土地に加えて他者の土地で小作をしている（7世帯）[26]、または自分の土地は持たずに農業労働と小作をしている場合もある（4世帯）。

　農業とともに、ビジネスをしている人々もみられる。「自農・ビジネス経営」とは、農業だけでも食べていけるくらいの規模の農地も所有しながら、あわせてビジネス活動もしている場合である。ただし、現地で人々に聞き取りをすると、露天の

---

[24] 現地では通常、土地の面積はビガ（*bighā*）、カタ（*kaṭhā*）、ショトク（*śatak*）などの単位で表される。1ビガとは1エーカーの約3分の1の面積、つまり0.33エーカーと考えられている。1カタは1ビガの20分の1（1ビガ＝20カタ）である。宅地の面積について言及される場合には、カタが用いられる。ショトクは要するに100という意味で、1エーカーが100ショトクとされる。現地での聞き取りによれば、（人によって説明はかなり異なっているが）土地の質が悪くなければ3.3から5エーカー（現地の単位では10～15ビガ）くらいあれば、土地だけで十分な生活ができるとのことである。その半分程度の1.65エーカー（5ビガ）程度では「苦しいが何とか生活できる」あるいは「生活するのはかなり苦しい」など、ニュアンスの違いがあるが、この辺りが最低ラインのボーダーといえそうである。

[25] 農業労働の賃金（*majuri*）は、仕事の内容（仕事のきつさ）によって異なる。例えば、米作での稲刈りは1日30～35ルピーであるが、ジュートの繊維を芯からはぎ取る作業は水に浸かりながらの作業に加えて、かなりの腕力を要するために最低でも40～50ルピーであり、人手が足りないときには100ルピーということもあり得るとのことである。

[26] 刈分け小作は、通常ボルガ（*bargā*）と呼ばれる。米の場合には、コストは耕作者（*bargādār*）負担で、収穫物は地主との間で折半される。このほかにも、契約（*cukti*）によって、コストは耕作者負担で、1ビガあたりだいたい20モン（1モンは37.3キログラム/man=maund。20モンは746キログラム）の収穫が見込める場合に、5～7モンを地主へ渡すというやり方もある。あるいは米の現物ではなく、1ビガあたり500～800ルピーの現金を支払う方法も採られている。契約はジュートの耕作でもおこなわれていて、1ビガあたり、通常400キログラム（4 quintal）程度の収穫があるので、そこから100～150キログラムを地主へ渡すなどがある。必要経費は耕作者の負担である。

図表3-3 職業構成（世帯数）

職業分類	東パキスタン出身者	西ベンガル州出身者	計
〈農業関連〉			
自農・農業労働	29	0	29
自農	28	4	32
農業労働	26	7	33
自農・ビジネス経営	11	0	11
自農・小作	7	0	7
農業労働・小作	4	0	4
自農・露天・行商	2	0	2
小計	107	11	118
〈商業関連〉			
小店舗経営	18	1	19
露天・行商	14	1	15
ビジネス経営	4	0	4
小店舗経営・自農	2	1	3
小計	38	3	41
〈サービス関連〉			
公務員・会社員・教員など	15	0	15
職人	12	2	14
漁業（魚取り/行商）	11	1	12
家庭教師	3	0	3
司祭	1	0	1
小計	42	3	45
不明	1	2	3
計	188	19	207

出典：筆者による調査

物売りから工場経営まであらゆるものが「ビジネス」と一括されてしまうことがあるので注意が必要である。ここでのビジネスとは、自前の倉庫を持ってジュートや穀物の仲買や卸業をやっている、肥料店、映画館、家具工房などの経営をしている、あるいは自家消費用ではなく販売目的でかなり大規模に魚の養殖をおこなっているケースなどを指す。11世帯がこのような農業とビジネスの兼業をしている。このうち、農業についてもかなり広い農地を所有する世帯、例えば、10エーカー（30ビガ）を越える土地所有面積を有する世帯が4つあるなど、かなり

の経営規模を有しているケースもある。

　このように、農村部といえども農業以外の経済活動も様々なものがみられる。「商業関連」のカテゴリーもそのような非農業項目から成る。「小店舗経営」(18世帯)は食堂、茶店、菓子店、パン屋、食品雑貨屋、衣服店、靴店、貴金属宝飾店、政府系の販売所（ration shop）などの比較的小規模な店舗の経営を指す。ラジオ修理や自転車修理などでも、路上ではなく、形だけでも店舗を構えていれば、この項目に含めている。これらの店舗はマーケット・エリアに多くが集中している。

　「露天・行商」(14世帯)は、露天で（特に定期市などの機会に）地面に座って、あるいは道を歩きながらの野菜、果物、穀物、魚などの小売販売である。また、仲買や卸関連のうち、自分自身が村を足で回ってジュートを集めて、倉庫を所有するさらに上位の仲買人に卸すレベルなどはこちらに含めてある。ビリー（煙草）の家内製造と販売もこちらに含めている。

　「ビジネス経営」(4世帯)は、上記の「自農・ビジネス経営」と同じレベルのビジネスを指しているが、こちらはほとんど土地を所有せず、所得をもっぱらビジネスのみから得ている。搾油工場、建材販売店、魚の養殖、竹林での竹生産などをおこなっている。

　「サービス関連」カテゴリーにあるように、村では給与所得者や特定の専門的業務に従事する者もみられる。例えば「公務員・会社員・教員」項目（15世帯）では、9人が教員、4人が公務員、団体職員と会社員が各1人となっている。「職人」(12世帯)には、機織り、テーラー、大工、会場設営、製材現場での材木加工、伝統的医術師、靴修理、自転車修理などが含まれる。「漁業（魚取り/行商）」(11世帯)は、すべてカーストの伝統的職能としてマロによって担われているが、こちらは自ら魚の養殖（生産）をおこなうのではなく、むしろ賃金によって投網を用いた魚取りをすることを業務としている[27]。なかには若干の小売（行商）をおこなう者もいる。

　このほか、これはB村には小学校をからカレッジまで一通りの教育機関が揃っていて、教育熱心な風潮もあることと、農村部ではなかなか就職が難しいことにより、「家庭教師」(3世帯)を専業としている世帯もある。

　以上、カテゴリー・項目別にみてきたが、これらはあくまで主たる職業別に整理したものであり、実際には、「自農」にしても「農業労働」にしても、副業で

27）魚取りの賃金は1回で20ルピーがだいたいの相場で、1日2回ほどやって一日40ルピーほどの稼ぎがあるのが通常である。賃金は網を持参すると、さらに2、3ルピー余計に貰える。繁忙期と閑散期があり、1年の通算で考えると、3分の1近くの日は仕事がないとのことである。年に一度、村の東北部の湿地帯でほとんどすべてのマロが集まって、一斉に魚を捕る機会もある。

世帯員の誰かがビリー（煙草）を巻く作業を内職としてやっていたり、たまには野菜の露天売りをしたり、家庭教師をアルバイト的にやったり、池では自家消費用の魚の養殖をしているなど、何かひとつだけではなく、かなり複合的な経済活動をしているケースも多いことは重要である。農閑期には出稼ぎに出かける人々も珍しくはない。

　最後に、カーストの伝統的職能と本業との関わりについて述べておく。当然ながら、すべてのカーストが、それぞれのいわゆる伝統的職能に従事している訳ではない。ブラフモンの4世帯のうち、司祭職を本業としているのは1世帯のみである。ほかの世帯は、農業とビジネス（映画館経営）、穀物卸業、たまには司祭職もおこなうが会場設営の仕事の方が本業、などとなっている。機織りのタンティや皮革加工のムチ、搾油のテリの場合も、それぞれ伝統的職能に従事しているのは1世帯のみである。ただし、テリの場合には5世帯のなかで、現在搾油をしていない4世帯のうちの3世帯は移住前には伝統的職能に従事していた。これらは、移住による仕事環境の変化によってカーストの伝統職が放棄されたり、移住前に伝統的職能を担っていた父親世代が、移住後には高齢のために仕事の再開が困難であったので伝統職が継続できなかったりしたためである。

　伝統的職能をかなり保持していると考えられるのは、15世帯中11世帯が漁業に従事しているマロである。ベンガルでは魚を食するのが一般的であり、魚取りの仕事のニーズは常に存在する一方、魚取りは指定カーストであるマロの伝統職となっている（つまり良い職とは思われていない）ので、他カーストからの参入があまりみられないと考えられる。それが彼らの伝統的職能の保持率が高く、また漁業が彼らに独占されている所以であろう。

　2つの大きなカースト集団である、ノモシュードロとマヒッショについて触れておく。ノモシュードロについては、図表3－3に挙げるなかでは、司祭と漁業以外のほぼすべての職業区分に分散している。なかでも農業労働（20世帯）、自農・農業労働（18世帯）、自農（16世帯）、自農・ビジネス経営（7世帯）、自農・小作（6世帯）、農業労働・小作（3世帯）となっており、農業関連が全世帯の約65%（70世帯）を占める。また、公務員・会社員・教員など全15世帯のうち、ノモシュードロが11世帯を占めていることも特徴的である。この点は、次項の「教育」でもノモシュードロが他のカーストに比べて進んでいることや、第5章で検討するように、B村ではノモシュードロが主導する社会開発事業が展開されてきたことを反映している。マヒッショについては、自農（9世帯）、自農・農業労働（9世帯）、農業労働（3世帯）、自農・ビジネス経営（1世帯）であり、農業関連が全世帯

の88%（22世帯）を占めている。公務員・会社員・教員などは1世帯のみであり、農業主体であることが分かる。

4) 教　育

図表3－4「教育」は、東パキスタン出身者の世帯主の学歴を示している。インドの教育制度では、10年間の教育で中等教育修了証（Secondary School Certificate）、その後2年間（計12年間）で後期中等教育修了証（Higher Secondary Certificate）が授与される。それから大学教育となり、学士、修士、博士と続く。B村では、大学学部以上の教育機会に恵まれている人は少ない。区切りとなる修了年次だけではなく、第1学年から第11学年までについても細かく最終学修年を表中に挙げているのは、途中でドロップアウトするケースが多いからである。それぞれの数値は、どの学年まで学校に通ったかを表している。第10学年まで進んでも、修了試験に合格しなければ、修了証を取得できないために、中等教育未修了の者もみられる。とりわけ顕著なのは、学校教育を全く受けていない「学校教育未習」の人々が81人（43.1%）もみられることである。

カーストとの相関関係について若干みておきたい。サンプル数の少ないカーストもかなりあることから、カースト間での有意な差異を見いだすのは容易ではない。全般的には、「学士」以上が、あるカーストに、あるいは「学校教育未習」があるカーストに偏っているというような極端な傾向はみられない。ただし、B村におけるサンプル調査において世帯数で有力なカーストである3つのカーストについて、それぞれの「学校教育未習」の割合をみてみると、ノモシュードロは39.8%、マヒッショは60.0%、マロ・カーストは66.7%であった。ノモシュードロの割合がかなり低い。ノモシュードロは、後にみていくように、かなり教育に関して熱心な傾向があり、それが「学校

図表3－4　教育　　　　　　（人＝世帯主）

学　歴	
修　士	4
学　士	7
後期中等教育修了（HSC）	5
第11学年	1
中等教育修了（SSC）	10
第10学年（中等教育未修了）	4
第9学年	6
第8学年	16
第7学年	7
第6学年	8
第5学年	13
第4学年	12
第3学年	5
第2学年	7
第1学年	2
学校教育未習	81
計	188

出典：筆者による調査

教育未習」の割合の低さに表れていると思われる。彼らの教育への姿勢は高等教育にもあわれており、修士号を取得している4名はすべてノモシュードロ出身者である[28]。

ノモシュードロと並んでB村での有力なカーストであるマヒッショは、「学校教育未習」の割合の高さに加えて、残りの人々もすべて第8学年以下の教育しか受けておらず、高等教育を受けた者はいない。職業分類上は、土地を持たない農業労働者の割合はごく少なく、多くが「自農」「自農・農業労働」「自農・ビジネス経営」に従事しているにもかかわらず、教育投資にはあまり熱心ではなかったのかもしれない。マロも同様に「学校教育未習」の割合が高いことに加えて、残りの人々も学士1名を除いては、第3から7学年の教育しか受けていない。

（3）移動のパターン

本項では、東パキスタンからの移住者に関して、彼らがB村に至るまでの移動の実態について検討する。

1）出身地

図表3－5「カースト別出身地」はカースト別に出身県を示している。まず、出身県についてみてみると、フォリドプル県と旧ノディア県出身者が群を抜いて多いことが分かる。サンプル全体の約90％をこの2つの県の出身者が占めている。この点は、第1節（6）で指摘した傾向、つまりノディア県に至った難民は、東パキスタン側に分割された旧ノディア、フォリドプル、ジョショル、ダカなどの諸県からの移住者が多いという傾向と大まかには一致している。旧ノディア県とは、分割によって東パキスタン側に属することになったクスティア、チュワダンガ、メヘルプルの3つの郡のことを指す。そのうち、B村ではメヘルプル出身者が93％を占める。

出身地という指標は、カーストとの相関がかなり高い。「不明」の部分を除くと、

---

[28] サンプル数が少ないという制約はあるが、本文で述べている3つのカースト以外の各カーストの傾向について一応記しておきたい。ボニク・カーストは6人のうち、「学校教育未習」が1名いるものの、学士1名を含めて、残りのものは第6学年以上の教育を受けている。ブラフモン・カースト（4人）も同様に「学校教育未習」が1名いるものの、残りは第5学年から「後期中等教育修了」までで占めている。ゴアラ・カースト（4人）は、1名のみ第10学年がいるが、残りは第5学年以下の教育しか受けていない。モイラ・カーストは4人のうち「学校教育未習」は1名で、残りは第8、9学年と「中等教育修了」である。ムチ・カーストは3人のうち、2人が「学校教育未習」でもう1名も第2学年までである。タンティ・カーストは3人のうち、「学校教育未習」、「後期中等教育修了」、第8学年がそれぞれ1名ずつである。テリ・カーストは5人のうち、4名が「学校教育未習」で残り1名は第6学年までである。ティリ・カーストは第8学年2名と第9学年1名である。

図表3－5　カースト別出身地（世帯数）

出身県	ボニク	ブラーモン	ゴアラ	マヒッショ	モイラ	マロ	ムチ	ノモシュードロ	タンティ	テリ	ティリ	その他	計
ダカ								3					3
フォリドプル		1						93				2	96
ジョショル		1		1							2	2	6
クルナ	1							6					7
旧ノディア	5	2	4	25	3	14	2	6	3	5	1	3	73
ラジシャヒ												1	1
不明						1	1						2
計	6	4	4	25	4	15	3	108	3	5	3	8	188

出典：筆者による調査

　すべてのマヒッショ、マロ、テリ、ゴアラ、タンティ、ムチ、そしてほとんどのボニクとモイラが旧ノディア県出身である一方、約86％のノモシュードロはフォリドプル県の出身である。フォリドプル、ダカ、クルナの出身者は、ほぼノモシュードロのみに限られている。

　従って、出身地からすると、B村にはマヒッショやマロをはじめとする、旧ノディア県出身者とフォリドプルとその周辺県からのノモシュードロという2つの大きなグループが存在していることが分かる。そして、第2項の2）カーストのところで示したように、B村で数的な存在感を示すマヒッショとノモシュードロは、ベンガル全体でも代表的なカーストであり、固有の地域的分布も示してきた特徴的なカーストである。これら2つのグループにおけるカーストや出身地との相関関係は、以下にみるように移動年とも相関している。

2）移動年

　まずは全体の傾向をみておきたい。図表3－6「村への流入年別世帯数」が示すとおり、B村への流入状況は、おおむね西ベンガル州への難民流入状況と軌を一にしているといってよい。1949年末からの暴動、1950年代の国語問題による混乱、1963年末のカシュミールでの聖髪事件、そして1971年のバングラデシュ独立時の混乱など、東パキスタンでの政情不安、コミュナル状況の悪化、暴動の発生などのタイミングごとに、村への流入も数値が上がっているのが明白である。

　次に、これをカースト別に検討してみたい。出身地とカーストの間に相関があったことはすでに述べた。図表3－7「村への流入年別・カースト別世帯数」では、さらに移住年についてもカーストとの相関が高いことがうかがえる。

図表 3-6　村への流入年別世帯数

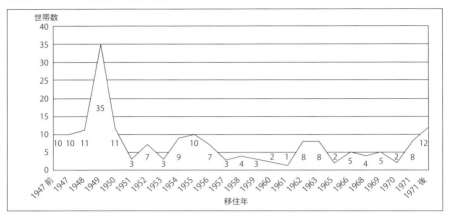

出典：筆者による調査（注：移住年で抜けている部分は移住者がゼロの年である）

　端的にいえば、ノモシュードロついてのみ、インド・パキスタン分離独立の1947年以前から1971年のバングラデシュ独立以降にかけて、一貫した流入の継続がみられるのである。きわめて対照的に、マヒッショの流入は1951年までに完了している。マロ、ボニク、ゴアラなどの流入は1949年までに多くが完了している。

　以上のことから、B村には移住時期、出身地、カーストの3つの要素が重なり合う2つの大きなグループを想定することができる。すなわち、1950年初頭までには、おおむね移住が完了した旧ノディア県出身（分割により東パキスタンに属することになった側）のマヒッショ、マロ、ボニク、ゴアラなどのグループと、一貫して移住が継続したフォリドプル県出身のノモシュードロのグループである。

　ノモシュードロの流入が一貫して継続したことについては、いくつかの理由が考えられる。第1に、すでに述べたように、独立前のカースト別人口構成においてノモシュードロは3番目に大きな人口を抱え、かつベンガルの東南部に分布していたこと。マヒッショも大きな人口規模を有していたが、分布は西ベンガル州側の中西部が中心であり、西ベンガル州に移住する可能性がある潜在的人口としては、ノモシュードロの方がかなり多かったはずである。つまり移動人口の規模が大きかったことが第1に考えられる。

　第2には、そうした大きな潜在的移動人口が、一斉に時期を同じくして移動したのではなく、異なる時期に移動したこと。このことは、パンジャーブではごく短期間に大規模な人口移動（人口交換）が生じたのに対して、ベンガルでは移動

図表3－7　村への流入年別・カースト別世帯数（世帯数）

移住年	ボニク	ブラフモン	ゴアラ	マヒッショ	モイラ	マロ	ムチ	ノモシュードロ	タンティ	テリ	ティリ	その他	計
1947前	2			2		2		3	1				10
1947	1					2		5				2	10
1948	2		1	1		4		2	1				11
1949		2	3	13	1	3	1	9		2		1	35
1950				7				2		1		1	11
1951				2				1					3
1952	1							5	1				7
1953								3					3
1954						1		7				1	9
1955		1			1			8					10
1956						1		6					7
1957								2		1			3
1958								3		1			4
1959								3					3
1960								2					2
1961								1					1
1962					1		1	6					8
1963					1			6				1	8
1965								2					2
1966								5					5
1968		1						2				1	4
1969								5					5
1970								1				1	2
1971								7	1				8
1971後								10			2		12
不明						2	1	2					5
計	6	4	4	25	4	15	3	108	3	5	3	8	188

出典：筆者による調査

が長期にわたったという第2章で述べた大きな傾向を、まさにノモシュードロが体現している。様々な事件や暴動が起こるたびに、ある程度の波を持って移動が継続的に生じたのである。

　第3に、最も社会経済的に恵まれた人々ほど早く移動し、最も恵まれない人ほ

ど取り残されやすいという、難民移動の一般的傾向が影響していると考えられる。コルカタ方面に移動した、いわゆるミドル・クラス層は、その家族成員や親族の誰かが独立前から西ベンガル側で働いていたケースが稀ではない。彼らには西側に伝があり、かつ教育機会にも恵まれていた彼らは、様々な情報にもアクセスが可能であり、事前に準備した上で早めの移動が可能であった[29]。これに対して、「地主や村の指導層がみんな出て行ってしまった。どうやって我々だけ残っていられようか」といったコメントを村の調査ではしばしば耳にした。先に出て行った村の有力者達を追うように、一歩も二歩も遅れて、ノモシュードロ農民達は移動を始めた。

第4に、人口移動論でいうところの、いわゆる連鎖移動（chain migration）がノモシュードロの間では綿々と続いてきたことが挙げられる。先に移動した家族や親族を頼って新たな移住が生じる、あるいは戦略的にまず誰かが先に移住し、ある程度生活のめどが立ったところで他の家族メンバーが移住するなどの現象が継続してきた。独立前から西ベンガルに居住していた人々ではなく、先行する移住者を頼った新たな移住による連鎖現象である。

第5に、これは東側のベンガルで調査をしていない筆者には正確には指摘できないことではあるが、B村での話からすると、分離独立以降、東パキスタン時代から現在のバングラデシュの時代にかけても、ヒンドゥー人口の一貫した流出が指摘されている一方で、まだまだヒンドゥーが人口規模の点でも社会的にもドミナントな村が存在していることがある。筆者が調査を始めた1990年代後半以降においても、そうした村に住む親族がB村を訪ねてきたり、逆にB村の村人が東の親族のもとを訪問したりする例がみられた。ヒンドゥーばかりの村なので村自体には何の問題もなく平穏に暮らしているとのことであった。その反面では、彼らはバングラデシュでの将来には悲観もしているために、未だに移住の連鎖は終結していないのが現実である。このような、潜在的な移住者を抱えるヒンドゥーのスポットのような村々が存在してきたことが、長期にわたる移住の背景のひとつであったと考えてもよさそうである。

他方で、ノモシュードロとは逆に早期に移動が完了したマヒッショ、マロ、ゴアラなどには、何が作用していたのだろうか。彼らには、ノモシュードロとはかなり対照的な条件があった。第1に、彼らの大部分は元々同じノディア県、それも新しく引かれた国境のすぐ反対側といってよい地域（メヘルプル）の居住者であった。B村から10キロメートルほどの距離であり、同じ村の出身者や親族が

---

[29] コルカタに再定住したミドル・クラス層を研究したChatterjee［1990; 1992］を参照のこと。

独立前からB村に住んでいたケースも珍しくはなく、何かの用事があれば1日で往復できる距離だった。日常生活圏内といっても過言ではない領域に、もともとB村は含まれていたのである。それゆえ、彼らには移動に際しての事前の知識や伝(つて)があり、ノモシュードロよりもはるかに恵まれた移動しやすい状況下にあった。移動する決断を阻害する要因（交通手段の確保、未知の地域へ移動する不安など）が少なく、早めの決断が可能であった。

　第2に、彼らは、より早期に移動したために、東パキスタンへ移動したムスリムがB村に残した空き家に当面のところ入り込むこともできた。マヒッショとマロのそれぞれ約半数の世帯が、ムスリムが残していった家に入り込んでいた時期があると、筆者の調査で答えている。B村にはムスリムの空き家があると聞いてやって来たと述べる者もいた。このような条件は、より遅い時期に次々とやって来た多くのノモシュードロにとっては望めないことであった。

　第3に、特にマヒッショについて該当することであるが、より早期の移住は、後にあらためて検討するように、「財産交換」という分離独立からより早期の時期に広く試みられた財産確保の手段と密接に関わっていた。「財産交換」とは、パキスタンへ出て行ったムスリムとインドに流入してきたヒンドゥーの間で、互いに残してきた土地などの財産を交換するという試みである。マヒッショのうち、約半数が「財産交換」をやったことによってB村に流入することになった。このように早期の移動は、財産確保の可能性とも関わっていた。さらに、その可能性は、これも後にあらためて検討するように、近距離からの移動という地理的条件とも連動していたのである。

3）移動理由

　なぜ人々は移動するのか。一般的には「難民」は迫害の恐怖などによる強制的な移動とされ、"forced migration"や"involuntary migration"と表現されてきた。難民の移動はしばしば突然に、高度に抑圧的で、生命の危機の迫った状況下で生じるとされる［Independent Commission on International Humanitarian Issues 1986: 14-15］。一方、「移民」は自発的な意志が強調されて"voluntary migration"という表現がなされる。しかし、実際の人々の移動は、こうした二分論では捉えきれない複雑さを含んでいることも多い。B村へ移住した人々の経験は、まさにこのような移動要因の複雑さや重層性を示している。

　図表3－8「移動理由」は、人々がどのような理由で移動したのかについてまとめている。その特徴は第1に、多くの人々が暴動、放火、暴力などについて語

図表 3 − 8　移動理由（回答数・複数回答）

移動理由	
ムスリムによる横暴や不当な行為があった	67
身の危険を感じて	47
ヒンドゥーとムスリムそれぞれの国ができたから	22
ムスリムに対する恐れがあった	18
みなこちらに来たから	18
直接的に被害を受けた	9
ヒンドゥーとムスリムが入れ替わっていた時期だから	8
ムスリムに追い出された	8
家族・仕事・教育などのため	7
将来への不安があった	6
洪水・河川浸食のため	5
不明	19
計	234

出典：筆者による調査

る一方で、「自分の村でも暴動（dāngā）が発生した」、「ムスリムに放火された」など、実際に直接的に被害を受けたと訴えるのは9件のみということである。むしろ被害を受けるのではないかという「身の危険」を感じて家を後にしたと回答した人々の方がはるかに多い（47件）。「騒乱状態（gaṇḍagol）への恐れから」、「近くの村で暴動が発生したので」、「隣の村で乱闘騒ぎ（mārāmāri）があった」、「ダッカで暴動があり、もうこちらでは住めなくなるだろうと聞いて」など、治安の不安に関する東パキスタン全体から隣村レベルまでの情報を得るなかで、移動を決断しているケースが多い。

　第2に、移動理由として最も多くの人々が挙げていたのは、暴力や治安の不安よりもむしろ、日常生活レベルにおいて、それまではなかったような「横暴（atyācār）や不当な行為（anyāy）」をムスリムから受けるようになったことである（67件）。「ムスリムが言葉で威嚇したり、収穫物を持って行ってしまったりした」、「ムスリムに土地も建物もすべて占領された」、「井戸で水を飲ませてくれなかったり、牛の生首を井戸の前に置いたりした」、「ヒンドゥーの娘に嫌がらせをした」、「小舟をムスリムに盗まれた。犯人はつかまったが、ムスリムが協力して、かばい立てをしてこちらに歯向かってきた」、「父が朝食を食べていると、ムスリムが来て父の食器をひっくり返した」、「ヒンドゥーに対する話し方が荒っぽくなった」、「村で

はヒンドゥーの方が豊かだったが、貧しいムスリムの農業労働者がヒンドゥーの娘と結婚させてくれと言ってくるようになった」など、様々な体験が世帯調査のなかで語られた。このような体験を通して、彼らはムスリムの自分達に対する態度の変化を感じ取り、それまでの社会秩序が崩壊して、自分達の立場が危うい状態になってきたと感じるようになったのである。

　第3に、こうしたムスリムからの抑圧は、「ムスリムに対する恐れ」（18件）をヒンドゥーに抱かせることになった。それまでおだやかに一緒に暮らしてきた隣人に対する恐怖、ムスリムという存在自体に対する恐怖は、ヒンドゥー達に深刻な心理的抑圧を与えた。「ムスリムに追い出された」（8件）との回答は、こうしたムスリムに対する恐れと結びついている[30]。また、これは旧ノディア県（東パキスタン側）からの早期の移住者に限られるが、幾人かの人々は、「当時、インド側にいたムスリムが村に沢山入ってくるようになっていた」、「ムスリムが村に入ってきて住み始めていた」と述べていることから、地元のムスリムだけでなく、インド側から流入するムスリムの存在からもプレッシャーを感じていたと思われる。

　第4に、ムスリムに対する心理的な恐れや、自分達が生活をしてきた社会秩序の崩壊は、2つの宗教コミュニティのために2つの国家が作られたのだという意識を彼らに植え付けることになった（22件）。ムスリム達は「おまえ達の国へ行け」、「ヒンドスタンへ行け」といって彼らを追い出したという。また、ヒンドゥーの移住者自身も「国が分割されてしまったので」、「私達の国はムスリムの国になってしまい、とても大変だった」、「ヒンドゥーはヒンドゥーの（国である）インドに来るべきだと思った」と述べている。

　2つの国が2つの宗教コミュニティのために作られたために、それぞれがふさわしい国へと移動しているのだという理解は、「村にはムスリムがいたが、暴動や横暴な振る舞いもなかった。しかし、ヒンドゥーとムスリムが入れ替わっていた」など、「ヒンドゥーとムスリムが入れ替わっていた時期だから」（8件）という回答にも表れている。

30）ただし、これらのヒンドゥー達が一方的な被害者であった訳ではない。「ムスリムがおまえ達はインドへ行けといって追い出した。我々はムスリムに追い出されたが、こちらでは逆に、パキスタンへ行けといって、ムスリムを追い出した」（65歳、ノディア県出身、マヒッショ・カースト）、「近隣の村に住んでいた時のこと、当時その村はもともとムスリムの居住地で、ムスリムがほとんどだった。そこにノモシュードロがやって来て、ムスリムの家に放火したりして追い出した。自分の父も、オジとともに、それぞれ30ビガの土地を占領した」（43歳、ノディア県出身、テリ・カースト）。このように、追い出されたといいながら、西ベンガル州に来てからは、逆に残っていたムスリムに同様の仕打ちをしているケースもあり、彼らは被害者でもあり加害者でもあった。

第5に、自分達の国はムスリムの国になってしまったという認識は、「将来への不安」(6件)をヒンドゥー達に与えていた。「東パキスタンでは自立して生活できない」、「将来の展望がない」という思いは、「インドに来れば就職もできて、家族を養っていけるのではないかと思って来た。これが一番の理由」と述べる声に表れている。ムスリムの国ではもはや将来は望めないとして、彼らは教育や就業機会を求めてインド側へと移住したのである。

　第6に、移住がさらなる移住を生じさせた。「何の不都合もなかったが、みな出て行くのをみて」、「村では暴力はなかったが、みな出て行ったし、自分達だけ残ってどうしようと思った」、「村の人がみんな出て行ってしまったので、私達だけ残っていられなかった」、「地主や裕福な人たちが出て行ってしまった。どうやって私達のような貧しい者だけが残っていられようか」、「ヒンドゥーの地主が、我々も出て行くのでおまえ達も出て行けといった」など、「みなこちらに来たから」(18件)との回答は少なくなかった。自分達よりも先に他のヒンドゥーの人々、それも村において主導的な立場を占めていた人々が出て行くのをみて、村での社会関係が断絶し、村で孤立する懸念から移動したのである。

　以上の移動理由は、実際のところは相互に重なり合い、関連しあって多くのヒンドゥー達に共有されていたとみるべきであろう。多くの世帯主が複数の理由を挙げていることからも分かるとおり[31]、各地で発生した暴動に関する情報によって、多くのヒンドゥーが身の危険を感じると同時に、村ではムスリムからの横暴や不当な行為に抑圧され、ムスリムへの恐れを感じ、そこに留まることでの将来に不安をおぼえ、インド側への移住に将来を託したのである。そのような共有された状況があったと考えられる。

　図表3－8では、「家族・仕事・教育のため」(7件)と「洪水・河川浸食のため」(5件)という回答もある。前者は、先に移住していた家族の元へ合流したり、仕事や教育のために独立以前から西ベンガル側に移住したりしていた人々や、分離独立後の移住であっても、当人が純粋に仕事等のためだけに来たと主張をしていたケースを含んでいる。後者については、デルタ地帯のベンガルでは多分に被害に遭う可能性がある事項だが、こちらも洪水や河川浸食の被害によってのみ移住したと述べる者と、こうした被害とともにムスリムへの恐れなどの理由をあわせて挙げている者の両方を含んでいる。

---

31) この項目に関する聞き取りでは、188世帯のうち169世帯から回答を得た。多くの世帯から複数回答を得たために、図表3－8では計234件の回答を集計している。

4）移動経緯

移動した人々はどのようなプロセスを経てB村へ至ったのか。188のサンプル世帯のうち、B村に直接やって来て、そのまま再定住したのは56世帯（29.8%）のみである。どこか1カ所を経てB村に至ったのは64世帯（34.0%）、2カ所を経て至ったのは44世帯（23.4%）、3カ所は14世帯（7.4%）、4カ所が9世帯（4.8%）、不明1世帯であった。

移動箇所が複数になっているのは様々な事情による。一旦は親族の元に身を寄せていて、それからまた移動したケース、キャンプにまず収容されていて、そこから移動したケース、他所にいたが土地を購入して移ったケース、あるいは、状況が回復していることを期待して東パキスタンへ戻り、それからまた西ベンガル州に来たケースなどもある。これらの諸事情がさらに重なり合って、移動回数が増加している。

図表3－9「村への移動経緯」は、移動回数に関わりなく、最後にB村に至った経緯、つまりなぜB村に来たのか、その理由を整理したものである。親族・姻族関係や地縁、カーストのつながりなど、様々なネットワークが活用されて、人々がB村に至っていることが分かる。

図表3－9　村への移動経緯（世帯数）

親族（父系）がいた	35
姻族がいた	31
何の伝もなかった	19
親族（母系）がいた	17
ムスリムとの財産交換を通じて	14
ビジネスやサービスのために	13
同村・同郷の人がいた	11
同じカーストの人がいた	9
政府によるリハビリテーションによって	7
遠縁・知人等を通じて	5
その他	13
不明	14
計	188

出典：筆者による調査

最も多くみられたのは親族の繋がりによるものである。父の兄弟姉妹などの父方の「親族（父系）」が35世帯、母の兄弟姉妹などの母方の「親族（母系）」が17

世帯と、双方の親族ネットワークが活用されている。また、妻の父などの「姻族」を頼っての移動が 31 世帯と 2 番目に多い経緯となっている。これら親族・姻族関係による移動があわせて 83 世帯と、全体の半数近くを占めている。

このほか、「同村・同郷」(11 世帯)[32]、「同じカースト」(9 世帯)、「遠縁・知人等」(5 件)[33] の人々の繋がりも重要な役割を果たしていた。「ムスリムとの財産交換」(14 世帯)[34] や「政府によるリハビリテーション」(7 世帯)[35] など、土地取得に関わるなかで B 村に至ったケースもある。「何の伝(つて)もなかった」との回答が 19 世帯あることも注目すべきであろう。このうち 14 世帯は、そもそも B 村の地域に地理感覚のあった旧ノディア県出身者だが、5 世帯は遠方のフォリドプル県出身者である。「ビジネスやサービスのため」には、B 村やその周辺での商売や勤務のために B 村に来た人々を含んでいる[36]。

5） 往復移動と連鎖移動

東パキスタンからの移動は、一度限りとは限らない。西ベンガル州に来たものの、もう一度東パキスタンに戻り、それから再度西ベンガル州に来ているケースも稀ではない。24 世帯がそのような繰り返しの移動をおこなっていた。これらのケースは、移住者にとって土地などの財産の処分が重大な関心事であったこと、及び東パキスタンの状況改善と帰還を希望しながら、それが実現できなかったことを物語っている。

---

32)「同村・同郷」には、同じ村の出身者及び同郷の出身者を含んでいる。ここでの「郷」とは、ベンガル語の「デシュ (deś)」を指す。デシュは日本語で「あなたのおクニはどちらですか？」と問いかける場合の「クニ」に相当する言葉で、話の脈絡により、村から地方までいくつものレベルで使用される。高田 [2006: 第 9 章] を参照のこと。

33)「遠縁・知人等」はベンガル語でいう「アティヨ・ショジョン (ātmīya-svajan)」に相当する。ここには、親族のほかにも、様々な脈絡によって本人が「自分のところの (ātmīya) ＋人々 (svajan)」と考える者が含まれる [Inden and Nicholas 1977]。従って、本来は表中に挙げている「親族」のいずれかに含まれるべきともいえるが、本人が単に「自分のところの」とのみ述べ、その人物との関係について具体的に説明するのを避けた場合にはこちらに入れた。親族に言及している場合であっても、オジ・オバなどではなく、より遠縁の親族を通常は指している。

34) 第 4 章では、「ムスリムとの財産交換」はサンプル中で 20 件としている。図表 3−9 では 14 件となっているのは、残り 6 件では、B 村に来たこと自体は親族などのネットワークによるもので、その後にあらためて財産交換を試みているからである。

35)「政府によるリハビリテーション」についても、第 4 章では 8 件となっており、図表 3−9 の 7 件とは数値が異なっている。こちらは、当初は政府のリハビリテーションにより B 村に土地を得ることを期待して来たものの、結果的に受給できなかったケースが 1 件ある一方、B 村の親族を頼ってやって来た後に、B 村に土地を受給する形で政府のリハビリテーションを受けたケースが 2 件ある。その結果、図表 3−9 では 7 件 (8+1-2=7) となっている。

36) これらの「ビジネスやサービスのため」と述べる人々も東パキスタン出身である。うち 1 世帯は、ラージャスターン州出身で、分離独立前にジュートのビジネスのために東ベンガルに移住している。その後、分離独立後に西ベンガル州に移住して、現在は B 村で衣服店を経営している。

次の2つのケースは、残してきた土地が気にかかり、戻ってみたものの、パキスタン政府による措置[37]のためにうまく処分ができなかったと述べている。

〈ケース1〉
　1949年に父とその兄弟がこちらに来ましたが、向こうに土地があったので、土地を処分するために3年後に戻りました。しかし、向こうの政府が土地を売却するのを認めなかったのでうまくいきませんでした[38]。

〈ケース2〉
　1958年に来て、こちらに7カ月半いて、元の村に戻りました。しかし、ムスリムが土地を適性財産（Enemy Property）として占拠していたので、同じ年のうちにまたインド側に来ました[39]。

なかには、残してきた土地の処分とともに、インド側に移住するに当たって事前に西ベンガル州側でも新たな土地を準備しようとしていたケースもみられる。

〈ケース3〉
　土地を買うために、家族を残したままインド側に来て、兄の名で土地を48ビガ買いました。2年間インドに居て、それから残してきた土地を売るた

37）分離独立後の両国において、難民／避難者（evacuee）が残置して行った土地財産の扱いは課題であった。1950年の「ネルー・リヤカート協定」では「不動産の所有権、占有権は保障される。他者によって占拠されている場合でも、1950年12月31日までに帰国すれば、返還される」とされていた［佐藤2004a: 51］。しかし、返還は必ずしも円滑ではなく、処理が滞っていたり、勝手に処分されていたりする例も見られた。相互主義に基づくものであったが、両国がともに相手の不履行を非難しあう状況であった［同上：57-58］。東パキスタンでは「財産徴発法（Requisition of Property Act -Act XIII of 1948）」、その後「東ベンガル避難者法（East Bengal Evacuees-Administration of Immovable Property-Act 1951）」などの法律が次々と制定され、1965年の「適性財産法（Enemy Property-Custody and Registration-Order II of 1965）」へと結実していくが、いずれも財産に関するヒンドゥー・マイノリティの権利を剥奪するものであったと指摘されている［Barkat 2011］。一方、インド側でも1951年に「西ベンガル避難者法（West Bengal Evacuee Property Act -1951）」が成立している［Sen 2000］。その後、1968年にはインドでもパキスタンと同様に法律名を「適性財産」とした「適性財産法（Enemy Property Act-1968）」が成立した。さらに、2017年には「適性財産法改正案（Enemy Property-Amendment and Validation Bill-2016）」を成立させて強化を図っている。21世紀に入っても、未だに問題は継続している。

38）1997年8月19日、フォリドプル県出身、50歳、ノモシュードロ・カーストより。

39）1997年4月4日、ノディア県出身、43歳、テリ・カーストより。インタビューでは「適性財産」と本人は語っていたが、1958年頃の話であり、1965年の「適性財産法」はまだ施行されていなかったはずである。しかし、ムスリムに占拠された土地を法的な観点からは奪還できなかったという本人の認識がこの語りの骨子となっている。

めに戻りました。その1年後に家族でインド側に移りました[40]。

〈ケース4〉

暴動があったので、1954年に父が一度来て土地を買いました。それから戻りましたが、ムスリムが土地の登録書類をみせて、父の土地を自分の土地だと主張しました。父は強くは反論しませんでした。当時どのヒンドゥーも土地の返還を実現できなかったのです。その後、バングラデシュ独立の時に家族で移住しました[41]。

〈ケース5〉

1958年に土地だけ買っておいて、バングラデシュ独立の際に本格的に移りました[42]。

東パキスタンの状況改善を期待して帰還したものの、期待通りとはならずに再度インド側へ移住したケースもある。

〈ケース6〉

1949年頃にインドに来て、3年間居ました。東パキスタンの県庁に手紙を出したら、もう何の不安もないといわれたので、1952年にみんなで東に戻りました。戻って8年間いましたが、ムスリムが収穫物を盗んだり、文句をいうと逆に脅されたりしました。それでまず、父と長兄が、村人がすでに来ていたB村に来て、店を開き、1960年に自分や妹達が来ました[43]。

〈ケース7〉

事前に下見に来た上で、バングラデシュ独立の際に全員でインド側に移住しました。残してきた土地もあるし、バングラデシュの独立が成立した後には平和になっているだろうと思い、1年後に帰還して、4、5年いました。しかし、バングラデシュ政府がいろいろな措置を採ると聞いていたのに何もされないので、仕方ないと思ってまたB村に来ました。土地は農地が5ビガ

---

40) 1997年8月13日、フォリドプル県出身、74歳、ノモシュードロ・カーストより。
41) 1996年8月29日、ノディア県出身、38歳、ノモシュードロ・カーストより。
42) 1998年8月25日、フォリドプル県出身、52歳、ノモシュードロ・カーストより。
43) 1997年8月25日、フォリドプル県出身、55歳、ノモシュードロ・カーストより。

ほどありましたが、半分は売って残りは捨ててきました[44]。

　図表3－9において、親族関係が移住ネットワークの重要な梃子(てこ)となっていることをみたが、うえに挙げた事例のなかでも出てくる通り、親子間や兄弟間での戦略的な段階的移住も試みられている。父や兄弟のうちの年長者がまず一人ないし複数でインド側に来て、場合によっては数年間をかけて仕事を得たり土地を獲得したりして生活の礎を築き、その後に他の家族成員が移住して来るのである。なかには、分離独立からバングラデシュ独立時にかけて、計3回にわたり、本人やその家族が移動している例もある。

〈ケース8〉
　1948年に一度インドに来て、しばらく居てまた戻りました。それから今度はビザを持ってインドに来ました。妹がインドですでに結婚をしていました。このときに、B村に15ビガの土地を買っておきました。しかし、パキスタンに土地があったので、1年後に戻りました。それから20年近くは向こうにいて、1972年にまたインドに来ました。このときもパスポートを持っていました。自分が来る5年前にすでに息子がB村に来ていました。オジはバングラデシュ独立戦争の時に西パキスタンの軍隊に撃たれて亡くなりました[45]。

　兄弟間の移住に限ってみれば、移住帰還が長期間にわたったフォリドプル県出身のノモシュードロにおいてそれは顕著である。兄弟間の段階的移住はサンプルのうち45件あり、出身地別にみると35件をフォリドプル県出身者が占めている。同様に、カースト別でみると45件のうち37件をノモシュードロが占めている。

6）政府の出入国管理政策への対応

　第2章でみたとおり、東パキスタンからの難民流入に対しては、その量的把握及び移動をコントロールするためのいくつかの政策が採られていた。新しくできた国境にはチェック・ポストが設置されて、人の移動をカウントしていた。人々がそこを通過する際には、ボーダー・スリップが渡された。1952年には「パスポート・システム」、1956年からは「移住証明書（migration certificate）」が導入された。

---

[44] 1997年4月2日、フォリドプル県出身、55歳、ノモシュードロ・カーストより。
[45] 1997年8月12日、フォリドプル県出身、75歳、ノモシュードロ・カーストより。

ボーダー・スリップは一種の渡航証明書の役割を果たし、チェック・ポストからキャンプへの収容へと橋渡しする手続きの一環を成していた。移住証明書は、いわばインドへの移住に対するお墨付きであり、キャンプでの受け入れやリハビリテーションへと明確につながるものであった。これらの書類は、単に入国時の支援に関わるだけでなく、その後に市民権を申請する場合や就職の機会を得る際に、身分証明書の役割を果たす重要書類ともなった。

　これらの政策に対して、個々の移住者達はどうように反応していたのであろうか。すべての人々が書類の重要性に自覚的であったのではない。しかし、世帯調査において、これらの書類を取得するメリットが分かっていたので取得に努めたというケースもあり、書類の取得は、人々がインドへの移住について検討する上で、ひとつの移住戦略の選択肢を提供するものであった。また、1950年代前半の時期は、西ベンガル州内でのリハビリテーションが可能であり、かつインド政府が積極的ではなくとも、少なくとも合法的な移住の道筋を付けて移住者を受け入れようとしていた点で、政策上のひとつの重要な時期と見なすことができる。

　図表3－10「ボーダー・スリップ入手状況」は、出身地別のボーダー・スリップの入手状況を示している。スリップを入手したとの回答は、わずか15世帯である。うち12世帯がフォリドプル県の出身者であり、その多くはノモシュードロである[46]。不明の件数も多いが、入手しなかったとの明確な回答が112世帯あることからみても、かなり多くの人々がスリップを入手していなかったことがうかがわれる。

図表3－10　ボーダー・スリップ入手状況（世帯数）

出身地	入手した	入手しなかった	不明	計
ダカ		2	1	3
フォリドプル	12	48	36	96
ジョショル	1	3	2	6
クルナ	1	6		7
旧ノディア	1	52	20	73
ラジシャヒ			1	1
不明		1	1	2
計	15	112	61	188

出典：筆者による調査

46）カースト別でみると、12世帯のうち、11世帯がノモシュードロであった。

図表 3 − 11「パスポート・移住証明書の保持状況」は、パスポートや移住証明書を保持していたかどうかを出身地別に示したものである。142 世帯（75.5%）が、パスポートとも移住証明書とも関わりなく移住している。これらの制度的枠組みを踏まえた移住は、決して多くはなかったことが分かる。多くの人々は、書類上の裏付けなしに移住してきたのである[47]。

図表 3 − 11　パスポート・移住証明書の保持状況（世帯数）

出身地	移住証明書	パスポート	どちらも不所持	不明	計
ダカ	2		1		3
フォリドプル	35	3	57	1	96
ジョショル			6		6
クルナ			7		7
旧ノディア		2	69	2	73
ラジシャヒ		1			1
不明			2		2
計	37	6	142	3	188

出典：筆者による調査

　ボーダー・スリップ同様、移住証明書も多くの人々は活用しなかったのは事実である。しかし、数は少なくとも、これの取得が移住者のその後に影響し、プラスに働いたケースがあることも事実である。移住証明書を取得した 37 世帯（19.7%）のうち、これにより西ベンガル州での教育機会が得られた（3 世帯）、就職口の獲得につながった（2 世帯）と明確に述べているケースもある。

　図表 3 − 12「移住証明書サンプル」は、村人がインド側に移住するために実際に入手し、調査当時に保管していた移住証明書である。母親が申請者となり、息子がその家族成員として証明書が発行されている。証明書の発行日は、右上に 1962 年 12 月 24 日とある。右下には 1963 年 4 月 22 日パキスタン側ドルショナ（Darsana）で出国スタンプ、左上に同日インド側のゲデ（Gede）での入国スタンプが押されている。本文の第 1 項には、この両名がインド政府に対して、インドに

47）移住証明書のシステムが、いつまで運用されていたのかは明確ではない。現地での聞き取りでは最も遅いケースで 1966 年である。現在でも所持している書類を確認できた限りでいえば、最も遅いケースは 1963 年 4 月 22 日である。運用開始当初の時期に移住した人々の間では「学生だったのですぐに証明書を入手できた」（58 歳、フォリドプル県出身、ノモシュードロ・カースト）、「当時はまだ写真だけあれば簡単にできた」（61 歳、フォリドプル県出身、ノモシュードロ・カースト）といった話もあり、当初は割合に容易だったのかもしれない。一方、最も遅いとした 1963 年のケースでは「当時、東パキスタンのインド大使館は閉鎖されていたが、レセプショニストに知人がいたので頼んでやってもらった」（59 歳、フォリドプル県出身、ノモシュードロ・カースト）とのことである。おそらくリハビリテーション政策とも絡みながら、徐々に門戸は狭くなっていったものと思われる。

図表 3 − 12　移住証明書サンプル

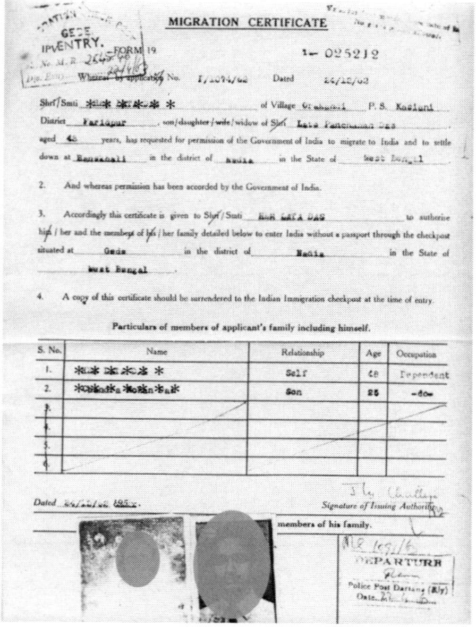

出典：B 村にて入手（取消線は筆者による）

移住し西ベンガル州ノディア県のハンスカリ（Hanskhali）という所に居住する許可を求めたとある。第 2 項では、インド政府はそれに許可を与えたこと、第 3 項はよってこの証明書は両名に対してパスポートを所持することなく、西ベンガル州ノディア県ゲデのチェック・ポストを通ってインドに入国することを許可すると明記している。

　息子によれば、この時彼らのもとにはポケットに 10 ルピーのお金しかなかった[48]。しかし、彼は翌年には市民権を取得し、それから教職に就いて、後には学校長にまでなり、1997 年に定年退職を迎えている。この人物のケースでも、移住証明書を入手していたからこそ、スムーズに教職に就くことができたであろうことは想像に難くない。

　移住証明書の取得によって得られる移住当面のメリットは、キャンプへの受け

48）息子によれば、最初ダカのインド大使館に申請をした際には、係官から「この国（東パキスタン）には君のような、修士号の学歴を取得したような人間が必要だ。それにインドへ行っても就職はできないぞ」といって、申請の受領を拒否されたという。しかし、知人を通じて話を通して、何とか移住証明書を入手できたとのことであった。1996 年 3 月 8 日、フォリドプル県出身、59 歳、ノモシュードロ・カーストより。

入れとその後のリハビリテーション（農地、宅地、住宅建設のためのローン取得）への道筋が付けられたことである。移住証明書を取得した37世帯のうち、キャンプに収容されたのは16世帯で、そのうち8世帯が政府によるリハビリテーションを享受している。

　この数値が示す通り、移住証明書を取得していた人々すべてがキャンプに収容された訳でも、キャンプに収容された人々がすべてその後リハビリテーションされている訳ではない。しかし、サンプル世帯調査8世帯に加えて、次章で検討する通り、サンプル外で集めたリハビリテーションのケース14世帯を合わせてみると、計22件のリハビリテーションのうち19件は移住証明書を取得していた。このことを考えると、移住証明書がリハビリテーションを受ける上で重要な役割を果たしていたことがうかがわれる。

　移住証明書の取得がインドへの移住に際して政府の支援を得る上で有利に働くという理解は、次のコメントが示すとおり、難民達自身にも広く認識されていたようである。

〈ケース1〉
　マイグレーションで来れば、政府のリハビリを得られると聞いて、ある人に書類を渡しましたが、そのままになって、何も得られませんでした[49]。

　このケースは結局のところは移住証明書を得られなかったが、当時移住証明書がどのように理解されていたかの一端を示している。
　極端なケースでは、すでにインド側に居たにもかかわらず、移住証明書を得るために、わざわざ東パキスタンに戻ったケースもある。

〈ケース2〉
　1945年にノディア県のチャクダに来て、農業労働をしていました。その間に分離独立となりました。独立前に来ていたのですが、マイグレーションすれば、政府の援助がいろいろ貰えると聞いて、まず一人で向こうに帰って準備をして、それからバンガオンで父母、妹と落ち合って、一緒にマイグレーションしてきました。バンガオンからは政府がすべて手続きをやってくれました。バンガオンからカルカッタ近郊のショナルプルのキャンプに移り、4年間いました。ひと家族あたり、週に22ルピーの現金支給と年に2回、衣

---
49) 1998年8月25日、フォリドプル県出身、75歳、ノモシュードロ・カーストより。

服やサリーの支給がありました。ひとつの布テントで暮らしました。家族によっては複数のテントだったり、結婚したら別テントとなったり、老人には別テントだったりと様々でした。子供には勉強のための本もくれました。クリニックもあったし、キャンプはとてもよかったです[50]。

　このケースでは、実は分離独立前から移住していたにもかかわらず、リハビリテーション狙いで帰国している。この人物の場合、首尾よくリハビリテーションによって9.5 ビガの土地をB村に入手して、現在でもこの土地を維持している。この人物はその後、数年間は給与所得の機会も得られ、土地所有面積も増やし、現在では魚の養殖業もおこなっていて、生活にはかなりの余裕がみられる。

　移住証明書の取得状況をあらためて図表3－11で確認すると、フォリドプル県とダカ県の2つの県の出身者のみが取得していることが特徴的である。これらのすべてはカースト別ではノモシュードロに属している。他方で、マヒッショなどを含むノディア県出身者の場合には、多くが制度開始の前に移住を完了していたこともあり、移住証明書を取得していない。

　最後にパスポートについてもみておきたい。パスポートのみを取得して渡航してきたのは6世帯である。パスポート・システム導入の政策的な意図は、難民流入のコントロールと抑制にあった。しかし、その効果は得られなかったことはすでに述べた。B村においても、この制度の導入時期以降に流入数は減少していない。

　移住者個人にとっての意義は、どのようなところにあったのだろうか。パスポート取得の最大の意義は、時期を問わず、それが不法ではなく合法的な渡航であったことであろう。隠れて国境を越えたり、違法な仲介者に依頼したりして国境を越えることで被るリスクを回避し、より安全な渡航の実現をもたらしたであろうことは考えられる。

　しかし、移住証明書のようにキャンプやリハビリテーションと直に結びついてはいなかった。例えば、「パスポートを持ってやって来て、そのまま戻らなかった」[51]とだけ述べるケースのように、基本的には合法的な「渡航」というだけのことであり、「移住」という意義は込められていなかった。

　だが、それでもパスポートの所持は東パキスタン出身者であるという身分証明書としての価値はあった訳で、これによって市民権を獲得しているケースがある。「ダッカでビザを取ってきて、クリシュノノゴルの県庁オフィスで市民権を申請

---

50) 1997年8月27日、60歳、フォリドプル県出身、ノモシュードロ・カーストより。
51) 1996年8月28日、55歳、ラジシャヒ県出身、カースト不明より。

した」52)というケースもあり、リハビリテーションとは直接的に結びつかなくとも、移住後の身分保証にはつながっていたのである。

7) キャンプでの生活

話は戻るが、移住証明書の取得のためにわざわざ東パキスタンに戻った上述のケースでは、キャンプの生活についてかなり好意的な印象が語られていた。しかし、キャンプについてはむしろ、政府と難民当事者を問わず、批判的な意見の方が一般的である。政府内部では、キャンプでの安易な生活は自堕落で怠惰な性質を難民のなかに作り出してしまうという危惧が語られていた。研究者の間でも、難民の主体性に関する議論のなかで取り上げられてきた53)。この点、B村の人々はキャンプについてどのような判断をしていたのであろうか。

B村への移住者のキャンプ体験は大きく2つのパターン／グループに分かれる。端的にいえば、ひとつは分離独立後の早い時期にB村周辺で支援を受けたグループで、もうひとつは、西ベンガル州各地に設置されたキャンプにおいて、より長期間に渡って支援を受けたグループである。

前者に該当するのは12世帯で、移住年は1949年から1952年までの間に限られ、出身地は旧ノディア県のみで、11世帯をマヒッショ・カースト、1世帯をゴアラ・カーストが占めている。各人で説明の内容は異なる部分もあるが、おおむね次のような支援を受けていた。毎月ひとりあたり12ルピーの支給を受け、300から500ルピーのローンを支給され、政府によって3〜5ビガの土地での耕作を許されていた。しかし、土地は所有権を付与されたのではなく、耕作することだけが許されていた。現金支給は半年から1年間くらい継続された。居住する家屋は、12世帯のうち9世帯はムスリムが残した空き家に住んでいた。

これらの支援は、現地での聞き取りでは「キャンプがあった」と表現されていたが、厳密にはキャンプとはいい難い。実際には、分離独立から間もない時期に移住者に対して、政府が当面の措置として、ムスリムが出て行った後の空き家に住まわせ、土地の給付まではしないものの耕作のみを許し、生活支援のために現

---

52) 1997年8月8日、ノディア県出身、60歳、モイラ・カーストより。
53) Chaudhuri [1983: 14] によれば、1950年代前半にはトランジット・キャンプ (transit camp)、作業キャンプ (worksite camp)、恒久責任キャンプ (permanent liability camp) の3種類があった。一時キャンプでは難民は支援にのみ依存してしまう。それは望ましくないと政府は考えて、最終的な自立のためにもワークスキームのもとに働くことを奨励した。この目的のために作業キャンプが設置され、難民達は難民コロニーの開発、道路や堤防の建設、湿地の干拓などに従事したとされる。恒久責任キャンプとは、子ども、女性、弱者、高齢者などの働けない人々を収容した。Talkudar [1986] は難民の適応に関する研究のなかで、再定住地においてあまり統合されていないのは、依存的に長くキャンプにいた人々であると指摘する。

金支給をおこなっていたのである。各人はこの間に、別の土地で小作をしたり、ローンによって土地を購入したりして、生活の基盤を築くために行動していた。そして12世帯のうち6世帯が、この間にムスリムとの「財産交換」を実行している。後者のような典型的なキャンプとは異なり、分離独立後の早い時期に、地域の実情に応じた一時的な支援が実施されていたものと思われるが、これらの支援は受給者のその後の自助努力による自立のために一定の貢献を果たした。

　後者の方が、いわゆる難民キャンプに該当する。キャンプには各種あった。恒久的なリハビリテーションを目的とするものも一部あったが、基本的にキャンプは一時的な受け入れを目的としていた。難民によっては、いくつかのキャンプを転々としている場合もある。該当するのは26世帯で、移住年は1947年から1971年までと長期間に渡っている。出身地はクルナ県2世帯を除いて、残りはすべてフォリドプル県出身で、カーストはすべてノモシュードロ・カーストである。

　キャンプでは人々はどのような待遇を受けていたのだろうか。1954年に移住してコルカタ近郊のバグジョラ・レリーフ・キャンプ（Bagjola Relief Camp）に収容されていたケースは以下のとおりである。

　　〈ケース1〉
　　　フーグリーにあったキャンプに半年居て、そこからこのキャンプに移送されました。ここでも15日あたり60ルピーの現金支給（cash dole）を貰っていました。これで十分にやっていけました。食料を買って自炊し、衣服は一年に一度与えられました。子どもの服も貰いました。6年間収容されていましたが、この間に市民権（citizenship certificate）を取得しました[54]。
　　　※図表3－13は、この人物の市民権登録書のサンプル。

　次は、1963年に移住してまずバンガオンのトランジット・キャンプに数日間収容された後、マディヤ・プラデーシュ州のマナ・キャンプ（Mana Camp）へ送られて、そこで9か月間過ごしたケースである。

　　〈ケース2〉
　　　キャンプには自分でも行こうと思っていました。ハウラー駅から車中1泊で到着しました。車両にいっぱいの難民でした。キャンプでは月に75ルピーの現金支給や米を貰っていました。キャンプでは特に何もしていませんでし

54）1997年4月3日、フォリドプル県出身、55歳、ノモシュードロ・カーストより。

た。難民としてキャンプに入っていたのでお金はかかりませんでした[55]。

　これらのケースをみると、キャンプでの生活はおおむね良好だったように思えるが、なかにはキャンプの生活が辛かったと経験を語る者もいる。1956年に来て、コルカタ近郊のショナルプル第8キャンプ（Sonarpur No.8 Camp）に1年間ほど生活していた人物は次のように述べる。

　〈ケース3〉
　　テント生活でした。キャンプでは誇り（*maryādā*）を持った生活ができませんでした。まるで水牛のような生活でした。キャンプでは、運河の建設の賃労働もありました[56]。

　年代や地域ごとのキャンプの格差や収容されていた人々自身の家族構成や属性、また個人の感覚などにより、キャンプ生活での印象はかなり異なっている。
　ところで、うえにもキャンプをいくつか渡り歩いているケースがあるように、政府の指示によってキャンプ難民達は移動させられていた。そして、彼らをキャンプに収容する目的は、最終的なリハビリテーション地への送還であることから、最後はどこに送られるのかが、彼ら自身にとっても重大関心事であった。意に適わない場合には、難民自身が自主的にキャンプを退出するケースもあった。
　1962年に移住証明書で来て、オリッサ州のキャンプに4年間収容されていた人物は、次のように述べる。

　〈ケース4〉
　　希望してキャンプに入りました。しかし、部族民地帯にリハビリテーションされそうになったのでキャンプを出ました[57]。

　同様に、1966年に来てマナ・キャンプに半年ほど収容されていたケースも自分の意志でキャンプを退去している。

---

55) 1997年8月21日、フォリドプル県出身、81歳、ノモシュードロ・カーストより。
56) 1997年8月25日、フォリドプル県出身、50歳、ノモシュードロ・カーストより。
57) 1997年8月20日、フォリドプル県出身、86歳、ノモシュードロ・カーストより。

〈ケース5〉

　キャンプでドンドカロンノに行けといわれましたが、嫌だったのでキャンプをでました[58]。

　ドンドカロンノのような部族民地帯（ケース4もドンドカロンノに言及していると思われる）へ行くことを嫌い、西ベンガル州内での再定住を希望したのである。

　逆に、自らの意志というよりも、政府によってキャンプから退去させられたケースもある。次のケースでは、バングラデシュ独立戦争時に一旦インド側のキャンプに収容されていたものの、独立後にインド政府によってバングラデシュに送還されている。

〈ケース6〉

　1969年頃にバンガオンまできたところで、政府のオフィサーがマナ・キャンプへ連れて行きました。キャンプまでの間も食糧を支給されました。キャンプではひと家族あたり週に100ルピーを支給されました。米やダルも貰いました。よかった。そこの人々もよかったです。自分で料理していました。布のテントに住んでいましたが、トイレもちゃんとあり、不自由はありませんでした。しかし、バングラデシュが独立したので、政府が我々を送り返しました。その時には何もくれませんでした。またバンガオンまで列車で行って向こうへ戻りました。何も持たずに帰りました。戻ってみると、向こうの政府が村にテントをつくってくれたので、そこに住みました。もとの家は壊されていたので、6か月後に自分達の家をつくり直しました[59]。

　バングラデシュに帰国した1年後、この家族は再度インドへ移住している。もう1件、同様のケースでは1971年にインド側に来てキャンプに収容されたものの、やはりインド政府により帰還させられている。このケースでも、独立後のバングラデシュに帰還したものの、向こうで生活を再建することができずに、インドに再入国している。

〈ケース7〉

　バングラデシュではすでに私達の家はありませんでした。ムスリムの土地

58）1996年8月24日、フォリドプル県出身、65歳、ノモシュードロ・カーストより。
59）1997年8月19日、フォリドプル県出身、40歳、ノモシュードロ・カーストより。

を 5 ビガほど小作していましたが、収穫をちゃんとくれないことがありました。バングラデシュでは食べられなかったのです[60]。

　キャンプを途中で脱出したり、送還されたりする人々がいた一方で、最初から意図的にキャンプには行かなかった人々も存在している。その理由のひとつは、キャンプに行かなくても身を寄せることができる親族等がすでにインド側に居住している場合である。もうひとつ、しばしば耳にしたのは、キャンプでは依存的で怠惰な生活になってしまい、自立へとつながらないという意見である。こうした見解は、キャンプ生活を送っていた人々への批判的なまなざしも生んでいる。キャンプ難民への批判は、キャンプに依存せずに自立の道を選んだ者の自負心とも背中合わせである。

〈ケース 8〉
　　キャンプにいた人はリハビリテーションを受けましたが、私達は自分の足で立ち上がりました。わざとキャンプには行きませんでした。キャンプへ行った人はその後何もしていません。キャンプで何もせず、支給品を食べて過ごした人々は、土地を 12 ビガ貰っても無為に時間を送り、すべてなくしています。自分でやった人が将来成功しました。私は道路工事をしながら、配給の混ぜご飯を食べながら苦労しました。自分の力でやってきました。仕事をして、食べてきました。学校が終わってからでも農地へ行って仕事をしていました[61]。

　この人物は、移住証明書を取得して移住したものの、キャンプへは行かずに、農業労働や道路工事から始めて、現在では 9 ビガあまりの農地での自営農業と、自前の倉庫を構えてジュートの仲買業を営むようになっている。次章に見るように、B 村においてもリハビリテーションで土地を取得した人々の多くが後に土地を手放しており、リハビリテーションだけでは必ずしも、その後の経済的な自立にはつながらなかったことは確かである。
　だが、キャンプの果たした役割については過小評価することはできない。何の頼れる先もなく国境を越えてやって来た人々に対しては、シェルターの役割を果たしたことは疑いようがない。厳密にはキャンプではないが、冒頭に述べた例で

---

[60] 1997 年 8 月 21 日、フォリドプル県出身、65 歳、ノモシュードロ・カーストより。
[61] 1998 年 8 月 25 日、フォリドプル県出身、55 歳、ノモシュードロ・カーストより。

は、支援を受けながら財産交換が実現された。リハビリテーションによる土地取得に関しても、キャンプに収容されたからこそ、実現可能であった。

さきに、リハビリテーションにより土地を取得した22件のうち、19件が移住証明書を取得していたと述べたが、22件のすべては元キャンプ難民である。つまり、リハビリテーションの点からすると、重要なのはキャンプに収容されることであった。移住証明書はキャンプへの道筋を付ける役目も担ったが、移住証明書がなくても、キャンプにさえ収容されていれば、やがてリハビリテーションが望めたのである。結果はともあれ、キャンプ収容によって、再定住と自立のための手がかりは提供されたのである。

最後に、キャンプのメリットとして挙げられるのは、収容中に市民権取得の手続きができたことである。これについても、結局のところは取得のメリットを本人がいかに理解し、活用するかが重要であったが、キャンプに居ながらにして市民権が取得可能であったことは、大きなメリットといえるだろう。キャンプに収容されていた事実が、その人物が東パキスタン出身者であることの証左であり、移住後の市民権取得と結びついていたのである。

8）市民権と法的身分

図表3－13「市民権登録書サンプル」は、すでに紹介した、1954年に移住してコルカタ近郊のバグジョラ・レリーフ・キャンプに収容されていた人物が、調査当時でも所持していたものである。手書きで書かれた発行年月日は、すでに判読しづらくなっているが、登録書の左下に1956年11月26日、右下に11月26日（月日のみ）の日付がある。6年間のキャンプ生活中に取得されたものである。

登録書の表題には「様式V」「登録証明書（Certificate of Registration）」とある。その下には登録権者の氏名欄があり、続いて「1955年市民権法5(1)(a)/(d)項の規定により、以下の者がインドの市民として登録されたことを証明する」とある。「1955年市民権法5(1)(a)/(d)項」の規定について、第5条「登録（Citizenship by registration）」(1)の(a)では「登録申請時点までにすでに6か月以上インドに居住するインド出自の者（person of Indian origin）」と規定されていた[62]。6年間キャンプに滞留していたとのことなので、その間に市民権登録が可能となったと思われる。被登録者の詳細は、1．氏名、2．父母の氏名、3．生地、4．年齢、5．現住所（Bagjola

---

[62]「1955年市民権法」では、市民権獲得の方法として、第5条「登録（Citizenship by registration）」以外にも、「出生」「出自」「帰化」「領土の編入」などが掲げられている。第5条「登録」の(a)が規定する期間に関しては、その後、改正法によって5年間、さらに7年間へと変更されている。分離独立とインドの市民権（国籍）の問題については佐藤［2004b］が詳しい。

図表 3 − 13　市民権登録書サンプル

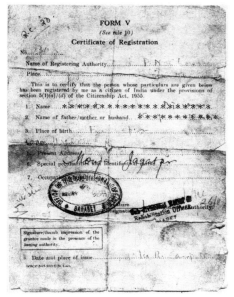

出典：B 村にて入手（取消線は筆者による）

R. Camp という名称とキャンプがあった行政村の名称が記入されている）、6．特記事項、7．職業を記す項目がある。そして、右下に登録権者の署名と職名の欄があり、ここにはリハビリテーション・オフィサー / バラサト（Rehabilitation Officer, Barasat）のシールと署名がある（同様に、左下にサブディビジョナル・オフィサー / バラサト［Office of the Subdivisional Officer, Baraset］のシール）。最下部には、発行日と場所の欄があり、バグジョラ・レリーフ・キャンプと手書きで記されている。先に移住証明書のサンプルを掲げた人物は、キャンプへ行かずに市民権を取得していたが、このようにキャンプ収容中に市民権が取得されている例も珍しくはない。

さて、ここであらためて、人々が市民権の取得についてどのように考えていたのかについて検討しておきたい。

インドでは戸籍登録制度は整っていない。近年でこそ、出生時の出生届の届け出が定着し、農村部においても、これを出していないと出生証明書の提出ができないので就職時に困るのだ、という話が人々の間でも交わされている。しかし、難民の人々が盛んに移動をしていた時期にはどうであったろうか。ある意味、当時はインド側の元々の居住者でさえ、ある人物が「インド人（インドの国籍所有者）」

であるということを証明することは容易ではなかった。多くの人々は公的な登録や身分証明とは無縁の生活を送っていたのであり、ある人がインド人であるということは、その人がそこに生まれ育ったと想定される以上の根拠はなかったともいえる。

そのような状況下において、東パキスタンからの移住者達は、どのように自分達の制度的身分を確保しようとしたのであろうか。最も権威的な方法は、すでにみたように市民権（citizenship）を獲得することであった。法的な枠組みで考えると、これが最も確実かつ正当な方法であることは間違いない。

世帯調査では、188人の世帯主のうち、市民権を取得していると述べたのは22人で、取得していないと答えたのは108人、不明58人であった。

しかし、移住者達の理解はこの限りではない。インドにおいて発行される公的な性格を帯びた何らかの書類を入手できれば、それで十分と考えていた人々は少なくない。各家庭に割り当てられる配給カード（Ration Card）、学校の修了証明書、選挙人名簿への登録と選挙人カードの入手などによって、インド国民としての身分を取得できたと考えてきたのである。「選挙人名簿に名前が載ったので、市民権取得は必要なかった」、「配給カードがあれば十分なので、市民権は取得しなかった」、「市民権は、政府のサービスに就く人には必要だが、そうでない人には必要ではなかったので入手しなかった」といった声が聞かれる。

「多くの無学の人々は、市民権の重要性を知らなかった。今になって、その重要性を分かっても、今からでは取得できない」と、市民権取得の重要性を訴える人でさえ、「市民権は政府の職につくには必要だったが、民間では必要なかった」と述べるのである。つまり、農村部において普通に生活する限りは、わざわざ市民権の取得をするまでもないと考えられていた。事実、人々は生活上で何か身分証明に関する必要が生じると、例えば、学校の修了証明書の複写を作成し、そこに学校長や、あるいは他の社会的な地位のある人物に、それが偽りのものではないという文言（通常 "attested" と短く書かれている）とともに署名してもらい、身分証明書の代わりに提出・活用しているのである。

市民権取得数よりも、それ以外の書類の取得の方が、はるかに多数を占めているのも事実である。世帯調査では市民権の取得者は22人であるのに対して、配給カードの取得世帯はサンプル世帯のうち169世帯（未取得5世帯、不明14世帯）と圧倒的である。配給カードの場合には、安く生活必需品が購入できるという直接的なメリットが存在することも、取得数を押し上げていると思われる。

選挙人名簿の場合はどうであろうか。選挙人名簿への登録もかなり多数に上る

であろうことは、この世帯調査自体が選挙人名簿に基づいていて、サンプルの大多数が東パキスタン出身者であることからも明らかである。これは、人々の政治への参加意識が高かったからとばかりはいえないだろう。うえに紹介したコメントが述べるとおり、何らかの公的な領域に自らの名前を登録することで、多くの人々は自らのインド国民化が完了すると考えていたのである。

学校の修了証明書の取得数は、個々人の学歴に依存するものであり、全般的な教育水準が低い農村部では取得数はあまり多くないといえるが、修了証明書は人々が最も重視している書類のひとつである[63]。

法的にも制度的にも市民権の取得が本来的であることは、論を待たないであろうが、東パキスタンからの難民は、そうした原則的な枠組みのみならず、修了証明書、選挙人名簿、配給カードなどの周辺的な制度もしたたかに活用しながら、再定住の道を歩んできたのである。

小　括

本章では、世帯調査とインタビューによって、東パキスタン難民の基礎的な情報に関して、単に属性だけではなく、移動の時期、その理由、移動の経緯なども含めて多角的かつ相互関連的に検討したことで、先行研究ではうかがい知ることができなかった、農村部での移動と再定住の実態について明らかにした。

具体的には、調査村では西ベンガル州出身者はわずか9.2％にすぎず、村民人口の大多数が東パキスタンからの移住者で占められており、調査村はまさに難民ベルトの中心に位置していた。移動の理由に関しては、直接的な暴力から逃れた人々の数は少なく、むしろ将来の暴力に対する恐れや、それまでの社会秩序が崩壊したとの認識、ヒンドゥーとムスリムそれぞれの国ができたからという認識が人々を移動させていた。移動経緯についても、父系親族のみならず、姻族や母系親族など、あらゆるチャンネルが活用されていたことも明らかとなった。

属性については、高・中カーストは少なく、低カーストが多数を占めていて、

---

[63] 学校の修了証明書は、就職時の履歴書の作成においても重要である。しかし、このような実務上の必要性とは別の次元で、やはりインド国民化するための方途として活用されている。東パキスタンである程度の学年まで修学した後に、インドの学校に中途入学するために子どもが単身で移住しているケースがB村でもみられる。この場合には、学業を成就させる目的とともに、インド側で修了証明書を入手することで、インド国民であることを既成事実化しようという目的が含まれている。

教育レベルも全体的に低く、農業従事者が多いものの、小規模な製造業やサービス業など多様な営みがみられた。移動過程については、出身地、移動年、カーストに関して相関関係がみられたことが特徴的である。調査村には、1950年代初頭までに移住したマヒッショやマロをはじめとするノディア県出身者のグループと、1970年代まで一貫して連鎖移動が継続したフォリドプルとその周辺県出身のノモシュードロという2つの大きなグループが存在していた。移住時期、出身地、カーストの3つの要素によって区別されるこの2つのグループの移住の特徴は、第4章で検討する再定住のパターンの相違とも関係している。

第4章

農村部での難民再定住の諸形態

　本章では、東ベンガルからB村に移住した人々の再定住の諸形態について検討する。特に、難民による「土地」取得に注目しながら進めたい。土地は難民自身と政府にとって常に重大な関心事であった。都市部と農村部のどちらにおいても、難民のリハビリテーションを進めるために、土地は必要不可欠な要素であったからである。しかし、土地が不足していた西ベンガル州では、政府が直面していた最も困難な課題がこの土地問題であった。土地不足ゆえに、コルカタなどの都市部においては、難民はすでに混雑していたところに流入して、駅、高架下、路上などに住み着くとともに、低湿地などにも入り込み、多くの不法占拠地が生まれた。農村部においても、農民層からなる難民達をリハビリテーションするには、宅地のみならず農地の提供も必要とされたが、土地の確保は容易ではなかった。
　西パキスタン側へ流出したムスリムが残した「避難者財産」を活用できたパンジャーブ地域での難民リハビリテーションとの大きな違いがここにあった。Kudaisya［1995］は、パキスタン側の西パンジャーブよりも、インド側の東パンジャーブに残された避難者財産の方がはるかに規模は小さかったとしながらも、東パンジャーブにおいては、これの活用によって1951年末までには農民出身の難民は農地を獲得して、その後農業での一定の成功を収めるまでになったと指摘する。さらに、避難者財産の活用と農民のリハビリテーションによって、独立前に存在した不在地主が一掃され、1950年代以降は分散・断片化していた土地を集約化する政策も採られたことから農地改革が進み、管井戸設置による灌漑農業が飛躍的に発展し、1960年代の「緑の革命」がパンジャーブでいち早く導入されることに繋がったとまで述べている[1]。これに対して、ベンガル難民に関しては、避難者財産はごくわずかであり、大多数は土地供与によるリハビリテーショ

---

1) 同様に、パキスタン側のパンジャーブ地域においても、多くの避難者財産が残されたことにより、それを活用して農民のリハビリテーションが早期に完了したとされる［Waseem: 1997; 2004］。

ンはなされず、このことが西ベンガル州外のドンドカロンノのスキームへと繋がったと述べている。

　確かに西ベンガル州では避難者財産はごくわずかであった。しかし、以下に検討するように、ベンガル地域においてもリハビリテーションのみならず、「財産交換」という手段も駆使されて土地の取得による再定住が試みられてきたのであり、Kudaisya のように土地の問題を切り捨てることはできない。そして何よりも、難民の人々自身にとって土地は最大の関心事であったのであり、これを軽視することはできない。東に残してきた土地の処分のために何度も国境を越えて往復したり、まずは西ベンガル州に土地を購入しておいてから改めて移住したり、独立前に移住していたにもかかわらず、政府リハビリテーションによる土地受給を狙って、もう一度東パキスタンに戻って出直した例まであったことは、第 3 章で紹介したとおりである。

　リハビリテーションに関しては、パンジャーブとの比較においてもうひとつ考えておきたいことがある。東パンジャーブでの避難者財産の有効活用については、すでにうえに述べた通り（第 2 章第 3 節も参照）であるが、避難者財産によるリハビリテーションは移住前の階級秩序（class order）をそのまま温存する役割を果たしたとの指摘がある［Kaur 2007: 101-118］。つまり、東パンジャーブでのリハビリテーションは西側に残してきた財産に対する「補償」が本意とされたために、西側に土地財産を有していなかった土地無し層は、この対象から外れていたのである[2]。しかし、西ベンガル州における土地供与には「補償」の概念がなかったために、移住前の土地所有状況にかかわらず、一律の土地提供をもって農民を農村に再定住させた。失ったものへの補償ではなく、あくまで難民支援のための「リハビリテーション」を実施していた点が異なる。

　以下、B 村における再定住に関して、大きく 3 つのパターンを取り上げて検討する。ひとつ目は、政府によるリハビリテーションで、この場合には政府が農地や宅地を取得するためのローンを提供して、難民を農村にリハビリテーションしている。2 つ目に、「財産交換」を検討する。財産交換とは、パキスタンから出て行ったヒンドゥーと、インドから出て行ったムスリムの間で、各々が母国に残してきた財産、主として土地を互いに交換するというシステムである。動産は移動が可能だが、不動産は文字通り動かすことができない。そこで、残してきた互いの土

---

[2] ただし、すでにインドの土地に定住していた数千人の不可触民を含む土地無し農民に対しては、インドでも再び土地から立ち退きをしなくてすむように、10％の手付金を支払えば、15 年分割支払いによる土地取得を可能とする政策も採られた［Rao 1967: 55］。「補償」から漏れた難民に対しては、このような「リハビリテーション」も実施されていた。

地を交換し合おうというのである。3つ目は、これらの手段に関わらなかった人々の土地所有状況と再定住のための生存戦略について検討する。

　ただし、土地に注目するとはいえ、土地のみが難民の再定住において決定的な要因であった訳ではない。第3章で職業構成について検討したとおり、人々の職業は農業以外にも、商業やサービス業など、多岐に渡っている。農村であるということは、人々の経済活動がすべて農業関連に限定されていることを意味しない［高田2006：第1章］。土地無しであっても、教員や公務員などの給与所得者もいれば、土地を持ちながらもそれ以上の利益をビジネスであげている者もいることに留意したい。

　土地取得に関しては、土地取得のパターンと難民の移動の時期、距離、カースト属性などが連関していることも重要である。このような難民の属性や移動過程と再定住の形態とを連動させて検討する視点も、これまでの先行研究には欠けていた点である。B村には比較的早期に移住したマヒッショやマロをはじめとするノディア県出身者及び、長期に渡ってフォリドプルとその周辺県から移住したノモシュードロという2つの大きなグループが存在していることは、第3章ですでに指摘した。土地を巡る再定住のパターンにおいても、彼らのバックグラウンドの相違が反映されている。

第1節　政府によるリハビリテーション

（1）リハビリテーション政策と土地取得ローン

　B村での世帯調査では、188世帯のサンプルのうち、政府のリハビリテーションによって土地を取得していたのは8世帯であった。サンプルに挙がったのはわずか8世帯とはいえ、農地の供与を伴うリハビリテーションは、政府にとっては農民出身の難民をリハビリテーションするための重要な施策であった。

　この施策の直接的な根拠は、1954年に作成された「西ベンガル州における避難民リハビリテーションのための諸大臣委員会報告書（Report of the Committee of Ministers for the Rehabilitation of Displaced Persons in West Bengal）の提案にある。インド政府は、西ベンガル州において、それまでに実施されたレリーフとリハビリテーションの全体を再検討することを決定し、まず「実態調査委員会（Fact Finding Committee）」を結成した。1953年6月に実態調査委員会が提出した調査報告と提

言を踏まえて、改めて作成されたのが上記の諸大臣委員会（中央政府の財務、リハビリテーションの担当大臣や西ベンガル州の首相から構成されていた）の報告書である［Government of West Bengal 1954: 1-2］。

　この報告書において、当時政府が重大な懸念を示していたことのひとつは、難民がキャンプに滞留する期間が長期化しつつあることであった。1954年1月1日の時点で、本来は短期間の収容を目的としていたレリーフ/トランジット・キャンプにいた難民49,060人のうち、その約75％は1年以上のキャンプ滞在者であった。キャンプ生活の長期化によって難民が「強いられた怠惰（forced idleness）」の状態に陥り、堕落（demoralisation）してしまい、そのことによって遂には難民がキャンプを出て行きたがらなくなってしまう事態が生じることを、政府はかなり懸念していたのである［同上：3-4］。

　そのような事態を回避するためには、難民をキャンプから退出させる必要があった。そこで足枷となったのが、土地の問題である。これらのキャンプに収容されていた難民の約60％は農民であったので、これらの人々をキャンプから退出させられるかどうかは、どれほどの土地、特に農地が確保されるかにかかっていたのである。ところが元々人口圧力が高かった西ベンガル州では、そのままで耕作可能な耕地は、ほぼ全てすでに使用されていた。余剰地があったとしても、すでに先に来た難民のために供与されていた。耕作不適応地を農地に転換するにはかなりの開発が必要であった。この時点で、すでに150,000エーカーの土地が難民のリハビリテーションに活用されていたが、さらに75,000から100,000エーカーの土地が必要とされていた状況であった［同上：3-4; 34-35］。

　このような深刻な土地問題が障害となっていたものの、西ベンガル州以外でのリハビリテーションについては、慣れない環境を難民達自身が嫌っていたこと、また同州外の地域へ送られた難民には様々な困難が生じていることから、アンダマン島（Andaman）を除いて、これ以上の州外での取組では成果が得られないとして、可能な限り州内での再定住を進めるべく措置すべきであると述べられている［同上：35, 44-46］[3]。

　このような脈絡において、報告書では、すでにこの時期までに実施されてきた農民向けのリハビリテーションの再検討をまずおこない、それを踏まえて改善

3）事実、この報告書では、今後の75,000から100,000エーカーの土地の必要に対して、3,000エーカーを早急に確保する見通しであること、東パキスタンへ出て行ったムスリムの残した土地（evacuee land）が27,000エーカー使えるかもしれないこと、コルカタ南部のショナルプル（Sonarpur）からアラパンチ（Arapanch）にかけての地域と北東部のバグジョラ（Bagjola）の地域を開発して30,000から35,000エーカーを得ること、第5次五カ年計画内でも開発を進めることなどによって、難民のリハビリテーションのための土地確保は可能であろうことが述べられている［Government of West Bengal 1954: 35］

施策の提案をおこなっている。それまでの施策においては、農村地域における農民（agriculturists）のリハビリテーションのためには、i）タイプ・スキーム（Type Scheme）、ii）ユニオン・ボード・スキーム（Union Board Scheme）、iii）バルジビ・スキーム（Barujibi Scheme）、iv）園芸スキーム（Horticultural Scheme）と呼ばれる 4 つのプログラムが実施されていた[4]。

　本節で取り上げる、土地供与のためのリハビリテーションは、i）タイプ・スキームに基づく。このスキームは難民に土地を供与することを目的としたもので、政府によって取得された土地を供与するケースと、土地の取得交渉自体は難民自身によっておこなわれるが、そこに土地取得のために政府ローンが提供されるケースの 2 つのタイプがあった。

　しかし、同報告書は、その時期までの施策実績については、本来世帯あたり 3 から 5 エーカーの供与が考えられていたものの、土地不足によって実際には、政府によるもので平均 2 エーカー、難民個人によるもので 1.3 エーカーとなってしまっていたとして、今後は農地面積が農民のリハビリテーションにおいてきわめて重要であるので、供与面積の拡大に努力すべきであると述べている［同上：9］。

　興味深いことに、この報告書では 2 つのタイプについて、それぞれの脱落率（供与を受けたものの、後に維持が困難となったケースの割合）を示しているが、政府により取得された土地供与では脱落率が 19.5% なのに対して、難民自身による土地取得では 4.3% にすぎない。その理由として報告書は、後者の場合は難民自身が自己のリハビリテーションのチャンスがより大きいと判断した土地を選んで取得しているのに対して、前者では土地の選択について十分な注意が払われず、農地に適さない土地が選ばれていたことを指摘している［同上］。また、難民自身による

---

4) i) タイプ・スキームとは、本文でも述べているとおり、土地取得のためのスキームである。ii) ユニオン・ボード・スキームは各地のユニオン・ボード行政や地域の教師の支援によって、少人数ずつ村にリハビリテーションしようというプログラムであったが、行政や地域の協力が得られなかったり、土地取得のためのローンが提供されなかったりの理由で、これはうまくいかなかったと報告書は評価している。報告書はスキームに採択された受給者の脱落率も掲載しているが、このスキームの脱落率は 55.3% とかなり高い。iii) バルジビ・スキームは、インドで一般的な嗜好品であるキンマの葉の栽培をするためのプログラムである。キンマ栽培用の農地 2 ビガと宅地用に 8 カタの土地が与えられた。しかしこの支援を受けた農家は本来のキンマ栽培をごくわずかな面積でしかしておらず、米やジュートばかりを栽培していることから、供与面積は 1.3 ビガで十分だと指摘されている。脱落率は 3% とかなり低い。iv) 園芸スキームは野菜の生産を進めるためのスキームだったが、これも十分な成果を上げていないと報告書は評価している。理由はこのスキームに送られたのは、低ミドル・クラスの非農民で野菜作りには不慣れだったこと、農地の質が良くなかったこと、コルカタなどのマーケットから遠距離だったことなどを挙げている。脱落率は 17% であった［Government of West Bengal 1954: 8-10］。これらのスキームについては、第 2 章第 3 節第 2 項においても、1976 年の中央政府の報告書［Government of India 1976］をもとに取り上げたが、1976 年と 1954 年では報告書の説明内容に相違があることを断っておきたい。

土地所得のケースでは、面積は小さいものの多くの農民がうまくやっているとして、これを推進するべきであるとしている［同上：28］。

このような認識のもとに、報告書は供与土地取得の費用や土地取得のための支援方法について、次の具体的な提言をおこなっている。i）土地供与の手法は、政府による直接取得あるいは「土地取得ローン（land purchase loans）」とする。ii）難民個人による取得のケースでも、それが多数の家族グループによる大規模なものである場合には、政府が購入して土地開発をおこなう。iii）取得規模が小さい少数の家族の場合には、土地取得は難民自身による個別の交渉によっておこなわれる。ただし、土地の提供者の土地所有権の有効性や、所有権の譲渡については県（district）が確認すること、そして土地代金は、権利譲渡の際に州政府の職員が直接、土地の提供者に支払うこととする。iv）取得された土地の権利は（ローンを組むための）抵当として政府に帰属する。v）土地取得の費用は、エーカーあたり300ルピー（ビガあたり100ルピー）までとする[5]。vi）ローン提供が可能な面積は3エーカーとする［同上］[6]。

（2）B村におけるリハビリテーション
1）難民による「自主的スキーム」と「ボシュ・スキーム」

B村で実施されていたリハビリテーションは、基本的に1954年のこの報告書において新たに提言された内容が実施されたものである[7]。B村では、政府による一括取得ではなく、難民個人による取得によって「土地取得ローン」が提供されていた。以下では、現地調査の結果に基づいて、B村での政府のリハビリテー

5）土地に関する権利については、報告書はさらに2種類に分けている。譲渡されるのが「所有権（proprietary right）」の場合には、（土地取得のための費用、つまり提供するローンの額は）エーカーあたり300ルピー（ビガあたり100ルピー）までとするが、より下位の権利、例えば、「保有権（tenancy right）」の場合には、適正な額はリハビリテーション省によって決定されるとしている［Government of West Bengal 1954: 28］。

6）西ベンガル州におけるリハビリテーションをレビューしたGovernment of India ［1976: Appendix V, p. viii］においても、Agricultural Land Purchase Loanでは、3エーカー（9ビガ）に対して900ルピーと設定されていたことを記述している。

7）1973年に西ベンガル州政府がそれまでのリハビリテーションを再検討し、その後の展望について記した「西ベンガル州における避難民の経済的リハビリテーションのための基本計画（A Master Plan for Economic Rehabilitation of Displaced Persons in West Bengal）」によれば、（この基本計画作成の時期までに）政府は西ベンガル州の農村部において、約136,000の農民家族（agriculturalist families）、約247,000の非農民家族に対して支援をおこなったとしている。このうち、タイプ・ローンに関しては、23,468世帯に宅地取得ローン、6,620世帯に農地取得ローン、51,000世帯に農業ローン、家屋建設ローンについては非農民向けと合わせて224,000世帯に支給している［Government of West Bengal 1973: 44-45.］。全体の支援数と比べると、「土地（農地）取得ローン」の実績数が少ないが、これは後に述べるように、このスキームが実施された時期が非常に限られていたためと思われる。

ション実績について検討する。

　報告書においてタイプ・スキームによる「土地取得ローン」の提供と説明されていたスキームは、現地では「バイナ（bāynā）」あるいは「バイナナマ（bāynānāmā）」によるスキームと呼ばれていた。バイナとは「手付け金（earnest money）」を意味する。「ナマ」は「証書」を意味するので、バイナナマは「手付け金証書」を意味する。B村では、土地提供者が確保できた際に、相手に対して「手付け金」が支払われていたのである。このことから、バイナという言葉が、土地取得ローンによるリハビリテーションを表す代名詞となっていたようである。このスキームは、英語では"Land Purchase Scheme"、ないしは略して"L. P. Scheme"と呼ばれていた。

　サンプル世帯では、リハビリテーションによって土地を取得していたのは計8世帯であったが、リハビリテーションについてより多くの情報を得るために集めた14世帯のデータを加えて、計22世帯を検討の対象とする。

　22世帯はすべて農地供与のための「土地取得ローン」によって土地を取得したが、B村では実は2つの異なる形でスキームが実施されていた。ひとつは、いわば「自主的スキーム」ともいうべきもので[8]、土地は難民自身によって自主的に探索された。キャンプ難民達は、例えば、先にどこかの村に再定住している親族などとの接触のなかから、供出して貰えそうな土地を自分で探し出し、個人的に地主[9]と交渉したのである。土地が見つかり、交渉がまとまると、バイナ（手付け金）を渡しておく。そして難民は政府に土地取得のための申請をおこなった。政府は地主の土地所有権について確認し、測量などもおこなったうえで、土地取得ための手続きをおこない、政府が直接地主に土地代金を支払った。土地取得にかかった費用は「土地取得ローン」として、難民が負った。また、家屋建設のためのローンや農業に必要な経費のためのローンも与えられた。このスキームでは、受給者はひと世帯当たり3エーカー（9ビガ）の農地と0.17エーカー（0.5ビガ）の宅地を取得した。

　自主的スキームによって土地を取得したある世帯による説明を紹介しておく[10]。

---

8) ここでは便宜上、このタイプを「自主的スキーム」と表現しておく。現地では、もう一方のスキームとの比較上、こちらを「政府（government）スキーム」と表現することもあるが、どちらのタイプも政府提供のローンによるスキームであることには違いがないので、本書では、表記上の混乱を避けるために、「自主的スキーム」と表現しておく。

9) ここで述べる「地主」とは、土地に関する権利の最上位にいたジョミダル（ザミーンダール）ではなく、第3章の注17における説明に即していえば、主としてジョミダルに地代を支払っていた実質的な土地の所有者といえるプロジャに該当する。現地の脈絡では、土地の所有者（mālik / proprietor）といえば、ジョミダルではなくプロジャを意味する。

10) 1978年に当時の左翼戦線（Left Front）政権によって設立された難民リハビリテーション委員会

私は、地主に 10 から 20 ルピーくらいを「バイナ（手付け金）」として渡しました。そのことをリハビリテーション・オフィスに報告すると、オフィスが司法書士を使って、その土地の登記内容が真正ものであるかどうかをチェックします。その確認が終わると、2 ルピーの印紙で、土地の書類を作りました。農地でビガあたり 100 ルピー、宅地でビガあたり 150 ルピーのレートでした。（土地代金は政府が支払ったので）自分自身の支出は 2 ルピーの印紙代と書類を作成した人への謝礼 6 ルピーのみでした。自分は 9 ビガの農地と 10 カタの宅地を得ました。ローンは総額 2,575 ルピーで、このなかに土地代の 950 ルピーも入っていました。残りは家屋建設と農業のためのローンでした[11]。

　もうひとつは、現地では「チョンドロナト・ボシュ・スキーム（Candranath Basu Scheme）」という名称で知られていたものである（以下、「ボシュ・スキーム」とする）。このタイプでは、難民は自分自身で土地を探索する必要はなかった。次章で紹介するチョンドロナト・ボシュというソーシャル・ワーカーとその協働者達が、すべて代行したからである。ボシュ達は西ベンガル州内の難民キャンプを回り、農村での再定住を望むキャンプ難民を募ったのである。同時に彼らは B 村やその周辺地域において、供与可能な土地を探した。村には調査官、書記、測量士などからなる政府のチームが来て、村の協働者の家に泊まり込んで仕事をしていた[12]。

　詳しい解説は次章に譲るが、チョンドロナト・ボシュ（1893 〜 1979）は東ベンガルのフォリドプル県出身で、ローカルなレベルではかなり知られた人物であった。彼は、独立前は東ベンガルで、独立後は主に西ベンガルで様々なソーシャル・ワークに携わった。その彼の主要な活動のひとつが、西ベンガル州でキャンプに滞留している難民のリハビリテーションであった。彼は西ベンガル州政府とも協

（Refugee Rehabilitation Committee）の委員の 1 人であったオニル・シンホ（Anil Sinha）氏は、バイナナマ・スキームとは Land Purchase Scheme のことであるとして、次のようにプロセスを説明する。まず、地主に対して土地を売るように難民のグループがアプローチする。同意が得られると、難民は Refugee Rehabilitation Department に申請する。地主に対しては、難民の代わりに当局が支払い、難民には権利証書（title deed）が与えられる。バイナとは要するに（土地譲渡に同意した）証拠金（contract money）のようなもので、まず難民自身によって用意された。例えば、ビガあたり 150 ルピーの土地であれば、25 ルピーがバイナとして地主に渡される。権利証書の作成後に、残りの 125 ルピーは当局から地主へ支払われて、難民が支払った 25 ルピーは難民に返還される。このほかに、農業、ハウジングなどの各種ローンも受けることができた。1997 年 8 月 2 日、同氏へのインタビューより。

11）1997 年 8 月 11 日にインタビュー。フォリドプル県出身、85 歳、ノモシュードロ・カースト。
12）1996 年 3 月 10 日、ボシュと協働したプルノ・チョンドロ・ショルカル（Purna Candra Sarkar）氏より。

力して、キャンプ難民を農村地帯、とりわけ他の地域と比べると比較的土地の取得が可能と思われたノディア県のボーダー・エリア、すなわち東パキスタンとの国境地帯付近にリハビリテーションしようとした。約400世帯がボシュの活動によってリハビリテーションされたといわれている［Candranāth Basu Sebā Saṃgha, 1995: Ca-35］[13]。

ボシュ・スキームでは、農地は4エーカー（12ビガ）、宅地は0.17エーカー（0.5ビガ）が供与された。農地が自主的スキームより1エーカー多い点を除いては、他の条件は同じである[14]。4エーカーの農地面積は、土地の質が悪くなければ、かなり充分な余裕を持って生計が成り立つ経営面積である。しかし、後ほど検討するように、供与面積が1エーカー多かったからといって、ボシュ・スキームの受給者が自主的スキームの受給者よりも大きな恩恵を受けたとは言い難い。

ボシュ・スキームにおいて特徴的な点は、土地の調達先を元々の在地の地主のみとせず、先に移住していた難民からも土地の供出を求めていたことである。なかには、1947年にインド側に移住して、B村には1957〜8年に来て250ビガを購入した世帯がある。この世帯とボシュはかなり懇意であったようであるが、ボシュはこの世帯から120ビガの土地の供出を受けて、彼のスキームで活用したとされる[15]。

どちらのスキームにおいても、政府が1ビガあたり提供したのは100ルピーである。ボシュ・スキームで協働したプルノ・チョンドロ・ショルカル氏によれば、当時1ビガあたり100ルピーというレートは、市場価格においてもだいたいそれくらいであったという。ただし、土地の価格は一定ではなく、土地の場所や質によってかなりの差があり、ビガあたり200ルピーのところもあれば、50ルピーのところもあった。よって、あまり必要のない、価値の低い土地をビガあたり100ルピーで売って、かなりの利益を得た者もいるという[16]。

13）プルノ・チョンドロ・ショルカル氏は、450世帯をリハビリテーションしたと述べていた。1996年3月10日インタビュー。
14）なぜ、ボシュ・スキームでは供与された農地面積が1エーカー多かったのかは不明である。農民出身の難民を定着させるには、より広い農地の提供が望まれたであろうことや、本文でも検討するとおり、供与対象となった土地には様々な問題が絡む可能性があったために、あらかじめより広い面積の提供を考えたのかも知れない。ただ、この点は関係者へのインタビューや、次章で検討する彼の伝記からも判然とはしない。
15）1997年4月4日、ボシュに土地を提供したとされる人物の2人の息子より。ボシュは彼らの父と懇意であり、B村に来た折には彼らの家に泊まり、20年以上の交流があったとのことである。
16）1996年3月10日のインタビューより。当時の土地価格については、同じくボシュ・スキームで協働していたチョンドロ・シェコール・パンデ（Candra Sekhar Pande）氏は、当時の土地価格はビガあたり50から80ルピーであり、ビガあたり100ルピーは市場価格よりも高かった、だからこそ土地の調達ができたと述べていた（1996年3月9日インタビュー）。以上のように見解はやや分かれるものの、い

これら 2 つのスキームでは、この時に設定された土地取得ローンは、その後、政府決定によって、返済が免除されている[17]。

図表 4 − 1「政府によるリハビリテーション（土地供与）」は、計 22 のケースを一覧にしたものである（農地と宅地を含む）。調査の限りでは、自主的スキームもボシュ・スキームも、1950 年代後半から 1960 年代初頭までのごくわずかの期間に実施されていたと思われる。「土地の取得年」列には、土地の受給年を示し、土地書類を確認できたケースのみ、「*」印を付けている。そのほかのケースは聞き取りのみなので、判断は容易ではないが、2 つのスキームを比べると、自主的スキームは 1955 年から 1961 年までに実施されているのに対して、ボシュ・スキームはひとつのケースを除いては、1957 年から 1962 年までに実施されている。ボシュ・スキームでは、書類を確認できた 2 つのケースも含めて、半数が 1961 年から 62 年にかけて実施されている。これらのことから、2 つのスキームの実施時期はかなり重なっているものの、自主的スキームの方が 1950 年代半ばに先に開始されていたところに、後からボシュ・スキームが開始されたのではないかと推測される[18]。

いずれにせよ、2 つのスキームは 1950 年代後半から 1960 年代初頭までのごくわずかの期間に実施されたことは確かなようである[19]。その理由は、おそらくすでに第 1 部で述べたとおり、西ベンガル州内での難民のリハビリテーション

ずれにせよビガあたり 100 ルピーという価格設定は低くはなく、売り手を納得させる価格であったし、どの土地についても同じ価格設定であったので、安い土地を売ればかなりの利益になるという、ある意味絶妙な設定であった。安い土地を売ってもうけた人もいるという話は、この 2 名以外の協働者の間でも聞かれた。

17) 1964 年に告知された免除通達（remission order）では、ローンの 1,000 ルピー減額とそれでも残ったローン残高に対しては 2,000 ルピーを超える額については免除とされた。その後、1974 年の通達では、ローンの 2,000 ルピー減額と、それでも残った残高に対しては 1,000 ルピーを超える額は免除とされた［Government of India 1976: 55-61］。B 村で受給した難民達は、農地、宅地、家屋建設、農業などの各種ローンにおいて、概ね総額 2500 ルピー前後のローンを組んでいたと思われる。よって、ローンのかなりの部分は免除の恩恵に預かったはずである。ノディア県の県都クリシュノノゴルにある District Rehabilitation Office での聞き取り（2002 年 1 月 31 日）では、その後 1985 年までに実施された各種ローンはすべて返済が免除されたとの話もあり、ローン受給はほぼ完全に返済免除状態であったと考えてよいだろう。また、B 村でのインタビューでは、「1956 年にはすでに免除されていた」との話や、「そもそもあれはローンではなくて政府がくれたのだ」と言及する人もみられた。後者のように、受給者自身も最初から返済すべきものとは思っていなかったり、政府によって無償で提供されたものだと認識していた受給者もかなりいたものと思われる。

18) この点については、受給者世帯のなかにもボシュ・スキームの方が後から開始されたと明言する人もいた（フォリドプル県出身、48 歳、ノモシュードロ・カースト）。

19) ノディア県の District Rehabilitation Office での聞き取り（2002 年 1 月 31 日）では、このスキームが開始されたのは 1954〜55 年あたりからとのことだったので、開始についてはやはり、1954 年報告書の提出直後からとみて良いだろう。また、Government of India ［1976: 58］においても、「タイプ・ローンは 15 年から 20 年前に与えられたものなので云々」との記述があることから、このスキームは 1950 年代後半から 1960 年代初頭にかけてのわずかな時期に実施されたと考えられる。

図表 4 − 1　政府によるリハビリテーション（土地供与）

整理番号	土地供与のタイプ	カースト	出身地 (県)	東パキスタンでの土地所有面積（エーカー）	供与された土地面積（当初供与分）（エーカー）	供与された土地面積（現在でも残っている面積）（エーカー）	現在の土地所有面積（エーカー）	土地の取得年
1	自主的スキーム	ノモシュードロ	フォリドプル	1.50	1.67	1.67	1.96	1959
2	自主的スキーム	ノモシュードロ	フォリドプル	1.50	3.17	0.67	0.67	1955
3	自主的スキーム	ノモシュードロ	フォリドプル	9.00	3.17	1.33	0.00	不明
4	自主的スキーム	ノモシュードロ	フォリドプル	3.25	2.67	2.67	2.67	1961
5	自主的スキーム	ノモシュードロ	フォリドプル	1.75	3.17	0.00	4.00	1956*
6	自主的スキーム	ノモシュードロ	フォリドプル	不明	3.17	0.00	0.20	不明
7	自主的スキーム	ノモシュードロ	フォリドプル	8.75	3.17	1.33	3.33	1954
8	自主的スキーム	ノモシュードロ	フォリドプル	0.25	3.33	0.33	0.42	不明
9	自主的スキーム	ノモシュードロ	フォリドプル	不明	3.17	0.00	0.17	不明
10	自主的スキーム	ノモシュードロ	フォリドプル	1.00	0.33	0.33	0.50	1959
11	自主的スキーム	ノモシュードロ	フォリドプル	2.75	3.17	3.17	8.50	1960
12	自主的スキーム	ノモシュードロ	フォリドプル	不明	3.33	0.00	5.33	1955
13	ボシュ・スキーム	ノモシュードロ	フォリドプル	5.65	4.00	0.54	0.67	1962*
14	ボシュ・スキーム	ノモシュードロ	フォリドプル	3.38	4.17	0.00	0.08	1962
15	ボシュ・スキーム	ノモシュードロ	フォリドプル	2.50	4.17	0.50	1.67	不明
16	ボシュ・スキーム	ノモシュードロ	フォリドプル	0.00	3.80	2.33	0.83**	1962*
17	ボシュ・スキーム	ノモシュードロ	フォリドプル	0.63	4.17	1.33	1.33	1954-6
18	ボシュ・スキーム	ノモシュードロ	フォリドプル	7.50	3.50	0.67	2.00	1962-3
19	ボシュ・スキーム	ノモシュードロ	フォリドプル	2.50	4.17	1.33	1.50	1961
20	ボシュ・スキーム	ノモシュードロ	フォリドプル	2.50	2.17	0.67	0.67	1957
21	ボシュ・スキーム	ノモシュードロ	フォリドプル	不明	4.17	0.67	1.17	1959
22	ボシュ・スキーム	ノモシュードロ	フォリドプル	12.50	4.17	0.00	0.00	1957

出典：筆者による調査
＊「土地の取得年」列の「*」印があるケースは、土地書類の日付を確認できたもの
＊＊ 現在の「土地所有面積」が「供与された土地面積（現在でも残っている面積）」よりも小さくなっているのは、後者を後に分割相続したため。

は1958年までに移住した「旧移住者」に限られていたことと関係している。実際のところ、表中には示していないが、各受給者のインド側への移住年をみると、すべての世帯が1958年以前の移住者であり、「旧移住者」に属している。（不明を除けば）自主的スキームの受給者のほとんどは1953年から55年までの移住者であり、ボシュ・スキームの場合はほとんどが1954年から57年までの移住者であ

る[20]）。要するに、1954年の上記報告書の提言を受けて以降、あらためて施行された「土地取得ローン」によって、難民キャンプに滞留していた「旧移住者」をリハビリテーションしたのである。

ただ、難民達は移住後すぐにリハビリテーションされたのではなく、キャンプ難民として過ごした期間がそれぞれあった。移住とリハビリテーションの間には数年のズレがあったのであり、その結果、土地受給は1958年までというよりも、確認できた範囲では最も遅いケースでは1962年となっていると考えられる。

2）リハビリテーションの実績と問題点

図表4−1によって、土地を供与された難民の移住前の土地所有面積とリハビリテーションによって得た土地面積を比較すると、不明の4件を除いた18世帯のうち8世帯は、リハビリテーションで取得した土地面積が東ベンガルでかつて所有していた規模には及ばない。整理番号の3、7、22の世帯は10エーカー前後も土地を持っていたものが、3分の1程度になっている。

一方、逆に10世帯ではリハビリテーションのために土地面積が増加している。なかには整理番号16の世帯のように、東ベンガルでは土地無しであったのに、移住によって結果的に4エーカー近い土地持ちになったケースもある。多くの難民が東ベンガルの土地を捨ててきたなかで、難民化することで逆に農地を増やしているのである。これらの数値のみをみると、リハビリテーションは難民の自立のための資源を手厚く提供していたと評価できよう。

しかし、リハビリテーションで獲得した土地を現時点でどれほど維持できているかということを考えあわせると、問題はそう簡単ではない。当初の取得面積を維持しているのは、整理番号1、4、10、11のわずか4世帯にすぎない。6つの世帯では、取得した土地をすべて失っている。取得した土地を減らしたり、すべて失ったりしたことにはいくつかの理由があるが、この問題を検討するためには、土地の供与の実態が、そもそも問題をはらんでいたことを認識しておく必要がある。

問題のひとつは、当初の土地供与の段階で、いくつかの世帯は規定の3ないし4エーカーに満たない面積しか取得していないことである。取得した土地を維

---

[20]　移住年と土地取得年を合わせて検討すると、自主的スキームでは1953年から55年までの移住者が1955年から61年の間にリハビリされている。ボシュ・スキームでは、1954年から57年までの移住者に対して、1957年から62年までに実施されていることになる。2つのスキームの間では、土地の取得年の時期に2年ほどのズレがあったのと同様に、受給者の移住年でも同じく2年ほどのズレがあった。また、これらのデータからは、移住から土地取得までに要した期間は、2つのスキームとも概ね3年から5年程度とみることができよう。

持したと述べた4世帯についても、うち3世帯は規定以下の土地しか得ていない。その理由については、明確な説明を得ることはむずかしかったが、例えば、規定の半分の面積しか入手していない整理番号1のケースは次のとおりである。

〈ケース1〉整理番号1
　私がリハビリテーションで土地を取得した時には、まだザミーンダーリー制度が継続していて、その土地には土地を耕作するテナント（*prajā*）がいました。テナントは私に借料（*khājnā*）を支払うべきでしたが、払いませんでした。制度が廃止されると、そのテナントが土地の所有権を主張しました。テナントが政府に税金を支払っていて、自分の権利が認められなかったのです[21]。（自主的スキーム）

ザミーンダーリー制度が廃止されたのは1950年代半ばのこの時期であり、このケースは制度転換の端境期にあたっていた。そのなかで、リハビリテーションで土地を取得したはずの権利が、宙に浮いてしまったのである。
　次のケースも、本来得られるはずだった土地について所有権の移転がうまくいかなかったとの説明である。

〈ケース2〉整理番号10
　リハビリテーションで2,575ルピーのローンを得ました。うち950ルピーは土地購入のためのローンでした。残りのローンは牛を購入したり、家の建築にあてたりしました。リハビリテーションで得るはずだった土地は、政府管理の公有地（*khās*）だったので得られませんでした。それに、土地取得のためのお金は850ルピーを別の人が持っていってしまったのです。結局、取得できたのは、残りの100ルピーで購入した0.33エーカー（1ビガ）の土地のみでした。一度ローンの返済の催促が当局から来ましたが、自分は土地を受け取らなかったので、どうやって返すのかと文書で提出したら、その後から催促は来なくなりました[22]。（自主的スキーム）

このケースでは、取得対象となった土地が個人名義の土地ではなく、政府管理による公有地であったために取得できなかったと述べている。ボシュ・スキーム

---

21) 1996年8月26日、フォリドプル県出身、69歳、ノモシュードロ・カーストより。
22) 1997年8月30日、フォリドプル県出身、75歳、ノモシュードロ・カーストより。

による別の受給者も、「ボシュ達は土地の権利関係がしっかりとしていなくても、関係なく土地を取得の対象としたので、政府管理の公有地だったりと、いろいろな問題があった」と述べていた[23]。土地取得ローンは私有地を地主との個人交渉で取得するスキームであったので、本来公有地は対象外であり、問題が生じたと思われる。また、リハビリテーションの資金が他人に渡ったという点については、仲介者を入れていて、その人がお金を持って行ってしまったなどの状況と推測される。これらのケースとは別に、「土地を所有していたムスリムが別の人物にすでに売却していた土地だったので得られなかった」（ボシュ・スキーム）というケースもある[24]。いずれのケースも、当人の説明によれば、本来得られたはずの土地が、土地所有権名義の移転で問題が生じたために、取得できなかったとのことである。

1954年の報告書の提言内容にも権利関係の確認について厳密におこなうことが明記されていたにもかかわらず、それが不十分なケースがあったのである。さらに、こうした手続上の厳密さの欠如と、とにかく土地の獲得ありきの姿勢は、供与対象となった土地条件に関しても少なからぬケースで問題を生じさせた。i) 土地がボーダー（国境）に近すぎた[25]、ii) 供与された土地が複数のプロットに分散していて維持が困難だった、iii) 土地の質が悪かったなどの複合的な諸要因によって、規定通りの土地を取得したとしても、後に経営面積を減らしてしまう結果をもたらしていた[26]。次の2つケースは、供与された土地がボーダーに近すぎたために治安が悪く、居住が困難だったと述べている。後者では、農地の質にも問題があった。

---

23) フォリドプル県出身、61歳、ノモシュードロ・カーストより。

24) 1997年8月30日、フォリドプル県出身、57歳、ノモシュードロ・カーストより。

25) ノディア県のDistrict Rehabilitation Officeでの聞き取り（2002年1月31日）によれば、「バイナ」スキームは、主にボーダー・エリアで実施されたとのことである。ここでのボーダー・エリアとは、本文で述べているような、まさに国境線上というニュアンスではなく、B村とその周辺村を含むような、南北に延びる東パキスタンとの国境線と接する農村地帯という意味であるが、国境に接する村で土地を探すとなると、まさにボーダーと接する土地も対象となったのであろう。

26) 西ベンガル州のリハビリテーションではこうした様々な不備が生じていたようだが、インド側のパンジャーブ地域でのリハビリテーションにおいては、もっとシステマティックにスキームが進められていたようである。例えば、土地は場所によって土壌、灌漑の有無、降雨などの条件が一様ではないことから、より公平な土地の分配をするために、土地の生産性をベースにした価値単位（unit of value）が定められた。10から11モンド（37.3kg/maund）の小麦を生産できる面積を16アナ（annas）の貨幣価値を持つ価値単位として、これを1基準エーカーとした。よって、乾燥地で1エーカーあたり4アナしか生産がない土地であれば、4エーカーを1基準エーカーと換算するなどの配慮がなされた。さらには、移住前の土地所有面積も考慮されたが、それをそのまま反映させるのではなく、所有規模を細かくグレード分けしたうえで、大規模所有のグレードほど、より大きな削減率を適用して、供与する土地の面積が決められた［Kudaisya 1995］。実際の運用の面でどれほど適確に進んだのかは不明だが、少なくともこのような合理性を持つスキームが策定・実施されていた。

〈ケース3〉整理番号13

　リハビリテーションの土地は5つのプロットに分散していました。それらの土地はあまりにボーダーに近すぎて、住めませんでした。日常的に盗みなどがあり、女や子どもは住めなかったので現在のところに土地を購入しました。リハビリテーションの土地は、兄弟姉妹で分けて、その後売却してわずかだけ残っています[27]。（ボシュ・スキーム）

〈ケース4〉整理番号18

　宅地として割り当てられた土地は、人々が暮らしている村の集落からは離れた、全くの村外で、とても家屋を建てられるような場所ではありませんでした。取得した農地も肥沃ではありませんでした。灌漑施設もなく、ボーダーだったので、盗難もありました。牛を盗まれると、（また次の牛を購入するために）土地を売るという状況でした[28]。（ボシュ・スキーム）

　次のケースでも、土地がボーダーに近かったために維持が困難だったとしている。ボーダー付近の土地が供与された理由は、基本的に難民に供出できる余剰の土地が少ないなかでは、条件の悪い土地も含めて調達する必要があったためと思われる。ただし、このケースの場合は、受給者はリハビリテーションの土地は手放したものの、別途自分で土地を購入して、そこそこの土地所有面積を有している。

〈ケース5〉整理番号5

　農地は3エーカーを取得しましたが、バングラデシュとのボーダー沿いにBSF（Border Security Force）が巡回するための道路が建設されたときに、土地がその道路や鉄条網とボーダーとの間に入ってしまうことになったので売却しました。宅地も売却しました。ボーダーのところの土地はすべて売却しましたが、他のところに少しずつ土地を買って、現在は4エーカーの土地を所有しています[29]。（自主的スキーム）

　リハビリテーションにおける困難さは、土地条件だけではなく、土地を供与されるプロセスにも伴っていた。B村では、複数の家族が一緒にリハビリテーショ

---

27) 1997年4月1日、フォリドプル県出身、48歳、ノモシュードロ・カーストより。
28) 1997年8月29日、フォリドプル県出身、44歳、ノモシュードロ・カーストより。
29) 1997年8月8日、フォリドプル県出身、68歳、ノモシュードロ・カーストより。

ンされた例もみられるが、その際すぐには土地の供与がなされなかったことも稀ではなかったらしく、正式の受給まで1年間もテント暮らしをしていたというケースもある。

〈ケース6〉整理番号21

　ボシュによってB村に連れてこられて、その1年後に土地を入手して書類ができました。手続きはすべてボシュがやってくれましたが、それまでの1年間は布テントで居住していました。一緒に沢山の家族が来て、今でも8、9家族はB村にいますが、かなりの人々が他所へ移動しました。与えられた土地がバラバラに分散していたり、耕作できるような土地ではなかったりしたことも多かったので。自分に割り振られた土地は、ボーダーにあったので半分は取得できませんでした（筆者注：実質的な土地利用ができなかった）。土地は3プロットに分かれていましたが、良い土地ではありませんでした[30]。（ボシュ・スキーム）

　次の2つのケースも、1年間は無為に過ごしたと述べている[31]。後者ではせっかくのローンをこの間の経費のために費やすことになったうえに、供与された土地も使い物にならず、あまりに遠方だったので早々に処分している。

〈ケース7〉整理番号19

　4つの家族が一緒に、ボシュのスキームによって難民キャンプからクリシュノノゴルに連れて来られました。そこには、100家族くらい集まっていて、そこから各地へ送られていったのです。B村には20家族くらい来たと思います。ほかのキャンプからも人が来ていて、トラックで一緒にB村に来ました。来てから土地がちゃんと手続きができるまで、1年くらい道路脇に布テントを張って暮らしていました。その間は日雇いの仕事をしていました。商店から掛け売りしてもらって、ローンの受給後に精算しました。受給した土地の4ビガはまだ保持していて、耕作していますが、6ビガはボーダーの向こう側になってしまいました。2.5ビガは他の人が耕作していて、その

---

30) 1997年8月30日、フォリドプル県出身、50歳、ノモシュードロ・カーストより。
31) 現地に転居したにもかかわらず、土地の受給までに長い時間を要したというケースは、ボシュ・スキームにおいてのみ聞かれた。しかし、複数家族で一緒に来たということは、自主的スキームにおいても聞かれた。整理番号12の受給者は、13番の家族が一緒に受給したと述べていた。

人に土地の名義が与えられている状態です[32]。（ボシュ・スキーム）

〈ケース8〉整理番号22
　ボシュ・スキームでB村に来たのですが、1年間は道路脇に住んでいました。その間に市場の商店への支払いなどで、せっかく受給したローンを使い果たしてしまいました。そのうえ、供与された土地はB村内ではなく、遠く離れたポラシパラだったので、ビガあたり50ルピーで売却しました。良い土地を得た者はよかったが、そうでない者は土地を維持できませんでした[33]。（ボシュ・スキーム）

　以上のように、土地供与の実態が多くの問題を抱えていたために、せっかくのリハビリテーションが充分な機能を果たさなかった面は否めない。しかし、土地を得た難民が抱えていた問題はそれのみに留まらない。多くの受給者が、生計を維持するためや、娘の結婚費用の捻出のために受給した土地を部分的に、あるいはすべて売却している。土地条件が悪くて充分な収入が得られないケースがあっただけでなく、良い土地を取得してもすぐには自立できなかったり、娘の婚資のような特別な支出には耐えられなかったりしたのである。

〈ケース9〉整理番号12
　農地はボーダーの近くでしたが、まあまあの質の土地でした。しかし、父が生活のためにすべて売却してしまいました[34]。（自主的スキーム）

〈ケース10〉整理番号15
　父は小学校の教師をしていましたが、こちらに来てから当初の15年間は教職に就くことができませんでした。無職の状態だったので、少しずつ生活のために売却しました[35]。（ボシュ・スキーム）

　以上のケース以外にも、生活のために土地を売却しているのは、整理番号6、7、9、16、17、21など、多数にのぼる。整理番号5は土地の売却代金を娘の結婚のための費用に充てている。また、整理番号8の場合には、農業用揚水ポンプをロー

---

32) 1997年8月30日、フォリドプル県出身、48歳、ノモシュードロ・カーストより。
33) 1997年8月30日、フォリドプル県出身、61歳、ノモシュードロ・カーストより。
34) 1998年8月19日、フォリドプル県出身、49歳、ノモシュードロ・カーストより。
35) 1997年8月29日、フォリドプル県出身、35歳、ノモシュードロ・カーストより。

ンで購入した際に、9ビガの土地を抵当としたが、ローンの返済ができなかったので、そのまま土地を手放すことになったと述べている。

　難民世帯の世代交代が進むなかでは、農村部における一般的な事情として、世代を経るごとに相続によって所有土地面積が細分化されて、世帯あたりの経営規模が次第に小さくなってしまうという問題も抱えている。

　これまで検討を加えてきたとおり、B村におけるリハビリテーションは多くの課題を抱えていたのであり、リハビリテーションのみによって自立を果たしたといえるようなケースを見いだすことはできなかった。

　リハビリテーションによって供与された土地を、そのまま保持しているのは、すでに述べたように4世帯のみ（整理番号1、4、10、11）である。しかしその取得面積は1世帯（整理番号11）を除いて、それのみで十分に自立できるレベルではない。この1世帯についても、リハビリテーションの土地はまだ保持はしているものの、「土地は4つのプロットに分散していて、うち2つはボーダーにある。土地そのものは悪くはなく、収穫もよかったが、今はボーダーの道が通ってしまい耕作できない」状態である[36]。つまり、このケースでも、これまで検討してきたような課題を抱えている。この世帯は取得した土地も含めて8.5エーカーもの土地を所有しているが、経営面積が大きいのは魚の養殖のために別途取得した土地の方であり、生計はむしろこちらが柱となっていて、受給地での農業は副業にすぎない。

　現在、3エーカーを越えるような比較的良好な経営規模を維持している世帯は、すべてリハビリテーションの土地に依存せず、それぞれ独自に土地を購入している。整理番号5や12の世帯は自農と農業労働を、同7の世帯は路上での野菜販売や農業労働を続けながら土地を買い増している。8.5エーカーを所有する整理番号11の世帯は農業労働とともに、数年間は公務員として働くなかで、土地を増やした。

　最後に、図表4－1の示すとおり、2つのスキームを通じて、すべての受給者はフォリドプル県出身のノモシュードロ・カーストであることは、きわめて特徴的である。彼らはすべてキャンプに滞留していたキャンプ難民である。B村の脈絡でいえば、これらのスキームは1950年代の半ば以降に開始されたために、すでに1950年代初頭までに移動を完了していたマヒッショらは、これに関わることはなかった。また、たとえ時期が重なったとしても、近隣から移住したマヒッショらは遠方のキャンプに収容される機会はほぼなかったと思われる。これらの点から、リハビリテーションは、より遠距離から移動し、キャンプに滞留してい

36）1997年8月28日、フォリドプル県出身、60歳、ノモシュードロ・カーストより。

た経緯を持つノモシュードロのみが結果的に対象となったのである。

第2節　ムスリムとの財産交換

(1) 財産交換と難民移動の条件

　財産交換（exchange of properties）とは、パキスタンから出て行ったヒンドゥーと、インドから出て行ったムスリムの間で、各々が母国に残してきた財産、主として土地を互いに交換するというシステムである。ベンガルでは、パキスタンに残してきた財産に対する「補償（compensation）」という、パンジャーブ地域の難民問題では考慮されていた概念が適応されなかった。財産交換は補償に代わる、個人的な財産回復の手段ともいえる。

　B村やその周辺で聞き取りをする過程において、こちらからは尋ねていないのに、しばしば人々の口をついて出ていたのが、「私達は財産交換ができなかったから……」というフレーズであった。現地では財産交換は「ビニモイ（binimay）」と呼ばれている。ビニモイとは「交換（exchange）」を意味するのみなので、詳しい表現としては「土地（jami）」や「財産（sampatti）」をビニモイ（交換）するということだが、話のコンテクストが東パキスタンからの移住に関するものであれば、単にビニモイというだけでも土地を主体とする「財産交換」を指し示しているものとして受け答えがなされている。それほど、この方法は当時よく知られていた。

　とはいえ、よく知られていたからといって、すべての人々がこれを実践できたわけではない。前項で検討したリハビリテーションがそうであったように、こちらも限られたある時期に、限られた条件の人々によってのみおこなわれていた。

　図表4－2「ムスリムとの財産交換(1)」は、世帯調査のサンプルのなかで、財産交換をおこなった経験を有する人々について、カーストと出身地の属性、及びインドへの移住年とB村への移住年を示している。こちらは図表4－1のリハビリテーションのリストとは異なり、追加で集めたデータは含まず、すべて当初のサンプリングのデータのみである。

　一見して明らかな点は、20件のサンプルのうち、i）すべてのサンプルが旧ノディア県の出身者であること、ii）カーストでみるとノモシュードロは1名のみで、その他はすべてマヒッショやタンティなどで占められていること、iii）インドへ

図表4－2　ムスリムとの財産交換(1)

整理番号	交換タイプ	カースト	出身地（県）	インドへの移住年	B村への移住年
1	個人による	ゴアラ	旧ノディア	1949	1953
2	個人による	マヒッショ	旧ノディア	1950	1953
3	個人による	ノモシュードロ	旧ノディア	1949	不明
4	個人による	マヒッショ	旧ノディア	1950	1952
5	個人による	マヒッショ	旧ノディア	1949	1961〜64
6	個人による	マヒッショ	旧ノディア	1949	不明
7	個人による	マヒッショ	旧ノディア	1949	1952
8	個人による	マヒッショ	旧ノディア	1949	1959
9	個人による	テリ	旧ノディア	1949	1949
10	個人による	タンティ	旧ノディア	1948	1950
11	個人による	タンティ	旧ノディア	1952〜53	1956〜58
12	個人による	マロ	旧ノディア	1949	1949
13	村の長による	マヒッショ	旧ノディア	1949	1953
14	村の長による	マヒッショ	旧ノディア	1949	1952
15	村の長による	マヒッショ	旧ノディア	1949	不明
16	村の長による	マヒッショ	旧ノディア	1949	不明
17	村の長による	マヒッショ	旧ノディア	1949	1979〜84
18	村の長による	マヒッショ	旧ノディア	1949	不明
19	村の長による	マヒッショ	旧ノディア	1949	1957
20	村の長による	マヒッショ	旧ノディア	1950	1954

出典：筆者による調査

の移住年は、1件を除いて[37]、すべて1949年から1950年に集中していることである。

　これら3つの点は、相互に関連している。第3章でB村には、移住時期・出身地・カーストの3つの要素が重なり合う2つの大きなグループが存在していると述べた。すなわち、1950年初頭までには概ね移住が完了した旧ノディア県出身（分割により東パキスタンに属することになった側のノディア県）のマヒッショ、マロ、ボニク、

---

[37] 図表4－2の整理番号11のケースは、インドへの移住年が1952〜53年となっている。しかし、このケースでは、サンプルとなった本人（旧ノディア県出身、60歳［1997年時点］、タンティ・カースト）の移住年は1952年から53年にかけてとのことだが、財産交換は兄が先行してインドに来て、1950年に書類のやりとりをしたと述べていた。1950年当時の本人の年齢は13歳ほどであり、よって、当時は兄が世帯主の役割を果たしていたと考えると、財産交換という観点からは、このケースは特異な例ではなく、他のサンプル同様に1949〜50年の移住世帯と考えてよい。

第 4 章　農村部での難民再定住の諸形態　　157

ゴアラなどのグループと、一貫して移住が継続したフォリドプル県出身のノモシュードロのグループである。財産交換を実践した人々は、この前者のグループに重なるといってよい。

　なぜこのグループが財産交換の当事者となったのか、その理由として重要なのは、より早期の移住と、分割されたノディア県の反対側からというごく近距離の移動という 2 つの点である。この場合、カーストは必ずしも作用要因ではない[38]。むしろ「時期」と「距離」という 2 つの条件を満たしていたかどうかが大事である。従って、整理番号 3 のように、ノモシュードロであっても旧ノディア県に居住していた人のなかには、財産交換をおこなったケースが含まれている。

　財産交換の実践自体は政府によるリハビリテーション施策ではなく、個人による一種の財産保全戦略であった。従って、その開始と終了の時期について明確に特定することは難しいが、B 村での事例からは、インドとパキスタンがそれぞれ自治領として出発してから、パスポート・システムが導入される 1952 年頃までの、より早期に主としておこなわれていたであろうことが推測できる[39]。財産交換の手続きは、国境を跨いだエリアで交換の相手が探され、互いの土地について確認するために、実際の土地を見に行ったり、現地のジョミダルの元で働いている徴税請負人（*gomśtā*）に尋ねたりというプロセスを含んでいた。往来が制限される条件下では、手続きを進めるのは容易ではなく、また、より早期の方が、ヒン

---

38) とはいえ、カースト要因も全く無視はできない。そもそもノモシュードロ達が財産交換の元となる土地をどれだけ所有・保有していたのかという点は、考慮しておく必要があろう。1911 年の時点で、ダカ、ラジシャヒ、チッタゴンの 3 つのノモシュードロ多住地域において、地代徴収者（rent receivers）の 80.82% はブラフモン、カヨスト、ボイドの高カーストで占められており、ノモシュードロはわずかに 2.14% にすぎなかった。B 村の多くのノモシュードロの故郷であるフォリドプル県のゴパルゴンジでは、1925 年の時点で、ノモシュードロが最も多い居住者であったにもかかわらず、彼らが所有（保有）していた土地（holdings）は全体の 38.65% にすぎなかった［Bandyopadhyay 1997: 21-22］。財産交換は本来、カーストとは関係ない。しかし、英領時代のベンガルにおいて、土地所有者であるジョミダルや、彼らと末端の耕作者との間に介在する上位の中間土地保有者などは、ヒンドゥーのなかでは多くが高カーストによって占められていた。したがって、ノモシュードロの場合には、ほかのより上位のカーストよりも、財産交換の元手となる土地の所有・保有が少なかったと考えられる。

39) 書類により確認できた最も遅いケースとして、隣村の村人のケースであるが 1956 年というものがある。しかし、制度上の期限はともかく、B 村における調査からは、財産交換が盛んにおこなわれていたのは 1950 年代のより早い時期であると思われる。実際に財産交換をおこなった整理番号 4 の人物は、自分以外にも何世帯かの家族を引き連れて財産交換をして来ており、財産交換の事情に通じていたと考えられるが、「これがおこなわれていたのは、パスポートの導入までではないか。それまでは自由に行き来ができたので」と述べていた。財産交換には相互の行き来が必要であったことからしても、より早い時期に多くの財産交換が実施されていたと考える方が妥当であろう。1997 年 8 月 27 日にインタビュー。旧ノディア県出身、86 歳、マヒッショ・カースト。
　ラフマンとファン・シェンデルは、土地交換の実践は第 2 次インド・パキスタン戦争が勃発した 1965 年 9 月 6 日まで許されていたとしているが［Rahman and van Schendel 2003: 571］、その根拠（出典）は示されていない。

ドゥーとムスリムの双方が移動しており、相手を探しやすかった面もあった。時期が遅くなれば、仮にたとえ手続きが可能であったとしても、相手を探すのは困難であったろう。

　財産交換が分離独立以降の早い時期に実施されていたことには、当事者のより切実な問題もあった。分離独立以降に相互に人口が移動して、国境の両側にそれぞれの新しい地域社会が形成されるなか、いち早く自分の財産の処遇を定めておかないと、新しく入植してきたムスリムによって、財産が無理矢理に奪取（dakhal）される可能性も高いと感じられていたことがある[40]。放っておけば、他者に自分の財産をただで取られるだけなので、いち早く財産交換を成立させたいと人々は考えていた。よって、移住する際には財産交換をおこなったうえで移動したり、一旦インド側へ来たものの、財産交換をするために、また東パキスタン側へ一時的に戻ったりということがおこなわれていた。

　次に、移動の「距離」の問題がある。財産交換の実践者のすべては分割された旧ノディア県の東パキスタン側に居住していた人々である。整理番号3のノモシュードロのみが同じ旧ノディア県のなかでやや離れたところから来ているのを除いては、すべて国境に接する旧メヘルプル郡（特にメヘルプル警察管区）、現在のバングラデシュでいえばメヘルプル県の出身者である。

　B村を含む周辺エリアと旧メヘルプル警察管区は、国境に向かい合って接する隣接地域であり、国境が引かれる前は互いの往来が可能な日常生活圏であった。メヘルプル警察管区からの移住者はせいぜい10キロメートルほどの距離を移動したにすぎなかった。よって、彼らは移動に際してボーダー・スリップなどの書類を得ることもなく、遠方のキャンプに収容されることもなくインド側にやってきたのである。

　こうした条件のなかで、財産交換の相手は以前からの知り合いだけではなく、面識の無かった相手であっても互いに往来をするなかで個人的に獲得された。例えば、図表4－2の整理番号8番は、ボーダー・エリアでの往来のなかで知り合ったと述べている。ボーダーであるからこそ、ムスリムとヒンドゥーの行き来が頻繁であり、適当な相手と巡り会う可能性が高かったのである。他方、元々知り合いであったというケースでは、「（同村ではないが）近隣の居住者だったので知っていた」（整理番号9番）、「東ベンガルに住んでいるときから、同じパルチョードリ（ジョ

---

[40] 不在のまま国境の向こうの土地を維持することは困難であった。また、ムスリムによる奪取・占拠だけではなく、東パキスタンに土地を残していても、第3章の注37で記したような、東パキスタン難民が残置した土地に関して東パキスタン側で定められる法律によって、土地に関する権利を喪失してしまうかも知れなかった。

ミダル/地主）の元で、地代を払っていた仲だった」（整理番号2番）、あるいは以下にケース1番（整理番号15番）で示すように、勤務の関係で互いに顔見知りであったなど、様々である。また、「自分が東ベンガルの家を空けていた間に、そこを占拠してしまったムスリムと後に財産交換をおこなった」（整理番号5番）というケースもある。

　一方、ノモシュードロの人々のようにフォリドプル県などのより遠方から移住した人々にとっては、たとえ交換対象となる財産があったとしても、実現は困難であった。遠方では、土地勘がないなかで、互いの土地が確かに存在することを確認し、交換条件を交渉し、その後書類を作成・交換するという、一連のプロセスを実践するのは容易ではなかったからである。

　交換の相手となるムスリムにとっても、フォリドプル県など遠方の者と財産交換をおこなって、遠方へ移り住むことは好ましい選択ではなかった。その結果、代替策として、インド側のムスリムはヒンドゥーに対して土地に関わる書類（後に述べる「包括委任証書」）を与えるものの、パキスタン側のヒンドゥーは書類ではなく、お金を渡していたケースもあった。書類と「金銭」が交換（ビニモイ）されていたのである。これによって、ヒンドゥーはインド側に土地を取得できたし、ムスリムは遠方へ行かなくとも、得たお金で好きなところに土地を購入できた[41]。

　以上のような移住時期や移動距離の条件の違いによって、財産交換はより早期に近距離から来たマヒッショらにみられる反面、移動時期がより遅い時期にまで渡り、遠距離から来ていたノモシュードロには「金銭」との交換を除いてはみられなかったのである。

　ところで、図表4－2の「交換タイプ」項目にあるように、財産交換は「個人による」ものが12件と、「村の長による」ものが8件あり、2つのタイプがみられた。「個人による」とは、各人が自発的に個別に交渉や手続きを実践したケースを指す。「村の長による」とは、当事者ではなく当事者が属していた農村の長（*mātabbar*）が、村人達のために代行して手続きをおこなったケースである。前項のリハビリテー

---

41) このようなケースはB村の内外でいくつも聞かれた。例えば、財産交換を実施した隣村の村人は、「フォリドプルはここの場所からすると、ずっと奥に入ったところにあるうえに、フォリドプルのような湿地にはこちらの人々は適応できません。だから、財産の交換ではなく、お金で委任証書を渡すケースもありました。お金が得られたら、ムスリムはそれでもって東パキスタンの好きなところに土地を買うことができますし」と述べていた（旧ノディア県出身、年齢不明、マヒッショ・カーストより。1997年8月17日）。B村の村人のケースでも、「私は財産交換しましたが、土地は渡していません。私の財産はフォリドプル県にありましたが、ムスリムはそこへは行っていません。私は委任証書をムスリムから得ましたが、その代わりにお金を渡しました」というものがある（フォリドプル県出身、65歳、ノモシュードロ・カースト。1996年3月7日）。

ションでは、チョンドロナト・ボシュというソーシャル・ワーカーが代行していたが、こちらではいわば村長（必ずしも法制上の長ではない）がまとめて村人の面倒をみたのである。

　筆者は現地調査の過程で、「村ごと交換されたところもある」という言い方を何度か耳にしたが、その実態は村のリーダーが他の村人のためにも財産交換を代行してやったということのようである。財産交換にあたっては、公的な書類づくりが必要となり、土地に関する一定の知識や経験が必要であった。財産交換をするためには何が必要なのか、手続きをいかに進めればよいのかを理解し実践することは、普通の村人には荷が重かったはずである。そこで、村のなかで日頃リーダー的存在とされていた者に、他の村人は依存したのである。

　図表4－2の8つのケースは、あるひとりの人物（整理番号15番の父）によって実践された。彼の長男（70歳）は、財産交換での父の役割について以下のように述べていた。

〈ケース1〉
　父はメヘルプルにあった私達の村の長でした。村人の尊敬を受けていました。村には100家族くらいが住んでいましたが、父が村のすべての家族を連れてきました。まずB村とは別のところに来て、そこで財産交換の手続きをしてB村に移りました。B村以外にも、村人のためにチャプラ（Chapra）やノイハティ（Naihati）などで財産交換をやってあげました。父自身は、独立前には西ベンガル側のノイハティで工場勤務をしていましたが、祖父が亡くなったときに村に呼び戻されました。それから、1949年に改めて移住して以降は、ジュートのビジネスをしていました。現在、私が食品雑貨店を営んでいる場所に、父のジュート倉庫がありました。父自身が財産交換で得た土地は50ビガほどありました。父が亡くなった後には、私を含む息子3人と娘ひとりの4名で均等に相続しました。私は相続分に加えて、自分でも10ビガの土地を買い足しましたが、私の5人の娘達の結婚費用を捻出するために、すべて売ってしまい、現在の収入源は食品雑貨店のみとなっています[42]。

　村の長であった整理番号15番の父によって財産交換を代行してもらった側も、彼が村の長であり、財産交換を代行したとはっきりと次のように述べていた（直

---
[42] 1997年8月26日にインタビュー。

接話を聞いたのは、いずれも第 2 世代の人々より)。

〈ケース 2〉整理番号 16
　彼は同じ親族（baṃśa）に属してはいなかったのですが、村の長でした。諸事における相談相手でした。彼には教育があったし、土地もお金も持っていました。村人は彼からお金を借りたし、食べ物をもらったりしていました[43]。

〈ケース 3〉整理番号 14
　彼の同世代の村人はみな、彼とともに 1949 年に来ました。私の父は 1951 年に財産交換をして B 村に来ました。アンモクタル（委任）は彼の名前でおこなわれていて、手続き上、彼が父に土地を売却したことになっています[44]。

　整理番号 15 番の父が、本当にすべての村人を引き連れて来たのかどうかは定かではない。100 家族という数字も大雑把なものである。しかし、このケース以外にも、整理番号 4 番の人物も、2 と 3 の家族を連れてきたと述べている。自分だけではなく、他人の手続きも合わせて財産交換を実践するケースはけっして珍しくはなかったのである。本当に「村ごと」「村人全員」だったかどうかはともかく、村の長といえる人物が他の村人の財産交換も請け負っていたとしたら、リハビリテーションにおけるボシュ・スキーム同様に、財産交換にも一定のリーダーシップを伴うひとつの協働的・自助努力的なリハビリテーション運動としての側面があったとみることもできよう。

（2）財産交換の実践
　ここで改めて、財産交換のプロセスについて説明しておきたい。財産交換は単なる口約束で実行されたのではない。公的な書類を作成したうえで進められた。その際、不可欠だったのが「包括委任（general power of attorney）」である。現地では、委任することは「アンモクタル（āmmoktār）」、委任証書は「アンモクタルナマ（āmmoktārnāmā）」と呼ばれていた。財産交換の実践者が口を揃えて述べていたのが、アンモクタルナマがなければ、財産交換はできなかったということである。

43）1997 年 8 月 25 日、旧ノディア県出身、52 歳、マヒッショ・カーストより。
44）1997 年 8 月 25 日、旧ノディア県出身、45 歳、マヒッショ・カーストより。

自らもこれを行使したある村人によれば、当時、委任の形には「限定された事項に関する委任」と「あらゆる事項に関する委任」の２種類があった。「包括委任」とは後者を意味し、いわば全権委任に相当した[45]。

難民にとって土地が関心事であったことは、冒頭で述べたとおりである。しかし、土地は文字通り「不動産」であり、持ち運びはできない。それでも東パキスタンに残してきた土地の代わりを西ベンガル側で得たいと難民達は考えていた。しかし、東パキスタン難民に関しては、西パキスタンからの難民に対して採用された「補償」（パキスタンに残置してきた土地に対する補償）という概念は適用されず、また国境を跨いで移動する難民の間で正式に土地交換をおこなうような施策も採られなかった。そこで難民達が自主的に取り組んだのが「包括委任」という手法による財産交換であった。

よって、西ベンガル州のムスリムは、東パキスタンのヒンドゥーに対して土地を直接的に譲渡するのではなく、「土地を含む全ての事項の処置に関する権利」を包括委任証書の形で渡したのである。同様に、東パキスタンのヒンドゥーは、東パキスタンにある自分の土地を含む、あらゆる事柄の処置に関する権利を西ベンガル州のムスリムに渡した。交換されたのは土地そのものではなく、この包括委任証書だったのである。

財産交換のためには、まずこの包括委任証書が作成された。聞き取りによれば、インド側の相手財産に関する包括委任証書は、通常東パキスタン側で文案を作成して現地の裁判所において証書化した[46]。しかし、証書はそのままでは有効性を持たず、証書はインド側に持ち込まれ、後に紹介するサンプルにも示されているように、インドの当局によって内容が確認・認可される必要があった。これを経て、当事者の言い方によれば、委任証書は有効化（valid）、すなわちインドで法的効力を獲得したのである。

委任証書を受け取ることによって、その受託者は移住の後に土地をそのまま維持管理するにせよ、売却するにせよ、すべてを代理執行の形で実行可能となった。しかし、委任された状態でいつまでも土地を管理していたとしても、もし寄託者

---

[45] 1997年8月22日、旧ノディア県出身、65歳、ブラフモン・カーストより。

[46] 本文中のケース４では、メヘルプルの裁判所（court）で作成された証書をヒンドゥーが受け取り、インド側で作成された証書をムスリムが受け取ったと述べている。ケース５も東パキスタンの自分の財産に関する証書はインド側で作成したとしている。これら以外にも、整理番号９番（旧ノディア県出身、72歳、テリ・カースト）の実践者は、自分の財産についてはコルカタで作成してムスリムに渡したと述べていた。また、委任証書の代わりにお金を渡したという人物（サンプル外）も、インド側のムスリムの財産に関しては、「パキスタンで書類を作って、裁判所に提出し、それからインド側で有効化しなくてはならなかった」（旧ノディア県出身、65歳、ブラフモン・カースト）と述べていた。

が亡くなると委任証書の効力が無くなってしまう可能性があった。また、そのまま維持管理しているだけでは、いつまで経っても、土地の権利が元のムスリムにあることに変わりない。

そこで、委任された土地は、なるべく早く誰かに売却・譲渡されなければならなかった。売却されてしまえば、ムスリムの所有権は消滅してしまう。だが委任の受託者という立場上、自分に対して譲渡することはできなかったので、受託者は自分の妻、息子、兄弟などに土地を売却・譲渡する形を取って、インド側で土地の登記をおこなったのである。登記は、調査地の辺りでいえば、ポラシパラ（プラッシー）にあったテハット副登記所（Tehattta Sub-registry Office）でおこなわれた。これによって実質的に交換した土地を獲得できた。ムスリムにとっては、結果的には東パキスタンから来たヒンドゥーに対して、インド側にあった土地を譲渡しているのだが、委任証書を媒介することによって、自分が直接彼らには譲渡（売却）はしていないという形式を踏んでいた。

図表4－3「包括委任証書サンプル」は委任証書の実物サンプルである[47]。これはB村ではなく、近隣村の村人が所持していたものである。全3枚から構成されている。図表4－3は、その1枚目（表面）である。東パキスタンの証書（10ルピーと記載あり）であるが、ジョージ5世とみられる肖像が描かれており、英領時代のものがそのまま用いられていたようである。

このケースでは、4名のムスリムが、ひとりのヒンドゥーに財産の委任をしている。その4名の名前が上部に縦書きの形で記されている。拇印はこのページでは3名分しか押されていないが、1枚目の裏ページには4名分が氏名とともに押されている。

1枚目の裏ページの左上部には、1952年9月16日の午後1時45分に、寄託者の一人として「バチルッディン・ビッシャス」という人物によって、（この書類が）ポラシパラのテハット副登記所において登記のために提出された（presented for registration）と英語で書かれ、その下に同日の日付とともに副登記官による署名がなされている[48]。この人物ほか3名が、自分達の西ベンガル州の財産を委任す

---

47) この書類は、当事者の甥が保持していたものをコピーさせていただいた。この甥による説明を参考としながら、書類内容を筆者自身も読み込んで確認した。また、手書きかつ法的手続に関わる特殊な書類であるために、筆者や甥では判読が困難な部分もあったので、専門家であるB村の司法書士より教示を受けた。

48) この書類では、テハット副登記所において包括委任証書が確認（有効化）されたとみられる。しかし、実際に包括委任証書を受託した人達のなかには、「県庁で有効化した」、「裁判所で有効化した」などと回答するケースもあった。どこか特定の公的機関のみが正規の認証機関のようになっていたのではなく、当事者各自の都合に応じて持ち込んだ先の公的機関が内容を確認すれば、それで有効化されたとみなされていたのかもしれない。現地ではこの点は十分には確認できなかった。

図表4−3　包括委任証書サンプル

出典：B村の近隣村にて入手

る側である。

　同じく1枚目の裏ページ右側には、バチルッディン・ビッシャスと他の3名の名前、住所、カースト（ムスリムと記載）、職業等が書かれていて、彼らによって（書面内容の）執行（execution）が認可されていると、英語で書かれている。その下には、また別の人物の名前が記されていて、この人によって「同定（identified）」されたと英語で書かれている。この人物についても住所等の属性が記載されているが、その内容からこの人物がビッシャス氏と同村のムスリムであることが分かる。つまり、顔見知りの同村者によって、書類提出者の本人確認（同定）がなされたということである。

　これらの英語の記載内容は、この委任証書を西ベンガル側で有効化するために役所に提出された際に、当局として内容を確認したとして英語で記入されたものである。あわせて、1枚目から3枚目まで、すべての記載内容を確認した印として、このオフィスのシールが1枚目の裏ページと2枚目、3枚目の裏ページにもそれぞれ押されている。

　委任内容の本文は、1枚目の表ページから始まり、2枚目の表裏、3枚目の表

ページへと続いている。すべてベンガル語で書かれている。かいつまんで内容を紹介すると次のとおりである。まず、1枚目の表ページに、文書の書き手として、4名のムスリムの氏名と職業、住所などが記されている。続いて、「アンモクタルナマすなわち Power of Attorney により、インド自治領の領内にあるすべての州、県、モハクマ、警察管区、村にある、わたし達のすべての財産、本人名義の物、他人名義に置き換えてあるもの、農地、収入、ビジネスなど、あるものすべて、及び将来に生じるもの、それらに関連して生じる事案について、適切に処置するために、インド自治領内の高等裁判所をはじめ、税務当局、農業収入税務署、県庁、登記所、警察署、市庁、各裁判所における（後略）」とあり、これに続いて延々と、競売にかけることなど様々な手続き上の代行について記述され、また「藁葺き屋根の家屋、トタン屋根の家屋、池、テーブル、椅子、ベンチ、皿、椀、カップなどについて」と、かなり細かい事項までが列挙されている。そしてようやく最後の3枚目表ページの最下部に、以上の事柄に関して「クスティア県、ガンニ警察管区、シャキン村出身のA氏に対して、我々は委任（アンモクタル）しました。委任によって、我々の代わりにあらゆる事をしてください。それが我々自身のおこなうことと同様の正当性において、責任と承認と実効性を有するでしょう。そのことに自分自身が了解し、自らの意志を持ってこの委任証書すなわち Power of Attorney を作成しました」とあり、末行に西暦1952年9月16日、ベンガル暦1359年バドロ月31日の日付が記されている。

　以上のように、委任証書の形式自体は簡潔なものである。本文の言わんとすることも、詰まるところはすべてをお任せしますということなのだが、延々と記載されている内容は、皿やカップまで記されていて、いささか冗長な感がある。それはともかく、この委任証書によって、東パキスタンから移住したヒンドゥーは、ムスリムがインド側に残していった財産について処分する権利を獲得したのである。

　そして、次におこなわなければならなかったのが、この委任証書を用いて家族成員の誰かにムスリムの財産を売却・譲渡することである。ムスリムから委任証書を受け取ったA氏は、およそ2年後に自分の妻と兄弟3人の計4名に売却し、土地を登記している。売却金額は1000ルピーと記されている。

　このときの書類は全4枚で構成されている。図表4―4「包括委任証書を用いた登記サンプル」は1枚目(表面)である。こちらはアショーカ王の石柱をあしらった独立後のインド政府の証書（15ルピーと記載あり）である。こちらにも4名のムスリムの氏名が縦書きで記されているが、拇印はない。買い方としてA氏側の4

166　第 2 部　農村部での再定住——西ベンガル州のボーダー・エリア

図表 4 − 4　包括委任証書を用いた登記サンプル

出典：B 村の近隣村にて入手

名の氏名が記され、売り方としてムスリム 4 名の氏名が記されている。

　1 枚目の裏ページにも、委任証書同様に左側にベンガル語でムスリム 4 名の氏名があるが、それに続けて「（以上の 4 名の）代理として委任（アンモクタル）を受けている A 氏」の氏名と彼の拇印が押されている。

　右側には、ムスリム 4 名の氏名がアルファベットで記され、「（この 4 名からの）委任（attorney）に基づいて、A 氏によって執行された」と英文で書かれている。

　左側上部には、これも英文で 1954 年 11 月 30 日午後 1 時に、「（この書類が）A 氏によって、ポラシパラのテハット副登記所において登記のために提出された」と英文で書かれ、その右側には登記所のシールが押印されている。シールは 2 枚目から 4 枚目についても裏面に押印されている。

　2 枚目には売却についての記述がある。委任証書と大きく異なる点は、3 枚目と 4 枚目において、土地台帳（*khatiyān*）における具体的な地籍が記述されていることである。委任証書ではすべての財産についてとしか触れられていなかったが、当然のこと、その財産（土地）を改めて登記し直すには、具体的な地籍が必要である。プロット番号（*dāg*）、プロットの北側境界、土地の種類、面積などがリス

ト化されている。この書類が受領されて、正式に土地の所有権がムスリムからA氏の家族に移転された。

　以下に、B村に関して、移住前後の事情も含めて、それぞれ財産交換の事情が異なる3のケースをまず紹介しておき、次項での検討につなげたい。ひとつ目のケースは、兄弟で各地を移動しながら、最終的には財産交換で土地を得てB村に再定住した世帯の例である。知り合いのムスリムとの間で財産交換をおこなっている。

〈ケース4〉整理番号11
　私達の父は向こうではメヘルプルの市役所に勤務していました。食品雑貨店やビリー煙草の製造もしていましたし、菜園もありました。しかし、ムスリム達に「おまえ達を守ることはできないので出て行け」と言われてこちらに来ました。その時には、牛車に家財道具を積んでボーダーまで来て、そこから歩いて来ました。当時、ほかにも沢山の人々がやって来ていました。一旦B村にも来ましたが、次兄がシャンティプル（Shantipur）で機織りの仕事を始めたので、そちらに移りました。次兄はそこに残りましたが、向こうでは川の側に住んでいたので、こちらでもそうしたいと長兄がいったので、今度はパラシパラに移りました。ムスリムの空き家があるとも聞いていましたので。しかし、そこでは商売がうまくいかなかったので、メヘルプル出身の人々が沢山いたB村に戻りました。財産交換の手続きは1950年頃にしていました。相手は、父が勤めていたメヘルプルの市役所のチェアマンだったロヒム・ボクサというムスリムでした。隣村に住んでいましたが、B村に土地を持っていたのです。メヘルプルの裁判所で作成された委任証書を長兄が受け取り、逆に長兄はインドで作成した委任証書をムスリムに渡しました。お金のやりとりはありませんでした。長兄はその後、委任証書を用いて、テハットの土地登記所で長兄の妻の名前で土地を登記しました[49]。

　次のケースはかなりの広さの土地をやりとりしたと述べている。しばらくはムスリムの空き家に住んだりしながら、その間に財産交換をおこなっている。財産交換で得た土地はその後、娘の結婚等のために売り払っている。

49）1997年8月9日、旧ノディア県出身、60歳、タンティ・カーストより。

〈ケース5〉整理番号4

　私は1950年に、B村の隣村に来ました。特に誰も自分の関係者はいませんでしたが、ムスリムの残していった空き家に住んでいました。政府の援助もありましたし、政府の勧めでムスリムの土地5ビガを耕作していました。そこに3年間ほど居ましたが、その間に財産交換をおこないました。ムスリムに100ビガ（33.3エーカー）の土地と家屋を渡し、ムスリムからは50ビガ（16.7エーカー）の土地を得ました。私の東パキスタンに残してきた財産に関する委任証書は、こちらでつくって渡しました。委任証書により、自分の妻にその土地を売却しました。しかし、その土地50ビガは子どもの教育、娘の結婚、その他生活のためになくなってしまいました。自分が財産交換をしたのはパスポートが導入された年と記憶しています[50]。

　3つ目のケースでは、第3章で触れた簡易的なキャンプで生活しながら、農業に従事していた。特に知り合いではなかった相手と財産交換をおこない、さらに土地を別途買い増しているが、やはりある程度はその後に売却している。また、ひとつ目のケース同様に、ノディア県からの移住者は近場から来たとはいえ、コミュナルな圧力によって非自発的な移動がなされている。

〈ケース6〉整理番号1

　私達の村はムスリムの土地になってしまったので、とても大変でした。他の村人が出て行ってしまったのをみて、怖い思いもありました。ムスリムはすべて置いて出て行けといっていました。こちらに来る途中のボーダーでも物を取られました。村人の半分が一緒にきて、こちらに来てからそれぞれ分散しました。こちらではB村の隣村にキャンプがあって、政府から月に12ルピー貰っていました。この間、政府が4ビガ（1.3エーカー）の土地を提供しくれていたのですが、この土地は他の人が財産交換で取得してしまいました。私達は、B村のムルク・カーンというムスリムと財産交換しました。こちらで初めて会った人です。特に、仲介した人もいません。手続きは次兄がやりました。15ビガ（5エーカー）を得て、これをその後3人兄弟で均等に分けました。私は、1951年に1ビガ当たり12ルピーで（ジョミダルの）パルチョードリの徴税請負人を通じて18ビガ（6エーカー）の土地を購入しました。当初はパルチョードリに地代を年に1ルピー25パイサ払っていましたが、数

50）1997年8月23日、旧ノディア県出身、86歳、マヒッショ・カーストより。

年後からはインド政府に払うようになりました[51]。その後、娘の結婚のために土地を売ったりして、現在の土地所有面積になっています[52]。

（3）財産交換の収支バランス

　先に財産交換は財産回復の意味もあると述べた。しかし、それが100%の回復に値していたのかどうかは検討しておくべきであろう。図表4－5「ムスリムとの財産交換(2)」が示すとおり、ほとんどのケースにおいて自分がムスリムに渡した土地面積よりも、自分が受け取った土地面積の方が小さい。難民は現在の状況と比較して移住前の状況を良好であったと過度に強調する傾向があることは従来指摘されてきた[53]。ここでも東パキスタンでの土地所有面積に幾分の誇張がなされ、それゆえに渡したとする面積にも誇張があるかもしれないが、財産交換のかなりのケースで実際に非対称的な交換がなされていた可能性は否定できない。少なくとも、当初本人が考えていたほどには土地を得られなかったケースがあったことは確かである。

　例えば、「財産交換では、自分の土地は100ビガあるといっていても、実際には50ビガくらいしかなかったということもあり得る」（整理番号4番）のである。財産交換では、互いの土地についてできる限り確認したうえで合意がなされたはずであるが、実際には様々な見込み違いが生じたようである。図表4－3の書類を保持していた人物の場合は、包括委任が有効化された後に、土地の登記所へ行って土地の詳細について探し出していたとのことなので、包括委任の締結段階では土地に関する詳細は土地台帳レベルまでは必ずしも把握されていなかったと思われる[54]。

　「ムスリムには23ビガ（7.7エーカー）を渡しました。こちらも同等に貰うはずでしたが、残りの分は他の人にすでに渡されていました」（整理番号7番）というケースもある。詳細は不明だが、この場合も本人の当初の期待通りには土地を入手できなかった。

---

51) 整理番号9番も財産交換の後に数年はジョミダル（地主）に地代を払っていたと述べている。また、近隣村での聞き取りでも、1957年からはインド政府に地代（税金）を支払うようになったが、それまではジョミダルに支払っていたとの話を聞いた（1997年8月17日インタビュー）。財産交換がおこなわれて数年の後には、政府による土地改革が実施されており、それ以降は地代の支払は政府へと変更されていたようである。
52) 1997年8月15日、旧ノディア県出身、80歳、ゴアラ・カーストより。
53) Guha［1954: viii］を参照のこと。数値的にも「100ビガ（33.3エーカー）」などと、丸まった数値を回答することもしばしばである。
54) 1997年8月17日、書類の保持者より。

図表4－5　ムスリムとの財産交換(2)（エーカー）

整理番号	東パキスタンでの土地所有	ムスリムに渡した土地	ムスリムから得た土地	ムスリムから得た土地（現在でも残っている面積）	現在の土地所有面積
1	11.0	不明	5.0	0.7	3.7
2	33 以上	33.3	26.7	0.0	14.2
3	3.3	3.3	2.0	0.0	0.8
4	33.3	33.3	16.7	0.0	5.3
5	25.0	25.0	10.0	0.0	5.0
6	2.5	2.5	0.3	0.0	4.0
7	7.7	7.7	1.7	0.0	0.7
8	3.3	3.3	0.0	0.0	1.0
9	3.7	3.7	5.3	0.0	0.1
10	11.3	10.0	4.0	4.0	4.5
11	12.5	10.0	4.0	3.6	3.6
12	0.3	0.3	0.8	0.0	0.4
13	50.0	50.0	16.7	不明	2.0
14	8.7	8.7	6.7	2.5	1.4*
15	50.0	50.0	16.7	0.0	0.5
16	不明	1.3	1.3	0.0	5.2
17	18.3	18.3	不明	0.0	1.3
18	不明	不明	1.7	0.0	2.0
19	不明	7.5	4.7	4.7	5.2
20	6.7	6.7	6.7	0.0	1.8

出典：筆者による調査
＊「現在の土地所有面積」が「ムスリムから得た土地（現在でも残っている面積）」よりも小さくなっているのは、後者を後に分割相続したため。

　整理番号8番のケースでは、「ムスリムと財産交換した土地は政府管理の公有地だったので、全く得られませんでした。こちらからはムスリムに委任証書を渡しましたが、ムスリムの土地はジョミダルの徴税請負人に聞いたら公有地でしたし、委任証書もくれませんでした」と述べている。このケースでも事前の詳細確認ができていなかったと思われる。この当事者は、自分は10ビガ（3.3エーカー）の土地を渡したにもかかわらず、全く土地を受け取っていない。

　うえに紹介した整理番号11番のケースでは、交換のバランスが不均衡なことを承知で財産交換を実践していた。「インドがまた統一されるだろうと考えて、自分達の不足分は後で取り戻そうと思っていました。相手のムスリムも、平和に

なったら返すと言っていました。それまで自分が土地を見ておくと言っていました」とのことである。インドとパキスタンがその後再統一されることはなく、この人の目論見は外れてしまった。このように、相手のある手続きごとのなかで、期待通りの成果が得られなかったケースは多々生じたようである。

　次に、財産交換で取得した土地が、その後、維持されてきたのかどうかについて検討してみたい。図表4－5の「ムスリムから得た土地（現在でも残っている面積）」の列が示すように、多くのケースにおいて、財産交換で取得した土地は現在では失われている。

　その理由は、ケース5の当事者が「子どもの教育、娘の結婚、その他生活のためになくなった」と述べた言葉に集約されている。なかでも最も多くの人々が挙げていたのが、娘の結婚費用のための売却である。現地では、結婚の際に多額の持参金を要求されることが多く、手元資金に余裕がないと、農業従事者は資本財である土地を売却するほかない。整理番号1、3、9、12、15、16、20の各世帯も同様に娘の結婚のために財産交換で取得した土地を売却している。

　整理番号20番では、娘の結婚に加えて、息子の医療費（手術代）のために売却している。整理番号7番は、自分が病気になった際の病気の治療費と生活費（子どもはまだ小さくて働ける年齢ではなかった）のために売却している。このように、かなりの人々が、生計の維持に関わる通常経費に加えて、娘の結婚費用や医療費などの特別支出に耐えられずに土地を売却している。

　ただし、図表4－5の「現在の土地所有面積」の列が示すとおり、すべての世帯で現在ではいくらかの土地を所有していることにも注意を払う必要がある。例えば、うえに挙げたケース6では、財産交換で得た土地は相続によって細分化され、娘の結婚のために売却もしているが、一方では別途土地を購入している。減らす一方で増やすこともしながら、やり繰りしてきたのである。

　財産交換で取得した土地を、より積極的な意味で処分しているケースもある。リハビリテーションの場合と同様に、取得した土地を売却して別のところに新たな土地を購入しているのである。整理番号2番は、財産交換で得た土地がボーダーにあったので売却して、もっと内側に新たに土地を購入している。整理番号5番も、別の村に当初財産交換の土地を得て7、8年暮らした後に、それを売却して新たにB村に土地を買って移り住んできた。

　リハビリテーションの場合と同様に、財産交換についても実践すればそれだけで後々も万全という訳ではなく、その後の経営努力が重要であった。

第 3 節　自力での再定住

（1）東パキスタンからの動産の持ち込み

　政府によるリハビリテーションや財産交換の機会を得ることができなかった人々は、どのような状況に置かれていたのだろうか。ここでは、これら 2 つの機会に恵まれなかった人々を「自力再定住」世帯として検討する。サンプルの全体 188 世帯のうち、自立再定住世帯は 160 世帯にのぼる。大多数の人々はこれらの機会を活用して土地を得ることができなかったのである。

　しかし、ここでまず確認しておきたいのは、これら 160 世帯は最初からリハビリテーションや財産交換を排除していたとは限らないということである。すでに述べたように、自分は財産交換ができなかったと嘆く人々は少なくない。リハビリテーションについても、キャンプに入ることを希望していたが叶わなかった人々や、キャンプに収容されたものの何らかの理由によって途中でキャンプを出たことによって、その機会を逸した人々もいる。事実、サンプル世帯のうちリハビリテーションを受給したのは 8 世帯にすぎなかったが、これら世帯とは別にサンプル中の 18 世帯がキャンプに収容されていた。ところがこれら 18 世帯は、キャンプの環境が悪かったという理由や西ベンガル州の外へリハビリテーションされそうになったなどの理由によって、自らキャンプから退出してリハビリテーションの機会を失ったのである。

　とはいえ、すべての人々がキャンプへの収容を望んでいたのではない。すでに第 3 章で述べたように、キャンプ生活は自堕落で怠惰な性質を難民のなかに作り出してしまうという危惧や批判が、政府内部や難民達自身の間にもあった。「キャンプ難民はキャンプにいて怠惰になりました。キャンプで現金支給をもらって、トランプばかりしていたような連中です。何年も無為に過ごし、リハビリテーションで土地をもらっても、維持できずに売ってしまった人々が沢山います」[55]というような意見を述べる難民は珍しくない。

　では、リハビリテーションにも財産交換にも拠らずに再定住した人々は、どのように生活をしてきたのであろうか。少なくとも、移住当初から土地を入手することは困難であった。かなりの人々が、親族・姻族関係や地縁を頼って移住してはいるものの、それが直ちに土地取得に結びついたわけではない。

55）1996 年 3 月 11 日、フォリドプル県出身、59 歳、ノモシュードロ・カーストより。

このような人々にとっては、唯一東パキスタンから何らかの動産を持ち込むことが、移住後に土地を取得し、生活を再建するための資本となるものであった。人々は東パキスタンで保持していたお金や貴金属などを持ってきたり、移住に際して土地や家屋を売却して現金を得たりしてから移住していた。自力再定住による160世帯のうち、ある程度まとまった動産を持ってきたと回答したのは32世帯（20.0%）である。32世帯のうち、土地を売却してその売却代金を持ってきたのが27世帯、元々あった貯金・貴金属等を持ってきたのが5世帯であった。
　だが、動産を持ってきた人々のうち、9世帯はインド側に来る途中で失っている。彼らによれば、国境を越える途中でムスリムや警官に取られた、あるいは国境を越える際にお金を持っているとチェックされると思ったので他人に預けたらそのまま取られたとのことである。また、首尾よくインド側へ動産を持ってこられた人々であっても、移住当初の生活費のために、徐々にお金が無くなっていったケースもある。
　160世帯のうち、20世帯（12.5%）は意図的に東パキスタンの財産を処分せずに移住したと述べている。彼らが移住したときには、まだ親、兄弟、親族などが東パキスタンに残っていたからである。移住は親族一党で一斉に生じたとは限らない。現在でも、バングラデシュに親族が残っているケースもある。残る親族のために土地が残されたのである。
　仮に売却できる財産があったとしても、移住当時の治安情勢がその売却を許さなかったケースも稀ではなく、多くの人々が語るように、彼らは「徒手空拳のなかで来た」のである。
　以上の諸事情により、自力再定住世帯の中で、移住当初の時期に一定の土地を購入できたのは、わずか8世帯にすぎない。
　東パキスタンから動産を持ち込んだ人々のその後についても、若干の検討を加えておきたい。まず、どれくらいの金額を持ってきたのであろうか。具体的な金額については、信憑性に疑問もあるが、聞き取りの結果は次のとおりである。土地売却のケースでは、売却して持ってきた金額は、1,000ルピー未満が3世帯、1,000ルピー以上10,000ルピー未満が7世帯、10,000ルピー以上100,000ルピー未満が5世帯（うち1世帯は貴金属［金］も合わせて持ってきたと回答）、100,000ルピー以上が2世帯、不明が10世帯である。元々あった貯金や貴金属（特に金）を持ってきた5世帯では、少額で1,000ルピー、高額のケースで9,000ルピーと貴金属をいくらかを持ってきたとのことである。
　かなり高額のお金を持ってきたと回答している者もみられるが、現在に至る

までの各世帯の経済状態をみると、お金を持ってこられたから、あるいはより多額のお金を持ってこられたから、それだけで成功しているとはいい難い。700ルピーを持ってきて、そのお金でまず1ビガ（0.33エーカー）の土地を購入し、以降買い足していって、現在は40ビガ（13.2エーカー）もの土地を所有する「自農」がいる一方で、100,000ルピー以上持ってきたと回答した2世帯は、現在の土地所有はともに4.5ビガ（1.5エーカー）程度であり、職業はそれぞれ「公務員・会社員・教員など」（具体的には民間警備員）と「自農・小作」をしているにすぎない。14,000ルピーを持ってきたが、途中で9,000ルピーを取られ（それでも残金は5,000ルピーほどあったと思われるが）、現在の土地所有は1ビガのみで、「農業労働」にもっぱら従事している者もいる。それに対して、3,000ルピーしか持ってこなかったのに、現在の土地所有は50ビガ（16.5エーカー）に及び、加えて肥料店も経営する「自農・ビジネス経営」世帯も存在する。

　東パキスタンの土地を売却した27世帯のうち、現在全くの土地無し世帯は1世帯にすぎないが、3ビガ（1エーカー）未満の土地しか所有していない世帯は半数近い12世帯に上る。

　東パキスタンから動産を持ってくることができたならば、それは当然のこと初期の再定住においてプラスに働いたはずである。だが、実際にはそれはあくまで端緒にすぎず、長期的な経済的自立という点では、個人の努力、生活戦略、運などの様々な要因が大きく関与していたといえる。この点は、リハビリテーションで土地を取得した人々と同様である。

（2）自力再定住と土地所有

　自力で再定住した世帯の土地所有状況を確認しておきたい。図表4－6「自力再定住世帯の土地所有面積」は、移住前の東パキスタンでの土地所有面積と現在の土地所有面積を示している。全体的な土地面積規模を比較すると、東パキスタンにおいては「土地所有面積」のカテゴリー上で、「0.1〜0.9エーカー」から「30エーカー以上」までの各カテゴリーに世帯数が分散しているのに対して、現在の土地所有面積は、2エーカー未満に世帯数が偏っている。160世帯のうち、88世帯（55.0％）は1エーカー未満の所有面積であり、そのなかには18世帯の土地無し層が含まれている。つまり、全般的に土地の所有規模が小さくなっている傾向が見て取れる。

　この場合も、東パキスタンでの土地所有面積が実際よりも大きめに主張されている可能性は否定できないが、概ね移住後の土地面積の規模の方が小さくなっていると考えてよいだろう。世帯ごとに土地所有面積の変化を検討すると、160世

図表4—6　自力再定住世帯の土地所有面積（世帯数）

土地所有面積 （エーカー）	東パキスタンでの 土地所有面積	現在の土地 所有面積
30以上	4	0
20〜29.9	3	0
10〜19.9	15	4
5〜9.9	21	5
4〜4.9	10	5
3〜3.9	18	13
2〜2.9	20	15
1〜1.9	28	30
0.1〜0.9	24	70
0.0	1	18
不明	16	0
計	160	160

出典：筆者による調査

帯のうち112世帯（70.0%）で、移住前よりも現在の方の土地面積が小さくなっている。移住後の土地面積が大きくなっているのは28世帯（17.5%）にすぎない。

なお、土地所有面積に関しては、カーストや出身地などの属性ごとの際だった差異は見いだすことができなかった。

（3）生存戦略

本章では主として、土地に注目して検討を進めてきた。農村部における難民の再定住においては、土地は第一義的な重要性を持っていた。政府が難民を農村部にリハビリテーションするためには土地が必要であったし、財産交換の対象も土地であった。自力再定住においても、農村部において再定住する際には宅地が必要であり、主な生業として農業を選択する際には農地が必要であった。

しかしながら、第3章の図表3－3「職業構成」が示していたとおり、現在の農村部では農業以外の生業の重要性も無視できない。東パキスタン出身者のサンプル188世帯のうち、農業関連は過半数を超える107世帯（56.9%）であるが、残りは商業関連の38世帯（20.2%）とサービス関連の43世帯（22.9%）が占めているのである。

この点を考慮し、本項では農業や土地のみにこだわらず、むしろ上記の職業分

類を踏まえながら、自力で再定住した人々が、どのようなプロセスを経て現在に至っているのかを検討する。図表3－3の区分に従い、「農業関連」、「商業関連」、「サービス関連」のカテゴリーごとに個々の世帯の事例を取り上げる。世帯ごとの経緯はそれぞれ多様であり、すべての世帯について取り上げるのは困難である。ある程度、代表的と思える事例を中心に取り上げていきたい。

1）農業関連

「農業関連」カテゴリーの区分について振り返ってみると、自前の農地を所有して農業をおこなう「自農」がある。加えて、自前の耕作農地だけでは不足しているので農業労働や小作もおこなう「自農・農業労働」や「自農・小作」、逆に余裕があってビジネスもおこなう「自農・ビジネス経営」もみられる。

まず「自農」従事者についてみてみたい。ケース1は1956年に移住し、東パキスタンから持ってきたお金で、まずわずかな土地を購入し、その後に買い増していって、現在は40ビガ（13.2エーカー）の経営面積を有している。当初の資本は少なくとも、その後努力して今日のレベルまで達している。

〈ケース1〉

向こうでは農地は2ビガほどしかありませんでしたが、父は1.5ビガを売却して、700ルピーほどを持ってくることができました。そのお金でまずこちらで1ビガの土地を購入しました。それから父と私は日雇い農業労働をしながら買い増していきました。日雇い労働を苦労しながらやりました。ほかにも、作る作物について、何を作れば利益が出るのかをよく考えたり、ジュートならジュートで相場をよくみたりしてやってきました。運もあったと思います。現在は40ビガを所有していて、そのうち父の名義で12ビガあり、残りは自分の名義です。ある時には、State Bankから12,000ルピーほど借りて、灌漑のための揚水機を購入しました。土地を抵当に入れて借金しましたが、1年のうちに返済することができました。指定カーストとしての補助も活用しました。息子達のうち、2人は私とともに農業をやっていて、1人はジュートの仲買人をしています[56]。

次のケースでは、東パキスタンからの動産の移転はなく、自力で土地を購入しているのだが、経営面積は7ビガ（2.3エーカー）ほどであり、生活は苦しい。自

56）1998年8月19日、ダカ県出身、51歳、ノモシュードロ・カーストより。

身は自農のみに従事していたが、息子達は小作もしている。1950年にB村の隣村に来て、当初3年間はムスリムの残していった空き家に居住していた。

〈ケース2〉

　当時、ムスリムの空き家に住んでいて、政府から月に一人当たり12ルピーを6か月間もらっていました。日雇い農業労働や小作をしたりして生活していました。ある時には、3日間雨が降り続け、ただダル（レンズ豆）だけを食べていたこともありました。子どもがお腹を空かせて「これじゃ死んじゃう」と言ったので、妻が身につけていたブレスレットを外して売りに行ったこともあります。向こうでは、父やオジもいて、みなで生活していました。こちらはジャングルのようなところで生きて行かなくてはならなくて、苦労しました。悲しいことです。その後、土地を7ビガ購入しました。今はまあまあの生活ですが、苦労に終わりはありません。土地を抵当に入れて借金をして灌漑用の揚水機を購入し、その後それを売却して、新たに揚水機を購入しました。ジュートも作っていますが、労賃が高くなり、利益は出ません[57]。

「自農」世帯では、うえの2つのケース以外にも、経営面積はそれぞれ異なるものの、日雇い農業労働や小作を続けながら、徐々に農地を購入し、合わせて灌漑用の施設も設置して通年農業を可能にするなどして、経営規模をできるだけ拡大してきた世帯が幾つも見られる。

　自前の土地での農業に加えて、日雇い農業労働や小作をしている人々はどうであろうか。彼らもある程度の土地を購入しているが、それだけでは不十分である。他者の土地で農業労働をしたり、小作をしたりしている。出稼ぎをしている世帯も珍しくはない。

　ケース3は、1955年頃に土地が安く手に入ると聞いてB村に来たと述べる。購入時期は不明だが、現在は7ビガ（2.3エーカー）の農地を所有する。ケース2とは僅差のレベルにもみえるが、揚水機などの投資はなく、子ども達は日雇い労働や村外への出稼ぎに従事している。

〈ケース3〉

　私達は貧しい人間なので、その時にできることをいろいろやってきました。穀物（*bhusimāl*）をコルカタ方面へ売りに行ったり、村で売り歩いたり、村の

---

[57] 1997年8月14日、旧ノディア県出身、85歳、マヒッショ・カーストより。

定期市の露天で売ったりもしましたし、日雇い労働もやりました。今では私達はインドの住民ですし、子どももこちらで生まれたので、こちらでの生活の方が良いと感じます。息子のひとりは自分達の土地での農業と日雇い労働をしていて、もう1人は大工の見習いをしたり、建設現場への出稼ぎに行ったりしています[58]。

次のケースも、ある程度の自前の農地はあるものの、それだけでは不十分であり、日雇い農業労働に従事し、息子は村外へ働きに行っている。家では妻がビリー煙草を巻く内職をしている[59]。B村に来たのは1966年で、農地は5.5ビガ(1.8エーカー)を所有している。

〈ケース4〉

　私は日雇い労働や小作をして来ましたし、定期市で穀物を仕入れて、それを別のところへ持って行って露天で売ったりもしていました。妻は家でビリー煙草を巻く内職をしています。息子の1人はラージャスターン州のお菓子屋で見習いをしています。もう1人の息子は、コルカタやムンバイへ、2か月間、4か月間、6か月間、1年間など、その都度に応じて建設現場へ仕事に行っています。貧しい人間は、お金になるところならどこへでも行くのですよ[60]。

次のケースは、1956年頃にB村に来て、父親の存命中は9ビガの土地があったが、父親の没後に兄弟3人で分割相続した結果、所有する土地は3ビガになってしまっている。自分では新たな土地は購入していない。日雇い農業労働や果樹園を借りての果実生産もしているが、収入が安定しているとはいい難い。息子の1人は出稼ぎに出ている。

〈ケース5〉

　3ビガほどの自前の土地の耕作と日雇い農業労働をしてきました。警備員

---

58) 1997年8月12日、フォリドプル県出身、67歳、ノモシュードロ・カーストより。
59) 1998年当時の聞き取りによれば、ビリー煙草を巻く内職の手間賃は、1,000本で15〜20ルピーであった。男性でもやっている人はいるが、主として家庭の主婦や娘など女性によっておこなわれている。1日に500〜1,000本程度、あるいは2,000本を巻くという人もいた。1,000本を巻く所要時間は5時間ほどである。
60) 1997年8月20日、フォリドプル県出身、50歳、ノモシュードロ・カーストより。

としての訓練を受けて、3年間ほど警備の仕事をしたこともあります。現在は息子の1人とともに、2ビガの果樹園を16,000ルピーで借りてパパイヤの栽培もしています。これまでに12,000〜14,000ルピーほどを売り上げましたが、最終的に利益が得られるかどうか分かりません。2,000〜4,000ルピーくらいの利益があればよいのですが。その時々で、損失を被ることもあります。もう1人の息子は、4年前からムンバイの建設現場で職人の仕事をしています。2〜4か月家にいて、それから1年くらい出稼ぎに行くことを繰り返しています。一度、700ルピーを送ってきましたが、その後、送金はありません[61]。

以上のように、農業関連の従事者にとっては、土地所有面積が充分でない場合には、日雇い労働や小作も合わせておこなっている。栽培している作物は米に限らず、ジュートや各種穀物、それからケース5のようにパパイヤやバナナなどの果樹と多岐に渡るが、借り上げ費用やコストと利益のバランスは常に良好とは限らず、赤字となるリスクも抱えている。息子のうち誰かがコルカタやムンバイ、あるいはドゥバイなど海外も含めて、遠方へ出稼ぎに行っていることも珍しくはない。ビリー煙草やうえのケースでは触れられていないが竹カゴをつくる内職もよくみられる。

「農業労働」にもっぱら従事している人々も同様の生計手段を採っているが、経済状況はさらに厳しい。ほとんどの世帯は全く自前の農地を所有していない。宅地すら所有せずに、親族の土地に住んでいる場合や、他者の土地を占拠して居住していることもある。教育レベルもおしなべて低く、世代を通じて農業労働を続けているケースも珍しくない。

1952年にB村に来たという、ケース6の世帯はその典型的な例である。

〈ケース6〉

　向こうでは父に45ビガの土地があって、農業をしていました。しかしこちらでは、私には農地はありません。弟には4ビガありますが、弟も農業労働をしています。宅地は15カタを兄弟2人で分け合っています。私は第5学年まで学校に通いましたが、私の長男は第4学年まで、残りの3人の息子はまったく学校へ行っていません。みな、農業労働をしています。こちらに

---

61) 1998年8月21日、ダカ県出身、55歳、ノモシュードロ・カーストより。

は何もないです。向こうが良かったです[62]。

　次のケースは、もっぱら農業労働に従事しながらも、副業に力を入れて徐々にそのウエイトを高め、息子の世代には若干の職の多様化も図っている。ただし、この場合も教育レベルについては、当人は第10学年まで学んでいるものの（最終試験はパスしていない）、息子達はみな第5、6学年までしか学んでいない。

〈ケース7〉
　私がインドに来たのは1963年で、その時には1,300ルピーを持ってきたのですが、途中で警察に取られて、ボグラ（Bogula）にきたときには7ルピーのみになってしまいました。こちらにきてからは、農業労働のみをやってきました。それとともに、ビリー煙草を巻く仕事でなんとか今まで生きてきました。ビリー煙草は、はじめは自分で作業をして仲買人に納めるだけでしたが、今では次男が自分で販売も手がけるようになりました。長男は穀物を路上で売っていて、三男はトラクターのドライバーをしています[63]。

2）商業関連

　次に商業関連に従事する世帯について検討したい。まず、第3章の図表3－3中の「自農・ビジネス経営」に該当するケースである。彼らのビジネスの規模は大きく、自農で上がるのと同等以上の収益を得ている。ここでのビジネスとは、自前の倉庫を持ってのジュートや穀物の仲買や卸業、肥料店、映画館、家具工房などの経営、あるいは自家消費用ではなく販売目的でかなり大規模に魚の養殖をおこなっているケースなどを含んでいる。

　次のケースは、そのなかでも最もビジネスの規模が大きい部類に入ると思われる。1949年という早い時期にインドへ移住している。自農から各種ビジネスへと手を広げてきた。子ども達の教育レベルも高い。子ども世代もビジネスの拡大に関わっている。

〈ケース8〉
　私は、独立前からボルドマン県で就職していた兄を頼って移住し、兄の元でジュートの仲買をしばらくしていました。それからクリシュノノゴルで2

---

62) 1997年8月24日、旧ノディア県出身、62歳、マヒッショ・カーストより。
63) 1997年8月12日、フォリドプル県出身、67歳、ノモシュードロ・カーストより。

年間過ごしてから、B 村に来ました。ジュートのビジネスの関係で B 村のことは知っていました。私は B 村に来てから、財産交換ではないのですが、ムスリムから 120 ビガの土地を委任証書（アンモクタル）によって入手しました。ムスリムに対しては、ビガあたり 50〜70 ルピーを渡しました。その後、チョンドロナト・ボシュのスキームの時に、この土地のなかからかなり提供しました。私は自分の土地での農業に加えて、穀類の仲買をしています。倉庫もあります。数年前には、銀行から 10,000 ルピーを借りて、村に映画館を開業しました。私は後期中等教育修了（HSC）ですが、長男は修士の学位を取得して法律家をしており、近くクリシュノノゴルに家を持つ予定です。次男も修士修了で、今は B 村のカレッジで臨時の教師をしています。三男は学士で、映画館をマネージメントしています[64]。

　ケース 8 の人物は、その後バスを 3 台購入して、コルカタ方面への路線バスとして走らせ、さらにビジネスを拡大している。彼自身は東パキスタンからは無一文できたものの、兄を頼り、支援も受けてジュートの商売を始め、委任証書によって広大な土地を入手して資本を蓄積するなど、その時々の機会をうまく捉えてビジネスの展開を図ってきた[65]。
　「自農・ビジネス経営」のカテゴリーに該当する人々の多くは、単一の商売ではなく、農業も含めて複数の商売を経験し同時に展開するなどの多角化を図っている。
　1954 年に B 村に来た次のケースでも、東パキスタンから持ってきたお金によって、まず土地を 6、7 ビガ購入し、その後各種のビジネスをしてきた。ただ、本人のいうところではあまり豊かではない。

〈ケース 9〉
　B 村には妻の兄弟が先に来ていたので、私も来ました。向こうから持って来たお金で土地を買いました。リハビリテーション・オフィスに援助の申請をしましたがだめでした。何も援助を受けられなかったので苦労しました。現在、農地は 30 ビガあって、こちらは人を使ってやっています。マンゴー

---

64) 1997 年 8 月 13 日、旧ノディア県出身、65 歳、ブラフモン・カーストより。
65) ケース 8 の事例以外にも、例えば、製粉所から始めて、食品雑貨店、建材販売店と業種を変えながらビジネスをしてきたケース（フォリドプル県出身、67 歳、ノモシュードロ・カースト）、ビリー煙草販売に加えて家具製造に乗り出したケース（フォリドプル県出身、72 歳、ノモシュードロ・カースト）、食品雑貨店を 2 年間やった後に肥料店を開業し、現在は加えて搾油工場を経営しているケース（旧ノディア県出身、65 歳、テリ・カースト）などがある。

やジャックフルーツの果樹園も13ビガあります。池も3つあります。ビジネスとしては、まずジュートの仲買を2年ほどやりました。それから種苗ビジネスを始めました。これは儲かりました。20年間やっていました。ハイスクールの近くに大きな店も構えていましたが、これは公有地に建てていたので、インディラ・ガンディーの緊急事態宣言があった頃だったでしょうか、撤去されてしまいました。現在は、長男が定期市の時に露天で種苗を売っています。それから肥料店もやったのですが、こちらも壊されてライセンスも取られてしまいました。私はまったく学校へ行っていませんが、長男は第10学年まで、残り3人の息子はみな学士を取得しました。子どもの教育費などで、お金がかかっているので豊かではありません[66]。

うえのケースではジュートの仲買、種苗ビジネス、肥料店と、ビジネスを展開してきた。ビジネスは政府による行政執行により大きな痛手を被っているが、農地、果樹園、池（本人は言及しなかったが、魚の養殖をしていると思われる）を所有して多角的な収入源を確保している。

子どもの教育費にお金がかかったと述べているが、確かに4人の息子のうち、3人が学士の学位を取得しているとこをみると、教育への投資は惜しまなかったのであろう。「農業労働」世帯では教育レベルが低いことあわせて考えると、所得レベルと教育レベルとはかなり相関しているといえよう。

次のケースは、海外への出稼ぎによって資金を作ってビジネスを始めるとともに、子ども（イトコなど）の教育に投資している。B村へはバングラデシュ独立後の1972年に来て同村出身者のところに身を寄せているが、すぐに外に働きに出ている。

〈ケース10〉

私は1972年から75年まで、ムンバイーで建設業の仕事を学びました。コントラクターのもとで、現場監督の仕事を学びながら働きました。こちらに来て、一旦はカレッジに入学したのですが、当時身を寄せていた家の家計状態は良くなかったので仕事をすることにしたのです。1977年に1年間、サウジアラビアへ行って働きました。日本の竹中工務店の仕事をしました。現場監督の仕事で、月に5,000ルピーほどの収入でした。村に戻ってからは、この稼ぎで独立して、分散していた家族を呼び寄せました。ジュートのビ

---

[66] 1997年8月10日、フォリドプル県出身、79歳、ノモシュードロ・カーストより。

ジネスも始めました。リースですが自前の倉庫も持って、買い付け人を村々に送ってジュートを集め、それを転売して 5％のコミッションがありました。これを 1982 年まで続けました。土地も購入しました。それでお金を使いましたし、その頃私のところに身を寄せていたイトコ（母方のオバの息子）が医学部で勉強していてお金がかかったので、また 1982 年から 2 年間、サウジに出稼ぎに行きました。当時はまだ出稼ぎする人は少なく、渡航費用ほかすべて向こうの会社負担で行くことができました。中東は危険で命も危ないといわれましたが、自分達は難民だし、死んだところでどうということはないと思って行きました。行ってみると特に何の問題もありませんでした。今は医者をしているイトコもお金を送ってくるし、今まで仕事をやりすぎたので少し休むようにと彼も言うので、農地も人に貸し出しています[67]。

　この人物のところには、医師となったイトコのほかにも、さらに 3 人の親族が身を寄せてカレッジに就学したり、出稼ぎに出かけたりしていた。本人の学歴は中等教育修了（SSC）までだが、次の世代への教育投資をしている。出稼ぎによる収入をこうした教育投資のみならず、生活の糧を得られるようにうまく投資してきた。現在はジュートのビジネスはしていないが、彼のもとには 7 ビガの農地、1.5 ビガの果樹園、6 ビガの池があり、バス道に面した自宅の敷地で小さな食品雑貨店も営んでおり、生活には事足りている。
　「小店舗経営」のカテゴリーには食品雑貨店や食堂、菓子店などが含まれる。ビジネス経営と同様にいくつかの業種の転換を図ってきた例はあるが、多少の土地があって農業もしているようなケースを除いては、多角経営的ではなく単一業種・業態で営業をしていることが多い。
　モイラ・カースト世帯が移住の前も移住後も菓子店を営んでいるような伝統的なカースト職能に基づく経営も、ひとつの世帯にすぎないが確認できる。しかし、ノモシュードロ・カースト世帯が貴金属（sonā）店を経営し、ボニク・カーストの世帯主が、機織り職人を経て食品雑貨店を営むなど、カースト要因はあまり関わっていない。
　「露天・行商」も多少の農地を所有する場合には、農業に従事しているケースもあるが、基本的には露天で（特に定期市などの機会に）地面に座って、あるいは道を歩きながらの野菜、果物、穀物、魚などの小売販売が本業である。職種の転換もみられるが、所得レベルは「小店舗経営」よりもさらに低い。

---

[67] 1997 年 8 月 7 日、フォリドプル県出身、42 歳、ノモシュードロ・カーストより。

3) サービス関連

「サービス関連」世帯には多様な職種が含まれている。「公務員・会社員・教員」カテゴリーには、教員9人、公務員4人、団体職員と会社員が各1人含まれている。B村には小学校からカレッジまで揃っている。カレッジの教員は外部から来ているが、初等・中等教育レベルではB村の居住者が教員として勤めていることも珍しくはない。教員のうち、親世代も教員をしていたというのは1人のみである。

農地を所有している世帯もあるが、自分では耕作せず、小作等に出している。複数の職業を経験しているケースは稀であり（軍隊を退職後に銀行の警備員をしているケースのみ）、ほとんどが学業修了後の最初の就職が教員や公務員である。「公務員・会社員・教員」に属する世帯主には、高等教育を受けた者が多く含まれる。修士4人、学士3人、後期中等教育修了（HSC）1人、中等教育修了（SSC）3人が含まれ、残りも第8学年以上の就学経験がある。彼らの子ども達も学歴が高い傾向があり、給与所得者も3人みられる。

高等教育を受けて、教員や公務員を目指す動きは、B村の難民の生存戦略の中に見られるひとつの傾向である。インド一般、特に農村環境で生活している人々にとっては、都会の民間企業への就職の道はきわめて狭く、頑張れば何とかなりそうなのが西ベンガル州政府の公務員や教員への道である。

1963年にインド側に来て、現在西ベンガル州政府の職員（オフィサー・クラスではない）をしている次のケースでは、まず自分がインド側に来て就職し、それから兄弟や父母親族を呼び寄せている。親族にも公務員が数名いる。本人は後期中等教育まで修了している。

〈ケース11〉

　　私の父はラジシャヒで政府公認のドラッグの販売をしていました。その関係で、私もラジシャヒで育ちました。ムスリムとの問題が生じて、同じカヨスト（カースト）の人々も出て行ってしまったし、自分が長男だったので何とかしようと、まず自分がインドへ来て、準備をしようと思いました。来る途中でボーダー・スリップを貰いました。これは就職するときに役立ちました。1966年に就職してから、まず弟が来て、その後バングラデシュ独立戦争の時には父母を呼び寄せました。父は4人兄弟で、伯父2人はインドには来ませんでしたが、ひとりの伯父の息子3人はコルカタで公務員をしていま

す。もう1人の伯父の息子達はビジネスやホメオパシーの医師などをしていて、叔父の息子2人は公務員をしています[68]。

次のケースは1956年に来て、父親が息子達の教育に力を入れたとのことで、本人は学士取得で小学校の教師をしており、弟にはコルカタで医師をしている者もいる。

〈ケース12〉
　私の父は向こうでは農業をしたり、舟を使って物品の運送をしたりしていました。15ビガあった土地だけで充分生活できましたし、舟を使ったビジネスでも月に500ルピーくらいの収入がありました。私達は1956年に移住証明書を用いて移住しました。父はこちらに来て40ビガの土地を購入しましたが、子どもの教育のために売却して、現在は15ビガのみ残っています。その土地は、今は四男がみています。私が長男で、小学校の教師をしていて、次男はコルカタで医師（MBBS）をしていて、三男は隣村で建設関係の仕事をしています。難民達は来た当初は地元の人々に敵視されていましたが、私達難民によって、学校が作られた訳ですし、難民が来るまでは教育も農業も進展はなかったのです[69]。

また、ケース13のように、子どもがひとりで来て、インドで教育を積み、就職することを目指す例も見られる。

〈ケース13〉
　私はオジを頼って1人でインドに来て、こちらで第8学年に編入しました。そして修士までやって、西ベンガル州政府の公務員（WBCSのDグレード）試験に合格しました。向こうでは、ヒンドゥーは勉強しても就職が得られないので、私と同じように多くの子どもがこちらに来ました。こちらに来てからは、オジのところで世話になりながら、自分でも家庭教師をして稼ぎました。それから、インドでは指定カーストのために、例えば、カレッジ・レベ

---

[68] 1997年8月16日、フォリドプル県出身、54歳、カヨスト・カーストより。この人物は、移住証明書で来たとも述べていたので、ボーダー・スリップと移住証明書の両方を所持していたものと思われる。
[69] 1997年8月25日、フォリドプル県出身、50歳、ノモシュードロ・カーストより。MBBSとは、Bachelor of Medicine-Bachelor of Sergery の略であり、伝統医療ではなく、大学医学部における学部レベルの学位を意味する。

ルでは月に 150 ルピーの奨学金が貰えましたし、修士をしているときには年に 2,200 ルピーを貰うことができました[70]。

ケース 13 でもう一つ興味深い点は、インドでは指定カースト向けに様々な優遇措置があるので、これを期待して移住したと思われることである。この人物は学生時代に制度の支援を受け、西ベンガル州の公務員採用も指定カースト枠で合格している。ただし、指定カースト枠であれば楽に合格できるわけではなく、熾烈な競争が存在している。

「職人」には 12 世帯が含まれる。機織り、テーラー、大工、会場設営、製材現場での材木加工、伝統的医術師、靴修理、自転車修理などの職業に就いている。このなかで、自分の属するカーストの伝統的職能と結びついた仕事をしているのは、機織りのタンティ・カースト 1 世帯と靴（皮革）修理のムチ・カーストの 1 世帯のみである。会場設営をしているという世帯はブラフモン・カーストであるが、父の世代は司祭として仕事をしていたものの、自分の代では司祭では収入が少ないこともあり、現在の仕事をしているとのことであった。

彼らの教育レベルは「公務員・会社員・教員」世帯に比べると全体的に低い。中等教育修了が 2 人、第 6〜10 学年就学が 3 人、第 5 学年以下が 5 人、就学経験なしが 2 人となっている[71]。農地を所有する世帯は 2 世帯（3〜5 ビガ程度）のみであり、基本的にそれぞれの職能によって生計を立てているといえる。

「漁業（魚取り/行商）」（11 世帯）は、すべてカーストの伝統的職能者であるマロによって担われているが、こちらは自ら魚の養殖（生産）をおこなうのではなく、むしろ賃金によって投網を用いた魚取りをすることを業務としている。また、小売りをしている者もいる。2〜3 ビガの農地を所有する世帯が 3 世帯ほどあるが、生計は主として漁業によって担われている。

移住前に成年に達していた世帯主のすべてが、移住の前も後も漁業に従事している。移住前には未成年で自分では仕事をしていなかった場合でも、1 世帯を除いて、その当時の父親世代はすべて漁業に従事していた。移住後の 2 世代目（彼らの息子）の世代も、1 世帯でタイヤ修理の仕事をしているケースを除いて、すべて漁業に従事している。ムンバイあたりへ出稼ぎにいっているケースも 1 世帯でみられるが、その場合も地元にいる間は漁業に従事している。

彼らの教育レベルは「職人」よりもさらに低く、第 6〜10 学年の就学経験者

---

70) 1996 年 8 月 25 日、フォリドプル県、29 歳、ノモシュードロ・カーストより。
71) ただし伝統的医術師の世帯では、息子 2 人が医師（MBBS）の資格を取得している。

が 2 名、第 5 学年以下が 1 名、就学経験なしが 8 名となっている。彼らの子ども世代も同様の状況である。

　第 3 章でも述べたが、魚が好まれるベンガルでは、魚取りの仕事のニーズは常に存在する一方、魚取りは指定カーストであるマロの伝統的職能となっている（つまり良い職とは思われていない）ので他カーストからの参入があまり見られないと考えられる。それゆえ、彼らの伝統的職能の保持率が高く、また漁業が彼らに独占されている。別の言い方をすれば、漁業に関わっている限り、それで大儲けはできないものの、なんとか食べてはいけるということであろう。

　また、伝統的職能での実績・経験とこだわりは、他業種への転身への足枷になっている一面もありそうである。例えば、ある世帯では「State Bank から、6 〜 7 年前に 4,000 ルピーを借りて、米の精米と販売の商売をやろうとしたものの、ノウハウがなかったので、うまく行かず、結局あきらめて、魚の網を買った」との話も聞かれた[72]。以上、自力再定住においては、職業カテゴリーごとにある程度のカースト要因や教育要因も働きながら、それぞれの再定住と生存のための歩みが展開されてきたのである。

小　括

　本章では主として、土地をめぐる再定住の過程について検証してきた。土地が少なかったことは事実であるが、それは Kudaisya［1995］のように「大多数は土地供与によるリハビリテーションはされなかった」として軽視できる問題ではなく、実際にはかなりの程度実施されたのである。当時、難民リハビリテーションに関しては政策的にも土地が最重要課題と考えられ、政策的に取り組まれてきた。本章では、問題は土地の多寡のみにあったのではなく、むしろ土地の質や手続に問題があり、受給後の維持に問題があったことを明らかにした。

　すなわち、政府のスキームによる土地供与は難民自身にとっても大きな関心事であったが、土地受給の手続き上の問題、土地の質、土地の分散や国境に近すぎて維持が困難など、課題も多かったことをみた。土地の入手という点では、財産交換という方法も取られていた。再定住におけるひとつの戦略であり自助努力の手法であったが、こちらも手続き上の課題や譲渡する面積とされる面積との

---

[72] 1998 年 8 月 20 日、旧ノディア県出身、54 歳、マロ・カーストより。

ギャップが存在した。どちらの手法においても、その後の土地の維持は容易ではなかった。特に、娘の結婚、子どもの教育、病気治療などの経済的負担に耐えきれずに土地を手放しているケースが多々みられた。

　リハビリテーションに関しては、本章の冒頭で、パンジャーブ地域では「補償」概念によってリハビリテーションが実施されたことで、移住前の土地無し層は土地供与から排除され、結果として分離独立前の階級秩序の存続を促したとのKaur［2007］による指摘を紹介した。これに対して、西ベンガル州におけるリハビリテーションは、移住前の土地所有状況に関わらず、キャンプ難民を対象としていた。Kaurの指摘に倣えば、逆に西ベンガル州では分離独立前の階級秩序が変革される可能性があったことになろう。しかし現実は、うえに述べた諸々の理由により、政府リハビリテーションによりそれが叶ったとはいいがたい。

　つまるところ、自力定着の人々も含めて、B村への移住者のほとんどは、移住前には有力な経済資本や教育などの文化資本を有していなかった農民層や職能集団層であり、再定住後の経済的自立に関しては、多くの場合で移住時の資源の有無よりも、移住後の個々人の努力や戦略が大きく作用してきた。

　土地取得に関しては、土地取得のパターンと難民の移動の時期、移動距離、カースト属性などが明確に連関していたことも明らかとなった。政府リハビリテーションで土地を受給したのは、遠方から来て1950年代後半にキャンプに滞留していたノモシュードロのみであった。だが財産交換に関しては、これらの人々は移動時期が遅く、また遠方からの移動であったので土地勘がなく、互いの財産の確認も容易ではなかったために金銭を媒介としたケースを除いてはできなかった。

　財産交換はほぼ1950年代初頭までに移住が完了したマヒッショなどのノディア県出身者によってのみ実践された。これらの人々は早期に近距離のなかで国境を跨いだだけの移動であったので、財産交換が可能であった一方、キャンプには収容されなかったのでリハビリテーションの対象とはならなかった。このように、移動の時期と距離によって、難民の再定住のための手段・戦略はおのずと限定される面もあった。難民の再定住においては、難民自身による状況認識と再定住のための戦略があり、そこに移動の時期や距離、あるいはカースト属性などが連関していた。

第5章

ノモシュードロ：

リハビリテーション活動と社会開発

　本章では、東パキスタン難民の再定住過程おける協働と社会活動について検討する。先行研究においても、難民を受動的・依存的存在ではなく、難民達自身による主体的行為に注目することで、能動的存在として捉える試みはなされてきた。Bose［2000］、Chakrabarti［1990］、Chatterjee［1992］などは、難民自身が再定住のために土地の取得や合法化をめぐって運動を展開してきたことに注目した。とりわけ、コルカタの都市部において、ボドロロク（ミドル・クラス）が不法占拠コロニーからの反立ち退き運動や合法化のための運動を展開して政治的な圧力団体化し、左派政党にとっての票田として、州の政治に大きな影響を及ぼした過程を取り上げることで、難民の政治的な行為主体性の観点から論じられてきた。しかし、それらは政治過程への過度の注目から、そうした運動のなかで難民達が何を考え、どのように他者と協働しながら進め、その結果としてどのように難民達の再定住が進められたのかを十分には捉えられていない。特に、地域社会の構築についての視点が欠如している。また、政治運動が展開されたわずかな期間に関するものであり、長期的視点も欠いている。

　Ｂ村では政府によるリハビリテーションや財産交換、そして自力再定住と、様々な難民再定住の形態が存在した。そのなかで政府によるリハビリテーションには2つのスキームがあり、そのひとつはチョンドロナト・ボシュというソーシャル・ワーカーによって主導されたと第4章で述べた。ボシュ自身はノモシュードロではないが、彼はＢ村においてノモシュードロ達のリハビリテーション活動を指導した。Ｂ村を含めて、ノディア県のボーダー・エリアへの難民のリハビリテーションを進め、西ベンガル州外のドンドカロンノへも難民を送ろうとした。これらの活動には、ボシュの指導のもとにノモシュードロ難民の人々も参加した。難民自身が難民のリハビリテーションに関わったのである。

　そうした活動を通じて、Ｂ村のノモシュードロ難民達はボシュの社会奉仕の精

神を受け継ぎ、ボシュの没後に「チョンドロナト・ボシュ奉仕協会」（*Candranāth Basu Sebā Saṃgha*）というNGO団体を設立した。リハビリテーション活動が、地域の教育や福祉の振興を目的とする活動へと受け継がれたのである。これら一連の活動を通じて、ノモシュードロ難民達は、自助努力、自立、自治といった意識や地域の開発者としての自負を抱くようになった。

　本章では、まずボシュの個人史と様々な社会活動、彼が指導した難民のリハビリテーションについて取り上げる。そのうえで、難民の人々がボシュと関わるなかでどのように彼ら自身の難民経験や社会的活動を再認識し、その後の社会開発へと結びつけていったのかを検討する。B村の難民に関しては、人口規模の点でも地域社会の構築のうえでも、ノモシュードロが大きな役割と存在感を示してきた。彼らの活動は政治的な面も多分に伴っていたが、NGO活動を通じた教育・福祉の向上も企図してきた。そうした一連の活動を通じて、彼らは「難民」から「社会奉仕者」「地域の開発者」へと自己規定を転換していった。ボシュというひとりのリーダーのもとに展開された、これら諸活動に注目することで、政治面のみに限定されない難民の行為主体性[1]について検討することが、本章の狙いである。

第1節　「フォリドプルのガンディー」と呼ばれたソーシャル・ワーカー

（1）チョンドロナト・ボシュと伝記

　チョンドロナト・ボシュは、1893年に東ベンガルのフォリドプル県（現在のバングラデシュ・ゴパルゴンジ県）のラムディア（Ramdia）という村に生まれた[2]。独立前には東ベンガルで、独立後には主に西ベンガル州で活動し、1979年コルカタで没している。

　ボシュに関しては、これまでに以下の3つの伝記が出版されている。3つの全

---

1) Chatterjee [1992: 1-16] は、難民は依存的（dependent）で受動的（passive）な存在ではなく、不法占拠コロニーに関わる運動等を通じて、自らを英雄的な犠牲者（heroic-victim）として表象するなかで、難民としての主体性（subjectivity）を構築していったという脈絡で行為主体性について捉えている。しかし、ここでいう「行為主体性（agency）」とは、Chatterjeeが強調する政治的な主体性ではなく、むしろ田辺 [2010: 20-21] が説明するように、人間をある状況や関係性に埋め込まれた存在として捉え、人間はその与えられた状況や関係性のなかから行為するしかないこと、そして、その行為の結果は自己のおかれた状況を変えるだけではなく、その環境に生きる自己自身の位置づけやありかたを変えるものであることを指し示すためのものとして扱いたい。
2) 以下、ローカルな地名のローマ字表記は省略する。

てが、ベンガル語で書かれている。

　　i）プシュポデビ・ショロショティ（*Puṣpadebī Sarasbatī*）著 3)
　　『社会奉仕者チョンドロナト・ボシュ（*Loksebak Candranāth Basu*）』（出版年不明）
　　ii）ハリポド・チョクロボティ（*Dr. Haripad Cakrabarti*）著 4)
　　『奉仕者チョンドロナト・ボシュ（*Sebabrati Candranāth Basu*）』（1985 年）
　　iii）チョンドロナト・ボシュ奉仕協会（*Candranāth Basu Sebā Saṃgha*）編
　　『チョンドロナト・ボシュ回想録（*Candranāth Basu Smārakgranth*）』（1995 年）

　i）はボシュの生前に彼と交流があった人物によるものだが、筆者は残念ながら現物を目にしていない。ただ、ii）とiii）の本文中にその存在が言及され、一部内容が引用されている。ii）もボシュと交流があった人物によるもので、ボシュの出生から亡くなるまでの個人史について全15ページにまとめられている。iii）はボシュの没後に結成されたチョンドロナト・ボシュ奉仕協会が編者となって出版したものである。3部構成で、第1部はボシュとともに活動をした人々や交流のあった人々からの寄稿、第2部は奉仕協会の設立趣旨や組織に関する解説、第3部はボシュの個人史から構成されている。第3部の内容は、ii）をベースに加筆されたと思われる。ii）にはなかった難民リハビリテーションの活動に関する部分などが詳しく記述されている。全体では、本文だけで300ページを超えており、加えてボシュや関係者の写真、施設の写真なども挿入されていて、かなり大部の書物となっている。出版日を彼の17回忌の命日とし、この日にコルカタで大勢のゲストを招いて出版記念行事が開催された。2,000部が作成された。
　これら3つの伝記のなかでは、i）が最も古く、ii）はi）を踏まえて書かれ、iii）はi）やii）を踏まえて書かれたと見ることができる。従って、奉仕協会によっ

---

3) プシュポデビ・ショロショティは、伝記iii）のチョンドロナト・ボシュ奉仕協会編による『チョンドロナト・ボシュ回想録』にも寄稿している。寄稿者紹介の欄には、『社会奉仕者チョンドロナト・ボシュ』の著者であり、ウパニシャッドの信奉者であること、そしてチョンドロナト・ボシュの社会奉仕活動に対してインスピレーションを与えた人物として紹介されている。寄稿文には、ボシュと初めてあったのは1933年であること、彼女の父が官僚としてボシュと交流を持ったこと、伝記執筆に関わる経緯などが記されている。

4) 同書には著者名や出版年は明記されていないが、出版元は「チョンドロナト・ボシュ奉仕協会」であると書かれてある。また、そこに編集・発行人として名前が挙がっている同団体のプレジデント、チャル・ミヒル・ショルカル氏に確認したところ、ホリポド・チョクロボティ氏が著者であるとのことだったので、著者名とした。出版年も同氏からの聞き取りによる。チョクロボティ氏もチョンドロナト・ボシュ奉仕協会編による『チョンドロナト・ボシュ回想録』に寄稿している。寄稿者紹介の欄には、North Bengal Universityの教授であり、独立闘争の志士であったと記されている。この人の寄稿文にはボシュとの交流については具体的に紹介されていない。

て編集・出版された iii ）が、いわば最新の公式記録的資料といってよいであろう。このことから、iii）の伝記（以下本文中では、『回想録』と記すとともに、出典表記は［CBSS 1995］とする）の第 3 部「奉仕者チョンドロナト・ボシュ－その生涯（*Sebabratī Candranāth Basu- Jīban kathā*）」に基づいて、まずはボシュの人柄や生涯の活動について振り返ってみたい。

『回想録』第 3 部は、冒頭でチョンドロナト・ボシュの人となりを次のように紹介している。

　　膝丈の腰巻を身にまとい、足には古タイヤを張り付けた草履、首には神木でできたネックレス、手には布袋、立派な体躯に秀でた額を持ち、曇りのない眼差しを持った人物を人々は何度も目にしたことでしょう。村で、町で、都市で、金持ちの邸宅で、貧乏人の小屋で、様々な分野の指導的な立場にある人々との会合で見たことでしょう。いつでも同じ出立ちのその人を。とても魅力的な輝きを放っていたその人を。東ベンガルで、西ベンガルで、統一ベンガルの村々で、ノボディプで、ヴリンダーヴァンで、インドのいろいろな聖地で見たことでしょう。アチャジョ・プロフッロ・ラエは、この人物をフォリドプルのガンディーと名付けられました。それは単に外面的なことだけではなく、内面的な人格に対してです。貧しい人々への奉仕において、衰退する村の再生への取り組みにおいて、敬虔な生活態度において、不休の仕事への取り組みの姿勢において、その信念の強さにおいて、不屈の活力において、チョンドロナト・ボシュはマハトマ・ガンディーと同等の信条を持った人間だったのです［CBSS 1995: Ca-1］。

『回想録』は、チョンドロナト・ボシュの業績を讃えるために編集されたものである。この冒頭の文章にしても、ベンガル語の原文では文末で韻を踏みながら書かれており、かなり詩的な文章スタイルで書き起こされている。そうした面はあるにせよ、この文章はボシュの周りにいた人々の彼に対する印象や思い出を如実に語っている。

　まず、ボシュの質素な服装である。掲載されている写真（図表 5－1「『回想録』表紙」を参照）を見ても、どれも上半身は裸で、無地の腰巻き（*dhuti*）をまとい、足は裸足の出立ちである。

　ボシュは各地の町や村を巡り、貧しい人々や虐げられた人々のための活動に生涯を尽くした。これらのことが、その容貌と人格においてマハトマ・ガンディー

を彷彿とさせ、彼は「フォリドプルのガンディー」と呼ばれるようになった。ボシュをガンディーと重ね合わせて語る言説は、『回想録』第1部の寄稿者達の間でもかなり見られるものである。

ボシュの人柄や生活習慣は、寄稿者のひとりが次のように紹介している通り、服装同様に飾り気のない率直で素朴なものあった。

図表5-1　『回想録』表紙

> あの方の服装と食習慣は、まるですべてを捨て去った現世放棄者のようでした。服装はガンディーのように、膝丈の質素なもの。食事は何かを味わうためではなく、ただ生きるためのものでした。食事をされる際、あの方はいつもすべての品をご飯と一緒に混ぜ合わせて食べていました。一品一品を味わって食べるようなことはしません。なぜすべて混ぜてしまって食べているのですかと尋ねると、「（別々に食べてもすべて）同じ場所に行くからだよ」と答えられました［CBSS 1995: 17-18］。

寄稿者達が言及しているもうひとつの特徴は、ボシュが名声や権力を全く欲しなかったことである。

> おそらく多くのベンガル人は、チョンドロナト・ボシュの名前を聞いたことがないでしょう。なぜならば、あの方は自分の名声や栄誉を人々に植え付けるようなことを一切されなかったからです。政治に関わっても、自分を指導者に祭り上げるようなことはしませんでした。入獄経験を活用して、大臣やその他の高い地位を狙うようなこともしませんでしたし、自分の栄光を宣伝するようなこともしませんでした。しかし、彼の業績を知るベンガル人は、チョンドロナト・ボシュをひとりの特別な活動家として、社会奉仕者 (loksebak) として尊敬しています［CBSS 1995: 1］。

知名度では本物のガンディーとは比べようもなく、「フォリドプルのガンディー」は、非常にローカルな存在である。しかし、地域密着型の彼の業績は、それがごく限られた地域・人々の間であったからこそ、人々の記憶に残り、その活動が受け継がれたともいえるだろう。

（2）東ベンガルでの活動——農村振興、分離独立の狭間で

次にチョンドロナト・ボシュの出生から、その後の東西ベンガルでの活動について概要を示してみたい。図表5－2「チョンドロナト・ボシュ年譜」は『回想録』巻末に掲げられている略年譜である。

ボシュは1893年、カヨスト・カーストのミドル・クラスの家庭に、3人兄弟2人姉妹の次男として生まれた。彼が5歳の時に、母親がコレラに罹り亡くなっている。医療にアクセスできない農村部において、何の治療も受けることができずに母親が亡くなったこの体験は、後に農村部での医療センター設立へとつながったとされる。母の没後は、父方のオジの妻が母親代わりとなった。父は彼が10歳の時に亡くなったが、その後は彼の長兄が父親代わりとなって、彼の面倒を見た［Ca-1-2］[5]。

村では教育の機会が充分にはなかった。ハイスクールには3マイル歩いて通っていた。しかし目の病気を患い、16歳の時に学校での勉強を断念しなければならなかった［Ca-2］。

そんな彼に大きな転機をもたらしたのは、1905年のベンガル分割であった。この時に、「国のことを思う気持ちが、彼の内面で弾けた」、つまり、後の彼の活動につながる公共心が生まれたとされる。彼は学校やカレッジで勉強して、稼いで、結婚してという通常の道を捨て去り、「国のために尽くすこと（*deśsevā*）」の覚悟を決めたのである［Ca-2］。

社会のために生きる覚悟を決めたボシュが関わった最初の大きな仕事は、1909年に発生した洪水とサイクロンの被災地での救済事業である。彼自身は何の資金もない人間であったが、コルカタなどに住んでいた地元の人々にも声をかけて援助を仰ぎ、40〜50カ所の村で住宅復興や食糧の配給をおこなった。この経験によって、彼は「正しい行為や人々の福利のための行為には資金や援助に不足はない、無私無欲の行為は必ず成功する」ということを学んだとされる。その翌年、彼は出身村であるラムディアにアシュラム（拠点）を設立して、貧しい人々の支

---

[5] 以下、煩雑になるので出典はページ数のみを示す（ページ数の前には章立てを示す記号が付せられている）。出典元はすべて『チョンドロナト・ボシュ回想録』（『回想録』）、1995年の第3部である。

図表5－2　チョンドロナト・ボシュ年譜

1893 年	フォリドプル県、ゴパルゴンジ郡、ラムディア村で出生
1909 年	洪水被災地での救済事業
1910 年	ラムディアにアシュラム設立
1913 年	ラムディアで宗教行事、聖地巡礼、ノボディプで入門式（入信）
1919 年	サイクロン被災地での救済事業
1922 年～25 年	運河掘削。地主と対立して、訴訟、逮捕、釈放 アチャジョ・プロフッロ・ラエ、ショティス・ダスグプトらがラムディア訪問
1926 年～27 年	クルナ及びドゥルガプルでの宗派暴動で奉仕活動。 不可触制廃止運動に参加
1929 年	（洪水調整のための）運河掘削
1930 年	不服従運動に参加
1938 年	シャーマープラサード・ムカルジーがラムディア訪問
1939 年	ラムディアでコミュニティ・ドゥルガ・プジャ開催
1940 年	ラムディアにシュリクリシュノ・カレッジと寺院設立
1946 年	ラムディアで女学校設立
1948 年	ガンディーの助言により国（東パキスタン）に留まることを決心するも、東パキスタン政府により逮捕され、フォリドプルの監獄に服役
1951 年	監獄から出所。コルカタへ移動。
1952 年	西ベンガル州ボグラに設立したシュリクリシュノ・カレッジがカルカッタ大学から認可取得
1953 年	西ベンガル州メディニプル県のポシングで社会活動開始
1954 年	24 ポルゴナス県のタングラカリ村にボンキムチョンドロ・ショルダル・カレッジ設立
1957 年	ラムディア村を1か月間のみ訪問
1960 年	難民リハビリテーションのためにドンドカロンノを視察
1961 年	ノディア、ムルシダバド、24 ポルゴナスの国境地帯で難民のレリーフとリハビリテーション
1963 年	西ベンガル州ムルシダバド県で社会福祉活動を指導
1964 年	ムルシダバド県の辺境地帯視察
1965 年	聖地ケーダールナート、バドリーナート訪問
1967 年	ボグラで医療センター設立のために断食
1968 年	病床につく
1973 年	独立バングラデシュを訪問
1974 年	西ベンガル州ノディア県で B.R. アンベードカル・カレッジ設立
1975 年	コルカタでバングラデシュのムジブル・ラーマン首相暗殺のニュースを聞き失望
1979 年	6 月 2 日没

援を開始した［Ca-3］。

　ボシュを語るうえで欠かせないことのひとつが、彼の宗教心である。彼は後に学校を設立する際に、校舎と併せて寺院も建設するのが常であった。B 村においても宗教行事を開催している。彼の奉仕の精神や公共心の底辺には、宗教心があった。「宗教こそが人間の生活の基礎であり、社会において宗教教育や倫理教育がなければ、真の人間性の発露は不可能である」［Ca-6］と彼は考えていた。ただし、彼にとっての宗教とは、ヒンドゥー教的な神観念の発露というよりも、むしろ彼の清貧さや利他的な奉仕の精神と深く結びついた倫理的な宗教心という性格を持っていたと思われる。

　『回想録』では、彼が設立したアシュラムでキルトン（kīrtan）などの様々な賛歌が歌われたこと、1913 年にはラムディアで多くの参加者を集めて大きな宗教行事（sabhā）が開催されたことが述べられている。この行事の直後、彼はノボティプ、ヴリンダーヴァン、バラナシなどへ聖地巡礼に出かけ、ノボディプでヴィシュヌ派の僧から入門式を受けた。彼はその後も、終生、暇を見つけては巡礼に出かけている［Ca-6］。

　1919 年にはサイクロンの被災地において、ゴパルゴンジの行政長官の支援も得ながら救済活動をおこなった［Ca-8］。

　ボシュは農村部の貧者や低カーストの人々のために活動したといわれるが、同時にそれは、しばしば地主層や富裕層との摩擦を生んだ。彼は洪水調整や干ばつ対策のために運河や堤防を建設したが、それらの土木工事が彼らの利害に反することがあった。ある時には、堤防建設がその土地を安く収奪しようと考えていた富裕層の反感を買った。堤防が水流や土壌の円滑な流れを妨げるとして、彼らによって当局に工事中止の働きかけがなされたが、この時には住民投票でボシュ側が勝利した［Ca-10］。

　この他にも、ボシュはしばしば地主や富裕層との摩擦によって、生命の危険に晒されたり、監獄に収監されたりしている（『回想録』巻末の年譜では 1922 〜 25 年のこと）。それでも彼は仕事を止めることはなかった。本文には、運河建設の主な実績として 13 カ所の名称が挙げられている［Ca-10］。

　彼の取り組みの特徴は、地域の人々を巻き込んで、彼らとの協働により事業をおこなったことである。運河建設では、労働者として村人を動員した。彼らが仕事をしている最中に、ボシュは家々を回って米やダルを集めて、キチュリ（khicuḍi）という混ぜご飯を作って人々に振る舞った。周辺 6 マイルの範囲の村人が工事に参加したとされる［Ca-10-11］。彼は、「みなの意見を踏まえて私は仕事をするので

あり、私自身は何もする必要がない」、「みなを関わらせることさえできれば、仕事は進む」というのが彼の信念であった［Ca-9］。

　英領時代末期という時代は、ボシュをヒンドゥーとムスリムの間の暴動の被災者の救援にも関わらせることとなった。1926年から27年にかけて、2つの暴動被災地で救援活動をおこなっている。1926年、東ベンガル南部のクルナ県の暴動では、ボシュはチームを組織して、村々へ送り、寝具の調達をおこなった。別のチームには125の避難家屋（シェルター）を作らせた。50人とともに、25日間のうちに船で資材を運び、仕事を成し遂げた［Ca-12］。1927年にドゥルガプルで発生した暴動において、息子を失った女性に対して、自分が息子の代わりを務めるからと慰めたエピソードが紹介されている［Ca-12-13］。

　ボシュの仕事の進め方は、彼がリーダーシップを取りながらも、人々を協働させることであった。その際、彼は自ら体を動かして仕事にあたったが、彼は人々を動員するために断食をおこなうこともあった。1929年にボルグラムという所で洪水調整のための運河掘削工事に関わり、そこで労働者のサボタージュに直面したことがあった。労働者達は、はじめは食事ができれば賃金なしでも働くと約束していたのに、途中で仕事を放り出してしまったのである。運河掘削のために委員会が組織されていたが、そこでも解決策が見いだせなかった。そこで、ボシュは自ら立ち上がり、作業用の鍬とザルを持って働き出した。その姿を見て、労働者達は自分達の誤りを認めて、仕事を再開するとボシュに約束した。しかし、ボシュはそのまま同意はしなかった。資金が集まるまで仕事は再開しない、私もそれまで断食をすると宣言したのである。その後、委員会のメンバーがかけずり回り、3日間のうちにお金が集まったというのである。ボシュもガンディー同様に、自らの断食によって人を動かすカリスマ性を保持していたということであろうか［Ca-16-17］。

　しかし、ボシュはガンディー主義者ではない。非暴力とは相反する行動にも走っている。社会奉仕活動のさなか、発砲事件を引き起こしてしまうのである。1931年のこと、上記の運河掘削の恩恵に自分達は浴していないと妬みを持った一派が、多勢を引き連れて運河の堤防を壊しにかかり、それを阻止しようとする人々との間で、あわや暴動という一触即発の事態となった。そこでボシュは在地領主のところから、銃を携えたグルカ兵を連れてきた。まず、空砲を撃たせて、破壊活動を止めようとしたが、効果はなかった。そこで今度は数人の足を撃ち抜かせたのであった。さすがにこれには反対派も動揺して、逃げ帰った。その翌日、なんとボシュはひとりで昨日銃でけがをさせた人々の所へ出かけた。ボシュの姿をみて、

当然のこと人々は手に手に武器を持ってやってきて、彼を取り囲んだ。そこでボシュは、多くの人々の命を救うために、数人の人々を傷つけなければならなかったこと、そして自分が傷つけた人々の介抱のために自分は来たのだと述べた。そして、もしあなた達が報復したいのならば、私はそれを甘んじて受けようとも述べた。それを聞いて、人々は武器を手放し、彼らはボシュに対して、あなたが他の村々の発展のためにしてきたことを、どうぞ私達の村でもしてくださいと懇願したのであった。しかし、この銃撃事件は当局に知れるところとなり、県長官や郡長官、郡警察署長らも検分に当たることとなった。ボシュはそこでも同様に、自分は多数を救うために数名に怪我をさせたこと、罪は償う用意があることを申し述べた。最終的に、ボシュは咎められることなく釈放された［Ca-19-20］。

　発砲事件の時には逃れたものの、ボシュは何度か入獄経験をしている。ある時期から、ボシュはベンガルの有力な政治家達と知己になり、その助けも得ることができたが、それでも何度かの入獄経験を味わっている。彼の活動は、貧者や低カーストの人々のためのものであった。それはしばしばジョミダル（ザミーンダール）の利害と対立するところとなり、彼らの恨みを買って、彼らの策略によって、ボシュは監獄へ送り込まれることとなった。ジョミダルとの対立は、その背後にいる英国とその統治への批判とも結びつき、ボシュは反英運動にも参加した。しかし、入獄経験は彼の健康をむしばむところとなり、十二指腸潰瘍を患い、治療のために釈放された［Ca-21］。彼は印パ独立後にも、東パキスタン政府により投獄されているが、この時も体調を崩して病気治療のために釈放されている。

　話をボシュの活動に戻すと、土木分野のみならず、彼が最も力を入れたのが教育分野であった。特に、教育の遅れている農村部において、また低カーストなどの社会の底辺部の人々のために、数多くの学校（初等から中等教育）やカレッジ（高等教育）を設立している[6]。B村にも彼によってカレッジが設立されているが、高等教育を含めて、農村部で教育機会を提供しようとしたことは画期的な取組であった。

　ボシュが最初に設立したカレッジは、彼の生地であるラムディア村のシュリクリシュノ・カレッジである。1940年に設立された。この頃、すでにベンガルの有力者達の知遇を得ていたボシュは、後に独立インド政府の大臣となるシャーマープラサード・ムカルジーを迎えて定礎式を執りおこなった。ムカルジーはその後、カレッジの運営委員会の委員長を務めた。カレッジと同時に建設した

---

[6]　ボシュが設立した学校やカレッジの実数は、『回想録』の第3部では明記されていない。第1部のある寄稿者は、ボシュは「7つのカレッジと100以上の学校を設立した」と述べているが［CBSS 1995: 7］、定かではない。

パルトシャルティ寺院の建設と神像は、財閥の G.K. ビルラーが支援した。また、敷地の 20 ビガは村人により寄贈されたほか、生徒や教員のための寄宿舎も寄付により建設された。グラウンドや図書室も設置された［Ca-25］。ボシュはその後、1946 年にラムディアに女子校も設立している。

　分離独立の前後には、時代の大きなうねりはボシュの運命にも大きな影響を与えた。1946 年の全インド・ムスリム連盟による「直接行動」の呼びかけは、コルカタでのヒンドゥーとムスリムの間の大きな暴動へと発展した。暴動の嵐はベンガルのノアカリやビハール州へと飛び火していった。ボシュがカレッジや女子校を設立したフォリドプル県は、それほどの影響は受けなかったとされる［Ca-27］。しかし、分離独立を経て 1940 年代後半にはいくつものコミュナル暴動がベンガルで発生し、大量の難民が流出した。そうした時代において、ボシュはコミュナル要因をはらんだ深刻なトラブルに巻き込まれることとなった。

　1947 年（筆者注：おそらく独立後のこと）、ひとりのムスリム青年がヒンドゥーの娘を誘拐して、フォリドプル県に逃げ込むという事件が発生した。当時のユニオン・ボードのプレジデントであったアブズル・ミアは、青年を捕らえ、娘を保護したものの、娘は密かにヒンドゥーの人々に救出を依頼した。この報はヒンドゥー達を大いに刺激し、コミュナルな緊張が走った。この地ではヒンドゥーが多数派であったこともあり、ムスリム達も解決策を探らねばならなかった。そこで、ミアはチョンドロナト・ボシュに娘を引き渡したいと申し出た。ボシュは同意して、大勢のヒンドゥーとムスリムの立ち会いのもと、娘を引き取り、ラムディアへ連れて行った。ところが、事件はこれで一件落着したかに見えたが、これだけでは済まなかった。ムスリム達はボシュに対して反旗を翻し、ミアは自分の妻がボシュによって誘拐されたとして当局に訴えたのであった。また、ムスリム達は例の娘をもう一度連れてくるようにとも要求した［Ca-27］。

　以上のように『回想録』は事件の流れを辿っているが、様々な事情が錯綜しているようで、内容は判然としない。しかし、社会全体にコミュナルな対立の雰囲気が蔓延するなかで、ボシュもまたその軛から逃れることはできなかったことを、これらの記述は物語っている。

　ミアが提訴した問題は、大がかりなものとなり、東パキスタン政府が派遣した使者、東パキスタン政府の大臣、警察長官なども加わって、コルカタで会合が持たれた。ミアは、もし娘を差し出せば、提訴を取り下げるとボシュに取引を持ちかけたが、ボシュはこれを拒否した。ボシュはデリーへ行って、ガンディーと面会して助言を受け、それに従い東パキスタンの裁判所に出頭した。しかし、ボシュ

は拘留され、その後フォリドプルの監獄へ送られた。また、この時にはボシュがヒンドゥー達を扇動して、東パキスタン政府に対して、武力攻撃を計画しているとの根も葉もない批難が寄せられていた。ミアによる提訴により、ボシュは9年6か月の服役という判決を受けてしまった。しかし、これに対してシャーマープラサード・ムカルジーをはじめとする有力者達が、ダカの高等裁判所に上告して、ボシュは解放された。ところが、一難去ったところで、今度は国家に対する反逆罪によって、3年間の服役が申し渡された。この際にも、上告によって一旦は釈放されたものの、結局は治安上の措置（security prisoner）として、審議とは関係なくボシュは投獄されてしまった。投獄中にボシュはまたも深刻な病気を患い、治療のために1951年6月18日に釈放された。ボシュはコルカタへ移り、メディカル・カレジの病院に入院して十二指腸潰瘍の治療を受けて、9月29日に退院した［Ca-27-28］。

これ以降、ボシュの活動の舞台はインド側の西ベンガル州へと移る。分離独立時、ボシュはガンディーの助言によって東パキスタンに留まり活動することを決めたといわれるが［Ca-22］、その決心はうえに述べた一連の事件と投獄によって、叶わぬこととなってしまったのである。

（3）西ベンガル州での活動——難民リハビリテーション

ボシュは、西ベンガル州へ移ってからも精力的に活動した。その手法や信念は、東ベンガルにおいてすでに培われていたものである。ボシュは退院後にデリーへ赴き、そこで様々な人々と話し合いの機会を持ち、彼はノディア県のボグラへ向かうことにした［Ca-29］。分離独立以降、ノディア県をはじめとして、24ポルゴナスやムルシダバドなどの東パキスタンと国境を接する地域には、多くのヒンドゥー難民が流れ込んでいた。ボシュはそのなかでノディア県のボグラという地域を選んだ。しかし、この時にはまだ、後に見るような本格的な難民リハビリテーションの活動は開始していない。彼がそれまでに東ベンガルでおこなってきた教育振興やインフラ整備が中心であった。彼の目には、東ベンガルの農村部が抱えていたのと同様の諸問題が、西ベンガル州においてもみえていたのである。

ボシュは、1952年にボグラでカレジを設立した。東ベンガルの故郷ラムディアに設立したカレジと同じ名前を命名し、シュリクリシュノ・カレジとした。ラムディア同様に、ボグラでもカレジの設置とあわせて寺院を建設した。他にも、道路整備、運河掘削、灌漑施設整備などをおこなった［Ca-29］。しかし、ボグラではボシュはあまり良い居心地ではなかったようである。仕事は成し遂げた

ものの、地域の人々の間の不和が高まり、ボシュに対しても敵対的な雰囲気が生まれてしまった。よって、「分派主義、もめごと、妬みが生まれ、それが収まらないのを見て、ボシュはボグラを後にした」［Ca-30］のである。

ボシュはボグラを出て、数日の間ベンガル北部のクチ・ビハール県を訪れた後、今度は、西ベンガル州の国境地帯ではなく、国境よりもかなり西側内部に入ったメディニプル県のポションという村を次の活動場所とした。1953年のことである［Ca-30］。この地を選んだ理由は『回想録』には記されていないが、当初彼の支援者達と一緒に訪れていることから、彼らとの協議の結果、この村を紹介されたのであろう。

ボシュの名前はポションでは知られていたらしく、彼は村人と話し合い、彼が村で活動することの同意を取り付けた。ボシュはまず池や土地を提供して貰い、活動拠点としてアシュラムを設置した。村にはサンタルなどの部族民や指定カーストの人々が居住していたので、彼らの子弟のために寄宿舎を建設した。中等教育レベルの英語ミディアムの学校を、後期中等教育レベルの学校に格上げして政府の認可を受けた。ある夫妻が聖地巡礼に出かけるという噂を聞きつけて、彼らのところへ直談判に向かい、巡礼のための資金を女子校建設に回してくれと頼み込み、女子校を設立した。これらの成功を踏まえ、ボシュはさらに図書施設、ヘルス・センター、母子センター、幼児センター、小学校、成年学校、カーリー寺院、指定カースト・センターなどを設置した。ポション村は、ボシュにとってひとつのモデル村となり、多くの著名な人々が視察に訪れ、記事で紹介されるようになった［Ca-30-31］。

ボシュは1954年に、24ポルゴナス県のタングラカリというところで、さらにカレッジを設立した。1957年には、後にバングラデシュ建国の父として、初代首相となるとなるムジブル・ラーマンの求めに応じて、再び東ベンガルの地へ赴いた。ラーマンはボシュと同じくゴパルゴンジ出身であり、互いに知己の間柄であった。ボシュは出身村のラムディアを訪れた。人々の求めに答えて、いくつかの問題解決に当たった。カレッジの脇に商店街ができていて支障があったが、これを別の場所に土地を確保して移転させた。女子校が存亡の危機にあったのを解決した。運河や道路整備が中断していたのを再開させたなど。人々やラーマンは、ボシュにずっと東パキスタンに留まるように求めたが、彼はひと月ほどの滞在を終えてコルカタに戻ってきた［Ca33-34］。

これによりボシュの活動の場は、やはり西ベンガル州となった。次に、ボシュが精力的な活動を見せたのは、東パキスタンから流入するヒンドゥー難民のリハ

ビリテーションであった。1950 年代の後半は、まだまだ多数の難民が流入する一方で、西ベンガル州内での受け入れが困難となってきた時期である。ボシュの難民支援活動は、この時の時宜にかなうものであった。ボシュによる難民のリハビリテーション活動については、次節で詳しく検討するとして、ここでは『回想録』第 3 部に記述されている、その活動内容をほぼ原文のまま紹介しておきたい[7]。

　ボシュは東パキスタンを訪問した同じ年、1957 年から難民支援の活動を本格的に開始した。彼はそれまでにも自主的に難民支援には関わっていたが、1957 年 7 月にコルカタに戻ると、西ベンガル州政府の首相のビダン・チョンドロ・ラエは、彼を改めてリハビリテーションの仕事に関与させた。農業経済学者のアミタブ・センの努力によって、ノディア県のコリンプル、テハット、チャプラ、クリシュノゴンジの各警察管区のボーダー（国境）地域の村々に難民のリハビリテーションのために、ボシュの名前で、ひと家族あたり 12 ビガの農地（ビガあたり 100 ルピーで）と 10 カタの宅地（ビガあたり 50 ルピーで）、及び農業のために 600 ルピー、家屋建築のために 500 ルピーの支援が認可された。この買い取り価格では土地の調達は容易ではなかったが、ボシュは 400 の家族をこのスキームによってボーダーに再定住させた。当時ノディア県の長官であった B.K. ムカルジーもリハビリテーションのためにボシュに全面的に協力した［Ca-35］。

　1957 年の残りの期間は、難民のリハビリテーションを進めるために、ボーダー・エリアでの土地の調達のために費やされた。この時期のボシュの努力には比類ないものがあった。土地の調達に力を入れ、キャンプに収容されている難民のところを回っては、彼らの課題を解決するための措置を講じていた。こうして 1958 年が過ぎていった［Ca-35-36］。

　その後、政府はドンドカロンノに行かないキャンプ収容者に対しては、配給を停止すると決定した。しかしボシュは、ドンドカロンノの現状では、ごくわずかの人々しか受け入れ可能ではないということを承知していた。にもかかわらず、この決定によってキャンプのすべての人々の食料配給が停止されてしまうことになってしまったのである。このような悲惨な状況からキャンプ収容者を救うために、彼はドンドカロンノへ視察に出かけた。1959 年と 1960 年はすべてこの仕事に費やされた［Ca-36］。

　この時期には、難民をドンドカロンノへ送致することは困難な状況となっていた。その状況を打開するために、（難民問題担当）大臣のプロフッロ・シェンの主

---

7) ただし、この部分の記述はすべて、上記の伝記 i)、ブシュポデビによる『社会奉仕者チョンドロナト・ボシュ』からの引用である。

催で、ボシュも列席のもとで 1960 年 6 月に会議が開催された。そこでは、「ただチョンドロナトの言葉によってのみ、人々はドンドカロンノへ行くことを同意する」という話となった。大臣も驚きとともに、ボシュに魅了された。また、会議では、ドンドカロンノはリハビリテーションにふさわしい場所であり、現地で適切なサイトが調達できれば、それだけ多くの家族が送致可能であるとの結論が確認された［Ca-36］。

そこで、首相のビダン・チョンドロ・ラエの尽力により、1960 年の 12 月、チャルミヒル・ショルカル、ディジェンドロラル・ビッシャスらを伴って、ボシュはドンドカロンノのマナ・キャンプ、チョト・カプシ、ボロガンオ、オディカルグリなどのリハビリテーション・エリアの視察に出かけた。12 月 24 日にコルカタに戻り、彼はビダン・チョンドロ・ラエに現地の状況をつぶさに報告した［Ca-36］。

もし難民局の職員による、ボシュ対する敵意や派閥主義がなければ、彼によってドンドカロンノには 250 の家族が送られるところであった。インド政府の職員は自分達の力不足の裏返しとして、ボシュに対して憤慨していた［Ca-36］。

ボーダーに沿って難民を再定住させた地域、すなわちコリンプル、テハット、チャプラ、クリシュノゴンジ、ハンスカリ、ラナガトなど、ノディア県のボーダーに面した地域は交通の便も悪かった。その改善のための準備も進められていたが、突然に中国との戦争になったことから、中止された［Ca-36-37］。

以上が、ボシュの難民リハビリテーションに関する記述である。ボシュは当時の首相や難民リハビリテーション担当大臣とも連携を取りながら、主に 2 つの活動をおこなったとされる。ひとつは、東パキスタンとのボーダー・エリアに難民を再定住させたこと。もうひとつは、ドンドカロンノという西ベンガル州からは遠く離れた地域に難民を送ろうとしたことである。ただ、後者の方は、難民当局との不和もあってうまく行かなかった。この点については、次節で検討するとして、その後ボシュが亡くなるまでの活動についても記述しておきたい。

ボシュは 1893 年生まれなので、難民リハビリテーション活動を終えた頃にはすでに 70 歳に近かったはずである。それでも彼は、1963 年には西ベンガル州北部のムルシダバド県で農地の灌漑のために運河や堤防を建設した。1964 年にはさらに北隣のマルダ県で学校を設立した［Ca-37］。

ボシュはしばしば聖地巡礼をおこなっていたが、1965 年には彼の支援者とともに、ケーダールナートやバドリーナートへの巡礼をおこなっている。巡礼から帰還後、1966 年にはノディア県や 24 ポルゴナス県で運河の掘削や改修をおこなった。1967 年にはボグラにおいて、医療センターの建設を政府に認めさせようと

して、2月1日から7日まで断食を実行した。その後、1968年にかけてかなり体調を崩してしまうが、何とか持ちこたえた［Ca-37］。

1971年、バングラデシュが東パキスタンから独立した。1973年にムジブル・ラーマンの招きでボシュは独立バングラデシュを訪れる。出身村のラムディアも訪れて、再びいくつかの仕事をおこなった。しばらく滞在し、人生の最期を生地で迎えたいと希望したが、どうしても外せない用事のためにボシュはコルカタへ戻った。そこへ、バングラデシュでラーマンが家族ともども暗殺されたとの報を受けた（暗殺されたのは1975年8月15日）。大きな衝撃を受けたボシュは、もうバングラデシュへは戻らなかった［Ca-38］。

この間、ボシュは1974年、B村にB. R. アンベードカル・カレッジを設立した。1979年6月2日、ボシュは癌により息をひきとった。享年86歳であった［Ca-38］。

（4）小　括

以上、『回想録』第3部の記述に基づいて、ボシュの生涯の活動について振り返ってみた。東ベンガルでの農村振興のための運河や堤防建設、教育の普及のための学校やカレッジの設立、女子校や母子センター、医療センターの設置、指定カーストや指定部族のための学校設置など、彼の取り組みは農村部での人々の生活全般をカバーする総合的なものであった。

彼の質素な出立ちと社会奉仕の精神はガンディーを彷彿とさせ、人々は彼を「フォリドプルのガンディー」と呼んだ。ガンディー同様に、自らの断食によって人々を動かす一種のカリスマ性をも帯びていた。ただ、彼の手法はそれに留まらない。彼は様々に異なる背景や利害を持った人々を取り結び、協働させる力を持っていたようである。彼はビシュヌ派の指導者から入信の儀礼を受けたが、特定の宗派を喧伝することはなく、むしろ教育振興とともに人間性を高めるために宗教を重視した。

分離独立に絡むコミュナル対立は、ボシュをも巻き込み、彼は西ベンガル州へ移らざるを得なかった。彼もまた、分離独立という時代に翻弄されたひとりであった。西ベンガル州に移った彼は、それまでの活動に加えて、難民のリハビリテーションにも取り組むこととなった。

ボシュのおこなった活動や、彼にまつわるエピソードや人々の思い出は『回想録』の内容に留まらない。次節では、実際にボシュの指導のもとに、彼と一緒に様々な活動をおこなった人々の声も含めながら、西ベンガル州におけるボシュの主要な活動である難民リハビリテーションについて検討を進める。

第2節 「フォリドプルのガンディー」と難民リハビリテーション

（1）リハビリテーション活動と難民政策

　西ベンガル州でボシュがおこなった難民リハビリテーション活動は、彼が関わった様々な活動のなかでも特筆すべきものであろう。彼がリハビリテーションに精力的に取り組んだ期間は、1950年代の後半から60年代初頭にかけての数年にすぎない。しかし、それが彼も含めて東パキスタンからの難民自身による活動であったこと、その活動がさらに新しい移住地、とりわけボシュの最晩年の活動の場であったB村において、地域活動へと受け継がれたことは、分離独立難民による地域社会の構築という本書の問題意識を検討するうえで重要である。

　ボシュの関わった難民リハビリテーションは、i）ボーダー・エリアへの難民リハビリテーションとii）ドンドカロンノへの難民送致である。なぜ彼がこの2つの分野で関わったのか、その背景について理解するには、当時の難民流入の状況と難民政策について振り返らねばならない。第1部の内容と重複するが、ここで改めて検討しておきたい。

　まず難民の流入状況についてであるが、ベンガル地域はパンジャーブ地域よりも、さらに高い人口圧力に晒されていた。パンジャーブでは難民流入は1948年までにほぼ終了していた。また「人口交換」といわれる移動の結果、流出した人々が残していった巨大な「避難者財産」の存在が、難民のリハビリテーションに大いに活用された。

　これに対して、ベンガル地域では、難民流入は長く継続していたために、政策の対象となる難民人口の把握自体が困難な状態であった。流入人口に対して、流出人口はその半分にも満たない状況で、パンジャーブにおける「避難者財産」に相当するものはわずかであり、難民のリハビリテーションに活用できるリソースが決定的に不足していた。さらにいえば、分割前のベンガル全体のわずか3分の1にしかすぎない面積となってしまった西ベンガル州には、そもそも大量の難民を受け入れる余地がなかった。

　こうした状況下で、西ベンガル州に関しては、中央政府は、難民に対して緊急的なレリーフを提供する必要性は認めていたものの、長期的な再定住を図るリハビリテーションを実施するつもりは、少なくとも当初はなかった。何よりも難民

の流入自体を抑制したいというのが本音であった。

　独立の1年後、ネルー首相が当時の西ベンガル州首相ビダン・チョンドロ・ラエにあてた1948年8月16日付けの手紙は次のように述べている。

　　　東ベンガルからの流入についての、8月14日付けあなたからの手紙を受け取りました。私はあなたの困難について理解しています。支援できることを我々は当然しなければなりません。しかしながら、かなり以前にも申し上げたとおり、もし大量の流入が東ベンガルからあるとすれば、その問題の的確な解決法はないのです。それゆえに、私は何としてもこれを避けたいと切望してきたのです。私はいまでも、これを避けるためのあらゆる努力がなされるべきであると考えています［Chakrabarty 1974: 107］。

　ベンガルでの難民リハビリテーションが遅れたのは、受け入れ体制を整えると、それが呼び水となって、さらなる流入を招くのではないかという危惧が存在したこと、そして東パキスタンの状況が安定すれば、難民はいずれ帰還するという期待があったことも否定できない。こうした段階を経て、政府の重い腰があがり、ベンガルにおけるリハビリテーションが開始されたのは、ようやく1950年代半ばになってのことである。

　キャンプへの難民受け入れに加えて、州内の各地に難民コロニーが建設された。ローン供与や職業訓練、教育、医療などの支援、雇用創出対策も進められた。

　しかし、大量の難民を無制限に西ベンガル州内に受け入れ続けることは困難と考えられた。そこで採られたひとつの政策が、難民の身分・資格の設定である。1946年10月から1958年3月までに流入した人々を「旧移住者」として認定し、これ以降に流入した人々に対しては、西ベンガル州内ではいかなるレリーフもリハビリテーションも供与しないと決定したのである。

　その一方では、難民を西ベンガル州外に再定住させるために、中央政府のもとに、同じ1958年に「ドンドカロンノ開発局（Dandakaranya Development Authority）」が設置され、いわゆる「ドンドカロンノ・プロジェクト」がスタートした。この辺りの事情を中央政府の「リハビリテーション省」の1957〜58年度年次報告書は次のように述べている。

　　　これまでに410万人以上が東パキスタンから移住して来た。彼らの大部分は農業耕作者であり、主要な課題は彼らの定住のためにふさわしい十分な土

地を見いだすことであった。西ベンガル州は飽和状態を通り越しており、かといってアッサムやトリプラにはさらなる受け入れは望めない。それゆえに、インド中のいかなるところであっても、適切な土地を探し出す努力がなされてきたのである［Government of India（Ministry of Rehabilitation）1957-58］。

こうして見つけられた場所が、マディヤ・プラデーシュ州とオリッサ（オディシャー）州の州境に跨がるドンドカロンノという地域である。翌1959年には早くも300の家族が現地へ送られている。つまり、難民の支援対象を限定して新たな流入を食い止める一方で、西ベンガル州内に溜まっている余剰人口は州外へ送り出そうという、表裏一体の戦略が取られたのであった。

しかしながら、「第2のベンガル」と呼ばれたその土地は、ベンガルの農民にふさわしいとは言い難かった。降雨は一定せず、乾燥し、痩せた地味の丘陵地帯であり、部族民達が主に暮らす土地であった。部族民との葛藤や自然環境への適応の困難により、当初からドンドカロンノの評判は、難民達の間でも芳しくなかった。この点は、第3章でも、ドンドカロンノへ送られそうになったのでキャンプを自ら退出したケースを紹介した通りである。

後年にはショッキングな事件も発生している。1978年に政府の制止を振り切ってベンガルに集団帰還した約3万人が、西ベンガル州南部のシュンドルボンに強行に入植し、それに対して当局の弾圧が加えられ、家屋等が破壊され、多数の死者を出したのである。

ボシュによる活動は、以上のような難民の状況と政策の流れに対応したものである。すなわち、ボシュの活動は、西ベンガル州でも1950年代の半ばからリハビリテーションが本格的に始まった時期と重なっている。より限定していえば、1958年3月以降の流入者に対しては州内での支援はしないとされたものの、それ以前に流入した大量の難民がキャンプに滞留していた。それらの人々を州内でリハビリテーションしなければならないが、すでに人口密度が高いところではできない。そこで、他の地域と比べるとまだ土地の余裕があると考えられたボーダー・エリアでのリハビリテーションが試みられたのである。しかし、土地は無主地ではなかった。個別に地主にあたって調達する必要があった。これにボシュ達は取り組んだ。

また、政府によるドンドカロンノへの難民送致にもボシュは関わった。このように、ボシュは西ベンガル州の内と外でのリハビリテーションが交錯する、非常に重大な局面で難民リハビリテーションに関わり、その一翼を担った。

（２）チョンドロナト・ボシュによる２つのリハビリテーション
１）難民リハビリテーション前史

　チョンドロナト・ボシュによる難民リハビリテーション活動の舞台は、B村のみならず、西ベンガル州のボーダー・エリアや遠く離れたドンドカロンノにも及んでいた。ボシュ・スキームにおいては、彼のリーダーシップのもとに多くのワーカーが協働した。単なる「活動」という表現よりも、「運動」という表現の方がふさわしい。東ベンガルでそうであったように、彼は多くの人々を糾合して事にあたった。

　ボシュのカリスマ性やリーダーシップが、彼らの運動の原動力であり要であった。しかし、同時に彼のリーダーシップが受容されるベースが、地域の側にも存在していたことにも注目すべきである。彼は請われて各地を巡っていた。B村では、ボシュはB村の難民による招聘によって、活動を開始している。そして、村人達は単に受動的にボシュによる救済を望んでいたのではなく、自らもワーカーとなってボシュと協働していた。

　さらにいえば、ボシュが登場する前から、彼を招聘した人々によって、B村での様々な活動はすでに進行していた。このような受容のベースが、ボシュのリーダーシップが発揮される土壌となったのであり、彼の没後にその理念や活動が継承されることともなったと考えられる。

　従って、以下ではまずB村における、ボシュの難民リハビリテーション前史ともいえる部分について検討しておきたい。ボシュがいわゆる「チョンドロナト・ボシュ・スキーム」によって、ボーダー・エリアにおける難民リハビリテーションに本格的に取り組み始めたのは、『回想録』や現地での聞き取り調査の結果から考えると、1957年からである。しかし、第３章（２節３項）で述べたように、B村とその周辺ではすでに1950年代初頭に、現地の人々がいうところの一種の「キャンプ」が提供されていた時期がある。ムスリムが残していった家屋に住み、政府から毎月一定額の支給を受け、ローンも提供され、所有権は付与されなかったものの、農業のために土地が割り当てられていた人々がいた。

　B村での聞き取りでは、彼らの移住年は1949年から1952年までの間に限られ、出身地はノディア県のみであった。彼らはこの「キャンプ」生活の間に、さらに別の土地で小作をしたり、ローンによって土地を購入したりして、生活の基盤を築くために行動していた。そして半数が、この間にムスリムとの「財産交換」を実践していた。

　この「キャンプ」は、その後の自立を促すリハビリテーション的な役割を担っ

たと思われる。現地での聞き取りによれば、これにはタロク・バネルジーという、当時の西ベンガル州議会上院（West Bengal Legislative Council）の議員が[8]、これに深く関わっていたようである。世帯調査の過程でも、何人もの人々がバネルジーに言及していた。

1949年に移住してきたある人物は、バネルジーによって他の家族とともに連れて来られ、当座の生活支援を受けていたことを、次のように述べていた。

> タロクさんが、ここの集落に私達を連れてきました。全部で22の家族を連れてきました。タロクさんは難民がいるところを訪ねて回っていました。私達はムスリムの空き家に住んでいました。米やお金を貰っていました。どの家族にも10ビガの土地を与えるとも聞いていたのですが、その後タロクさんが亡くなってしまったので貰えませんでした。一緒に来た家族のうち、まだ7家族がここに住んでいます[9]。

当時18歳だったという別の人物は、バネルジーのことを次のように回想していた。州議会議員だったとはいえ、バネルジーもまたボシュのようなシンプルな人物であったらしい。

> タロク・バネルジーは地域のコングレス（国民会議派）のリーダーで、クリシュノノゴルに住んでいました。身なりは貧しい感じで、タイヤの草履を履いていました。私達ははじめバザールの所にいたのですが、この人が今のところに住むようにといいました。あの人はボーダーあたりを巡回していました。何か問題が生じていないか、2人の警察官と一緒に、車で見回っていました[10]。

バネルジーは政治家・議員であったが、多くの人々の評によれば、彼もまたボシュのように難民のために尽くした社会活動家的な面もあったようである。そして、彼の支援を受けたという世帯のなかには、「自分の父は支援を受けたのみな

---

8) 現在、西ベンガル州では州議会は一院制をとっており、West Bengal Legislative Assembly のみであるが、独立後1952年6月から1969年8月までは上院にあたる West Bengal Legislative Council が存在していた [West Bengal Legislative Assembly サイトより。http://wbassembly.gov.in/origin_growth.aspx、2018年9月14日閲覧]。

9) 1998年8月19日、フォリドプル県出身、60歳、ノモシュードロ・カーストより。

10) 1998年8月21日、ノディア県出身、62歳、マロ・カーストより。

らず、バネルジーと一緒に地域の難民支援に関わった」と述べる者もいた[11]。

バネルジーと関わった人物のなかには、その後ボシュの活動にも積極的に関わった人物も含まれている。1950年にB村に再定住したブリンダーボン・ボクト（Brindaban Bhakta）氏は、バネルジーが地域でおこなっていたことを次のように説明していた。

> タロクさんは、1950年から51、52年くらいの間に難民の仕事をしていました。この時にはまだ、後のバイナナマ（土地取得ローン）はありませんでしたので、タロクさんはムスリムが出て行った後の空いた土地に難民達を住まわせていました。ムスリムが残していった土地や牛を用いて、農業を始めさせました。土地も家もあるので、そこに住んで、農業をするように、毎月の生活費は支給するからといって、タロクさんがそうやって住まわせたのです[12]。

ボクト氏の述べるとおり、バネルジーがB村周辺地帯で難民に関わったのは、1950年代の初頭の時期、土地取得ローンが開始される以前のわずか数年のことであろう。ボシュ・スキームが対象としたキャンプ難民とは明らかに対象が異なり、彼が支援したのは1950年前後の早期の移住者である。まだまだリハビリテーションの政策的な動きがないなかで、ムスリムが残していったわずかの土地を活用し、レリーフとして金銭的支援をしていたようである。

ボシュとは異なり、バネルジーは社会的地位の高い公人であった。しかし、村々を回り、人々と言葉を交わす様子にはボシュ同様に市井に分け入る姿勢もうかがわれる。現在でも、個人の記憶にとどめられるほどの存在感もあったに違いない。ボクト氏はバネルジーとのやりとりについて、次のように記憶している。

> タロクさんは毎週、村の様子を見に来ていました。1951年の2月末にミーティングして、難民の要望を聞いてくれたことがあります。タロクさんは独身でした。国のために自らを捧げていました。私はタロクさんと親しくしていました。私はその場でタロクさんに尋ねました。「ミーティングをして、難民の諸問題について語っておられます。あなたは難民のためにいろいろとやってくれていますが、難民の子どもの教育のためにはまだ何もしてくれて

---

[11] 1998年8月18日、ノディア県出身、56歳、マロ・カーストより。
[12] 1998年8月21日、ブリンダーボン・ボクト氏より。

いません。」すると、「では、おまえが何人かの子どもを連れてきなさい。そこの木の根元のところに連れてきなさい。私が学校を始めよう」とおっしゃいました。そこで、私は 1 週間のうちに村の家々を回りました。勉強のためというよりも、お話をしようと誘って、はじめは 3 人の児童を連れてきました。私は朝に子どもを教えて、それ以外の時間は難民のための仕事をしていました。そしてその 7 か月後に、村に小学校ができて、私はそこの教師になりました[13]。

　ボクト氏の話からは、バネルジーが自発的に難民問題に取り組み、難民達にも自ら行動することを呼びかけていた様子がうかがえる。そして、ボクト氏や「父がバネルジーと一緒に難民支援に関わった」という先述のケースのように、彼とのやりとりにおいて自らも活動した難民達もいたのである。
　さらに、バネルジーとは関わりなく、正に難民達自身による自発的な地域活動をおこなっていた人々もいた。これらの人々も、後にはボシュと協働することになる。プルノ・チョンドロ・ショルカル（Purna Candra Sarkar）氏は、後にボシュの右腕的な存在となるハラン・チョンドロ・ビッシャス（Haran Candra Biswas）氏とのやりとりを、次のように回想していた。ボシュが B 村に関わる以前のことである。

　　私がインドに来たのは 1953 年で、しばらくはコルカタにいました。ハランさんと出会ったのは、私が B 村を訪ねたからです。私の友人が「（土地があるので）場所を見においで」と誘ったので、私は来てみたのです。来てみると、私達のような難民が沢山いました。その環境といったらとても恐ろしいものでした。土地の収穫物をめぐって争っていました。欠乏ためにそのようなことになっていたのです。その時、私は痛々しい思いをしました。彼らは将来どうするのだろう。こちらに来ても、今でも争いごとや喧嘩をしている。私はそれからもう、カルカッタへは戻らないことにしました。ここのいろいろな集落の指導的立場にある人々の間を回り始めました。
　　ハランさんはその当時、ある集落の小学校で教師をしていました。私はちょくちょくその小学校を訪ねたのですが、訪ねたらこう言ったものです。「教育を受けて、自己満足して、4 人の教師が座ってトランプをしているのですか。自分は満足して、あの難民達は争い、喧嘩、もめごとばかりで、お腹を

---

[13] 1996 年 3 月 7 日、ブリンダーボン・ボクト氏より。

空かせて、昼も夜もそんな風に暮らしているというのに。こんなのが教育の誇りなのか」。このように言っていた5、6か月後、ハランさんは私の自転車の後ろに乗って、こう言いました「兄さん、乗ったよ。あなたが言う通りにしよう」。それから彼をいろいろな集落へ連れて行きました。そして、ひとつのコミュニティをつくって仕事を始めました[14]。

ボシュがB村に来たのは、このような現地での難民リハビリテーション前史が進行していた最中である。ボシュが登場する以前から、すでに村には何人かの社会活動に関わる有志が存在していた。

ボクト氏によれば、ボシュがB村に来たのは1954年か1955年あたりのことである[15]。『回想録』では1954年に24ポルゴナス県でカレッジを設立し、1957年から本格的にボシュ・スキームが開始されたが、その前にも難民問題には関わっていたとある。よって、この間にB村を訪れて村人と交わり、活動のベースを構築していたと思われる。ショルカル氏とビッシャス氏のやりとりは、1953～54年あたりのことで、ボシュはその後に来た。ボシュと難民達によって設立されたというハイ・スクールの設立は1956年と、はっきりしているので、ボシュがB村と関わりだしたのはボクト氏の指摘する時期であろう。

そのボシュといかにコンタクトを取ったのか。ボシュは自分で選んだというよりも、B村の難民達の要請によって来た。年譜と重ね合わせると、話の内容は多少前後するが、ボクト氏の話からすると、ボシュが西ベンガル州に生活と活動の舞台を移した後の時期に、彼らはボシュとコンタクトを取って連れてきた。

　　1954～55年は、多くの難民がB村へ来ました。ジャングルを開拓して、村を開発しなければなりませんでした。それで、難民をうまく再定住させるために、私達は東ベンガルの（注：このインタビューでは、ボクト氏は「フォリドプルの」ではなく、「東ベンガルの」と述べていた）ガンディーと呼ばれたチョンドロナト・ボシュを連れてきました。その頃、ボシュは病気になっていたので、東パキスタン政府は彼をインドへ送っていました。それでコルカタに来たところで連絡を取って、連れてきたのです。B村に連れてきて、状況を見せて、ここを発展させるために仕事をしてくれと頼みました。私達は、彼を「ボシュ・モシャイ」と呼んでいました（注：「モシャイ（*maśāy*）」は英語のMr.に相当する丁

---

14) 1996年3月10日、プルノ・チョンドロ・ショルカル氏より。
15) 1998年8月21日、ブリンダーボン・ボクト氏より。

寧な呼びかけ）。7、8人と一緒に村を回って見て、「分かった。私はB村で仕事をしよう」とおっしゃいました[16]。

　以上のように、B村ではバネルジーや早期に来ていた難民達による様々な活動が、ボシュによる活動の前史として存在していた。こうした前史があったからこそ、ボシュのリーダーシップが受け入れられ、ボシュの没後も活動が受け継がれたといえよう。

2）ボーダー・エリアへの難民再定住

　ボシュによる難民リハビリテーション活動のひとつ、ボーダー・エリアへの難民再定住がどのように実践されていたのかについて、次に検討してみよう。彼は協働者とともに、各地の難民キャンプを回り、キャンプに滞留していた難民を連れだし、農村部、それも東パキスタンとのボーダー・エリアに土地を与えて再定住させた。この活動はB村に限らず、周辺一帯でおこなわれた。

　前節の『回想録』では、ひと家族あたり12ビガの農地と10カタ（0.5ビガ）の宅地、家屋を建設するためのハウジング・ローン、農業ローンが供与されたこと、ボシュによるスキームは1957年から開始され、1958年にかけてボーダー・エリアでの土地調達のために費やされたことなどが記述されていた。これらの諸点は、筆者によるB村での調査結果とも一致する。

　このスキームでは、政府が後ろ盾となり、資金的な裏付けはあったので、あとはいかに難民に提供できる土地を調達するかが、鍵となっていた。そのために、ボシュ達は精力的に土地の調達に取り組んだ。ただ、そのためにまずは土地の調達ありきとなり、土地の譲渡や維持の面で少なからぬ問題が生じたことは、第4章で検討した通りである。

　とはいえ、本来であれば難民自身が土地を調達すべきところをボシュ達が代行したことは、土地供与を受けた難民自身にとっても、またスキームの実施主体であった政府にとっても、大いに恩恵があったはずである。

　ボシュ達は、どのようにして土地を調達していたのだろうか。当時、ボシュと同行して、実際に活動をしていた前出のプルノ・チョンドロ・ショルカル氏は、次のように述懐していた。

[16] 1996年3月7日、ブリンダーボン・ボクト氏より。同様にショルカル氏も、彼らがボシュをB村に連れてきたと述べていた（1996年3月10日）。また、第3節第2項でのショルカル氏の述懐では、B村でボシュの右腕であったハラン・チョンドロ・ビッシャス氏は、東ベンガルにいる頃からのボシュの協働者であると述べられているので、ボシュとのコンタクトに困難はなかったのかも知れない。

私達は土地を持っている人々に呼びかけました。難民のリハビリテーションのために土地を出してくれたら、あなたがたはビガ当たり100ルピーを得ることができます。提供しようと思う人は来てくださいと、人々に知らせました。当時、土地はとても不足していました。私達は、土地を調達するためにいろいろな所へ行きました。「君達の兄弟・仲間達が、キャンプに留まっている。彼らは所在無しなのだ。彼らに親身になってやれ。君には20ビガある。そこから10ビガだせ。あるいは5ビガでもだせ。彼らを連れ出してくるのに、君達も協力するのだ」。このように呼びかけました。そして彼らは協力してくれました[17]。

　このように、ボシュ達は土地の調達のために方々へ出かけ、熱心に土地の提供を呼びかけていた。東ベンガルにいる時からのボシュの協働者であるというチョンドロ・シェコール・パンデ氏は、彼らの当時の気持ちを次のように語っていた。

　私達はキャンプを回って難民を連れて来ました。ノディア県のラナガト、ドゥブリア、24ポルゴナス県のバグジョラ、ボルドマン県など沢山のキャンプを回りました。すべてのキャンプを回ったと言ってもよいくらいです。難民の悲しみや苦労のことを考えながら動きました。彼らのために何かしなければいけないと思って[18]。

　土地の供出者には、より早い時期に東パキスタンから移住してきて、すでに土地を取得していた難民も含まれる。彼らのなかには、250ビガもの大規模な土地を入手していた者もいたが、それほどではない者も供出している。すでに名前を挙げたボクト氏、ショルカル氏、ビッシャス氏ら、ボシュの協働者達も、B村で取得した自分達の土地を供出した。ボクト氏の場合、こちらにきてムスリムから50ビガを包括委任（ただし、財産交換ではなく、お金で包括委任証書を購入した）で取得したが、その一部をボシュ・スキームにおいて6つの家族のために供出したと述べていた[19]。彼らは自らの身も削ってリハビリテーション活動を実践していたのである。

　当時、村には難民局の役人をはじめ、測量士、法律家、司法書士などの専門家

---

[17] 1996年3月10日、ブルノ・チョンドロ・ショルカル氏より。
[18] 1996年3月9日、チョンドロ・シェコール・パンデ氏より。
[19] 1998年8月21日、ブリンダーボン・ボクト氏より。

からなるチームが派遣されており、土地の供出者が現れると、土地書類などをその場でチェックし、必要な書類を作成して決裁のためにコルカタに送付していた。このように、彼の活動はひとつのスキームとして明確に機能していた。

　だが、このスキームにも問題がなかった訳ではない。第4章で指摘した通り、土地名義の確認が不十分であったり、ボーダーに近すぎたり、遠方に分散していて維持が困難だったり、土地の質が悪かったりして、実質的には活用が困難であったケースもみられた。土地所有者に支払う額がビガあたり一律に100ルピーとなっていたために、価値の低い土地から順に切り売りされた可能性も考えられるのである。

　最後に、ボシュ達の活動を、西ベンガル州における難民リハビリテーションの全体像において位置づけておきたい。ボシュによるスキームは、次の3つの特徴を持っていた。i) 農民出身の難民を農村部へリハビリテーションしたこと、ii) 東パキスタンとのボーダー・エリアにリハビリテーションしたこと、iii) ノモシュードロなどの低カーストが対象であったことである。

　第1の点は、政府による政策レベルにおいても考慮されていた点である。ボシュ・スキームは、政府による農村部での農民層のリハビリテーションを目的とした「土地取得ローン」の枠内で実施されたものである。またこれは、ショルカル氏が述べるように、現地では「チョンドロナト・ボシュ・スキーム」として、ボシュの名前を冠し、ボシュ達が導入したスキームとして理解されている。

　　　我々は、コルカタのオークランド（にあった難民局）に対して、チョンドロナト・ボシュの名前でひとつのスキームを実施する認可を願い出ました。ボシュの名前で難民をリハビリテーションする。政府は、そのようなスキームに認可を与えました[20]。

ボシュの没後に設立された「チョンドロナト・ボシュ奉仕協会」の事務局長を務めたチャルミヒル・ショルカル（Carumihir Sarkar）氏も、ボシュの方から政府に対して、ボーダー・エリアでリハビリテーションをしたいと要請をして、その結果、ボシュの名前でバエナナマ・スキーム（土地取得ローン）が認可されたと述べていた[21]。

　ショルカル氏はまた、『回想録』第1部において、「私の人生におけるチョンド

---

20) 1996年3月10日、プルノ・チョンドロ・ショルカル氏より。
21) 1998年9月3日、チャルミヒル・ショルカル氏より。

ロナト（āmār jībane candranāth）」と題して長大な文章を寄せているが、そのなかでボシュを、当時のリハビリテーション大臣であったプロフッロ・シェンに紹介したのは、ボシュと東ベンガルからの付き合いがあったハリジョン・シェボク・ションゴ（Harijan Sebak Saṃgha）のプリヨロンジョン・シェンであったと述べている。ボシュがノモシュードロ社会や難民の間で甚大な影響力を持っていることを、彼から聞いた大臣が、ボシュの名前でひとつのスキームを作り、ボーダー・エリアでのリハビリテーションをさせたというのである［CBSS 1995: 173-174］。

ショルカル氏の言及からは、ボシュと大臣のどちらが先に、スキームについて提案したのかは不明であるが、農民層のためのスキームが、ボシュの活動開始時に新たに設定されたということであろう。

第2の点、すなわち「ボーダー・エリア」に特化したリハビリテーションには、当時、西ベンガル州内では、ボーダー・エリアがまだ比較的人口圧が低かったために、ボーダー付近がリハビリテーションの対象地となっており、ボシュ達の活動もこれに該当する。しかし、ボシュの協働者達によれば、そこにはボシュの政治的意図も隠されていたとされる。ボーダーのセキュリティのために難民をボーダー・エリアにリハビリテーションしたというのである。チャルミヒル・ショルカル氏は、次のように語っていた。

> 当時、ボーダー・エリアには、リハビリテーションに限らず、難民達がやって来て再定住するために努力していました。ボーダーを守るために国境警備隊（Border Security Force）がいます。政府の職員です。しかし、ボーダーでは何が起こっているか。インドとバングラデシュ（東パキスタン）の間での密輸があります。「ボーダーを守るためには国境警備隊だけでは不十分だ。故郷を捨てて、この国に来て再定住する努力をしている人々、彼らを住まわせるべきだ。密輸のために拠点を作っているような連中に相対するには、難民としてやって来た彼らを住まわせろ」。そのようにボシュは政府に提案しました。また、ボーダー・エリアに難民が入ってきていたとはいえ、ボーダーには窃盗もありましたし、道路も学校もなかったので、難民達はボーダーからさらに内側へと移動する兆候も見せていました。それであの方は、政府に対して、ボーダーでのリハビリテーションを呼びかけたのです[22]。

つまり、ボシュは単により多くの土地調達が可能と期待していたのではなく、

---

22) 同上。

ボーダー・エリアの治安状況なども考慮していたというのである。ボーダー・エリアに流入した難民達が、さらに別の場所へ流れてしまい、ボーダーが空になってしまわないようにするために、さらに多くのキャンプ難民をリハビリテーションによって再定住させることで、ボーダー・エリアに安定的な地域社会を形成しようと考えていた。そのために、彼はリハビリテーションのみならず、教育機関の設立なども現地で積極的に進めた。それらが翻って、ボーダーのセキュリティも高めることにつながると考えていた。

　第3のノモシュードロなどの低カーストがリハビリテーションの対象になっていた点に関して、うえに述べたショルカル氏の回想では、リハビリテーション大臣は、ボシュのノモシュードロに対する影響力を見込んで、彼に仕事をさせたとある。しかし、ボシュの活動が依拠した「土地取得ローン」は政策的にノモシュードロや「低カースト」をターゲットとしていたのではない。第一義的対象は、あくまで（農民出身の）キャンプ難民であった。結果的に、あの時期に流入してキャンプ難民となった人々に多くの低カースト、それもノモシュードロが多く含まれていたにすぎない。

　しかしながら、キャンプ難民のボーダー・エリアへのリハビリテーションを進めるにあたって、ボシュ達は明確にこのことを意識していた。ボシュには農村部の指定カーストや指定部族の間で活動してきた経験があり、彼なりの信念があった。チャルミヒル・ショルカル氏は、この点について次のように述べていた。

> バイナ・スキームでリハビリテーションされた難民には、ノモシュードロが多かったのは確かです。ノモシュードロは闘争階級（fighting class）なので、ボーダーをしっかりと守ることができるだろうという、ひとつの明確な信念がチョンドロナト・ボシュにはありました。また、彼らはとても規律正しい人々であり、ボーダーで展開されている様々な不品行を取り除く事ができるだろう。彼らは勤勉なので、ボーダーの未耕作地を耕作できるようになれば、多くの収穫が得られるだろうし、彼らも生きて行くことができるだろう。農業をして、収穫を得ることができるだろうと考えていました。ですから、ボシュはノモシュードロを好んでいました。もしノモシュードロをボーダー・エリアに住まわせることができれば、セキュリティの点からも、国の発展の点からも、リハビリテーションの点からも奏功するだろうと考えていたのです[23]。

---

23) 同上。

ショルカル氏の表現は独特であるが、ボシュはノモシュードロ達が持っていた、困難に立ち向かうことができる資質に期待していたというのである。東ベンガルにおける活動でも、ノモシュードロらと協働した経験は豊富にあったはずで、そのことは西ベンガル州へ移ってからも変わらなかった。B 村での協働者であるボクト氏、パンデ氏、プルノ・チョンドロ・ショルカル氏、ビッシャス氏、そしてチャルミヒル・ショルカル氏らも全員、ノモシュードロ・カーストに属している。ボシュのこうした信念は、ドンドカロンノへの難民送致においても発揮された。

3）ドンドカロンノへの難民再定住

ボーダー・エリアでのリハビリテーションをおこなっていたボシュが、次に取り組んだのが、ドンドカロンノへの難民送致である。すでに述べたように、ドンドカロンノ・プロジェクトの政策的な意図は、西ベンガル州以外で難民リハビリテーションを進めることにあった。それも未開拓の地に難民を入植させることであった。

ドンドカロンノ・プロジェクトは当初から難民達には不評であった。にもかかわらず、『回想録』によれば、ボシュは政府と連携を取りながらドンドカロンノへの難民送致の可能性を検討し、実際に視察に出かけて、その結果を当時のラエ州首相に報告し、難民を現地へ送致しようとした。しかし結果的には、ボシュと当局との間の不和によって、難民送致はうまく行かなかったとされる。

ここでは、ドンドカロンノ・プロジェクトにおいて、ボシュは何を期待され、どのような役割を担ったのか、そして、彼自身がこれに関わった意図について検討する。ボシュの協働者、特に実際にドンドカロンノへの視察にボシュと同行したチャルミヒル・ショルカル氏の回想とともに考えてみたい。

『回想録』やボシュの協働者達の話によれば、ボシュはそもそも自ら希望してドンドカロンノに関わったのではない。前節で見たとおり、リハビリテーション大臣など政府の側、とりわけ当時の西ベンガル州首相のビダン・チョンドロ・ラエによる要請によって、ボシュはドンドカロンノに取り組んだとされる。ショルカル氏は、『回想録』の第 1 部において、ラエ首相とボシュのやりとりを次のように振り返っている。

> Dr. ビダン・ラエは、チョンドロナトを呼んで次のようにおっしゃった。難民リハビリテーションのためにドンドカロンノ・プロジェクトをつくったのだが、様々な風評のために難民達は行きたがっていない。君は彼らに多大

な影響力を持ち、信頼されていると私は聞いた。もし君が彼らに言えば、彼らはドンドカロンノへ行って、うまく生計の道を獲得できるだろう。それを聞いてチョンドロナトは、手を合わせて Dr. ラエに答えました。Dr. ラエができないことを、私のような、取るに足らない一個人がどうやってできるでしょう。すると Dr. ラエは右手を挙げて、もし神が望まれることならば、チョンドロナト、君はその仕事をやり遂げることができるだろうとおっしゃった。チョンドロナトは慇懃に答えた。私がうまく仕事をやり遂げることができるように、どうぞ祝福をお与えください。しかし、その前に一度ドンドカロンノ・プロジェクトを視察する機会をお与えください ［CBSS 1995: 174］。

　このように、ラエ首相がボシュに求めたことは単純明快であった。難民達はドンドカロンノへ行きたがっていないので、彼らの間で人望のあるボシュを使って行かせようとしたのである。ボシュは、ドンドカロンノへ行くことを難民に納得させ、送致する役割を期待された。

　だが、ボシュの方は慎重を期している。事前に現地を視察したいと要望したのである。そこで4名から成る視察団が結成された。ショルカル氏もその1名であった。彼らは1960年12月に現地へ出かけた。行ってみると、ドンドカロンノはやはり評判通りの所であった。環境は厳しく、政府がリハビリテーションとして土地、農業を進めるための農耕牛、現金などを支給していたが、生活インフラはまだまだ未整備の状態だった。ショルカル氏は次のように回想している[24]。

　　ドンドカロンノへ行ってみると、政府は広大な森林地帯にプロジェクトを進めていて、人間が居住できる場所は少ない状態でした。丘陵、山岳、ジャングルといった環境で、わずかな場所に人間が居住できる程度でした。しかもひとつの州ではなく、オリッサ州とマディヤ・プラデーシュ州に跨っていました。それぞれの村で、各世帯に対して、宅地として2ビガ、農地として18ビガが配分されていました。しかし、農地は宅地のすぐそばという訳ではなく、少し離れたところに分散してありました。それに加えて、2頭の牛と鋤、1頭の牛車用の牛、2,000ルピーの現金が渡されていました。それで

---

[24] ショルカル氏は、『回想録』第1部の寄稿文「私の人生におけるチョンドロナト」においても、ドンドカロンノ視察について言及しているものの、現地の状況については詳しく述べていない。ノモシュードロ運動の指導者であったジョゲンドロナト・モンドルも同行するように誘ったが叶わなかったこと、現地で着替えがなくて（彼の妻が誤って荷造りした）ずっと同じ服を着ていたこと、現地では1週間ほどの視察期間のなかで、ボシュが24時間のうち18時間を視察時間に割り当てようとしたので、大変だったことなど、苦労話を中心とした記述内容となっている。

農業を始めるようにと言われていたのです。定期市やマーケットもできるだろうとのことでした。政府の役人達は、このように我々を村々に連れて行って見せてくれました。しかしそのなかで、政府の準備のなかには、まだまだ多くの不備があることが分かりました。灌漑施設が整っていませんでしたし、電力供給、学校施設、病院なども十分ではありませんでした[25]。

ショルカル氏らは、現地では基本的には役人に案内をして貰ったようだが、個別に家を回り、リハビリテーションされた当の本人達とも積極的に面接して、状況を探ろうとした。

あの方は我々と一緒にも行きましたし、その後ひとりでも行かれました。私達と一緒に行った時にも、リハビリテーションを受けた村々を回り、家々を訪ねました。君達は何を作っているのか。私達は君達の家に来たが、私達をもてなすために定期市やマーケットへ行く必要はない。君が作ったもの、稲作をしていてもし米があるならご飯を、牛がいてミルクがあるならミルクを、もし魚を入手できるなら魚を、君達が作ったものを、少しでも良いので、可能ならば君の家で食事をさせてもらおう。このようにしてあの方は、どのような問題があるかを見いだそうとしました[26]。

彼らは熱心に現地視察をおこない、その結果をラエ首相に報告して、不備な点の改善を促した。これを踏まえて、ボシュ達は難民をドンドカロンノへ送致する決断をおこなった。

整備できている点も不備のある点も、すべてラエ首相に報告しました。改善すべき点を報告しました。それから、我々は大体のできることをやったので、現地へ行く人を募ろうということになり、あの方は我々を各地のキャンプに送りました[27]。

以上のように、ボシュはドンドカロンノが厳しい環境にあり、インフラ整備もまだまだ進んでいない状況を認識していた。にもかかわらず、彼はコルカタに戻っ

---

[25] 1998年9月3日・4日、チャルミヒル・ショルカル氏より。
[26] 同上。
[27] 同上。

てラエ首相に報告をおこない、ドンドカロンノ・プロジェクトに難民を送致することを決断する。

　ドンドカロンノに関わることは、難民リハビリテーション活動に関して大きな変更をボシュに迫ることにもなった。すなわち、それまで進めてきたボーダー・エリアでのリハビリテーションからドンドカロンノへと仕事の重心を移さざるを得なかったのである。そして、実はそこには政府の意図も介在していた。つまり、ボーダー・エリアでのリハビリテーションの機会が得られるとしたら、難民達は余計にドンドカロンノへは行きたがらない。よって、政府は前者を縮小または中断させることで、ドンドカロンノへ難民を向かわせようとしたのである。ショルカル氏はこの点について、次のように述べていた。

> 難民は他所へは行きたがらなかったので、バエナナマ・スキームをやっていれば、誰もわざわざドンドカロンノへは行きたがらないですよね。だから、ラエ首相はボシュに対してドンドカロンノへ行けと言ったのです。君が行けば、難民はみな大挙して行くだろうと[28]。

　彼のそれまでの難民リハビリテーション活動に大きな変更を迫り、かつその現状も多くの課題を抱えるドンドカロンノ・プロジェクトであったが、なぜボシュは難民を現地へ送ることを決断したのであろうか。ショルカル氏は次のように説明する。

> あの方は事の大変さを分かっていました。しかし、各地のキャンプにいる人々は、人間性のうえでも、肉体的、経済的、社会的にも、あらゆる点から全く力を失っていたのです。そのよう状況下であったので、たとえ好ましくない環境であっても、どんなところへでも（とボシュは考えたのです）。そして、キャンプにいた人々、とりわけ社会において、あの方はそうした人々のなかで仕事をしたのですが、蔑まれ、踏みつけられ、虐げられていた人々には無限の力があるし、彼らは物事に立ち向かうことができる。だから、もし足元にわずかの土でも得られれば、彼らの資質でもって、生きて行くことができるだろう。たとえそれが山のなかであってもジャングルであっても。いかに好ましくない状況であっても、それ故に彼らは少しずつ、そうした状況を打ち消していくだろうし、彼らはどんなことをしても生きるための闘いをする

28）同上。

だろう。このように考えていたのです[29]。

　ボシュはボーダー・エリアでもそうであったように、難民自身の生命力、それも社会の底辺に位置づけられてきた人々の忍耐力に大いに期待していた。評判の良くなかったドンドカロンノ・プロジェクトに対して、政府が要請したからといって単純に難民送致の役割に同意したのではなく、厳しい条件など全てを分かったうえで、あえて難民を送ることを決断した訳である。一見したところ、政府にとって都合の良いように利用されているようで、ボシュ自身は自分なりの判断をしたということなのであろう[30]。

　ところが、その決断も虚しく、ボシュはドンドカロンノへ難民を送ることができなかった。前節の『回想録』第3部では、「もし難民局の職員による、ボシュ対する敵意（*bidvbeṣ*）や派閥主義（*dalādali*）がなければ、彼によってドンドカロンノには250家族が送られるところであった。インド政府の職員は自分達の力不足の裏返しとして、ボシュに対して憤慨していた」とある。いったい何がボシュと難民当局の間にあったのであろうか。ショルカル氏は次のように説明する。

　　　当時キャンプ難民は、キャンプに長く滞留しながら現金支給などの支援を貰っていました。何もしなくても食べていける状況がありました。そして、キャンプで働く職員も、その利害関係者となっていました。職員はキャンプのなかでいろいろな不良行為もさせていましたし、キャンプ難民がいなくなれば自分達は職を失うと考えていました[31]。

　政府の現場職員達も難民送致に反対したという、ここでのショルカル氏の説明はかなり深読み的である。ドンドカロンノから帰着後、ボシュは協働者達を各地のキャンプへ送って、送致候補者を募ろうとした。ショルカル氏は、おそらくその時に現場で目にした状況を述べているのであろう。キャンプ難民の存在が、難民にとってもその世話をする職員にとっても相互に利益をもたらしていたというのである。

29）同上。
30）ドンドカロンノへノモシュードロ難民を送致しようとした政府の意図について、Kudaisya［1995: 91］は米の耕作に慣れた農民コミュニティであるノモシュードロを定住させることができれば、それが現地の「原始的な部族民」に対して、デモンストレーション効果をもたらすと期待されていたと指摘している。
31）1998年9月4日、チャルミヒル・ショルカル氏より。

第 5 章　ノモシュードロ：リハビリテーション活動と社会開発　　223

　だが当時、本当に政府職員がボシュに反発していたとしたら、問題はむしろ別の所にあったのではないだろうか。「ボシュに対する敵意や憤慨、派閥主義があった」という、先の『回想録』第 3 部からの引用からすれば、むしろ政府の職員でもない、彼らからすると素性の知れない（それもタイヤの草履を履いた貧しい身なりの）民間人が、彼らのプロジェクトに関わっていること自体に反発していたのではないだろうか。たとえラエ首相らとは知己であり、本当に上述のようなやりとりがあったとしても、現場の職員達には受け入れられなかったことも考えられよう。

　話の脈絡は若干それるが、前節の活動歴を見ても分かるとおり、ボシュは長い社会活動の過程において、しばしば人々の反発を受けている。東ベンガルでは、貧しい人々や低カーストのために活動をすることは、その対局にいる人々、すなわち、彼らが貧しいことで利益を得ている地主層からの反発を生んだ。それだけではなく、利益に与れない人々の妬みを生んで発砲事件に至ったこともある。西ベンガル州では、カレッジを設立したものの、その恩恵を受ける当の人々からの反発を受けて、現地を後にしている。ボシュは何かを始めるたびに、賛同者を得る一方で、他方では常に批判者や反対者に直面していたのであろう。ドンドカロンノに関しても、政府職員との間に感情のねじれが生まれ、反発を受けたとしても不思議ではない。

　もうひとつの問題は、ボシュが体現していた「奉仕（*sebā*）」というもの自体の存在意義に関わっていた可能性もある。時代が下るにつれて、彼の奉仕が、社会において受け入れられなくなっていたかも知れないのである。ドンドカロンノではなく、別の脈絡であるが、ショルカル氏は次のように述懐していた。

　　1971 〜 72 年あたりのことです。私はあの方に新しい計画はしない方がいいと言いました。たとえこれまでがうまくいったとしても、次の所ではうまくいかないかも知れない。でもあの方は、「何を言っているのだ、おまえもまた同じようにやって行くのだ」とおっしゃいました。ところが、新しい計画をやろうとしたときに、人々がそれを受け入れませんでした。そこであの方はひとつのつまずきを経験しました。なぜなのか。私は自分のためではなく、彼らへの奉仕のために来たのに。彼らが私を呼んだのに。なのにもう私達は必要ないとは。その時に、あの方は悟りました。少しずつ、人々のなかに変化が生じてしまったことを。人々は全体の発展のことを考えず、自己中心的に（*byākti kendrik*）なってしまっていたのです。政府にしても、国に関わることはすべて自分達によってやりたいと考えるようになりました。選挙

の季節が来ると、我々はこれをしましょう、あれをしましょうと宣伝をするようになりました。そうなったら、チョンドロナト・ボシュの必要性はどこにありましょうか？ もし政府が、州議会議員が、大臣がすべてやってくれるというなら、チョンドロナト・ボシュの必要はどこにありますか。人々の奉仕の精神は少しずつなくなり、自己中心的となってしまったのです。そうなってしまうと、もう奉仕の仕事は通用しない。そのことをあの方は、私と2人で列車に乗っているときにおっしゃいました[32]。

ショルカル氏の述懐は、ドンドカロンノの件からさらに10年ほど後のことである。ボシュの奔放で型破りな社会奉仕のスタイルは、独立後に世の中の仕組みがますます制度化されていくなかで、受け入れられなくなって行ったのかも知れない。そして、その萌芽はすでにドンドカロンノのプロジェクトに関わった時にも存在していて、制度の枠組みから外れているボシュの存在は政府職員から大きな反発を受けた、このような解釈もできるのではないだろうか。ボシュにおいても、大きな葛藤があったのである。

第3節　難民再定住から社会開発へ

（1）難民の記憶と社会開発

本節では、チョンドロナト・ボシュとともに協働した人々が、どのようにボシュという人物を認識し、彼の社会奉仕の精神を咀嚼し、彼ら自身の経験を受け継いで現在の活動へと至っているのか、この点について考えてみたい。

ボシュはローカルな存在であるが、「フォリドプルのガンディー」と呼ばれたことには、それなりの理由があったはずである。本章の冒頭で紹介したとおり、彼のシンプルな容姿と服装、人々へのために尽くしたことなどがガンディーを彷彿とさせた。さらに、自ら断食をして人々を説得する様も、まるでガンディーの如くである。ローカルなレベルであったにせよ、ボシュがそれなりのカリスマ性を備え、それが彼のリーダーシップを補完していたことは疑いない。

ボシュは、独身を通したので妻子はなかった。決まった住所もなく、住所不定であった。彼なりの宗教心の強さを持ち合わせていて、何度も各地の聖地へ巡礼

---
32) 同上。

に出かけたし、突然に巡礼に出かけてしまうこともあった。信念の人であったことも間違いないが、同時に身軽な自由人という側面も持ち合わせていたに違いない。ボシュの古い協働者であるボクト氏は、次のようなエピソードを語っていた。

> 1956 年に B 村にハイ・スクールができてしばらく後のこと、ボシュ・モシャイはコルカタへ行き、7 日後に戻ってきて、みんなを集めておっしゃいました。「学校の校庭でナム・ジョッゴ（神の御名を詠唱する宗教行事）をするぞ。」私達はそのことを事前には知りませんでした。突然に言い出されたのです。学校の校庭に会場を設置して、外から 7 つの演奏家のグループを呼んできて、3 日間に渡って開催しました。あの方は初日から三日三晩の間、ずっと会場の一角に仏陀のように座っていました。誰とも話をすることなく、ただ涙を流しながら、行事に没頭していました。（中略）行事が終了し、演奏家への支払いも済ませると、あの方の姿が見えなくなりました。どこにもいない。村のなかにはいない。誰に尋ねても分からない。コルカタに連絡しても分からない。1 か月の間、居所が知れませんでした。ところが、1 か月後に突然に B 村に現れました。誰にも告げることなく、いったいどこへ行っていたのですかと訪ねると、聖地ヴリンダーヴァンへ行っていたのだということでした[33]。

普通の人であれば、我が儘で身勝手な行為と片付けられかねないこのような行状も、ボシュにあっては思い出深いエピソードとして想起されている。自由奔放さと人を魅了するカリスマ性を兼ね備えていたということなのであろう。

そして何よりも、彼の協働者達にとっては、ボシュは彼らが活動を続けていくうえでの心の拠り所となり、原動力となっていた。プルノ・チョンドロ・ショルカル氏の次の言葉にそれは表れている。

> あの方は、慈善家であり、愛国者であり、偉人でした。「フォリドプルのガンディー」と呼ばれていました。ガンディーがインドのためにおこなったように、それをなぞらえて、あの方にもその名が与えられました。ここで、命が潰えるまで、息の途絶えるまで、社会活動をして、生涯を費やしたのです。人々のために仕事をして、悲惨な状況に奉仕しました。あの方には信念がありました。私達も、あの方をひとりの偉人として、尊敬し、認めていま

---

[33] 1996 年 3 月 7 日、ブリンダーボン・ボクト氏より。

した。私達は一緒に仕事をしました。私達の熱意はあの方が与えてくれたものです。私達はあの方の言葉に鼓舞されて、いくらかの仕事に参加することができました。ですから、私達は幸運であったと思っています[34]。

　協働者達は、ボシュの信念や奉仕の精神を認め高く評価していた。そして彼ら自身がそれを実践していくうえで、ボシュは彼らの精神的な支柱となっていたのである。では、その実践において、彼らはボシュから何を学んだのであろうか。そのひとつは、人々が協働することの重要性であった。チャルミヒル・ショルカル氏の言葉を引用してみよう。

　　あの方は政府に依存してはいませんでした。人々への奉仕をしましたが、それは人々を頼ってのことなのです。すなわち、政府は私を支援するでしょう、だが私はその支援でもって人々への奉仕をおこなうのではない。私は人々から（支援を）受けて、人々への奉仕をするのだ。これがボシュの哲学だったのです。あの方は人間が好きでした。ですから、抑圧された人々や蔑まれている人々だけでなく、やや裕福な人々のなかにも、もし奉仕の心を焚き付けるができたなら、そうした人々も支援のために進み出てくるだろうとさえ考えていました[35]。

　彼らがボシュから学んだことは、奉仕の精神のみならず、人々が協働することであった。政府による上からの救済や援助ではなく、当事者自身の主体的参加と自助努力によって事を成そうという姿勢を彼らは学んだ。
　このことは、その裏返しとして、政府ではなく自分達で何かをやり遂げたという自負や、政府ができないことを自分達はやったという自負を、彼らのなかに生んでいる。ボシュが関わった2つのリハビリテーション活動は、いずれも政府絡みのものであった。見方によっては、彼らは単に政府の手先としてキャンプを回り、ボーダー・エリアで土地を調達したのであり、難民をドンドカロンノに送るために利用されたすぎないと切り捨てることも可能であろう。
　だが、当人達の認識は正反対である。パンデ氏は、「政府が失敗したところ、人々が政府の話を信用せずに、聞いていなかったところで、我々は活動したのです。人々は、チョンドロナト・ボシュが来れば、私達は話を聞こうと言っていました。

---

34) 1996年3月10日、ブルノ・チョンドロ・ショルカル氏より。
35) 1998年9月3日、チャルミヒル・ショルカル氏より。

だから政府は我々に行かせたのです」と述べていた[36]。チャルミヒル・ショルカル氏も同様に、「政府に対しては信用がありませんでしたが、あの方は向こうで人々のために尽くしていたので、あの方の言うことならば人々は聞くだろうと考えられていました。(中略)そして、インド政府ができていないこと、西ベンガル州政府ができていないこと、その責任がボシュの双肩にかかったのです」と述べていた[37]。このように、彼らの認識では、自分達は政府によって利用されたどころか、政府の失敗を肩代わりしてやったのだというのである。

政府が力不足であったところ、政府ができなかったことを自分達は実践してきたという自負は、自分達こそが地域の開発者であるという認識と自負をももたらしている。そして、この認識は世代を通じて語り継がれようとしている。筆者がB村へ調査に入るようになってからも、次々にボシュの協働者が鬼籍に入っている。何度も言葉を引用しているプルノ・チョンドロ・ショルカル氏もそのひとりである。一度インタビューをしたのみで、筆者が在村中に亡くなられてしまった。その時、ショルカル氏の死を悼んで多くの人が集い、弔辞を述べたのであるが、そこで繰り返し述べられたのが、ショルカル氏をはじめ、彼らが難民として西ベンガルにやって来て、いかに地域の発展のために尽くしたかであった。弔辞の一部を紹介してみたい。

> 今日、彼らとともに仕事をされた人々の多くが亡くなられています。ひとり、またひとりと亡くなられていきます。しかし、彼らの見識、彼らのひたむきさ、彼らの誠実さ、彼らの激励、そして彼らが地域のために成したことを、我々は時を通じて、思いとどめます。私達に彼らが与えてくれた幾多のことがら。私達は人間らしく、顔を上げて生きています。私達の教育、私達の文化、私達は今では読み書きを習い、一人前になることができました。東ベンガルの難民の間では、それらが何もなかったのです。彼らのおかげで多くの雨嵐をやり過ごすことができました。そうしたなかで、私達を生かしてくれたのです。そのひとりが、今日、私達のところから去りゆかれました。大きな悲しみと哀惜の念を私達は噛みしめています[38]。

B村においても、ボシュ達の活動によって、難民リハビリテーションのみなら

---

[36] 1996年3月9日、チョンドロ・シェコール・パンデ氏より。
[37] 1998年9月3日、チャルミヒル・ショルカル氏より。
[38] 1997年8月27日、集まりの冒頭で、司会役を勤めた人物によって発言されたプルノ・チョンドロ・ショルカル氏への弔辞から。

ず、小学校からカレッジに至るまでの教育機関が設立されている。難民としての記憶とともに、ここは自分達が来る前には何もなかったのであり、自分達が難民としてきたからこそ、この地域が発展したのだという、地域の開発者としての強い意識が彼らの間で共有されている。彼らの開発はインフラ整備というよりも、難民が再定住して生活の基盤を築くこと、彼らの子弟が教育を受けることなど、社会開発に属する要素が強いことが特徴的である。

　以上のように、B村のボシュの協働者達は、ボシュという存在を彼らなりに受け止め、彼の奉仕の精神を咀嚼し、記憶にとどめ、受け継いできた。次に、ボシュが没して以降の、彼らの活動について検討する。

（2）難民再定住のその後——教育機関、ＮＧＯの設立

　ボシュの協働者達によるその後の活動について語るうえで欠かせないのは、ボシュの名前を冠して設立された「チョンドロナト・ボシュ奉仕協会」（以下、「奉仕協会」とする）というNGO団体である。ボシュが亡くなったのは1979年6月2日だが、その直後、6月17日に設立されている。翌1980年には政府登録団体となっている。現在では外国からの資金受け取りも認可されている。

　ボシュの没後、わずか2週間あまりで設立されたことには理由がある。ボシュの生前から、団体設立が画策されていたからである。ボシュが亡くなる前から、彼の協働者達はボシュが体現してきた理念や使命を自分達のものとして受容し、受け継いで行こうとしていた。奉仕協会の事務局長を務めるチャルミヒル・ショルカル氏は、ボシュの寿命が尽きようとする時期に、ハラン・チョンドロ・ビッシャス氏と語りあったことを、次のように回想している。

　　　ハランは私よりも年下でした。弟のように思っていました。私は彼に尋ねました。ハラン、チョンドロナト・ボシュはもう私達と一緒にはいない。逝ってしまう。おまえはどう考える。おまえはあの方と長年仕事をした。私はこちらに来てからだが、おまえは向こうから一緒に始めている。おまえは私より年下だが、その点では自分より年長だ。何をすべきだろうか？　あの方と一緒に社会奉仕に関わってきて、我々はあの方の理念を見てきた。我々は黙って座したままで良いのだろうか。人間はみな不死の存在ではない。その日は誰にでも来る。あの方は最後の呼吸をしようとしている。あの方の仕事、理念、先鞭をつけられたこと、見識をどのように人々の間で受け継いで行けば良いのか。おまえはどう考えるのだ。ハランは答えました。兄さん、私達は

団体を設立しよう。名前はどうするのだと聞くと、チョンドロナト・ボシュ・セバ・ションゴにしようと、ハランは言いました。私も、全く同じ事を考えていたので、とてもうれしく思いました。団体を設立して、あの方の理念を人々の間に広めよう、永遠に理念が続くために。社会奉仕を人々が受け入れるように[39]。

奉仕協会の設立趣意や活動内容については、『回想録』において独立の章が設けられて、チャルミヒル・ショルカル氏による解説が収録されている。奉仕協会の理念と目的については、「階層、宗教、カーストの違いに関わらず、人々の社会福祉と共同体のための活動をおこなうこと」と述べられている［CBSS 1995: Se-12］。そして、その実現のための具体的な方策として、以下の項目が列挙されている。

  i）孤児院の設立と運営
  ii）初等教育機関の設立及び職業、社会、教育に関わる諸機関の設立と運営
  iii）指定カーストその他の貧困層の生徒に対する無償の寄宿、食事等の提供
  iv）道路整備、ゴミや排水処理、健康維持や適切な治療機会の提供
  v）自然災害や緊急事態における救援活動
  vi）人々の倫理的、宗教的、文化的発展のために必要な支援と協働
  vii）上記のような各種活動を進めるとともに、その理念や目的のために各種団体とあらゆる協働をおこなうこと［同上：Se-12-13］。

掲げられている活動は、孤児院や健康衛生などの「社会福祉分野」、学校設立や文化振興などの「教育分野」、自然災害救援などの「緊急救援分野」の3つの大別できる[40]。以下に紹介する通り、奉仕協会は実際にかなりの活動を実現してきた。

39）1998年9月4日、チャルミヒル・ショルカル氏より。
40）以上の活動趣旨に加えて、1989年の総会において、以下の諸分野も新たに加えられた。i）指定カースト、指定部族、寡婦、身寄りのない人々への支援、ii）児童福祉、iii）女性福祉、iv）身体障害者、精神障害者の福祉、v）薬物中毒者の更生支援、vi）身寄りのない寡婦、指定カースト、指定部族の女性への経済的支援、vii）社会的弱者の児童や成年への無償での教育の提供、viii）社会的弱者の高齢者への支援、ix）人道的、倫理的、社会的、文化的教育の提供、x）社会的弱者の生後6か月から5歳までの児童のためのデイ・ケア・センターの設立、xi）中央政府の規定に基づく教育や開発計画の受託、xii）指定カースト、指定部族その他の下層及び、少数派の人々向けの食糧、衣料、住居、健康、教育、就業支援。奉仕協会が運営している指定カースト、指定部族向けの学校や職業訓練校、養老院の運営などは、これらの目標のいくつかが実施に移されているものと見ることができる。しかし、健康・医療分野の活動は、当初より目標として掲げられているものの、実現が困難な状況が続いている。

その状況について、2000〜2001年度の年次報告書（"The 21th Annual Report; 2000-2001"）に紹介されている項目を中心に見ていきたい。なお、奉仕協会の本部住所はコルカタに置かれており、会員は同報告書の時点で80名が登録されている。同報告書では、以下の5つの施設・活動を奉仕協会の活動内容として挙げている。

ⅰ）チョンドロナト・ボシュ孤児院（*Candranāth Basu Anāth Aśram*）

　1980年設立。18歳までの児童100名（定員）を収容している。運営経費の90%は西ベンガル州政府から得ている。3階建ての建物はLutheran World Service（India）というNGOからの支援で建設。教室は国会議員の支援による。後期中等教育までの教育支援。仕立て、ガーデニング、野菜・果実栽培などの職業訓練の提供。

ⅱ）チョンドロナト・ボシュ学院（*Candranāth Basu Bidyāmandir*）

　指定カースト、指定部族のための教育施設。1990年設立。中央政府のMinistry of Social Justice & Empowermentからの財政支援による。現在の生徒数は800人以上。保育部から第8学年まで。給食、衣服、本・文房具などの支給。当初の建物はLutheran World Service（India）による。新しい建物は国会議員の支援による。

ⅲ）チョンドロナト・ボシュ職業訓練校（Candranath Basu Industrial Training Institute）

　1993年設立。中央政府認可。指定カースト、指定部族向けに、仕立て、速記とタイプライティング、皮革加工、ラジオ・テレビ修理の4つの分野での職業訓練の提供。

ⅳ）チョンドロナト・ボシュ養老院（*Candranāth Basu Sebā Nikuñja*）

　1992年設立。中央政府のMinistry of Social Justice & Empowermentの認可と財政支援による。30名収容。無料で宿泊、食事、医療、衣服などを入居者に支給。活動能力に応じて、厨房補助、ガーデニング、竹加工、敷物加工などの作業機会も提供。

ⅴ）砒素汚染対策プロジェクト（Candranath Basu Project for mitigating arsenic problems and supply of pure drinking water to the inmates of the asram and inhabitants of locality）

　日本政府の資金援助により、地下水サンプルの採取と分析、砒素による健康被害調査、啓発キャンペーン等を実施。B村とその周辺に7基の砒素除去装置を設置。

以上の 5 つの分野について、若干の補足説明をしておきたい。i) の孤児院は B 村から数キロ離れた場所に設立されている。初等教育までは孤児院内で受けることができて、それ以降は外部の学校へ通うことができる。奉仕協会の運営会長であるモンゴル・チョンドロ・モウリク（Mangal Candra Moulic）氏によれば、児童は孤児ばかりではなく、家庭の事情で教育を受けることができない者も含まれている。設立は奉仕協会による。この施設のみ B 村の村外にあるが、その理由は、たまたま現在地に土地の寄贈を受けることができたからとのことである。運営経費の 9 割は州政府が負っている。入所申請は地域の開発オフィス（Block Development Office）を通じておこない、許可は州政府の機関が出して、各地の施設に児童を振り分ける。

　ii)、iii)、iv) の各施設は B 村内に設置されている。これらはひとつのコンプレックス内に配置されており、全体を奉仕協会の人々や地域の人々は「アシュロム（āśram）」と呼んでいる。敷地は当初、B 村のハイ・スクールでサンスクリット語の教師を務めていたニクンジョ・ビハリ・パル氏によって 10 ビガ（3 エーカー）が寄付されたことに始まる。そこにまず養老院が設立された。その後、施設の拡充に伴って、奉仕協会が周辺の土地 20 ビガ（6.6 エーカー）を取得した。奉仕協会が運営する計 30 ビガ（9.9 エーカー）の土地には農地も含まれており、農作物の自家消費後の余剰分は売却して運営経費の足しにしている[41]。

　ii) の学院は中央政府のプログラムによって資金を得ている[42]。指定カーストと指定部族、及び「その他の後進諸階級（Other Backward Class）」に属する児童も学んでいる。教室前には広大なグラウンドもある。

　iii) の職業訓練校も中央政府によって資金が提供されている。受講生は指定カースト、指定部族、その他の後進諸階級で 90% 以上を占めているとのことである。

　iv) の養老院も中央政府の資金による。よってこちらも手続き上は、奉仕協会が直接入居を受け付けるというよりも、政府の窓口での入居資格審査が実施されて、受け入れの可否が決定される。60 歳以上の身寄りのない高齢者が対象となっている。2000 〜 2001 年度の報告書によれば、近年では社会制度の急激な変容と拡大家族の崩壊によって、裕福な家庭の人々からも、自費で構わないので入居させてほしいとの要望が寄せられているとのことである。

---

41) 同奉仕協会の 1994 〜 95 年度の年次報告書（"The 15th Annual Report; 1994-95", p. 15）より。
42) 2009 年 1 月現在で聞いたところでは、ここ 5 年間ほど中央政府から資金が下りてきていないとのことであった。中央政府からの資金を得るためには、手続き上、州政府の推薦が必要だが、それを入手できない事態が続いているとのことであった。学校の教師は、ここ 3 年間は無給で働いているとのことであった。

ⅴ）の砒素汚染対策事業は1990年代半ばより開始されている。地下水に大量の砒素が含まれ、それを摂取することでの深刻な健康被害が、インドの西ベンガル州から、隣接するバングラデシュのエリアで報告されている。B村もその領域内に入っており、奉仕協会では、各方面からの支援と連携により、様々な対策事業を行ってきた。

活動の一環として、1998年に日本政府の「草の根無償資金協力」プログラムから資金を獲得したこともある[43]。これにより、B村を含む周辺の「テハットⅠ」と「テハットⅡ」の開発ブロック地域内において、先述のように地下水サンプルの採取と分析、砒素による健康被害調査、啓発キャンペーン等を実施した。また、B村とその周辺に7基の砒素除去装置の設置もおこなっている。

以上が、奉仕協会による主要な活動である。1979年の設立以降、奉仕協会は少しずつその活動を拡大してきた。ⅴ）の砒素対策事業を除くと、運営はすべて州政府と中央政府からの資金援助に大きく依存している。政府の資金を獲得するには、政治家とのつながりなど政治力も必要である。奉仕協会では様々な行事の開催など、ことあるごとに有力な政治家を招いてコネクションづくりに余念がない。この点は、人々との協働で手作りの活動をおこなってきたチョンドロナト・ボシュの進め方とは異なるかも知れない。だが、孤児、指定カーストや指定部族、身寄りのない高齢者など、社会的弱者のための福祉事業を中心に据えるとすれば、政府系を含めて支援を得ることは不可避といえよう。

また、運営資金は100％が政府によって負担されるのではなく、自己資金も必要である。しばしば政府からの資金が滞ってしまうこともあり、財政上は常に厳しい状況が続いている。政府系の援助以外にも、資金援助NGOからの支援を受けたり、農産物の販売をおこなったりなど、地道な努力もなされている。また、池を掘削して魚の養殖をおこない、果樹を植えて、こちらも収穫物を販売するなどもしている。

奉仕協会では、砒素汚染対策事業のように、新たな問題が生じると、それに対しても積極的に関わろうとしている。外部の専門家らと連絡を取って、連携して事にあたろうとする姿勢も、人と人との繋がりで仕事を進めたボシュの流儀を受け継いでいるのであろう。

ボシュの時代とは、世の中や地域の抱える問題も異なっている部分もある。そのなかで、協働者達は以上のような活動を独自に立ち上げ、運営してきた。彼ら

---

43) これには筆者も、申請窓口となった在コルカタ日本総領事館の担当官らとの面談に同席するなど関わりを持った。

の活動は B 村を超えて広がりを見せ始めている。24 ポルゴナス県のある村に支部が設立され、かつてボシュが活動したメディニプル県のポションダ村にも奉仕協会の支部が設立されようとしている。

以上の奉仕協会による活動以外にも、ボシュやその協働者達が中心となって設立し、現在まで存続している施設がいくつも存在している。そのひとつが、ボシュの没後、1985 年に B 村に設立されたヴィベカーナンダ・アカデミー（Vivekananda Academy）という、英語によって授業をおこなう学校（第 10 学年まで）である [44]。この学校は指定カーストや指定部族向けには特化しておらず、あらゆる学生を受け入れている。寄宿施設も備えており、農村地帯において広く英語ミディアムによる教育機会を提供している。

この学校以外にも、すでに触れたとおり、1956 年設立のハイスクール（2006 年に設立 50 周年記念行事を盛大に開催した）、1974 年設立の B.R. アンベードカル・カレッジなどの B 村の主要な教育機関が、彼らによって設立されている。B.R. アンベードカル・カレッジは、不可触民出身ながら、独立後に法相や憲法起草委員会の委員長として活躍した、ビームラーオ・ラームジー・アンベードカルに因んで命名されている。奉仕協会が指定カーストや指定部族に対する初等教育の普及を目指してきたのと同様に、彼らはカレッジの設立によって高等教育についても指定カースト、指定部族への普及を目指した。

また、同カレッジで長く学長職を務めたモウリク氏は、自らの手により個人的に作成した B 村紹介パンフ（2006 年 12 月 30 日入手）において、このカレッジは、そもそも地元の人々による、わずかだが記念すべき寄付により設立されたこと、高等教育のために子弟を遠方へ送る経済力がない貧しい村人のために、貧しい村人自身によって設立されたと述べている。都市部と農村部における教育機会の格差を是正し、農村部の所得レベルの低い層にも高等教育を授けるために設立されたという訳である [45]。

彼らの活動が継続と広がりを見せるなかで、彼らが今日気にかけていることの

---

44) この学校では、実際の所は第 12 学年までの授業がおこなわれている。しかし、第 10 学年まではデリーの中等教育委員会（CBSE: Central Board of Secondary Education）に認可されているものの、第 11 から 12 まではまだ未認可である。よって、後期中等教育修了証（Higher Secondary Certificate）を得るために、生徒は他校へ行って試験を受験している。

45) このカレッジ設立には、実はもう一つ語り草になっていることがある。モウリク氏によれば、現在のカレッジの建物は、そもそも英領時代に藍のプランターによって建設されたもので、独立後には不在地主であるパルチョウドリ家が占有していた。それを B 村の難民の人々が、カレッジ設立のために勝手に建物を占拠した。パルチョウドリ家とは法的な争いとなったが、彼らのために尽力してくれた弁護士がパルチョウドリ家と交渉して、最終的には建物の寄付を得ることができた。これがカレッジ設立のはじまりであった。1997 年 8 月 15 日インタビュー。

ひとつは、ボシュについて世代を通じて記憶に留めることである。そのためにいくつかの方策も採られている。ひとつが、1995 年に発刊された『回想録』であった。また同じ年には、先述のモウリク氏によってボシュを讃える歌が作詞作曲された。これは当初、特別な行事の際に歌われていたようだが、その後、会議によってこれをチョンドロナト・ボシュ学院の朝礼で斉唱することが決定された。2002年の 1 月から実施に移され、この時に筆者が見学したところでは、生徒達は、ボシュの等身大の絵画ポートレート（これは 1998 年あたりに作成されたらしい）の前で歌を斉唱し、朝礼後に教室に入る前には、このポートレートに敬礼をしてから入っていた。その後、絵画ポートレートに代えて、像を作成したいとのことであった。

像については、ボシュではなく、ボシュの右腕とされたハラン・チョンドロ・ビッシャス氏の胸像が、すでにカレッジに設置されている。カレッジで行事をおこなう際には、まずこちらに献花がおこなわれる。アシュラム内には、土地の寄贈者であるニクンジョ・ビハリ・パル氏の慰霊碑が建立されている。このように、ボシュだけではなく、関係者の遺功を偲び顕彰する事物も設置されている。

2001 年 2 月 15 日には、B 村のバザール・エリアから奉仕協会のアシュラムまでの道路が舗装されたのを記念して、道路を「チョンドロナト・ボシュ通り (*Candranath Basu Saraṇi*)」と命名した。この時には、道路工事をおこなった公共事業担当大臣を招いて開通式を開催した。

奉仕協会を設立した人々にとって、彼らの理念や活動方針はボシュとの協働の経験や記憶と不可分に結びついているのであり、世代を通じてそのことを共有し受け継ぐことは、奉仕協会の存続とも密接に関わっている。

（3）地域社会との関係

ノモシュードロ難民達は、以上のようなプロセスを経験してきたことで、自助努力、自立、自治といった意識を強く抱き、また地域の開発者としての自負を抱いている。ところがその一方で、ノモシュードロと地元民やマヒッショらとの関係は微妙であった。最後に、ボシュやその協働者達と地元の人々との関係についても触れておきたい。

彼らは東ベンガルから移住したノモシュードロ・カーストである。彼らが B 村に到着した頃にはムスリムの人々はすでに脱出していた。わずかな地元の人々と、彼らよりも早く B 村に到着したマヒッショ・カーストなどの人々が住んでいた。

彼らと地元民やマヒッショらと関係は、当初必ずしも良くなかった。プルノ・チョンドロ・ショルカル氏は「地元民との反目がありました。表面には出てこな

くても、内面ではあったのです」と述べていた[46]。詳しい事情は不明だが、学校を設立する際に対立が生じたこともあったようである。

　難民のリハビリテーションについては、地元民の話からすると、どうやら無関心・無関与といった状態だった。ボシュらは活発に様々な活動をしていたのでもちろん知ってはいたが、直接関わることはしなかった。特に反対することもなかった代わりに、地元民をあげて協力することもなかったようである。東ベンガルからやって来て、リハビリテーション活動や教育施設の設立に奔走する彼らは、当初の所、幾分浮いた存在だったのかも知れない。

　しかし、ショルカル氏は、「幾人もの地元の指導層的な人々も入れて、我々はあらゆる仕事を始めました。それで、次第に少しずつ、私達に好意が寄せられるようになり、それから小学校ができ、ハイスクールができて、それからカレッジのために我々は努力を開始しました」とも語っていた[47]。当初は浮いていたものの、ボシュ達の活動は徐々にB村の他の人々からも評価されるようになったようである。

　彼らが設立した奉仕協会の「アシュラム」は、現在ではB村の村人にとっては、村外から親族や友人が訪ねてきたときには、必ず見学に案内するような、B村での「見どころ」となっている。このような意味でも、今日ではボシュ達の活動はB村において受け入れられ、定着したとみてよいだろう。ただし、地域社会における関係性については、地元民との関係よりも、むしろ同じく東ベンガルからの移住者である、マヒッショとノモシュードロとの間で微妙な問題が存在してきた。この点については、次章で検討したい。

小　括

　本章では、フォリドプルのガンディーと呼ばれた社会活動（奉仕）家、チョンドロナト・ボシュとその協働者達の活動について取り上げた。ボシュはB村を含めて、ノディア県のボーダー・エリアへの難民のリハビリテーションを進め、西ベンガル州外のドンドカロンノへも難民を送ろうとした。これらの活動には、ボシュの指導のもとにノモシュードロ難民の人々も参加した。難民自身が難民の

46）1996年3月10日、ブルノ・チョンドロ・ショルカル氏より。
47）同上。

リハビリテーションに関わったのである。彼らの働きかけによって、先に来て土地を取得していた難民が、後から来た難民のために土地の一部を供出することまでおこなわれていた。このような自主的な活動は、再定住後のNGO活動に引き継がれ、地域社会の構築へと展開していった。

　冒頭で述べたように、これまでの難民の主体的な活動に関しては、コルカタの都市部におけるミドル・クラスが展開した、不法占拠コロニーに関わる運動が注目され、難民の政治的な行為主体性が注目されてきた。しかし、そこでは政治過程への過度の注目の反面、難民達の間での協働や地元民との関係、そして何よりも、いかに難民の再定住後の地域社会が構築されてきたのかという視点が欠けていた。

　本章では、1950年代の難民をめぐる状況やそれに関わる政治的な関係性のなかで、政府リハビリテーションのために、ボシュを中心とする難民間の協働関係によってなされた、難民自身が他の難民を支援する活動及びその後の地域活動、これらを難民の主体的な活動として詳しく取り上げた。難民による主体的な活動を政治過程にのみ還元したのでは捉えられない、難民の意識や感情、多様な活動の実態を地域社会との関係のなかで記述してきた。そこで明らかになったのは、難民支援からさらに地域社会への貢献という活動の展開のなかで、彼らが自己規定を「難民」から「社会奉仕者」「地域の開発者」へと転換して行ったこと、そしてこのことが彼らの行為主体性の基盤となっていたことである。

第6章

カースト・アイデンティティと難民の記憶

　本章では、難民の人々のカースト・アイデンティティを軸として、B村における難民社会の形成ついて論じたい。これまでの分離独立難民に関する研究では、カーストの問題は1950年代に難民の分布や意識調査などにおいて、難民の属性の一要素として扱われる以外は、ほとんど注目されてこなかった。ボドロロク（高カーストのミドル・クラス層）は、カーストの問題というよりも難民の政治的主体性への注目から取り上げられてきたに過ぎない。

　実のところ、筆者による調査においても、サンプル世帯調査を実施するにあたり、当初は難民の属性のひとつの要素として形式的に「カースト (jāti)」も調査項目に含めていたに過ぎなかった。しかし、これまでの章で検討してきたように、同じ東ベンガルからの難民であっても、移住のプロセスや経験、再定住パターンには大きな差異があり、その差異が分かちがたくカーストの相違と結びついていることが調査から判明した。難民自身による再定住活動や様々な社会奉仕活動もノモシュードロ難民と結びついていた。

　イギリスによる植民地支配時代には、カーストの問題はインド社会を理解し統治するための鍵とみなされて大きな関心事となっていた。独立後においてもインド社会研究の根幹を成すものとして多様な議論がなされてきた。例えば、「支配カースト」の概念のもとにカーストの成員数、土地保有、教育と職業などの複合的優位性からカースト間の地位と役割の構造を説明しようとするシュリーニヴァース［Srinivas 1987］の構造機能主義、そうした現実に観察できる行為実践ではなく、浄・不浄という宗教的価値を根本原理として、政治経済領域をも包摂するヒエラルヒー構造としてカーストを捉えるデュモン［Dumont 1966］の構造主義など。デュモンの議論に対しては、浄・不浄だけではなく「吉・凶」「聖なる力」「ケガレ」などの多元的な価値の存在が反証として提起されるなど、大きな議論となってきた。また、インド社会の本質と捉えられてきたカーストそのものが、実は西欧中心のオリエンタリズム的なまなざしのもとに、植民地時代に新しく再構成さ

れたものであることや、ブラーマンを頂点とする浄・不浄のイデオロギー構造よりも、むしろ王権的なイデオロギーが中心価値にあるとする議論などが続いた[1]。

　カースト論の展開について詳述はできないが、本章を進めるにあたってまず踏まえておくべき点は、うえに述べたカーストを歴史的構築物と捉える視点、すなわち、従来「民族誌的現在」されてきたカーストや社会の有り様が、実はイギリス植民地支配の歴史過程を通じて見いだされ、再構成され、様々な制度に援用された結果であるという理解についてである［藤井 2003］。以下にみるように、「ノモシュードロ」という名称自体が、イギリス支配のなかで出現してノモシュードロ達の運動によって定着し、また政治過程のなかで実体化されてきた。さらに、独自の宗教によって文化的な特色が付与されることによって、近代において再構成されてきた。

　これと関連してもうひとつの重要な点は、カーストは各々独自の文化を有するという主張に関する指摘である。田辺［2010: 420-422］は、オリッサ農村部においては、「伝統的」なバラモン的価値である浄・不浄やカースト・ヒエラルヒーの言説は、きわめて限定された文脈においてのみ現れ、むしろ人々はカーストとは、異なる文化や伝統を持つ諸集団のことだと語ることが多く、そうすることによってヒエラルヒーを否定しつつ、カーストによる区別を維持しようとすると指摘する[2]。このようなカーストによる文化的差異の言説も、以下に検討するようにノモシュードロ、マヒッショの双方に見られるものである。同じ宗教行事が両者によって異なる文化的・情緒的な基盤に基づいて別々に開催されていたり、より明確に文化が異なると主張されたりする。

　本章では、このような近代以降の歴史的構築物としてのカースト、文化的集団としてのカーストという視点を踏まえつつ、i) 難民としての移住の経験や出身地に関する記憶がいかにカーストと結びつき、独自のカースト・アイデンティティを形成しているのか、ii) また、そのことがどのような自己認識と他者認識を生み出し、カースト間の関係性を構築しているのかを検討する。iii) 最後に、カースト・ヒエラルヒーの問題についても取り上げる。これらの検討作業によって、日常的には必ずしも表面化しない微妙な互いの緊張関係をはらみながら、いかに

---

1) カーストに関する議論を整理したものとして、関根［2002］、田辺［2002; 2010］、Fuller［1996］などを参照のこと。
2) 例えば、婚姻や食物に関する制限（伝統的なバラモン的価値）を説明するために、カースト間の序列ではなく、文化的差異が強調される。ただし、田辺［2010: 410-413; 420-422］の問題意識は、カースト間の文化的差異の主張を問題視するのではなく、むしろ、それがカースト・ヒエラルヒーを否定しながらカーストの区別を維持しようとすることにより、社会文化領域においてカースト間の新たな協力関係を創造しようとする営みとも結びついているという点にある。

難民の再定住後の社会が形成されているのかを明らかにしたい。

以下ではまず、第1節において、近代のノモシュードロの低カーストとしての成立経緯及び彼らの間で19世紀の後半以降に広く支持されてきたモトゥア（matuyā）という宗教について取り上げる。モトゥアは、ほぼノモシュードロの間でのみ信仰されている宗教である。ノモシュードロの政治的主体としてのカーストの成立に寄与しただけではなく、彼らの宗教社会生活においても指針を与えてきた。第2節では、ナム・ジョッゴという祭礼を取り上げる。これはベンガルでは広くおこなわれているものであるが、B村ではノモシュードロとマヒッショは途中で袂を分かち、ある時期からは別々に開催するようになった。分裂に至った背景に横たわる移住前の記憶や移住後の経験、カースト間の文化的価値観の差異に注目する。第3節では、難民としての自己認識や記憶の問題を取り上げる。ノモシュードロとマヒッショの間では、移住の距離や時期に大きな差異がある。これらの要因によって、ノモシュードロはマヒッショを難民とはみなしていない。また、暴力に関わる強制移住の記憶の相違もある。最後に、カースト・ヒエラルヒーの観点からも検討を加えておきたい。

第1節　ノモシュードロの宗教世界――モトゥア

「ノモシュードロは皆モトゥアである」とは、現地でしばしば耳にしたフレーズである。もちろん、その通りであると断言する口調であれ、そう言えないこともないという消極的な口調であれ、このように言われると、誰もが是認せざるを得ないようなところがある。人により関心や関与の濃淡の差はかなり大きい。だが、好んで参与するにせよ、自分はあまり好きではないとして距離を置くにせよ、すべてのノモシュードロがモトゥアを身近に感じながら生活していることは事実である。特にB村のような農村部ではそうである。

歴史的にも、近代におけるノモシュードロ・カーストの成立において、モトゥアは大きな役割を果たした。モトゥアは、ノモシュードロのなかで生まれ、現在においてもほぼノモシュードロの間でのみ信仰されている宗派である。その特徴は、ひと言でいえば、反バラモン的な在家志向の宗派ということである。彼らは、ヒンドゥー社会におけるバラモン的、サンスクリット的な権威や出家主義を否定して、現世における勤労と救済を志向してきた。

第 5 章で検討した、ノモシュードロを中心とする人々による熱心な教育・福祉活動、人々の協働の様子は、モトゥアやノモシュードロが近代に歩んできた道筋と無縁とは考えられない。チョンドロナト・ボシュというリーダーが活動の核をなしていたとはいえ、歴史を振り返れば、様々な活動を自発的・主体的に進める素地は、そもそもノモシュードロの側にあったと考えることも可能である。また、次節で扱う祭礼には、モトゥアがおこなう祭礼と共通する要素が色濃く見られる。顕在的であれ潜在的であれ、モトゥアはノモシュードロの人々の生活において存在感を放っているである。

（1）ノモシュードロ・カーストの成立

　モトゥアとは何か、なぜモトゥアが生まれたのか、その背景を知るには、ここで改めてノモシュードロのカーストとしての成立経緯について注目する必要がある。まずは、イギリス統治政府の行政官であり民族誌家でもあったリズレー（H.H. Risley）による『ベンガルの部族民とカースト』（1891 年刊）における記述を検討してみたい。そこでは、ノモシュードロは「チョンダル（チャンダーラ / Caṇḍāl）」という名称で記述されている。

> 　東ベンガルの非アーリア系のカーストで、専らボート漕ぎと農業に従事している。チョンダルの名称の由来は判然とはしないが、シュードラ同様に、アーリア人が見いだした先住民の部族名であると思われる。しかし、シュードラとは異なり、チョンダルはアーリアン制度の外縁に加わることさえも禁じられてきた。早い時期から、彼らはサンスクリット文献において、「締め出された下層の民であり、バラモンのために卑しい仕事をおこない、主要な人々とは離れて、町外れに居住している」と記述されてきた。鉄の装身具と犬と猿が主な財であり、死者の衣服を身に付けている。またマヌ（法典）は、シュードラの男とバラモンの女の不義から生じた「最低の人間」としている［Risley 1891: 183-184］。

　彼らはカーストの枠組みから除外されたアウト・カースト、他の人々とは住むことができない不可触民（untouchables）として、社会の最底辺どころか、枠外に位置づけられてきたと説明されている。

　ところで、リズレーの記述では、「チョンダル」が第 1 の見出し項目であり、「ノモシュードロ」という呼称はこれと併記する形が取られている。ノモシュードロ

という呼称も、その起源は明確ではないとしながらも、リズレーは、ノモシュードロの「ノモ」について、「崇敬(adoration)」を意味するサンスクリット語の「*namas*」か、あるいは「下位(below / underneath)」を意味するベンガル語の「*namate*」が語源ではないかとしている。前者の意味を取れば、ノモシュードロとは、「シュードラにさえ崇敬を払わなくてはならない人々」となる。一方、後者に従えば「下位のシュードラ」となり、こちらはカーストの枠外よりも上昇して、下部とはいえシュードラの仲間入りをすることを意味しているとリズレーは説明する［ibid.］。

　しかし、ノモシュードロについて浩瀚な業績があるシェコル・ボンドパッダエ(Sekhar Bandyopadhyay)が指摘するとおり、彼らがノモシュードロというアイデンティティに拘り、そこに見いだそうとした新たな自尊の念からすると、自らを蔑むような上記の解釈が妥当とは思えない［Bandyopadhyay 1997: 11］。ノモシュードロ達は、「チョンダル」の代わりに「ノモシュードロ」をセンサス(国勢調査)などの公的な記述で使用するようにと運動したのであり、「ノモシュードロ」に対してもっと積極的な意味を込めていたはずである。崇敬を示すのではなく、逆に示される側として、「崇敬を示される最良のシュードラ」という解釈を、彼らは持っていたと考える方が妥当であろう［同上］[3]。

　彼らの主な居住地はバケルゴンジ、フォリドプル、ダカ、モイメンシン、ジョショル、クルナの6県の低湿地であった。1881年にはベンガルのノモシュード

3）付言しておくと、ノモシュードロはカースト社会の底辺に位置づけられていたとはいえ、その地位は相対的な面を持っていた。ボンドパッダエは、ベンガルでは他の地域に比べてカースト制度の厳格さはたいして抑圧的ではなく、厳密な意味での不可触性(untouchability)も問題とされてこなかったとして、以下の諸点を指摘している。13〜14世紀のプラーナ文献では、ベンガルのチョンダルは低い生まれのカースト(*antyaja*)とされているが、彼らが不可触民であると明確に指摘はしていない。16〜18世紀の吉祥誌(*maṅgalkābya*)においても、マヌの記述に反して、チョンダルは町の内側に居住しているとはっきり述べられている。また、19世紀末のイギリス統治政府の文書では、ノモシュードロはカースト社会の最底辺ではなく、バグディやムチなどの正に不可触民とされるカーストよりも、はるか上位の中間レベルとして受け止められていたと記述している。20世紀に入ってからのイギリスの文書においても、ベンガルの被抑圧諸階級は、他の地方(province)のように強いカースト偏見を受けていないと報告されている。このようにカーストの序列には、かなりのバリエーションが存在していたにもかかわらず、それらを捨象して標準化(standardise)していったのが、リズレーなどの植民地時代の民族誌家であった。そして、彼らによって作り上げられた、標準化された公的な序列を、ノモシュードロら自身が、自分達の実際の社会的位置づけを考えるうえで、参照し始めたのである。［Bandyopadhyay 1997: 15-16］。

　同様に、彼らの「チョンダル」出自自体にも、コロニアリズムが関与していたと、ボンドパッダエは指摘している。つまり、19世紀より前のベンガルでは、チョンダルという言い方は、特定のカーストを指し示すのではなく、様々な低カーストを総称する一般的用語として使われていたのである。ノモシュードロ自体は、多様な数多くのサブカースト(sub-caste)に分かれていて、サブカーストこそが、それぞれ実際の「カースト」と見なすべきものであった。にもかかわらず、植民地政府当局や民族誌家達がこれらの諸カーストをひとまとめにしてチョンダルとしたために、一般的用語であったものが、ひとつのカーストの名称に変換されてしまったのである。従って、後に19世紀末から彼らの運動が開始されると、サブカーストの差異を超えた連帯の形成のために、多くのエネルギーが費やされねばならなかった［同上：19-20］。

ロ人口の 71% が、1901 年には 75% が、これら 6 県に居住していた［同上：11-12］。彼らの居住地は 1 年のうちの 6 か月は水に浸かっているような湿地帯であったので、水陸両面の生活を送り、主としてボート漕ぎと漁業によって生計を維持していた。しかし 19 世紀からの低湿地帯の急速な開墾は、彼らに先駆的な農業者としての機会を与えることとなった。20 世紀の初頭までには、彼らの大多数は農業によって生計を立てるようになった。1911 年のセンサス・データでは、実に彼らの 78% が農業と関わるようになっていた。ノモシュードロは、定住する農民コミュニティへと転換したのである［同上：20-21］。

　農民化のプロセスと、チョンダルではなくノモシュードロとしてのカースト・アイデンティティの形成は時期を同じくしている。ボンドッパダエの言い方を借りると、この転換時期においてこそ「コミュニティとしてのノモシュードロ・アイデンティティは、彼らの集合意識（collective consciousness）のなかに強固な基盤を築いていた」のである［Bandyopadhyay 1995: 158］。そのことは、センサス上での名称表記にも表れている。かつてチョンダルと呼ばれていた彼らは運動をして、1891 年センサスでは「ノモシュードロあるいはチョンダル」、1901 年では「ノモシュードロ（チョンダル）」、そして 1911 年には単に「ノモシュードロ」とだけ登録されるようになった［臼田 1994: 88］[4]。

　しかしながら、ノモシュードロが農民化したとはいっても、土地所有は高カーストや上層ムスリムらによって、ほぼ独占されていたのが実態であった。彼らは地代を得る側ではなく、圧倒的に地代を支払う側に属していた。ノモシュードロのなかにも、一部には上昇するグループも現れるようにはなったものの、それは 1911 年の時点においても、2% に満たない程度であった［Bandyopadhyay 1994: 95］。

　このような状況下において、新たな農民コミュニティとしての展開は、彼らの低い儀礼的な地位や高カーストによる経済的搾取について意識化させることとなった［Bandyopadhyay 1989: 171］。ノモシュードロとしての自己意識を構築しつつあったことも、より一層ノモシュードロ達に、彼らと高カースト達との対抗意識を抱かせることとなったであろう。周縁的な水上生活者ではなく、農民として農村社会のなかに社会経済的に組み込まれる一方、ひとつのカーストとしての意識も醸成されるなかで、彼らは高カースト支配への抵抗と地位向上運動を繰り広げていくことになるのである。

4）例えば、1901 年にノモシュードロ達はイギリス統治政府に代表団を送り、「チョンダル」を削除して「ノモシュードロ」と記述するようにと要求している。このようなセンサス上での改称要求とそれを足がかりとした上昇志向は、他の低カーストにも見られたものである［Bandyopadhyay 1989: 191-192］。

(2) ノモシュードロによる抵抗の歴史とモトゥア

　ノモシュードロによる地位上昇運動が初めて行動に移されたのは、1870年代初頭とされる。ことは1872年にフォリドプル県の裕福なノモシュードロ農民が亡父の法事にあらゆるカーストのヒンドゥーに招待状を出したのに対し、高カーストの代表格であるカヨスト・カースト達が、女性を市場に行かせ、監獄で汚物を処理する便所掃除人として雇われている人々と共食はできないとして、他のカーストを教唆して招待を拒絶したことに始まる。侮辱を受けたチョンダルの有力者達は、他のカーストやムスリムに対して、農耕をはじめとするサービス提供の停止、自カーストの女性を市場に行かせないことをもって抗議行動に出た。これに従わない者は、カーストからの追放をもって強制された［Bandyopadhyay 1989: 183; 臼田1994: 87-88］。

　この動きは隣県のフォリドプル、バケルゴンジ、ジョショルの各県まで瞬く間に拡大して、年を越えて4か月間ほど続いたものの、その後は急速に終息に向かった［Bandyopadhyay 1989: 183-184］。富裕層はともかく、大部分の貧しいノモシュードロにとって、サービス停止のような一種のストライキを持続することは困難であった。こうして、社会のヒエラルヒー構造を転換しようとする取り組みは失敗に終わった。

　この初期の運動の挫折は、ノモシュードロに対して、より強固なカースト内の組織化と同胞意識の醸成の必要性を実感させることとなった［Bandyopadhyay1995: 162］。モトゥアが勢力を拡大していったのは、このような時期であった。モトゥアは宗教運動としての側面とともに、地位向上を求める政治・社会運動としての側面をあわせて持っていたのであり、ノモシュードロ達を取り巻く当時の状況において、彼らの間に同胞意識を醸成し、また地位向上運動のための思想的な基盤を提供する大きな役割を担った。

　モトゥアを創始したのは、ホリチャンド・タクル（Harichand Thakur）と呼ばれたひとりのノモシュードロであった。ホリチャンドは、1811年（または1812年）に当時のフォリドプル県ゴパルゴンジ郡のサファラダンガ（Safaladanga）村の、ヴィシュヌ派の家庭に生まれた。彼はその後、ジョミダルの策謀によって村を追われ、同じ郡内のオラカンディ（Orakandi）村に移って農業と小商いで生活をしていた。早い時期から彼は、超自然的な力を持つ宗教者として知られ、近隣の村々からも弟子が彼の元に集まるようになっていた。彼らは集まってはクリシュナ神の賛歌を一緒に歌っていた。しかし、高カーストや正統派のヴィシュヌ派の人々は、彼らとは交流せず、むしろ自分達の霊的なほとばしりに「酔っている（mātoyārā）」

だけの連中として、嘲っていたのであった。ところが、ホリチャンドはそれを逆手にとって、「酔っている / マトアラ（mātoyārā）」から、彼らのセクトをモトゥア（matuyā）と名付けたのである［Bandyopadhyay 1995: 162-163］[5]。

ホリチャンドの教えは、彼が弟子達に説いた「手に仕事、口に唱名（hāte kām mukhe nām）」［同上：169］という標語に集約されている。世俗・在家の仕事に勤勉であるとともに、常に神の御名を唱え帰依するようにというのが彼の教えである。つまり、「仕事においても、信心においてもマトアラな人々がモトゥア」［Hāldār 1994: 4］という訳である。この標語には、出家主義ではなく世俗内での宗教的救済を目指すという宗教運動としての側面と、勤労による社会的な地位向上を目指すという政治・社会的な運動としての側面という、モトゥアの２つの特徴的な側面が如実に示されている。

両側面は表裏一体ではあるものの、以下ではまず、政治・社会的な側面に注目してみたい。この点で、より大きな役割を果たしたのは、ホリチャンドが1878年に死去した後に運動を引き継ぎ、セクトの組織化を進めて行った息子のグルチャンド・タクル（Guruchand Thakur / 1846～1937）であった。グルチャンドは、「お金を稼ぎ、教育を受け、尊敬されるようにならねばならない」と説いていた。なかでも、彼が最も重視したことは、教育の普及である。ノモシュードロ農民は読み書きができないがために、地主達によって搾取され、正当な配分に預かることができないのであり、教育こそが、力を得るための必須条件であると、彼は考えていた［Bandyopadhyay 1995: 178］。例えば彼は、1880年のクルナ県での集会において、「兄弟よ、もし救済を得たいなら、学んだ人とならねばならない。知識の財産を得れば、惨めさは終わり、永遠の幸福に至るのだ」と演説していた［Hāldār 1994: 8］。グルチャンドのメッセージは明確であった。

同じ1880年には、彼らの本拠地であったオラカンディに小学校を設立している。しかし、小学校の運営は資金的な困難に直面してしまう。そこでグルチャンドが採った手段は、オーストラリアのバプティスト教会の宣教師ミード（C.S. Meed）を招き、布教所と学校を運営させることであった。教育振興は、彼らをジョミダル（地主）や高カーストの抑圧から解放させるとともに、専門職という新しい領域への参入にとって不可欠であった［Bandyopadhyay 1995:179］。グルチャンドは、宣教団の協力を得てでも、なんとしても教育振興を推進しようとしたのである。

---

[5] ベンガル語‐英語辞典では、マトアラ（mātoyārā）とは、没入した（rapt）、我を忘れて（beside oneself）、夢中になった（besotted）、酔った（drunken）などの訳語が当てられている［Samsad Bengali-English Dictionary, Kolkata: Sahitya Samsad,2000］。従ってこの脈絡では、マトアラとは、神に対して、信仰に対して、我を忘れて没入することを意味している。

グルチャンドはその後、ミードの仲介によって、植民地政府とも関係を築くようになる。1907 年に彼を団長とする使節団が当時の東ベンガルとアッサムを統括する副長官（Lieutenant Governor）と会談しているが、その会談の直後にグルチャンドの息子をはじめ数人が官職に登用された［同上］。

この時期に地位向上運動を進めるにあたって、ノモシュードロ達が頼りにしたのはイギリス統治政府であった。彼らは、イギリスによる植民地統治を前提とし、それがもたらす教育、雇用、政治的参加などの機会の正当なシェアを要求する道を選んだのである。1906 年以降、イギリス統治政府がムスリムに対する保護的差別待遇を進めようとしていたことも、ノモシュードロに対して同様の措置を期待させていた［同上：181］。イギリスに対する期待は、彼らが発行していた機関誌のひとつ『旗（patākā）』における 1916 年の次のような記述からも明白である。

　　ヒンドゥーによる隠然たる支配によって、我々はヒンドゥー社会において常々眠り込んでいた。今や平等的、民主的かつ権勢を誇るイギリスの恩寵によって、我々は目覚めた。バラモンの狭量な法によって、我々の声は寺院の境内にすら届かなかったのである。しかし、心配することはない。イギリス統治は未教育な者の友である。貧者を常に助け、後進的なコミュニティに希望をもたらすであろう［Bose 1975: 162］。

このような親イギリス、反・高カーストの姿勢は、政治の領域においても発揮されることとなった。それは、1905 年のベンガル分割に端を発するスワデーシー運動以降に最も顕著となる。イギリスによるベンガル分割の目的は、反英的なナショナリスト運動の中核であるヒンドゥーのミドル・クラス（中間層）、いわゆるボドロロク層の分断が目的であった。スワデーシー運動はこれに対抗して組織され、英国製品を中心とする外国商品のボイコットや国産品愛用の奨励などを伴って、大きなうねりとなり、初期のナショナリズム運動の最も重要なモーメントとなった。だが、臼田［1994：95］が指摘するとおり、この運動を指導した中間層は、教育を受けたヒンドゥー上位カーストを中核としていたのであり、彼らは結局のところ、イスラーム教徒やヒンドゥーの下位カーストを有効に運動に取り込むことはできずに離反させてしまうのである。

ノモシュードロは正に、この離反した下位カーストの代表格である。グルチャンドはスワデーシー運動に反対の立場を明確にした。彼らからすると、この運動はノモシュードロを抑圧してきた豊かな高カースト層によるスローガンであり、

割高な国産品の使用を貧しい農民に押しつけるものであった。もし自分達にも運動に参加せよというのであれば、その前に社会に存在する不平等を解消するべきであり、もしインドが独立したとしても、それは特権的な高カーストにとっての自由の獲得であり、下層の者達にとっては、引き続き、剥奪状態が継続するにすぎない、というのが彼らの意見であった。このようなノモシュードロ達の基本姿勢は、その後の非協力運動、不服従運動においても一貫していた［Bandyopadhyay 1995: 180-181］。

　このように、ノモシュードロはある時期までは、ガンディーらが主導するナショナリズム運動や国民会議派とは、かなり距離を取っていた。彼らは1932年のコミュナル裁定を支持し、その後のプネー協定には反対した。1937年のベンガル州議会選挙では、グルチャンドの孫のプロモト・ロンジョン・タクル（Pramatha Ranjan Thakur/ 通称 P.R. Thankur）をはじめとする関係者が何人も独立候補として当選したが、彼らは選挙結果を受けて成立した農民大衆党（Krishak Praja Party）とムスリム連盟（Muslim League）との連立政府を支持したのである［同上 : 182］。

　しかし、この連立内閣は低カーストの利益のために何もしていないとして、早々にノモシュードロは失望してしまった。そこにスバース・チャンドラ・ボースやサラト・チャンドラ・ボースなど国民会議派からのアプローチがあり、P.R. タクルやジョゲンドロナト・モンドル（Jogendranath Mandal）などのノモシュードロのリーダー達（この時には、国民会議派と距離を置いてきたグルチャンドは亡くなっていた）は、1938年の集まりにおいて、連立内閣不支持、国民会議派の支持を打ち出し、大きな方針転換をおこなった。ところが、有力なリーダーであったモンドルは、スバース・チャンドラ・ボースが国民会議派を追われたことを悲嘆し、国民会議派を見限って、1943年にムスリム連盟が主導するナジムッディン内閣に入閣した。さらにモンドルはその2か月後、1942年にアンベードカルが創設していた全インド指定カースト連合（All India Scheduled Caste Federation）のベンガル支部の会長となった。彼はアンベードカル流の政治にコミットし、指定カースト独自の分離された政治的アイデンティティの構築を目指したのである［Bandyopadhyay 1994: 108］。

　しかしモンドルは、ノモシュードロにとっての唯一のリーダーではなかった。多くの他のリーダー達はモンドルのような「分離主義者（separatist）」に反発した。この時期には大勢はむしろ、国民会議派の主導する政治プロセスにおいて事を進めようとする「統合派（integrationist）」にあった。その結果、1946年の選挙ではモンドル系の公認候補はわずか1名しか当選せず、指定カーストの当選者のほとんどを国民会議派系が占めたのであった［同上 : 108-109］。

低カーストの地位向上を目指したノモシュードロの政治運動は、ナショナリズムの政治プロセスにおいて大きく変動し、リーダー層の分派が生じた。それにつれて、ノモシュードロの政治運動も、リーダー層によるエリート・ポリティクスの側面を見せ始め、彼らは次第に農民大衆の話に耳を傾けなくなり、大衆運動には無関心になっていった［同上：110-111］。

　その一方で、ノモシュードロ大衆は「ヒンドゥー」としての意識を徐々に高めていった。これには、バラト・セバ・アシュラム（Bharat Sevashram Sangha）や全インド・ヒンドゥー・マハーサバー（All India Hindu Mahasabha）などの布教団体が深く関与していた。特に、ヒンドゥー・マハーサバーは強力な活動を繰り広げ、ことに1940年代に入ってからは、ノモシュードロ大衆にヒンドゥーとしての自覚、そしてムスリムに対抗するコミュナルな意識を植え付けることに成功した。独立直前の1946～47年までには、東ベンガルのノモシュードロ大衆は明確にヒンドゥー・マハーサバー支持となった［同上：112-113］[6]。

　以上のように、ノモシュードロによる政治運動は、独立に向けてのナショナリズム運動に翻弄され、政治的参加を通じた地位向上という目標は果たされなかった。モトゥアに関していえば、政治プロセスが進み、運動がノモシュードロのエリート層によって独占されて行くに従い、モトゥアは舞台の後景へと退いていった。しかし、ノモシュードロ達が集合的な意識を持って政治参加を開始して以降、少なくともグルチャンドが存命し、国民会議派による政治の本流と距離を保っていた頃までは、政治的にもモトゥアの影響力にはかなりのものがあったと考えられる[7]。

（3）モトゥアの教義

　次にモトゥアの宗教運動としての特徴について検討したい。まず特徴的なのは、モトゥアは、それを担っている人々にとって、明確に低カーストのための宗教として位置づけられている点である。すでにうえで引用したハルダルは、モトゥアの本山ともいえるモトゥア・モハ・ションゴ（*Matuyā Mahāsaṃgha*）から出版されている『モトゥア宗教運動略史（*Matuyā Dharma Āndolaner Samksipta Itihās*）』において、ホリチャンドをベンガル・ルネッサンスの主導者であったラムモホン・ラエ（ラー

---

[6]　ヒンドゥー・マハーサバーなどの団体による低カーストの政治動員については、Bandyopadhyay［1997: Chapter 7］及び［2001］に詳しい。

[7]　Bandyopadhyay［1995: 183］も、1939年までの政治プロセスを辿った後に、それまでのあらゆる時期において、モトゥアはノモシュードロの社会領域の中心を成し、決定的な組織化の基礎を提供していたと述べている。

ム・モーハン・ローイ）と対比しながら、次のように述べている。

> ラエは上層ヒンドゥーの社会改革運動の傍ら、宗教改革のためにブラフマ宗教（筆者注：ヴェーダやウパニシャドを重視するサンスクリット的宗教）を導入した。しかし、そのブラフマ宗教は国内で蔑まれている下層の人々の間に影響力を及ぼすことはできなかった。（中略）1828 年にラムモホン・ラエは、上層の間で宗教改革を進めるためにブラフマ宗教を導入した。ちょうどこの同じ時期に、この時代のために現れた化身であるホリチャンド・タクル師は、下層の間でモトゥア宗教を導入した［Hāldār 1994: 2-3］。

19 世紀は、ラエを筆頭として様々な宗教・社会改革運動や復興運動が展開された時代であるが、モトゥアにとって、それらはすべて高カーストのためのものであって、低カーストには何らの恩恵も与えられなかったというのである。だからこそ、ホリチャンドは低カーストのための新しい宗教を創始したとしている。

ところで、モトゥアは明確に反ブラフマニズム的（反ヴェーダ的）であるとはいえ、まったく宗教史的背景を持たないという訳ではない。おそらく、インドでこれまでに生まれたあらゆる宗派がそうであるように、モトゥアも何らかの宗教伝統をバックグラウンドとしながら創設されている。モトゥアが最も大きく影響を受け、モデルとしているのは中世ベンガルに興隆したチョイトンノ（チャイタニヤ / Caitanya：1485 年〜1533 年）によるバクティ運動である[8]。彼はクリシュナ神を至高の神としていた。クリシュナ神はヴィシュヌ神の化身であるために、チョイトンノ派は、ヴィシュヌ派（ボイシュノブ / vaiṣṇava）のなかに位置づけられる。ベンガルではヴィシュヌ派といえば、チョイトンノの伝統を受け継ぐ諸派のことを指すといってもよい。

チョイトンノは儀礼や知識よりも、ひたすら神に帰依することを重視した。彼は弟子達とともに、町や村を巡り、クリシュナ神の賛歌を歌って布教した。鉦や太鼓を打ち鳴らしながら賛歌を歌うキルトン（kīrtan）は、最も重要な礼拝手段であった。

---

8) バクティ（bhakti）とは「神を熱烈に信じ愛すること」を意味する。インド中世のヒンドゥー教を特徴づける重要な思想・運動であり、これによってヒンドゥー教が広く大衆に流布したといっても過言ではない。地域的には、南インドにおいて紀元後 7 世紀から 8 世紀以降、北インドでは 15 世紀から 16 世紀以降に多様な展開をみせ、それらは「バクティ運動」の名のもとに総括されている。各地で宗教詩人が現れ、典籍用語ではなく民衆の言葉で語りかけ、情緒に訴える宗教詩を歌って広く布教した。これらの運動によって、特定の神格を有しない抽象的な神ではなく、様々な神話、エピソードに富む人格神への信仰が確立された［中谷 2003a: 173-174］。

チョイトンノのバクティ運動は、ヒンドゥー教をバラモン中心主義から解放する革新性を伴っていた。彼の没後も、一部の弟子達によって、低カーストの間での布教も進められた。しかし、一方ではチョイトンノの生きていた時代から、すでにヴリンダーヴァンを拠点とした6人のゴスワミ（goswāmī）と呼ばれた彼の高弟達によって、彼らのベンガル・ヴィシュヌ派（Gauḍiya Vaiṣṇava）は、より正統的なサンスクリット伝統のなかへの統合が試みられた。17世紀になると、カースト規則も導入されるようになり、低カーストの弟子を取ろうとすると派から追放されるような事態も生じた。このようなブラフマニズム的変貌は、その後、結果的に17〜18世紀にかけて、多くの「逸脱した（deviant）」ヴィシュヌ派を生み出すこととなった［Chakrabarty 1985: 321-324; 346-349］。逸脱したヴィシュヌ諸派は、正統的ヴィシュヌ派からはじき出された低カーストの受け皿となっていた。またそれら諸派の多くは、当時のベンガルにおいて興隆していたショホジア（sahajiyā）という、一種のタントラ的伝統の影響を強く受けていた点も特徴的である[9]。タントラ的伝統では一般に、カースト秩序は否定（ないしは問題としない）されることも、低カーストの間でショホジアが大きな影響力を持った要因であった。

　逸脱したヴィシュヌ諸派の代表的なセクトのひとつに、例えば、ヴィシュヌ派とショホジアの両方の伝統を折衷したコルタボジャ（Kartābhajā）派がある。この派ではカースト秩序、修行、偶像などを否定していた。また、創始者のアウルチョンド（Aulcand / 1686〜1779）は、チョイトンノの生まれ変わりだとする伝承がある［同上: 354-355］。これらのセクトは「逸脱した」と表現されるが、その意味するところは、ヴィシュヌ派の枠組みを原型としたうえで、新しい唱道者を据え、独自の神話や教義を加え、彼らの趣旨に合致する新たなセクトを構築して来たということである。

　時代はかなり下るものの、モトゥアはコルタボジャ派と同様に、チョイトンノのヴィシュヌ派を準拠枠とした新たな宗教運動とみなすことができる。この点において、モトゥアはベンガルの宗教事情からすれば特別な存在ではなく、低カーストの間で生まれて来た幾つもの宗教運動の一環と位置づけることができる[10]。ホリチャンドの祖父や父は敬虔なヴィシュヌ派であったといわれるが

9）Chakrabarty［1985: 349］は、そのような逸脱セクトを56挙げている。
10）17世紀以降、多くの逸脱した諸派が生まれた一方で、19世紀の後半になるとチョイトンノ派においては、英語教育を受けたミドル・クラスによる復興運動が開始されて、大きな影響力を持つようになった。彼らによるチョイトンノの読み直しがおこなわれ、雑誌の発刊や講演会の開催などがなされた。また、チョイトンノの生誕地の再発見と復興運動が進められた。19世紀においては、モトゥアらの低カーストの動きとは別に、高カーストを中心とするミドル・クラスにおいても、チョイトンノ派を準拠枠とした運動が展開されていたのである。Nakatani［2003b: 118-121］、中谷［2003b］を参照のこと。

［Bandyopadhyay 1995: 162-163］、彼らが正統派のヴィシュヌ派に属していたとは考えにくい。ホリチャンドは当然、父や祖父の影響を受けていたであろう。モトゥアにおける「ハリ神（ヴィシュヌ神）」信仰、ホリチャンドをチョイトンノの化身とみなすことなど、モトゥアも明確に逸脱したヴィシュヌ諸派の形態を取っている。

　低カーストのための宗教を創始するにあたって、具体的には彼らを取り巻くどのような事情が問題とされていたのであろうか。再び、ハルダルによる背景説明を引用してみたい。

　　　その当時、すべての下層の人々の間ではヒンドゥーとヴィシュヌ派の宗教に対して深い失望、不信、不満があり、彼らは社会に対する信用を捨て去っていました。不可触（aspṛśya）だとして寺院に参拝する権利がありませんでした。水の受け渡しができない（jal acal）といって、行事や祭事に参加していませんでした。この時代のために現れた化身であるホリチャンド・タクルは、伝統的なヒンドゥーとヴィシュヌ派の外にひとつの人道的な新しい宗教を創設されました。自分達の寺院を建立され儀礼の規則を与えられました。それでもう、上層ヒンドゥーやヴィシュヌ派の寺院に行く必要はなくなりました。ヴェーダの規則に対して反旗を翻されたのです［Hāldār 1994: 4］。

　低カーストの人々は、ブラフマニズム的なヒンドゥー教と正統的ヴィシュヌ派から阻害され、寺院への参拝も宗教行事への参加も制限されていた。彼らが自分達を排除するのであれば、自分達のための寺院や宗教規則を作ろうとしたのであった。

　このような趣旨から出てくる教義は、非常に明確である。モトゥアが目指すのは、人間の間に区別を設けない社会の実現であり、カースト秩序は否定されている。食物や水の受け渡しは高潔な人格の持ち主からであれば、誰であっても可能であるべきである。人間の体は神の住処で、それを不浄や不可触とする理由はない。バラモンによる入門式や巡礼も不要である。救済を得るために必要なことは神への献身であり、ビジネスマンのような導師による仲介ではない。神の御名（ホリナム）以外のマントラ（呪文）は不要である。ヒンドゥーのパンテオンは、バラモンが自分達の優越性を確立するために書いた経典による創造物にすぎない。モトゥアにとっての神は、彼ら自身の心に住まう神のみである［Bandyopadhyay 1995: 164-167］。

　以上のように、モトゥアはカースト差別を否定し、カースト秩序の頂点にいる

バラモンを批判し、彼らが差配している寺院や巡礼、ひいてはヒンドゥーの神々一般までも否定しているのである。彼らにとって重要な礼拝対象は、彼らの心に存在している神のみであり、それは「ホリ（ハリ）」と呼ばれる。ホリとは、そもそもはヴィシュヌ神の別名であるが、モトゥアにおいては次第にホリ（ヴィシュヌ）とホリチャンドは同一視されるようになった［同上］。ホリチャンドをホリと重ね合わせることで、ホリチャンドを神格化して崇拝するようになると、より一層のこと通常のヒンドゥーの神々は不要となる訳である。

　モトゥアがチョイトンノ派の枠組みに準拠した逸脱的諸派のひとつである点からすると、彼らがホリチャンドをチョイトンノの化身（avatār）としても不思議ではない。ただし、モトゥアは単純にホリチャンドをチョイトンノと重ね合わせているのではない。モトゥアの考えでは、チョイトンノはイスラームの支配時代において、多くの低カーストがイスラームに改宗しようとしていた時代に、キルトンによる布教で救いの手を差し伸べた。だが結局のところ、チョイトンノは、後に現世放棄者となってしまい、彼の宗教は出家者のための宗教となってしまったので、低い地位の人々を救うことができなかった[11]。また、チョイトンノの教えに潜む本当の意図を一般の人々は理解できず、誤った行いが広がってしまった。チョイトンノは、宗教を確立し、人々を救うためにあと2度、化身として降臨すると約束した。1度目は（17世紀の聖人）シュリニバスとして、そして2度目はホリチャンドとして降臨した［Talukdār 1987: 131-132］。このような脈絡において、ホリチャンドはチャイタニヤの化身なのである。モトゥアの解釈によれば、チョイトンノが達成できなかったことをやり遂げるために、ホリチャンドは化身として現れた。ホリチャンドをチョイトンノの化身と位置づけることは、モトゥアの正当性を担保する試みともいえよう。

　もうひとつ、モトゥアがチョイトンノ派を準拠枠としている点で重要なのは、彼らが重視するキルトンという礼拝方法である。次節で解説するように、チョイトンノ派においてキルトンは最も重要な礼拝方法であるが、唱えられる神の御名はクリシュナ神やラーマ神のものである。しかし、モトゥアのキルトンで繰り返されるのはホリ神、すなわちホリチャンドの御名である。チョイトンノ派で不可欠の伴奏楽器であるコル（khol）という太鼓をモトゥアでは必ずしも用いない。彼らはコルをバラモン的な楽器であると考えており、代わりによりサイズと音量

---

11) 1994年4月26日、北24ポルゴナスのタクルノゴルのモトゥア大教団（Matuyā Mahāsaṃgha）本部のセクレタリーへのインタビューより。

ともに大きなダク（*dhāk*）という太鼓を用いている[12]。ここでもモトゥアはチョイトンノ派の形式を踏襲しつつ、その内容を彼ら独自に修正している。

モトゥアにとってキルトンは、彼らの宗教実践の中核にあり、これによってモトゥアとしての意識が共有されているといっても過言ではない。ボンドパッダエが指摘するとおり、「キルトンはモトゥアの宗教生活の本質的な特徴であり、様々な重要な社会的行事において演奏される。キルトンは集合的に（collectively）歌われるので、セクトに対して会衆的な（congregational）特徴を与え、ノモシュードロを大多数とする信者達が、（神への）献身の体験を共有することで、彼らの集合的なアイデンティティを構築し、継続的に強化する助けとなっている」［Bandyopadhyay 1995: 167］のである。

先に「手に仕事、口に唱名」というホリチャンドの言葉を引用したが、モトゥアにおいては、常に神の御名を唱え帰依することと、世俗・在家の仕事に勤勉であることは、表裏一体の重要性を持っていたことを改めて指摘しておきたい。神に祈ることと勤労はともにモトゥアの中核的な実践であり、これらによって社会経済的な地位向上と世俗内での救済が希求されるのである[13]。

（4）B村のモトゥア

B村において何人くらいのモトゥアの信者がいるのかは不明である。冒頭に述べたとおり、ノモシュードロにとってモトゥアは身近な存在であるが、どれほどコミットしているかについては個人差が大きい。管見の範囲内では、最も緩いレベルとしては、家の祭壇に他のヒンドゥーの神々とともに、ホリチャンドの写真を飾ってある程度である。図表6－1－1「個人宅の祭壇」は、B村のある家庭内に設置されている祭壇である。どこの家庭においても、最低限このような祭壇が設えられているようである。どのような神々を祀るかは、家人の好みに基づく。この家庭では、クリシュナ神・ラダー女神の大きな絵画プレートの右下に、ホリ

---

12) コルではなく、より大きな太鼓を使用しているのは事実であるが、次項で紹介するB村の行事ではコルも使用されていた。町を練り歩きながら打ち鳴らすときには大音量のダク、キルトンの伴奏ではより繊細な演奏が可能なコルを使用、という具合に使い分けているようである。

13) ボンドパッダエは、モトゥアの目的は社会的な孤立ではなく、社会への統合であったために、ある時期からは、彼らが対抗してきた高カースト的ないし正統哲学的な要素が、モトゥアに導入されるようになったと指摘している。彼によれば、貞操観などのモラルの涵養、ホリチャンドをホリ（クリシュナ神／ヴェイシュヌ神）、グルチャンドをホリとハラ（シバ神）が合体した化身と見なすような化身理論、導師・弟子関係（*gurūbād*）、そして幻影（*māyā*）観念の導入すらおこなわれたのである［Bandyopadhyay 1995.: 170-175］。これらはいずれも、ヒンドゥー社会内での正当な認知をモトゥアが期待していることの反映である。しかし、これらによってモトゥアがヒンドゥー教の本流に統合されているとは考えにくい。

チャンドが描かれた絵画プレートが設置されている。

図表6－1－2は、その拡大図である。中央の座っている人物がホリチャンド、その左にラーマ神、右にクリシュナ神、ホリチャンドの背後で両手を挙げているのがチョイトンノである。プレート上部には、「ラーマ神であるホリ神、クリシュナ神であるホリ神、ゴウランゴ（チョイトンノ）であるホリ神、ホリチャンドは真実のホリ神、正真正銘の（*pūrṇānanda*）のホリ神」と記されている。先に述べたとおり、ホリチャンドをヴィシュヌ派の化身として捉える様子がこのプレートからも明らかである。

ただし、このように家庭の祭壇に祀られているレベルでは、ホリチャンドは大勢の神々なかのひとつにすぎない。礼拝の方法も、モトゥア流のキルトンではなく、線香、花、供物、灯明などを備え、家庭の主婦が鐘を鳴らし、巻き貝を吹き、ウル（*ulu*）という女性が舌を左右に動かして発する音などによっておこなわれる、ごく一般的なやり方である。

一方、より深くコミットしている人々は、毎週水曜日に開催されるモトゥアの集会に参加して、ホリチャンドの伝記などの講話に聞き入り、集合的なモトゥア流のキルトンに参加している。このような人々のことを、狭義にはモトゥア信者とみなすのが妥当であろう。集会は数人から数十人単位で開催され、B村だけでも数カ所でそのような集会が持たれている。なかには、屋内の祭壇ではなく、敷地内に独立したホリチャンド寺院を建設しているケースもある。集会もそのような場所があれば、そこで開催されることが多いようである。

図表6－2「個人宅のホリチャンド寺院」は、B村のある個人宅に設置されているホリチャンド寺院である。家主のA氏によれば、寺院自体は小さなもの

図表6－1－1　個人宅の祭壇

2009年1月25日、筆者撮影

図表6－1－2　個人宅の祭壇（拡大図）

図表6-2　個人宅のホリチャンド寺院

2009年1月23日、筆者撮影

が12年前からあったが、それを2005年に現状のように建て替えたとのことであった。内部にはホリチャンド夫妻の像が安置されている。寺院付きのバラモン司祭はいない。A氏宅は、モトゥアの本山ともいえる「モトゥア・モハ・ションゴ（Matuyā Mahāsaṃgha）」の支部も兼ねている[14]。

A氏宅では、彼の主催によって毎年ベンガル暦のマグ月の最初の水曜日（ホリチャンドの誕生日が水曜日とされる）を挟む形で4日間の大きな行事が開催されている。2009年（ベンガル暦1415年）に開催された行事は以下のとおりであった。1日目（西暦1月19日・ベンガル暦マグ月5日）と2日目は、タロクチョンドロ・ショルカル（Tarakcandra Sarkār）による『ホリ行状記（Śrīśrīharilīlamṛta）』が交代で昼夜を通して詠唱された。3日目はキルトンと、モトゥアの象徴である赤い旗（niśān）を寺院の北東の角に立てる儀礼がおこなわれた。最終日の4日目にもキルトンと、最後に魚料理を食べる共食会（mīnutsab）が開催された。

行事には各地からモトゥアのチームが招かれる。彼らはB村やチャクダ（Chakdaha）、シャムノゴル（Syamnagar）をはじめ、クリシュノノゴルや24ポルゴナスのボグラなどからも参加している。A氏は、参加者のために宿泊場所を確保し、毛布をレンタルして提供し、期間中の食事も無償で提供しているだけでなく、彼らの交通費までも負担している。ただし、演奏に対して謝金は支払われない。各チームが交代で、寺院前で演奏をおこない、他の参加者はそれに聴き入る。各チームには、コル太鼓、鉦（シンバル）、ハルモニュウムなどの伴奏者と歌い手がいる。歌い手はホリチャンドやグルチャンドの行状や教えについて歌いあげる

---

[14] 東ベンガルのフォリドプル県に興ったモトゥアは、分離独立以降には本拠を北24ポルゴナスのタクルノゴル（Thakurnagar）に移し、そこに「モトゥア大教団」の本部が設立されている。教団は各地に支部を持っているが、（おそらく、モトゥアの信者には経済的な余裕がある人々は少ないこともあり）支部ごとにそれなりの規模の寺院や事務所等の施設を維持しているようなケースは稀で、多くの場合には支部長の自宅が連絡先となっているにすぎない。B村も同様であり、A氏の息子が支部長として届けられていて、A氏の個人宅が支部を兼ねている。支部所管となる共同寺院を建設すべく用地は確保したものの、2009年1月現在で、まだ寺院建物の建設のめどは立っていないとのことであった。

（図表 6 − 3「モトゥアによるキルトン」を参照）15)。演奏する人々は、次節で見るチョイトンノ派的なキルトンよりも、さらに大業なアクションと仕草によって聴衆に訴えかける。演奏者も涙を流し、聴衆も涙を流し、時に互いに抱擁するなどの所作がしばしば現出する。

行事では、ホリチャンドに対する帰依が強調されていることも特徴的である。『ホリチャンド行状記』が最初から最後まで詠唱され、

図表 6 − 3　モトゥアによるキルトン

2009 年 1 月 23 日、筆者撮影

キルトンのなかでも繰り返しホリチャンドに関する伝承やその教えが歌われる。では、ホリチャンドの教えについて、彼らはどのように理解しているのだろうか。A 氏とともに主催者側として参加していた B 氏は次のように述べていた。

> 私達のタクル（筆者注：ホリチャンド）はフォリドプルでお生まれになりました。チョイトンノ大師がノディアにお生まれになりましたが、その後またフォリドプルでお生まれになったのがタクルなのです。ホリチャンド・タクルには、あまりモトゥアの教えを広める時間がありませんでした。ノモシュードロのなかで、教育、信仰、ビジネスなど、すべてを与えてくれたのはグルチャンドです。ノモシュードロのように、大きな変貌を遂げたカーストはないと思います。我々のなかにも、就職したり、ビジネスをしたりするような人々が育つようになりました。モトゥアとは、ホリナムに対して「マトアラ」になるという意味です。我を忘れ、ナムのなかに自分を投げ出すことです。世俗内でホリナムと仕事をするようにというのが決まりです。教育と経済力があれば世界のどこへでも行けるというのが、教えです。主催者の A さんは、以前は困窮していましたが、神の恩寵とタクルへの帰依によって、ビジネス

---

15) 次項で取り上げるナム・キルトンでは、神の御名のみが繰り返されるが、こちらのモトゥアのキルトンでは、ホリチャンドやグルチャンドに関する伝承や教義が歌われている。チョイトンノ派におけるリラ・キルトン (līlā kīrtan) に相当するものと考えられる。各グループが具体的に何をテキストのベースにしているのかについて、個別には確認できなかったが、主催者のひとりによると、行事前半で演奏された『ホリチャンド行状記』や、その他モトゥアに関する代表的な著作の内容に基づいているとのことであった。

が成功しました[16]。

　以上は、インタビューのなかで、モトゥアの教義に関連した部分のみを抜粋したものである。ホリチャンドがチョイトンノの化身であること、世俗内での信仰と仕事の重視など、前項で検討してきた内容を、B村のモトゥアの人々も共有していることが分かる。

　B氏はインタビューのなかで、主催者であるA氏は困窮状態から抜け出して現在はビジネスで成功していると述べていた。A氏にインタビューしたところでは、彼はインド生まれで、現在の年齢は40歳くらいである。彼の父は東ベンガルのジョショル生まれで、分離独立の前にインド側に移住したものの、彼が7歳の時に亡くなっている。母と姉、弟とともに残されたとのことなので、父の没後、経済的に困窮していたと思われる。A氏は成長してから、1993年にUAEのドゥバイへ出稼ぎに行き、そこで約12年間も建設現場で働いた。帰国後にはジュートの仲買ビジネスを始めて、現在では自前の倉庫も所有している。その傍ら、20〜22ビガの土地を所有して農業にも従事し、ドゥバイでの経験を生かして、インドからドゥバイへの人材派遣もたまにおこなっているとのことであった[17]。「手に仕事、口に唱名」というモトゥアの原則や、ホリチャンドへの帰依とビジネスでの成功が一体であるというB氏の説明は、A氏の現状によって裏付けられているかのようである。

　経済的に豊かになり、信仰心があれば、寺院を建設したり、行事を開催したりと、宗教ごとに財力を使うことは、モトゥアに限らずインドでは一般的である。しかし、モトゥアの場合には、そこに貧者への施しという要素も加わっている。次項で扱うチョイトンノ派的なキルトンやドゥルガ・プジャなどでも食事の提供はあるが、そこには貧者救済という意義は込められてはいない。B氏は行事開催の意義について、「タクル（ホリチャンド）に帰依するためであるし、食べられない人には食事を、服を持たない人には服を与えろという教えがあるので、その教えを実行するためにやっています。行事のなかで、タクルにも会い、人々にも尽くすためです」と述べていた[18]。

　事実、この行事ではモトゥアのチーム以外に対しても、行事に参加する人々に食事や衣服の振る舞いをしている。A氏による説明は次のとおりである。

---

16) 2009年1月21日にインタビュー。
17) 2009年1月23日にインタビュー。
18) 2009年1月21日にインタビュー。

この行事を毎年開催している理由は、それが嬉しいからです。貧しい人々も一緒に楽しむことができます。タクルの御名のもとにお金を使い、衣服も与えます。私はジャガダトリ・プジャやドゥルガ・プジャなどもやりますが、ホリチャンドのこの行事を一番盛大にやっています。行事の支出がいくらか厳密には計算していません。人が来て、食べて、帰ってと、これで十分です。10万ルピーくらいはかかっています。年によって異なりますが、今年は配布する衣服の費用だけで5万ルピーは使いました。貧しい人に渡すためにです。この村だけではなく、かなり遠くからも人は来ています[19]。

　Ａ氏は慈善事業家という訳ではないが、Ｂ氏の説明にもあるように、モトゥアにおいて救貧的な要素があることは、大きな特徴である。
　最後に、ノモシュードロの間でのモトゥアを巡る評価や認識について述べておきたい。うえにみてきたとおり、家の祭壇には一応ホリチャンドも祀られているレベルから、Ａ氏のような積極的な信者まで、各人でモトゥアへの距離感は異なる。Ａ氏は、「私はモトゥアの教えのなかで生きて来ました。父もホリ・ボクト（*Hari Bhakta* ／ホリチャンドの信者）でしたし、私にはこれが良く感じるのであって、信仰する理由は説明できません」と述べていた。しかし、Ａ氏もノモシュードロのすべてが、彼と同じレベルの信仰をモトゥアに抱いているのではないことは承知している。Ａ氏は次のように述べていた。

　　我々はノモシュードロです。ノモシュードロは皆モトゥアを信仰しています。なかにはクリシュノ・ボクト（筆者注：クリシュナ神の信者、つまりチョイトンノ派的な信者）もいますが、彼らも我々の行事に参加しに来ます。クリシュノ・ボクトもホリチャンドに帰依しているのです。我々はより強くホリチャンドに帰依していて、彼らは少し帰依しているという違いだけです[20]。

　このように、Ａ氏は帰依の度合いはそれぞれだが、ノモシュードロであれば誰でもホリチャンドには帰依していると述べている。図表6－1で示したとおり、家庭においてクリシュナ神とともにホリチャンドも祀られていることは、ノモシュードロの間では一般的である。モトゥアはノモシュードロの信仰生活の底辺に根付いている。

---

19) 2009年1月23日にインタビュー。
20) 同上。

では、A氏のいうクリシュノ・ボクトの人々は、どのように感じているのであろうか。この場合のクリシュノ・ボクトとは、正統的なチョイトンノ派において入門式を受けたような狭い意味での信者ではなく、次項で検討するキルトン行事を主催しているような人々のことを指している。そこで、長年にわたりセクレタリーを務めたニキル・クマル・ビッシャス氏は、モトゥアについて次のように述べていた。

> ノモシュードロの間では、モトゥアの影響はわずかです。少数の人々が関わっているだけです。私達はあの教えは好きではありません。私達はクリシュノが良いので、モトゥアのことは良く感じられません。私たちと彼らとでは、情感（bhāva）が異なります。彼らはクリシュノやチョイトンノを崇めてはいません。彼らはチョイトンノが亡くなった後に、ホリタクルとして生まれ変わったといっているにもかかわらず、チョイトンノを崇めないのはなぜか？　昨日も集会で議論になりました。彼らが唱えるのはクリシュノの名前ではなく、ホリチャンドの名前なのです[21]。

ビッシャス氏は、モトゥアの信者はわずかだと述べているが、それは、モトゥアの集会に毎回参加するような熱心な信者のことを指している。氏の話には、モトゥアが掲げる教育や勤労意識については触れられておらず、モトゥアに対する情感上の違和感と、化身信仰を巡る異議申し立てが述べられているのみである。

一方、モトゥアの教育や勤労意識に対しても、第5章で紹介した様々な社会活動を進めてきたリーダー層のひとりは、「モトゥアには建設的な事がないので好きではない」と述べていた[22]。その意味するところは、多数が集まって盛んに宗教行事をやっているものの、それらがモトゥアが掲げる教育振興や社会経済的な地位の向上には結びついてはいないということである。

筆者の印象であるが、A氏の行事に集まっていた人々は、教育レベルにおいても、所得レベルにおいても、ノモシュードロのなかでも下位に属する人々がかなり多かったように感じられた。A氏にしても、経済的な成功は収めているものの、（確認できていないが）出稼ぎに出るまでは困窮していたということからも、高等教育の機会を得ていたとは考えにくい。これに対して、チョンドロナト・ボシュとともに働き、その後、奉仕協会の活動にも関わってきたような人々は、教育振興

---

21) 1998年8月16日にインタビュー。
22) 1996年3月10日にインタビュー。

を進めてきただけでなく、自らも教育機会を獲得して教員をしていたような人々が何人も含まれている。要するに、B村ではモトゥアによってひとつの学校も設立されていないではないかということであろう。教育振興を謳うモトゥアが、現実にはノモシュードロの発展に寄与していないとして、冷ややかな視線を送っているものと思われる。

このように、ノモシュードロの宗教・文化意識も実は一枚岩ではない。この相違は、難民リハビリテーションや教育・福祉活動に邁進してきたノモシュードロと、そこにはあまり関わってこなかったノモシュードロの間にあるとも説明できるであろう。文化的集団としてのカーストという点からすると、ノモシュードロのなかにも多様性がみられ、価値観の相違が両者の関係性のなかで意識されている。とはいえ、毀誉褒貶相半ばするものの、モトゥアはノモシュードロ独自の宗教として、濃淡はあれ、彼らの生活世界の一部を構成しているのである。

第2節　移住先での難民社会と宗教祭礼

本節では、ナム・ジョッゴ（nām-yajña）という宗教祭礼を検討することで、B村おける主要な難民グループである、ノモシュードロ・カーストとマヒッショ・カーストの宗教・文化的な価値観の相違について検討する。前節からの流れでいえば、ここでのノモシュードロは、モトゥアの人々というよりも、難民リハビリテーションや地域の教育・福祉活動を担ってきた人々を中心としており、モトゥアの人々がクリシュノ・ボクトの行事と言及していたものである。

(1) 分裂したナム・ジョッゴ祭礼――ノモシュードロとマヒッショ

ノモシュードロによる様々な社会活動にチョンドロナト・ボシュという人物が深く関わっていたことは、前章で詳しく紹介したとおりである。チョンドロナト・ボシュは実践家である傍ら、宗教的な人物でもあった。彼は学校を設立するごとに、同時に寺院も建設するのが常であった。彼にとっては、宗教は彼の信念や仕事のベースとなっていた。彼の伝記のひとつは、次のよう述べている。

　　宗教は人間の生活の中核です。宗教や倫理なしには、本当の人間性は実現されません。そこで、チョンドロナトは寺院やアシュラムを設立しました。

彼はしばしば、キルトン（kīrtan）、ドルモショバ（dharmasabhā）、ジャティドルモショバ（jātidharmasabhā）、ボジョン（bhajan）などの宗教的行事を開催しました。彼は、これらの宗教的活動によって高度に進んだ人間社会の実現を目指したのです［Cakrabartī 1985: 4］。

　伝記が述べるように、ボシュは各種の宗教祭礼も開催していた。そのうち、キルトン、すなわちナム・ジョッゴの行事をここでは取り上げる。モトゥアによるキルトンとは異なり、よりチョイトンノ的なキルトンであるが、モトゥアのそれ同様に集合的な側面が見られる。

　ナム・ジョッゴ祭礼の核となる部分は「ナム・キルトン（nām-kīrtan）」である。「ナム（nām）」とは神の御名、特にクリシュナ神の御名を指し、「キルトン」とは、「（神を讃える）賛歌」「賛歌を歌うこと」を意味する[23]。よって、ナム・キルトンとは、ひと言でいえば、「クリシュナ神の御名を繰り返し詠唱して祈りを捧げる宗教実践」となろう。ナム・キルトンは、ヴィシュヌ神の別名（これも実質的にはクリシュナ神を指す）である「ホリ（hari）」を頭に付けて「ホリナム・キルトン（harinām-kīrtan）」とも称される。ナム・キルトンは寺院や個人宅でも日常的におこなわれており、ベンガル地方ではかなりポピュラーな礼拝手段である。

　ナム・ジョッゴ祭礼はナム・キルトンを行事の核として、その前後に各種の儀礼やプログラムが設定され、全体としてかなり大がかりな行事としたものである。ちなみに、「ジョッゴ（ヤジュナ：yajña）」とは辞書的には「供犠」「奉献」を意味する[24]。ドゥルガ・プジャ（ドゥルガ女神の年祭）のような神々の年祭と同じように、毎年開催されていることが多い。特に、東ベンガルから移住した人々は熱心であり、西ベンガル州各地において（あるいは州外においても）東ベンガルからの難民の居住地では、必ず開催されているといっても過言ではない。

　キルトンの宗教史的背景についても、ここで若干触れておきたい。キルトンは、中世期にベンガルにおけるバクティ運動を担ったチョイトンノによって、広く普及したものである。前節のモトゥアにおけるキルトンも、そもそもはチョイトンノによるキルトンを踏襲している。チョイトンノは、当時サンスクリット学問の中心地であったノボディプ（Navadvip）でバラモンの学者の家系に生まれた。しかし、父の祖霊祭のために向かった巡礼でクリシュナ神信仰に目覚め、以降クリシュナ神へのバクティに全霊を捧げる。地元ではニッタノンド（Nityananda）やオ

---

23) Samsad Bengali-English Dictionary, Kolkata: Sahitya Samsad, 2000.
24) 同上。

ドワイト（Advaita）などの初期の主要な弟子を得る。その後 24 歳の時に現世放棄者となり、南インドやクリシュナ神の聖地ヴリンダーヴァンなどを巡礼したのち、オリッサのプリー（Puri）にとどまり生涯を終える。その後、彼の弟子達により、今日チョイトンノ派と総称されるセクト諸派が形成された。クリシュナ神はヴィシュヌ神の化身と解されることから、この派はヴィシュヌ派のなかに位置づけられている［中谷 2003a: 175-176］。

　この派の神観念では、本地であるヴィシュヌ神ではなく、クリシュナ神こそが最高神と考えられている。非人格的な絶対者でなく形態と人格を持ち、様々な神話に富むこの至高の存在への純粋な帰依を説く。この世のあらゆる現象は、クリシュナ神の遊戯（līlā）により生起する。聖典『バーガヴァタ・プラーナ』では、クリシュナ神とラダー女神や牛飼い女性達との甘美な物語が描かれている。キルトンは、チョイトンノ派において神に対してバクティを捧げる方法として重視されてきた。そのやり方は、太鼓やシンバルを打ち鳴らし、恍惚となりながら、ひたすら神の御名を唱えるというものであった。チョイトンノは村や町で、自らキルトンをおこない、この方法を普及させることで、彼の教えを布教したのである［同上］。

　B 村をはじめ、各地で年中行事として開催されているナム・ジョッゴは、直接的にセクトとしてのチョイトンノ派と関わりがあるわけではないが、明らかにクリシュナ神とチョイトンノをクローズアップした祭礼がおこなわれている。通常、この祭礼のために特設の会場が準備される。稀に常設のクリシュナ寺院が設置されていることもあるが、多くの場合には祭礼のためだけに仮設の祭壇が用意され、そこにクリシュナ神とラダー女神、及びチョイトンノとその弟子達の像が安置されて、祭壇を聖別化する儀礼が執りおこなわれるのである。

　メイン・プログラムであるナム・キルトンが開始される前日や前々日には、宗教講話（pāṭh）や神話の詠唱（līlā-kīrtan）がおこなわれ、続いてクリシュナ神とラダー女神、チョイトンノ他の諸聖人を勧請する儀礼がおこなわれる。

　ナム・キルトンは 3 日間から 5 日間程度おこなわれる。通常、6 つのグループが 2 時間ごとに交代して 24 時間、間断なく演奏が続けられる。演奏は外部から招いたキルトン・ションプロダイ（kīrtan sampradāy）と呼ばれる演奏家グループによっておこなわれる。演奏は、歌い手による歌と、太鼓、小型オルガン、鉦（かね）（シンバル）、バイオリンなどで進む。歌詞は、「ハレ　クリシュナ　ハレ　クリシュナ　クリシュナ　クリシュナ　ハレ　ハレ　ラーム　ハレ　ラーム　ラーム　ラーム　ハレ　ハレ（hāre kṛṣṇa hāre kṛṣṇa kṛṣṇa kṛṣṇa hāre hāre hāre rām hāre rām rām

rām hāre hāre）」という、いわゆるホリナム・モントロ（harinām mantra）がひたすら繰り返されるのみである。観衆はその周りを取り囲んで、彼らの演奏に聞き入る。

　ナム・キルトンの終了後は、神話の詠唱や、ところによっては地域を練り歩きながらのキルトンがおこなわれる。その翌日には最後の供物の献上と、そのお下がりを広く人々に分配して共食する行事（mahotsab）、及び勧請した神や聖人を送別する儀礼がおこなわれて、すべての行事が終了する。以上が、一般的なナム・ジョッゴ祭礼のプロセスである[25]。

　さて、話をB村にもどすと、ノモシュードロが村に再定住後、初めて開催したナム・ジョッゴは、第5章第3節(1)で紹介したエピソードの際におこなわれたものである。ハイスクールの設立後しばらくして、ボシュの呼びかけによって、1950年代後半にハイスクールの校庭で開催された。

　この時、なぜボシュがナム・ジョッゴを開催しようと呼びかけたのか、彼の伝記では触れられていない。現在のノモシュードロによるナム・ジョッゴ実行委員会のセクレタリー、ポレシュ・ポッド・ショルカル氏によれば、「チョンドロナト・ボシュは難民を沢山連れてきました。難民達は信心深かったし、文化的なことにも意識が高かったのですが、当時は日々農地で苦労して働くばかりでした。そこで、年に一度でもナム・ジョッゴの機会が与えられたらよいのではないか」と考えていたからであった[26]。また、アドバイザーのディゲンドロナト・ビッシャス氏は、「当時、我々はこちらに来てしまって、どうやってこちらで生きていけばよいのだろうと言っていると、あの方は、ではナム・ジョッゴをやろうと言われました。我々が東ベンガルではキルトンが好きであったことを知っていたからです。その時には、良い演奏家を呼んで、皆が集まり、涙を流し、とてもすばらしいナム・ジョッゴが開催されました」と述べていた[27]。要するに、東ベンガルから移住して苦労している難民達に、リフレッシュの機会や信仰上の充足感を与えることで、リハビリテーション支援をおこなおうとしたのであった。

　しかしながら、ノモシュードロによるナム・ジョッゴはその後継続しなかった。代わりに彼らは、旧ノディア県からの移住者であるマヒッショが主催するナム・ジョッゴに参加するようになった。マヒッショ達も1950年代から行事を開始していた。

　しばらくマヒッショによる行事に参加していたものの、ノモシュードロは

---

25) 儀礼の過程の詳細については、中谷［2003a; 2006a］を参照のこと。
26) 2002年7月7日にインタビュー。
27) 2002年7月7日インタビュー。

1986年からは、別途自分達で行事を主催するようになった。その理由は、単に行事の主導権を巡る葛藤があっただけではなく、マヒッショが主導するナム・ジョッゴに対する不満が、ノモシュードロの間に存在していたことによる。マヒッショがおこなうナム・ジョッゴは、ノモシュードロ達が東ベンガルでやっていたものとは幾つかの点で異なっていたのである（図表6－4「マヒッショのナム・キルトン」を参照のこと）。まず、ノモシュードロにとって、ナム・ジョッゴはインド古典音楽の旋律体系であるラーガやラギニに基づいて演奏されるべきものである。そして、プロの演奏家を雇って高い質で演奏されるべきものであり、そのためにも精一杯の多額の費用をかけておこなうべきものであった。

図表6－4　マヒッショのナム・キルトン

2002年6月24日、筆者撮影

ところが彼らによれば、マヒッショらによるナム・ジョッゴは、現代の流行音楽の旋律によってデフォルメされてしまっているし[28]、素人の演奏家によって演奏されている。かけている費用も最低限のものでしかない。

そして、おそらくノモシュードロ達にとって最も重要なことは、彼らはナム・ジョッゴに高度に情緒的な性格を求めることであった。図表6－5「ノモシュードロによるナム・キルトン」が示すように、彼らのナム・ジョッゴでは、聴衆

図表6－5　ノモシュードロによるナム・キルトン

2002年7月8日、筆者撮影

---

[28] この点は、当のマヒッショ側も認めている。ある関係者によれば、以前には地元の演奏グループのみでやっていて、その頃には元々のキルトンの旋律でやっていたのだが、現在では人々の嗜好が変わってきて、現代の流行歌の旋律が受けるようになってきた、しかし、それを織り交ぜながらの演奏は難しいので、外からも演奏家を招くことになったとのことであった。ただし、儀礼を伴う演奏の際には、元々の旋律でおこなっている。聴衆のある若者は、我々のような若い世代は、昔のままでは聞かないと述べていた（2002年6月23日インタビュー）。

の感情が高まって、涙を流したり、お互いに抱擁し合ったり、地面にそのまま倒れ込んだりといった様子が頻繁に見られる。演奏家達もそのように鼓舞することを狙って演奏しているのである。

　因みに、これらの要素がモトゥアにおいても特に重視されていることは、前節ですでに述べたとおりである。行事は異なるとはいえ、どちらもキルトンと呼ばれている。つまり、ノモシュードロにとってのキルトンには情感の高まり、感涙、抱擁が不可欠なのであり、そこにノモシュードロ達の共有する文化的、情緒的なエートスをみることができる。

　これらの要素が、いかに彼らにとって重要であるのかは、ノモシュードロの実行委員会セクレタリーのショルカル氏による次のコメントからもうかがわれる。

　　　私達は以前には、マーケットのところで一緒にナム・ジョッゴを開催していました。しかし、ローカルの人々（筆者注：マヒッショを指す）はラーガやラギニが好きではありませんでした。彼らは抱擁や感涙の涙を流すことも嫌っていました。私達の年配者が抱擁しようとするのを拒否したこともありました。悲しいことでした。これらの事情によって、私達は自分達のナム・ジョッゴを始めたのです。私達は彼らとは良い関係にあります。互いの行事に寄付をします。でも、私達のナム・ジョッゴのやり方は違っているのです[29]。

　ノモシュードロは、彼らの東ベンガルでの記憶や経験に基づく固有の文化的な価値観を保持しており、それを全うするためにマヒッショ達と袂を分かつことになったのである。ただし、彼らとマヒッショらとの社会関係は、これによって破綻はしていない。互いに歩み寄りながらも、なお微妙な違和感や他者感覚を伴いながら、両者の関係は維持されてきたのである。

　このような状況は、マヒッショの側にも意識されている。ナム・ジョッゴの分裂に関する、マヒッショ側の実行委員会会長のションコル・コル氏の説明は、そうした感覚について比喩を交えて説明している。

　　　私達はノモシュードロと一緒にキルトンをやっていましたが、分かれました。それは2人兄弟がいて、大きくなって、それぞれが結婚して、喧嘩をして分かれるというのと同じことです。互いの関係は今でもおおよそ保たれています。争いごとはありません。互いに寄付をおこなっています。2つのグ

---

29) 2002年7月7日にインタビュー。

ループが別れ別れになる時、文化が別れ別れになる時、両者の間に溝ができます。そんな感じでしょうか。互いに混じり合っても、いくらかの溝があるようなものです[30]。

　コル氏は、年月が経ち互いが成長して自立すれば、自然とそれぞれが独立するようになると述べる。確かに、移住当初の1950年代では生活基盤も定まらず、費用の工面の点でも一緒にやった方が合理的であったろう。それが、発展的に分裂するのは自然の成り行きであり、対立して分かれたとしても、兄弟の関係はそれで完全に失われることはないということなのであろう。

（2）ナム・ジョッゴ行事と難民ネットワーク

　彼らのナム・ジョッゴが、ノモシュードロとマヒッショの間で分裂した結果、それぞれがいかに開催されているのか、この点について両者を比較しながら検討しておきたい。

　第1に、2つのナム・ジョッゴはベンガル暦の同じアシャル月に開催されるものの、異なる日程が設定されている。2002年（ベンガル暦1409年）を例に取れば、マヒッショの行事は6月22日（アシャル月7日）から開催され、6月26日（同11日）に終了した。この5日間の間に、ナム・ジョッゴそのものは3日間演奏された。その前には勧請儀礼、後には村のなかを巡りながらおこなうキルトン、供物の献上と共食の行事がおこなわれた。ノモシュードロによる行事が開催されたのは、マヒッショの行事が終了して1週間ほど経った7月3日（アシャル月18日）から7月9日（同24日）までであった。ナム・ジョッゴはマヒッショよりも長く、5日間演奏された。その前には勧請儀礼と神話の詠唱、後には供物の献上と共食の行事がおこなわれた。どちらの祭礼においても、プログラム内容は一般的なものである。

　第2に、行事の開催場所が異なっている。マヒッショの会場は、彼らが1958〜59年（ベンガル暦1365年）に設立したシッデシュワリ寺院前である（図表6-6「シッデシュワリ寺院」を参照のこと）。彼らの出身地である東ベンガルの旧ノディア県・メヘルプル郡（現在のバングラデシュ・メヘルプル県）の母村にもシッデシュワリ寺院があったので、彼らはこちらでも同寺院を設立した。彼らの実行委員会の名称は「コミュニティ共同ナム・ジョッゴ委員会（Sarbajanīn Bāroyāli Nām-Yajña Komiti）」で、

---

[30] 2002年7月2日にインタビュー。

図表6-6　シッデシュワリ寺院

2002年7月6日、筆者撮影

図表6-7　ハイスクールの校庭

2002年7月6日、筆者撮影

委員はマヒッショを中心とするメヘルプル県出身の人々から成る[31]。これに対して、ノモシュードロの人々の会場は、彼らが1956年に設立したハイスクールの校庭である（図表6-7「ハイスクールの校庭」を参照のこと）。彼らが組織する「ドゥルガ女神奉仕協会（Śrī Śrī Durgā Sebā Saṃgha）」（1970年設立）という団体の下部に、ナム・ジョッゴのための実行委員会が毎年組織されている[32]。

第3に、予算規模がかなり異なる。それぞれの関係者によると、マヒッショの行事では全体で7～8万ルピーの経費をかけるのに対して、ノモシュードロの側では12万ルピーを費やしている[33]。その違いは例えば、ノモシュードロの行事では、土製の神像や聖人像が安置されるが、マヒッショでは絵が安置されていること、ノモシュードロでは、プログラムが印刷されているが、マヒッショの方では作成されていないことなどにも表れている。プログラムには祭礼開催の案内文、開催日程と行事内容、そして参加する演奏家グループのリストが記されている。また、ノモシュードロが招く演奏家グループは多くがそ

---

31) この委員会はナム・ジョッゴのために特化した委員会であるが、彼らはシッデシュワリ寺院以外にも、ドゥルガ女神やカーリー女神の祭礼を開催するための常設の施設である「コミュニティ祭礼施設（Sarbajanīn Pūjā Maṇḍap）」（1947～48年設立。普段は神像は安置されていない）も運営している。ナム・ジョッゴ同様に、これらの祭礼も基本的にはノモシュードロとは別個に開催されている。

32) マヒッショと同様に、ノモシュードロの人々もこの協会の下で、ドゥルガ女神やカーリー女神の祭礼を開催するための常設の施設をハイスクール脇に設置して運営している。こちらも普段は神像は安置されていない。

33) ノモシュードロによるナム・ジョッゴ祭礼のアドバイザーであるピッシャス氏によれば、ドゥルガ女神やカーリー女神の祭礼など、彼らが開催する各種の祭礼のなかで、ナム・ジョッゴが最も多額の費用がかかるとのことであった。ドゥルガ女神の祭礼（ドゥルガ・プジャ）の費用は2万ルピー程度であるが、ナム・ジョッゴでは、他の祭礼にはない費目として演奏家達への謝礼があり、これが一番の出費となる（2002年7月7日インタビュー）。

れを本業とするプロなので、支払う謝礼も多額である[34]。

最後に、彼らが行事のために招く演奏家達についても大きな相違が見られる。2002年の行事では、マヒッショは6つのグループを招き（そのうちのひとつはB村の有志によるもの）、ノモシュードロも別途6つのグループを招いた。マヒッショが招いた6グループのうち、4つのグループにインタビューした結果は、次の図表6－8「マヒッショらが招いた演奏家の概要」のとおりである。

図表6－8　マヒッショらが招いた演奏家の概要
グループ1

	演奏パート	現住所（PSは警察管区）	カースト*	職業	移住歴**
1	オルガン	テハットPS（ノディア県）	マヒッショ	絵師、演奏家	地元民（非移住者）
2	歌い手	テハットPS（ノディア県）	マヒッショ	穀物販売、農業	地元民（非移住者）
3	歌い手	テハットPS（ノディア県）	マヒッショ	演奏家	地元民（非移住者）
4	歌い手	テハットPS（ノディア県）	ゴアラ	野菜販売	地元民（非移住者）
5	太鼓	テハットPS（ノディア県）	指定部族	医薬品販売	移住者（旧メヘルプル郡より）
6	太鼓	テハットPS（ノディア県）	マヒッショ	農業	移住者（旧クスティア郡より）

グループ2

	演奏パート	現住所（PS警察管区）	カースト	職業	移住歴
1	オルガン	テハットPS（ノディア県）	バルジビ	キンマの葉栽培	移住者（旧メヘルプル郡より）
2	歌い手	テハットPS（ノディア県）	バグディ	農業	地元民（非移住者）
3	歌い手	テハットPS（ノディア県）	ハルダル	漁業	地元民（非移住者）
4	太鼓	クスティア県（最近の移住者）	バグディ	農業	移住者（旧クスティア郡より）
5	シンバル	不明	ボイシュノブ	農業	移住者（旧メヘルプル郡より）
6	笛	テハットPS（ノディア県）	ハルダル	ビリー煙草製造	地元民（非移住者）

グループ3

	演奏パート	現住所（PSは警察管区）	カースト	職業	移住歴
1	歌い手	コリンブルPS（ノディア県）	デブナト（ヨギ）	農業、農業労働	移住者（旧メヘルプル郡より）
2	歌い手	コリンブルPS（ノディア県）	デブナト（ヨギ）	農業、農業労働	移住者（旧メヘルプル郡より）
3	太鼓	コリンブルPS（ノディア県）	デブナト（ヨギ）	農業、農業労働	移住者（旧メヘルプル郡より）
4	シンバル	コリンブルPS（ノディア県）	デブナト（ヨギ）	農業、農業労働	移住者（旧メヘルプル郡より）
5	シンバル	コリンブルPS（ノディア県）	デブナト（ヨギ）	農業、農業労働	移住者（旧メヘルプル郡より）

※グループ3はすべてのメンバーが親族関係者

---

[34] それぞれの関係者によれば、マヒッショの人々が招く演奏家への謝礼は、ひとグループあたり、1日で500〜700ルピーであるのに対して、ノモシュードロ側では900〜1,000ルピーを渡しているとのことであった。

グループ4

	演奏パート	現住所（PSは警察管区）	カースト	職業	移住歴
1	オルガン	テハットPS（ノディア県）	クンボカル	演奏家	地元民（非移住者）
2	歌い手	ムルティアPS（ノディア県）	ナピト	演奏家	地元民（非移住者）
3	歌い手	ノウダPS（ムルシダバド県）	ハルダル	楽器修理	地元民（非移住者）
4	太鼓	テハットPS（ノディア県）	ナピト	農業	地元民（非移住者）
5	シンバル	テハットPS（ノディア県）	クンボカル	演奏家/無職	地元民（非移住者）

出典：筆者による調査（2002年6月〜7月）
＊「カースト」の項のカースト名は、本人が述べたとおりに表記している
＊＊「移住歴」の項では、移住の第2世代目以降も含めて移住者とした

　各グループは5〜6人のメンバーから構成されている。彼らの現住所は、ほぼ調査地周辺のテハットやコリンプルといった警察管区内に限られていた。彼らは概ね、地元地域の住民といって差し支えない。彼らのカーストはマヒッショ、ハルダル、デブナト（ヨギ）などから構成されていて、指定カーストはバグディのみであった。プロの演奏家であると述べたのは1名のみであった。他にも演奏家のみと回答した者はいたが、それで生計が成り立っているとはいえず、かといって他に本業と断言できるものもない様子であった。これらを除くと、彼らの多くは農業、農業労働、穀物・野菜等販売、漁業などが本業であり、キルトンの演奏はあくまで副業にすぎない[35]。彼らの出身地についてみると、すべてテハットやコリンプルなどの周辺警察管区に居住する地元民（非移住者）か、旧ノディア県のメヘルプル郡やクスティア郡からの移住者であった。加えて、すでに述べたとおり、ひとつのグループはB村の有志によるグループであった。これらのことから端的にいえば、演奏家達と主催者であるマヒッショ達のプロフィールは、ほぼ重なり合うのである。

　これに対して、ノモシュードロが雇い入れた演奏家達はどうであろうか。図表6-9「ノモシュードロが招いた演奏家の概要」は、参加した6つのグループについて示している。

　それぞれのグループは、マヒッショが招いたグループよりも人数が多く、8〜10人で構成されていた。歌い手や各楽器の数も多いが、マヒッショのところでは用いられていないバイオリンやドーターラ（dotārā）などの弦楽器も使用されていて、多彩な演奏が可能となっている。

　彼らの現住所はノディア県のみならず、北24ポルゴナス県、ボルドマン県、ムルシダバド県にも及んでいるうえに、少なからぬ人々がノボディプ、コッラニ

---
[35] 実際、ナム・キルトンを職業（peśa）としてやっているではないと、彼らは明確に述べていた。

図表6-9 ノモシュードロが招いた演奏家の概要

グループ1

	演奏パート	現住所（PSは警察管区）	カースト*	職業	移住歴**
1	オルガン	コッラニ市（ノディア県）	ノモシュードロ	演奏家	移住者（フォリドプル県より）
2	シンバル	クリシュノゴンジPS（ノディア県）	ノモシュードロ	演奏家・農業	移住者（フォリドプル県より）
3	太鼓	デュブリアPS（ノディア県）	カヨスト	演奏家	移住者（ノアカリ県より）
4	歌い手	バグダPS（北24ポルゴナス県）	ノモシュードロ	演奏家	移住者（フォリドプル県より）
5	歌い手	バグダPS（北24ポルゴナス県）	ノモシュードロ	演奏家	移住者（フォリドプル県より）
6	歌い手	ラナガトPS（ノディア県）	カヨスト	演奏家	移住者（ダカ県より）
7	バイオリン	コルカタ市	カヨスト	演奏家	移住者（フォリドプル県より）
8	太鼓	バラサト市（北24ポルゴナス県）	ノモシュードロ	演奏家	移住者（ボリシャル県より）

グループ2

	演奏パート	現住所（PSは警察管区）	カースト	職業	移住歴
1	歌い手	ガイガタPS（北24ポルゴナス県）	ノモシュードロ	演奏家	移住者（フォリドプル県より）
2	歌い手	テハットPS（ノディア県）	ノモシュードロ	演奏家・農業	移住者（クルナ県より）
3	オルガン	テハットPS（ノディア県）	ノモシュードロ	演奏家・農業	移住者（ボリシャル県より）
4	歌い手	ハブラPS（北24ポルゴナス県）	ノモシュードロ	演奏家	不明
5	太鼓	コルカタ市	ブラフモン	演奏家	移住者（ダカ県より）
6	太鼓	ダンタラPS（ノディア県）	ノモシュードロ	演奏家	移住者（フォリドプル県より）
7	太鼓	ガイガタPS（北24ポルゴナス県）	ノモシュードロ	演奏家	移住者（パブナ県より）
8	シンバル	バドゥリア市（北24ポルゴナス県）	ダス	演奏家	移住者（フォリドプル県より）
9	笛	プルバスタリPS（ボルドマン県）	ノモシュードロ	演奏家	移住者（ボリシャル県より）

グループ3

	演奏パート	現住所（PSは警察管区）	カースト	職業	移住歴
1	オルガン	ノボディプ市（ノディア県）	タンティ	演奏家	移住者（ボリシャル県より）
2	歌い手	ノボディプ市（ノディア県）	ノモシュードロ	演奏家・機織り	移住者（ダカ県より）
3	歌い手	ハブラ市（北24ポルゴナス県）	カヨスト	演奏家・米加工	移住者（ボリシャル県より）
4	歌い手	ノボディプ市（ノディア県）	タンティ	演奏家	移住者（ボリシャル県より）
5	太鼓	テハットPS（ノディア県）	ノモシュードロ	演奏家・農業労働	移住者（フォリドプル県より）
6	ドーターラ	テハットPS（ノディア県）	ナピト	演奏家・床屋	移住者（ダカ県より）
7	シンバル	コリンプルPS（ノディア県）	ノモシュードロ	演奏家・農業労働	移住者（フォリドプル県より）
8	太鼓	テハットPS（ノディア県）	ノモシュードロ	演奏家・農業労働	移住者（フォリドプル県より）

グループ4

	演奏パート	現住所（PSは警察管区）	カースト	職業	移住歴
1	歌い手	ハンスカリ？PS(ノディア県)	テリ	演奏家	移住者（フォリドプル県より）
2	太鼓	ノボディプ市（ノディア県）	シュトロダル	演奏家・大工	移住者（ダカ県より）
3	オルガン	PS不明（ボルドマン県）	ノモシュードロ	演奏家	移住者（フォリドプル県より）
4	歌い手	ノボディプ市（ノディア県）	ナピト	演奏家	移住者（ダカ県より）
5	太鼓	ノコシパラPS（ノディア県）	ノモシュードロ	演奏家	移住者（フォリドプル県より）
6	歌い手	テハットPS（ノディア県）	ノモシュードロ	演奏家・農業小作	移住者（フォリドプル県より）
7	太鼓	ボホロンプル市（ムルシダバド県）	ノモシュードロ	演奏家	移住者（ノアカリ県より）
8	ドーターラ	プルバスタリPS（ボルドマン県）	バグディ	演奏家・農業労働	地元民（非移住者）
9	シンバル	ノコシパラPS（ノディア県）	ノモシュードロ	演奏家・農業労働	移住者（フォリドプル県より）

グループ5

	演奏パート	現住所（PSは警察管区）	カースト	職業	移住歴
1	歌い手	ニューバラクプル市（北24ポルゴナス県）	ノモシュードロ	演奏家	移住者（ダカ県より）
2	歌い手	ニューバラクプル市（北24ポルゴナス県）	ノモシュードロ	演奏家	移住者（フォリドプル県より）
3	歌い手	ノアパラPS（北24ポルゴナス県）	カヨスト	演奏家	移住者（ボリシャル県より）
4	バイオリン	パトゥリア市（北24ポルゴナス県）	ブラフモン	演奏家	移住者（ダカ県より）
5	オルガン	バラクプル市（北24ポルゴナス県）	ノモシュードロ	演奏家	移住者（フォリドプル県より）
6	シンバル	テハットPS（ノディア県）	ノモシュードロ	演奏家	移住者（ダカ県より）
7	太鼓	カトワPS（ボルドマン県）	ノモシュードロ	演奏家	移住者（パブナ県より）
8	太鼓	ノアパラPS（北24ポルゴナス県）	ノモシュードロ	演奏家	移住者（ダカ県より）
9	太鼓	PS不明（北24ポルゴナス県）	カヨスト	演奏家	移住者（フォリドプル県より）

（Kalyani）、バラサト（Barasat）、ニュー・バラクプル（New Barrackpore）、コルカタなどの都市圏に居住していた。

　カーストに関しては、ブラフモンやカヨストも含まれているものの、ノモシュードロが6割以上と多数を占めている[36]。また、6割以上が演奏家を専業、それもナム・キルトンの演奏にのみ従事していた。彼らの本業はナム・キルトンの演奏

36) ナムジョッゴそのものは、モトゥアのようにノモシュードロに特化したものではない。B村のこの時のケースではノモシュードロの演奏家が多かったものの、これが一般的なメンバー構成とまではいえない。

第 6 章　カースト・アイデンティティと難民の記憶　271

グループ6

	演奏パート	現住所（PSは警察管区）	カースト	職業	移住歴
1	太鼓	バンガオン市（北24ポルゴナス県）	ノモシュードロ	演奏家	移住者（フォリドプル県より）
2	歌い手	ハンスカリ？PS（ノディア県）	コパリ	演奏家	移住者（旧ノディア県から）
3	歌い手	ハンスカリ？PS（ノディア県）	バグディ	演奏家・農業労働	移住者（旧ノディア県から）
4	バイオリン	チャクダPS（ノディア県）	ノモシュードロ	演奏家	移住者（ジョショル県より）
5	歌い手	コリンプルPS（ノディア県）	ノモシュードロ	演奏家・農業労働	移住者（フォリドプル県より）
6	歌い手	クリシュノゴンジPS（ノディア県）	コイボルト	演奏家・ビリー製造	移住者（ジョショル県より）
7	歌い手	クリシュノゴンジPS（ノディア県）	ノモシュードロ	演奏家・農業労働	移住者（コミラ県より）
8	太鼓	ノコシパラPS（ノディア県）	ノモシュードロ	演奏家	移住者（フォリドプル県より）
9	太鼓	ラナガトPS（ノディア県）	ノモシュードロ	演奏家・塗装業	移住者（ボリシャル県より）
10	シンバル	テハットPS（ノディア県）	ハルダル	演奏家・漁業	移住者（フォリドプル県より）

出典：筆者による調査（2002年6月～7月）
＊「カースト」の項のカースト名は、本人が述べたとおりに表記している
＊＊「移住歴」の項では、移住の第2世代目以降も含めて移住者とした

であり、これによって生計を維持している。彼らはグループごとに名刺を作成している。そこにはグループの名称、代表者の氏名と連絡先等が明記されている。これはまさにビジネス・カードであり、営業活動のために活用されている。

　彼らは主として、西ベンガル州内、時にはデリーなどの州外（ただし、ベンガル人の居住地）も含めて、年間を通じて各地を巡業して回っている。彼らのようなプロの領域での活動となると、演奏能力に対する評価・評判や、招く側の好みも非常にはっきりとしたものとなり、いくつかのグループはかなり知名度があって、雇うには多額の費用を必要とする。それゆえ、B村の祭礼に参加する演奏家グループは固定されていない。毎年呼ばれるグループもあれば、一度呼んだがあまりよくなかったので次には呼ばなかったなど、主催者の側の好みやこだわりが反映されている。このようなプロ集団が主体となっていることが特徴的であり、B村の村人が素人有志グループとして参加することはない。

　彼らのうち、不明を除くと、地元民は1名のみであり、残りはすべて東ベンガルからの移住者である。フォリドプル、ダカ、ボリシャル、ノアカリ、ジョショルなどの諸県からの移住者とその子弟が8割以上を占めており、この傾向はB村のノモシュードロの出身地の傾向とよく似ている。旧ノディア県からの移住者であるとの回答は2名のみ（両名ともクスティア郡より）であった。以上を総合すると、

ここでもやはり、多くの演奏家達と主催者であるノモシュードロ達のプロフィールは重なり合うのである。

　以上のように、マヒッショ、ノモシュードロともにナムジョッゴの開催内容には彼ら自身の移住前の記憶と移住後の歩み、そして彼らが主張する宗教・文化的な価値観が大きく反映されている。すなわちマヒッショの開催場所は移住前の地元にもあったシッデシュワリ寺院前であり、ノモシュードロの会場は彼らが地域の開発者として整備したハイスクールの校庭であった。移住に関わるバックグラウンドの脈絡内において、それぞれに演奏家グループを雇い、移住前から受け継いでいると主張される宗教・文化的な価値観に基づいて行事を実践している。特にノモシュードロに関しては、ナム・ジョッゴ祭礼に対する思い入れにはかなり強いものがある。

第3節　難民の記憶と相互認識

(1) 難民か地元民か？

　うえに述べたナム・ジョッゴの分裂経緯は、ノモシュードロとマヒッショにおける移住前の宗教・文化的な価値観や移住経験の相違が反映されたものであり、互いに感じる他者感覚とも結びついている。このような認識や感覚の相違は、誰が難民であるかという認識や難民としての自覚や経験、つまり「難民性」ともいうべきものにも反映されている。

　ノモシュードロとマヒッショには移住経験に大きな相違があることを、すでに述べた。まず、移動の距離が彼らの相互認識に大きな影響を与えている。フォリドプル県から移住したノモシュードロは、しばしば分割された旧ノディア県の東側（特にメヘルプル郡）からの移住者のことを「地元民（*sthānīya lok*）」と呼ぶのである。ノモシュードロにとって、国境を挟み隣接して位置するメヘルプル郡から来たマヒッショ、ゴアラ、マロなどの人々は、彼らも同様に国境を越えて移住してきたにも関わらず、地元民と認識されている。さらに、地元民であるということは、彼らは難民ではないという認識にもつながっている。ノモシュードロのナム・ジョッゴでかつて長くセクレタリーを務めた前出のニキル・クマル・ビッシャス氏は、次のように述べていた。

ナム・ジョッゴはフォリドプルでもやっていました。こちらでも、演奏家のグループは東ベンガルからの人々なので、同じ情感を持ってやっています。我々の実行委員会のメンバーは皆、フォリドプルのノモシュードロです。向こうの実行委員会のメンバーには、地元の人々（筆者注：非移住者）もいますが、（大多数は）メヘルプルの人々です。ゴーシュ、マヒッショ、ハルダルなど、いろいろです。彼らは私達よりももっと前に、財産交換をしてこちらに来ました。私達は難民（refugee）ですが、彼らは難民ではありません。私達の出身地はずっと遠いところにあります[37]。

彼らが、いわば日常生活圏の範囲内で移住したことは事実である。しかし、マヒッショらには全く「難民」としての意識がないかというと、そうではない。むしろ、彼らは彼らで、自分自身のテリトリーのなかで非自発的な移住をしなければならなかったことに対して、複雑な思いを抱いているのである。メヘルプル県から移住した、あるマヒッショは次のように語っていた。

フォリドプルの人々は、メヘルプルの人々のことを「地元民」と呼びます。なぜなら、私達はとても近くの村に住んでいましたし、この辺りは日常的な往来の範囲内でした。結婚の通婚圏でもありました。私達の移住は、幾つか向こうの村からなされたにすぎません。この村のなかで、外から来た人間というよりも、ここの地元の人間という思いが我々にもあります。フォリドプルの人々は今でも来ています。彼らの移住は続いています。私達の移住は遙か以前に終了していますし、こちらで生まれ育った者には難民という意識はないでしょう。しかし、それでも私達も難民なのです。私達も自分の居場所から移住せざるを得なかったのです[38]。

移動の距離に加えて、移動の時期や期間も、彼らに異なる感覚を与えている。マヒッショらの移住は、遅くとも1951年までに終了しているのに対して、ノモシュードロの場合は、分離独立からバングラデシュ独立後に至る時期まで一貫して移動が継続している。マヒッショらにとっては、移住は遙か以前の出来事であるし、移住第1世代も高齢化が進んでいる。しかし、ノモシュードロにおいては、移住時期が長く継続したために、移住第1世代においても、いまだにかなり若い

---

[37] 1998年8月16日にインタビュー。
[38] 1998年8月23日、旧ノディア県（メヘルプル郡）出身、40歳、マヒッショ・カーストより。

世代が含まれている。彼らの間では、兄弟や近い親族の間での連鎖移住が長く継続したのである。彼らにとって移住は未だに現在進行形の現実であり、東ベンガルにまだ親族が残っている例も珍しくはない。これらの事情によって、ノモシュードロ達の間では、東ベンガルとの精神的な紐帯は、現在でも維持されている。

(2) 強制移住の記憶

次に、強制移住（forced migration）の経験・記憶という点から、ノモシュードロとマヒッショの関係について検討してみたい。この2つのグループには明らかな傾向の差が見られる。サンプル調査におけるインタビューの限りでは、マヒッショの移住者には深刻な危機を経験したケースはみられなかった。以下はサンプル対象者ではなかったが、マヒッショのナム・ジョッゴにおいて司祭を務めた人物は、次のように回想していた。

> 私は独立時にチュワダンガから移住しました。向こうでは何の混乱もありませんでした。移住しようというつもりはなかったのですが、村のリーダーや富裕層が出て行ってしまいました。そんななかで、どうやって我々が生きて行けましょうか。だから、私達はこちらに来ました。それ以外に理由はありません。我々は殺人やハラスメントや動乱などは経験していません[39]。

マヒッショの司祭が経験したことは、実はノモシュードロを含めて、当時広く観察されたことである。しかし、少なからぬノモシュードロは深刻な困難を経験しているのも事実である。とりわけ、分離独立よりも時代が下るバングラデシュ独立戦争時の移住者には、未だ生々しい記憶が残されている。

> コミュナルなムスリムはどこの村にもいました。ラジャカル（Razakar）が西パキスタンの軍隊を案内してヒンドゥーの家々に放火していました。私達は、明日あたり軍隊が私達の村にも来るという情報を得てパニックになりました。翌朝、すべての村人が水田に身を潜めました。雨季の水田の水深は深かったので、子ども達をボートに乗せ、大人達はそのまま水に浸かっていました。軍隊が放火しました。私達は自分の家から煙が上がるのを見つめていました[40]。

---

39) 2002年7月9日、旧ノディア県（チュワダンガ郡）出身、年齢不明、マヒッショ・カーストより。
40) 1997年4月2日、フォリドプル県出身、52歳、ノモシュードロ・カーストより。ラジャカルとは、

このような困難の経験は、ナム・ジョッゴのために招いた演奏家の間でも共有されている。同じく、バングラデシュ独立戦争時にフォリドプル県から移住して、ノディア県のコッラニという町に定住した演奏家の話は次のとおりである。

> 私達は小さな商売を東ベンガルでしていました。しかし、私自身は主に音楽に関わっていました。そのことは現在のこちらでも変わりがありません。私にとってはハリナム（ナム・ジョッゴ）以外に何もないのです。私達は追い立てられた身なので、こちらには何も持ってくることはできませんでした。何も持たずに来たのです。ヒンドゥーとムスリムの間に溝ができたのはパーティション以降です。パーティション以前には、相互に尊重し合っていました。私達の村でも互いに兄弟や友人のように付き合っていたのです。私はそれを今でも覚えています。しかし、パーティション後には、政治的、社会的な混乱状況が生じました。彼らは我々に対して、とても敵対的になり、虐殺を始めたのです。ローカルのムスリムは関わっていませんでした。でも、ビハーリー・ムスリムが西パキスタンの政府を助けて、我々の家に放火し、人々を殺害しました。彼らは暴動を引き起こしました。だから我々は追放されたのです。私達は私達の命と尊厳を守るために移住しました。私達はできるだけのことをして生きてきました。現在の状況はパーティションによって引き起こされたものです。もしパーティションがなければ、私達ベンガリ・ヒンドゥーは抑圧されることはなかったでしょう[41]。

ノモシュードロとマヒッショは、同じく東ベンガルからの移住者であるとはいえ、移住のプロセスや危機の経験は大きく異なる。強制移住の経験と記憶は、移住が長期にわたって継続したノモシュードロにおいて、より顕著にみられるのである。分離独立からバングラデシュの独立を経て、現在に至るまでの時間の流れにおいて、暴力と強制移住の経験は彼らの心中に深い影を落としてきた。

（3）難民の相互関係とカースト

以上のように、ノモシュードロとマヒッショは、ともに東ベンガルからの移住者でありながら、異なる宗教・文化的価値観や強制移住の経験と記憶を保持して

バングラデシュ独立戦争時において、独立運動を抑圧するために西パキスタン側によって組織された非正規の軍隊（準軍事組織）である。
41) 2002年7月8日、フォリドプル県出身、52歳、ノモシュードロ・カーストより。

いる。そして、両者の間には、互いを他者と感じる感覚や緊張関係が存在していた。うえに挙げてきた例以外にも、B村でインタビューをするなかで、「我々は異なる文化を持っている」、「以前には互いに敵対的な感情を抱いていた」、「距離を取って生活していた」、「私達が近寄り、互いに混じり合ったのは最近のことです」といった言葉が、ノモシュードロとマヒッショの双方から聞かれた。現在、両者の間にはあからさまな対立は見られないが、他者意識は依然として存在しているように思われる。

　彼らの間での他者意識は、単にカーストが異なるからということではなく、むしろ彼らの移住の時期や距離が異なること、強制移住の経験や記憶が異なること、宗教・文化的な価値観が異なることなど、これらの事柄すべてが、結果的にカーストをひとつの準拠枠として展開してきたことが、彼らの間での他者意識を醸成し、難民社会を内部で分化させてきたのである。

　しかし、ヒエラルヒーに関わるカーストの問題が皆無なわけではない。最後にこの点も取り上げておきたい。ある意味で、カーストに関してより強く自意識を持っているのはノモシュードロの人々である。彼らは指定カーストであり、自らのカーストについてより強く意識せざるを得ない。第1節で見たとおり、彼らの歴史はカースト・ヒエラルヒーの底辺からの解放を目指す闘いの歴史であった。モトゥアもそうした脈絡のなかで生まれた。B村のノモシュードロ達は自助努力によって様々な社会活動を展開し、多くの教育施設を設立してきたが、実際のところ、彼らの活動を難民リハビリテーションとしてのみ捉えるだけでは不十分である。

　彼らはカレッジを設立したが、そのカレッジを敢えて、不可触民を仏教改宗へと導いたB.R. アンベードカルに因んで名付けている。チョンドロナト・ボシュ奉仕教会が運営するいくつかの施設（学院と職業訓練校）は、指定カーストと指定部族を対象としたものであり、政府からの資金もその枠組みで受給している。彼らが「貧しい農民」「貧しい村人」と語る場合、それは多分に指定カーストや指定部族を念頭に置いている。彼らは教育熱心だが、まだまだ農村部の学生が有力な民間会社に就職できる機会は期待できない。そこで彼らが狙うのは公務員職（特に西ベンガル州の公務員）であるが、彼らが応募するのは指定カースト枠である[42]。

---

42) 指定カースト枠とはいえ、上級職から下級職まで職階の違いもあり、それぞれで熾烈な競争があるので簡単には公務員職に就くことはできないが、筆者の現地調査中でもB村の何人ものノモシュードロが公務員試験に合格している。東パキスタン（バングラデシュ）からの、より近年の移住に関しては、インドでは指定カーストに対する優遇政策があったことが、ノモシュードロなどの低カーストのヒンドゥー・マイノリティをインド側へ誘うプル要因となっていたことも、すでに指摘した通りである。

彼らのなかでは、難民であることと同様に、指定カーストであることも常に意識されていたのであり、そのことが彼らの活動の動因となっていた。

　彼らがナム・ジョッゴ祭礼を最大の行事として開催していることにも、カースト要因を認めることができる。実行委員会セクレタリーのショルカル氏は、ナム・ジョッゴ開催の意義を次のように説明していた。

　　　私達のナム・ジョッゴは、私達の人生において、ひとつの文化や信条として取り入れているものです。モハプラブ（チョイトンノ）の教義の大切なところは、低カースト、部族民、その他のカーストの間にあった溝を取り払い、ひとつにしたことです。モハプラブは、ナム（神の御名）の愛によって、ヒンドゥー、ムスルマン、カーストの高低にかかわらず、ナム・ジョッゴを広めました。モハプラブの邪魔をしていたムスルマンでさえも、信奉者になったくらいです[43]。

　ショルカル氏は、チョイトンノがカーストの差別を取り払い、宗派間の不和をも乗り越えたとしており、そこにナム・ジョッゴの意義を認めている。モトゥアにおいては、チョイトンノにも限界を見ていたが、ナム・ジョッゴの主催者は、チョイトンノが広めたキルトンにカーストの壁を取り除く趣旨を見いだしている。

　祭礼の最後におこなわれる共食行事では、各種の野菜と米を煮込んだキチュリ（khicuḍi）と呼ばれる食事が配られるが、すべてを混ぜ合わせて作るキチュリには、カーストや宗教などの世の中のあらゆる区別をなくしてひとつにしようという趣旨が込められていると説明される[44]。

　ノモシュードロはナム・ジョッゴ祭礼に、カーストの壁を越える（彼らのカーストの低さを問題としない）意義を見いだそうとしているが、その意義に反して、カースト差別によってナム・ジョッゴ祭礼が分裂したとする説明も聞かれた。ノモシュードロの指導者層のある人物は、「フォリドプルの人々は指定カーストなので、メヘルプルの人々（マヒッショ）は、自分達と同じとは見なさない。だから、ナム・ジョッゴにしても、分裂した」と述べていた[45]。さきにノモシュードロの年配者の抱擁をマヒッショが拒否したというエピソードを紹介したが、ノモシュードロはあの事件を多分にカースト問題として捉えているようである。

---

43) 2002 年 7 月 7 日にインタビュー。
44) この点は、チョイトンノがカーストを問題にせず布教したという説明と同様に、B 村をはじめ、他の開催地においても同じような説明がなされる。中谷［2006a: 108］を参照のこと。
45) 1998 年 8 月 17 日、フォリドプル県出身、52 歳、ノモシュードロ・カーストより。

カースト・ヒエラルヒーが問題となる場合、互いのヒエラルヒー構造における上下関係を意識せざるを得ない。しかし、カーストの上下のランキングについて言及するのは、下位とされるノモシュードロの方であって、上位カーストではない。一般的な感覚では、マヒッショもけっして上位カーストとはいえないが、少なくとも部外者である筆者に対して、ノモシュードロが指定カーストであるから云々という、あからさまな言及はなされない。例えば、彼らが説明するカースト意識は次のようなものである。教師を務めるあるマヒッショは次のように述べていた。

> カースト間には文化の違いがあります。例えば、マヒッショは村外へ働きに行きたがりません。自分の土地以外で農業に従事する場合でも村内のみです。マヒッショの文化や人生にとっては土地が重要なのです。農具のない家では水を飲むべきではないということもいわれていました。マヒッショの女性は外に出るのを好みませんが、ノモシュードロは、女性でも農地で働きます[46]。

ここではカーストのランキングについては言及されていない。冒頭で引用した田辺の指摘と同様、カースト・ヒエラルヒーに関する明言は避けつつも、文化の違いがあるとしてカースト間の相違が説明されている。特に、ノモシュードロ女性が農地へ出て働くという点に対して違和感が示されている。女性が外で、それも農地で働くということは、明らかに高カースト的な価値観からははずれており、言外にカースト的価値に基づく批判が表明されている。

小 括

本章では、ノモシュードロ難民の間で信仰されている宗教や宗教行事の事例分析を通して、難民の間でのカースト間関係について論じた。農村地帯のボーダー・エリアかつ難民ベルトの中心に位置する調査村においては、元々の地元住民よりも難民人口の方が圧倒的である。ゆえに、地域における社会関係の構築においては、難民と地元民との関係よりも、難民同士の間での関係の構築が重要であり、

46）1997年8月27日、ノディア県（現メヘルプル県）出身、40歳、マヒッショ・カーストより。

また容易ではなかった。

　まず、ノモシュードロがイギリス植民地時代にひとつのカーストとして実体化していったこと[47]、そしてナショナリズム運動が展開するなかで、独自の政治的立場を取ることで地位向上運動を試みたことをみた。こうした政治的主体としての側面とともに、モトゥアと呼ばれる宗教を生み出すことによって、独自の信仰と職業倫理観を育んできたことにも注目した。モトゥアに関しては、ノモシュードロの間でも毀誉褒貶相半ばするものの、文化的集団としてのノモシュードロを特徴づけてきた。

　彼らの文化意識は、ナムジョッゴという宗教行事においても明確に主張されていた。この行事に関しては、同じ趣旨の行事がノモシュードロとマヒッショそれぞれのカーストごとに、別々に開催されていた。各行事には、それぞれのカースト集団ごとの行事に対する宗教的・情緒的な価値観の相違が色濃く反映されていた。また、それぞれが外部から招聘する演奏家のプロフィールは、招聘元であるマヒッショとノモシュードロのそれぞれのプロフィールと重なり合っていた。移住前の村ではこうしていたからという「記憶」とともに、自らの移住バックグラウンドのコンテキストが反映される形で演奏家グループが雇われ、行事が開催されている。ここに、元難民としての彼らの生活世界が、単なるカースト・アイデンティティではなく、移住経験とも絡みながら成立している様子を見ることができる。

　ナムジョッゴはノモシュードロとマヒッショの双方に対して、互いの文化が異なることを意識させ、他者感覚を与えているが、両者の間では難民としての他者認識においてもズレがあった。ノモシュードロは、近隣から早い時期に移動したマヒッショのことを自分達と同じ難民とはみなさず、「地元民」と認識し表現していた。一方、マヒッショはそれを是としながらも、自分たちも国境を越えてきたというジレンマを抱えていた。難民移動の時期と距離も両者の自己認識と他者認識に大きな影響を与えていたのである。

　カースト・ヒエラルヒーの問題については、ヒエラルヒーを強く意識しているのはマヒッショよりもむしろノモシュードロの方であり、ナム・ジョッゴにおいても、カーストの壁を越える意義を見いだそうとしているが現実は異なっている。マヒッショからはあからさまにヒエラルヒーについて言及はされないが、文化の

---

47) この点については、ノモシュードロに関わるこれらの歴史過程がイギリスによって一方的に構築されてきたものと考えるべきではないことも指摘しておきたい。ノモシュードロ自身による運動においても明らかなように、植民地支配における相互作用やインド側の活動家達が能動的に果たした役割も大きかった［藤井 2003: 33-34］と考えるべきである。

違いとしてカーストの相違が説明される。このように、両者の関係はあからさまな対立ではなくとも、水面下において対抗意識や反発をはらんでいた。

　以上のように、B村における難民間の相互関係は、移住前の記憶や経験に基づく宗教・文化的価値観の差異、これらに加えて重要な要素として移動の時期や距離、強制移住の記憶と経験などの相違が結果的にカーストを準拠枠としていることが絡み合いながら成立しており、加えてヒエラルヒー的な意味でのカースト要因も作用することで、さらに微妙な緊張感と他者感覚を伴いながら保持されてきたのである。

第 3 部

大都市圏での再定住

──首都デリー

第 3 部では、デリー[1]に再定住したベンガル人の分離独立難民を扱う。調査地は独立以降、デリー南部に発展した新興住宅地の一角を占めるチットロンジョン・パーク（Chittaranjan Park）である。チットロンジョン・パークは、インド政府によって東パキスタンからの避難民のために建設されたコロニーである。よって、現在ではベンガル人以外も多数居住するものの、ベンガル人専用の居住地として開発されたことによって、ベンガル人が集住しているのみならず、ベンガル色豊かな寺院、文化施設、マーケットなどがあり、住民自らが「ミニ・ベンガル」と形容するベンガル人居住地となっている。

　以下、第 3 部を進めるにあたり、デリーの事例の位置づけや議論の前提について、大きく 4 点を挙げておきたい。ひとつは、西ベンガル州以外に再定住した分離独立難民の事例であること。序論で検討した通り、これまでの東パキスタン難民に関する研究は、西ベンガル州、特にコルカタの難民に偏り、他州での再定住に関する研究は少ない。マディヤ・プラデーシュ州とオリッサ州に跨って設置されたドンドカロンノに関しては、あまりにベンガルとは異なる環境や現地の部族民との関係により、うまくいかなかったと指摘されてきた［Elahi 1981; Kudaisya 1995］。

　一方、アンダマン諸島では農業開発が成功して、再定住はうまく行ったとされる［Basu Ray Chaudhury 2000］。ビハール州では、ジャールカンド州新設運動に関わるなかで自ら「ジャールカンド人」としてローカル化し［Sinha-Kerkhoff 2000］、アッサム州ではボドロロクの人々は独立後も元のように役人、専門職、小規模ビジネスなどに就いてスムーズに再定住できたといわれる［Dasgputa 2001; 2004］[2]。

　デリーの事例は、ドンドカロンノやアンダマン諸島のような農村・農業従事者

---

[1] 本書では「デリー」はデリー連邦首都直轄地（National Capital Territory of Delhi）を指す。デリーの歴史的発展と拡大については第 10 章第 1 節、政治・行政システムについては第 8 章第 1 節を参照のこと。
[2] ただし、Dasgputa［2001; 2004］の論文では言及されていないが、アッサムでは「反外国人運動」や「土地の子」の問題が存在しており、再定住したベンガル人が「アッサム」を自らのアイデンティティとしているとは考えにくい。

ではなく、都市的な環境に居住する難民を扱っている。この点で、ビハール州とアッサム州の先行研究と重なる部分がある。特にアッサム州に関しては、デリーの事例でもボドロロクを扱う点で共通点がある。しかし、いずれの先行研究も難民の適応の問題について、議論が一面的な印象を拭えない。ビハール州の事例とは異なり、デリーでは、ベンガル人はローカル化しながらもアイデンティティの課題を抱えている。アッサム州と同様にボドロロクとしてのバックグラウンドを持ちながらも、チットロンジョン・パークの住民には移住前の地位を失った人、暴力の体験を語る人、苦学をした人、キャンプ収容を経験した人も含まれている。十把一絡げの議論ではなく、人々の多様な歩みを踏まえるべきであり、本書ではこの点に留意している。

　2つ目は、デリーにおける分離独立難民の受け入れは、独立後のデリーの都市形成の歴史の一端を担ってきたという点である。今日、大都市圏を形成しているデリーの都市化は、分離独立以降に始まったものであり、その端緒は難民リハビリテーションのための住宅地・市街地建設によって開かれたといってよい。また、難民リハビリテーションが当初よりデリーにおける都市化の進展と一体となっていたことは、再定住後の過程において、不動産開発と地価高騰、市場やコマーシャリズムの介入、再開発などの都市的な要因によって、人々の生活や近隣のあり方に大きな影響を及ぼすこととなった。これによりデリーの事例はインドの都市圏において、いかに住宅地が成立し、近隣関係が構築されてきたのかという都市社会研究の役割も果たしている。

　3つ目は、これと関連しての難民の行為主体性の問題がある。コルカタにおいては、難民流入と不法占拠コロニーの拡大が、コルカタ北部と南部の市街地を拡大し、都市形成の一翼を担ってきた。難民がコロニー合法化を目指す政治団体と化し、票田となって州政治に影響したとされ、そこでは難民の政治的な行為主体性［Chatterjee 1992など］が議論の中心となってきた。デリーでもベンガル人避難民を票田と当て込む政治的思惑の存在については指摘があるものの、州政治を左右するほどの政治過程は見られなかった。従って、本書でも難民コロニー獲得のための運動について詳細に取り上げるが、それを政治的行為主体性にのみ還元することはしない。むしろ、難民としての自己認識や難民コロニーの名称変更など、再定住の過程における自己規定の変遷にこそ行為主体性の基盤があったと考えたい。また、第2部で問うたような地域社会・生活空間の構築など社会文化的な側面も含めて、より長期に渡る活動のなかでこそ、難民の行為主体性が構築され発揮されてきたことに注目する。

4つ目に、これまで先行研究ではボドロロク（高カーストのヒンドゥー教徒・ミドル・クラス層）は主要な研究対象のひとつとなってきたが、本書ではボドロロクとしてのアイデンティティではなく、むしろベンガル人としてのアイデンティティの問題をテーマとして取り上げる。チットロンジョンパークでは住民の中核をボドロロク的な背景を有する人々が構成しているが、彼らは社会経済的にその地位を脅かされる状況にはない。むしろ、英語を自由に駆使しながら仕事や生活を送りながらも、ドメスティックな言語としてのベンガル語の維持やベンガル文化の次世代への継承が大きな課題となっている。しかし、彼らのアイデンティティは決して同質的で閉じたものではなく、状況に適応的で重層的、かつ選択的なものであることを論じる。

　なお、第3部の事例に関しては、政府も当事者の人々も難民ではなく避難民の用語を用いてきたことから、本書でもこれに準ずることとする。

第7章

デリーにおける東パキスタン避難民コロニー獲得運動

　分離独立難民、特に西側で発生した難民については、東西のパンジャーブ地域間の移動が耳目を集めてきた。しかし、デリーも多数の難民を受け入れてきたことは注目に値する。すでに述べたように、今日、大都市圏を形成しているデリーの拡大と都市化の進展は、分離独立難民のリハビリテーションのための住宅地・市街地建設により端緒が開かれたからである。難民はパンジャーブ地域とは全く異なるインパクトをデリーに与えてきた。

　ただし、分離独立直後に政府がデリーで積極的に建設を進めた西パキスタンからの避難民向けコロニーとは異なり、チットロンジョン・パークの建設は、政府に対するベンガル人避難民自身による要求により実現したものである。この点は、コルカタでの難民運動と重なり合う部分がある。しかし、デリーでは人々の行為主体性が立脚していたのは、政治的な行為主体性と言うよりも、「難民」ではなく「避難民」であるという自己認識や（後述する名称変更問題で最も象徴的に表れているように）「避難民コロニー」から「デリーのベンガル人居住地」へというコロニー定義の転換であった。

　以上の諸点を明らかにすべく、本章ではまず分離独立後のデリーの都市開発を念頭に置きつつ、西パキスタンからの難民のためのリハビリテーションについて触れた後に、東パキスタン難民のために建設された避難民コロニーの獲得運動について検討する。

第1節　独立後のデリーと東パキスタン避難民

(1) デリーへの難民（避難民）流入と新たな市街地の形成

　分離独立時、デリーは難民、特に西パキスタンからの難民移動の主要な流入先のひとつとなった。デリーは1951年センサスの時点までに49.5万人の分離独立難民を受け入れている[3]。この50万人に迫る数の難民のうち、78.4%を西パンジャーブからの難民が占めていた[4]。ほかには、北西辺境州（NWFP）9.0%、シンド8.4%と、西パキスタンからの流入者が大半を占め、東パキスタンからの流入者はわずか3,674人（0.74%）にすぎなかった［Government of India 1954］。

　大量の難民人口の流入の結果、デリーの人口は急増した。1941年には91.8万人だった人口は、1951年には174.4万人と、90%近い人口増加率を示したのである[5]。

　デリーは、このような突然の予期せぬ大量の人口流入に備えられてはいなかった。まず必要となったのは、流入してきた人々を一時的に受け入れる緊急の措置であった。デリー北部のキングスウェイ（Kingsway）のキャンプはその最大のもので、30万人を収容した。ほかにも、カロルバーグ（Karol Bagh）のティヴィア・カレッジ（Tibbia College）やシャフダラ（Shahdara）などにも収容キャンプが設置された［Delhi Development Authority 1962, Vol.2, Part I, Chapter 1: 18］。

　次の段階として必要だったのは、恒久的なリハビリテーションであった。まず、流出したムスリムの家屋が活用された。1951年末までに19万人に対して、ムスリムが残置した避難者財産があてがわれた［Datta 1986: 445］。1948～52年にかけて、デリー改善トラスト（Delhi Improvement Trust）と中央公共工事局（Central Public Works Department）によって、多くの新たな市街地（township）が計画された［Jain 2000: 115］。

---

3) 1951年センサスが数えるデリーへの流入難民数は少ないのではないかとする見解もある。Gupta［1993: 23］は約50万人ではなく、150万人くらいが妥当であろうとしている。Datta［1986: 445-446］が示す資料においても、難民リハビリテーションのために建設された21カ所の居住地に、1950年までに10万人が受け入れられたとしているが、その収容想定数は約120万人となっている。

4) 西パンジャーブからの難民移動が短期間で完了したことは触れてきたが、デリーに関しては、多くの人々はまずは一時的に東パンジャーブやウッタル・プラデーシュ州に居住した後に、最終的にデリーに来たとされる。親族や友人を頼っての移動、デリーは安全という認識、デリーではよりよい機会が得られるという期待などが作用し、とりわけ都市的なバックグラウンドを持っていた難民が、デリーにビジネスの機会を求めていたという［Datta 1986: 444］。

5) 分離独立を挟む1941～1951年の10年間以降もデリーでは一貫して人口増加を見ている。その大きな要因となっているのは大規模な国内移動（インドの他所からデリーへの人口流入）である［Dupont 2000: 235］。

計画に基づき、デリー周辺の農地が取得されて、数多くの新たな市街地が建設された。代表的なものとしては、南部ではニザームッディーン（Nizamuddin）、ラージパット・ナガル（Lajpat Nagar）、カールカージー（Kalkaji）、マールビーヤ・ナガル（Malviya Nagar）、西部ではラージェーンドラ・ナガル（Rajendra Nagar）、パテール・ナガル（Patel Nagar）、モティ・ナガル（Moti Nagar）、ラメシュ・ナガル（Ramesh Nagar）、ティラク・ナガル（Tilak Nagar）、北部ではキングスウェイ・キャンプ（Kingsway Camp）などがある［Delhi Development Authority 1962, Vol. 2, Part 1, Chapter 1: 18-19］。デリーでは、1950年までにこうした難民のための市街地（住宅地）が27カ所建設された［Gupta 1993: 26; Appendix I］[6]。

市街地建設に当たっては、住宅地のみならずビジネス・センターやショッピング・センター、学校などの施設も同時に設置されたことで、これらの市街地は、今日のデリーにおいて主要な住宅地とマーケット・エリアを形成するようになった。

新たな市街地建設による都市圏の拡大により、デリーの都市エリア（agglomeration area）は、1941年の174.31平方キロから、1951年には201.36平方キロ、さらに1961年には326.55平方キロへと増加していった［Dupont 2000: 230］。

難民の居住地はその後も拡大した。既存の市街地が成熟するにつれて、難民の富裕層は、新興のより高級な住宅地へと転居するようになった。ゴルフ・リンクス（Golf Links）、バサント・ビハール（Vasant Vihar）、グレーター・カイラース（Greater Kailash）、リング・ロード（Ring Road）、ニューフレンズ・コロニー（New Friends Colony）、ディフェンス・コロニー（Defense Colony）などがその対象であり［Datta 1986:450］、これらの市街地もやはり今日のデリー、特にデリー南部の主要エリアを形成することとなった。このように、分離独立難民の流入は、首都人口を増加させ、リハビリテーションのために新たな市街地の形成を進め、その後の都市圏拡大の端緒となったのである。デリーの都市化については、あらためて第10章で取り上げる。

（2）デリーのエスニック構成と東パキスタン避難民

デリーの特徴は、多様な言語話者や地域出身者を抱えていることである。イン

---

6) 難民リハビリテーションのために建設された市街地の数について、Gupta［1993］はリハビリテーション省の非公開資料を出典としている。一方、Datta［1986: 445-446］は Delhi Census Handbook1951 を出典として、1950年までに建設された難民市街地を21カ所挙げている。また、Jain［2000: 115］は何年までにと年限は示していないが、デリーでは難民リハビリテーションのために36カ所の市街地が建設されたとしている（出典は示されていない）。

ド人類学調査局（Anthropological Survey of India）が、1980年代後半より実施した「インドの国民（People of India）」プロジェクトの調査では、デリーにおいては147の異なるコミュニティを調査対象としている［Ghosh & Nath 1996: xxii］[7]。

デリーの元々の住民は、ウルドゥー語やヒンディー語の話者であるとされるが、歴史上、様々な社会・文化的背景を持った人々を取り込んできたのである。そして、分離独立はデリーの「エスニック」[8]な構成に劇的な影響を与えた。デリーのほぼ半数のムスリムがパキスタンへ移住し、代わりにヒンドゥー教徒とシク教徒の難民が大量に流入してきた［同上：xiv］。

西パンジャーブからの大量の人口流入は、デリーに人口増加のみならず、社会・文化的にも大きなインパクトを与えたとされる。西パンジャーブからの移住者は「パンジャービー（パンジャーブ人 /Pañjābī）」と呼ばれるが、ヒンドゥー教徒とシク教徒の両方を含んでいる。「デリーはパンジャービーの町だ」とは、しばしば聞かれる言い方である。「インドの国民」プロジェクトでは、パンジャービーの大量流入によって、デリーがビジネス・経済都市へと転換されたと述べている。

> パンジャービー難民は、彼らのビジネスにおける鋭敏さや決断力をもたらした。彼らはデリーを第二のラホールにしようと誓ったのであり（中略）、かなりの程度それに成功している。商業や交易は花開いた。眠っていた政治・行政の首都は、光り輝く工業とビジネスのセンターへと転換された。（中略）ここに我々は、パンジャービー要因が支配的であるとしても、東洋と西洋におけるあらゆる最良のものの融合を見いだすのである［同上：3］[9]。

---

[7] このプロジェクトにおいては、「コミュニティ」は多種多様な基準によって拾い上げられている。「インドのあらゆるコミュニティの簡潔かつ記述的な人類学的プロファイルをつくること」を目的とするとして、調査対象のリスト作成に当たっては、マヌ法典やサンスクリット文献にみられる地域情報、中世から植民地期にかけてのコミュニティに関する情報までをも考慮したとのことである［Ghosh & Nath 1996: ix］。結果として、リストにはカースト集団（Rajput, Dom など）、宗教集団（Buddhist, Sikh など）、地域集団（Bangali, Tamil など）、移民集団（Tibetan など）といった具合に、多種多様な基準による集団が含まれている。

[8] 本書で取り上げるのは、デリーのベンガル人である。「ベンガル人」は、第一義的には地域集団といえるが、ベンガル語という独自の言語をはじめ、独自の文化・宗教的要素を保持し、かつ「ベンガル人（Bengali）」という自己認識が共有されている。会話のなかではベンガル人ではない人々について言及するために「非ベンガル人（abāṅāli）」という言い方が時になされ、この表現はベンガル語辞書にも掲載されている。従って、エスニック・グループという用語を用いるとすれば、「ベンガル人」はそれに該当するといえよう。本書でデリーのエスニック構成という言い方をする場合、「ベンガル人」「パンジャービー（パンジャーブ人）」など、このようなエスニックな地域集団を念頭に置いている。

[9] Gupta［1993: 16; 24-25］は、「デリーはパンジャービーの文化によって浸食された」という古い住民の声を紹介しながら、デリーは、文化的にも経済的にもパンジャービーによって支配されているとして、同様の指摘をしている。

パンジャービー難民が、分離独立後のデリーに大きなインパクトを与えたことは疑いない。しかし、本書で取り上げているベンガル人も、デリーにおいて歴史的に無視できない存在である。同じく「インドの国民」プロジェクトは、分離独立によるパンジャービーの大量流入のはるか以前の英領時代より、特にコルカタからデリーへの遷都以降にベンガル人がデリーにおいて活躍していたと解説している。

　　パンジャービーの人口は分離独立以降に大きく増加し、明確なインパクトを与えた。ベンガル語を話す人々は、イギリスが1912年に首都をカルカッタからデリーに移したときに、かなりの数が移ってきた。それ以降、彼らもまた増加し、彼らもインパクトを及ぼすようになった［同上 : 4］。

　　ベンガル人は過去100年間、特に英領インドの首都がカルカッタからデリーへ遷都されてから、大量にデリーへ移住している。彼らは当初、政府の被雇用者として転勤によって来ていたが、徐々に、長年にわたり何世代にも渡って、ほかの領域や雇用の道へも進出するようになった。50年から70年前でさえ、インドの北西部地域には、（中略）医者、エンジニア、学者などのベンガル人専門職が沢山いたのである［同上 : 86］。

　うえで述べられているようなベンガル人のホワイトカラー層は、ベンガルでは「ボドロロク（Bhadralok）」と呼ばれてきた。ボドロロクとは字義的には「尊敬すべき（respectable）人々」「紳士（gentleman）」を意味する。彼らはベンガル社会においてひとつの階層を形成し、英領時代においてはベンガル社会をリードして、イギリスによるインド統治を支える役割も果たしていた。

　ムンシ［Munshi 1996: 33-34］によれば、ボドロロクはその社会的な地位、教育、話し方、服装、家屋の様式、食習慣、職業、交際などの諸側面、及び彼らが保持する文化的価値観や社会的礼儀作法によって特徴づけられる。そして、彼らが最も厳格に保持していた特徴は、自ら肉体労働に従事することの忌避であった。彼らは地所が生活の保障と威信のために資すると考えて、土地所有を重視していた。また、英語教育は社会的地位の向上を図るうえで不可欠と考えられ、イギリス統治の元での機会獲得のために彼らは英語を学んだ。多くのボドロロクはブラフモン、カヨスト、ボイッドの上位3カーストの出身者である。

　本書で扱うベンガル人避難民コロニーの建設を進めるうえで中心になったのは、

このようなボドロロク層であった。彼らは東ベンガルで生まれ、英語教育で育ち、カルカッタ（コルカタ）に来て英語で高等教育を受け、そのままカルカッタで統治政府の役人、法律家、医者、教師、ジャーナリストなどとして働いていた。その一方で、多くの人々は東ベンガルに実家を残し、家族・親族や土地が残されていた。デリーへの首都遷都以降は、東ベンガルからカルカッタへのボドロロクの流れは、デリーまで延伸され、これが分離独立まで続いていた。

　分離独立によって、デリーまで働きに来ていた東ベンガル出身のベンガル人は、帰るべき故郷を失った。本章で取り上げる避難民コロニーは、このような経緯により、分離独立時にはすでにデリーに居たものの、東ベンガルの故郷を失った人々がまず声を上げて、政府に設置を要求したものである。従って、これらの人々は先に1951年センサスでデリーに流入したとカウントされた東パキスタン出身者とは基本的に異なる。また、これらの人々に加えて、実際のコロニーでの土地受給者には独立以降のインド側への移住者も多数含まれている。独立後の移住者に対しても、一定の条件の元に受給資格が与えられていたからである。

　これらすべての人をあわせても、西パキスタン側からの難民者数には遠く及ばない。しかし、チットロンジョンパークの建設もデリーにおける分離独立難民のリハビリテーションの一環であり、かつうえに列挙した市街地とともに、今日のデリーでは誰もが知る瀟洒な住宅地として位置づけられている。

（3）デリーのベンガル人

　現在のデリーにどれくらいのベンガル人が居住しているのかは定かではない。チットロンジョン・パークで寺院を運営するカーリー寺院ソサエティ（Kali Mandir Society）の設立25周年記念誌には、デリーのベンガル人人口を50万人、あるいは80万人とする記述がみられるが、その根拠は不明である［Kali Mandir Society 1998: 8; 50］[10]。公的な情報で参考となるのは、センサスにおける母語調査である。これによれば、デリーにおいてベンガル語を母語であると回答しているのは、1991年センサスでは12.2万人（全体の1.29％）、2001年センサスでは20.8万（同1.51％）であった［Government of NCT of Delhi 2009: 36］。

　デリーには東西の出身のベンガル人がいること考慮すると、現在、デリーに居住するベンガル人は、大きく4つのカテゴリーに分類することができるであろう。i) 独立前に東ベンガルから移住していて、避難民となった人々、ii) 独立前に西

---
10) 同記念誌がデリーのベンガル人の歴史について触れている部分では50万人となっているが、ドゥルガ・プジャについて書かれている部分では80万人となっている。

ベンガルから移住していた人々、iii) 独立後に東ベンガル（東パキスタン）から移住した避難民（難民）、iv) 独立後に西ベンガル州から移住した人々である[11]。

　チットロンジョン・パークに限定して考えると、避難民コロニーとしてのチットロンジョン・パークは東ベンガル出身者のために建設されたために、西ベンガル出身者である ii) と iv) の人々は基本的に除外されて、i) と iii) の人々が住民の大半を占めることになる。なかでも、避難民コロニーの建設運動の端緒を開いたのは、独立前からデリーに居住していて、分離により故郷を失った避難民の人々であるという点において、i) の人々が第一義的な避難民コロニー住民といえる。加えて、すでに述べたように、実際には iii) のような独立以降のインド側への移住者もコロニーの入居者に含まれている。分離独立以降であっても、東ベンガルから教育のためにコルカタに移住し、そのままインドで就職するというボドロロクの流れはある時期まで継続していた。また、難民化して移動した人々もいる。これらの人々も受給資格を満たせば土地供与の対象となったのである。

　現在のデリーの状況を考えると、ベンガル人居住地として圧倒的な存在感を放っているのは、紛れもなくチットロンジョン・パークである。チットロンジョン・パークほど大規模で、かつベンガル人専用の居住地として成立した市街地は他にない。しかし、チットロンジョン・パーク以外にも、東西ベンガル含めて、多数のベンガル人がデリーには居住しており、居住地間の交流も活発にみられる。

　とはいえ、デリーに何カ所のベンガル人居住地があるのかについての把握は容易ではなく、すべてのベンガル人が寄り添って暮らしているとも限らない。そこで参考となるのは、ベンガル人にとって最も重要な祭礼であるドゥルガ・プジャが、デリーでは約 250 カ所で開催されているという情報である ［Kali Mandir Society 1998: 9］。この祭礼は、近隣集団による協働によって開催されるケースが多い。大きな居住地となると、ひとつの居住地内部でも複数カ所で開催されることも稀ではないが、250 カ所という数字は、ベンガル人がデリーのかなり多数の地域に分散して居住していることを示している[12]。

---

11) このほか、不法な侵入者 (infiltrator) という扱いだが、バングラデシュ人の存在も知られている。インド人民党 (BJP) は、以前からこの問題に対して強弁な姿勢を取っており、選挙でもひとつの争点となってきた。第 8 章の注 15 も参照のこと。

12) デリーの 250 カ所でドゥルガ・プジャが開催されているという話は、決して大げさではない。この祭礼では、最終日に神像を河に流す行事がおこなわれるが、混乱を避けるためにデリーには北部担当と南部担当の 2 つの委員会 (immersion committee) が設置されて、管理運営をおこなっている。2008 年に南部担当の委員会に聞いたところ、南部だけで 125 カ所の登録があるうえに、登録せずに当日神像が持ち込まれるケースもあるとのことであった (2008 年 10 月 9 日インタビュー)。従って、ドゥルガ・プジャの開催カ所は北部もあわせると、デリー全体で 250 カ所程度と考えてもけっして誤りではないであろう。

カーリー寺院ソサエティの記念誌は、中央政府の公務員が多いベンガル人居住地として、ティマルプル（Timarpur）、デーヴィーナガル（Devi Nagar）、ゴール・マーケット（Gole Market）、ロディ・ロード（Lodi Road）、サラディニ・ナガル（Sarajini Nagar）、モティ・バーグ（Moti Bagh）、ラーマクリシュナ・プラム（Ramakrishna Puram）、キダイ・ナガル（Kidwai Nagar）などを挙げている。この他に多くのベンガル人が居住している所として、パーハール・ガンジ（Pahar Ganj）、カロル・バーグ（Karol Bagh）、パンジャービー・バーグ（Punjabi Bagh）、モデル・タウン（Model Town）、タゴール・ガーデン（Tagore Garden）、ウエスト・ビハーラ（West Vihar）、ダルヤガンジ（Daryaganj）、ハウス・カース（Hauz Khas）など、そして近年の新しい居住地として、ラクシュミ・ナガル（Lakshmi Nagar）、ガンディ・ナガル（Gandhi Nagar）、パンダバ・ナガル（Pandav Nagar）、マユール・ビハール（Mayur Vihar）などを挙げている［同上：8］。

　集合住宅に関して言えば、デリー南西部の巨大な開発地であるドワルカ（Dwarka）の一部には、東パキスタン避難民のために分譲されている棟がある。西部のポスチム・ビハル（Paschim Vihar）・エリアにあるニベディタ・アパートメント（Nivedita Apartment）は、ベンガル人以外はお断りとの規約を持ち、居住者のすべてがベンガル人である集合住宅すら存在している。

　デリーのベンガル人の間では、同じベンガル人居住者としての交流や情報交換のなかで、ベンガル人居住地情報が、かなりの程度共有されている。各地のベンガル人の人口規模には格差があるにせよ、デリーにおいて多数のベンガル人居住地が存在し、それぞれで寺院を設置したり、ドゥルガ・プジャを開催したりするとともに、互いの交流が維持されているのである。デリーにおけるベンガル人の居住情報については、第9章において改めて取り上げる。

第2節　東パキスタン避難民コロニー獲得運動

(1) 背景

　チットロンジョン・パークは、分離独立時の東パキスタン避難民のために政府によって建設された住宅地である。かつては、「東パキスタン避難民コロニー（East Pakistan Displaced Persons' Colony）」が正式名称であった。避難民コロニーであった名残は、コロニー建設を要求した団体である「東パキスタン避難民アソシエーション（East Pakistan Displaced Persons' Association）」（以下、EPDPAと略する）が、現在においても、

その役割を変えながら存続していることに見て取れる。現在に至っても、「東パキスタン」や「避難民」の語を冠した団体名のプレートが掛かるオフィスが、現に存在している様子には驚きを感じる。

　デリーには、ベンガル人がある程度集住している場所が幾つもみられるが、チットロンジョン・パークは疑いなく最大のベンガル人居住地である。マーケットの魚屋へ行けば、コルカタの鮮魚売り場と同様の賑わいがみられる。マーケットやその周辺には、ベンガル料理のレストランもあり、何かの行事の際にはベンガル料理の仕出しを頼むこともできる。

　ベンガル人が居住するところには必ずカーリー女神寺院があるといわれるが、チットロンジョン・パークにも、住民による任意団体である「カーリー寺院ソサエティ」が運営する大きなカーリー寺院がある。一見してベンガル様式と分かる巨大な寺院コンプレックスには、カーリー寺院を中央に挟んで、シヴァ寺院とクリシュナ寺院もあり、ここではベンガルのヒンドゥー世界が網羅されている。サンスクリット文献学を修めた常駐のバラモン司祭が何人も雇われており、年間を通じてあらゆる祭礼や文化的な行事がおこなわれ、個人的な祈願儀礼も受け付けている。

　ベンガル語の本や雑誌に関しては、カーリー寺院ソサエティの図書室か、ナショナリズム運動初期の著名な指導者であり、現在のコロニー名称にその名が用いられているチットロンジョン・ダス（1870〜1925）の名前を冠する「国の友・チットロンジョン記念ソサエティ（Deshbandhu Chittaranjan Memorial Society）」の図書館で読むことができる。これもナショナリズム運動初期の著名な指導者であるビピン・チョンドロ・パル（1858〜1932）に因んだ「ビピン・チョンドロ・パル記念トラスト（Bipin Chandra Pal Memorial Trust）」が所有する大きな講堂では、しばしばベンガル語劇が上演されている。

　チットロンジョン・パークは、ベンガル人避難民自身による政府への働きかけによって建設された「避難民コロニー」である。「難民コロニー」という名称ではないことは、運動を推進した人々の自己認識ともリンクしている。彼らは自分達を「難民（udbāstu）」ではなく、「避難民（vāstuhārā）」と称している[13]。彼らにとって、「難民」とは、治安の悪化などにより自らの意志に反して移動を余儀なくされた

13）ベンガル語では、「難民」は通常 "udbāstu" と表現され、「立ち退かされた人々」を意味する。「避難民」は "vāstuhārā" と表現され、「居所／住処（vāstu）」を「奪われた／失った（hārā）人々」という意味となる。ベンガル語の語義からしても、難民は自分自身が強制的に移動させられたという意味を含むのに対し、避難民には住んでいたところ、つまり家を奪われた／失ったという含意があり、彼らの事情と対応している。他にも「庇護を求める者（śaraṇārthī）」も難民の類義語として用いられる。

人々である。ある住民の表現を借りれば、「難民は彼らの国によって拒否された人々」、つまり（東）パキスタンという国家によって、国民としてそこに留まることを拒否された人々ということになる。しかし、彼らの自己規定は異なる。彼らは自国にいて拒否され、移動を強いられたのではない。なぜなら、避難民を主張する人々は、分離独立時にはすでにデリーに居住していたのである。むしろ、彼らは居ながらにして、東ベンガルの故郷を失ったのである。ゆえに、彼らは「避難民」、ベンガル語の表現では、「住処を奪われた／失った人々」と自己規定している。

　初期のコロニー獲得運動を担ったのは、このように自己規定をする人々であった。彼らは国家公務員としてデリーで勤務していた人々から構成されていた。彼らはまず、1952年に大きな集会をおこない[14]、それを受けて1954年に「東パキスタンから退去させられた中央政府職員のアソシエーション（The Association of Central Government Employees Displaced from East Pakistan）」を設立する。そのうえで、彼らは中央政府に対して、彼らにリハビリテーションを与えることを要求した。初期メンバーのひとりは次のように述懐している。

　　　私達は分離の前からデリーで公務員として勤務していたので難民ではありません。しかし、私達は分離によって、東パキスタンの家を失いました。帰る家を失ったのです。退職した後に、いったい何をして、どこへ行けばよいのか？だから、私達は政府に土地を与えるように要求したのです[15]。

　ベンガルが分割され、東ベンガルがパキスタンになってしまったために帰る家を失ったので、その補償をするようにと要求したのである。彼らに故郷を失ったと実感させることになったもうひとつの要因は、東パキスタンの治安の悪化であった。1949年末からクルナ県やボリシャル県で発生した暴動は、もう家に戻ることができないという意識を彼らに改めてもたらした。デリーで働いていたベンガル人には、退職後は帰郷するという希望があったにもかかわらず、暴動はその夢を打ち砕いたのである［Mukhopādhyāy 1979: 1］。

　東ベンガルへの帰郷を諦めた彼らが、インド政府にコロニー建設を要求した根拠は、次のコメントに述べられているように、西パキスタンからの難民に対して、

14）シュビモル・ダス氏の回想による［Dās 1979: 45］。この時、後に結成されるアソシエーションのセクレタリーとなるモニンドララル・ドット氏の呼びかけによって、デリーの各地から人が集まったとのことである。ダス氏もこの最初期からのメンバーであった。
15）2002年7月24日、EPDPAの初期メンバーの一人、ビジュスカンティ・ラエ氏へのインタビューより。

政府がすでにいくつものコロニーを建設していた事実に基づく。

　　政府は、西パキスタンからの難民に対しては、あらゆる便宜と支援を与えました。ラージェーンドラ・ナガル、パテール・ナガル、ラージパト・ナガルなどのすばらしいコロニーを建設しました。ところが、東パキスタンからの避難民に対しては、政府は何もしてこなかったのです［同上］。

EPDPAの前プレジデントは、この点を次のように述べていた。

　　ネルー首相は、西パキスタンからの難民に対しては、リハビリテーションを与えました。政府は、パンジャービーに対してはコロニーを建設しました。彼らはタダで、あるいはとても安く土地を入手しました。それが何故、東パキスタンのベンガル人にはないのか？　我々も同じように家を失ったのです[16]。

（2）交渉の過程

　1954年に中央政府職員が結成したアソシエーションは活動を開始するものの、当初は実のある成果を上げることができなかった。メンバーは、当時のセクレタリーであったモニンドララル・ドット氏の自宅で会合を繰り返し、また多くの人々とコンタクトを試みた。デリーの政府関係者だけではなく、当時の西ベンガル州の首相であったビダン・チョンドロ・ラエに対しても、何度も相談を持ちかけた。しかし、ラエは「私は（中央政府のリハビリテーション大臣の）ジャイン（A.P. Jain）に言っておいた。それで彼が何もしないのであれば、私にどうしろというのだ」と述べ、つれない対応であった［Ācārya 1972: 頁番号なし］。彼らは、1954年の12月からジャインの後任となったカンナ（Meher Chand Khanna）大臣にも面会に出かけた。以下のエピソードは、その時のものである。

　　1954年にドット氏と他の何人かのメンバーは、当時のリハビリテーション大臣のメヘル・チャンド・カンナ氏を訪ねた。ところが、カンナ大臣は彼らの要求を拒絶してこう言い放ったのである。「そのような話を聞く余地はない。そんな要求は却下されなければならない。もし君達がそのような要求

16）2001年12月15日、当時のEPDPAのプレジデントであったジョティルンドラ・チョクロボティ氏とのインタビューより。

するなら、我々は何らかの手段に訴えねばならない」[Mukhopādhyāy 1979: 2]。

　彼らは大臣を説得するどころか、逆に大臣から脅されたのであった。この時に同行していたシュビモル・ダス氏によると、「我々はカンナ氏の家から追い出された」のであった[17]。メンバーは徐々に失望しつつあった。
　このような事態となったのは、彼らは中央政府の公務員とはいえ、ランクの低い下級職員であったことが大きく響いていた。大臣と対等に向き合えるようなステータスを持っていなかったのである。そこで、この事件の後にドット氏はシャマ・プロションノ・センボルマ（Syama Prasanna Senvarma）という人物にコンタクトを取った。センボルマ氏は、彼らと同じく東パキスタン出身のベンガル人であった。当時、センボルマ氏は法務省（Ministry of Law）の副次官（joint secretary）であり、後には中央政府の選挙管理委員会委員長（Chief Election Commissioner）を務めたほどの大物であった。大物を担ぎ出して、何とか対等の話ができるようにと考えたのである。この当時の様子を、センボルマ氏は次のように回想している。

　　1955年の8〜9月、ドット氏が彼の自宅で開催されたアソシエーションの年次会合に私を招いた。15、6人のメンバーが集まっていた。当時、メンバーの総数は25〜30人に過ぎなかった。彼らはすべて政府の職員だった。私は会合に出席したことで、彼らが置かれている状況（中略）大臣邸での出来事なども理解した。そこで私はメンバーの総数を増やす必要があると考えた。誰がたった25〜30人しかいないアソシエーションの話など聞くものだろうか？［Senvarmā 1973: 12］

　センボルマ氏は、メンバーを増やすようにアソシエーションにアドバイスした。その結果、3、4年後にはメンバーは500人ほどになっていた。アソシエーションが認知度を高めるに従い、メンバーも増加した。またセンボルマ氏は、アソシエーションが交渉力を持つためには法的地位が必要と考えていたが［Senvarmā 1979: 64］、それは1960年に団体登録法（Societies Registration Act XXI, 1860）のもとに

---

17) 2002年4月17日、シュビモル・ダス氏とのインタビューより。この時に同じく同行していたビモルブション・チョクロボティ氏（その後1969年からEPDPAのセクレタリーを10年以上に渡って務めた）が、EPDPAの50周年記念誌に寄せている文章によると（1956年の事としているが、脈絡からおそらくこの時のこと）、彼らはアポイントも取らずに大臣を公邸に訪れ、2時間待ってようやく面会したものの、そのような事を言っているとクビにするぞと脅されて、追い出されたとのことである［Cakrabarttī 2005: 頁番号なし］。

団体登録されることで実現した[18]。

1956年5月には、当時西ベンガル州選出の下院（Lok Sabha）議員であったイラ・パルチョウドゥリ（Ila Pal Choudhury）氏をプレジデントに迎え[19]、センボルマ氏を副プレジデントとして、体制を整えた。1959年9月の総会では、両氏の続投と、新しいセクレタリーとしてC.K. ムカルジー（Candrakumar Mukherji）氏の選出が決定された［Ācārya 1972: 頁番号なし］。

パルチョウドゥリ氏はその後、1962年の総選挙で落選してしまったために、センボルマ氏がプレジデントを引き継ぐことになるが［Senvarmā 1979: 63］、アソシエーションのプレジデントとしての彼女の貢献も無視できない。彼女は当時のインド首相のネルーに対して何度も直談判してくれたのである。1956年にアソシエーションの会計担当となったアチャルジョ氏は、パルチョウドゥリ氏が次のように語っていたと回想している[20]。

> ポンディットジー（筆者注：ネルー）は、「君は私のところに来る度に、彼らのことばかり言っているね」と、おっしゃいました。そこで私は、「彼らには家がないのです、家を与えなくてはなりませんと申し上げました」［Ācārya 1972: 頁番号なし］。

セクレタリーのムカルジー氏は[21]、メンバーの実質的なリーダーとして活躍

---

18) センボルマ氏は、アソシエーションが団体登録されたことで、メンバーの間でも自負が生まれ、メンバーの登録数も急激に増加したと述べている［Senvarmā 1979: 64］。ただし、リハビリテーション大臣が上院で、東パキスタン避難民向けのコロニー建設に言及したのも同じ1960年なので、メンバーの増加はむしろ、大臣発言を受けての反応という面の方が強いであろう。アソシエーションの団体登録に関しては、規程集（"Constitution" as amended up to 2 February 1992, East Pakistan Displaced Persons' Association, Delhi）を参照した。
19) イラ・パルチョウドゥリは、第2部で扱った西ベンガル州ノディア県の調査村を含む一帯を所有していたジョミダル（ザミーンダール）の家系に属しており、調査村でも何度もその名前を聞いた。
20) 前出のビモルブション・チョクロボティ氏によると、パルチョウドゥリ氏やセンボルマ氏を招聘したのはアチャルジョ氏であった［Cakrabarttī 2005：頁番号なし］。
21) ムカルジー氏は、センボルマ氏と並ぶコロニー建設の立役者であった。次章で述べるように、後にチットロンジョン・パーク内の2つの道路が、この両名の名前を採って、各々付けられている。EPDPAのオフィスにもこの2人の写真が並んで掲げられている。ムカルジー氏は1905年生まれで、没年は1968年である。東ベンガルのジョシル県生まれで、ダカ大学で学士（BSC）と修士（MSC）を修めた後、教職に就いた。その後、西ベンガル州、デリーでの教職の後、1948年に中央政府の産業省（Ministry of Industry）に職を得た。EPDPAでの活動以外にも、デリーにおいてベンガル・アソシエーション（Bengal Association）やベンガル・クラブ（Bengal Club）などの活動に従事して、デリーにおけるベンガル人社会に貢献した。自身は1968年に亡くなっているので、チットロンジョン・パークに移り住む機会を得ることができなかったが、彼の息子と娘はそれぞれ受給した土地に世帯を構えてチットロンジョン・パークに居住している。Mukhārjjī［2005：頁番号なし］、Gāṅgulī［2005：（頁番号なし）］、Sen［1979：55-57］などを参照した。

した。彼は公務員であったので公務員の職員宿舎に居住していたが、その一室がアソシエーションの事務所と化していた。そこに昼夜を問わず、人が出入りしてごった返し、子ども達まで駆り出されて仕事が進められた［Mukhopādhyāy 1979: 4］。そのうちのひとり、娘のギタ・ガングリ氏は、ムカルジー氏について次のように語っていた。

　　私達の家は部屋が2つしかなかったのに、ひとつの部屋が完全にオフィスとして占有されていました。祖母もいて、家族が全部で8人いたのにです。私達子どもは、ずっとひとつの小さな部屋で勉強しました。私達は多くの犠牲を払いました。父の貢献は、リーダーシップを取って、人々を先導したことです。当時、そうした責任を誰も積極的に担おうとしていませんでした[22]。私が労を執ろう、責任を持ってやってみようと、父は言っていました。父は東ベンガルに属する人々の名前と住所を集めて回りました。一体、何人の人々がいるのかを明らかにして、政府に示す必要があったのです。それで、父はメンバーを増やすためにも、東ベンガル出身の人を探して、アソシエーションの入会フォームを渡して書かせていました。しかし年会費の2ルピーを払いたくない人々もいました。どうせ何もできない。無駄になる。なぜそんなことをしていると言って、反対するような人々もいました。そうやって仕事をしましたが、父は1968年に亡くなったので、コロニー建設が決まったところまでしか見ておらず、家が建ったところまでは見ていません[23]。

　ガングリ氏はまた、父を回顧する文章のなかで、「人々の手元にはお金が無く、会費納入ははかばかしくはなかった。よってアソシエーションの予算も少なく、遠方まで歩いていって用事を済まさなければならなかった」［Gāngulī 2005: 頁番号なし］とも述べている。
　おそらく、ムカルジー氏の最大の貢献は、センボルマ氏がアドバイスしたところの、メンバーの増員を果たしたことであろう。人々を個別に訪ね、趣旨を説明し、アソシエーションのメンバーとなってもらうという、骨折りの仕事を時間と労力を惜しまずに進めた。その過程では、ムカルジー氏は政府や大臣だけでなく、

22）センボルマ氏やパルチョウドゥリ氏を役員に招いたものの、1956年にドット氏が転勤するという話が出て、アソシエーションではセクレタリーの交代が必要となった。しかし誰も自分がやるという人がおらず、しばらくは西ベンガル出身のJ.M.シンホという人がセクレタリーを務めるという事態が生じていた［Ācārya 1972: 頁番号なし; Mukhopādhyāy 1979: 3］。ムカルジー氏がセクレタリーとなるまで、内部的にはリーダーシップ不足の状態が続いていたようである。
23）2002年7月26日、インタビュー。

同胞である東ベンガル出身者に対してもある意味で闘い、強い働きかけをしなければならなかったのである。

その後、ムカルジー氏を中心にしてアソシエーションは活発化し、彼らは様々な課題に関して、リハビリテーション当局に提案や要望を書き送り続けたために、当局にはいくつも大きなファイルができあがってしまった程であった［Senvarmā 1973: 12］。

彼らの努力の成果は、1960 年 3 月 3 日、リハビリテーション担当のカンナ大臣が上院（Rajya Sabha）において、デリーのベンガル人のリハビリテーションに関して公式の言及をおこなったことによって報いられることとなった。「東パキスタンからの避難民のために、デリー近くにコロニーを設置する提案（proposal）があるのかどうか、もしあるのならばいつどこに設置するのか？」との質問に対して、カンナ大臣は次のように答弁している。

> デリーにおいてすでに居住し、有給の職を有する東パキスタン出身の避難民のために、カールカージー（Kalkaji）にコロニーを設置することが提案されています。中央公共事業局（Central Public Works Department）に対してレイアウト・プランを作成するようにとの指示が出されております[24]。

大臣によるこの表明の後、アソシエーションのメンバー数はさらに増加した。ザ・ステーツマン紙（The Statesman）は、1960 年の同じ月に開催された会合の様子を次のように伝えている［1960 年 3 月 27 日付け］。

> 「東パキスタンから退去させられた中央政府職員のアソシエーション」の会合は土曜日に開催され、デリーのテリトリー内でのメンバーの完全なリハビリテーションを目的として、アソシエーションの規程（constitution）を採択した。（中略）会合の議長役を務めたセンボルマ氏は、アソシエーションは 3,000 人以上のメンバーを有し、約 2 万人の東パキスタン出身の避難民を代表していると述べた。（中略）会合においては、リハビリテーション省に対して申し立てをおこなう権限を運営委員会に付与する旨の決議がなされた。（中略）1,000 人以上のメンバーが会合に出席していた[25]。

---

[24] *Rajya Sabha Debates*, 3 March 1960, vol.XXVIII, p.2594.
[25] 大臣の表明を受けての、この頃のアソシエーションのメンバー数について、アチャルジョ氏は「2,000 人以上」としている［Ācārya 1972: 頁番号なし］。前出のスビモル・ダス氏は、大臣表明があった時点の 1960 年 3 月で 950 人、同 7 月で 1579 人、さらにその後 3,000 人以上になったと記している［Dās

しかし、これでアソシエーションの仕事が終わった訳ではなかった。国会で大臣によってコロニー建設が表明されたものの、建設プランが完成するまでには、その後6年間を要したのであり、この間、プランの内容や申請資格について数多くの交渉が重ねられた。

国会下院においても、進捗状況についての質問が何度もなされ、その都度、答弁がなされている。例えば、1960年4月の質疑では、プランの作成はいつ完了するのかと問われ、副リハビリテーション大臣が、まだ今の段階で答えるのは困難であると答弁している[26]。

1963年4月には、リハビリテーション大臣が、リハビリテーション受給のための申請資格について、すでにデリーに居住している避難民であること、有給の職に就いていること、自分の所有となる家を持っていないことなどを説明している。また、所得階層に応じて、異なるサイズの区画を用意することも述べている[27]。

これらの大臣の説明内容についても、実は水面下でアソシエーション、大臣を含む当局、その他の関係者の間で、様々な交渉や動きがあった。例えば、この事業趣旨の根幹に関わる部分、すなわち申請資格についてアソシエーション内部での議論と大臣との交渉があった。1960年の大臣の表明当時、アソシエーションの名称は「東パキスタンから退去させられた中央政府職員のアソシエーション」であり、公務員のみがメンバーであった。しかし、東パキスタンの避難民は政府職員に限らない。他にも多くの民間部門で就労していた人々がいたのであり、公務員以外にもメンバーシップを拡充してほしいという多くの声がセンボルマ氏のもとへ寄せられていた。アソシエーションは、メンバー資格を非公務員にも開放することを決定した。これを受けて、リハビリテーション大臣も公務員と非公務員に関わらず、申請資格を与えることをアソシエーションとの会合の場で表明した[28]。この点についてセンボルマ氏は、「大臣がこれを承認したのは、これらの東パキスタン避難民を、選挙のための新たな票田として考えていたからだ」と述

1979: 47]。チョクロボティ氏は、センボルマ氏がプレジデントになった1963年頃のメンバー数について「2,500人くらい」としている［Cakrabarttī 2005: 頁番号なし］。従って、この記事の時点（1960年3月）で「3,000人以上」との表明は、いささか大げさなものと思われるが、大臣の表明後からメンバーが急激に増加したのは確かであろう。

26) *Lok Sabha Debates*, 16 April 1960, vol. XLII, p. 11949.
27) *Lok Sabha Debates*, 18 April 1963, vol. XVII, p. 10411.
28) EPDPAの働きかけによってコロニー建設が実現したのは事実だが、申請資格の要件とEPDPAのメンバーシップは関係なく、EPDPAのメンバーでなくとも申請資格はあった。実際に、土地を受給した人々の間には、受給の前も後もEPDPAのメンバーにはならなかった人々もいた［Ācārya 1972: 頁番号なし］と述

べているが［Senvarmā 1973: 13］[29]、これによってアソシエーションは公務員に限らず、デリーのすべての東パキスタン避難民を代表する組織となった。アソシエーションの名称は 1962 年に、現在の名称である「東パキスタン避難民アソシエーション（East Pakistan Displaced Persons' Association）」へと改称された［Rāy 1982: 25］。

申請資格に絡むもうひとつ重要な点は、東パキスタンからの「避難民」という部分である。当然ながら、申請資格は避難民にのみ与えられるべきものであるが、個々の申請者はどのような方法によって、自身が避難民であると証明したのか。次項でも述べるように、ボーダー・スリップやインドに来てから取得した市民権登録書があればもちろん証明となった。これらに加えて、公務員の場合には、役所の人事台帳（service book）に出身地が記載されていて、これも活用できた。これは次項で検討する申請資格における「避難民」の定義（注記－2）と対応している。

これらに加えてアソシエーションは、避難民としての証明書類が用意できない人々については、(自分が東パキスタン出身であるという)「宣誓供述書（affidavit）」をもってしても有効書類とすることを当局に了承させた［Mukhopādhyāy 1979: 6］[30]。

避難民／難民であることの証明書発行については、当時のデリー市の副コミッショナーであったシュボド・ゴパル・ボシュモリック（Subodh Gopal Basumallik）氏の貢献にも言及しておく必要がある。ボシュモリック氏はその貢献により、後には EPDPA のプレジデントに迎えられるのだが、この当時、氏はデリーにいる東パキスタン避難民に対して、それぞれの情況証拠に基づいて、難民証明書（refugee certificate）を作成して便宜を図ったとされる［同上］[31]。

正式の書類を整えるのが困難な避難民に対して、各人の情況を聞き取り、権威ある立場を活用して影響力のある証明書を作成し、多大の便宜を図ったのである。チットロンジョン・パークでインタビューした人々のなかにも、ボシュモリック氏に証明書を書いてもらったという人物がいた。ある人は東ベンガルのモイメン

29）前出のビモルブション・チョクロボティ氏の説明によると、カンナ大臣はかつてはグジャラート州や西ベンガル州から上院に選出されていたが、ネルー首相から 1962 年の下院議員選挙にニューデリーから立候補するようにと指示されたとのことである［Cakrabarttī 2005: 頁番号なし］。従って、彼にとってはデリーに居住する東パキスタン出身のベンガル人（チョクロボティ氏は 5 万人としている）の票も決しておろそかにはできなかったという訳である。
30）後述する、1977 年の第 3 回募集の終了後に新たな土地獲得運動を進めた 714 グループのリーダーであった B.C. ダス氏は、「我々の時には、裁判所を通じた宣誓供述書によって出身地を宣誓するだけでは不十分だった。自分もやったが、それだけではだめだった。しかし兄が軍隊（army）にいて、軍隊が発行した証明書には、独立前からの出身が東ベンガルと書いてあったので、兄弟の出身は同じということで申請が受理された」と述べていた（2002 年 4 月 25 日にインタビュー）。第 2 回目までの募集においては、宣誓供述書のみであっても、資格審査に通用したようである。
31）役所の人事台帳の出身地記載を東パキスタン出身の証明とみなすようになったのも、彼の貢献によるとされる［Mukhārjjī 2005: 頁番号なし］。

シン出身であったが、特に証明に役立つような書類を所持していなかった。そこで、ボシュモリック氏の所へ行った。彼にとっての唯一の証拠は、東ベンガルのモイメンシン地方の方言を喋ることくらいだったが、ボシュモリック氏は証明書を発行してくれたとのことであった[32]。方言を喋ることも情況証拠のひとつとして採択されたのかも知れない。ボシュモリック氏はその後、デリー開発局（Delhi Development Authority）の要職を務めて、避難民のための居住地開発に貢献した。ボシュモリック氏は、この当時にはまだEPDPAの関係者ではなかったが、アソシエーション、すなわち避難民側と当局とのやりとりの間で、独自の貢献をしたといえよう[33]。

「所得階層に応じて、異なるサイズの区画を用意」することは、大臣側からセンボルマ氏に提案された。センボルマ氏は、「異なる区画を用意することで、より数多くの区画を用意することができ、そうすればより多くの避難民に土地を与えることができると思い、自分の責任において提案に同意した。そのことをアソシエーションに持ち帰って説明したところ、皆の賛同も得られた」と回想している［Senvarmā 1979: 65］[34]。

大臣の表明後も、以上のような様々な交渉の過程や、ボシュモリック氏のような人々の関与を伴いながら、コロニー建設の準備が進められていった。

（3）土地配分と申請資格

EPDPAと政府の間での多くの交渉と調整を経て、政府が土地配分の希望者を募集するための最初のプレス・ノートを発表したのは、ようやく1966年であった。その後、政府は1967年と1977年の2回に渡って再募集することになる。公表されたレイアウト・プランによれば、コロニーの総面積は218.3エーカーで総区画

---

32) 2002年8月7日、インタビュー。
33)「宣誓供述書」にしろ、ボシュモリック氏による証明書発行にしろ、少なくとも第2回目までの配分においては、資格審査はそれほど厳密ではなかったようである。この点については、前出のB.C. ダス氏も、「チットロンジョン・パーク本体の募集（注：第1回から2回目）の際には、区画数に余裕があったので審査は厳しくなかった。自分の知人で1回目に取得した人がいるが、彼自身はコルカタ生まれだったのだが、彼の父は政府職員だったし、出身がダッカだったので、自分もダッカにいたとして申請して受理された。しかし自分達の頃には、区画数も少なかったので厳しかった。」と述べていた（2002年4月25日にインタビュー）。
34) センボルマ氏自身も東パキスタン出身であったので、土地を申請する資格はあったものの、自らの信念のもとに自分は申請をしなかった。センボルマ氏は、「この仕事に関わる限り、私に対して批判や非難が及ぶであろう事は承知のうえだった。よって私は当初から、自分自身は土地区画の申請をしないと宣言していた。神の恩寵によって、私は所期の目的とした仕事を遂行することができた」と回想している［Senvarmā 1979: 65］。EPDPAの関係者の間でも、センボルマ氏が意図的に申請をしなかったことは知られており、調査の過程でも複数の人々からこのことについて言及があった。

数は 2,072 であった。区画のサイズは戸建て住宅向けに 320、233、及び 160 平方ヤードの 3 種類で計 2,017 区画、そして集合住宅向けに 533 と 450 平方ヤードの区画で計 55 区画が準備された。宅地の他、マーケット用に 4 区画、宗教施設用に 2 区画、コミュニティ・センター用に 1 区画なども用意されていた[35]。

1966 年 1 月 4 日付の最初のプレス・ノート[36]は、土地配分の条件と申請資格について説明している。配分（allotment）は 99 年間のリース（leasehold）としておこなわれる。受給者が政府に支払う負担金は 2 種類あった。ひとつは土地の取得費用と開発費用の負担金で、これはプレミアム（premium）と称されて、暫定的に平方ヤードあたり 25 ルピーと定められた（後に変更）。このうち 20% は先払いとし、残りは 4 回の均等分割年払いとされた。もうひとつは、土地の賃借料（ground rent）で、こちらはプレミアムの額の 3% に相当する額を毎年支払うこととされた。区画の取得者は、取得後 2 年間の間に建物を完成させることとの条件も定められた。資格条件が審査されて、採択されると土地区画の境界画定がおこなわれ、配分通知書（allotment letter）が受給者のもとへ届けられた。

申請資格については、以下のとおりである。

i）申請者は、申請時に 21 歳以上であること
ii）申請者、その配偶者、及び未婚の娘を含むその他の家族成員の誰もが、インドにおいて家屋や宅地を所有しないこと。
iii）申請者はデリー（Union Territory of Delhi）において、何らかのサービスや職業による有給の職（gainfully employed）にあること、あるいは有給の職にあったこと。そして、1958 年 3 月 31 日より前から、継続的に居住してきたこと。
iv）申請者は東パキスタンからの真正の避難民（bona fide displace person）であること。

コロニー建設の趣旨を考えるならば、上記の申請資格の中核的要素はデリーでの居住歴と真正な「避難民」であるかどうかである。プレス・ノートは、「避難民」について、以下のように定義している。

---

35) Standard Note: Chittaranjan Park (Formerly known as E.P.D.P. Colony) near Kalkaji, New Delhi - Development and Allotment of Plots to Displaced Persons from former East Pakistan, Department of Rehabilitation, 31 March 1980.
36) Press Note, 4 January 1966, Department of Rehabilitation.

注記 - 1

「避難民（a displaced person）」とは、現在東パキスタンに含まれている地域の日常的な居住者であった者で、騒乱（civil disturbances）またはインドの分離を理由として移住した者：

(a) 現在東パキスタンの一部を成す、ノアカリ県あるいはコミラ県から移住した者にあっては、1946年10月1日以降。

(b) 東パキスタンのその他の地域から移住した者については、1947年6月1日以降に、現在インドに含まれる地域へ、恒常的な居住地を築く意図を持って移住した者。

注記 - 2

パキスタンにおける家屋を失い、かつインドのいかなるところにも家屋を取得していない次の者達もまた区画配分の申請資格を有する。

i) 選択政府職員（optee Government Servants）[37]の家族で、上記の避難民定義に該当する者。

ii) 上記の避難民定義には該当しないものの、その家長が分離独立前から現在のインド（の領域）において政府職員ほかで有給の職にあった家族で、かつほかの家族メンバーの誰かが規定の年月以降に移住した家族。

　繰り返しになるが、うえの申請資格をもう一度簡単に整理してみると、申請資格の主要な要件は、申請者は、i) 成人であること、ii) インドですでに家屋や宅地を所有していないこと、iii) デリーで何らかの有給の職にあり、1958年3月31日より前から継続的に居住してきたこと、そして iv) 避難民であることとなっていた。

「避難民」についても注記の形で明確な要件が記されていた。ここでは、避難民という用語の中に、本節の(1)で検討した「避難民」と「難民」の両方が含まれていることが注目される。つまり、注記の1は、騒乱や国家の分離という事態を受けて移住した人々を指しており、避難民というよりも、むしろ「難民」的であり、第2部のノディア県の事例で扱ったような人々に近い。加えて、デリーでの居住

---

37) 分離独立時には英領インドの政府職員は、独立後にインド政府とパキスタン政府のどちらの政府職員となるかの選択権が与えられていた。ここでの「選択政府職員（optee Government Servants）」とは、選択によってインドの政府職員となる道を選んだ公務員を意味する。チットロンジョン・パークに住む、ある元政府職員は興味深いことに、新しくできる国の方が昇進が早いのではないかと考えて、はじめはパキスタン政府を選択する希望を出したと語っていた。ただし、この人の場合には、すぐに考え直してインド政府職員を最終的には希望したとのことである。パキスタン側の話としては、Rahman & van Schendel [2003] を参照のこと。

期間について「1958年3月31日より前から（第2回目のプレス・ノート以降は、さらに繰り下げられる）」として、独立後10年間のうちにデリーに来ていれば良いとされていたことが、西ベンガル州を経由する人々も含めて、独立後のより難民的な移住者へも土地獲得のチャンスを与えることとなった。

注記の2は、そもそものコロニー獲得運動が、独立前からデリーにいた中央政府職員により開始されたという背景を反映していて、独立時にすでにインド側にいた人々も対象とすることを明記している。

難民ではなく避難民であるという、初期のコロニー獲得運動の担い手による自己規定とは裏腹に、申請資格は避難民と難民の両者を対象としていた。このことは、後に検討する世帯調査において明らかになる住民の特性にも反映されている。

以上のような資格条件を申請者の人々は、どのように受け止めていたのだろうか。インタビューをするなかで少なからぬ人々が述べていたことは、東パキスタン出身者であることを証明するのはそう困難ではなかったものの、むしろ「1958年3月31日より前から継続して」デリーに居住していることという条件を充足することが容易ではなかったということである。皮肉なことに、運動の発起人である中央政府職員にとって、この年月条件を満たすことは容易ではなかった。

政府職員であれば、東パキスタン（ベンガル）出身であることは、勤務する部局の人事台帳に出身村の名称や配属年月が記載されており、デリーで有給の職にあることも明らかであった。また、ボーダー・スリップ、移住証明書、市民権登録書なども活用できた[38]。民間勤務の人々も、勤務先から雇用歴に関して証明書的なものを作成してもらって、それを提出することもあった。さらには学校の卒業証明書も、東ベンガルの学校名と所在地や卒業年月が書かれてあったので、東ベンガル出身の証明として活用できた。どの人にとっても、東ベンガル出身であることの証明は、そう困難ではなかった。

しかし、居住年条件については、中央政府の職員はその職務の性格に基づき、インド国内はもちろんのこと、場合によっては海外も含めて何度も転勤を繰り返していた場合が少なくなかった。よって、1958年の3月31日より前から「継続的に」デリーに居住していることとの条件が大きなネックとなっていた[39]。

---

38) 本人名義で作成されたものではなくても、父母などの近い親族がインド側へ移住する際に取得した書類でも、出身地が東パキスタンであるとの証明として役立った。2002年8月1日、ある受給者へのインタビューより。

39) なぜデリーでの居住暦が、1958年の3月31日より前からと規定されているのか、その理由は明らかではない。しかし、この年月条件は西ベンガル州でのリハビリテーション資格と一致している面があることは注目しても良いであろう。西ベンガル州では1946年10月から1958年3月までの流入者は「旧移住者（old migrants）」として分類され、西ベンガル州内でのリハビリテーション受給資格があるとさ

実際のところ、年月条件の厳しさがあったことは、募集した当局自身が認めている。そのために最終的に受給資格ありとした数が、用意した区画数を下回ってしまったのである。こうした事態を受けて、政府は 1967 年 8 月 13 日に 2 回目のプレス・ノートを出して、追加募集をかけることを発表した[40]。そこには申請資格の緩和も盛り込まれていた。

　　区画配分の条件のひとつは、申請者は（中略）1958 年 3 月 31 日より前から継続的に居住していることであった。この継続的な居住という条件が、公務のために短期間デリーを離れていた人々に不利に働いた。申請者の要望を満たしてなお、まだいくつかの区画が余っていることから、（中略）デリーでの居住要件を緩和することが決定された[41]。

　このプレス・ノートにおいて、資格条件は「分離独立の後、1966 年 3 月 31 日までの期間のうち、少なくとも合計で 4 年間デリーに居住していたこと」[42]とされた。これにより、「継続的な居住」という条件は削除され、居住期間のカウント方法についても「1958 年 3 月 31 日より前から」から「1966 年 3 月 31 日まで」へと繰り下げられるとともに、「合計で」4 年以上となり、かなり条件が緩和されている。

　居住年限以外の資格条件は、第 1 回目の募集時と同じである。第 1 回目で申請したにもかかわらず土地を得られなかった人々で、今回の緩和された条件なら満たす場合も、改めて新規申請をすることとされた。第 2 回募集のこの時点で、プ

れていた。この時期以降の移住者には、認められたとしても、州外でのリハビリテーションのみが認められることとなった。1958 年に加え、1946 年 10 月という設定も、申請資格のなかの「避難民」定義の注記 - 1 における条件と重なる。つまり、1946 年 10 月から 1958 年 3 月までの移住者が、政府にとってリハビリテーションの対象として第一義的な妥当性があると考えられていたのである。

40) 1 回目のプレス・ノートに基づく申請によって、いくつの区画が埋まり、どれだけの区画が余ったのかは定かではない。EPDPA の初期メンバーであったピジュスカンティ・ラエ氏がまとめたチットロンジョン・パークの略史では、この第 1 回目の募集で約 1,400 人の申請者に土地が配分されたとある［Rāy 1982: 25］。この数値は、当たらずといえども遠からずといえる。当時の大臣の国会答弁から推測すると以下の通りとなる。1967 年 8 月 10 日（2 回目のプレス・ノートが発表される 3 日前）の下院での答弁において、担当大臣は 1,317 名が政府の定める支払期限までに手付け金を支払ったと述べている［Lok Sabha Debates, Written Answers, 10 August 1967］。つまり、総区画数 2,072 のうち、集合住宅用区画とされていた 55 区画を除くと戸建て用区画は 2,017 であり、そこから 1,317 区画が埋まったとすると、残りは 700 区画となる。いくつかの区画（some plots）としながらも、実はかなりの数の区画が余っていたと考えられる。ただし、残数に関してこのような曖昧な表現を用いることは、次の第 3 期募集で大きな問題を生むことになる。

41) Press Note, 13 August 1967, Department of Rehabilitation.
42) 同上。

レミアムは平方ヤードあたり 30 ルピーへと変更されている[43]。

（4）コロニー開発と住民の活動

2回目の募集が公表された頃、同時に現地の開発も進められていた。下院での答弁によると、計画されていた開発工事の、概ね 75% が 1967 年の 8 月までに完了していた[44]。1969 年 7 月の時点では、道路、排水溝、下水道、汚水溜、上水タンク、上水道などの生活インフラは完成し、電力供給は 40% まで普及していた[45]。

人々は 1969 年 10 月 12 日に、当時のリハビリテーション大臣のジョイ・シュクラル・ハティ（Jay Sukhlal Hati）を招いて、最初の家屋を建設するための定礎式を執りおこなった。それに引き続いて、まだ全くの更地状態の所で約 1,500 人が座り、キチュリ（混ぜご飯）などを共食して、ようやく家屋建設の段階に入ったことを祝った[46]。

1970 年 7 月には、コロニーの開発工事は概ね完了し、約 100 軒の家屋が建設中であった[47]。この頃はまだ、全体の計画数からすると完成された家屋の数はごくわずかであり、コロニーの周縁は「ジャングル」のようで、蛇を見ることも稀ではなかった[48]。1970 年から居住を開始したという最初期のある住民は、自分達の家が完成した時には、ほかにはまだ 4 つの家屋しかなく、屋根のうえに登るとネルー・プレイスが建築中なのが見えたし、グレーター・カイラースはまだなかったと述べていた[49]。

インフラ整備については、1969 年の最初の家屋の住民は当時を振り返って次のように述べていた。

> 入居当時はまだ電気が来ていなかったので、ランタンを使っていました。上水道もなくて、井戸を掘って使っていましたが、それも時々枯れたもので

---

43) プレミアムは当初の平方ヤードあたり 25 ルピーから 30 ルピーへと変更された。裏話的な情報であるが、前出のピジュスカンティ・ラエ氏によれば、当時ミャンマー（ビルマ）から帰還したタミル人がチットロンジョン・パークの場所に土地を要求しているという話があり、これで揉めると彼らに進入されるので、早く 30 ルピーで合意するようにと、当時の EPDPA プレジデントのセンボルマ氏に当局から圧力がかかったとのことである（2002 年 8 月 5 日にインタビュー）。
44) *Lok Sabha Debates*, Written Answers, 2 August 1967, vol. VIII, p. 16307.
45) *Lok Sabha Debates*, Written Answers, 31 July 1969, vol. XXX, p. 108.
46) Ācārya［1972: 頁番号なし］、Rāy［1982: 25］、Cakrabarttī［2005: 頁番号なし］などを参照。
47) *Lok Sabha Debates*, Written Answers, 27 August 1970, vol. XLIV, p. 104.
48) 2002 年 7 月 24 日、ピジュスカンティ・ラエ氏へのインタビューより。
49) 2002 年 8 月 4 日、ロンジット・ボシュ氏へのインタビューより。

す。ある時には、強盗に襲われました。当時は、まだ周りには家がない状態で孤立していたこともあり、夜中の2時に侵入者が来て、殴打されて病院に運ばれたこともあります。これらは、みなパイオニアが支払わなければいけなかったことです[50]。

　コロニー建設の初期には家屋はまばらな状況であり、うえの事件のような治安の不安もあった。このような状況を懸念して、住宅の着工をわざと先延ばしにして、家屋の数が増えるのを待っていたと語る住民もいる。
　この時期にはまだ、不法占拠のマーケットの店舗数もわずかであった。マーケットは4つのうち2つが不法占拠化して、その後再開発の問題が長年続くことになるが、商店主達は1975年には組合を結成し、営業を続けていった。
　当初は、路線バスもまだ近くまでは来ていなかった。チットロンジョン・パークに住むと、職場まであまりに遠くなるので、しばらくは住宅を建設しなかったという人もいる。
　家屋建設についても一朝一夕に進まなかった。住宅建設は区画の取得後2年以内に完了することとの条件があったが、これを遵守することは少なからぬ人々にとって困難であった。住宅建設の期限条件は度々延長せざるを得ず、最長1981年6月30日まで延長された[51]。土地を得られたからといって、すぐに建物を建設できる資力はすべての人にはなかったのである。
　申請資格を満たし、成功裏に土地配分を得られたとしても、この土地取得に関わる費用さえ工面できなかった人々も存在していた。ある人物は、第1期で配分を得たが、当時は土地代（プレミアム）の先払い金を支払えなかったので諦めた、兄弟のひとりも取得したが、同様に諦めたと述べていた[52]。諦めなければならなかった負担とは、どの程度であったのだろうか。第1期配分で160平方ヤードの区画を取得したある人物は、プレミアムの前払いは960ルピーだったと述べていた[53]。戸建て用の区画は、申請者の所得レベルに応じて3種類用意されていた。最も小さい区画である160平方ヤードを取得したこの人の場合、給与月額は当時

50) 2008年10月14日、Dr. アノンド・ムカルジー（Dr. Ananda Mukherjee）氏へのインタビューより。
51) 前掲、Standard Note, Department of Rehabilitation, 31 March 1980.
52) 2002年8月25日、インタビュー。この人物はその後、次項で述べる714グループの土地獲得運動によって土地区画を取得している。
53) 2002年8月17日、インタビュー。プレミアムは平方ヤードあたり30ルピー（25ルピーから変更）だったので、160平方ヤードでは計4,800ルピーとなり、そのうち20％分、すなわち960ルピーを前払いしたのである。

500ルピー程度であったので[54]、給料の2カ月分ほどの前払いをする必要があった訳である。ところが、せっかく区画を取得したにも関わらず諦めた上記の人物のように、この程度の支払いが困難であった人々もいたのである。

このように、取得した土地に関わる費用の負担は楽なものではなかったので、プレミアムや土地の賃借料の減額を求める声が政府に対して数多く寄せられていた。EPDPAも継続的に取り組むべき課題として取り上げるとともに、政府に対して要望を繰り返した。これに応えて、政府は1968年のプレス・ノートにおいて、プレミアムや賃借料の減額はしないとしながらも、プレミアムの残額（80%分）の支払いについては、支払い分割回数を4回から7回へと変更すると発表した[55]。それでもEPDPAは、その後もプレミアムや賃借料の減額を要望していた。彼らは、平方ヤードあたり30ルピーというプレミアムは、周辺の西パキスタンからの避難民向けのコロニーに適用されている平方ヤードあたり7.5ルピーと比べて極端に高額であり、同様にプレミアムの総額の3%という年間賃借料も、多くの西パキスタンからの避難民コロニーに認められている100平方ヤードあたり1ルピーと比べて高すぎると主張していたのである[56]。その後政府は、土地の賃借料については減額したものの[57]、プレミアムの額については変更していない。

この他にも、コロニーの成立間もない時期には、本項冒頭で記した下院での答

---

54) 同上。当時の給与額について、他にも160平方ヤードの土地区画の取得者にインタビューしたところでは、400〜500ルピー、700ルピーくらいだったとの返答を得た。前出の人物も、自分達の給料はとても1,000ルピーには及ばなかったと述べていた。

55) Press Note, 20 July, 1968, Press Information Bureau.

56) *Report of the East Pakistan Displace Persons Association (Delhi) placed before the Annual General Body Meeting held on 12 April, 1970*, EPDPA, p.3.

57) 政府は1973年にプレス・ノート（Press Note, 18 November, 1973, Press Information Bureau）を出して、土地の賃借料は、（土地の）取得コスト及び付帯費用（incidental charge）の2.5%とすると表明した。このプレス・ノートでは、取得費用が記されていないが、前掲のStandard Note（Department of Rehabilitation, 31 March 1980）には、土地のコストは平方ヤードあたり12ルピーと明記されている。さらに、前出のEPDPA元セクレタリーのビモルブション・チョクロボティ氏によれば、12ルピーだったのを、彼らは交渉によって最終的に5.8ルピーにさせたとのことである［Cakrabarttī 2005: 頁番号なし］。また付随費用は1973年プレス・ノートでは、200平方ヤードまでは平方ヤードあたり1.5ルピー、200平方ヤードを超えて、次の200平方ヤードまでは平方ヤードあたり2ルピーとしている。これらを参考として推測すると、新しい基準での賃借料は、160平方ヤード区画では取得コストが160×5.8=928ルピーで、付随費用は160×1.5ルピー=240ルピーとなり、両者をあわせると1168ルピーとなる。その2.5%、つまり29.2ルピー程度が年間の賃借料と考えられる。プレミアムの3%という当初の賃借料では、プレミアムは平方ヤードあたり30ルピー、160平方ヤードでは計4800ルピーとなり、その3%では年間144ルピーとなるので、かなりの減額がなされたものと考えられる。ちなみに、320平方ヤードの区画の場合の賃借料は取得コストが320×5.8=1856、付随費用は(200×1.5)+(120×2)=540ルピーで、両者をあわせて2,396ルピーとなる。その2.5%、つまり59.9ルピーが年間賃借料として算出される。前出のビジュスカンティ・ラエ氏に聞いたところでは、彼の区画は320平方ヤードの区画で、年間の賃借料は60ルピーとのことであったので、上記のとおりの算出法が適応されていたと思われる（2002年7月24日にインタビュー）。

弁にもあるようなインフラの整備をはじめとして、様々な課題が山積していた。上水道整備、電力供給、学校設置、マーケット開発、水道料金（tax）、固定資産税、道路整備、公共衛生、街路灯設置、未配分で残っている土地の問題、コロニーの名称変更問題など［Ācārya 1972: 頁番号なし］、住民達はこれらに粘り強く取り組んで行かねばならなかった。

　コロニーが開発される過程では、都市特有の問題も生じた。そのひとつがコロニー内の土地の不法占拠やスラム発生の問題である。1969年10月に最初の家屋の定礎式が行われたが、翌年の7月にはコロニーの開発工事は概ね終了して、約100軒の家屋が建設中であった。ということは、1970年半ばの時点では、コロニー全体が更地化したものの、全体計画で2,000を超える区画のうち、わずか100区画しか工事が進んでいなかった。つまりは手付かずの更地が多数あり、不法占拠の格好のターゲットとなってしまったのである。

　1970年4月付で、EPDPAの年次総会で提出されたレポートでは、この問題を次のように報告している。

　　　コロニーの150区画以上が不法占拠されています。アソシエーションはデリー当局やリハビリテーション局とともに、これらの占拠地（encroachment）からの立ち退きを遂行しています。占拠地となってしまった区画を配分された受給者のために我々は介入し、多くを取り戻しました。ここ10年間のうちに進んできたコロニーの占拠地から、早急に立ち退きがおこなわれるように希望しています。占拠地の明け渡しがなされない限り、さらなる区画の配分はできないことでしょう[58]。

　このレポートによると、コロニー内の不法占拠は開発が完了してからどころか、開発中の段階からすでに、コロニーの其所此所が不法占拠の憂き目にあっていたのである。

　住民による憂慮を尻目に、その後も不法占拠は拡大し、1974年には、EPDPAの機関誌（後述）は、コロニーの内外で働く労働者や搾乳業者によってつくられた不法の居住地（jhuggī）は1,000カ所近くにのぼり、これらは治安や衛生などの観点から、常にコロニー住民の懸念の対象となっていると報告している[59]。

---

[58] 文中では「ここ10年間のうちに」とあるが、「コロニー開発の当初から」と読み替えてよかろう。*Report of the East Pakistan Displace Persons Association (Delhi) placed before the Annual General Body Meeting held on 12 April, 1970*, EPDPA, p.4.

[59] *Pūrbbācaler Kathā*, Quarterly Publication of the EPDPA 3(1・2), 1974（頁番号なし）。

1975年には、コロニー内の不法の居住地は600〜700カ所で、3,000人が恒久的（*pākā*）・半恒久的な家屋を建てて住んでいること、彼らのなかには日雇い労働者や搾乳業者が多く、搾乳業者に至っては牛を連れて進入していること、宅地用の区画だけでなく学校用地や公園用地にも進入されていることが指摘され、耐え難い状況であるとされている[60]。1976年には、政府によってかなりの不法占拠地が取り払われたとあるものの[61]、1981年には、FとGブロックのところに不法居住地ができて、そこには多くの搾乳業者がおり、彼らの牛が樹木を食い荒らしたり、住民、特に女性や子どもの往来の妨げになったり、牛糞を散乱させていると報告されている[62]。

土地配分は1966年の1回目から1977年の3回目まで長期に渡ったので、常に空き地状態の区画が多数存在したのであり、この間を通じてコロニーは不法占拠の問題と向き合わなければならなかった。住民はEPDPAを中心として、当局に継続的に対処を要請し、不法占拠地からの立ち退きも進めたものの、問題の解決をみるためには、区画が全て正規に配分されて残余区画がなくなり、建物が建てられて区画が埋まるまで、つまり不法占拠者が入り込む隙間がなくなるまで待たなければならなかった。

もうひとつの問題は、土地区画の不法譲渡の問題である。これもかなり早い段階から顕在化していた。1975年のEPDPAの機関誌は次のように述べている（抜粋）。

> 我々は機関誌において、土地の不法譲渡の問題について、これまで何度も言及し、皆さんに注意を喚起してきましたが、これまでに、およそ50区画が委任証書（power of attorney）によってコロニーに土地を持っていない人々に譲渡されてしまいました。我々にとって驚きなのは、土地代の支払いができていない人々や、家屋の建設が遅れている人々の住所などの情報が、どうやって不動産業者の手に渡ってしまっているのかです。チットロンジョン・パークに家を持つことは、それがたとえ小さなものであっても、ひとつの大きな財産には違いありません。私達は、無分別で非合法で反社会的で、自分自身のみならず将来的に親族や、ひいてはコロニー全体に困難をもたらすような

---

[60] *Pūrbbācaler Kathā*, Quarterly Publication of the EPDPA 4(2), 1975（頁番号なし）。同誌の同じ箇所で、搾乳業者はデリー南部のトゥグルカバードなど様々な所にいた人々が、それらの場所を諦めて、チットロンジョン・パークへ移って来たと説明されている。詳細は不明だが、向こうを追い出されて来たのかも知れない。都市開発が漸次継続的に進むデリーでは、各地の開発状況に応じて、不法占拠者が次々に移動を繰り返している状況が生まれていたものと思われる。

[61] *Pūrbbācaler Kathā*, Quarterly Publication of the EPDPA 5(1), 1976, p.12.

[62] *Pūrbbācaler Kathā*, Quarterly Publication of the EPDPA 10(1・2), 1981, p.17.

行為には手を染めないようにと、お願いする次第です。もし土地を手元に置くことが難しいと考える方々は、リハビリテーション当局に土地を返還してください。また、必要であれば我々のアソシエーションに相談してください[63]。

うえに出てくる「委任証書」とは、自分の名義となっている土地の管理運用について他者に委任するための書類である。第4章においても土地交換に関わる「委任証書」について言及した。つまりは、名義・所有関係を変更することなく、土地の扱いを他者に委ねる取り決めのことで、これ自体は法的な有効性を持っていた。しかし、チットロンジョン・パークは東パキスタン避難民のために建設されたコロニーであって、それを避難民以外に譲渡することになれば、それは本来の趣旨をないがしろにすることを意味していた。また、コロニーの土地区画は、制度上は受給者の所有ではなく、99年間のリース契約に基づいて供与されたものであって、それを勝手に他者に譲渡することは禁じられていた。特に、後者については、リース契約において、受給後10年間は譲渡を禁ずると明確に規定されており、10年を超えたとしても、他者に譲渡する場合には政府の許可が必要とされていたので、勝手な譲渡は明らかに違反であった[64]。

売り手と買い手がどのような人々であるかについても、もうひとつ問題があった。うえの記事では、土地を手放しているのは、土地の配分を得たものの「土地代の支払いができていない人々や、家屋の建設が遅れている人々」であり、彼らの区画が不動産業者のターゲットとなっていると書かれている。しかし、1978年のEPDPA機関誌の記事では、「彼らの全員が経済的理由でそのようなことをしていると考えることはできない。彼らのなかには軍隊の高級官僚や銀行のオフィサー・クラスなどが含まれている。また、コルカタなどに本当は土地を持っているのに、嘘の宣誓供述書を提出して難民であるというふりをして土地を取得し、パンジャービーなどに高額で売却して利益を得ている人々もいる」と報告されている[65]。つまり、区画を取得したものの経済的に困窮して維持できないからではなく、そもそも投機目的で区画を取得したかのような人々までいたというのである。第10章で検討するような、都市化の進展に伴う土地需要の増大と投機的な土地取引は、すでにこの頃には始まっており、チットロンジョン・パーク

---

63) *Pūrbbācaler Kathā*, Quarterly Publication of the EPDPA 4(2), 1975（頁番号なし）。
64) *Pūrbbācaler Kathā*, Quarterly Publication of the EPDPA 7(3・4), 1978, p.12.
65) 同上。

もすでに、この波に飲み込まれていた。

このような事態に対して、不法な土地の譲渡をしないようにと、EPDPA は度々呼びかけている。1977 年の機関誌では、「事は当局にも知られるところとなり、いくつかのケースについては、早期退職や年金支給停止などの制裁措置がすでに採られている」として、注意を喚起している[66]。また政府に対しては、もし他者への区画の譲渡を認める場合でも、東パキスタン避難民以外の者への譲渡は許可しないようにと要請していた[67]。

この問題は、その後も長くコロニーの頭痛の種であったが、1990 年代になってからは、一定額を当局に支払えば、土地の扱いを「リース (leasehold)」から「自由保有 (freehold)」へと変更できるように制度が変更された[68]。これにより、自由保有にすれば、「不法」ではなく「合法」的な土地の譲渡が可能となっている。しかし、土地の譲渡、特にベンガル人以外の人々への土地売却は、「ミニ・ベンガル」としてのチットロンジョン・パークの揺らぎに対する懸念を住民に与えている[69]。

多くの課題を抱えながらコロニーの開発が漸次的に進むなかで、すでに 1970 年代初頭のこの時期から様々な地域活動が開始されている。例えば、何人かの有志が集まって委員会を結成し、後にコロニーの名称として冠されるチットロンジョン・ダスの生誕 100 周年を祝った。祝賀行事は 1970 年 12 月に開催され、当時の首相インディラ・ガンディも出席している。1970 年には近隣集団による初めてのコミュニティ祭礼 (pūjā) として、ドゥルガ・プジャ、1971 年にはサラスヴァティー・プジャが開催された。同じく 1971 年には、ベンガル文学・芸術などの振興団体として「ベンガル協会 (Bangiya Samaj)」が設立された。すでに述べたように、住民の日常的な買い物のためのマーケットが形成され始めたのもこの頃である [Rāy 1982: 26-28]。

その後、「カーリー寺院ソサエティ」(1973 年)、「プルボシュリ女性協会 (Purbasree Mahila Samity)」(1973 年)、「国の友・チットロンジョン記念ソサエティ (Deshbandhu Chittaranjan Memorial Society)」(1974 年) などの、主要な団体が相次いで設立された。

1972 年には、現在に至るまで刊行が継続されている EPDPA の機関誌

---

66) *Pūrbbācaler Kathā*, Quarterly Publication of the EPDPA 6(2), 1977（頁番号なし）。
67) *Pūrbbācaler Kathā*, Quarterly Publication of the EPDPA 8(1・2・3), 1979, p.14.
68) 160 平方ヤードの区画の場合で、自由保有にするために必要であった費用は、3 名の人から聞いたところでは、それぞれ 20,000 ルピー、21,000 ルピー、24,000 ルピーだったとのことであった。20,000 ルピーと述べた人物は 2001 年手続きをした。
69) チョクロボティ氏は、2005 年の記事で、チットロンジョン・パーク全体のうち、すでに 17 〜 18% の区画が非ベンガル人に売却されているのではないかと見積もっている[Cakrabarttī 2005: 頁番号なし]。

『*Pūrbbācaler Kathā*（Purbachaler Katha）』（東地方の話題）が発刊されている。1969 年からEPDPAのセクレタリーを10年以上に渡って務めたビモルブション・チョクロボティ氏により創刊された。年4回、各2,000部の発行で、ごく一部の英文記事を除いて、基本的には彼らの母語であるベンガル語によって記事が書かれている。「私達は何処にいる？（*Āmrā kothāy*）」というコーナーで、その時々のコロニーの開発状況や課題が広汎に取り上げられていた。他にも、チットロンジョン・パーク内での出来事や、各団体主催の行事や祭礼に関する情報、結婚したカップルの紹介や結婚相手を探すためのマッチング情報、訃報、投稿文の紹介、デリーの著名なベンガル人へのインタビュー記事など、かなり充実した誌面作りがおこなわれていた。各号の末には住民ダイレクトリーが付録されていた。1979年の第8巻第4号では、EPDPA設立25周年記念号として、センボルマ氏の回想録も含めて、コロニーの歴史を振り返る特集号も作成された[70]。

この機関誌が発刊された時期に、コロニーはひとつの大きな節目を迎えていた。それは、第1巻第1号（1972年1月発行）に記事として取り上げられている、コロニーの名称変更問題である。記事は、「東パキスタンは新しくバングラデシュという名前を取得したので、私達のアソシエーションの名称は、無意味で非歴史的になってしまった。この件について、みなさんのご意見や新しい名称の必要性についてご提案をお寄せください」[71]と記している。この記事は、バングラデシュの独立まもない時期に掲載された。

うえの記事からすると、バングラデシュの独立を契機に名称変更問題が持ち上

---

70) ［Cakrabarttī 2005: 頁番号なし］を参照のこと。チョクロボティ氏によると、この機関誌の発刊に先立って2年間ほど「*Pracārpatra*」（通信）として、文書を作成配布していたそうである（2002年8月7日インタビュー）。この通信では、デリー各地に分散していた土地の受給者達がコロニーに次々に家を建設していくなかで、コロニーの現状のみならず、どこでどのように住宅建設のためのローンを申請したらよいのか、建設業者（コントラクター）といかに契約したらよいのかなど、極めて実用的な情報の発信がなされていた［同上］。同氏は1969年から1982年までセクレタリーを務めていたが、たいへんに筆まめで、この種の仕事に長けており、彼が関わった間に発行された同誌の誌面は非常に充実している。2005年に発行されたEPDPAの設立50周年記念誌『*Golden Jubilee Celebration 1954-2004*』にも、EPDPAとチットロンジョン・パークの歴史に関する一文を寄せていて、そのなかで、この機関誌の誌面作りについても詳しく振り返っている。また、同氏が関わっていた1982年までのバックナンバーも、ご自身でまだ多くを保管されていた。因みに、1972年1月発行の第1巻第1号の巻末には、住民ダイレクトリーとして148名の氏名が掲載され、新しい入居者でまだ氏名が掲載されていない人は、申し出てくれるようにとの但し書きも付されていた。チョクロボティ氏がセクレタリーを辞して以降の巻については、おそらく定期的な発行はなされていない。EPDPAのオフィスにも、チョクロボティ氏時代のバックナンバーはかなり揃っていたものの、それ以降についてはなかった。近年では、1998年に出たかと思うと、次は2002年、その次は2005年の発行となっていて、不定期で断続的な発行状況となっている。これらは機関誌というよりも、ほとんどのページを住民ダイレクトリーが占めていて、ニュース的なページはごくわずかとなっており、かつてのような高い情報性は失われている。

71) *Pūrbbācaler Kathā*, Quarterly Publication of the EPDPA 1(1), 1972（頁番号なし）。

がったように受け取れるが、実はそうではない。1970年12月にチットロンジョン・ダスの生誕100周年記念行事をおこなったグループは、行事を経てすぐさまコロニーの名称をチットロンジョン・パークに変更すべく動いており、リハビリテーション省などへの働きかけもおこなっていたのである[72]。これに対して反対を唱えたのがEPDPAであった。彼らは「チットロンジョン・パーク」に対抗して、「プルバチョル（*Pūrbācal*）」を提案した。プルバチョルとは、EPDPAの機関誌のタイトルにも用いられている言葉で、「東」を意味するプルボ（*pūrba*）と「地方/地域」を意味するオンチョル（*añcal*）を接合したものである[73]。彼らはあくまで「東ベンガル」に拘っていた。名称変更問題はコロニーを二分する議論を呼び、住民投票がおこなわれることとなった。住民投票の結果は1973年1月8日に公表され［Bardhan and Dhar 1993: 頁番号なし］[74]、その後コロニーの名称は、正式にチットロンジョン・パークとなった。

住民投票に当たり、「チットロンジョン・パーク」推進派は、「この名称の重要性は、単にチットロンジョン・ダス本人だけでなく、彼の犠牲と奉仕の精神を記念するものだ」と住民に訴えかけた［同上］。つまり、単に著名人を顕彰するというのではなく、むしろナショナリズム運動を通してダスが示した自己犠牲や公共のための奉仕などの精神をコロニー住民で共有しようという訳である。

EPDPAの人々が「プルバチョル」という名称に拘った理由は、彼らの故郷である東ベンガルを想起させること、そしてこの名称がコロニーの住人達の間で、すでに使われていたことであった。彼らは、「（数多い偉大な人物の中から）名声や愛国心などの基準からひとりを選ぶことは困難である」[75]として、チットロンジョ

---

72) 生誕100周年記念行事を主催したグループは、その後「国の友・チットロンジョン記念ソサエティ」を設立している。1993年発行のこの団体の記念誌では、当時の指導者であったBM.ボルドン（BM. Bardhan）氏とP.C.ドル（P.C. Dhar）氏による「夢と現実（The Dream and the Reality）」と題する回想が収録されている。そのなかで同氏らは、1970年12月27日に開催した生誕100周年記念行事が、彼らがその後もチットロンジョン・ダスを顕彰していく布石となったこと、そして行事の後の2年間はコロニーの名称変更のための努力に費やされたことを回想している［Bardhan and Dhar 1993: 頁番号なし］。
73) *Pūrbbācaler Kathā*, Quarterly Publication of the EPDPA 1(2), 1972（頁番号なし）は、「プルバチョル」とは、「東ベンガルの居住地域（*pūrbabaṅgabāsīder añcal*）」や「東の国の末端（*purbadeśer āćal*）」を意味するとしている。
74) この時のEPDPAのセクレタリーであったビモルブション・チョクロボティは、この住民投票ではほとんどの人々が「プルバチョル」を支持したものの、その後リハビリテーション大臣からチットロンジョン・パークの名称を受け入れるようにと書簡が届いたことで、彼らはこれ以上、政府と口論し、また担当大臣に負担をかけることも由としないと判断して、チットロンジョン・パークを受け入れたと述べている［Cakrabarttī, 2005: 頁番号なし］。しかし、実際にほとんどの人々が「プルバチョル」に投票したのかは疑問である。むしろ、住民投票の結果を受け入れようとはしないEPDPAの人々の説得のために大臣からの書簡が届いたとも考えられる。
75) Cakrabarttī［2005: 頁番号なし］。

ン・パーク案には反対した。

　コロニーの名称変更は、非常にシンボリックな出来事である。コロニーの整備が進み、デリー南部の瀟洒な住宅街として姿を現し始めた同じ時期に、コロニー名称から「避難民」や「東パキスタン」という表現が削除された。新しい名称には、ベンガル人であり、かつインドのナショナリズム運動において高い知名度を誇るチットロンジョン・ダスの名前が採用された。これにより、コロニーは過渡的なイメージを引きずる避難民コロニーから恒常的な居住地へと転化し、東パキスタンの軛から離れたデリー在住ベンガル人の住宅地へと転換されたのである。

　また、実はこの時期までに、すでに多くのパンジャービー難民のコロニーでは、ナショナリズム運動の指導者達の名前を冠したコロニーが建設されていた。例えば、L. ラージパット・ラーイのラージパット・ナガル、サルダール・V.J. パテールのパテール・ナガル、B.G. ティラクのティラク・ナガルなど。チットロンジョン・パークの人々も、ベンガル人のナショナリズム運動の偉人の名を冠することで、パンジャービーのコロニーと同様のある種のステータスを獲得し、併せてコロニーをベンガル人のものとしてラベリングしたのである。

　ところが、この段階に来て、政府が唐突に3回目のプレス・ノートを発表して、区画の追加募集を始めたことで、コロニーは大いに混乱し、内部対立を生み、その後長い年月を要するもうひとつの土地獲得運動を生じさせることとなった。

（5）さらなる獲得運動——714グループ

　政府のリハビリテーション局は、2回目の募集からほぼ10年の年月を経た1977年1月14日に3回目のプレス・ノートを発表した。申請資格は前回同様であった。ノートでは、「当局はまだ多少の区画（a few plots）を保有しており、これらを東パキスタンからの避難民に供与する」と記している[76]。EPDPA関係者の回想録によれば、政府は当初、東パキスタンの避難民はデリーにはもういないと考えて、余っている区画を一般競売にかけようとした。それを察知した彼らは、残りの区画も東パキスタン避難民に与えるべきだと主張して、政府を動かした。その結果、第3回目の募集が企画された[77]。ただし、実際に何区画がまだ余っていたのかについては、募集時には明らかにされていなかった。募集と審査の後、最

---

76) Press Note, 14 January 1977, Department of Rehabilitation.
77) Mukhopādhyāy [1979: 7]、Cakrabarttī [2005: 頁番号なし]。B.C. ダス氏は、「このとき法務省が、あれらの土地は元々難民のためのものだったので、難民が残っているうちはオークションはできないとの判断を示した」と述べていた（2002年4月25日にインタビュー）。この法務省による見解によって、リハビリテーション局は一般競売を諦めざるを得なかったと思われる。

終的に配分されたのは 80 区画であった。

　この 3 回目の募集がそれまでの募集と異なっていたのは、審査では「資格あり（eligible）」とされたにも関わらず、区画を与えられなかった大量の人々を生み出してしまったことである。2 回目までは、「資格あり」とされた人々は皆、区画を入手できていた。だからこそ、その後も区画が余っていた訳である。にもかかわらず、今回は区画を獲得した人々と同様の適格者が多数あぶれてしまった。具体的には、1977 年 3 月 31 日の提出期限までに[78]、1,600 もの申請が寄せられ、1 年以上かけた資格審査の後に 794 人が資格ありと認められた。しかし、残っていた区画はわずかに 80 区画のみであった。80 区画については 1978 年 4 月にくじ引き（draw of lots）によって、233 平方ヤード区画を 49 区画、160 平方ヤード区画を 31 区画配分することが決定された［Sarkar 2005: 頁番号なし］。714 人は資格ありとされながら、土地を取得できなかった。

　これに納得しない人々は、同じように選から洩れた人々に声をかけて、政府に対して新たな土地獲得要求を突きつけた。この運動のリーダーの一人であったダス（B.C.Das）氏は次のように述べている。

　　1977 年に 1,600 人の人々が申請しました。そのなかで、794 人が資格ありと宣言されたのですが、しかし配分は 80 区画しかなされませんでした。714 人が取り残されました。我々も同様に「資格あり」と宣言されたにも関わらずにです。私達はそれは公平ではないと考えました。私達も区画について同じ権利を持っていたはずです。区画の当選者はくじ引きで決定されました。私達は申請者の氏名を集めてリストを作成し、1978 年 4 月 21 日にウドヨグ・バワン（Udyog Bhavan）近くで集会を開きました。その集会で独自のアソシエーションを結成することを決定しました。そこから私達の 12 年に及ぶ運動が始まったのです[79]。

　この時に結成されたアソシエーションは「デリーに区画配分の資格ありと宣言された東パキスタン避難民のアソシエーション（Association of Displaced Persons from East Pakistan Declared Eligible for Allotment of Plots in Delhi）」と名付けられ、早くも 1978 年 4 月 23 日付けで、多くのメンバーが署名した要望書（appeal）を担当大臣に提

---

78) Press Note, 14 January 1977, Department of Rehabilitation.
79) 2002 年 4 月 25 日、インタビュー。

出している[80]。後には公式に登録団体となっている。正式名称とは別に、「714グループ」が彼らの通称となった。

経緯からすれば、第3回目の募集から洩れた人々に対して、EPDPAが支援することも考えられただろう。実際、彼らは当時のEPDPAのセクレタリーであったビモルブション・チョクロボティ氏にアプローチしてみた。しかし協力を得られなかったので、別組織を立ち上げるに至った。

彼らはあくまで、デリーの他所ではなく、チットロンジョン・パーク内に土地を獲得することに拘っていた。しかし、コロニー内に土地を確保したいという彼らの要望は、すでに区画を配分され、先住している住民達に動揺を与えた。当初プランを前提に新たに区画を切り出そうとすると、公園などの既存のオープン・スペースや各種施設の予定地をつぶして新しい区画を設置しなければならい。そうなると、住宅の密度が増して住環境が悪化することが懸念されたのである。EPDPAのセクレタリーであったC.K.ムカルジー氏の息子であるモンジル・ムカルジー氏は、当時のことを次のように振り返っている。

> その当時はまだ、学校、公園、コミュニティ・センターなどのために確保されていた空き区画がありました。区画に比べて、人は少なかったのです。それで714グループの人々は、それらの区画を得ようとしました。しかし、そうなるとコロニーは混雑してしまう。どこの住宅地にも緑地や景観の確保は必要です。それで、コロニーの人々と714グループの間で対立が生じました[81]。

714グループの協力要請を断ったとされる当時のEPDPAセクレタリー、チョクロボティ氏は、どのような考え方をしていたのであろうか。同氏は、1979年7月発行のEPDPAの機関誌において、初めて網羅的にこの問題を取り上げている。そこにおいて、まず第2回目までの募集では、応募者が不足していたくらいなのに、714グループの人々はなぜその時には応募しなかったのだろうと疑問を呈している。そして、714グループが同氏のもとを訪れて、EPDPA内部にこの問題を専門に扱うサブ・コミティを組織してくれるように頼まれたこと、コロニー内の学校と公園用地及び集合住宅（group housing）用地を転用するように政府に要

---

80) 'A Brief for our Case', a memorandum, Association of Displaced Persons from East Pakistan Declared Eligible for Allotment of Plots in Delhi, 18 September 1978.
81) 2002年7月26日にインタビュー。

望しているので、そのことについて EPDPA からも承認する旨の文書を政府に提出してくれるようにと頼まれたことを記している。同氏はこれに対して、そのような要望があるならば、文書で提出するようにと伝えたが、この号の時点ではまだ提出されず、他方で EPDPA の反対のために彼らが土地を取得できないというような噂が流れているのが遺憾であるとしている[82]。

　チョクロボティ氏はその後、彼らにも土地区画が与えられるべきだという「彼らの要望自体は筋の通ったものであり、土地を得られなかったことに失望していることも極めて当然である」として、一定の理解も示しているが、同時にコロニーの人口密度が高まることについて懸念を示している[83]。また後述する、当局による住民の反対意見募集の際には、明確に反対意見を述べている。

　このように EPDPA からの支持を取り付けることはできなかったものの、714 グループはあくまで彼らの要求をアピールし、活動を繰り広げていった。714 グループのアソシエーション設立時にプレジデントを務め、その後もずっとこの運動に関わってきた、もう一人のリーダーである D.M. ショルカル（D.M. Sarkar）氏の回顧録によれば、彼らの運動は以下のような経緯を辿っていった。当初、リハビリテーション大臣からは、「チットロンジョン・パークのスキームはすでに完了したのであり、新たなリハビリテーションは、（チットロンジョン・パーク内どころか）デリー域内においても無理である」との回答が寄せられていた。それでも彼らは、何度も担当大臣に要望書を送り、趣旨に賛同する国会議員達に伴われて大臣と面会した。1978 年 7 月 11 日に大臣と面会した後には、同 13 日に各紙を集めて記者会見を開き、広く世論に対してもアピールをおこなった。その後、この問題は国会でも取り上げられるようになり、与党を含む議員達によっても支持されるようになった。こうした動きを受けて、次第に担当大臣の態度も軟化していった［Sarkar 2005: 頁番号なし］。

　大臣の態度の変化を読み取った彼らは、それから独自の行動に出た。チットロンジョン・パーク内に土地区画を得るために、自分達でレイアウト・プランの作成を試みたのである。彼らが入ってくると、区画が混み合い、住環境が悪化してしまう、入ってくる余地はないという懸念を自ら払拭しようとした訳である[84]。

---

82) *Pūrbbācaler Kathā*, Quarterly Publication of the EPDPA 8(1・2・3), 1979, p.5-7.
83) *Pūrbbācaler Kathā*, Quarterly Publication of the EPDPA 10(1・2), 1981, p.2-3.
84) これに先立ち、彼らはすでに 1978 年 5 月 11 日付けの文書において、大雑把な見積もりではあるが、チットロンジョン・パークとその周辺において、彼らのために活用可能な空き地と、それぞれの空き地で抽出可能な区画数についてリストアップし、スケッチ図もあわせて作成して、要望書を担当大臣に提出している。まだまだチットロンジョン・パーク周辺（特にコロニー内部には）には土地に余裕があるはずであり、それは同じく資格ありとされた自分達に提供されて当然であるというのが、

ショルカル氏によれば、彼らは独自にデリーの開発プラン（Master Plan）を研究した。そこから、新しいコロニーを建設する際には、全体面積の最低でも60%は宅地とし、道路及び学校、コミュニティ・センター、ショッピング・センター、宗教施設、公園などのインフラ開発のための面積は最大40%でよいという指標があることを見出した[85]。彼らの試算によれば、この当時のチットロンジョン・パークには、これを遙かに超える充分なオープン・スペースがあった。宅地として活用されている面積は39.91%に過ぎず、60%以上が残されていた。714グループが新たに入ってきたとしても、宅地が58.25%、インフラ関連が41.75%に収まるとの試算をはじき出し、彼らがチットロンジョン・パーク内に区画を得たとしても、まだ充分なインフラ関連のスペースは残されると考えた［同上］。

　彼らは人口密度についても検討している。通常のコロニーでは概ねエーカー当たり100人から115人のところを、当時のチットロンジョン・パークでは89.85人であった。そこに彼らが入ってくると、117人となってしまうが、これはデリーの他所の避難民コロニーでは150人から175人以上という現状と比べると、遙かにましな数値であると、彼らは考えた［同上］[86]。

　彼らは以上の試算をもとに、独自プランを作成してリハビリテーション大臣に提出したところ、大臣はそれを好意的に評価してくれた。大臣の指示によって、彼らは改めて建築の専門家を雇ってプランの修正をおこない、デリー開発局へ提出した[87]。プランはデリー開発局の建築家も加わって、さらに修正が加えられて、

当初からの彼らの主張であった。'Request for allotment of residential plots at Chittaranjan Park (formerly known as EPDP Colony) and its vicinity to the displaced persons declared eligible by the Ministry (Department of Rehabilitation)', a letter from Association of Displaced Persons from East Pakistan Declared Eligible for Allotment of Plots in Delhi to the Union Minister, Work, Housing, Supply & Rehabilitation & Wakfs, Government of India, 11 May 1978.

85）開発プラン（Master Plan for Delhi）［Delhi Development Authority 1962］にあたってみたものの、残念ながらショルカル氏らが、プランのどの部分からこのような数値をはじき出したのかについては確認できなかった。同プランは1981年時点でのデリーの人口を460万人（広域圏で600万人）と推定したうえで、エリア別のプランを提案している。人口密度については、エーカーあたり50人から250人になるだろうと推定して、エリアごとに望ましい人口密度について提案している［Vol.2, PartI: 9］。住宅地については、現在のチットロンジョン・パーク付近、例えば、Inner Ring RoadとRing Road（おそらくOuter Ring Roadのこと）の間やRing Roadの南側では75人から100人が望ましいとされている［Vol1: 48］。本文の次段落で述べているショルカル氏の説明に基づけば、第2回までの土地配分の結果、チットロンジョン・パークの人口密度は、概ねこの範囲内に収まっていたように思われる。

86）人口密度については、ショルカル氏によるもうひとつの回顧録［Sarkār 2006: 6］によれば、彼らは当時のニュー・デリー選出の国会議員であったビジョイ・クマル・マルホトラ（Vijay Kumar Malhotra）氏を通じて、デリー開発局の副会長（vice chairman）に働きかけて貰い、チットロンジョン・パークの人口密度基準を平方エーカー当たり125人へと変更してもらったとしている。

87）彼らは約218エーカーのチットロンジョン・パークの計画面積全体のなかから、およそ25エーカーを自分達のために切り出そうとしていた。大通りに面した空き区画、学校用地の一部、使用目的が未定の空き地、特定用途地区（zonal park）や運動場（playground）の一部などを、デリーの開発プランの

最終的にデリー開発局に受領され、それが改めてリハビリテーション大臣の決済へと転送された［同上］[88]。

ところが、一見したところ成功裏に進んだかに見えた彼らの計画だが、彼らはここで思いもかけないことに足をすくわれてしまった。政府の認可コロニーにおいては、住民の人口密度が上昇するような計画が提出される際には、規則によって土地開発局（Land and Development Office）は、住民の反対意見を受け付ける告知をしなければいけないとされていたのである。先住している住民は、すでにコロニー全体の開発コストを負担しているからというのがその根拠であった［同上］。これによって、彼らはチットロンジョン・パーク本体内部のオープン・スペースに区画を獲得する夢を捨てざるを得なくなった[89]。住民達の賛同が得られなかったために、せっかく作成した修正プランの実現は困難となってしまったのである。

714グループの人々にとっては、自分達も第3回募集までに区画を取得した人々と同様の権利があると考えていたのであるから、これは大きな後退であったに違いない。しかし彼らにとって幸運だったのは、チットロンジョン・パークに隣接する場所に、転用可能な特定用途地区（zonal park）があったことである。これはチットロンジョン・パークのスキームとは関係のないものであったが、リハビリテーション当局がパキスタンからの避難民のリハビリテーションのために取得していた土地であった。彼らはデリー開発局に対して、この土地を彼らのために転用し

基準に合致するように考慮しながら設定していった［Sarkar 2006: 7-8］。

88）この一連の動きが何年頃のことなのか、ショルカル氏の回顧録では明確ではない。しかし、ショルカル氏の手元に残されていた1978年9月25日付けの担当大臣宛の要望書においては、ショルカル氏の回顧録に記載されている数値とは若干異なる部分はあるものの、使用目的別の土地利用比率や人口密度について示したうえで、改めて彼らへの区画提供を要望している。従って、1970年代末の時期に、彼らは独自プランを作成していたものと思われる。この文書において彼らは、「問題は彼らのために区画配分のスキームを拡大するかどうかではなく、チットロンジョン・パークにすでに区画を取得した人々と我々とを差別をしないように、完全なスキームの実施をおこなうことである」と強い調子で述べている。彼らには明確に権利意識があったのである。'Request for allotment of residential plots at Chittaranjan Park (formerly known as EPDP Colony) and its vicinity to the displaced persons declared eligible by the Ministry of Rehabilitation', a letter from Association of Displaced Persons from East Pakistan Declared Eligible for Allotment of Plots in Delhi to the Union Minister, Work, Housing, Supply & Rehabilitation & Wakfs, Government of India, 25 September 1978.

89）ダス氏によれば、この時、住民投票がおこなわれ、52%は彼らのプランに賛成したが、48%が反対した。住民投票では3分の2以上の賛成が必要だったので、彼らのプランは却下されたとのことである。すでに先に住んでいた住民達は、彼らのオープン・スペースを渡すと、住環境が混雑して悪化してしまうと考えていたと述べていた（2002年4月25日、インタビュー）。ただし、ショルカル氏の回顧録には、この住民投票の話は出てこない。EPDPAの当時のセクレタリーであったチョクロボティ氏の記すところによれば、当局（同氏の文章ではデリー開発局による）による、住民の反対意見募集の告知は1981年7月25日に出された。その際、714グループが入ってくると水道や電力などの生活インフラが破綻すること、現状からの道路拡幅などが困難などとして、自分は反対意見を表明したと明確に述べている（*Pūrbbācaler Kathā*, Quarterly Publication of the EPDPA 11(1・2), 1982, p.17）。このように、住民の反対によって、彼らはコロニー本体内部に土地を得ることが困難となったのである。

てくれるようにと要請し、承認された［同上］。

　これで概ね計画はスムーズに進むかと期待されたが、その後も様々な問題が持ち上がった。例えば、開発コストを含む最初の分割支払いがデリー開発局に対してなされた後、すべてのエリアで開発が開始されたものの、進捗状況は極めて遅く、ほとんど停止してしまった。1982年に迫ったアジア競技大会（Asian Games）インド開催の準備ために、デリー開発局のマンパワーがほとんどそちらに動員されてしまっていたからであった。彼らは、伝(つて)を通じてデリー開発局の副会長に直接働きかけて、開発を再開してもらわなければならなかった［Sarkar 2006: 10］。

　それから間もなくすると、突然にすべての開発を中止するようにとの命令が、デリー連邦首都直轄地の知事によって出されてしまった。知事は、彼らが転用しようとしていたひとつのエリアの区画に学校を建設しようとしていたのであった。彼らは、他所に学校を建設するようにと知事に要望するとともに、政府の高官や国会議員、都市開発省の大臣などにも働きかけて、事態の解決を図った。それでも何カ月経っても良い返答が来ないので、彼らは緊急総会を開催した。総会において、知事に覚え書きを送付することになった。この時は、ドゥルガ・プジャ直前の時期であったので、「我々は今年のドゥルガ・プジャを祝わないこととしました。そして、そのことはデリーの信仰深い人々、特にデリーのベンガル人の間で大きな反動を喚起することになるでしょう」と記して、覚え書きを知事宛に送付した。これに対して知事は、学校用地はそのまま接収するものの、チットロンジョン・パークに隣接する5エーカーほどの土地を別途提供したうえで、開発の再開を許可した［Sarkar 2005: 頁番号なし］。

　彼らの計画は、このように次々に生じる障害をひとつひとつ乗り越えつつ、確保できる土地を継ぎ接ぎしながら、再修正せざるを得なかった。そして、最終的な局面においては、当時の中央政府の財務大臣であったプロノブ・ムカルジー（Pranab Kumar Mukherjee）氏（2012年から2017年までインド共和国の大統領を務めた人物）が、彼らに助力してくれた。人を介してムカルジー大臣を紹介してもらい面談したところ、大臣は理解を示してくれたうえに、当時のリハビリテーション担当大臣に対して、そもそもデリー開発局が決定したプラン（コロニー内部を活用するプラン）を許可するようにと要請してくれたのであった。これにより、チットロンジョン・パークの内部（とはいえコロニーの周縁部分）及び、道を隔てた隣接地（後にチットロンジョン・パークに編入）において、160平方ヤード（179区画）と125平方ヤード（535区画）の2つのサイズの区画を714グループに対して提供する全体計画に

ついて担当大臣が許可するところとなった[90]。ショルカル氏は、このことについて、回顧録においてムカルジー氏に最大限の謝辞を寄せている。

　以上のように、714グループの運動も、それに先立つコロニー本体の獲得運動にひけを取らないくらいの時間と労力を要した。政治家に助力を頼み、その政治力を活用したり、政府当局と多くの交渉を重ねたりしたことも同様であった。彼らは中央政府だけでなく、デリー政府、デリー市当局、デリー開発局など、役所関係だけでも8、9カ所を回らなければならなかった。さらに、彼らの活動中には、単独組織であったリハビリテーション省が、再編で他省の一部に組み込まれたために、改めて引き継いだ省へ出向かなければ行かなくなったり、部局の担当者や知事も途中で替わってしまったので、話を通すためにまた半年かかったりなど、たいへんな苦労を経験したとのことである[91]。

　他方で、住民の反対によってコロニー本体内部の主要部分での区画取得を見合わせなければならなかったこと、EPDPAの協力を得られなかったことなど、すでに先住している人々との関係が、彼らの活動に大きな影響を与えたことは、第3回募集までの活動との大きな違いであった。

　714グループの活動は、こうして報われることになったが、彼らへの実際の土地区画供与は、受給者の人々の話からすると、ようやく1990年頃からであった。区画サイズは160平方ヤードと125平方ヤードの2種類である。彼らの区画は転用可能な土地をかき集める形で獲得されたために9つのエリアに分散している。チットロンジョン・パーク本体の隣接地に「ポケット40」、「ポケット52」の2カ所、内部の周縁地に「ポケットK1」「ポケットL」「ポケットM」「ポケットN」「ポケットO」「ポケットP」「ポケットK」の7カ所が存在している。チットロンジョン・パーク本体のブロック名と区別するために、こちらでは「ポケット（Pocket）」を接頭辞として付けている。

　土地に関する契約の形態は第3回までと同様で、99年間のリース契約、10年

---

90) ショルカル氏の手元には、1984年6月4日付、担当大臣（Minister of Parliamentary Affairs, Sport and Works & Housing）のブタ・シン（Buta Singh）氏が、財務大臣（Minister of Finance）のプロノブ・ムカルジー氏に宛てた文書の写しが残されていた。その文書において、シン大臣は、1984年3月21日付けで自分に宛てられたムカルジー氏の文書に対する返信であるとして、デリー開発局の提案通りに、チットロンジョン・パーク内とその隣接地において、714人の有資格避難民に対して区画が与えられる決定がなされたことを報告しますと述べている。なお、この文書では179区画分は、160平方ヤードではなく、180平方ヤードと記されている。ショルカル氏の手元に残されていた他の文書でも180平方ヤードとの記述がみられるが、同氏の2005年の回顧録や世帯調査の結果からすると、最終的な分譲区画は180ではなく160平方ヤードと考えられる。いつの時点で、またどのような事情で変更されたのかについては不明である。

91) 2002年4月25日、ダス（B.C. Das）氏とのインタビューより。

間は売却不可で、10年を経ると、「自由保有（freehold）」へと変更することができるようになっていた。異なる点は、プレミアム（premium）が第3回までは平方ヤードあたり30ルピーであったのが、714グループでは481ルピーであったこと、第3回まではデリー開発局が家屋を建築し、費用は分割払いとしていたが、714グループでは家屋に関する措置は何もなかったことである[92]。

第3回までと同様に、プレミアム（区画の代金）を支払えない人々が714グループのなかにも少なからずいた。そのような受給者達は、当初から開発業者（builder）と組んで、家屋建設をおこなった[93]。土地だけが供与されたために、家屋部分について当初から開発業者が介入する余地があったのである。以下はそのひとつの例である。

> 我々のような lower middle class にはお金がなく、開発業者と一緒に家をつくりました。はじめの（第2回までの）募集の時には、父は定職についておらず、お金がありませんでした。714グループの時には、4人兄弟で一緒に土地を入手しました。それでも、自分は退職間際だったのでお金の問題があり、開発業者に入ってもらいました。それで、地下1階地上3階建ての家屋を建築して、2階と3階は自分達で取り、1階と地下階はビルダーが取って、他の人に売却しました。1階にはクリニックが開業していましたが、現在は閉鎖しています。このような訳で、チットロンジョン・パークには、非ベンガル人が入ってくるようになっています[94]。

このようなケースでは、土地の代金を支払えない受給者が、開発業者の提供する資金によって土地代金を政府に支払って、区画を取得する。それから、複数階建ての家屋を建設して、その一部は受給者が受け取り、残りを開発業者が引き取って賃貸や売却を行って利益を得るのである。これによって受給者は自己資金が不足していても区画を取得でき、開発業者もフラットを得ることによって利益の獲得が可能となる。また、ひとつの区画にフラットごとに複数の世帯が暮らすようになる訳であるが、賃貸や売却されたフラットにベンガル人が入ってくるとは限

---

92) 同上。ダス氏は、土地価格については、政府と交渉してかなり値切って、最終的にこの価格になったと述べていた。また、家屋建築と分割払いの措置がなかったことについては、「我々が土地を貰ったのは独立後、長い時間を経た後のことであったので、政府もそこまでは支援しようとしなかったし、我々も要求をしなかった」と述べていた。
93) 2002年3月28日、第2期で土地を受給した人物へのインタビューより。
94) 2002年8月14日、714グループで土地を受給した人物へのインタビューより。

らないので、非ベンガル人の世帯も増加してきた。

　こうしたケースから分かることは、714グループによる土地区画についても、前項で述べた都市化の進展に伴う土地需要の増大や投機的な土地取引の影響を、当初から強く受けていたことである[95]。前出のダス氏は、ポケット40のエリアではすでに50％の人々が取得した区画を売却してしまっていると述べていた（2002年時点）。ダス氏によれば、彼らが区画を取得した1990年当時において、125平方ヤードの区画の政府による分譲価格は約6万ルピーであったが、市場価格ではすでに数十万ルピーであった[96]。本来は購入が困難なほどの高額の土地を彼らは入手したのであった。

　このことからも、彼らが取得した区画は、年々高騰していく土地市場のなかにどっぷりと浸かり、開発業者による開発の対象となっていた。また、受給者の方でも、うえの事例のように受給直後に開発業者に区画をゆだねる人々も珍しくはなく、受給者自身はチットロンジョン・パークには住まずにコルカタ方面などへ移り住んでしまうような人々までいた。特に後者のようなケースについては、「連中は区画をもらって、すぐに高額で売却して金持ちになって、どこか好きなところへ行ってしまった。一体、何のためのデリーでの区画供与だったのだ」というような批判的な意見が、調査の過程で度々聞かれた。

　714グループに関しては、避難民リハビリテーションが本来の趣旨とはいえ、実施の時期が1980〜90年代にかかっていたことから、それまでの計3回の配分と比べると、リハビリテーションとしての実質的な意義はかなり薄れていたのではないだろうか。極論をすれば、都市化が進み不動産価格が上昇するデリーにおいて、時機を逸した第3回目の募集をきっかけとして、たまたま申請資格にチャレンジできる機会を得た人々による、一か八かの不動産取得の試みであったとみることもできよう。

　ともあれ、714グループの人々はチットロンジョン・パークの住民としての仲間入りを果たした。現在では、先住していた住民との関係は良好であり、目立った緊張関係はみられない。714グループのアソシエーションは、目的達成とともに解散しており、EPDPAのような継続的な活動はしていない。

　チットロンジョン・パークには、これまで言及してきた戸建用の区画以外にも、デリー開発局によって開発された「DDAフラット」と呼ばれる多層階の集合住

---

[95] リースである以上、書類上の売却譲渡はできなかったので、すでに言及した委任証書（power of attorney）が活用されていた。

[96] 2002年4月25日、インタビュー。

宅が2棟ある。これはデリー開発局によって建設されたもので、入居資格には、もちろん東パキスタン避難民であることが含まれるが、同時に所得制限もかけられていた。低収入グループ（low income group）、例えば、日雇いの肉体労働、仕立て職、料理人、床屋などの職能者、ごく小規模な店主などの低所得者層向けの集合住宅として設置された。

　集合住宅に関しては、EPDPAがコロニー内で進めようとした集合住宅建設（group housing society）が、714グループの問題に絡んで、コロニー内ではなくドワルカ（Dwarka）へ移転するなどの大きな問題もあった[97]。

小　括

　以上のような過程を経て、今日、住民達が「ミニ・ベンガル」と称する、2000世帯を超える東パキスタン避難民が居住するチットロンジョン・パークが成立した。分離独立直後において、政府が積極的に建設を進めた西パキスタンからの避難民コロニーとは異なり、チットロンジョン・パークでは、避難民自身によるコロニー建設要求とその実現のための主体的な活動が展開されていた。その手法には政治家や高級官僚への働きかけなど政治的な戦術も含まれていたものの、コロニー獲得から初期のコロニー開発に至る過程で強く現出していたのは、政治的な領域のみには還元できない行為主体性である。むしろコロニー獲得運動段階では、自分たちを「難民」ではなく「避難民」とする自己認識に人々の行為主体性は立脚し、これがコロニー建設要求へと結果した。

　開発が進む過程においては、コロニーの名称からは「避難民」だけではなく「東（パキスタン/ベンガル）」という要素さえも削除され、「チットロンジョン・ダス」の名前が冠された。チットロンジョン・ダスの「犠牲と奉仕の精神」が主張されることで、コロニーは明示的には一般的なデリーの市街地として、また同時に暗示的には「東」要素の削除によって、「（東ではない）ベンガル人居住地」、「デリー

---

[97] この問題は、714グループのショルカル氏からすると、彼らのプロジェクトが進もうとしているときに、当時のEPDPAが、コロニー内に集合住宅をつくるとして横槍を入れてきて、彼らを邪魔したのだという話になっている［Sarkar 2006: 9］。一方、EPDPA側の主張としては、そもそもコロニー内には集合住宅用地があったのであり、それを進めようとしただけだということになっている（1969年よりEPDPAのセクレタリーであったチョクロボティ氏のもとで、ジョイント・セクレタリーを務めたA.N. グハ（A.N. Guha）氏より。2002年7月24日インタビュー）。この問題は、最終的には高等裁判所の裁定によって、714グループに軍配が上がり、そのためにEPDPAの集合住宅計画は、ドワルカに移転した。組合組織（Delhi EPDP Cooperative Group Society Ltd.）をつくり、デリー開発局から土地を得て建設され、380の分譲数が確保された（同上インタビュー）。

のベンガル人居住地」へとコロニーの自己定義が転換された。コロニーの定義の転換のプロセスは、第9章で詳しく検討するように「避難民」から東でも西でもない「デリーのベンガル人」へという住民自身の自己認識の転換ともパラレルであり、そうした自己認識にこそ人々の行為主体性は立脚していた。

　東パキスタン避難民コロニーは、時期はかなり遅いものの、西パキスタンからの避難民向けコロニーとともに、独立後のデリーにおける都市開発の重要な一翼を担ったことも重要である。しかし、第2部で検討した農村部とは異なり、難民リハビリテーションがデリーのような大都市圏における都市開発という手法によって施行されたために、避難民コロニーが完成する前から不法占拠、デベロッパー（ビルダー）の介入と土地区画の不法譲渡、投機の対象となっていた。当初から都市的な課題を内包していたのである。この点は、第10章であらためて論じる。

第8章

チットロンジョン・パーク：住民の属性と移動形態

　本章の問題意識は第3章と共通している。どのような人々が避難民として区画を受給していたのか。そして、現在では受給者以外の人々も含めて、どのような人々がチットロンジョン・パークの住民となっているのか。そのシンプルで基礎的な情報を示すことである。コロニー建設の経緯からして、少なくとも区画を受給したのはすべて東ベンガル出身者のはずである。他方で、後でも触れるように「チットロンジョン・パークの住民は、独立のかなり以前にデリーに移住して、連邦政府職員として働いていた、かなり裕福な人々」というイメージが持たれてきた。

　本章で示す世帯調査とインタビューからは、そのイメージがチットロンジョン・パークの住民のごく一部しか捉えていないことが明らかとなった。住民の大半はベンガルを代表する高カーストで8割程度が学士以上の学歴を有し、9割近くが公務員、専門職、民間被雇用者などのホワイトカラーの就業者であった。西ベンガル州の事例とは対極的である。しかし、世帯調査の結果は、前章でみたように区画応募者の資格が緩和されたこともあり、実際には独立前からの移住者だけでなく、独立後の移住者も多数含み、避難民というよりも西ベンガル州でみたような難民的な人々も含んでいることを示している。

　このように現実には多様な人々を住民としていることに注意しつつ、本章では改めてチットロンジョンパークの現況について説明した後に、コロニーに土地を受給した人々の属性と移住のプロセス、そして最後に東ベンガルと西ベンガルに対する住民達の記憶と見解について検討する。

図表 8 − 1　デリーにおけるチョットロンジョン・パークの位置

第 1 節　チットロンジョン・パークの概要

(1) 位　置

　図表 8 − 1「デリーにおけるチットロンジョン・パークの位置」に示しているように、チットロンジョン・パーク（地図上の右下）は、デリーの中心部コンノート・プレイス（地図上の中央上側）から南に約 12 キロメートルのところに位置する。チットロンジョン・パークを含むデリー南部地域は、独立前には全くの未開発地であった。

　次ページの図表 8 − 2「チットロンジョン・パークとその周辺」が示すように、デリー南部を東西に走るアウター・リングロード（Outer Ring Rd）の大通りを挟ん

図表8-2　チョットロンジョン・パークとその周辺

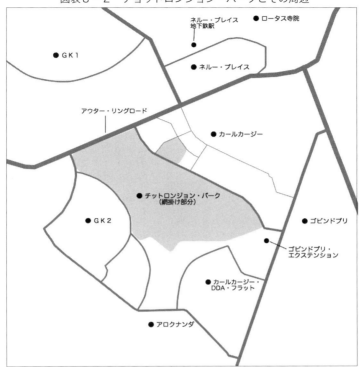

で、チョットロンジョン・パークの北西側には、高級住宅地として知られるグレーター・カイラースI（Greater Kailash I / 地図上のGK1）、西側には隣接する形でグレーター・カイラースII（Greater Kailash II/ 同GK2）がある。北東側にはパンジャービー難民のために建設されたカールカージー（Kalkaji）が位置している。東側から南側にかけては、中低所得層が主に居住するといわれるゴビンドプリ（Govindpuri）、ゴビンドプリ・エクステンション（Govindpuri Extension）、カールカージー・DDA・フラット（Kalkaji DDA Flats）、アロクナンダ（Alaknanda）などの地区が広がっている。

　周辺でもうひとつ重要な地区は、ネルー・プレイス（Nehru Place）である。アウター・リングロードを挟んですぐ北東に位置する巨大なビジネス・センターであり、多数のオフィス、店舗に加え、高級ホテルや近年ではシネマ・コンプレックスも建設されている。デリーを走る地下鉄（Delhi Metro）ネルー・プレイス駅も開設されている。チョットロンジョン・パークの住民達の間では、ネルー・プレイス

が近くにあることが、チットロンジョン・パークの土地価格を上昇させているということが、しばしば語られる。

チットロンジョン・パークは、グレーター・カイラースやネルー・プレイスに近接すること、そして豪邸が建ち並ぶグレーター・カイラースほど高級ではないが、ゴビンドプリやアロクナンダのような中低級住宅地よりは上級とイメージされることによって、まさにミドル・クラスないし上位ミドル・クラス層の住宅地としての存在感を放っている。

チットロンジョン・パークが閑静なミドル・クラスの住宅地としての評価を得ている理由は、その住環境の良さにもある。建設プランの段階から、宅地の区画割りとあわせて、公園などのオープン・スペースが随所に配置されていた。不動産開発業者らによる開発が進んで、住宅の複数階建てへの立て替えが盛んになる以前には、「今よりも静寂さが保たれ、小さなプロットに小さな家々が並び、景観的も良好であった」[1]。しかし、そもそも余裕のあるプランゆえに、現在でも比較的良好な住環境が保持されている。

（2）建設プラン

東パキスタン避難民コロニー建設の事業主体は当時のリハビリテーション省で、中央公共工事局がコロニーのレイアウト・プランを作成した（図表8−3「チットロンジョン・パークのレイアウト・プラン」を参照のこと）。その後、コロニーの建設が進んだ1970年代後半になると、集合住宅用地やマーケット用地はデリー開発局へ、公園用地や学校用地はデリー市（Municipal Corporation Delhi）へという形で、公的スペースや共有スペースの管理運営がデリー市の行政へと移管された。

建設プランについては、建設が進むなかで、プランが変更になったと思われる部分もいくつかみられる。チットロンジョン・パークのランドマークである寺院施設「カーリー寺院ソサエティ」の場所は、元々のレイアウト・プランでは「ロック・ガーデン及びオープン・エアー・シアター」と記されている[2]。

カーリー寺院ソサエティの道を挟んだ北東側の向かいには、現在、警察署が立

---

1) 2002年7月24日、EPDPAの古参メンバーであるA.N. グホ氏へのインタビューより。
2) 詳細は不明だが、リハビリテーション省の資料（Department of Rehabilitation, Standard Note: Chittaranjan Park (Formerly known as E.P.D.P. Colony) near Kalkaji, New Delhi - Development and Allotment of Plots to Displaced Persons from former East Pakistan, 31 March 1980.）には、この「ロック・ガーデン及びオープン・エアー・シアター（rock garden, open air theatre）」がデリー市へ譲渡されたとの記述のみがある。また、宗教施設向け用地（religious sites）2カ所がデリー開発局へ譲渡されたとの記述もある。前出のA.N. グホ氏によれば、「宗教施設が2つある必要はないので、ひとつにまとめる形にして、現在のカーリー寺院ソサエティの施設ができあがった」とのことである。現在の地図及び現況とプランを見比べる限り、当初宗教施設用地とプランで記されていた2カ所は、ともに現在では宅地となっている。

図表8−3　チョットロンジョン・パークのレイアウト・プラン

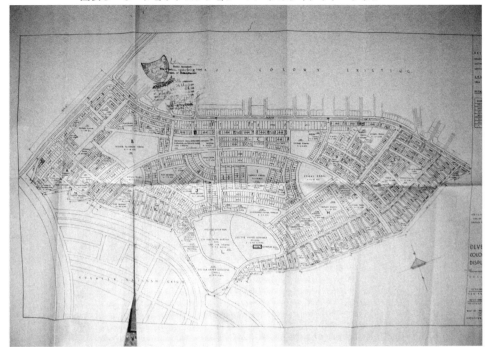

出典：土地保有者が所持していたものを撮影、2009年9月3日

地しているが、そこは当初はコミュニティ・センター（community centre complex）用地とされていた。しかし、1980年代後半にカーリー女神の年祭礼の際にテロ事件が発生したことで、警察署の誘致へ至ったとのことである[3]。コロニー建設決定後も、応募資格条件等で検討が重ねられていたことはすでに述べたが、計画地のレイアウトについても決定後に再検討が重ねられていたようである。

　もうひとつ、市街地形成の点から興味深いのはマーケット用地（shopping sites）である。当初から4カ所の用地がプランで示されていて、実際にこれらは1番マーケット（No.1 Market）から4番マーケット（No. 4 Market）として機能してきた。しかし、

---

[3] 前章でも引用したモンジル・ムカルジー氏は、当時の経緯を次のように説明する。テロが発生したのは1987年のカーリー女神の祭礼の一日前で、銃撃によって7、8名が死亡した。テロリストは日程を1日間違えていたのかも知れないが、これが祭礼当日だったらたいへんな数の犠牲者が出るところだった。この事件があって、本来はコミュニティ・センターやプレイグラウンドができる予定だった場所に、セキュリティのために警察署を誘致する話が出た。警察署ができると自動車や人の出入りで混雑して環境が悪化するとして反対意見もあったが、概ね住民は誘致に賛成であった。2007年9月1日、インタビュー。

整備が進む前から、1番と2番については、用地とその周辺も含めて商売人による不法占拠化が進んでいた。日用品や食材の調達先としては十分に機能していたものの、2000年代に入って再開発が実施されるまでは、細い路地を挟んで不揃いの小屋がけのような店舗が連なっていた。第10章で検討するとおり、マーケットの再開発事業は長期に渡る懸案であった。

（3）現　況

　現在のチットロンジョン・パークは、20のブロックと2つのDDAフラット（デリー開発局によって建設された集合住宅）に区分けされている。ブロックにはアルファベットが振り分けられ、22のうち、ブロックAからKまでの11のブロックが、土地配分の第1期から第3期までに割り当てられた区画である。第3期分から洩れて、その後に独自の運動を繰り広げて土地を獲得した714グループの人々の区画は、これらと区別するために「ポケット（pocket）」という呼称が付加され、ポケット40、ポケット52、及びポケットK、L、M、N、O、P、K1の計9つに区分されている。

　土地獲得運動の結果、ポケット40とポケット52は当初のレイアウト・プランの枠外の、道を一本隔てた隣接地に建設され、その他のポケットもコロニー内とはいえ、周縁的エリアに分散して配置されている。また、区画の大きさは、第3期までの配分の最小区画である160平方ヤードよりも、さらに小さい125平方ヤードの区画を多く含むこと、さらにポケット地区でも3階建てなどの複数階への立て替えが進んでいることによって、他のブロックに比べて空間的に狭い印象を受ける。

　各ブロックには、住民の自治会（resident welfare association）が組織されている。ブロックごとにそれぞれの事情に応じて活動している部分もある。例えば、ポケット40では、独自にポケットへの入り口となる部分に自動車の遮断機と管理人を置いて、自動車のポケット内への進入を制御している。

　チットロンジョン・パークには公園などのオープン・スペースは多いものの、現在のようなモータリゼーションを念頭にプランづくりはされていないために、多くの住居には駐車スペースが用意されていない。よって、路上駐車の車両が道路の両側に連なる光景も常態化している。

　民間に勤めてかなりの給与を得ている人々は自家用車を保有し、通勤に利用している人もいるが、まだまだ住民の足としてはバスが主たる交通手段となっている。このほか、学校へ通う子ども達は、スクール・バスが近くまで迎えに来てお

り、グルガオンなどのかなり遠方まで通勤する必要がある人のなかには、会社が差し向ける通勤バスによって出勤している人々もいる。

　上下水道や電力供給のサービスは整っているが、これはチットロンジョン・パークのみに限られた問題ではないものの、調査を始めた2001〜02年当時は水不足が深刻化しており、毎日の断水のために住民はバケツやバスタブに水を溜めて利用しながら生活していた。給水車の姿もよくみられたが、その後、水不足は解消されている。

　住民の日々の食材などの買い物は、4つのマーケットによって、とりあえず満たすことができる。特に、1番と2番のマーケットには魚市場があり、各種の鮮魚が販売されている。マーケットには、夕方にはかなりの買い物客が訪れている。スナック販売の露天もあり、賑わいを見せている。マーケット以外にも、路上で荷台に野菜をのせての露天販売、荷台ごと住宅地内を移動しながら呼びかけ売りをしている姿もよく見られる。また、チットロンジョン・パーク本体とポケット40の間を分け隔てる通り（ISU Darshan Munjal Marg）沿いには、ごく小規模なスーパーマーケット、コーヒーショップ、レストランなどがある。

　ごく身近な日用品以外は、チットロンジョン・パークの外部での購入となる。チットロンジョン・パーク内には、近年盛んに各地で建設されている近代的なショッピング・モールや、有名ブランドの店舗がテナントとして入居しているようなマーケットもない。しかし、外に買い物に出かける場合でも、特に高所得を得ている人々以外は、それらの場所へ出かけることは少ないようである。むしろ、近くのゴビンドプリやカールカージーのマーケットが日常的な買い物先となっている。ドゥルガ・プジャ祭礼の際に贈り物とする衣類など、まとまった買い物をする場合にはラージパット・ナガルやカロル・バーグなどの手頃な価格帯のマーケットへ買い物に出かけている。

　チットロンジョン・パークには、ブロックごとに公園などの複数のオープン・スペースがある。スペースの大きさも、スポーツイベントの会場として使用されるほど広いものから、小さな子どもを遊ばせるのに適度な広さのものまで様々である。公的共有スペースなので、特定目的の使用にはデリー市当局の許可が必要だが、ドゥルガ・プジャ、選挙キャンペーンのための集会、ブック・フェアー、結婚披露宴など様々な機会で活用されている。

　コロニー内には、人々が「メイン・ロード」と呼ぶ道が東西を扇状に貫く形で通っている。これは、インドの初期のナショナリズム運動を担ったベンガル人のビピン・チョンドロ・パルに因んで、Bipin Chandra Pal Margと名付けられている（第

10章の図表10－2を参照のこと）。チットロンジョン・パークの建設に多大の貢献した2人の人物、S.P. センボルマ氏とC.K. ムカルジー氏についても、2003年以降にそれぞれ、"S.P. Sen Varma Marg"、"C.K. Mukherjee Marg"という新名称が道路に命名されている[4]。コロニーの区画は、カーリー寺院ソサエティを要として扇状に展開する形で配置されている。碁盤の目のような区画割りではないため、道を覚えるには慣れが必要である。

　チットロンジョン・パーク内には小学校（primary school）、中等学校（senior secondary school）、高等学校（senior high school）がある。特徴的な学校として、ライシナ・ベンガリ・スクール（Raisina Bengali School）という「ベンガル学校」がある。小学部は2番マーケット近く、中・高等はカーリー寺院ソサエティの東隣と、2カ所に分かれる形で第12学年までの教育が施されている。英語によって授業をおこなう英語ミディアムの学校だが、ベンガル語が第8学年まで必須の科目となっている。しかし、ベンガル人のコロニーであるチットロンジョン・パークに所在するベンガル学校であるにもかかわらず、評判は必ずしも良くはない。教育競争が苛烈なデリーでは、小学校でさえ地元の学校へ通うとは限らない。親はよりハイレベルの学校へと子どもを通わせたがるために、スタンダードがあまり高くないとされるベンガル学校はあまり人気がない。この辺りの事情については、次章で改めて論じたい。

　市民生活に関わる施設としては、4番マーケットに郵便局がある。銀行は、1番マーケット横にAllahabad Bank、4番マーケットにUnited Bank of Indiaの支店窓口があるほか、カーリー寺院ソサエティの近くにはAxis BankのATMが設置されている。宿泊施設はカーリー寺院ソサエティに設置されている宿泊所（Dharamśālā）のほか、小さなゲストハウスがひとつある。チットロンジョン・パークには住民自身によるイニシアティブによって設立された団体や施設がいくつも存在し、福祉、文化、宗教、教育などの活動を積極的におこなっている。また、医療関連では、病院施設はないものの、個人のクリニックや住民が設立した文化施設等にも併設されており、多数存在する。次章で改めて取り上げる。

---

[4] 2004年8月10日付けのHindustan Timesの記事によれば、デリー市の道路命名に関するガイドラインでは、新たな道路名の命名が可能なのは、既存の名称を持たない道路に限られる。この時期、デリー市は新たに25件の新名称を認める方針であること、命名は宗教的人物、歴史的人物から、市に対して何らかの貢献をした人物まで多岐にわたることなどが紹介されている。C.K. Mukherjee Margについても、記事で言及されている。東パキスタン避難民アソシエーション（EPDPA）発行の『Pūrbbāchaler Kathā』誌の2005年号においても、この2つの道路新名称についての報告記事が掲載されている。S.P. Sen Varma Margはチットロンジョン・パークのもうひとつのメインロードともいうべき、カーリー寺院ソサエティから1番マーケットまで延びる道に命名され、C.K. Mukherjee Margはライシナ・ベンガリ・スクール（Raisina Bengali School）から2番マーケットへ至る道に命名されている。

最後に、政治・行政システムについても確認しておきたい。デリーはインドの連邦政府の所在地である。よって通常の州や他の連邦直轄地とは異なり、「デリー連邦首都直轄地（National Capital Territory of Delhi）」として独自の体制を採っている[5]。

それと同時に、デリー住民の自治を担うための議会（legislative assembly）と政府（government）も存在している。議員は直接選挙で選ばれる。政府は首相（chief minister）を首班とする内閣（council of ministers）によって担われる[6]。首相とは別に、知事（Lieutenant Governor）が置かれ、議会の招集や解散は知事によっておこなわれる。

以上のデリー政府とは別に、デリーには地方自治体（基礎自治体）としてデリー市（MCD: Municipal Corporation of Delhi）、ニューデリー市協議会（NDMC: New Delhi Municipal Council）、デリー軍宿営地評議会（DCB: Delhi Cantonment Board）の3つがある。ニューデリー市協議会は大統領や国会などの連邦政府関連施設に関わるわずか3％の面積のみ[7]、デリー軍宿営地評議会は軍関係施設のみに関わっているので、実質的にはデリー市がデリーの地方自治体といえる。

デリー市には直接選挙で選ばれる議員（councillor）が存在し、議員のなかから市長（mayor）が選出される[8]。2012年にはデリー市は南デリー市（South Delhi Municipal Corporation）、北デリー市（North Delhi Municipal Corporation）、東デリー市（East Delhi Municipal Corporation）の3つに分割された。これにより、チットロンジョンパークは南デリー市の管轄下となった。

チットロンジョン・パークが含まれる選挙区からは、現地調査当時には、デリー議会（2008年）、デリー市議会（2007年）、国会（下院2009年）のすべての議員が国民会議派（Indian National Congress）から選出されていた[9]。政治的にはチットロンジョ

---

5) デリーはこれまで、多数の市民を抱える都市としての自治問題と、連邦政府所在地であることとの間で揺れてきた。独立後の1951年にはC項州法の成立によって、極めて限定的ながら州政府と州議会の設置が認められたものの、連邦政府による「一頭統治」と連邦・州による「両頭統治」の間で常に揺れ動いてきた。現行の議会・政府の体制になったのは、ようやく1991年の第69次憲法改正と統治法（Government of National Capital Territory of Delhi Act）の成立以降である［杉山1995］。

6) デリー議会の選挙は1993年に初めて実施されてインド人民党（BJP）が政権を獲得した。その後、1998年、2003年、2008年の選挙では国民会議派（Indian National Congress）が3期連続政権を担っていた。2013年には国民会議派の支持を得る形であったが、汚職撲滅を掲げた庶民党（Am Aadmi Party）が政権を獲得した。しかし、わずか48日で首相が辞任したために、しばらく大統領（中央政府）直轄扱いとなっていたが、2015年の選挙では庶民党が単独で圧勝して再び政権を担っている。

7) ニューデリー市協議会ホームページ（https://www.ndmc.gov.in/ndmc/introduction.aspx）より。2018年9月26日閲覧。

8) 現地調査時に実施された2007年のデリー市議会選挙では、272議席中163議席をインド人民党（BJP）が獲得して与党となり、市長の座も獲得した（2008年10月15日付 The Times of India 紙）。

9) デリー市議会についてのみ、その後の状況を示せば、2012年の選挙では国民会議派候補者が当選したが、2017年の南デリー市議会ではインド人民党の候補者が当選している。

ンパーク住民の総意として特定政党が支持されるような状況にはない[10]。

第2節　住民の特性——世帯調査より

（1）住民イメージの再考

　チットロンジョン・パークは、東パキスタンの避難民のために建設されたコロニーである。よって、コロニーに土地の配分を得た人々は政府の資格条件に合致する人々、すなわち東パキスタンからの避難民であり、有給の職にあって、一定の時期（第1期配分では1958年3月31日、第2期以降は1966年3月31日）以前にすでにデリーに居住していたことなどを満たしていたはずである。

　一方で、すでにふれたようにチットロンジョン・パークの住民については、かなり単純なステレオタイプのイメージが持たれていることも事実である。それは、「チットロンジョン・パークの住民は、独立のかなり以前にデリーに移住して、連邦政府職員として働いていた、かなり裕福な人々」というものである[11]。土地配分にあたって政府が示した資格要件は、独立以前からのデリー居住を求めていないし、公務員と民間を含めてデリーで職にあった人々を対象としていた。にもかかわらず、そのようなイメージが持たれていることの一因は、当初コロニー建設に向けてイニシアティブを執ったのが連邦政府職員からなる団体だったこと

---

10) チットロンジョン・パークでは、一部に特定政党支持者層が見られるものの、全体としてみれば党派主義は明確ではない。その時々の状況に応じて、各自が投票行動を決定しているのが基本と考えられる。しかし、一部の団体が選挙マシーンとして機能する場面もみられた。例えば、2002年のデリー市議会（MCD）選挙では、東パキスタン避難民アソシエーションが明確に国民会議派の候補者を支持していた。彼らは自らの事務所内で選挙支援の相談をおこない、事務所前の公園スペースで候補者のみならず、チットロンジョン・パークを選挙区とする同じ国民会議派選出のデリー議会議員を呼んで、選挙キャンペーンを開催するなどしていた。実はチットロンジョン・パークが含まれる選挙区では、カーリー寺院ソサエティで長年要職を務めてきた人物がインド人民党から選出されて、これまでデリー市議会議員を務めてきた。この選挙では、この人物は落選して、東パキスタン避難民アソシエーションが支援した候補者が当選した。当時インタビューしたところでは、アソシエーションのジョイント・セクレタリーは「我々は特にコングレスを政治的に支持しているという訳ではなく、よい仕事をする『個人』を支持しているのだ」と述べていた。セクレタリーは、自分はインド共産党（マルクス主義）の支持者であると明確に述べていたのに、この時には国民会議派の候補者の選挙運動を取りまとめていた。要するに地域のために何か具体的な貢献をしてくれる候補者を支持するという立場のようであった。これと関連して、別の役員も、インド人民党の候補者（当時の現職）に対しては、「彼は任期の5年間の間に何もチットロンジョン・パークのためにしなかった。それにカーリー寺院はすべての住民のための施設にもかかわらず、彼はインド人民党の牙城のようにしてしまっている」として批判していた。2002年3月22日、東パキスタン避難民アソシエーション事務所でのインタビューより。

11) このようなイメージは、外部の人々のみならず、チットロンジョン・パークの住民の間においてもしばしば語られるものである。

によるだろう。しかし、以下に示す世帯調査からは、このイメージが一面的であり、実際にはチットロンジョン・パークはより多様な背景を持つ住民から構成されていることが明らかである。

現在ではベンガル人以外の人々も多数居住している。ベンガル人受給者のみに限っても、デリーへの移住時期が独立以前からであった人々はむしろ少数である。移住の経緯についても様々である。第7章では、彼らを「避難民」と記述してきたが、むしろ第2部で扱った人々と同じような経験と経緯を有している人々、すなわち「難民」的な人々もチットロンジョン・パークには居住している。

以下では、現地での世帯調査に基づいて、住民の特徴について検討を進める。世帯調査の大部分は2002年の8月に集中的に実施した。チットロンジョン・パークには20のブロックと2つのDDAフラット（集合住宅）がある。そのそれぞれにおいて、5%のサンプルを選んで各世帯を訪問し、面接方式によって世帯構成や移住関連情報についてインタビューをおこなった。サンプルの選定に当たっては、東パキスタン避難民アソシエーション（EPDPA）の2002年の機関誌『Pūrbbācaler Kathā』収録の住民ダイレクトリーを用いた[12]。ダイレクトリーには、パンジャービーなどのベンガル人以外の氏名も挙がっていたが、氏名から判断してベンガル人のみを対象とした[13]。有効サンプル数は122件である。

（2）住民の属性

1）土地受給時期

図表8－4「土地受給時期別世帯数」は、土地を受給した時期ごとに分類したものである。まず確認すべき点は、現在では政府による土地の配分を受給した人々以外にも、かなりのベンガル人がチットロンジョン・パークに居住しているということである。122世帯のうち、12世帯が土地の非受給者である。うち6世帯は賃貸フラットに居住している。開発業者（ビルダー）による不動産開発が進むチットロンジョン・パークでは、複数階建ての建物が増えており、賃貸フラットに住む人々も少なくない。12世帯のうちの残りの6世帯については、3世帯がフラッ

---

[12]『Pūrbbācaler Kathā』収録の住民ダイレクトリーには、家屋番号、氏名、電話番号がブロックごとに記されている。サンプリングに当たっては、5%のサンプルを得るために家屋番号に従って20軒目ごとにひとつのサンプルを選択する方法を基本とした。自宅に不在等の理由によっては、必ずしも当初のサンプル対象には固執せず、その前後の世帯を対象とするなどした。各戸の訪問の際には、筆者単独で訪れたケースもあったが、概ねチットロンジョン・パーク在住のベンガル人のアシスタントを同伴した。

[13] いくつかの世帯については、すでに第1世代が亡くなっている場合もみられた。しかしその場合でも、各図表で示しているのは、チットロンジョン・パークへ移住した第1世代のものである。

図表 8 − 4　土地受給時期別世帯数　(世帯数)

受給時期	世帯数	構成比
第 1 期	63	57.3%
第 2 期	8	7.3%
第 3 期	5	4.5%
714 グループ	20	18.2%
DDA フラット	6	5.5%
不明	8	7.3%
(a) 受給者計	110	100.0%
(b) 非受給者	12	
計 (a) + (b)	122	

出典：筆者による調査

トを購入、3 世帯が土地を購入していた。

　土地については、本来はすべての区画が 99 年間の「リース(leasehold)」であったので、政府の許可がなければ他者への譲渡は不可であったが、1990 年代に入ってから「自由保有(freehold)」への転換が可能となり、望めば売却も可能となっている。

2) 出身地

　図表 8 − 5「出身地」は、各世帯の世帯主の出身地(この場合、出生地を指す)を県(district)レベルの名称で示したものである。

　土地受給者に関しては、不明を除いて 98 世帯(89.9%)が東パキスタンの出身者であった。出身地名は旧東パキスタン時代の県名で示している。件数としては、ダカやフォリドプルが多いが、地域的には東パキスタンの領域全般に広がっている。

　東パキスタン以外では、西ベンガル州、アッサム州、ビハール州、デリーや、現パキスタンに属するカラチ、国外のビルマ(ミャンマー)などもみられる。数は少ないが、これらの広がりをみせているのは、彼らがかつて英領統治を支えたベンガル人ボドロロク層に属していたために、ベンガルを離れて職に就いていた人も珍しくなかったためと思われる。

　東パキスタン以外の出身者のなかにも、土地の受給者がいる点については説明が必要である。これらのケースでは、自分自身は東パキスタンでの居住履歴がなくとも、自分の父、祖父などが東パキスタン出身者だったので認められた人や、

図表 8 − 5　出身地　（世帯数）

出身地（district）	土地受給者	土地非受給者	計
〈東パキスタン〉			
ダカ	25	0	25
フォリドプル	15	3	18
モイメンシン	9	0	9
バケルゴンジ	8	2	10
ノアカリ	8	0	8
シレット	7	0	7
チッタゴン	6	0	6
ティッペラ	6	0	6
クルナ	6	0	6
ノディア	5	0	5
ジョショル	2	0	2
ラジシャヒ	1	0	1
〈東パキスタン以外〉			
西ベンガル	3	5	8
アッサム	2	1	3
ビハール	1	1	2
デリー	1	0	1
ウッタル・プラデーシュ	1	0	1
マディヤ・プラデーシュ	1	0	1
カラチ	1	0	1
ビルマ（ミャンマー）	1	0	1
不明	1	0	1
計	110	12	122

出典：筆者による調査

自分は東パキスタン出身ではないが、妻が東パキスタン出身であったので、妻の名義で土地を獲得した人々が含まれている。

　土地非受給者は、土地を受給はしていないが、すでに述べたとおり受給者のフラットや土地を購入または賃借しているケースである。このなかには東パキスタン出身者のみならず、西ベンガル州の出身者も含まれている。サンプルとなったこれらの人々も全員ベンガル人である。

　連邦政府の職員でデリーに転勤となった人、デリーで民間企業に就職した人、

民間企業でデリーに転勤になった人など、比較的近年にチットロンジョン・パークに来住するようになったケースも珍しくはない。

サンプル外では、単身赴任で来ていてバス・ルーム付きの一部屋のみを賃借してチットロンジョン・パークに居住している人々も確認している。このような人々はダイレクトリーには掲載されていないことを考えると、実際にはサンプル調査結果における構成比よりも、より多数の土地非受給者のベンガル人（特に西ベンガル州から）がチットロンジョン・パークには居住していると思われる。

チットロンジョン・パークでは家賃が高いということで、周辺のアロクナンダやゴビンドプリなどに居住している人もいた。マーケットの周辺では、西ベンガル州から来たという若年の人々も店舗に住み込みで働いている。

確認するのは容易ではないが、西ベンガル州のみならず、現在のバングラデシュからのニュー・カマーも、チットロンジョン・パークで家政婦などとして働いているといわれている。この点は、単にチットロンジョン・パークのみならず、デリーを含めてインドに多数流入しているといわれるバングラデシュ人流入者（Bangladeshi infiltrator）の問題の一部を構成しているといえる[14]。

3）カースト

図表8－6「カースト」は、サンプル世帯のカースト属性を示している。カッコ内はカーストと結びついていた伝統職であり、現在の職業を示しているのではない。

まず、土地受給者に限ってみると、有効サンプル106件のうち、97世帯（91.5％）がカヨスト、ブラフモン、ボイドの3つの高カースト、すなわちベンガルの「ボドロロク」を構成する諸カーストであることが際だっている。次に検討する教育レベルの高さや（図表8－7）、職業では勤め人や専門職が多いという点（図表8－8）

---

[14] バングラデシュ人が多数、インド側に不法入国している問題は、これまでメディアでも大きく取り上げられてきた。1998年8月10日のIndia Today誌では、インド連邦政府の情報局（Intelligence Bureau）による推計として、バングラデシュからの不法移民数をインド全体で1,100万人と紹介している。うち、バングラデシュと隣接する西ベンガル州に540万人、アッサム州に400万人、デリーには30万人であった。同誌の2003年2月17日付けの記事（International版）では、同じく情報局による2003年1月1日時点の推計として、インド全体で1,600万人と紹介している。比較すると、5年で500万人も増加していることになる。同記事では、地域的には西ベンガル州で765万人、アッサムで670万人、デリーでは50万人としている。デリーについても、5年間で30万人から50万人へ増加していることになる。この事態に対して、インド政府は不法移民の取り締まりと強制送還をしばしばおこなっている。デリーにおいても例えば、2000年8月5日のThe Statesmanの記事では、あるバングラデシュ不法移民集住地区において、警察が同年8月15日の期限を以て逮捕・送還するとの最後通牒を出したことによって、3分の2以上の住民が家財を売り払って退去したと報じている。この問題は、インドとバングラデシュの2国間の懸案となり続けている。

図表 8 − 6　カースト（世帯数）

カースト名	土地受給者	土地非受給者	計
カヨスト Kāyastha（書記）	43	3	46
ブラフモン Brāhmaṇ（司祭職）	40	7	47
ボイッド Baidya（伝統医）	14	0	14
ボイショ Baiśya（商業）	2	0	2
ノモシュードロ Namaśūdra（農業）	2	1	3
仏教徒 Buddhist	1	0	1
ゴアラ Goyālā（搾乳業）	1	0	1
ナピト Nāpit（床屋）	1	0	1
ティリ Tilī（油商）	1	0	1
ヨギ／ジュギ Yugī（機織り）	1	0	1
不明	4	1	5
計	110	12	122

出典：筆者による調査

も合わせて考えると、チットロンジョン・パークの多くの住民達はボドロロク的背景を保持しているといってもよいだろう。

　高カーストが多数を占めるこの状況は、第 2 部の西ベンガル州の農村の事例とは対極的である。西ベンガル州の村の事例で多数を占めていたノモシュードロは、チットロンジョン・パークのサンプルでは 2 世帯にすぎず、村でノモシュードロに次いで多数を占めていたマヒッショは、サンプル上にはあがって来なかった。図表 8 − 6 は、英領時代にはホワイトカラー層が高カーストに独占されていたことを、あらためて想起させる。

　土地の配分を受けていない世帯についても、12 世帯のうち、ブラフマンが 7 世帯、カヨストが 3 世帯と、高カーストが多数を占めている。

4）教　育

　図表 8 − 7「教育」は、教育レベルを学歴で示したものである。有効サンプル 98 件のうち、78 人（79.6％）が学士以上の学歴を有している。西ベンガル州の村の事例（サンプル 188 人のうち、学士以上はわずか 11 人）を引くまでもなく、チットロンジョン・パークの人々が極めて高い教育レベルにあることは明白である。土地の配分を受けていない世帯の人についても、有効サンプル 10 人のうち、学士以上が 7 名となっており、土地受給者と同様に教育の高さがうかがわれる。

図表8-7　教育（世帯数）

学位種別	土地受給者	土地非受給者	計
博士（Ph.D.）	4	3	7
医学博士（Doctor of Medicine）	2	0	2
修士（Master's）	18	0	18
医学士（MBBS/medical）	5	0	5
学士（Bachelor）	49	4	53
ディプロマ（Diploma）	3	0	3
後期中等教育修了（HSC）	5	0	5
中等教育修了（SSC）	9	3	12
中等教育修了（SSC）未満	3	0	3
不明	12	2	14
計	110	12	122

出典：筆者による調査

5）職　業

　図表8-8「職業」は、職業について示している。110件のサンプルのうち、公務員、専門職、民間被雇用者が96人（87.3%）を占めており、概ねチットロンジョン・パークの人々は、自営業・ビジネスよりも、公務員や民間の給与所得者、専門職を志向している。

　土地の配分を受けていない世帯の人についても、有効サンプル12人のうち、7人が同様の傾向を示している。

　以上のように、土地の受給者の多くに見られる傾向、すなわち、i）高カーストに属し、ii）高等教育を受け、iii）サービス（ホワイトカラー職）に就くという志向は、第7章第1節で紹介したボドロロク的特質に合致している。公務員職が多くみられる点は、チットロンジョン・パークの住民に対するステレオタイプ・イメージの一部とも合致している。

　しかし、これらの属性面のみならず、彼らの移動の経緯を検討すると、必ずしも単純に彼らを独立前のボドロロクと同一視することはできない。その点を、次項で移動経緯との関連から検討してみたい。

図表 8-8　職業（世帯数）

職業	土地受給者	土地非受給者	計
公務員	65	1	66
専門職*	16	4	20
民間被雇用者	15	2	17
軍人	5	0	5
ビジネス	5	2	7
熟練労働者**	3	1	4
主婦	0	2	2
家事使用人	1	0	1
計	110	12	122

出典：筆者による調査
*専門職は、医師、ジャーナリスト、編集者、建築家、司祭、技術者、大学教員、学校教員、画家、コンサルタントなどを含む。
**熟練労働者は、料理人、仕立屋、床屋などを含む。

（3）移動の背景と避難民/難民的特徴

1）デリーへの移住年

　図表 8-9「デリーへの移住年」はデリーへの移住年を示している[15]。土地受給者についてみると、有効サンプル 104 世帯のうち、分離独立以前からデリーに居住していたのは、わずか 17 世帯（16.3％）のみである。「チットロンジョン・パークの住民は独立前からのデリー居住者である」というステレオタイプ・イメージに反して、土地受給者の多くは独立以降からデリーで居住を始めているのである。年代別でみると、1950 年代と 60 年代にデリーに移住した（居住を開始した）との回答が多かった。

　この点については、チットロンジョン・パークでの土地受給資格が、第 1 期配分では「1958 年 3 月 31 日より前からの継続的居住」、第 2 期以降の募集では「分

---

15) 表中には「非移住者」も含まれているが、受給資格の点からすると、本来これはあり得ないケースである。当人の説明によれば、父親は東ベンガルのモイメンシン生まれで、本人は現インドのアッサム生まれのアッサム育ちである。本人は 1949 年から 1974 年までアーミーに勤めて各地を転々としていた。コルカタに家を建てて、アーミーを退職してからはコルカタに住んでいた。デリーには 2、3 年くらい住んでいたことはあるが定住していたことはない。友人からあなたは資格があるから申請してみたらどうかと言われ、申請したら通った。土地を入手したものの、家族や親族はみなコルカタにいるので、デリーに住む気はない。子ども達もデリーに住む予定はないので、ここの家は処分したい。年に 1 回くらい来るだけである。2002 年 7 月 23 日、インタビュー。以上のように、本人もデリーに住んでいた認識はなく、住む気もなかったのだが、たまたま手続きがうまく進んで土地を受給できたようである。このケース以外にも、現地では、本来資格に合致しないのに書類を用意したとか、同じ世帯から何人も申請して複数の区画を入手したなどの話も聞かれた。

図表 8 - 9　デリーへの移住年（世帯数）

	土地受給者	土地非受給者	計
分離独立以前	17	0	17
分離独立以降 1949 年まで	14	1	15
1950 年代	41	1	42
1960 年代	26	0	26
1970 年代	4	4	8
1980 年代	1	3	4
1990 年代	0	2	2
非移住者	1	0	1
不明	6	1	7
計	110	12	122

出典：筆者による調査

離独立の後、1966 年 3 月 31 日までの合計で最低 4 年間」の居住実績を求めていたこと、つまり独立前からの居住を求めていなかったことを考えると不思議ではない[16]。ただし、次に見るようにデリーへの移住時期とインドへの移住時期は一致していない。

2）インド側への移住年

図表 8 - 10「インド側への移住年」は、インドへの移住年を示している。デリーへの移住年が 1950 年代、60 年代に大きく偏っていたのに対して、こちらでは分離独立以前から 1949 年の時期に大きく偏っていることが特徴的である。土地受給者の有効サンプル 100 世帯のうち、実に 88 世帯（88.0%）がこの時期までにインド側に来ており、デリーへの移住年とインド側への移住年には、大きなズレがみられる。彼らはインド側に早期に移動した人々であるが、直接デリーに来た人々は少なく[17]、一定期間他所で暮らした後にデリーへ移動した人々が多数を占めているのである[18]。

16) 表中では、デリーへの移住年が 1958 年 /1966 年の受給資格要件以降となっているケースが含まれている。その理由は、本人の移住時期は資格要件に合致していないが親や配偶者の名義で受給したケース、資格要件としては認められたが中央官庁の公務員として各地を転勤していたために、本人がデリーに定住したと認識している時期がかなり後の時期となっているケースなどがある。

17) この 88 世帯のうち、デリーへの移住時期とインド側への移住時期が一致している世帯、つまり東ベンガルから直接デリーへ移住しているのは 11 世帯のみである。

18) 第 2 章で述べたように、東パキスタンからの難民移動には階層ごとに移動時期に差異があった。Chatterjee［1990］はそれを 3 つの時期に分けていたが、そのうち一番初期の 1946 ～ 49 年の時期にいち早く移動したのがボドロロクであるとしている。図表 8 - 10 のデータは、チットロンジョン・パー

図表 8 – 10　インド側への移住年（世帯数）

	土地受給者	土地非受給者	計
分離独立以前	56	4	60
分離独立以降 1949 年まで	32	2	34
1950 年代	10	0	10
1960 年代	0	1	1
1970 年代	1	2	3
1980 年代以降	0	0	0
非移住者	1	3	4
不明	10	0	10
計	110	12	122

出典：筆者による調査

　分離独立以前からの移住者は、土地受給者の有効サンプル 100 世帯のうち、56 世帯（56.0％）を占めている。しかし、図表 8 – 9 で示した通り、土地受給者のうち分離独立以前にすでにデリーに居住していたのは 17 世帯にすぎなかった。分離独立以前に限定して見ても、デリーまでは来ていないものの、インド側にはすでに移動していた人々がかなり存在したのである。因みに、分離独立以前に移住した 56 世帯のさらに詳しい内訳は、何世代も前に現在のインド側に移住していたとの回答が 7 世帯、1920 年代が 1 世帯、30 年代が 13 世帯、40 年代が 29 世帯、年月は不明だが独立前との回答が 6 世帯であった。

　分離独立以降から 1949 年までの移住者は 32 世帯を数える。これは独立以前からの傾向、つまり東ベンガルの出身者が高等教育を受けるためにコルカタ（カルカッタ）に移動し、教育修了後にそのままコルカタなどでホワイトカラー職に就くというボドロロク的な移動のパターンが、実は独立以降もしばらく継続していたことと関係している。東パキスタンでの将来への不安がこのパターンを継続させていた。また、分離独立以降 1950 年代にかけては、こうしたボドロロク的な移動に加えて、暴力から逃れてきた難民的な移住者も含まれている。これらの移動経緯について、次項で検討する。

3）デリーへの移動経緯
i) ボドロロク的移動と東パキスタン情勢
　まず、分離独立の影響を直接には受けていない、独立前のボドロロク的な移動

クの住民の多くがこれに一致していることを示している。

について、2つのケースを紹介する。ひとつ目のケースでは、独立以前に教育目的でコルカタに来て、民間の出版社に就職し、転勤でデリーに移っている。

〈ケース1〉
　私はジョショル県の村で生まれました。父はタルクダル（地主）でしたし、ジュートの商いもしていました。私は今でも当時の友達のことや、家や村でおこなわれていたドゥルガ・プジャなどを思い出します。向こうでの生活は安楽なものでした。みな仲良く暮らしていました。木々や鳥を眺めながらボートや汽船に乗っていたものです。1944年、18歳の時に高等教育を受けるためにコルカタに移りました。学業を終えた後、民間の出版社に就職し、1959年には転勤でデリーに来ました。定年まで編集者として仕事をしました。コルカタ時代には、バンガオンで東パキスタンからの難民支援のためのボランティアをしたこともあります[19]。

2つ目のケースでも同様に、コルカタに来て高等教育を受けて、その後中央政府職員となっている。家族・親族がすでに先行して来ていて、そこを頼って移動していることも、当時の典型的なパターンといってよい。

〈ケース2〉
　私は1926年にダッカに生まれ、1945年に西ベンガルのハウラに移住しました。私の兄が鉄道で働いていたからです。私は兄のもとで暮らしながらカルカッタ大学で学士を取得し、1956年にデリーに来て財務省に就職しました[20]。

ケース3は独立後の移動である。独立以前と同様に、やはり教育のためにコルカタに来ている。しかしそこでは、当時の東パキスタンの情勢悪化によって、学業が困難となったので移動したという理由が述べられている。

〈ケース3〉
　東ベンガルの村は、私にとっては自分の母のような存在です。忘れること

---

19) 2002年8月29日にインタビュー。ジョショル県出身、75歳（インタビュー当時。以下同様）、ブラフモン・カースト。
20) 2002年8月23日にインタビュー。ダカ県出身、76歳、ブラフモン・カースト。

はできません。思い出すと涙が出ます。トタン屋根の家でしたが、いま考えると、あの家よりも良い家はありません。天国があるとしたら、向こうの村こそが天国でした。私がコルカタに来たのは、1949年のことでした。政情が不安定だったために勉強を続けることができなかったのです。ボーダー・スリップをもらって、それで市民権登録しました。コルカタではカレッジで5年間、アートの勉強をしました。それから1960年にアーティストとして、デリーで教育省に入りました[21]。

次も独立後の移動である。現状の困難さだけでなく、東パキスタンでは将来の希望が持てないと彼らは感じていた。将来への不安が彼らをコルカタへと誘っていたのである。2つのケースを紹介する。

〈ケース4〉
　私の父は学校の校長をしていました。父は子ども達が第10学年になると、全員をインドに送っていました。1955年に私はカルカッタの兄のところに来ました。東パキスタンでは将来の展望がなかったので、インド側に頼る人がある場合には、みなインドへ移り住んでいました。パーティションの後には、ヒンドゥーはみな来ていたのです。私はカルカッタ大学で勉強した後に、カルカッタでの公務員職を経て、1958年にデリーで商業省に入省しました[22]。

〈ケース5〉
　私がコルカタに来たのは、1953年、16歳の時でした。インドへはひとりで来ました。なぜならば、東パキスタンには、教育機会も将来の展望もなかったからです。私は工学の学士と修士を修めた後、カルカッタ大学で電子工学の博士号を取得しました。カルカッタでしばらく働いた後、1962年にデリーのDelhi Electric Researchに勤めるようになりました。もし東パキスタンに住んでいたら得られなかったであろう機会を、こちらで獲得することができたのです[23]。

---

21) 2002年8月23日にインタビュー。フォリドプル県出身、72歳、ノモシュードロ・カースト。
22) 2002年8月9日にインタビュー。クルナ県出身、68歳、ブラフモン・カースト。
23) 2002年8月22日にインタビュー。モイメンシン県出身、65歳、ブラフモン・カースト。

第2部の事例においても、東パキスタンにいたのでは将来がないのでインド側に移動したというケースは多くみられた。しかし、インド側に移動して大学に入り、学士や博士の学位を取得して、中央政府の公務員となったケースは皆無である。同じ背景によって移動しても、その先は大きく異なっていた。繰り返しになるが、彼らは「東ベンガルからコルカタへの教育・就職目的の移動」というボドロロク的な移動パターンを、独立後もしばらく踏襲していたのである。

ii）難民的移動

チットロンジョン・パークの住民のなかには、ボドロロク的な移動のみならず、より難民的な人々、すなわち生命の危険や暴力から逃れて来た人々も含まれている。次のケースは、本人は独立前にインド側に移住していて被害は受けなかったが、家族が非自発的な移動を強いられたと述べている。つまり、本人は避難民だが、家族は難民化している。

〈ケース6〉

　私は1925年に東ベンガルのクスティアで生まれました。1937年に西ベンガルのビルブム県に移りました。オジのところに身を寄せてカレッジに通いました。卒業後、1947年5月にデリーの農業省に就職しました。独立時には、私はクスティアの父を訪ねて、インドとパキスタンのどちらの公務員を選択しようかと相談しました。私はインドの公務員になることを選択しましたが、ムスリムの同僚達はパキスタンを選択しました。1952年には、父が私のところに合流しました。ムスリムの襲撃によって、移動させられたのです。父はわずかの土地は財産交換をしましたが、ほとんどの財産を失いました。家屋も大きなものがあったのですが、捨ててきました。父は高齢だったので、移住後には何もしませんでした[24]。

本人も含めて、東パキスタンの治安悪化と暴力への恐れから移動した例もみられる。ケース7は、まず東パキスタン内で移動し、その後インド側へ移動している。

〈ケース7〉

　私達はダカからディナジプル（東西ベンガルの境界上の県）へ移動しました。なぜならば、母がムスリムによる抑圧を恐れたからです。それから、1947

---

[24] 2002年8月22日にインタビュー。クシュティア県出身、77歳、カヨスト・カースト。

年の9月にインド側のビハール州へ移り、1948年にはカルカッタに移りました。私はそのとき11歳でした。カルカッタではプレシデンシー・カレッジで学び、卒業後に外務省に入省しました。父はダカでは著名な弁護士でしたが、インドでは税務署に勤めました。インドはもはや著名な弁護士たり得なかったのです。アイデンティティの喪失が最も困難な問題でした[25]。

同様の理由により、分離独立後の時期に、「1か月だけインドへ行ってくる」と言い残して、東パキスタンの村を捨ててきたケースもある。

〈ケース8〉
　私の父はバラモンの司祭をしていました。土地や池もあって自給できていました。ところが、1950年に40キロほど離れたところでヒンドゥー教の祭礼の時に暴動が生じて多くの人が亡くなりました。この頃から多くの人が移動を始めました。私達は1956年に村を出ましたが、その時には、家で働いていた人々に対しては、1か月だけインドに行ってくるといって、出て来ました。村では暴動はなかったのですが、何も持たずに来ました。デリーで働いていたオジがノディア県に土地を買っていたこともあり、オジを頼ってやって来ました。移住後、父は司祭職をしていましたが、父ひとりの稼ぎでは経済的に困窮していたので、私は第10学年までしか勉強はできませんでした。1969年にオジに誘われてデリーへ来ました。その頃は、西ベンガル州はナクサライトの問題でとても住めない状態でしたので、デリーに来ました[26]。

次の2つのケースでは、暴力の恐怖から逃れてきた体験が語られている。

〈ケース9〉
　私は1945年に、カルカッタに来ていました。1948年に父母、姉妹二人、兄弟二人をカルカッタに連れて来たのですが、この時には危険な状態だったので、姉妹には男装をさせ、言葉づかいも水はパニ、両親はアッバ、アンマと呼ぶようにと言い聞かせていました。すべてを捨ててきました。カルカッ

---

25) 2002年3月28日にインタビュー。ダカ県出身、年齢、カースト不明。
26) 2002年8月9日にインタビュー。ノアカリ県出身、57歳、ブラフモン・カースト。

タでは、母の兄弟のところにまずは身を寄せました[27]。

〈ケース 10〉
　1947 年に父と一緒にカルカッタに来ました。私の兄が先に来ていたからです。私達はヒンドゥーとムスリムの間の暴動を逃れてきたのです。フォリドプル県から蒸気船でクルナ県まで来て、そこから列車でシアルダーへ行きました。クルナの駅は血だらけの状態でした。列車はとても混雑していました。列車のコンパートメントに入って、みな息を殺して発車するのを待っていました。誰もひと言も喋りませんでした。ドアをきっちりと閉めて発車まで 3 時間待っていました。発車した後は、15 キロくらい走ったところでようやくドアを開け、話し始めました。自分は 10 歳くらいでしたが、その時のことをよく覚えています。私達はムスリムと良い関係だったのに、ポリティクスのために、敵対するようになってしまったのです。村には 3、4 のムスリムの家族が住んでいました。行事の時には互いに訪問しあっていました。ポリティクスのために敵になってしまった。自分はこちらに来て高等教育を受けましたが、父はすでに高齢だったので、カルカッタでは何もしませんでした。私はカルカッタで旅行会社に就職し、その後デリーに転勤しました[28]。

治安悪化による非自発的な移動に加え、インド側に来てからはキャンプに収容されていた体験を持つ人もいる。

〈ケース 11〉
　私達は 1950 年にカルカッタに来ました。治安悪化のためにやむを得ず移動してきたのです。東パキスタン全域が騒乱状態でした。私達にはカルカッタに頼るべき親族がいなかったので、乞食のような生活を送りました。数か月間は西ベンガル州のキャンプにも収容されていました。その間は、テントで生活していたのです。その後、カルカッタへ移動しました。状況は厳しかったですが、何とか学業を再開して、カレッジを卒業しました。家庭教師をして稼いだりもしました。私達は言葉では表せないほどの苦労をしました。卒

---
[27] 2002 年 8 月 1 日にインタビュー。コミラ県出身、73 歳、カヨスト・カースト。
[28] 2002 年 6 月 16 日にインタビュー。フォリドプル県出身、65 歳、ブラフモン・カースト。

業後は、1955年にデリーで情報省に就職することができました[29]。

　先行研究ではボドロロクはいち早く移動して難民化しなかったとの理解（例えば［Chatterjee 1990］）が一般的であったが、実際にはボドロロクでも暴力や治安悪化による難民的な移動を経験しているのである。

（4）東ベンガルと西ベンガル

　本章の最後に、移住第1世代の人々が留める東ベンガルの記憶について触れておきたい。とてもウエットで情緒的なものだが、そうした記憶が次章で扱う様々なベンガルに関わる施設設立の礎となっている。その反面、西ベンガル州に対してはむしろ批判的な意見が頻繁に聞かれる。人々の記憶と思い入れは東ベンガルにあるのであって、西ベンガルではない。この点は、これも次章で検討するように、自分達は西でも（失った）東でもない、デリーのベンガル人であるという自己認識の醸成へと転換し、繋がっている。

1）東ベンガルの記憶

　デリーはベンガル人避難民にとっては異郷の地である。それは使用言語や生活様式が異なるという話では片付けられない問題である。彼らの内面には、すでに紹介したケースにも表れていたとおり、牧歌的な東ベンガルの景観、自然に恵まれた平穏な生活、ヒンドゥーとムスリムとの友好関係などが深く刻み込まれている。それらは東ベンガルで生まれ育った移住第1世代の人々が、自分達の故郷である東ベンガルについて語るときの主要なモチーフとなっており、第2世代以降の人々は直接的には体験できない領域である。

　ケース1では、ムスリムは一般に教育が立ち遅れ、高カーストのヒンドゥーの地主の元で農業に従事していた様子が語られている。両者に格差はあったものの、それぞれの差異を認めながら平穏に暮らしていたのであり、その後の両者の問題は政治的に引き起こされたものだと述べている。

　〈ケース1〉
　　私の父はボリシャルで勉強して医者となり、フォリドプルの村で開業していました。ムスリムや低カーストなどの貧しい村人には無料で診療していました。フォリドプルは美しいところでした。土地が十分にあり、日常の必要

---

[29] 2002年8月18日にインタビュー。ボリシャル県出身、66歳、ブラフモン・カースト。

も足りていました。村の住民は、80％はムスリムで、土地の耕作はムスリムがおこなっていました。土地所有はアッパー・ヒンドゥーでした。ムスリムは貧しく、フリー・スクールがあっても教育に関心はありませんでした。ただ、それでもムスリムのなかにも教育を受けた人もいましたし、ヒンドゥーもムスリムもともに学校で一緒に学んでいました。アラビア語とサンスクリット語の科目のみ、別々に勉強していただけです。文化の違いはありましたが、それぞれに意味がありました。人々の間に違いはなかったのです。政治のために揉めただけで、一般の人々は普通でした。パーティション（分離）は強制されたものです[30]。

　ケース2は、水に恵まれたベンガルの景観を彷彿とさせるものである。ここでもムスリムとの関係は良かったものの、ムスリムとの間には格差が存在したこと、両者の関係の悪化は外部要因によるものと述べられている。

〈ケース2〉
　村にはマンゴーの木があって、嵐の後にはよくマンゴーが道に落ちていました。ジャングルにはレモンを取りに行って、傘を逆さに向けて、そこにたくさんのレモンを取ってきました。地主が飼っていた象が2頭いました。大きいのがショクティ、小さいのがボジュロという名前でした。この象はたまに暴れて家を壊したりしました。ショクティは池で沐浴しながら、道を人が通ると水をかけたりしたものです。運河がたくさんあって、みな小舟でマーケットに買い物に行っていました。小舟が通常の交通手段で、現在、各家に自転車があるように、一家に一艘の小舟がありました。母が教員研修でダカに行って戻るときに、川が水で溢れていたことがありましたが、そのときに母を迎えに行ったのを覚えています。またある時は、小舟に乗ってマンゴーの果樹園の所を進んでいたら、小舟が沈没してしまいました。マンゴーの木にぶら下がって、次の小舟が通るのを待ち、来たらそちらに飛び移るということもありました。当時、子どもは、子どもサイズのドーティ（腰巻き）を着ていました。
　子どもの時、私は歴史の科目がよくできました。先生は若いムスリムでした。土・日は自分の家に勉強に来なさいといって呼んでくれました。ムスリムは当時全体的に貧しかったので、先生の家も街中ではなく少し辺鄙なとこ

---

30) 2002年8月9日にインタビュー。フォリドプル県出身、73歳、ブラフモン・カースト。

ろにありました。先生は無報酬で勉強を教えてくれたうえに、朝食も昼食も出してくれました。学校ではムスリムの生徒は少数でした。ムスリムは経済的に貧しかったので、あまり学校に行けなかったのです。その後の暴動は地元の人間ではなく、外から来た人によって引き起こされたものです[31]。

次のケース3も、東ベンガルの記憶に関してのウエットな感情と、治安悪化のために故郷を捨てざるを得なかったことの悔恨の情が示されている。

〈ケース3〉

私は夜に就寝する際に眠気がくるまでの間、向こうにあった家のことを毎日想い出します。すぐには眠たくならないので。どこに何があって、遊びに行っていた所のことや池があったことなどを。小さい頃に自分が勉強していた椅子や机を見たいと思います。自分用の部屋があって、そこで勉強したり、寝たりしていた、その部屋も見てみたいのです。私の祖父はいつも池で沐浴をしていました。池に下りる階段があって、そこに座って壺に水を入れて、まずお腹に水をかけて、それから頭に水をかけてから、池に下りて行っていました。その壺をいつも置いていた所に窪みができていました。その窪みも見てみたい。そのような記憶があります。

人のことも思い出します。私達のところのムスリムはとても良かったです。たくさんの友人がいました。でも、向こうにいたままでは就職先もないし、身の危険のこともありました。私は1949年にインド側に来ましたが、土地や家屋があったので、父は1956年まで向こうに残っていました。食べるのにも困ってはいませんでしたが、セキュリティの点から問題がありました。ダカではいつも暴動が発生していましたので。自分の生まれた故郷へ行けないことほど不幸なことはありません。自分の生まれ故郷を見られない。向こうから追い出されて、他の場所に庇護を頼らねばならなかった、それは最悪のことです[32]。

チットロンジョン・パークにおいて、第1世代の人々に東ベンガルでの記憶を語ってもらうとすると、以上のような東ベンガルの平和で牧歌的な印象が語られ

---

[31] 2002年8月1日にインタビュー。コミラ県出身、73歳、カヨスト・カースト。
[32] 2001年12月15日にインタビュー。モイメンシン出身、年齢不明(おそらく70才代後半)、ブラフモン・カースト。

るのが常である。失った故郷が理想化して語られるのは移民、難民などの故郷を離れた人々には常にみられることであり、彼らもこの点、同様である。ただし、ヒンドゥーとムスリムの融和的な関係については、あくまで当時社会経済的にドミナントな存在であった彼らボドロロクから見た視点であることには留意すべきである[33]。

2) 西ベンガル州に対する評価

　最後に、現在の西ベンガル州に対する思いについても取り上げておきたい。故郷の東ベンガルに対する情緒的で肯定的な記憶とは対照的に、現在の西ベンガル州については批判的な意見がしばしば聞かれる。批判の対象は、停滞する西ベンガル州の状況とそれを生み出した政権、1977年以来州政権を担ってきたインド共産党（マルクス主義）/CPI（M）を中心とする左翼戦線（Left Front）政権である[34]。

　例えば、「西ベンガル州でやっているような、何にでもプロテスト、アジテーションするのは、本当に人のためになる政治ではない」[35]、「1960年代から、西ベンガル州の没落のために、良い人は外へ出て行くようになった。高等教育を受けた人々は西ベンガル州に留まらず、デリーに来るようになった」[36]という意見が聞かれる。西ベンガル州の政治状況が悪いために、州は停滞し、人々は西ベンガル州に愛想を尽かして出て行っているというのである。

　次の意見は、やや極端であるが、より率直に共産党政権が長期化していることが停滞を招いていると批判している。

> 　ムスリムによる抑圧のために、バングラデシュからヒンドゥーが西ベンガル州に流れ込んでいて、その結果、州の経済は良くありません。コミュニスト、マルキストの態度はポジティブとはいい難いです。人々を無教育の状態にして、自分達が政権に就いていたいだけなのです。ある時は国民会議派（INC）、

---

33) 西ベンガル州の事例で扱った低カーストのノモシュードロ難民の話でも、ムスリムとの関係は良好だったとの話はあった。しかし、社会経済的に劣位に置かれていたムスリムが、彼らミドル・クラスのヒンドゥーと同じ感覚で情緒的な関係を取り結んでいたとばかりは考えられない。だからこそ、分離によってそれまでの社会秩序が崩れると、貧しいムスリムが、それまでの劣位を覆そうとするかのような行為（話し方、接し方などが変化したという話は第3章で紹介した）を示すようになったと考えられよう。

34) 2011年の西ベンガル州議会選挙において、左翼戦線は議席を大きく落とし、全インド草の根会議派（All India Trinamool Congress）が政権を獲得して、34年間に及んだ左翼戦線政権が終わった。全インド草の根会議派は2016年の州議会選挙でも勝利し、引き続き政権を担っている。

35) 2001年12月30日、カーリー寺院ソサエティで開催された老人会「モーニング・クラブ」に参加していた男性より。

36) 2002年8月5日にインタビュー、フォリドプル県出身、61歳、ブラフモン・カースト。

ある時はインド人民党（BJP）という具合に、政権が転換すれば変化がありますが、西ベンガル州ではそれがなく停滞したままです。今日では文化的にも没落しています[37]。

このような西ベンガル州の政治状況への批判は、チットロンジョン・パークの住民からのみ聞かれるのではない。デリーに居住する他のベンガル人からも聞かれるし、西ベンガル州から、より近年に働きに来ている人々からも聞かれる。特に、西ベンガル州から仕事を求めてデリーに来ている人々は、西ベンガル州の状況を嫌って来ているので、なおさらである。西ベンガル州のフーグリー県出身で、1999年にデリーに来たという男性は、次のように語っていた。

　　私は西ベンガル州では4つの工場で働いたことがあります。でも、西ベンガル州ではまったく将来の望みが持てませんでした。共産党のせいで、外資系も含めて、せっかくあった会社が次々と閉鎖や転出の憂き目にあっています。自分が働いていた工場にも、共産党の組合があって、私も毎月5から8ルピーの組合費を払っていました。しかし、最後には組合が会社を潰してしまいました。会社も社員がちゃんと仕事をしているかどうかは見ているものです。朝に遅く来てオフィスに座り、何もせずに過ごして、ぶらぶらして帰るばかりの社員ではやっていられないでしょう。共産党政権のせいで、西ベンガル州の経済はだめになり、長い間、西ベンガル州で運営されていた多くの会社が閉鎖していますよ[38]。

こうした意見は広く共有されているとはいえ、1990年代以降の中央政府による経済自由化政策の流れのもとで、左翼戦線時代も含めて、2000年代に入ってからは、コルカタにおいても徐々にITやコールセンターなどのアウトソーシングサービス（BPO）事業が盛んとなり、全インド的な拠点のひとつとなっていることも付言しておきたい。金融、IT、教育、医療の分野での巨大な開発事業も進められている。

うえに紹介した意見は、主として経済や雇用機会に関するものである。これと関連して、西ベンガル州ではなくデリーに居住しているからこそ、教育や雇用の

---

[37] 2001年12月23日、西ベンガル州生まれだが、チットロンジョン・パークにかなり早期から居住する男性より
[38] 2007年9月6日、インタビュー。

機会に恵まれているという認識も共有されている。

小　括

　本章では、チットロンジョン・パークで実施した世帯調査から住民の属性や移動の過程について検討した。現地では「チットロンジョン・パークの住民は、独立のかなり以前にデリーに移住して、連邦政府職員として働いていた、かなり裕福な人々」というイメージが持たれていたが、世帯調査からは、実際には独立前からの移住者だけでなく、むしろ独立後の移住者を多数含み、避難民というよりも難民的な人々も含んでいることが明らかとなった。

　まず、住民の属性は西ベンガル州の事例とは大きく異なり、カヨスト、ブラフモン、ボイドなどのベンガルの3つの高カーストが多く、8割程度が学士以上の学歴を有し、9割近くが公務員、専門職、民間被雇用者などのホワイトカラーの就業者であった。これらの特徴は、英領時代にひとつの階層を形成してベンガル社会の主導層となり、かつ英語教育を通じてイギリスによるインド統治を支える役割も果たしていた、いわゆるボドロロク層に彼らが属することを示していた。

　ボドロロクはかつて、東ベンガルから高等教育を受けるためにコルカタへ移動し、大学等で学んだ後、そのままコルカタなどの都市部で就職していた。デリーへ首都が遷都されてからは、その移動先はコルカタからデリーまで延伸されていた。世帯調査におけるチットロンジョン・パーク住民の移住過程に関するデータは、独立前からのそのようなボドロロクの移動パターンが、独立以降もしばらく継続していたことを示していた。分離によって、彼らにとって東パキスタンでの環境が望ましいものではなくなり、将来に不安を感じるようになっていたことも、この従来のボドロロク的な移動パターンを継続させていた要因となっていた。

　ボドロロク的移動の一方で、より純粋に暴力や治安悪化から逃れてきた難民的な人々もチットロンジョン・パークの避難民には含まれていた。区画応募の資格条件が最終的には「分離独立から1966年3月31日までの期間のうち、少なくとも合計で4年間デリーに居住していたこと」と緩和されたことも作用して、チットロンジョン・パークの住民は独立前から来ていた中央政府公務員というイメージに反して、実際にはより多様な移住の背景を有する人々が区画を取得したのである。

インタビューにおいて、移動過程に関する事柄とととともに語られる彼らの記憶には、牧歌的な東ベンガルの景観、自然に恵まれた平穏な生活、ヒンドゥーとムスリムとの友好関係などが、非常に情緒的に刻み込まれていた。その一方で、西ベンガル州に対する評価は厳しいものがあった。しかしこのことは、彼らは東ベンガルを失ったが、かといって西ベンガルに文化的・精神的な拠り所を求めてはいないことの裏返しでもある。第9章で検討するように、西ベンガル州のベンガル人とは異なる、そして失った東ベンガルとも異なる、デリーのベンガル人として模索や、デリーという環境における状況適応的で選択的、そして複合的なアイデンティティを抱いているのである。

第9章

生活空間の構築とベンガルをめぐる模索

　第7章では避難民コロニーの獲得運動について、第8章では住民の属性と移住の経緯について検討してきた。本章ではコロニー獲得後の展開について、大きく2つの観点から検討する。ひとつは、元避難民たちがどのように生活空間を構築し、今日「ミニ・ベンガル」と呼ばれる居住地を形成してきたのか（第1及び第2節）。もうひとつは、「ベンガル」をめぐるアイデンティティの問題である（第3節）。議論のための幾つかの前提を示しておきたい。

　まず、デリーという大都市圏において、ある空間なり地域なりを扱うための概念についてである。従来インドの都市に関する研究は、都市化の過程に関する量的な調査をおこなうことを目的として、これまでは政策立案者、エコノミスト、地理学者、都市計画に関わる人々などによって主として担われてきたのであり、社会学や文化人類学において扱われることは稀であったとされる［De Neve and Donner 2006: 5］。

　その稀ななかにおいても、社会学・人類学の分野における都市研究の主要な関心は、何かしらの解決すべき都市問題[1]であって、農村研究で試みられてきたような意味での、インド社会の構造を明らかにしようとするような研究ではなかった。本章の関心は、特定の都市問題ではなく、むしろ従来の農村研究に近い。しかし、かつての農村研究において想定されていたような自律的で閉じた「（都市）コミュニティ」を指定はしない。インド研究におけるコミュニティ概念について分析したウパディアによれば、コミュニティはカースト、村落、宗教セクトなどの、伝統的ないし植民地主義以前のインド社会に特徴的と考えられる社会組織と

1）インドの社会学・人類学の主要テーマを概説する読本のなかには、「都市社会学」という章があるものの、そこで挙げられているテーマは都市政策と都市化、都市の貧困、都市化と健康、暴力（暴動）、スラム、都市インフラなどの、いわゆる都市問題が中心である。同書には、都市コミュニティという小項目があり、近郊農村の変容、他州からの移住者、都市におけるカーストなどに関する研究がいくつか紹介されているものの、この分野の成果は少ないとしている［Bhowmik 2009］。

結びつけられてきた。また、コミュニティこそが人々を紐帯させるより真正な社会的単位であって、相互の利害関係に基づく個人、国家、市場、近隣、ビジネス組織、階級などとは対立するものとして捉えられてきた［Upadhya 2001: 33-38］。

　しかし、現代インドの都市の動態はウパディアが説明するようなコミュニティ概念では捉えきれない。チットロンジョン・パークがボドロロクを中心とするベンガル人による成立の背景を持っていたとしても、そのことによりウパディアが説明するようなコミュニティが成立し、空間的・文化的に閉じた静態的で自律的コミュニティが構築されてきたと考えるのでは不十分である。都市の市街地には絶えず外部との人の流動や交渉がある。また、生活空間の構築には、コミュニティと対立するとされてきた個人（とその協働）、近隣、市場などの諸要素とそれらとの相互交渉が大きな影響を与えてきた。

　本章では、これら諸要素のなかでも個人とその協働に注目し、これを「アソシエーション（association）」的連合と規定することで、チットロンジョン・パークの生活空間・地域社会の構築を捉えたい。森［2008: 4; 2014:2-4］によれば、アソシエーションとは「自由な連合にもとづく集団やその関係を意味する社会科学の基礎概念」、「固定的なアイデンティティや同質化と結びつくコミュニティの対概念であると同時に、孤独なアトム化した個人の対概念」であり、現代世界における共同性を、多元的で多様なアソシエーション的結合（連合）に読み取る研究者は少なくないとされる[2]。以下にみていくように、今日のチットロンジョン・パークの景観や生活空間を構築し、地域社会で様々な活動を展開して来たのは、住民達自身が設立した諸団体、すなわちここでいうアソシエーションである。ただし、それらは、「ベンガル」を中心に据えながらも、それぞれの独自性を発揮してきた。諸団体が実践してきたアソシエーション的連合と活動は、政治的陳情、住民サービス、医療福祉、宗教、文化、歴史的顕彰、年祭、地域性、女性など、それぞれの理念と指向性のなかで展開されてきたのであり、同質的で閉じた「ミニ・ベンガル」を構築してきたのではない（第1節）。

　閉じた「ミニ・ベンガル」ではないという点は、チットロンジョン・パークの周辺にはベンガル人が居住する衛星都市ともいうべきエリアが点在していることにも見て取れる。また、チットロンジョン・パークの成立はデリー各地に散在し

---

[2]　森［2014］は、アソシエーション的連合をさらに敷衍して、「社会的」と「福祉」の2つを同時に含意するヨーロッパ的な「ソシアル（social）」という概念をヨーロッパ人類学の視座として提起しているが、第1節でみるチットロンジョン・パークにおけるアソシエーション的活動の多くも文化的であるとともに福祉的な面を含んでおり、ソシアルな面も有する。アソシエーションと関連する概念として、国家と個人の間に位置する「中間集団（intermediate group）」もあるが、本書では「アソシエーション」を採用する。中間集団については真島［2006］と同じ号の特集論文を参照のこと。

ていた多数のベンガル人を一カ所に集め、巨大なベンガル人コロニーを構築することに貢献したが、現在、デリーにはチットロンジョン・パーク以外にも複数のベンガル人居住地があり、それらを繋ぐ行事やネットワークも存在する（第2節）。

　チットロンジョン・パークでは、ドメスティックな言語としてのベンガル語の保持は大きな関心と課題となっている。言語はベンガル人としてのアイデンティティと密接であるが、デリーにおける環境や教育との関係で保持が難しくなっている。さらに、デリーという環境は世代間の差異のみならず、海外移住やベンガル人以外との通婚などを通じて、原初的な（primordial）感覚としてのベンガル人・アイデンティティを融解している例も見られる。一部の人々が推進する「在外ベンガル人」活動には、自らをあえて「ディアスポラ化」する状況がみられる。人々のアイデンティティは、単なる同質的「ベンガル人」にはなく、状況に適応的で重層的、かつ選択的なものとなっているのである（第3節）。

第1節　ミニ・ベンガルを構築するアソシエーション的連合

　本節では、アソシエーション的連合という視点に基づき、チットロンジョン・パークの住民たちがこれまでに展開してきた様々な活動について検討する。アソシエーションに注目する理由は、個人とその協働による共同性がチットロンジョン・パークの生活空間を構築してきたからであるとすでに述べた。その意義について、さらに2つの観点を加えておきたい。ひとつは、インドにおいてはアソシエーションを含むボランタリー・セクターは社会経済的領域に対して多大の貢献をしてきた［ドングレイ2001］という点である。国家と個人の間に位置し、自発的で自律的な活動を旨とするアソシエーション的連合とその活動は、独立後のインドにおいて様々な分野で大きな影響力を発揮してきたことに異論の余地はないであろう。しかし、開発におけるNGO等の役割としては従来から注目されてきたが、都市居住地の形成における役割という観点からは、あまり取り上げられて来なかったように思われる。

　もうひとつは、移住者が新しい居住地を自らのホームと感じる感覚についてである。西パキスタンからデリーに移住したパンジャービー避難民を研究したKaur［2007: 194-196; 214］は、避難民たちが現在ではデリーをホーム（home）と感じるようになった要因として、ローカリティで不動産を所有したこと、生計を維持

するための職を獲得したこと、社会的・家族的なネットワークが人々をローカリティに近づけたことの 3 点を挙げている[3]。チットロンジョン・パークの住民も、コロニーに不動産を所有し、デリーで職に就いていることから、パンジャービー避難民と同様の状況が見られる。社会的・家族的なネットワークに関しては、Kaur は何も中身について議論していないので比較できないが、チットロンジョン・パークにおいては市民的な協働とネットワーク、すなわち個人とその協働による共同性こそが、住民達が日常（そして祭礼などの非日常）を過ごす生活空間としてのホームを構築してきたといえる。

以下では、住民によって設立された 6 つの主要な団体を取り上げて、様々なアソシエーション的連合の総和として、チットロンジョン・パークの生活空間がいかに構築されてきたのかを検討したい。

（1）東パキスタン避難民アソシエーション
　　　　　　（EPDPA: East Pakistan Displaced Persons' Association）

政府に対して、東パキスタン避難民のためのコロニー獲得運動を展開した団体であり、コロニー設立以前から活動している唯一の団体である。1954 年に設立（団体登録は 1960 年）された[4]。コロニー設立後は、チットロンジョン・パーク全体に関わる問題を適宜取り上げて議論し、必要に応じて関係方面への要請や陳情活動をおこなっている。その対象は行政のみに限らない。例えば、2002 年当時、チットロンジョン・パーク内でのケーブル・テレビ料金が周辺地域に比べて割高であるとして、住民に呼びかけて事業者に対して値下げの要望をしていた[5]。また、公共料金の支払い代行サービスといったきめ細やかなサービスも実施していた。

この団体は、チットロンジョン・パークに存在する諸団体のなかでは、最も政治的な側面を有している。コロニー獲得運動の際もそうであったように、政治家の政治力は行政当局を動かす力になるので、彼らはデリー市（MCD: Municipal Corporation of Delhi）の議会選挙ごとに、特定の議員（councillor）候補を応援している。例えば、2002 年のデリー市議会選挙では、明確に国民会議派の候補者を支持していた。彼らは自らの事務所内で選挙支援の相談をおこない、事務所前の公園ス

---

3) Kaur［2007: 194］は、リハビリテーションの完了により、1960 年代には地元住民がパンジャービー達を「難民」とは呼ばなくなったことも避難民の意識に関わる大きな変化として挙げている。
4) Societies Registration Act. XXI of 1860 のもとに登録されている。本節で紹介するその他の団体も同様である。
5) その当時、周辺では月額料金が 170 ルピーくらいであったが、チットロンジョン・パークでは 250 ルピーとのことだった。働きかけの甲斐あってか、2007 年では、ある家庭の例では、Hathway という会社と契約して、毎月 160 ルピーの料金（ベーシック・パッケージ）を支払っていた。

ペースで候補者のみならず、チットロンジョン・パークを選挙区とする同じ国民会議派選出のデリー議会（legislative assembly）議員を呼んで、選挙キャンペーンを開催するなどしていた。ただし、応援する候補は政治的イデオロギーによって選ばれるというよりも、彼らのために何をしてくれるかという実利的な判断によって選ばれているようである[6]。

（2）チットロンジョン・パーク・カーリー寺院ソサエティ
　　　　　　　　　　　　　　（Chittaranjan Park Kali Mandir Society）

　1973年に設立、1974年に団体登録されている。EPDPAがチットロンジョン・パーク住民への住民サービスや陳情団体としての政治的な活動を担っているのに対して、こちらは住民の宗教・文化生活に大きな役割を果たしている。チットロンジョン・パーク・カーリー寺院ソサエティ（以下、「ソサエティ」と略する）が運営する寺院は、チットロンジョン・パークのランドマークとなっており、住民生活においても広範な関わりがあるので、詳しく紹介しておきたい。

　図表9－1「カーリー寺院ソサエティ」の写真は、このソサエティが運営する壮麗な寺院コンプレックスである。中央のひときわ大きな建物がカーリー女神、その向かって左側の建物がクリシュナ神とラーダー女神の寺院、右側がシヴァ神（シヴァ・リンガ）を祀る寺院となっている。

　カーリー女神は、ベンガルではとりわけ重要な存在である。1980年代半ば以降、ソサエティの会長や事務局長を歴任してきたアノンド・ムカルジー氏は、次のように述べる。

　　　ベンガルには文化的な特色があります。例えば、カーリー女神の寺院もそのひとつです。ベンガル人がいるところには、カリバリ（kālī bāḍi、筆者注：カーリー寺院のこと）があります。それはシク教徒がいるところには、グルドワラ（筆者注：シク教寺院）があるのと同じことです。ベンガル人が再定住したところには、必ずカリバリがあるはずです。カリバリが、あらゆるベンガル人の活動のセンターとなっているのです[7]。

　ムカルジー氏が述べることは大げさではなく、デリーにはチットロンジョン・パーク以外にもベンガル人による有力なカーリー寺院が複数存在している。ベン

6）この点については、第8章の注10を参照のこと。
7）2001年12月23日インタビュー。

ガルでは、祭礼としてはドゥルガ女神の祭礼、すなわちドゥルガ・プジャ（durgā pūjā）が、特に都市部において盛大に祝われるが、常設の寺院としてはむしろカーリー寺院が重要である。

図表9－1　カーリー寺院ソサエティ

2009年3月22日、筆者撮影

シヴァ寺院とクリシュナ寺院は、ヒンドゥー教の二大宗派であるシヴァ派とヴィシュヌ派に対応している。また、シヴァ神の配偶神は、その性力（シャクティ/śakti）に対する信仰から、シヴァ神とは別個の崇拝対象としてシャクティ派と称されることもある。カーリー女神はそのひとつである。従って、ソサエティは、ベンガルの有力な女神であるカーリー女神を中心として、ヒンドゥー教の3つの宗派すべてをカバーしているのであり、ベンガルのヒンドゥー世界を縮図的に顕現させている。この3つの寺院は回廊でつながっており、参拝者は履物を何度も脱いだり履いたりすることなく、3つの寺院を巡ることができる。住民の多くはこの寺院コンプレックス全体に言及する際には「シヴァ寺院（śib mandir）」と呼んでいる。

ソサエティの活動について紹介する前に、その目的、会員資格、運営形態についてみておきたい。まず、団体登録の規程集［Chittaranjan Park Kali Mandir Society 1999］によれば、正式登録名称は「チットロンジョン・パーク・カーリー寺院ソサエティ（Chittaranjan Park Kali Mandir Society）」となっている。目的は14の項目に分けて記述されているが、まとめると概ね次のようになる。i) 上記3つの寺院の運営、ii) 各種祭礼の催行、iii) ドルモシャラ（宿泊所）の運営、iv) 災害時の救援活動や貧困層支援、v) 宗教、社会、文学、芸術、文化などの諸活動の振興、vi) 図書室の運営、vi) ヨーガやスポーツなどの施設提供、vii) 上記諸活動を振興するための社会的・非政治的活動の推進。このように、宗教関連のことを柱としながらも、社会、文化、健康など、住民の生活に広範囲に関わる内容を活動領域としている。

会員資格は「ニューデリーのチットロンジョン・パークあるいはその周辺地域に居住し、ヒンドゥー教を信仰するベンガル人成人」となっている。排他的にベンガル人のみ、それもヒンドゥー教徒のベンガル人のみに資格を限っている。こ

の点は、彼らが対パキスタンという関係性において、ヒンドゥー教徒の避難民であったことや「ベンガル」への拘りが反映されている。

運営は、運営委員会（managing committee）によってなされている。運営委員会の元には、組織運営、祭礼、ドルモシャラ、スポーツと文化、社会的サービスと図書室、財務の各部門（division）が置かれていて、実際の運営にあたっている。

まず、活動の核である宗教施設としての機能から紹介する。寺院には常駐の正規の司祭が3名（いずれもサンスクリット学の学位を有する）、アシスタント司祭2名、料理人1名が雇われており[8]、日々の寺院での礼拝や年祭の司祭、そして住民の個人的な人生儀礼にも対応している。

寺院の祭神を祀るための日々の礼拝は、季節によって時間は異なるものの、例えば冬の時期であれば、早朝5時45分に灯明などを神前で掲げる早朝の儀礼（maṅgal ārati）、8時30分に朝の礼拝（pūjā）、11時30分に供物（bhog）を神前に捧げて、13時に神殿の扉を閉じる。16時30分に再び神殿の扉が開けられ、18時30分に夕方の儀礼（sandhyā ārati）が執りおこなわれる[9]。参拝者は神殿の扉が開けられている午前中か夕方以降に寺院を訪れる。毎週火曜日と土曜日には、参拝者が神前に花を手向ける（puṣpāñjali）行事がおこなわれている［Cittarañjan Pārk Kālī Mandir Sosāiṭi 2008］。

日々の礼拝以外には、毎月定例の祭礼として、新月ごとにおこなわれるカーリー女神の礼拝（kālī pūjā）や満月ごとのショットナラヨン神の礼拝（satyanārāyaṇ pūjā）、満月の後の最初の土曜日のショニ神の礼拝（sani pūjā）などがおこなわれている［同上］。

年祭の主要なものとしては、ドゥルガ女神（durgotsab/ durgā pūjā）、カーリー女神（kālī pūjā）、ジョゴダトリ女神（jagaddhātrī pūjā）の3つの女神の年祭礼をはじめとして、ショロショティ女神（sarasvatī pūjā）、シヴァ神（śibrātri）、ジョゴンナト神の山車祭礼（jagannāthdeber rāth yātrā）、クリシュナ神関連では、ブランコ祭礼（jhulan yātrā）、生誕祭（janmāṣṭamī）、揺りかご祭礼（Dol yātrā／ホーリー祭）などの年祭、3つの寺院それぞれの設立記念祭などが開催される［同上］。

各種祭礼については、上記以外にもさらに数多くのものが開催されており、それらは、ソサエティが毎年発行している祭事暦（pañjikā）に詳しく掲載されている。ちなみに、この祭事暦には婚姻、入門式、お初食い、新居への入居日などに

---

8) 2002年3月2日時点。正規の司祭ムクティパド・チョクロボティ氏より。3つの寺院の担当は固定されてはおらず、3名の司祭で2か月ごとにローテーションを組んで、担当を回しているとのこと。
9) 同上。

それぞれ相応しい吉日も掲載されている。人生儀礼については、上述の通り、ソサエティの常駐の司祭は、お初食いから祖霊供養まで、各種サービスを提供していて、祭事暦にはそのリストと料金表が掲載されている。例えば、お初食いの儀礼では、ソサエティに 450 ルピー、司祭に 600 ルピーの計 1,050 ルピーなどとなっている[10]。

　文化的行事としては、寺院の北側あるいは南側の芝生スペースにおいて、演劇（yātrā）、タゴール生誕祭（rabīndra jayantī）、新年祭（nababarṣa utsab）などを開催している。

　主催する行事以外にも、外部の宗教団体あるいは文化・文学団体などが主催する行事に会場を提供する場合もある。その際も、それら団体は何かしらベンガルに関連した団体である。例えば、毎年ではないが、デリーにシュリ・ゴウロンゴ・アシュラム（Sri Gauranga Asram）というアシュラム（庵）を構えるベンガル人のある宗教家が、ジョゴンナト神の山車祭礼のための拠点会場としてソサエティを利用している。この宗教家のアシュラムはデリーのはずれ、かなり遠方にあるので人が集まりにくいこと、またチットロンジョン・パークには沢山のベンガル人が居住しているので、そこで開催すれば信者獲得の点でも有利とのことで、会場を借りている。

　チットロンジョン・パークの近くには、欧米諸国でヒンドゥー教の布教を続けるクリシュナ意識国際協会（International Society for Krishna Consciousness）という団体の支部とその大きな寺院がある。この団体は資金力もあるのでかなり大がかりなクリシュナ神関連の祭礼をおこなう。ジョゴンナト神の山車祭礼に加えて、神像や飾り立てた象を伴って市内巡行する祭の際にもソサエティを起点とすることがある[11]。

　文化・文学団体では、ニキル・バロト・ボンゴ・シャヒット・ションメロン（全インド・ベンガル文学会議 / Nikhil Bharat Baṅga Sāhitya Sammelan）というベンガル文学団体のデリー支部の行事に会場を提供している。

　ソサエティの 3 つの寺院建物は、それぞれ上部構造の部分は寺院になっているが、下部構造部分には教育、文化、住民の健康のための様々な施設が配置されている。まず、シヴァ寺院の下部は、屋内コンベンション機能を備えている。イン

10） ベンガル暦 1415 年（西暦 2008 〜 2009 年）の祭事暦より［Cittarañjan Pārk Kālī Mandir Sosāiṭi 2008/2009］。

11） この団体もそもそもは、ベンガルの 15 〜 16 世紀の聖人チョイトンノ（チャイタニヤ）の流れを汲んでいる。より直接的には、近代においてチョイトンノ派の復興を進めたケダルナト・ドット（Kedarnath Datta 1838 〜 1914）の孫弟子にあたるベンガル人の A.C. ボクティヴェダント・スワミ（A.C. Bhaktivedanta Swami 1896 〜 1977）を創始者とする。詳しくは Nakatani［2003b: 118-121］、中谷［2003b; 2012］を参照のこと。

ド国民軍を率いたベンガルの独立運動の英雄であるスバース・チャンドラ・ボース（Subhas Chandra Bose 1897～1945）の名に因んだ「ネタジ・スバース・ホール（Netaji Subhas Hall）」というホールがある。100名程度を収容できるので、中小規模の会合の開催が可能となっている。例えば、宗教団体の定期的な会合として、いずれもベンガルに淵源するラーマクリシュナ・ミッション（Ramakrishna Mission）、サロダ・ションゴ（sāradā saṃgha）、ソットションゴ（satsaṃgha）、ロクナト・アシュロム（loknāth āśram）、モハナノンド・ションゴ（mohanānanda saṃgha）、ソッチダノンド・ソサエティ（saccidānanda sosāiṭi）などの例会が、毎月1回あるいは2回程度、それぞれ開かれ、チットロンジョン・パークの住民が参加している[12]。

　宗教的な集会以外にも、時事問題、環境、歴史などをテーマに講演会が開かれることもある。ユニークなところでは、モーニング・クラブという老人会がある。会員資格は65歳以上で、会長職は90歳以上の人が務めている。毎週日曜日の朝にソサエティに集まり、会話はすべてベンガル語で、詩の朗読や歌（タゴールの歌など）を歌い、あるいはスピーチやディスカッションをしている。様々な詩人や偉人の生誕日を祝ったり、会員による舞台劇も公演したりしている。

　クリシュナ神の寺院の下部には、ベンガルの思想家オーロビンド・ゴーシュ（Aurobindo Ghosh 1872～1950）の名を冠した「リシ・オーロビンド・ホール（Rishi Aurobindo Hall）」というホールがある。同じ建物には、ベンガルの宗教家ヴィヴェーカーナンダの名前を冠した「スワーミー・ヴィヴェーカーナンダ百周年記念図書室（Swami Vivekananda Centenary Library）」が設置されている。宗教関係の書物のほか、ベンガル語と英語で各種日刊新聞や週刊誌、小説、文学書、ベンガル語教育のための子ども向けの読み物などを収蔵して利用者に提供している［Cittarañjan Pārk Kālī Mandir Sosāiṭi 2008/2009］。開室時間には、いつも大勢の人々が新聞などを読んでいる姿が見られる。

　カーリー寺院の下部には3つの施設がある。ひとつは、15～16世紀のベンガルの聖人チョイトンノの名前が付けられている「シュリ・チョイトンノ・モハプ

---

[12] ラーマクリシュナ・ミッションは、ベンガルのフーグリー生まれの聖者ラーマクリシュナ（Ramakrishna 1836～1886）の跡を継いだヴィヴェーカーナンダ（Vivekananda 1863～1902）によって設立された、ベンガルでは最も有名かつ尊敬を集める団体といっても過言ではない。ニューデリーにも支部がある。サロダ・ションゴは、ラーマクリシュナの妻のサロダ・デビ（Sarada Devi 1853～1920）の名前を冠している。ソットションゴは東ベンガルのパブナ県出身の聖者オヌクルチョンドロ（Anukulchandra Thakur 1888～1969）、ロクナト・アシュロムはコルカタ近郊のバラサト（Barasat）で生まれた聖者ロクナト・ブラフマチャリ（Baba Lokenath Brahmachari 1730～1890。160歳まで生きたとされる）、モハナノンド・ションゴは西ベンガルのメディニプル県で生まれた聖者モハナノンド・ブラフマチャリ（Mohanananda Brahmachari 1903～1999）、ソッチダノンド・ソサエティは東ベンガル生まれの聖者ババタクル（Prajnanpurush Sri Sri Babathakur 1925?～）にそれぞれ因んでいる。

ロブ・ホール（Sri Caitanya Mahaprabhu Hall）」である。ここでは、住民有志が自主的に組織したホリショバ（*harisabhā*）という宗教的な集まりが、毎週金曜日と、月の満ち欠けのそれぞれ 11 日目（*ekādaśī*）、及びクリシュナ神の祭日などにあり、メンバーで集まってクリシュナ神の賛歌（*kīrtan*）を歌っている。これはうえに述べた、特定宗教団体とは異なり、住民の同好会的なものである。

　2 つめの施設として、西洋医学的な対症療法ではなく、「同種療法」を実践する「ホメオパシー（homeopathy）」のクリニックが 1997 年に開設され、専門医が有料で治療にあたっている。インドではホメオパシーはかなりポピュラーである。3 つめは、ヨーガを教えるヨーガ・メディテーション・センター（Yogic Meditation Centre）で、日曜日を除く毎朝 6 時から 7 時まで教室が開かれている。健康関連ではもうひとつ、自然療法（naturopathy）のクリニックも開設されている。こちらは、寺院建物の内部ではなく、寺院コンプレックス内の別の場所に配置されている［同上］。

　ソサエティでは、遠方からデリーへの来訪者のために宿泊所も運営している。ベンガル出身の宗教家モハナノンド・ブラフマチャリ師（Mohanananda Brahmachari 1903 〜 1999）のトラストからの寄付によるもので、定礎／開所碑の記述によれば、1985 年 2 月に定礎式、1986 年 4 月に開所式をおこなっている。宿泊所はこの宗教家の師匠の名前を採って「バラノンド・ティルタシュロム・ジャトリ・ニワス（*śrī śrī bālānanda tīrthaśram yātrī nibās*）」とされている。通称としては、単に巡礼宿／宿泊所を意味する「ドルモシャラ（*dharmaśālā*）」ないし「ドロムシャラ（*dharamśālā*）」と呼ばれている。巡礼者をはじめ、治療、進学、就職試験・面接などの目的でデリーを訪れた人々のために有料で宿を提供している［同上］[13]。

　ソサエティは情報発信にも取り組んでおり、ニュースレターを毎月発行している。

　このように、ソサエティは、日常的な寺院参拝から毎月定例の祭礼、年祭、人生儀礼、諸宗教団体の会合などの宗教的なサービスのみならず、文化行事、コンベンション、教育・教養、医療など、多方面にわたる幅広い住民サービスを提供している。

　以上の多岐にわたる諸活動を支えていくためには、多額の予算が必要である。年々規模が拡大傾向にあるが、予算は常に黒字の財務状況を確保している。2007 〜 2008 年度でみると、収入 963 万 6,000 ルピー、支出が 832 万ルピーであった。

[13] この宿泊所の宿泊費は、一泊ひとり 220 ルピー、食事は別料金で菜食 25 ルピー、非菜食 30 ルピー、宿泊日数は最大 7 日間までで、予約には宿泊費の 50％の前払いが必要となっている。年間を通じて、ほぼ満室状態とのことであった。2006 年 9 月 15 日、管理人より。

興味深いのは、最も大きな支出項目が同時に最も大きな収入項目ともなっている点である。すなわち、2007〜2008年度でみると、年間予算のうち、最も大きな支出は「ドゥルガ・プジャなどの主要な祭礼」の303.1万ルピーであったが、同時に最大の収入も「ドゥルガ・プジャなどの主要な祭礼」による419.3万ルピーであった[14]。「日々の祭礼及びその他の祭礼」という項目においても、支出が96.6万ルピーに対して、収入は237.6万ルピーと、大幅な黒字を計上している。これら祭礼関係を合わせると、支出399.7万ルピーに対して、収入は656.9万ルピーとなり、祭礼だけで257.2万ルピーの黒字を生み出している［Cittarañjan Pārk Kālī Mandir Sosāiṭi 2008］。要するに、祭礼から上がる収入によって、ソサエティの予算は潤っているのである。公的資金などの外部からの支援は受けておらず、独立運営となっている。

　もうひとつ重要な収入の柱は、宿泊施設（ドルモシャラ）である。2007〜2008年度で支出24.9万ルピーに対して、収入は213.4万ルピーであり、188.5万ルピーの利益を稼ぎ出している。

　以上のように、ソサエティはベンガル的な宗教世界や、その他のベンガルに関わるサービスの提供を通じてミニ・ベンガルの構築に貢献している。

　最後にソサエティ設立と寺院建設のプロセスについても触れておきたい。この点については、ソサエティが発行した設立25周年記念誌［Cittarañjan Pārk Kālī Mandir Sosāiṭi 1998］に記載されている「寺院建設の歴史」(pp.10-21)及び「年表（1973〜98）」(pp.55-57)を要約する形で流れ追いたい。

　ソサエティが設立されたのは、1973年（ベンガル暦1380年）である。そもそもは3名の住民有志が寺院の建設を思いつき、周りの人々も彼らを鼓舞していたことに始まる。当時、住民達は自分達の将来の生活のことを考え、様々な福祉事業について考えていた。当初、この3名の友人達は、理想的なベンガル学校を建設しようと話し合っていたが、それはなかなか困難であると考えて、代わりに寺院を造ることにしたのであった。彼らのもとには、その後、仲間が20人ほど集まった。

　彼らは寺院建設のためには住民の総意が必要と考えて、全住民に文書でアピールし、1973年3月4日には、全住民の集会を開催して、寺院建設を呼びかけた。すでに活動を開始していた、他の諸団体へも協力を呼びかけた。住民集会において、ソサエティを結成し、ベンガル・ヒンドゥーが最も篤く崇拝している神々であるカーリー女神、シヴァ神、クリシュナ神とラーダー女神の神像を建立するこ

---

14) ドゥルガ・プジャだけでみると、2007〜2008年度では支出実績259.3万ルピーに対して、収入実績は409.9万ルピーで、150.6万ルピーもの黒字が計上されている［Cittarañjan Pārk Kālī Mandir Sosāiṭi 2008］。

とを決定した。運営委員会が結成され、その後、1973年11月2日、第1回の総会において、ソサエティの規程集が採択された。

　1974年のソサエティ設立1周年の記念日に、シヴァリンガ（筆者注：シヴァ神を象徴する男根をかたどった神像）を建立して、1周年記念の行事をしてはどうかとの提案がなされた。そこで役員らが神像の店をあたったが、デリーには2,000世帯、6,000〜7,000人のベンガル人のために相応しい神像は見つけられなかった。そこで、何人かの役員をベナレス（ワーラーナシー）に派遣した。ベナレスでちょうど良いすばらしい神像を見つけたが、価格が高すぎたので、この時には手付け金を払うだけしかできなかった。価格は3,000ルピーだったので、役員の人々はいろいろな人から借金をしなければならなかった。しかし、3名の人々から、それぞれ500ルピーの寄付もあった。100ルピー、200ルピーといった寄付も方々から得られた。それでも、1周年の記念日にシヴァリンガの建立は成らなかった。

　チットロンジョン・パークの開発プランでは、宗教施設用地として、5つの区分で計1.7エーカーの土地が用意されていた。委員会は当初、分散している区画をまとめるべく、Gブロックにあった4つの区画について、Kブロックにあった一区画に隣接する土地と一括で交換して区画の集約を図すべく、リハビリテーション当局に要請した。

　しかしその後、用地選定について小委員会が設立されて、コロニー内のすべての公園、グラウンド、学校用地などを視察した結果、「ロック・ガーデン」つまり現在地が最も適しているとの推薦がなされたので、その新たな提案に従って、政府に対してロック・ガーデンの2エーカーをソサエティに渡してくれるように要請を行い、認められた。

　そこで、土とブロックによって仮設寺院の建設がいち早く進められた。しかし問題が生じた。寺院建設予定地の近くには牛飼いの人々が住み着いている場所があったのだが、彼らは寺院建設予定地のところで朝の用を足していたのであった。そのために、作業員達はそこで仕事をするのを嫌がってしまった。この障害を克服するために、委員会のメンバー達は自分達で現場をきれいに掃除した。このために生じた遅れを取り戻すために、作業員達には夜間も仕事をさせたのだが、ひとりの作業員が蛇にかまれてしまい、病院まで連れて行ったこともあった。寺院建設のためにセメントなどを寄付してくれた人々もいた。1974年4月25日に、ようやくシヴァリンガを建立した。

　カーリー女神の常設寺院の建設にはさらに年月を要した。1979年5月12〜13日にデリーのスタジアムで音楽会（チャリティー・ショー）を開催した。ムンバイ

やコルカタのミュージシャンが協力してくれた。デリーに住むベンガル人や非ベンガル人も参加した。これで寺院建設の予算を集めることができた。そして、1979年5月28日に、ラーマクリシュナ・ミッションの高僧を招いて、カーリー寺院の定礎式をおこなった。高僧は現在のカーリー寺院の場所へ行って瞑想し、女神の到来を感得して、「この場所は聖地として成熟するだろう」と述べられた。そのアドバイスに従って、その場所でのカーリー寺院建設が確定した。

　1983年から本体工事が開始された。カーリー女神の神像作成はコルカタの工房に依頼した。1985年2月21日、神像の建立は宗教家モハナノンド・ブラフマチャリ師によって、寺院の落慶はラーマクリシュナ・ミッションのプレジデントによっておこなわれた。その日から、寺院では日々の礼拝を開始した。

　ドルモシャラの建設のために、宗教家モハナノンド・ブラフマチャリ師が55.3万ルピーを寄付してくれた。1985年2月21日に定礎式を行い、1年のうちに12室を備えた宿泊所が完成し、1986年4月4日に初めての宿泊者を迎えた。

　これら一連の整備とは別に、周辺整備として道路から境内へ上るための階段、深井戸の設置、寺院の内陣へ上がるための階段設置なども進められた。

　次に、カーリー寺院の横に常設のシヴァ寺院を建てる計画が立てられ、1990年9月20日にシヴァ寺院ための定礎式をおこなった。1992年5月4日にシヴァ寺院が完成した。クリシュナ神とラーダー女神の神像は、1994年2月23日に建立され、賛歌の詠唱がおこなわれ、夜には無数の明かりが灯されて、寺院を飾った。

　以上が大まかな流れである。当初の開発プランから宗教施設用地は設定されてあったものの、具体的な場所の選定から建物建設まで、住民達が主体的に担ってきた様子がうかがえる。寄付のみならず、寺院建設のためのチャリティー・ショーを開催して資金を集めたり、神像をベナレスまで買い付けに行ったり、寺院建設予定地に散乱していた人糞の清掃まで自分達でおこなったというのである。1974年に仮設のシヴァリンガを安置する寺院を建設してから、現在の三寺院体制が完成するまで、20年間に渡って努力が重ねられ、建設が継続された。寺院建物は、筆者が調査を開始して以降も、かなり凝ったテラコッタの装飾が付け加えられるなど、現在でも継続して整備が進められている。当初の仮設寺院のサイトは、現在でも寺院境内に上って左手にあり、各種の祭礼のために使用されている。

　このように、ソサエティは宗教空間の整備に務めてきた。その趣旨について、前出のA.ムカルジー氏は次のように述べる。

　　ソサエティ設立の目的は、当初は宗教目的でした。しかし、私達のアプロー

チには寺院を単に宗教のセンターだけではなく、文化や教育のセンターにすることも含まれています。また、身体的な面についても考えて、ヨーガ・センターも設置しています。今日の子ども達は、何でも西洋的となっています。肌の色はブラウンでも考え方や態度はヨーロピアンやイギリス人のようです。学校教育では、メンタル面と身体面の2つの面のみに注意していますが、他の2つの面、つまりモラルとスピリチュアルな面の教育も必要です。昔は、子どもはグル（導師）から教えを受けていました。社会にはガイドとなるようなものが必要なのです。ですから、年寄りだけではなく、若い世代にも寺院へ行く習慣を持ってもらいたい。その方がより良い人生を送ることができます。そのために、私達は年間を通じて文化行事をおこなっていますし、毎週土曜日には宗教的な講話の機会を提供しています。キリスト教やイスラーム教では、毎週決まった曜日に宗教施設へ行きますが、ヒンドゥー教にはありませんので、そのためにも毎週の機会を作って、教典や宗教について学ぶ機会を提供しています[15]。

　ムカルジー氏は、ソサエティは宗教だけではなく、住民の文化、教育、健康にも貢献すること、そして宗教倫理とはなじみの薄い若い世代にもモラルやスピリチュアルな生活をしてもらえるようにと訴えている。残念ながら、若者世代が各種宗教団体の定例の会合（講話）の席に出席している姿はなかなか見られないものの、この点もソサエティの重要な使命と考えられているようである。

　ベンガル地域の主要な神格を祀りチットロンジョン・パークのランドマークとなっている常設寺院、各種年祭や個人向け儀礼、外部の宗教団体との連携など、ソサエティはチットロンジョン・パークにおいて最も包括的な宗教サービスを提供する団体となっており、宗教面での生活空間を象徴する存在となっている。また、宿泊施設、図書室、老人クラブ、各種セミナー等会場、クリニックなどは文化・教育、健康などのサービスとともに、住民が余暇を過ごすための機会も提供している。その他の団体にも共通するが、ソサエティの歩みは、土地区画の供与に始まる更地の状態から、新たな生活空間の構築に向けて、いかに住民の自由意志が繋がり、アソシエーション的連合のもとに活動が展開されてきたのかを明確に示している。

---

[15] 2001年12月23日インタビュー。

(3) 国の友・チットロンジョン記念ソサエティ
(Deshbandhu Chittaranjan Memorial Society)

　この団体は、第7章でも触れたように、1970年12月にチットロンジョン・ダスの生誕100周年記念行事をおこない、その後コロニーの名称を「東パキスタン避難民コロニー」から現在のチットロンジョン・パークへと変更するために活動したグループを母体に設立された。従って、正式の団体登録は1974年5月9日であるが、その活動はコロニー設立ととも始まっていた。

　「国の友（Deshbandhu / deś-bandhu）」とは、ガンディー登場以前の初期のナショナリズム運動の指導者のひとりであったチットロンジョン・ダス（1870〜1925）に対する愛称である。この団体では毎年、ダスをはじめ、スバース・チャンドラ・ボースやタゴールの生誕祭を主催している。ベンガル人の偉人を顕彰するとともに、多岐に渡る活動をおこなっている。以下、この団体の活動内容について、2001年のチットロンジョン・ダスの生誕祭の記念誌［Deshbandhu Chittaranjan Memorial Society 2001］及び2001〜2002年の年次報告書［Deshbandhu Chittaranjan Memorial Society 2002］から紹介する[16]。

i) ヘルス・ケア・センター

　内科、眼科、小児科の外来診察サービスを無料で提供している。有料で、整形外科、皮膚科、耳鼻咽喉科、泌尿器科、ホメオパシーの診察、及び病理学検査（超音波検査なども含む）のサービスを提供している。CTやMRI等の検査も割引料金で、他の医療機関で受けることができる。65歳以上の患者の診察料は無料である。救急車両も所有していて、患者の病院への搬送も担っている[17]。政府その他の団体からの要請に基づいて、ポリオ予防、献血、B型肝炎予防などの事業のために、会場や施設を提供している。無料健康診断も毎年開催している。

ii) 図書・読書室

　図書室サービスは1976年8月15日から開始され、これがこの団体が開始した初めての恒常的業務となった。23,145冊の蔵書がある。児童図書コーナーもある。貸し出しサービスはボランティアによって支えられている。図表9－2「国の友・

---

16) 煩雑さを避けるため、以下ではあえてどちらからの出典であるかは示さない。また、この2つ以外からの引用の場合には、別途記す。
17) 救急車両は、チットロンジョン・パークで毎年ドゥルガ女神の祭礼（ドゥルガ・プジャ）を主催している団体のひとつであるCooperative Durga Puja Samityによって寄贈された［Deshbandhu Chittaranjan Memorial Society 2001（頁番号なし）］。

チットロンジョン記念ソサエティ」は、建物全景（右下にチットロンジョン・ダスの像あり）と図書室の様子（左下）である。図書室には多数のベンガル語書籍が並んでいる。

図表9-2　国の友・チットロンジョン記念ソサエティ

2002年4月3日、及び7月28日、筆者撮影

iii）音楽・ダンス教室

1980年代初めから、タゴール・ソング（*rabindra-saṃgīt*）のクラスを開いている。ダンスは、オリッシーとバラタ・ナーティヤムという古典舞踊のクラスを開いている。いずれも専門の指導者によって教授されている。

iv）空手・スポーツ教室

1990年代初めから、インド人の師範のもと、子ども向けの空手教室が開かれている。卓球やバドミントンもおこなわれている。

v）ヨガ教室

指導者によって無料でヨガ教室が開かれている。

vi）文化部門

上記のベンガル人の偉人の生誕祭のほか、ベンガル新年際、独立記念日、共和国記念日などの文化行事を主催している。

以上が設立当初からの主要な活動である。その後、2000年代に入ってからは、さらに事業内容も増え、『描写（*ālekhya*）』と題する文学誌が発刊（年刊）されたり、日本語教室が開始されたり、音楽ではタゴール・ソング以外のジャンルでも教室が新設されるなど、活動は広がっている。

この団体の場合にも、このような多彩な活動は一朝一夕にして始まったわけではない。団体登録がなされてからが、彼らの正念場であった。現在の建物の竣工を記念して1993年に発行された記念誌には、当時の主要メンバーであったボルドン（BM.Bardhan）氏とドル（P.C. Dhar）氏による「夢と現実（The Dream and the

Reality)」と題する回想が掲載されている［Bardhan and Dhar 1993: 頁番号なし］。この回想から、その後の経緯を辿ってみたい。

　まず1974年5月9日の団体登録に先だって、1974年1月29日にインド政府のリハビリテーション局に対して、チットロンジョン・パークのCブロック405番地に、エーカーあたり5,000ルピーの負担金レートで、1.5エーカーの土地を供与してくれるようにとの申請を提出した。政府との度重なる折衝、そして当時のソサエティの会長を務めていた国会議員ドット氏（A.K. Dutt）と建設担当国務大臣モイティ氏（A. Maity）がリハビリテーション担当大臣のバクタ氏（S. Bakht）と面談した結果、1977年12月7日に0.96エーカーの土地をエーカーあたり10万ルピーの負担金で供与すると政府は決定した。うち、半額は即時払い、残りは利子を含め4年間の分割払いという条件があったが、1977年12月29日に団体はこの案を受け入れて、1978年1月23日に土地の権利（possession）を獲得した。

　これ以降、建物建設のための資金集め活動が展開された。メンバーは州政府、中央政府を含めて、あらゆる可能性を求めて資金の調達先を探した。冊子を発行して、会員非会員を問わずアピールした。映画上映や宝くじ（lucky-draw）の発行もおこなった。それでも資金は、建設に手をつけるのにもまだ不十分だった。しかし、メンバーの確信と決意は揺るがなかった。1979年2月25日には、ドット氏やモイティ氏のたゆまぬ努力により、大統領のレッディ（N.S. Reddy）を招いて定礎式を敢行した。

　その後9年間、冊子の広告、寄付、文化プログラム開催などにより、さらに資金集めが進められた。住民による自発的な入会志望者の数も増えた。1975年には30名だった会員数は、1976年には67名、1978年には100名となった。企業や企業家からの寄付も増加した。金銭だけでなく、鋼鉄製のオープン・エアーのステージを寄付してくれた企業家もいた。そのステージを用いて、1982年にはじめて演劇フェスティバルを開催した。

　1988年には、新たに歳入担当国務大臣のパンジャ氏（A. K. Panja）を会長に迎えた。彼のアドバイスと指導によって資金蓄積の状況が向上し、さらにアラハバード銀行の支店がテナントとしてソサエティの建物内に入居する決定がなされた。そこで、1990年1月17日に、建物建設のための地鎮祭（bhūmi pūjā）を催行し、その後すぐに建設が開始された。1993年1月16日、主賓としてラーマクリシュナ・ミッションのプレジデントを招いて開所式を開催した。パンジャ氏（この時には情報省大臣）が開所の式辞を述べた。

　これらの動きに先立って、すでに図書館は開設されていた。1976年8月15日、

Bブロック22番のボシュ氏（N.C. Bose）宅に図書館を開設した。寄付やソロジニナガルのベンガル協会の図書館（Sarojini Nagar Bangiya Parishad Library）からの200冊の借用によって書籍が集められた（借りた書籍は後に返却）。また会員のなかに、書籍の購入のために2,000ルピーもの大口寄付をしてくれた人も現れた。図書館は1977年7月31日にKブロックに移転し、さらに1981年3月にはソサエティの建物建設予定地の仮設に移転させた。それと同時に、仮設施設で福祉活動を開始した。内科、小児科、婦人科、少し後に眼科による診療を開始した。この当時で、年に2万5,000人の患者を診察していた。1983年1月3日には、文学シンポジウムを開催した。ベンガル新年祭、タゴール生誕祭、チットロンジョン・ダス生誕祭を毎年開催した。エッセイや絵画のコンテストも開催されていた。

　しかし、1977年に政府による土地供与の決定はなされたものの、正式の手続きは遅れていた。1986年12月7日に賃借契約（lease agreement）がなされ、1990年1月23日に賃借証書（lease deed）が発行され、1990年3月11日に正式に登録された[18]。

　この団体の活動は、大きく分けて3つの部門、すなわち近代医療部門、語学・文学・スポーツ部門、チットロンジョン・ダスやボースなどの顕彰や独立記念日・共和国記念日などを祝賀する顕彰・行事部門に渡っている。他の団体にはない特徴としては、チットロンジョン・ダスなどのナショナリズムに関わる歴史上のベンガルの偉人の顕彰を担っている点である。人々の協働という点では、自前の施設建設のための政治的な働きかけを伴いながら、カーリー寺院ソサエティ同様、長期に渡る漸次的・継続的活動が展開されていた。

（4）プルボシュリ女性協会（Purbasree Mahila Samity）

　チットロンジョン・パーク住民の女性有志によって、1973年に設立された団体である。女性が運営主体であることや、チットロンジョン・パーク内部のみならず、周辺のスラム地域に居住している子ども達への教育支援をおこなうなどのユニークな活動をしている。プルボシュリ女性協会（以下、本節では「女性協会」と略す）の事業は、以下に示す5つの分野に渡っている。女性協会が設立25周年時に発行した記念誌［Purbosree Mahila Samity 1998］及び、2001年度の年次報告書［Purbosree Mahila Samity 2001］から紹介する[19]。

18）宅地同様に、このソサエティの場合も、土地は買い取りではなく、リース契約に基づく借地であった。冒頭エーカーあたり10万ルピーというのは、これも宅地と同様に土地の開発費などの負担金である。2002年の予算書では、2,356ルピーの地代支払いが計上されている。

19）煩雑さを避けるため、以下ではあえてどちらからの出典であるかは示さない。

i) 教　育

　6歳未満の子どもの保育、6歳以上の未就学児童の教育と正規教育入学・編入の支援、塾運営などが実施されている。これらは女性協会が取り組んだ最初の事業であり、1973年から開始されている。児童のほとんどは、周辺のスラム地域、貧困家庭の子ども達である。教育支援では、正規の課程に就学していない子ども達に対して、初歩的な算数、英語、ヒンディー語などを教えることで、正規の学校課程への編入を支援している [20]。教師は2名が雇われている。生徒数は50～55人で [21]、うち毎年10人ほどが正規の学校に入学（編入）している。勉強のほか、初歩的な工芸、音楽、絵画なども教えている。給食が毎日提供されているほか [22]、適宜テキスト、文房具、衣類なども与えている。併設のクリニックの医師によって年に2回の定期健康診断も実施している。塾は夕刻に開設されている。無料ではないが、料金は低く抑えられており [23]、自費で塾や家庭教師の費用を賄えない生徒への教育支援を目的としている [24]。25人ほどの生徒が通っている。

ii) 職業訓練

　1975年に職業訓練センター（vocational training centre）を設置し、タイピング、速記、仕立て（裁ち縫い、刺繍など）の職業訓練をおこなっている。こちらも低所得者向けには料金は低く設定されている。職業訓練とは別に、オリッシーという古典舞踊のクラスも運営している。

---

[20] 編入先はヒンディー語ミディアムの学校、すなわちヒンディー語によって教育をおこなう学校が想定されている。デリーなどの都市部では、英語ミディアムの学校を志向する傾向が強いが、その実現にはかなりの経済力を要する。生徒がスラム地域の児童であることを踏まえ、ヒンディー語ミディアムの学校を想定しているようである。

[21] 女性協会でのインタビューによれば、生徒はベンガル人というよりも、むしろネパール人が多いとのことであった。チットロンジョン・パークで門番や家政婦などとして仕事をしている人々を親に持つ子ども達が通っている。授業はヒンディー語でおこなわれているとのことであるが、多くの生徒の母語がベンガル語ではないことや、デリーではヒンディー語ミディアム（ないし英語ミディアム）の学校が一般的であることを考えると、それも当然といえよう。2002年4月5日、女性協会の副会長であるシャンティ・ロイチョウドリ氏へのインタビューより。

[22] 給食提供については、デリー政府の資金援助を受けていた時期もあったが、それが打ち切られたために、その後は Rupa Mangari Foundation という援助団体からの支援や個人からの少額の援助に頼って継続している。

[23] 前出シャンティ・ロイチョウドリ氏によれば、通常家庭教師を雇うと最低、月に300ルピーくらいかかるところを、女性協会の塾では授業料は35ルピーで、あらゆる科目を教えているとのことであった。夕方に50人くらい通っている。2002年4月5日インタビュー。

[24] インドでは教育をめぐる競争が激しく、多くの児童が塾に通ったり、家庭教師を雇ったりして、学校以外でも勉強している。これらの費用が賄えないと、勉強で後れを取ることになりかねないが、貧困家庭では難しい。このハンディキャップを埋めるための支援である。

iii）医　療

内科、病理学、心臓科、歯科、婦人科、理学療法、ホメオパシーなどの各部門からなるクリニックを運営している。医師や医療スタッフは通いで対応している。料金は有料だが、運営コストを最低限賄うレベルの低料金に抑えられている。よって医師や技術者などの医療スタッフへの報酬は、通常の医療機関よりも低いが、熱心に貢献してくれているとのことである。

また、チットロンジョン・パーク内外に居住する低所得者のために、1979年よりヘルス・ケア・ユニット（Health Care Unit）を別途開設している。内科医が診察にあたっている。診察料も投薬料も無料である。低所得者向けには、病理検査料金の30%の割引も提供している。このほか、年に1回の無料健康相談会も開催している。

iv）婚　姻

未婚男女の親が結婚相手を探すための、マッチング・サービスをおこなっている。親は規定の料金を支払って、息子や娘のプロフィールを登録する。プロフィールは取りまとめられてリスト化され、それが年に4回、登録会員に対して郵送される。登録者はチットロンジョン・パークをはじめとするデリーのみならず、西ベンガル州、ムンバイー、グジャラート州など、遠方に広がっている[25]。2001年時点で、このサービスはすでに20年以上に渡って提供され、実際に結婚に至ったケースも数多いとのことである。

v）文　化

社会福祉のみならず、文化振興も協会の役割であるとして、協会の設立記念日のほか、独立記念日、共和国記念日、スバース・チャンドラ・ボース生誕記念日、タゴール生誕祭、子どもの日、新年際、ショロショティ女神祭礼などの行事を開催している。音楽、舞踊、演劇などは、専門家を招いて開催するのみならず、女性協会が運営する学校の生徒による開催もおこなっている。

女性協会の運営は、会長、副会長、事務局長、副事務局長、会計係、一般委員、顧問から構成される執行委員会によって担われている（2年ごとに改選）。2001年

---

[25] チットロンジョン・パークのベンガル人の間では、ベンガル人以外との通婚もみられるものの、やはりベンガル人同士での結婚が大多数である。ベンガル人同士の通婚圏は、デリーのみならず、西ベンガル州をはじめとする各州や海外へも広がっている。ベンガル人のみならず、一般論としてもインド人の居住地の拡大とグローバル化は全般に及んでいることから、近年ではインターネット活用したマッチング・サービスも流行っている。例えば、Shaadi.com や Bharat Matrimony.com などを参照のこと。

度の年次報告書に掲載されている会員リストによれば、協会の趣旨に賛同する登録会員は、チットロンジョン・パーク内で358名、チットロンジョン・パーク外で58名の会員を数える。氏名を見る限り、会員もすべて女性である。通常会員の年会費は25ルピーで、生涯会員（life member）の会費は250ルピーである[26]。

　事業は、それぞれの部門で雇われている専門職を除いては、会員やボランティアによって担われている。彼女達は、自分の家庭の家事等をこなす傍ら、協会の活動に協力している。その過程において、会員達は互いに親しくなり、それぞれの個人的な問題についても相談したり、支援しあったりしているとのことである。

　最後に、女性協会の設立経緯について述べておきたい。女性協会は1973年3月23日に団体登録されている。設立はうえに紹介してきたカーリー寺院ソサエティ、国の友・チットロンジョン記念ソサエティ、ベンガル協会などとほぼ同じ時期である。つまり、チットロンジョン・パークの開発が概ね完了して、住民の居住が開始され、それとともに、住民自身が地域活動を模索し始めた時期であった。そのなかで、女性有志が集まって女性協会が設立された。2002年4月時点で副会長を務めていたシャンティ・ロイチョウドリ氏によれば、次のような経緯があった。

　　当時、我々はすべて避難民で、私達には何もありませんでした。はじめEPDPAができて、リハビリテーションのために大きな仕事をしました。それから、ベンガル協会やチットロンジョン記念ソサエティなども設立されるようになりました。その頃に、サントワナ・ショルカルさんが、自分達も女性による団体をつくろうと思い立ったのです。他の団体の人々は、そんな必要がどこにあるのか、自分達と一緒にやったら良いではないかと言っていました。しかし、私達は二級市民（second class citizen）の地位には甘んじない。私達もできる、男性ができることは何でもできると考えました。それでバニ・ダスグプトさんに声をかけて、彼女を会長にして、シェファリ・ナグさんを事務局長にして結成しました[27]。

　ロイチョウドリ氏の説明からは、あえて女性のみの団体をつくろうとした当時

---

26) 2002年4月5日、前出シャンティ・ロイチョウドリ氏より。
27) 同上。なお、正式な設立時期は女性協会が1973年で、チットロンジョン記念ソサエティの方が1974年であり、ロイチョウドリ氏の話と前後するようであるが、同ソサエティは、1970年12月にチットロンジョン・ダスの生誕100周年記念行事をおこなったグループを母体に設立されているので、活動歴としては先輩格にあたる。

の女性有志の強い意志が感じられる。その中心となったのは、サントワナ・ショルカルという女性であった。ショルカル氏は、女性住民も社会活動のための独立した主体となるべきであるという考えを持っていた。彼女は実際のところ、女性部門として自分達と協働しないかというベンガル協会の呼びかけに対して、男性組織のための「お手伝いさん（handmaid）」となることはできないと、提案を拒否したのであった[28]。ショルカル氏のもとには、隣人のシェファリ・ナグ氏をはじめとして、賛同者が増加した。そこで、ショルカル氏は、かつてデリー大学女性組合（Delhi University Women's Organization）の理事長を務め、社会活動の分野で経験豊かなバニ・ダスグプト氏を初代会長として据えて、女性協会を設立したのであった[29]。このように、女性の発案によって設立運営されていることが、女性協会の第一の特徴となっている。

　もうひとつの際だった特徴は、チットロンジョン・パークの外部ないしは境界部分、すなわち周辺のスラム地域の児童や低所得者にも目を向けたことである。1975年から96年まで会長職を含めて執行委員会の役員を歴任したラダ・ボルドン氏は、当時の状況を次のように回想している。

　　このコロニーは、パーティションの破局によって被害を受けた人々のために設立された。住民達は進行する都市環境の困難さに直面していたが、コロニーの周辺に職を探す人々が住みつき、コロニーを取り巻くように衛星コロニーが出現して、さらに状況は悪化した。その結果、半裸の子どもやアメニティを欠いた環境で暮らす人々の姿を見るようなった。そこで有志の女性達が立ち上がり、そのような状況に立ち向かう決心を固めたのである[30]。

　チットロンジョン・パークが成立、発展するなかで、他の団体がコロニー内部の福祉や文化振興に目を向けていたのに対して、女性協会はコロニーの周辺で生じていた事態にも目を向けていたのである。

　他の団体同様、女性協会の活動も当初は小規模で手づくり感あふれる形で始まり、その後徐々に事業を拡大してきた。執行委員会の会議の場所も、学校の授業も当時の事務局長であったナグ氏の自宅ガレージから開始された。

---

28) 25周年記念誌［Purbosree Mahila Samity 1998］に掲載されている、モンジュ・モイトラ氏（記念誌当時の事務局長）による"Days of Remembrance"と題する寄稿文より。

29) 同上。

30) 25周年記念誌［Purbosree Mahila Samity 1998］に掲載されている、ラダ・ボルドン氏による"Purbosree Mahila Samity and its Vision"と題する寄稿文より。

資金面では、子どもへの給食提供、職業訓練生への奨学金支給、協会の事務運営費などについて、デリー政府やデリー市当局からの資金援助を受けていた時期もあったが、いずれも一時的なものであり、基本的には民間の個人や団体からの寄付によって事業を展開してきた。例えば、デリーのロータリー・クラブが理学療法機器の購入のために40万ルピー、クリニックの開設費用のために個人の篤志家が6万5,000ルピー、カーリー寺院ソサエティの宿泊施設に対しても援助をしていた宗教家モハナノンド・ブラフマチャリ師のトラストから学校施設の建設費ほかのために40万ルピー[31]、Jindal Trustという団体から建物建設のために7万5,000ルピー、Ahluwalia Baradri Trustという団体から建物の建設費に10万ルピー、事業経費のために2万ルピーなど。亡くなった妻を偲んで、10万ルピーや4万ルピーを女性協会に寄付してくれた個人もいた。これらの寄付に加えて、映画館で映画上演の興行を何度もおこなって資金調達するなどの努力もなされた。

　活動内容については、生活必需品の共同購入、図書施設、女性問題の相談など、過去に一定期間のみ運営していた事業も存在している。いずれも諸般の事情で中止に至ったそうであるが、その時々の社会のニーズを汲み取りながら活動しようとしてきた女性協会の姿勢をうかがうことができる[32]。

　女性協会の特徴は、住民女性達が主体的にコロニーの課題に向き合い、「一級市民」として主体的に活動を展開してきたことであろう。女性問題に特化するというよりも、広く課題を取り上げてきたこと、そして他の団体のように「ベンガル」に拘らずにコロニー周辺のスラム住民や低所得層の児童への教育支援を展開してきたことも際立っている。

(5) チットロンジョン・パーク・ベンガル協会

(Chittaranjan Park Bangiya Samaj)

　この団体は1971年1月14日に団体登録され、主としてベンガル文化の振興に携わっている。この団体が主催する最も大きな行事は、ベンガル暦のポウシュ月 (*pauṣ*) に開催される芸術文化祭「ポウシュ・メラ (*pauṣ melā*)」である[33]。この行

---

31) 女性協会は自前の土地を0.5エーカー、インド政府 (Ministry of Urban Development) から50万ルピーで購入している [Purbosree Mahila Samity 1998]。

32) 女性問題についての相談は、女性協会の事業として相応しいように思われる。1991年に行動委員会 (action committee) が設置されて活動が開始され、離婚問題などで女性を支援し、警察と連携したこともあったそうである。しかし、妻が相談に来ると、個人的なことに介入しているとして夫の実家からクレームが来るなどの問題が生じて、その分野の活動は2001年に止めたとのことであった。2002年4月5日、前出シャンティ・ロイチョウドリ氏へのインタビューより。

33) ポウシュ月は、西暦では12月半ばから翌1月半ばまでにあたる。通常、この行事はポウシュ月の7日目から開始されるが、チットロンジョン・パークでは西暦1月の第2土曜日を挟む3日間開催され

事はそもそも、タゴールが現西ベンガル州のシャンティニケトンにおいて、彼が創設した学校（後に大学）と部族民を含むその周辺の村々との交流を図るために開始したものとされる。日用品販売などの市やバウル（*bāul*）と呼ばれる吟遊詩人達のパフォーマンスなどにより、現在でもシャンティニケトンのメラ（市）が最も有名である。ベンガル協会が主催する行事においても、日用品を始め、手工芸品、書籍、飲食などの市が立つ。開催年によって多少違いはあるものの、3日間の開催期間には、住民グループによるタゴール・ソング、プロを招いての歌謡コンサートやインド古典音楽コンサート、ベンガル語劇、舞踊劇、カラオケ・コンテスト、芸術展、ベンガル料理フェスティバル、文化功労者の顕彰などがおこなわれている。また、ベンガル協会は恵まれない家庭の子どものために奨学金も提供しているので、その授与式もおこなわれる[34]。

ポウシュ・メラは、かなりベンガルにこだわった行事である。毎年、この行事を記念するしおり（souvenir）が発行されているが、2001年のしおりの冒頭に協会の会長などの役員が連名で掲載している協会紹介の文章には、そのあたりの拘りが表れている。

> チットロンジョン・パーク・ベンガル協会は、ほかのエスニック・グループとの調和や相乗作用も保ちながら、エスニックなベンガル文化を育み振興するための社会文化組織です。1971年の設立以来、その目的は西ベンガル州の外、より具体的にはデリーにいるベンガル人の社会文化活動の中心となることです。私達ベンガル人にとって形而上の価値観や文化は、難解なものでも高尚なものでもなく、本質的に私達の日常生活の内面に織り込まれたものです。よって生計の必要を超えた領域について関心を広げることは、普通のベンガル人にとってまったく当たり前のことなのです[35]。

ベンガル協会の活動には医療やスポーツなども含まれるが、デリーという異郷でのベンガル文化（Bengali Culture）の振興を主たる目的としているのである。2000年開催の際のしおりには、当時の副会長によるベンガル協会の歴史が掲載されていて、そこにも同様の趣旨が述べられている。簡単に辿っておくと、次の通りである。

ている。
34) 2000年から2002年の3年間の行事しおりに記載されているプログラムより。
35) *Paush Mela - 2001: 27th Annual Festival of Art & Culture*, New Delhi: Chittaranjan Park Bangiya Samaj（頁番号なし）より。

コロニーへの入居が始まった当時、人々は彼らの文化的社会的切望を満たす場の必要性を感じていた。そこで、1970年12月にカールカージー・ベンガル協会 (*Kālkājī Baṅgīya Samāj*) を設立した。1971年に団体登録された後、名称は1984年に現行の通りに改称された。1970年当時の会員数は80名のみだったが、5、6年のうちに急増して、1975〜6年には596名となった。当初は会員の自宅を活動の場としていた。1971年には、会員などからの寄贈によって図書館を開設した。当時の教育省大臣を招いて開所式をおこなった。今日では1万2,000冊の図書と1,000冊の雑誌を所蔵している。1973年には病理検査部門を備えたヘルス・センターを開設した。1974〜5年には、全デリーからの参加を募った短編物語と詩のコンテストを開催した。ポウシュ・メラは1973年から開始されていた。

1973年からは、活動拠点をDブロック、Iブロック、Jブロックと転々と移動させていたが、長い交渉の末に、1978年にインド政府からCブロックに0.5エーカーの土地の供与を受けられることになった。協会の当初の目的は、図書館やヘルス・センターだったが、土地を得たことで、そこに自前のベンガル協会の建物 (*Baṅgīya Samāj Bhaban*) を建設することとなった。ポウシュ・メラを開催していた公園は、その後メラ・グラウンドと呼ばれるようになった。しかし、1988年には、前年にチットロンジョン・パークで発生したテロ事件（協会の会員も犠牲になった）への抗議のために、ポウシュ・メラは開催しなかった。

1985〜6年からは奨学金の付与を開始した。当初は8名の生徒に計5,000ルピーの規模であったが、2000年には62名に計7万ルピーを提供するまでに拡大した。1986〜87年からは、ドゥルガ・プジャが始まる前の1か月間「手織りもの市 (Handloom Mela)」を開催している。チットロンジョン・パークにはショッピング・センターがないので、毎年ドゥルガ・プジャのための買い物をするために遠方へ出かけなくてはならなかった。この不便を解消するために、サリー、既製服、生地などの市を開催している。1992年にはベンガルの伝統料理を復興するためのフード・フェスティバルを開催した。

1995年6月7日には建物建設のプランをデリー市当局へ提出し、6月9日には当時の外務大臣プロノブ・ムカルジー氏を招いて定礎式を執りおこなった。

ベンガル協会は、これまでポウシュ・メラ、手織りもの市、フード・フェスティバル、ブック・フェアー、芸術展、救援活動、メディカル・キャンプ、献血キャンプ、医療支援、討論会、講演会、演劇、スポーツ大会など、芸術、文化、演劇、スポーツ、社会的サービスなどの分野で多様な活動をおこなってきた［Mitra 2000］。

以上が概要である。建物建設の経緯については、この略史が2000年に書かれ

たものであるために、建設工事が開始できなかったとの途中経過の報告となっているが、建設はその後に開始され、図表9－3「チットロンジョン・パーク・ベンガル協会」の写真にあるとおり、瀟洒な建物が完成している[36]。

「ベンガル（Baṅgīya）」を含む名称が象徴するように、チットロンジョン・パークの諸団体のなかでは、この団体が最

図表9－3　チットロンジョン・パーク・ベンガル協会

2006年9月12日、筆者撮影

も「ベンガル」に拘りをみせており、「エスニックなベンガル文化を育み振興する」ことが活動の趣旨となっている。

（6）ビピン・チョンドロ・パル記念トラスト
　　　　　　　　　　　　　　　　（Bipin Chandra Pal Memorial Trust）

　1988年に設立された団体（以下、パル記念トラスト）で、ビピン・チョンドロ・パル（ビピン・チャンドラ・パール／生没年：1858〜1932）の名前を冠している。パルは、1905年のベンガル分割に対する反対運動をティラク（Bal Gangadhar Tilak）やラージパット・ラーイ（Lala Lajpat Rai）らとともに主導したことで知られている。ナショナリズム運動初期の重要人物である。パルの名前に因んでいることには理由がある。パルは当時、スワデーシー運動をティラクやラージパット・ラーイとともに主導しており、3人の名前の一部を並べて"Lal-Bal-Pal"トリオと呼ばれていた。にもかかわらず、ほかの2人については、その名前を冠した町や通りがいくつもあるのに対して、パルの名前を冠しているものはなく、忘却されてしまっているとして、彼らはパルの名前をあらためて世に示すべく、名前を冠しているのである[37]。

　彼らがパルの顕彰にそこまでこだわることには、もうひとつの理由がある。パ

36）建物建設の費用は約3000万ルピーとされていた。同上［*Paush Mela - 2001*］より。
37）2002年2月26日、パル記念トラストの評議員より。同じ説明はパル記念トラストの発行する冊子にも述べられている［Sreehatta Sammilani Delhi 1997］。さらにこの評議員は、「西ベンガル州ではコミュニストが力を持つようになって（筆者注：左派政権が長らく権力を握っている状況）、ナショナリストを尊敬しないようになってしまった。ここの竣工式にもデリーにいる西ベンガル州政府関係者を招いたが、誰も来なかった」とも述べていた。

ルは現在のバングラデシュ（旧東パキスタン）北部のシレット（Sylhet）地方の出身であったが、この団体はパルと同郷のシレット出身の人々によって設立されたのである。シレット出身者は 1957 年にデリーで「シレット協会（シュリホット・ションメロニ / śrihaṭṭ sammilanī）」という組織を結成し（政府に団体登録されている）、この組織が母体となってパル記念トラストは設立された。シレット協会設立の趣旨は次の通りである。

> シレットは分離とラドクリフ裁定によって、その領域の 4 分 3 がパキスタンに属することになってしまった。シレットはエスニックな面でも、文化的にも言語的にもベンガルに属していた。にもかかわらず、これまで政治に翻弄されて 1905 年のベンガル分割では東パキスタンへ、その後はアッサムに編入されるなどの転変を経験してきた。分離独立後には、シレットの人々は独自の文化を長い間維持してきたにもかかわらず、難民となり、故郷を離れてインドの各地に移住しなければならなかった。その結果、シレットの人々が世代を通じて追求してきた文化、社会的紐帯、慣習、生活様式は途絶えはじめていた。自分達の出身地の社会・文化的活動を取り戻すために、デリーに居住していたシレット出身者達は、彼らのアソシエーションを結成することにした［Sreehatta Sammilani Delhi 1997］。

この組織は、ベンガルのなかでも、シレットという特定の場所の出身者によって結成されている点が、ほかの団体とは大きく異なる。シレット協会は 1959 年には規程を定めている。そこには、シレット出身の難民の支援、各種行事による協会会員間の紐帯の形成、会員への社会的サービスや金銭的な支援など、あくまで会員に対する様々な支援が主たる目的として掲げられていた［同上］。

また、チットロンジョン・パークのほかの団体の場合には、基本的にチットロンジョン・パークの住民によって設立運営されているのに対して、シレット出身者によるアソシエーションであるがゆえに、会員はチットロンジョン・パークを超えてデリー全域に渡っていることも特徴的である。チットロンジョン・パークに居住する会員は 20 〜 25％程度にすぎない[38]。

しかしながら、設立後年数を経るに従い、その活動はシレット出身者向けに限ったものではなくなった。とりわけ、現在の施設の建設後は、ほかの団体同様にチットロンジョン・パークの社会文化活動の一角を担う団体として機能している。

---
38) 2002 年 2 月 26 日、パル記念トラストのマネージャーより。

図表 9 − 4「ビピン・チョンドロ・パル記念トラスト」は、施設の外観の様子である。中央にはパルの銅像が設置されている。この施設は 1994 年 3 月 26 日に当時の鉄鋼省大臣ショントシュ・モホン・デブ（Sontosh Mohan Dev）氏を招いて定礎式をおこない、1997 年 3 月 16 日にかつてインド国民軍に属していたキャプテ

図表 9 − 4　ビピン・チョンドロ・パル記念トラスト
2002 年 2 月 26 日、筆者撮影

ン・ラクシュミ・シガル（Captain Lakshmi Sehgal）氏を招いて開所式をおこなった。

　ここにはほかの団体が所有していない施設として、最新の設備を備え、317 席を有する室内劇場（auditorium）があることが特徴的である。この劇場でベンガル語劇、講演会、宗教行事などの様々な催しがおこなわれている。このほかにも、図書室、医療クリニック（内科、心臓外科、眼科、神経科、整形外科、放射線科、病理検査施設を備える）、宿泊所[39]などを運営している。銀行（United Bank of India）の支店も地下にテナントで入っている。学生奨学金も供与している。

　この施設の建設のためには、政府から A ブロックに 0.5 エーカーの土地の供与を受けた［同上］[40]。建物の建設には多額の費用が必要であったはずだが、こちらの場合には定礎式をおこなった当時の大臣デブ氏が大きく貢献した。デブ氏自身もシレット出身であり、当時はシレット協会の最高顧問、パル記念トラストの評議員（デブ氏の妻が評議会会長）を務めていた。当時、デブ氏は鉄鋼省の大臣を務めていたので、企業家から多額の援助を受けることができたとのことである[41]。

　最後に、恒例の行事について紹介しておく。シレット協会主催の行事としては、i）文化祭（Annual Cultural Day）、ii）チョイトンノ生誕祭（Mahāprabhu Jayantī）、iii）勝利祭（Vijay Sammilan）の 3 つが主要なものとなっている。文化祭は音楽コンサート、舞踊、ベンガル語劇などが催される。チョイトンノ生誕祭は、第 6 章でも紹介し

39）遠方からの学生、求職者、患者などの便宜を図るために、5 室の客室とドミトリー 1 室（8 つのベッドあり）を備えている。
40）前掲、パル記念トラストの評議員によれば、0.5 エーカーの土地価格は、当時の市場価格であれば 1,000 万ルピーほどであったが、350 万ルピーで購入したとのことである。2002 年 3 月 6 日インタビュー。
41）同上、パル記念トラスト評議員によれば、デブ氏の関係だけで 1,500 万ルピーの寄付が集まったとのことである。2002 年 2 月 26 日インタビュー。

たベンガルの聖人チョイトンノ（チャイタニヤ）の父であるジョゴンナト・ミシュロ（Jagannath Misra）の出身がシレットであったことから開催されている。ちなみに、チットロンジョン・パークには同じミシュロ姓で、チョイトンノの家系に連なるとされる家族が居住している[42]。勝利祭とは、ドゥルガ・プジャの終了後に、ドゥルガ女神の勝利を記念してあらためて開催される行事である。シレット協会ではドゥルガ・プジャそのものは開催していない。会員にはイスラーム教徒も含まれているので、宗教的な行事はチョイトンノ生誕祭のみしか開催していないとのことであった。

　パル記念トラストでは、医療サービスの提供、ベンガル語劇、講演会、宗教行事などが開催されている。「ベンガル」も意識されているものの、最も大きな特徴はさらに限定された地域「シレット」が主題となってきたことである。実は、チットロンジョン・パークにはシレット出身者以外にも、東ベンガル東部のチッタゴン出身者による「チッタゴン協会（*Chittar Samāj*）」、東ベンガル南部のジョショルやクルナ出身者による「ジョショル・クルナ協会（Jessore-Khulna Milan Samity）」なども存在している[43]。

　パル記念トラストの場合には、その細分化された地域性がさらにビピン・チョンドロ・パルというナショナリズム運動のベンガル人指導者の顕彰とも結びついていることも特徴的である。かつてシレット出身の難民支援も活動目的に含まれていたことも、地域性を象徴している。

　地域性という点では、地域性が限定されていることで逆に、会員のネットワークがチットロンジョン・パークを越えて広がっていることも興味深い点である。シレット協会が毎年発行する文化祭のしおりには会員のリストがあるが、居住地はデリーの各所のほか、西ベンガル州やアッサム州にまで及んでいる。

　以上、主要団体の来歴と活動についてみてきた。これら団体が実践してきたアソシエーション的連合と活動は、重複する活動も含みながら、政治的陳情、住民サービス、医療福祉、宗教、個人儀礼、宿泊施設、（ベンガル）文化、歴史的人物の顕彰、女性、教育・奨学金、各種行事、地域性など、それぞれの指向性のなかで展開され、それらの総和として住民達の日常や非日常に関わるチットロンジョン・パークの生活空間が構築されてきたのである。

---

[42] 2002 年 3 月に D ブロックに居住するこの家族を訪ねたところ、チョイトンノの伯父から数えて 9 代目とのことであった。現在の当主はチャイタニヤに関する本も書いたそうだが、残念ながら高齢で体調を崩していて、本人からは話が聞けなかった。

[43] 残念ながら、これらの団体については調査ができていない。チットロンジョン・パーク内ではこれらの団体名を冠した施設は見当たらない。

第 2 節　チットロンジョン・パークを越えて広がるベンガル・ネットワーク

　本節では、チットロンジョン・パークの領域を超えた、デリー各地のベンガル・ネットワークの存在について述べる。第 7 章において、デリーには少なくとも 20 万人以上のベンガル人が居住していると思われることや、よく知られていたデリー各地のベンガル人居住地について述べた。また、カーリー寺院ソサエティの 25 周年記念誌では、ベンガル人の人口を 50 万人、ないし 80 万人と見積もっていることや、ドゥルガ・プジャの開催地が 250 カ所に及ぶことを述べた。チットロンジョン・パーク以外については断片的に調査できているにすぎないが、デリーにおけるベンガル・ネットワークの存在を示すために、いくつかのケースについて紹介しておく。

（1）デリーにおけるベンガル人居住地
　まず、チットロンジョン・パーク周辺でみると、実は「ミニ・ベンガル」の領域はコロニーを取り巻く周辺にも広がっていることを指摘できる。第 8 章の冒頭で、チットロンジョン・パークの周辺には、中低層が主に居住するといわれるゴビンドプリ（Govindpuri）、ゴビンドプリ・エクステンション（Govindpuri Extension）、カールカージー・DDA・フラット（Kalkaji DDA Flats）、アロクナンダ（Alaknanda）などの地区が広がっていると述べたが、これらの地区にもかなりの数のベンガル人が居住している。東パキスタン出身者もいるが、西ベンガル州から仕事などでデリーに来ている人々も多くみられる。これらの人々は、わざわざベンガルの環境を求めてチットロンジョン・パークやその周辺に住んでいるのである。例えば、チットロンジョン・パークで 2002 年に開催されたブック・フェアーを訪れていた青年は、次のように述べていた。

　　　私は西ベンガル州のハウラーから来ています。コルカタに本社がある開発コンサルタントの会社に勤めていて、半年前にデリーの支社に転勤となりました。オフィスはネルー・プレイスにあります。チットロンジョン・パークは家賃が高いので、ゴビンドプリ・エクステンションに部屋を借りています。デリーはよく感じません。ここにはベンガルがあるので来ます。お寺にも参拝します。チットロンジョン・パークについては、ドゥルガ・プジャの様子

がコルカタのテレビや雑誌で紹介されていたので知っていました。ベンガルの世界がここにはあるので、ここは良いです[44]。

ちなみに、筆者が懇意にしているコルカタのある出版社の経営者は、かつてチットロンジョン・パークに支所を持っていたと述べていた。

　私達は1995年までの15年間、チットロンジョン・パークのIブロックにオフィスを持っていて、自分も年に6、7回は訪れていました。部屋が2つ、台所、バスルームが2つに広いリビングもあって、家賃は4,500ルピーでした。当初、デリー駅近くなどで物件を探したところ、うまくいかなかったこともありますが、チットロンジョン・パークならベンガルの環境なので、魚も手に入るし、便利なので部屋を借りました。当時は魚も安く、カルカッタで40ルピーするものが、デリーでは15ルピーくらいと安かったので沢山食べたものです。私達が部屋を借りていたころは、まだ周辺は閑散としており、カーリー寺院の裏手などはジャングル状態でした[45]。

東ベンガル出身者のなかにも同じように、周辺に居住している人々も存在する。アロクナンダにはシヴァリク・アパートメント（Sivalik Apartment）というデリー開発局が建設した集合住宅があるが、そこにはある程度まとまった数のベンガル人世帯が暮らし、チットロンジョン・パークへも日常的に訪れている。住民のひとりは次のように述べていた。

　私はこちらの生まれですが、父はコミラの出身で、医師としてかつてはリビアで7年半仕事をしていたこともあります。自分は旅行代理店の仕事をしています。妻は西ベンガル州のムルシダバド出身です。ここはデリー開発局によって1983年に建設されました。160軒が入居していて、うちベンガル人世帯は40軒ほどです。こちらでもプジャの実行委員会がありますし、ベンガル語劇をやったりもします。ここからチットロンジョン・パークの2番マーケットへよく買い物に行きますし、カーリー寺院にも参拝します[46]。

---

[44] 2002年4月26日、インタビュー。
[45] 2002年7月10日、コルカタにてインタビュー。ここでは2つのケースのみ紹介しているが、調査期間中にはチットロンジョン・パーク周辺に居住している多数の西ベンガル州からの来住者と出会った。
[46] 2002年8月27日、インタビュー。

第 9 章　生活空間の構築とベンガルをめぐる模索　｜　391

　さらに付け加えると、チットロンジョン・パークの家庭で家政婦として働いている人々もかなりみられるが、それらの女性も多くはベンガル人であり、周辺地域、それもアロクナンダの一部スラム化している地区などに居住しているといわれている[47]。

　このように、チットロンジョン・パークを取り巻く衛星のような周辺地区が構成され、東西ベンガルの出身者が数多く居住しているのである。周辺地区の人々がチットロンジョン・パークで開催される行事に参加することは日常的におこなわれており、チットロンジョン・パーク住民との交流もみられる。

　インフォーマル・セクターでの労働に関しては、チットロンジョン・パーク内で働く西ベンガル州の出身者もみられることも指摘しておきたい。マーケットで働く人々、例えば、食堂などの店舗で下働きをしている若者に西ベンガル州出身者が何人も含まれている。カーリー寺院ソサエティの司祭はコルカタに出ていた「司祭募集」の新聞広告をみて応募して採用され、西ベンガル州から働きに来て何年もデリーに暮らしている。ドゥルガ・プジャの神像をつくる職人達も西ベンガル州から来て、数か月単位で滞在している。

　次に、チットロンジョン・パーク周辺以外のベンガル人居住地を取り上げてみたい。デリーには数多くのベンガル人居住地が存在している。ただし、カーリー寺院ソサエティの記念誌に挙げられていたような居住地すべてにおいて、ベンガル人がチットロンジョン・パークにおけるように寄り添い、集住しているとは限らないし、集住していてもその規模はまちまちである。以下では、集住している例として、第 7 章でも少し触れた 2 つの居住地について触れておきたい。

　ひとつは、デリー西部の巨大開発地ドワルカ（Dwarka）の一部に建設された東パキスタン難民向けの集合住宅である。当初、チットロンジョン・パークには集合住宅用の区画がいくつかあり、そこに集合住宅を建設する計画を EPDPA は持っていたが、これが 714 グループの問題に絡んで、コロニー内ではなくドワルカへ移転して建設された（詳しくは第 7 章の注 97 を参照のこと）。「デリー EPDP 集合住宅組合（Delhi EPDP Cooperative Group Society Ltd.）」のもとに、380 もの分譲数を得たといわれる。図表 9 － 5「ドワルカの EPDP 集合住宅」は完成した建物であり、建物前の看板（写真右下）にはこの組合の名称が掲げられている。

　もうひとつは、これもデリーの西部に位置するポスチム・ビハル（Paschim

[47) 確認できていないが、複数の住民の話によれば、これらの家政婦の人々には現在のバングラデシュからの移住者がかなり含まれていて、自分は家政婦として、夫は建設労働やリキシャの車夫として働いている。そして、バングラデシュ出自を隠すために、イスラーム教徒であるにもかかわらず、ヒンドゥー教徒の名前を名乗っているともいわれている。

図表9−5 ドワルカのEPDP集合住宅

2002年8月10日、筆者撮影

図表9−6 ニベディタ・アパートメント

2002年8月10日、筆者撮影

Vihar)・エリアにあるニベディタ・アパートメント（Nivedita Apartment）である。図表9−6「ニベディタ・アパートメント」は建物の外観及び敷地内にあるカーリー寺院（左下枠内）である。こちらも集合住宅組合（group housing society）によって設立、維持管理されている。際だった特徴としては、分譲の取得者も、さらには分譲の取得者から分譲貸しをしてもらう場合であっても、入居者はベンガル人に限るという規約を持っていることである。夫がベンガル人であれば、妻はベンガル人でなくてもよいが、逆に夫がベンガル人ではない場合には所有どころか、分譲貸しでの居住もできないとのことである。組合の会長の話を要約すると次の通りである。

　　　　　　　　組合は1970年に団体登録し、1981年から84年にかけて建設されて、1984年の1月から入居が始まりました。195の分譲数があります。ドゥルガ・プジャほかの宗教・文化行事を開催しています。同じ文化を持つ人々が一緒に住むのが良いと考えています。ベンガル人のみに限定した組合を結成することには、特に反対はありませんでした。うち以外にも、マハーラーシュトラの出身者に限定された組合もデリーにはあります。私自身は1960年にデリーに来ました。東ベンガルの出身です。ボシュモリックさん（筆者注：第7章参照）に難民証明書をつくってもらいました。しかし、ここでは東ベンガルの出身者は少数です。自分達

の寺院も建設して、司祭を 2 人雇っています。各種プジャのほか、独立記念日や共和国記念日の行事を開催しています。子ども向けに、ベンガル語の教室も始めましたが、父母の方々は時間がないと言っていて、あまり活発ではありません[48]。

　チットロンジョン・パークの住民の話でも、ニベディタ・アパートメントの住民は東ベンガルというよりも、西ベンガル州出身者が中心とのことであった。ニベディタとは、アイルランド出身の女性社会活動家で、ラーマクリシュナ・ミッションを創設したヴィヴェーカーナンダの弟子としても有名であったマーガレット・エリザベス・ノーブル（Margaret Elizabeth Noble［生没年：1867～1911］）、通称シスター・ニベディタ（Sister Nivedita）の名前に因んでいる。ここでもチットロンジョン・パークと同様に、ベンガル関係の偉人の名前を冠しているのである。
　ところで、うえにも少し触れたが、ドワルカやニベディタのような合法的居住地ではなく、非合法でかつスラム状態の地区にもベンガル人は多く居住している。その代表的なものに、デリー北部のジャハンギルプリ（Jahangirpuri）がある。スラム的な状況があり、居住者は多彩である。ある住民によれば、ヒンドゥー教徒よりもイスラーム教等の方が多く住み、分離独立時のパンジャービーや、ベンガル人については東ベンガル（現バングラデシュ含む）から来た人もいるが、西ベンガル州からの移住者が多く、貧困ゆえに機会を求めてデリーに来た人々が多いとのことであった。ベンガル人のためのカーリー寺院やモスクもある[49]。

（2）ベンガル関連宗教施設

　デリーでは、ベンガル人によって設立された寺院がいくつも存在している。その代表的なものは、各地に建てられているカーリー女神の寺院、すなわち「カリバリ（kālī bāḍi）」である。すでに第 1 節において、カーリー寺院ソサエティのムカルジー氏の「ベンガル人が再定住したところには、必ずカリバリがあるはずです。カリバリが、あらゆるベンガル人の活動のセンターとなっているのです」との言葉を紹介した。同ソサエティの 25 周年記念誌にも次のような記述がある。

　　　デリーには以前にはカリバリは 2 つだけしかなかったが、今は 6 つ以上ある。ニューデリー・カリバリ、ティスハジャリ・カリバリ、ポスチム・デリー・

---

48) 2002 年 8 月 10 日、インタビュー。
49) 2001 年 12 月 12 日、インタビュー。

カリバリ、ドッキン・デリー・カリバリ、マットリ・モンディル・カリバリ、ミントロード・カリバリなど、これらのカリバリがベンガル人の宗教や文化の中心となっている［Cittarañjan Pārk Kālī Mandir Sosāiṭi 1998: 9］。

　同記念誌で名前が挙がっているのは、規模が比較的大きな主要なカリバリのみである。ここにはチットロンジョン・パークのカリバリが含まれていないので、これも含めると、デリーには主要な7つのカリバリがあると考えてもよいであろう。そして、すでに述べたニベディタ・アパートメントの写真にもカリバリがあるように、中小規模のカリバリもベンガル人居住地に数多く存在している。実数は不明であるが、「ベンガル人が再定住したところには、必ずカリバリがあるはずです」との言葉が必ずしも大げさとはいえないくらいの数のカリバリが現実にデリーに存在していると思われる。

　デリーのカリバリの間では交流もある。ムカルジー氏は、「どこかで新しいカリバリが建てられようとする際には、我々のところに資金的な援助を求めに来たり、アドバイスをもらいに来たりすることもあります。司祭をどのようにして雇ったらよいかなどについてもアドバイスをします。長兄のように、協力をしています」と述べていた[50]。第10章で検討するドゥルガ・プジャがそうであるように、ベンガル人の数や居住地が増えるにつれて、カリバリの数もデリーにおいて増加してきたと考えられる。

　ちなみに、ムカルジー氏によれば、デリーのドゥルガ・プジャでは、元々はニューデリー・カリバリにおかれた委員会（immersion committee）が、デリーで一斉におこなわれる最終日の神像の河流しを、すべてオーガナイズしていた。しかしドゥルガ・プジャの数が増加して、一カ所に集中して混雑する事態が生じたので、デリー政府の首相と協議して、ニューデリー・カリバリがあるデリー北部とは別に、南部にも河流しの場所を設置することになったとのことである[51]。それだけベンガル人の居住地はデリー全域に広がっているのである。

　さて、デリーに数あるカリバリのなかで、最も古いものはデリー北部のマンディル・マールグ（Mandir Marg）にある「ニューデリー・カリバリ」である（図表9－7「ニューデリー・カリバリ」を参照のこと）。カーリー寺院ソサエティの25周年記念誌はその歴史を次のように説明している。

---

50) 2001年12月23日、アノンド・ムカルジー氏より。
51) 同上。

第 9 章　生活空間の構築とベンガルをめぐる模索　395

ニューデリー・カリバリはベンガル文化のひとつの中心です。1911 年、英領時代に首都がデリーに遷都された時から、ベンガル人の中央政府公務員がデリーで居住し始めました。1924 年には政府の大きな部署がコルカタから移されて、さらにベンガル人がデリーに来て、ライシナに政府の宿舎を得ました。ほとんど

図表 9－7　ニューデリー・カリバリ

出典：2002 年 3 月 30 日、筆者撮影

外国といってよいような土地に住むことになり、人々の間に親密なつながりが生まれました。社会的宗教的な意識から、彼らはゴール・マーケット近くのベアル・ロードというところに、ひとつの小さな寺院をつくり、カーリー女神の神像を安置しました。そこに朝夕に人々が集いました。1925 年頃には、人々は、もっとしっかりとした寺院の建設を考えるようになり、1927 年にはカリバリ建設のために、政府にメモランダムを提出しました。そして、1933 年に政府は現在地に 1 エーカーの土地を 1,000 ルピーで提供してくれることになりました。カリバリのために多くのベンガル人が資金を援助してくれて、1938 年に完成した寺院の扉を開くことができました。それから、1951 年には宿泊施設も開設しました。このカリバリを中心にして、デリーのベンガル人の文芸、教育、文化が発展してきました。現在、カリバリの傘下に、ホリショバ、女性組合、幼稚園、ベンガル・クラブ、全インド・ベンガル文学会議などが活動しているほか、ステージ施設、図書館とリーディング・ルーム、児童向けの図書室、ホメオパシー、アロパシー、アーユルヴェーダなどの医療クリニックなども運営されています。ドゥルガ・プジャは 1935 年から開催しています［同上：59-61］。

　デリーへの首都の遷都後に、コルカタからベンガル人の公務員が数多く転勤してきた。彼らが協力し合って、カリバリが設立され、その後チットロンジョン・パークのカリバリ同様に、様々な社会、教育、厚生に関わる活動や施設が運営さ

図表 9 − 8　ドッキン・デリー・カリバリ

2007 年 9 月 6 日、筆者撮影

れてきた。

　現地を訪ねてインタビューしたところ、現在の活動や施設の状況は、ほぼうえの記述の通りであった。カーリー寺院、宿泊施設、図書館、医療クリニック（診断も施薬も無料とのこと）、ステージなどの施設があり、様々な機会での寄付によって運営されている。寺院では、ベンガルのすべての祭礼をおこなっている。2 人の司祭もベンガル人である。文化行事としては、ベンガル語劇のコンテストなども開催しているとのことであった[52]。

　図表 9 − 8「ドッキン・デリー・カリバリ」は、デリー南部に 1968 年に設立されたカリバリである。右上の建物がカーリー女神寺院、左側はドゥルガ・プジャの際に神像を安置する施設、左下は事務所や宿泊所が入っている建物である。ドゥルガ・プジャなどの祭礼のほか、西ベンガル州から採用した司祭が 2 名いて、日々の祭礼を執りおこなっている。

　ところでカリバリは基本的に、デリーに居住するベンガル人の地域住民によって設立され、地域と密着した寺院であるが、デリーにはベンガル人が関わるものの、地域性を伴わない宗教団体、寺院、宗教施設も存在する。カーリー寺院ソサエティで集会を定期的に開催している団体としてすでに紹介した、ラーマクリシュナ・ミッション、サロダ・ションゴ、ソットションゴ、ロクナト・アシュロム、モホナノンド・ションゴ、ソッチダノンド・ソサエティなどがこれにあたる。これらの団体は、近隣の枠を超えてデリーに居住するベンガル人のネットワークを形成する役割を担っている。特にラーマクリシュナ・ミッションは、チットロンジョン・パークのカーリー寺院ソサエティや国の友・チットロンジョン記念ソサ

---

[52] 2002 年 3 月 30 日、社会・文化担当役員より。インタビューをおこなった日は土曜日であったが、ひっきりなしに参拝者が訪れていた。ベンガル人も訪れているが、現地のマンディル・マールグには、同じ並びに市内観光ツアーに組み込まれている有名なラクシュミー女神寺院をはじめとして、いくつもの寺院があり、観光地エリアとなっているので、ここのカリバリにもベンガル人ではない団体の参拝者も多数みられた。

エティが、この団体の高僧を招いて施設の開所式をおこなっていることにも見られるように、非常に権威のある団体として受け止められている。この団体には、コルカタにおいても主としてミドル・クラス層に支持者が多いが、デリーにおいてもチットロンジョン・パークの居住者のようにミドル・クラス層のベンガル人からの支持が厚いと思われる[53]。

図表9－9　ラム・タクル寺院

2002年2月23日、筆者撮影

チットロンジョン・パークの周辺で見ると、東ベンガルのフォリドプル生まれのラム・タクル（Sri Sri Ram Thakur、生没年：1860〜1949）という聖者を祀る寺院がある（図表9－9「ラム・タクル寺院」を参照のこと）。寺院はシュリ・シュリ・タクル・ラムチョンドロ・デブ・アソシエーション（Sri Sri Thakur Ramchandra Dev Association）という団体によって運営されている。設立は1961年で、1994年に現在のベンガル様式の寺院建築が完成している。団体の会長をはじめとして、チットロンジョン・パークに居住する信者も数多い。チットロンジョン・パークの住民のなかには、ラム・タクルの血縁者も居住している。この人物は元大学教授で、ラム・タクルの伝記も執筆している[54]。ラム・タクルの生誕祭のほか、毎月第2日曜日にはキルトンが開催されている。2002年の調査期間中には、シク、イスラーム、ヒンドゥーの団体などを招いて、宗教間の融和を訴える全宗教会議を開催していた。生誕祭では、多くの若者がボランティアとして協働していた。

このように、かなりローカルな団体からラーマクリシュナ・ミッションのように国際的な展開をしている団体まで含めて、ベンガルに関わる宗教ネットワーク

---

53) ラーマクリシュナ・ミッションはベンガルにとどまらず、世界的にも展開している。ベンガル人を設立者としながら、ベンガルの枠を超えて広く展開している団体としては、クリシュナ意識国際協会、オーロビンド・アシュラム（Sri Aurobindo Ashram）、アーナンダマイ・アシュラム（Shree Shree Ma Anandamayi Ashram）などがデリーに支部を持って活動している。

54) ラム・タクルに関して書かれた英語やベンガル語の書籍は、これまでにもいくつか出版されている。この元大学教授による伝記［Chakraborty 2005; 2008］も、それらの既存の英語やベンガル語によるラム・タクルに関する文章を抜粋して編集したものである。またアソシエーションは"Kaivalyam"というタイトルで英語、ヒンディー語、ベンガル語が混在する雑誌を発行している。

がデリーには数多く存在している。

　ここで付言しておくと、宗教施設をはじめとする特定の地域・エスニック集団の施設やネットワークはベンガル人に限らない。「インドの国民（People of India）」プロジェクトは、デリーで 147 の異なる集団を調査対象としていることはすでに述べた。デリーでの母語調査によれば、2001 年時点でインドの憲法第 8 附則（諸言語）に指定される 22 の言語の話者がすべて存在している［Government of NCT of Delhi 2015: 31-32］55)。

　例えば、デリーの RK プラムという地区には多数のタミルナードゥ州出身者が居住し、約 2,000 人の生涯会員を有する「デリー・タミル協会（Delhi Tamil Sangam）」という組織がある。3 万冊を揃える図書館とホールを備える自前の施設を所有しており、タミルの言語と文化を振興することを目的に活動している 56)。デリーには幾つものタミル寺院が存在しているが、同地区のものがデリーで最大規模を誇るといわれる。パンジャーブ出身者のシク教寺院はもとより、こうした地域・エスニック集団の施設はベンガル様式やタミル様式のヒンドゥー教寺院や祭礼、ケーララ出身者のキリスト教会などに可視化されて、その人口規模以上にデリーの市街地やその景観の一部を構築してきた。

（3）文芸・音楽活動のネットワーク

　デリーにおけるベンガル人の交流やネットワークは、ベンガル人が好む文芸や音楽などの分野でも活発である。最も大きな団体・行事としては、すでに紹介した全インド・ベンガル文学会議がある。これはベンガルの外に居住するベンガル人によって、ベンガル文学や文化の振興を目的に設立された全国的な組織であり、毎年持ち回りで全国大会を開催している。デリー支部には何人ものチットロンジョン・パークの住民が所属していて、様々な活動をおこなっている。2002 年にチットロンジョン・パークで開催された、ある行事の実行委員長を務めた会員によれば、設立目的や活動内容等は次の通りである。

　　　この会議は、75 年前（筆者注：1923 年）に設立されました。以前には在外ベンガル文学会議（*Prabāsī Bhārat Baṅga Sāhitya Sammelan*）という名称でした。ベンガルの外に住んでいるベンガル人が、文学を通じて交流できるようにと、ベ

---

55) 憲法第 8 附則（諸言語）に指定の 22 言語とは公用語ではなく、連邦公用語委員会の委員任命に際して考慮されなければならない言語集団を意味する［辛島ほか：2012: 249-253］。
56) デリー・タミル協会の副会長 S. Durai 氏より。2007 年 9 月 7 日、インタビュー。

ンガルの外に住むベンガル人によって設立されました。タゴールが最初の会議でのチーフゲストでした。私達は 100 のセンターを持っていて、毎年、どこかのセンターで大会（conference）を開催しています。各センターは独自に資金を集めて運営されています。今年の第 75 回目は、マディヤ・プラデーシュ州のジャバルプル（Jabalpur）でやる予定です。毎年異なる場所でおこなうので、それぞれの現地の人々との交流の場ともなっています。会議では、様々なテーマが取り上げられます。ベンガル語以外のセッションもあります。ジャバルプルでやればヒンディー語のベンガル文学への影響について、アッサムで開催すれば、アッサム語のベンガル文学への影響についてなど、他の言語との相互関係を扱ったりします。毎年の会議とは別に、それぞれのセンターが独自の活動もしています。著名なベンガル人の文学者の生誕祭も開催します。私達のところでは、タゴールやノズルル・イスラムの生誕祭、それからシャーマープラサード・ムカルジー（Syama Prasad Mookerjee / Mukherjee）の生誕祭も開催します [57]。季節的なものとしては、雨季の到来を歓迎する行事やドゥルガ・プジャの終了後に勝利祭を開催します [58]。

　全国レベルのみならず、地域レベルでも交流の機会はある。その最も有力なのは、毎年 5 月に各地で開催されるタゴール生誕祭（*rabīndra jayantī*）である。チットロンジョン・パークの各団体においても開催されることはすでに述べたが、全デリー的な規模での開催もある。例えば、デリーのベンガル・アソシエーション（Bengal Association）[59] は、初代首相のネルーのイニシアティブによって設立されたタゴール会館（Rabindra Bhawan）の敷地において、タゴール生誕祭を開催している。筆者は 2002 年（5 月 5 日）のこの行事を訪問したが、老若男女が集い、タゴール・

---

57) シャーマープラサード・ムカルジー（1901〜1953）は、インド人民党（Bharatiya Janata Party）の前身である Bharatiya Jana Sangh の創設者であり、またヒンドゥー大協会（Hindu Mahasabha）のリーダーとしても知られた、独立以前の時期の代表的なヒンドゥー・ナショナリストのひとりである。しかし、デリーのベンガル人の間ではヒンドゥー・ナショナリストとして顕彰されているというよりも、カルカッタ大学の学長も務めた法律家・教育家アシュトシュ・ムカルジー（Sir Ashutosh Mukherjee）を父に持ち、父同様にベンガルの社会や文化の振興・保護に尽くした偉人として捉えられている。ムカルジーは、かつて全インド・ベンガル文学会議の年次大会（1952 年）の議長も務めたことがある。

58) 2002 年 7 月 21 日、2002 年度のシャーマープラサード・ムカルジー生誕祭の実行委員長を務めた会員より。デリー支部の事務局はニューデリー・カリバリに置かれている。

59) ベンガル・アソシエーションは、デリーのコンノート・プレイス近くの西ベンガル州政府の施設（Banga Bhavan）に事務局を置く団体である。設立年は 1959 年で、デリーのベンガル学校と連携しながら、西ベンガル州政府の高級官僚らが中心となって設立したとされる。会員数は 500 名ほどであるが、発行するニュースレターは 7,000 部を発行して、各地に配布している。2002 年 8 月 10 日、ベンガル・アソシエーションのオフィスにてインタビュー。

ソング（rabīndra saṃgīt）の会場は、歌を聴きながら自分でも口ずさんでいる人々や、タゴールの歌詞の本をひろげて聞いている人々もいて、それぞれがタゴールの歌を堪能している様子であった。また、デリー各地からベンガル人の劇団や文学サークルが集合し、それぞれが作成したパンフやニュースレターを会場で配ったり、名刺の交換をしたりして、互いの交流を図る場ともなっていた。

　チットロンジョン・パークでは、タゴール・ソングの教室が運営され、個人指導をしている先生もいるほか、ノボ・ギティカ（Naba Gītikā）というタゴール・ソングの演奏グループもあって、様々な機会に演奏している。チットロンジョン・パークには6つのベンガル語劇団が存在している。これらの劇団でもタゴールによる戯曲が取り上げられている。このように、全インドレベルからチットロンジョン・パークのレベルまで、様々なレベルにおいて文芸や音楽を媒介としたベンガル人のネットワークが機能している。

　チットロンジョン・パークの成立はデリー各地に散在していた多数のベンガル人を一カ所に集め、巨大なベンガル人コロニーを構築することに貢献したが、以上みてきたように、ベンガル人の居住地やカリバリのような宗教施設はチットロンジョン・パーク周辺とデリー全域に散在し、さらに文学協会のような活動はデリーを越えてインド全土のベンガル人とのネットワークを形成しているのである。

第3節　ミニ・ベンガルの揺らぎと模索

　ベンガル的な要素を多分に伴う生活空間の構築やコロニーを越えるベンガル人のネットワーク・交流が存在する一方で、チットロンジョン・パークにはミニ・ベンガルを揺るがす力も働いている。ベンガル語の保持はベンガル人としてのアイデンティティと密接であるが、デリーという競争環境や教育との関係で保持が難しくなっている。また、世代間の差異の問題に加えて、海外移住やベンガル人以外との通婚を通じて、あるいはディアスポラ化によって、一枚岩的なベンガル人・アイデンティティは融解し、人々のアイデンティティは状況に適応的で重層的、かつ選択的な状況となっている。

(1) ベンガル語教育の現状

　まず、ベンガル語の問題を取り上げる。ヒンディー語や英語が教育や仕事の現

場での公的言語であるデリーにおいて、ベンガル語は家族・親族や同じベンガル人の友人との間でだけ話されるドメスティックな言語となっている。とはいえ、ドメスティックであっても独自の言語の保護に努めようという姿勢は、西パキスタンからデリーに移住したパンジャービー避難民とは大きく異なっている。Kaur［2007: 218-225］によれば、デリーのパンジャービーの間ではパンジャービー語は古い世代の間でのみ話され、例えば、祖父は孫に対してパンジャービー語ではなくヒンディー語で話しかけるという。なぜならヒンディー語と英語は教育や仕事で必要だからである。さらに、ヒンディー語は自分達がマージナルな「移住者」ではなくインド国家のフルメンバーであり、愛国者であることを体現するものとして重視され、対照的にパンジャービー語は粗野で下品な言葉として考えられていることも影響しているという。

　ベンガル人は一般に母語であるベンガル語に愛着と誇りを抱いており、パンジャービー避難民とは母語に対する姿勢は異なっている。しかし、世代間の問題はデリーのベンガル人にも存在する。チットロンジョン・パークで土地を受給した第一世代の人々は、東ベンガルで初等・中等教育を受け、コルカタで高等教育を受けて公務員となり、デリーに赴任したような人々を多く含んでいた。彼らの母語であるベンガル語をしっかりと学んでおり、ベンガル語の読み書きに不自由はない。しかし、デリー生まれの第二世代以降では、教育や仕事において重要なのは、第一に英語、第二にヒンディー語である。ヒンディー語の能力は、世代を遡るほどに低く、世代を経るごとに高くなっている。

　筆者が調査中に経験したところでは、例えば第一世代であっても、はじめはベンガル語でインタビューに答えていても、途中で無意識のうちに英語での応答に切り替わってしまい、それに気づいてベンガル語に戻しても、また英語になってしまうということがあった。仕事などのオフィシャルな場面においては、英語を運用言語として長年暮らしてきたからである。第二世代のある住民と話していたときには、「今、あなたが喋ったベンガル語が分からなかった」と言われたことがあった。これは筆者のベンガル語が不正確だったというよりも、話のなかで用いた「難民（*udbāstu*）」や「リハビリテーション（*punarbāsan*）」といったベンガル語の単語を知らなかったのである。デリーで英語ミディアム（英語ですべての授業が行われる）の学校に通ったこの人の場合、学校教育でベンガル語を勉強しなかったために、ベンガル語の能力が日常会話のレベルに留まり語彙力が不足しているのである。特に意図的にベンガル語を勉強しない限り、放っておくと第二世代においてさえ、このような状況である。第三世代以降では、より事態が進行してい

ることは想像に難くない。

　デリーにおいては、英語の能力が重視されるとはいえ、それは母語ではなく、あくまで学校教育のなかで学習されるものである。よって生活言語としてはデリーの地域言語であるヒンディー語の影響が大きいために、チットロンジョン・パークの年少の子どもが喋るベンガル語には、ふんだんにヒンディー語の単語が混じってしまっている。ところがその一方で、家庭で用いられる言語は母語であるベンガル語となっていることも多いために、そうした家庭の子どもは学校教育でのヒンディー語科目では、ヒンディー語を母語とする生徒と比べてハンディが生じている。よって、ヒンディー語の試験前には、ヒンディー語の家庭教師のもとへ通っているケースもみられる。

　このようなこともあった。ドゥルガ・プジャの最後には、神像をトラックの荷台に載せて河に流しに行くため、筆者も多くの若者と一緒にトラックの荷台に乗っていた。若者達は、はじめの頃はヒンディー語で喋って大騒ぎしていたのだが、疲れてくると徐々にヒンディー語が減ってベンガル語でのやりとりが増え、最後には「お腹へったね」などとベンガル語で呟きあい、完全にベンガル語会話になってしまった。若い世代のベンガル人同士の間では、ヒンディー語はファッションとして用いているような面もあり、根源的な部分では、やはりベンガル語が母語であるようだ。とはいえ、以下にみていくようにベンガル語の保持に関する懸念は大きい。

　まず、ベンガル語教室やブックフェアーの開催など学校教育以外の分野での取り組みについて取り上げ、次にベンガル学校（Bengali School）の現状からデリーの学校教育におけるベンガル語の扱いについて検討する。

1）ベンガル語教室

　チットロンジョン・パークでは、カーリー寺院のコンプレックス内にある「スワミ・ヴィヴェーカーナンダ百周年記念図書室」の閲覧スペースで毎週日曜日の午前中の2時間、ベンガル語教室が開かれている。図表9－10「ベンガル語教室」はその様子である。実施しているのは、うえに述べた全インド・ベンガル文学会議である。2002年の時点では3名の教師と、20名ほどの生徒で運営されていた。運営の中心となっていた教師によれば、8歳以上の年齢であれば、誰でも参加可能であり、実際8歳の子どもから30歳の大人まで学んでいるとのことであった。全インド・ベンガル文学会議では、統一のシラバスを作成しており、全国一斉テストも実施している。この教師はチットロンジョン・パークに居住する元公務員

で、2002年当時はすでに退職していた。この時、教室で教え始めて9年目とのことであった。ベンガル語教室の目的やベンガル語の環境について、次のように説明してくれた。

図表9－10　ベンガル語教室

2002年7月28日、筆者撮影

　　ここの子ども達はたいてい英語ミディアムの学校で学び、母語であるベンガル語を学ぶ機会がないので、その機会を与える努力をしています。私達の目的は、ベンガルの外にいるベンガル人の子ども、そして非ベンガル人の子どもも含めて、あるいはインド人以外に対しても、ベンガル語を教え、振興することです。ここで学ぶ生徒達は、必ずしも皆が最初から興味を持ってくるわけではないのですが、他の人と一緒に学んでいるうちに興味も出てきます。子ども達については、両親や祖父母がこの教室に参加させています[60]。

　　ベンガル語教室に対する反応はまだまだ鈍いです。それは、人々が英語を重視すべきと考えているからです。将来の成功や就職のためには、たとえ母語であっても、ベンガル語よりも英語がまず必要と考えられているのです。その結果、母語を重視していません。私のクラスにベンガル語を学びに来るのは小さい子どものみです。年長になると、ほかの勉強が忙しくなって、教室には来なくなってしまいます。競争に打ち勝ち、成功を収めるためには英語が必要です。外国で何かしようとした場合にも、もちろん英語が必要です。このような事情で、ベンガル語にはあまり関心が払われないのです。子どもだけではなく、親も同様です。ベンガル語を学んでいる時間的な余裕もありません[61]。

この教師が説明するように、将来の成功のためにはベンガル語よりも、まずは

---

60) 2002年7月28日、ベンガル語教室の教師より。
61) 2002年7月31日、同上の教師より。

英語というのが、チットロンジョン・パークのミドル・クラス層の共通認識であるのは間違いない。その一方で、ベンガル語に親しみのある第一世代、第二世代の人々にとっては、ベンガル語の存在が薄れていくことへの危機感も共有されている。そうした危機感から開催されているのが、ベンガル語を中心とするブックフェアーである。子ども達に対してベンガル語の関心を喚起し、世代を通じてベンガル語を受け継いでいくための試みである。

2) ブックフェアー

2002年4月26日から5月5日にかけて、チットロンジョン・パークにおいて初めての大規模なブックフェアーが開催された（図表9－11「ブックフェアー」を参照のこと）。催しのタイトルは「デリー児童本フェアー（Delhi Children's Book Fair）」で、サプタルシー（Saptarshi）という団体によって主催された。この団体は、チットロンジョン・パーク・ベンガル協会の役員の一部が別途、1997年に結成した団体で、この団体にとっても初めて開催するブックフェアーであった[62]。初日の4月26日には、コルカタ選出の下院議員で、当時中央政府の通信大臣であったトポン・シクダル（Tapan Sikdar）氏を主賓として招いてオープニングをおこなった。筆者もこれに参加して、シクダル大臣のスピーチを聞いていたが、大臣も在外ベンガル人がベンガル語を学ぶことの意義について力説していた。このオープニングには、コルカタから著名な作家を招いていたほか、コルカタで毎年大規模なブックフェアーを開催しているコルカタの出版・販売組合（Publishers & Booksellers Guild, Calcutta）の副理事長も招かれてスピーチをおこなった。初日には、ノボ・ギティカによるタゴール・ソングが演奏されたほか、期間中は連日ワークショップや歌、ダンス、朗読などのプログラムが開催された。

図表9－11　ブックフェアー

2002年5月5日、筆者撮影

62）サプタルシーの会長によれば、彼らはベンガル協会から分裂したのではなく、現在でもベンガル協会の役員を務めながら、別途独自にテーマを決めて行事を開催するためにサプタルシーを設立したとのことであった。当初はドゥルガ・プジャをやったり、演劇フェスティバルを開催したりしていた。2002年5月1日、インタビュー。

主催するサプタルシーの会長によれば、デリーでベンガル語のブックフェアーが最初に開催されたのは、2000 年のベンガル・アソシエーションによるもので、彼らも 2000 年、2001 年の 2 年間、その開催に協力していたとのことである。それを踏まえて、2002 年にチットロンジョン・パークで独自開催するに至っている。55 の出版社・団体等が参加し、うち 25 はコルカタから参加していた。会長はデリーという環境におけるベンガル語の状況について、次のように述べていた。

> 今の世代の子ども達は、英語ミディアムの学校で学んでいます。すべてのものを英語で読むので、母語に対する関心を失ってしまっています。だから、ベンガル語のブックフェアー（bai melā）をやろうと考えました。西ベンガル州でも同じような状況はありますが、デリーほどではありません。西ベンガル州はベンガル語の環境ですが、デリーはヒンディー語と英語の環境です。ベンガル語はここでは重要ではありません。ベンガル人同士でもヒンディー語で話をしているくらいです。今の世代ではベンガル語に対する関心が薄れてしまっていることは、周知のことです[63]。

会長もベンガル語教室の教師同様に、デリーではベンガル語よりも英語やヒンディー語が重要となっている現状を述べている。そうした状況下において、ベンガル語を取り戻す試みとして、このブックフェアーが開催された。同会長はブックフェアーの開催目的について、次のように説明していた。

> 私達は、子ども達の間でベンガル語を普及させたいのです。チットロンジョン・パークのようなベンガルの環境でやれば、子ども達が徐々にベンガル語の初歩を学ぶのにも好都合です。ベンガルの外にいるベンガル人の子ども達を、ベンガル語に連れ戻すことが私達の目的です。ブックフェアーが開催されると、両親達はコルカタにたとえ親族などがいなくとも、ここでベンガル語の本を買うことができます。これは出発点にすぎません、もし子ども達が読み、学び、興味を持てば、もっとベンガル語の本をほしくなるでしょう。そうなるように努力しています。これはフェアー（市 /melā）ではなく、社会にひとつのメッセージを送るためのものです[64]。

---

63) 2002 年 5 月 1 日、同上サプタルシーの会長より。
64) 2002 年 4 月 29 日、同上サプタルシーの会長より。

ところで、コルカタで1976年以来、毎年盛大に開催されているブックフェアーも、実は当初のきっかけは海外に在住するベンガル人向けに、ベンガル語書籍の供給をおこなっていたことにあった。初日にスピーチをおこなったコルカタの出版・販売組合の副理事長の話によれば、コルカタでブックフェアーを開催するに至った経緯は、次のようなものであった。

> 私達の組合（guild）は1975年に設立されましたが、その前から私達は、ドイツのフランクフルト、ロンドン、米国などの海外各地でドゥルガ・プジャがおこなわれる際に、プジャの会場にベンガル語の本を持ち込んで売っていました。4、5人でおこなっていました。タゴールの本、辞書、子ども向けの本、その他のベンガル語の本やベンガル語の雑誌も販売していました。1964〜5年から海外でベンガル語の書籍を売っていました。そして、ある時、1974年にブックフェアーを自分の国でもやろうと思ったのです。海外でやりながら、なぜ、自分の国ではやってないのかと思ったのです。そこで1975年に7つの出版社が集まって組合を結成し、1976年からカルカッタ・ブックフェアを開始しました。そのときには55の出店数で始めましたが、現在は560の出店があります。今でも海外へ行っています。毎年ドゥルガ・プジャの時にでかけています。米国のニュージャージー、カナダのトロント、英国のベルサイズ・パークやブライトン、ドイツのフランクフルトなどを、2、3のグループで回ります。15〜20日くらいかけて回り、すべて売り切ってきます。デリーの次には、ヴァラーナシー（ベナレス）で来月ブックフェアーが開催されるので、次はそちらへ行きます[65]。

そもそも海外でベンガル語の書籍を販売していたことが、コルカタでのブックフェアー開催につながったという点は興味深い。ちなみにコルカタのブックフェアーの規模は大きく、近年ではベンガル語に限らず、国内外の出版社が数多く出店するようになっている[66]。

筆者はデリーのブックフェアーの開催期間中に、何度も会場を訪れたが小さな子どもを連れた家族連れも含めて多くの来場者があり、賑わっていた。ただ、出店している幾つかの店舗で聞いたところ、売り上げの状況はあまり良くないとの

---

[65] 2002年5月1日、インタビュー。
[66] コルカタのブックフェアー（Kolkata Book Fair）は公式ウェブサイトも運営している［http://kolkatabookfair.net］。2018年10月20日最終閲覧。ブックフェアーの略史も掲載されている。

ことであった。「コルカタのブックフェアーではお茶を飲む暇もないほどで、1日で5万ルピーの売り上げがあるが、ここでは全期間を通じて1,200ルピーしか売り上げがない」、「コルカタのブックフェアーなら、小さな店でも1日に2万ルピーの売り上げがあるが、ここでは売り上げは良くない」、「売れているのは大人向けの本で、子どもの本はあまり売れていない。親が自分のために買っている」などといった声が聞かれた[67]。

売れ行きがあまり良くないことは、前出のコルカタの組合副理事長も認めていた。児童本中心のブックフェアーであったが故に、一方ではベンガル語の本に不慣れな子ども自身の関心が低く、他方ではベンガル語の本を読みたい大人の需要を満たせずに、販売機会を逸する形となってしまっていたようである[68]。また、このブックフェアーでは子ども向けの英語の本も販売されていたが、筆者の印象では、ベンガル語よりも英語で書かれた子ども向け書籍の方に、より多くの客が集まっていたようにも思える。

子ども達をベンガル語に誘うために、ブックフェアーがどれほどの効果をあげたのかについての評価は容易ではないが、ブックフェアーの開催はベンガル語振興のためのひとつの重要な取り組みであるといえよう。

付け加えておくと、近年ではデジタル・メディアによるベンガル語や文学の振興を図る動きもある。ブック・フェアーの開催期間中に、チットロンジョン・パーク・ベンガル協会では、タゴールの詩作や歌など1000作品をCD ROM化した「ギトビタン・ライブ（Gitabitan Live）」という名称の製品の発表会がおこなわれていた。米国在住のベンガル人が経営するソフトウエア会社が開発したもので、発表会でのスピーチによれば、コルカタでまず発表会を開催した後に、デリーではチットロンジョン・パークを会場に開催し、その次はバンガロール、アメリカやカナダでも発表会を開催する予定とのことであった。外国でもベンガル人は沢山いるので、高い関心を得ており、タゴールの歌が好きだがベンガル語が読めない人のために、ローマナイズした表記を用いているとも述べていた[69]。

このほかにも、西ベンガル州のバングラ・アカデミー（Bangla Academy）とコルカタのIT会社の共同で子ども向けのベンガル語学習CDソフトが2002年に発売

---

67) 2002年5月5日、会場でインタビュー。
68) ただし、副理事長は「今回は何といっても初めての試みなので、売れ行きが良くないのは仕方がありません。コルカタのブックフェアーでも、初めておこなった年の販売は良くありませんでした。徐々に認知度が上がれば、売れ行きも上がっていくものです」と述べていたので、その後、状況は改善されているかもしれない。2002年5月4日、コルカタの出版・販売組合の副理事長より。
69) 2002年4月28日、製品発表会での開発者の説明より。

されて、新聞記事でも紹介されていた。その記事によれば、ベンガル語の教師や教材がないことを訴えるインド各地からの手紙がバングラ・アカデミーに寄せられていたことが、製品開発のきっかけであったと説明されている[70]。

3）ベンガル学校

デリーには、初等から高等学校レベル（第12学年）において、いくつものベンガル学校（Bengali School）が存在する。以下は、チットロンジョン・パーク・ベンガル協会の2000年のポウシュ・メラのしおりに掲載されていたデリーのベンガル学校のリストである。

  i. Bidhan Chandra Vidyalaya (Moti Bagh-1)
  ii. Lady Irwin Senior Secondary School (Canning Lane)
  iii. Raisina Bengali School (Mandir Marg)
  iv. Raisina Bengali School (Chittaranjan Park)
  v. Raisina Bengali School [primary] (Chittaranjan Park)
  vi. Shyama Prashad Vidyalaya (Lodhi Estate)
  vii. The Bengali Senior Secondary School (22A, Alipur Road)
  viii. Union Academy Senior Secondary School (Raja Bazar)
  ix. Vidya Bhavan Girls Senior Secondary School (New Rajandar Nagar)
  x. Vinay Nagar Bengali Senior Secondary School (Sarojini Nagar)

チットロンジョン・パークには、ivとvの2つの「ライシナ・ベンガリ・スクール（Raisina Bengali School）」という学校がある。これらは同じ学校の初等部と中等部以上を2カ所に分散させているだけである。よって、デリーには計9校のベンガル学校が存在していると考えられる[71]。

iiiのマンディル・マールグにある「ライシナ・ベンガリ・スクール」（以下、「ライシナ」）は、チットロンジョン・パークのライシナと同じ法人が運営している。チットロンジョン・パークのライシナは1992年設立と比較的新しいが、マンディル・マールグのライシナの設立は1925年であり、独立前から運営されている。ここでは、マンディル・マールグのライシナを取り上げてみたい。図表9－12「ラ

---

70) 2002年2月1日付けの、The Hindustan Times (Kolkata) より。
71) 後に紹介するRaisina Bengali School (Mandir Marg) での聞き取りにおいても、デリーには9校のベンガル学校が存在するとのことであった。Seniorは第12学年まで、Secondaryは第10学年までの教育を施していることを意味する。viiは男子校、ixは女子校である。

イシナ・ベンガリ・スクール」は、学校の正面入り口とスクールバス（左下）の様子である。副校長からの聞き取りによれば、現状は次の通りである。

図表9-12　ライシナ・ベンガリ・スクール

2007年9月5日、筆者撮影

ここの学校が運営しているのは、マンディル・マールグとチットロンジョン・パークの2校のみです。設立は1925年です。デリーでの公務のために、ベンガル人がデリーに来ていましたので、その人たちの子弟のために至急に学校が必要でした。また、独立後は難民となった人々がデリーに再定住しましたので、そうした人々のためにも、公的教育を担うため、そしてベンガル人の社会、文化、伝統の保持のために教育をおこなっています。学校の運営組織のメンバーは、ひとり、ふたりを除いてすべてベンガル人です。教師もベンガル人が多いですが、すべてベンガル人という訳ではありません。ウッタル・プラデーシュ、ラージャスターン、パンジャーブなどの出身者もいます。幼稚園から第12学年までのクラスを運営しています。生徒数は1,240人で、うち95～98％がベンガル人です。生徒はチットロンジョン・パークからも来ていますし、ノイダ、ポスチム・ビハル、ドワルカ、ソケットなど、各地から通っています。3台のスクールバスとデリー交通局のバス12台を運行させています。授業は英語ミディアムでおこなわれます。ベンガル語は第8クラスまでは必須科目となっていますが、第9クラスからはベンガル語、ヒンディー語、サンスクリット語のなかからの選択科目となります。第11～12学年では、ベンガル文学の歴史という科目もあります[72]。

この学校の設立年は1925年である。それは、ニューデリー・カリバリの設立経緯でも触れたのと同様の事情、すなわちコルカタからデリーへの首都遷都に伴って、デリーへ転勤してきたベンガル人公務員の需要を満たすためであった。宗教とともに言語や教育の分野でもベンガルの環境が求められたのである。

72）2007年9月7日、ライシナ・ベンガリ・スクール（マンディル・マールグ）の副校長（vice-principal）より。

しかし、時代が下って現在の状況をみると、事情は単純ではない。デリーのベンガル人の間では、ライシナの評判はあまり宜しくない。ベンガル語クラスやブックフェアーが開催され、自宅では完全にベンガル語のみで会話するという人も珍しくないなかで、学校教育としてベンガル語やベンガルの歴史文化を教えてくれる学校の評価が低いのである。その理由は、子どもが将来、競争に打ち勝ち、成功を収めるためには英語ミディアムであることはもとより、レベルの高い学校に通わなければならないと、親が考えていることによる。ライシナも英語ミディアムであるが、学校自体のレベルは低いと考えられている[73]。ここには親の社会的地位、職業、所得レベルなども反映されており、より良い職に就き、所得も高い親は子どもを私学（public school）のレベルの高い学校に通わせようとする傾向がある[74]。ライシナの美術担当教員は、多少極端な表現ながら、そのあたりの事情を次のように述べていた。

  デリーには、高い教育を受け、よい職に就いているベンガル人がいます。そのような上層の人々は、ライシナのような学校ではなく、子どもを私学へ通わせようとします。良い職業に就こうとすると、私学志向になります。ライシナには、エリートのベンガル人社会ではなく、低ミドル・クラスから低クラスの子どもが通ってきます。親もあまり教育を受けておらず、英語もできない、デリーに機会を見つけるためにやってきて、ひとつの部屋で家族すべてが暮らしているような人々、職人や小さな商店主や工場で働いているような、そのような人々の子どもが通ってきています。お金があまりない人がこの学校に子どもを通わせています。お金のある人はパブリック・スクールへ子どもを通わせています。その方が子どもの将来のためになると考えているのです。ライシナの教師の子ども達もパブリックスクールに通っています[75]。

73) この学校の卒業生で、現在チットロンジョン・パークに居住しているある住民によれば、自分達が通っていた1970年代までは、ライシナはデリーで上位10位に入るほど評価が高かったが、それから徐々にレベルが下降して行ったとのことである。2007年9月9日インタビュー。

74) 私学の学校は一般的にパブリック・スクールと呼ばれている。ライシナの設立は、Raisina Bengali School Societyという組織を母体として設立されており、その意味では完全な公立とはいえないが、設立後の運営資金の多くは政府から支援を受けており、パブリック・スクールとは見なされていない。ベンガル学校は政府によって「マイノリティ言語機関（Linguistic Minority Institutions）」として登録されており、教師の給与の95％はデリー政府が支給し、残りの5％を授業料や寄付などでまかなっている。建物の維持管理については、デリー政府からの支援もあるが、授業料や寄付などでまかなわなければならないとのことである。2007年9月7日、ライシナ・ベンガリ・スクール（マンディル・マールグ）の美術担当教員より。

75) 同上。

このように、ベンガル語への関心や保持の意欲とは別の次元において、デリーの競争社会で生き残るためという事情によって、あえてベンガル学校が敬遠されているのである。この点は、チットロンジョン・パークのライシナを含めて[76]、デリーのほかのベンガル学校でも事情は同じである。ベンガル語と将来の成功との間で、ある種のジレンマに陥っているのが、デリーのベンガル語教育事情である。

　ちなみに、子どもの将来のために母語教育よりも私学を志向する傾向は、ベンガル学校に限らず、デリーにある他の地域学校、例えば、南インドのタミルナードゥ州の出身者の子どもが通うタミル学校などでも同じである。デリーには「デリー・タミル教育アソシエーション（Delhi Tamil Education Association/ DTEA）」という教育委員会のような組織があり、ここの傘下で7つのタミル学校が運営されているが、ベンガル学校と同様に、家計に余裕がある保護者は子どもを私学に通わせる傾向がある[77]。

（2）世代間の問題

　ベンガル語の維持の問題は、ベンガル語に対する世代間の認識の差異やギャップの問題とも関係している。例えば、第一世代には、次のコメントに見られるような、ベンガル語やベンガルの文化への強いこだわりがある。

　　私はフォリドプルの生まれで、今でも向こうのことは忘れられません。平穏な生活でした。しかしこちらでは、子ども達はデリーの環境で育ち、激しい競争のために勉強がたいへんで、ベンガル語をじっくりと勉強する余裕はないですし、だんだんとベンガル文化が失われています。自分の家庭では意

---

[76] チットロンジョン・パークのライシナは、マンディル・マールグのライシナと同一法人の運営であり、状況はおおむね同様である。2002年の時点で、1,200人の学生が学んでいた。こちらではバングラデシュ大使館の職員の子弟も学んでいるので（かつてはマンディル・マールグの方にも通っていた）、生徒にはムスリムも含まれている。教師は9割がベンガル人である。1995年に西ベンガル州政府から1,000万ルピーの資金援助を受けて、校舎を建築し、1997年に当時の州首相ジョティ・ボシュ（Jyoti Basu）氏を招いて竣工式をおこなった。デリーの環境はベンガル文化と離れてしまっているので、特に文化・教育面に力を入れていて、ベンガル語での様々なプログラム（クイズ、ディベート、アルポナ絵画、タゴール・ソング）を通してベンガル語やベンガル文化に親しむようにしているとのことであった。2002年2月21日、校長より。

[77] これらもベンガル学校同様に、マイノリティ言語機関として登録され、政府の支援を受けている（DTEAのパンフより）。デリー・タミル協会の副会長 S. デュライ氏は、「ミドル・クラスの人々は子どもを公立ではなく、パブリック・スクールに通わせたいと考えています。公立のレベルは低く、英語ミディアムであっても、子ども達は教室ではヒンディーやタミルで喋っていますが、パブリック・スクールではそんなことはありません。みな授業時間以外でも英語で喋っています。親はタミル語を教えたいと思っても、タミル語のみでは仕事にありつけないので、毎月何千ルピーもの月謝を払って、子どもをパブリック・スクールへ通わせるのです」と述べていた。2007年9月7日、インタビュー。

図的に子どもとはベンガル語で話してきましたが、ベンガル語を教えることなく、英語のみで過ごしている家庭もなかにはあります[78]。

しかし、たとえベンガル語を学んだとしても、第二世代以降の人々にとっては、ベンガル語への関心度は第一世代ほどには高くない。ある住民は、「娘はライシナに通ったので、第8学年までベンガル語を習いました。しかし、ベンガル語を学んだというだけで、それ以上、特にベンガル文学などに興味があるわけではありません」と述べていた[79]。

第一世代の人々にとっては、ベンガル語に加えて、ベンガルの文化や習慣も重要な関心事であり、それが若い世代で失われるという危機感も存在している。1994年にカーリー寺院ソサエティの司祭として雇われ、コルカタから移ってきたある人物は、次のように述べていた。

> デリーの非ベンガルの文化はよくありません。娘の行儀も悪くなりました。目上の人に対して、プロナム（*praṇām* / 筆者注：相手の足に触れるベンガル式の挨拶）をしないですし、オンジョリ（*añjali* / 筆者注：胸の前で手を合わせる挨拶）さえやりたくないのです。デリーのヒンディー語では人に呼びかけるときも尊称を使わないですし、丁寧さがありません。ベンガルの良い文化が失われてしまっています。ベンガルの文化では、目上の人や年長者と話すときには、自転車に乗っていれば自転車から降りますし、傘をさしていれば傘を閉じるものです[80]。

ベンガル文学への関心にしろ、挨拶にしろ、これらは多分に一般的な世代間の差異の問題でもあり、必ずしもデリーに住んでいるからとはいえない部分もあろう。しかし、第一世代にとっては、それらの差異がデリーという環境と結びつけられているのである。

---

[78] 2002年3月9日、1930年生まれの元大学教授より。ふたりの子どものうち、息子（米国でソフトウェア技術者をしている）は、第5学年までベンガル語ミディアムの学校へ通ったのでベンガル語の読み書きはできる。娘（結婚して近くに住む）は、すべて英語ミディアムの学校へ通ったが、家でベンガル語を教えたので、ある程度読み書きはできるとのことであった。

[79] 2002年8月17日、1930年生まれ元公務員より。

[80] 2002年8月1日、1954年生まれの司祭職より。この人物は、東パキスタン生まれだが、インド政府の奨学金によってカルカッタ大学でサンスクリット学の博士号を取得し、その後、新聞広告をみてカーリー寺院ソサエティの司祭職に応募して採用された。

（3）多様で重層的な価値観

　ベンガル的と考える要素について愛着を抱いている人々が多くみられることは確かだが、他方でベンガルではない環境や他の文化との接触状況を必ずしも否定的に捉えていない意見も存在する。ドゥルガ・プジャの開催に関わるある役員は、次のように述べていた。

　　若い世代はデリーで生まれ育っているので、ベンガル文化と接する機会は少ないです。コスモポリタン環境ではそうなってしまいます。こちらでは子どもは学校へ行くと、いろいろなところの子どもと一緒になります。教室にはタミル、ゴア、グジャラート、パンジャーブなどの子どもが一緒に学んでいます。こういったコスモポリタンな環境で育っているのです。それにはアドバンテージがあり、アドバンテージの方が大きいと私は思います。いろいろな人とともにいれば、彼らの文化、言語、食習慣なども理解できます。ですから、ドゥルガ・プジャの文化プログラムにしても、ベンガル語のみに制限できないと思います[81]。

　コスモポリタンな環境に適応することを評価する意見は、ベンガル人以外との通婚についても聞かれる。ある住民は次のように述べていた。

　　私達はすでに50年以上、ベンガルの外に住み続けているので、異カースト間の結婚や、非ベンガル人、外国人との結婚も珍しくありません。コスモポリタンな状況で、パンジャービー、南インドの人、さらに職場には外国人もいて、日頃から接しているなかで、我々の感覚はすでに異カースト通婚や外国人との通婚も問題にしなくなっています。もし自分の子どもがそうしたいと言っても自分には反対する理由がありません[82]。

　実際にパンジャービーと結婚している、あるベンガル人男性（この人の妹はケララ出身者と結婚している）は、「私達はコルカタに対するあこがれはありません。ここにも十分な文化があります」と述べ[83]、ベンガル文化についても拘泥しない姿勢を示していた。

81）2008年10月4日、チットロンジョン・パークのDブロックで開催されるドゥルガ・プジャル実行委員会の役員より。
82）2002年8月27日、1939年生まれ、元公務員より。
83）2002年8月5日、1962年生まれ、旅行代理店の経営者より。

ベンガルに拘らず、デリーの環境を受け入れようとする姿勢は、多分に彼らがデリーにおいて良い教育や就職の機会を得ていることとも結びついている。民間の建設会社に技術者として勤める人物は、次のように述べていた。

> 私達は、コルカタへ向かった難民よりも、デリーに来たおかげで、より一層よい暮らし向きができたと思います。自分や姉妹のことを考えると、コルカタにいたのでは、今の私達の境遇や地位を得るのは無理だったと思います。デリーのほうが、機会に恵まれているし、教育環境もよいのです[84]。

チットロンジョン・パークのベンガル人の間では、カースト意識は希薄であり、次のコメントにみられるように、むしろデリーという環境が可能とする教育や職業、それらに基づくミドル・クラスとしてのアイデンティティこそが重要な関心事となっている。

> チットロンジョン・パークのベンガル人は、ほとんどがミドル・クラスないし低ミドル・クラスの人々です。そのような人々が、デリーでは沢山働いていました。ここには、自らは明らかにしないものの、指定カーストのベンガル人も少しはいます。しかし、私達は指定カーストであるかどうかということを問題にはしません。ベンガル人はベンガル人であり、それで十分なのです。むしろ職業にアイデンティティを見出しています[85]。

ここで、「職業にアイデンティティを見出している」とは、カーストの伝統職のことではなく、高等教育を受け、その結果、手にするホワイトカラー的な職業のことを意味している。チットロンジョン・パークの住民の大多数が高カーストに属しており、そもそもカーストの点では同質的な傾向があるとはいえ、デリーのような都市環境では、カースト要因は第2部で取り上げた西ベンガル州の村ほどには効いておらず、むしろミドル・クラスのホワイトカラーとしての自己認識が重要となっているのである[86]。

---

84) 2002年8月12日、1962年生まれの会社員より。本人はデリー生まれだが、父親はボリシャル出身で、チッタゴンで公務員をしていたが、1945年にコルカタに転勤、1947年にデリーへ転勤となった。この人には3人の姉妹がおり、それぞれ医師、教師、主婦（元教師）となっている。
85) 2001年12月15日、EPDPAのプレジデントを務めていたチョクロボティ氏より。
86) 世帯調査では、指定カーストに関してはノモシュードロ3世帯が含まれていた。うち、土地受給者の2世帯の世帯主の職業は中央政府公務員（退職済み）と医師、非受給者は仕立屋であった。土地受給者に関してはどちらも他の高カーストの人々と同様の職業領域に従事しているとみてよいであろう。

しかし、高等教育やより良い職業を志向することは、チットロンジョン・パーク内でのエイジングの問題や海外移住によるベンガル人の流出の問題も生じさせている。第8章の世帯調査で取り上げた122世帯の家族成員のなかでは、計51名が米国、英国、カナダ、シンガポール、アラブ首長国連邦などに居住していた[87]。インドで高等教育を受けて海外へ、あるいは海外で高等教育を受けてそのまま就職などのルートによって海外へ渡っている。

　第二世代以降の海外への流出は、極端な形では、チットロンジョン・パークにおいて独居老人を生み出すことにもなっている。チットロンジョン・パークでひとり暮らしをする1929年生まれの女性のケースをあげておく。彼女には娘と息子がひとりずついるが、夫は14年前に亡くなっている。

　　私の夫は、中央政府の公務員だったので転勤が多く、そのため娘は寄宿舎に住みながらコルカタの医科大学へ通っていました。私達には外国についての知識があったので、まず娘が米国へ渡り、そこで医学の博士号を取得して、医師となりました。もう米国で28年間暮らしています。娘の夫はベンガル人です。次に息子も米国に渡り、技術者として働いています。息子の妻もベンガル人で、米国で会社員をしています。近く息子を訪ねて米国へ行く予定ですが、息子達はチットロンジョン・パークには関心がありません[88]。

　このケースでは、子どもにより良い教育を受けさせるために、一緒に過ごす時間をも犠牲にしてきた様子がうかがえる。しかし、子ども達はみな独立して出て行ってしまい、ひとり暮らしをしているし、米国に定住した子ども達は将来帰国する様子もないようである。東ベンガルからコルカタを経てデリーへ、そしてデリーから海外へと、彼らの移住はさらに延伸しているのである。

　この女性の場合、将来は米国の子どものところへ身を寄せるのかどうか不明だが、このように第一世代が高齢化し、かつ第二世代以降がチットロンジョン・パークから流出している場合には、チットロンジョン・パークの土地や家屋を処分して、第一世代自身も流出するケースが見られる。そのことが、次章でも見るように、チットロンジョン・パークからのベンガル人の流出と、非ベンガル人の流入へとつながっている。

---

87) 筆者が世帯調査のために家庭を戸別訪問していた際にも、第二世代にあたる息子が米国で就職して家族で暮らしていて、その子どもが米国の大学の休みを利用して、チットロンジョン・パークの祖父のところに里帰りしているなどの場面に何度も出くわした。
88) 2002年8月4日、インタビュー。

（4）在外ベンガル人としての模索

　デリーという異郷、そして海外移住が日常的な出来事となっているデリーのベンガル人にとって、ある意味、所与で原初的な「ベンガル人」「ベンガル文化」はもはや存在していない。失ってしまったかつてのベンガル文化を維持・復興させるのではなく、ベンガルの歴史や文化を独自に解釈して、新たな在外ベンガル人として歩み始めようとする動きもみられる。デリーのベンガル人にとって、彼らの故郷であるベンガル（東ベンガル）や西ベンガルは、模倣の対象でもないし、ベンガル的生活のための準拠枠でもないのである。

　例えば、第7章で述べたチットロンジョン・パークへの改称問題において、コロニーの住民はナショナリストとしてではなく、自己犠牲や社会奉仕の観点からチットロンジョン・ダスの名前を採用したと述べていた。住民達が新たなローカリティーを構築していくうえで、ダスの体現する理念を独自に解釈し、自らのものにしようと考えたからである。

　次章で検討するドゥルガ・プジャにおいては、コルカタのドゥルガ・プジャでは電飾や仮設神殿の豪華さが競われるが、デリーではそれらにはあまり力を入れていない。チットロンジョン・パークの住民達が強調することのひとつは、より多くの参拝者に対して食事（神からのお下がり）を提供することであり、この点がコルカタとは違っているのだと説明される。

　さらには、チットロンジョン・パークでは、ベンガル暦の新年を祝う、新たな祭礼が導入されている。カーリー寺院ソサエティの敷地内において、ベンガル暦の新年、すなわちボイシャク月の1日の早朝に人々が集まり、「太陽を礼拝する儀礼（*sūryyārghya / sūrya praṇām*）」が開催されている。2002年4月15日（ベンガル暦では1409年）に開催されたこの行事に参加したところでは、人々は日の出前から手に供物を持って集まり、寺院付きの司祭の指導のもとに、日の出とともに太陽に向かって祈りを捧げていた。礼拝の後、お菓子が配られ、夕方からは文化プログラムが開催された。

　この新年の行事は、ベンガル暦の1400年（西暦1993年）から開始された。これには仕掛け人がおり、彼の提案によってこの行事が開催されるようになった。仕掛け人であるオルン・チョクロボティ氏は、これをベンガル地域外に居住するベンガル人による文化創造であるとして、次のように述べていた。

　　　ベンガル暦の1400年のミレニアムの時に、キリスト教ではミレニアムを盛大に祝うのに、ベンガル暦でもやったらどうか提案して始まったもので

す。それが現在でも継続されています。これはひとつの「ベンガルの外地（bāhirbaṅga）」に居住するベンガル人による文化創造です。私には、ベンガル人としてのアイデンティティを維持するためのインスピレーションがこの時にありました。最初の年には、パンフを配ったりしても反応はあまり良くありませんでした。カーリー寺院は高台にあって一番に太陽を拝めるので、ここを会場にしました。早朝におこなう行事としたのは、デリーではベンガル新年は平日なので、集まるなら早朝しかなかったという事情もありました[89]。

　チョクロボティ氏はこの行事のみならず、「プラングシュ（Prangshu / prāṃśu）」という団体を運営して、より積極的にベンガルの外にいるベンガル人のネットワークづくりや独自の文化保持・創造に取り組む活動に従事している。彼が掲げる概念は、うえにも述べられていた「ベンガルの外地（バヒルボンゴ）」、あるいは「ベンガルの外地に居住するベンガル人（bāhirbaṅger bāṇāli）」である。この概念は、海外在住のベンガル人というよりも、多分にインド国内の西ベンガル州以外の土地に居住するベンガル人を意識したものであり、「インド内ベンガル人ディアスポラ（inner Indian Bengali diaspora）」という表現も用いられている。

　彼の団体は、2001年以来、毎年「ベンガルの外地祭（bāhirbaṅga utsav）」と題するワークショップを開催している。「ベンガルの外地のベンガル人」、「ベンガルの外地のベンガル社会」、「ベンガル文学におけるベンガルの外地」、「ヴァラーナーシーのベンガル人」など、在外ベンガル人をテーマとして、インド各地から哲学者、歴史家、政治家、社会活動家などを招いて盛大なワークショップを開催している。このほか、ビデオ、オーディオカセット、写真などのアーカイブの運営、ニュースレター発行、ウエブサイトの運営などをおこなっている[90]。

　ユニークな試みとしては、ベンガル語を読めない子どものために、ヒンディー語で用いられるデーヴァナガーリー文字によって音写されたタゴールの著作の発行がある。チョクロボティ氏へのインタビューの際に、実際にこれを音読してもらったが、音そのものは完全なベンガル語であった。耳でしかベンガル語を学んでおらず、かつ学校教育ではヒンディー語を習うのでヒンディー語ならば読める

---

89) 2002年4月8日、チョクロボティ氏より。なお、ここでいう「新たな祭礼」とは、太陽崇拝という儀礼そのものの新たな創造ではなく、既存の儀礼行為を集合的な行事として集団儀礼化したことを意味している。
90) 2018年10月現在ではウェブサイトは閉鎖されているようである。チョクロボティ氏の個人ブログやフェイスブックのアカウントは存在している。

子ども向けに、苦肉の策とも思える方法が採られている[91]。

もうひとつユニークな試みとして、ベンガルの外地に居住するベンガル人の「人物名鑑（Who's Who of Bahirbanga）」[Chakraborty 2002]がある。これは歴史的な人物の人名辞典ではなく、インド国内に現在でも存命中の主に作家、詩人、エッセイスト、編集者、評論家など、200名あまりの情報を収録している。これのまえがきのなかで、チョクロボティ氏はプラングシュの活動目的として、i）ベンガルの外地のベンガル人のアイデンティティを模索する活動を促進すること、ii）ベンガルの外地のベンガル人の文学や文化のユニークさを確立すること、iii）必要に応じて新たな読解の手法を用いながら、ベンガル語の遺産にベンガルの外地のベンガル人を触れさせることで、彼らとベンガルとの調和を養うこと、iv）ベンガルの外地のベンガル人の文学と文化のアーカイブを設立することを挙げている。

うえに紹介した活動は、すべてこうした目的に沿ったものである。「バヒルボンゴ（ベンガルの外地）のベンガル人」という概念においては、もはやベンガル（東西ベンガル）の文化をいかに忘れずに保持するか、あるいは模倣するかということが課題ではなく、いわば「在外ベンガル人」という主体の存在を措定したうえで、独自の文化やアイデンティティを確立することが模索されているのである。チョクロボティ氏は在外ベンガル人が独自のベンガル人たり得る基盤を「民俗アイデンティティ（folk identity）」という用語で説明する。

> 私達は言語マイノリティとして、日々異なる文化のプレッシャーのもとにあります。しかし、私達にはベンガル人という民俗アイデンティティがあるので、私達はベンガル人です。単にベンガル語を話すからということではなく、民俗アイデンティティがあるからなのです。あなたがベンガル語を話していても、あなたのアイデンティティは日本にあるのと同様です。たとえ、私達がナイジェリアに4世代に渡って住んでいたとしても、ベンガル人のままです。名前や食事の慣行や衣服がどれだけ変わったとしても、民俗アイデンティティがあるので、血からわき出るものがあるので、私達はベンガル人のままなのです。民俗アイデンティティがあれば、新しい文化が生まれます。新しい自信（confidence）や新しい可能性がバヒルボンゴにはあるのです[92]。

---

[91] デーヴァナガーリー文字を用いることについて、チョクロボティ氏は「文字スクリプトは文化的なアイコンではないと考えています。ヨーロッパではドイツ語もイタリア語も英語も同じスクリプトを用いていますし、スクリプトは音を表現するデバイスにすぎないと考えています」と述べていた。文字表記を変えたとしても、ベンガル語としての作品の性質そのものには影響を与えないし、それでベンガル的特質が失われるものではないと考えているようである。同上、インタビューより。

[92] 同上、インタビューより。インタビューは英語でおこなわれたので、チョクロボティ氏は「民俗ア

チョクロボティ氏はこのように、西ベンガルでも東ベンガルでもない、「在外ベンガル人」という主体が存在することを措定したうえで、固有の存在としての可能性に言及する。このような考え方は、必ずしもチョクロボティ氏固有のものではなく、どれだけコミットするかは別として、在外のベンガル人達の間ではかなり共有されている[93]。

小　括

　本章では、チットロンジョン・パークの住民たちがどのように今日「ミニ・ベンガル」と呼ばれる生活空間を構築してきたのかという点、及び「ベンガル」をめぐるアイデンティティの問題を検討した。第1節では、デリーのような都市における状況を捉えるために、伝統的なコミュニティを想定するのではなく、個人とその協働に基づくアソシエーション的連合と活動を生活空間構築の基盤と考え検討した。その結果、多くの団体が「ベンガル」を掲げ、互いに重複する活動も含みながらも、政治的陳情、住民サービス、医療福祉、宗教、個人儀礼、宿泊施設、（ベンガル）文化、歴史的人物の顕彰、女性、教育・奨学金、各種行事、地域性など、それぞれの理念と指向性のなかで活動を展開し、それらの総和として住民達の日常や非日常に関わるチットロンジョン・パークの生活空間が構築されてきたことを明らかにした。

　チットロンジョン・パークに見られるアソシエーション的連合は、Kaur［2007］がパンジャービー避難民について言及したような社会的・家族的ネットワークの枠を越えて、市民的活動としての公共性をも有しているといえよう。また、ボランタリー・セクターの活動としては、開発現場における開発NGOのように外部からの働きかけによるのではなく、住民自身の自発的・主体的活動が都市居住地の形成を主導してきたという点で差異が際立っている。

　チットロンジョン・パークでは、同質的で閉じた「ミニ・ベンガル」が構築されてきた訳ではないことも重要である。このことは、第2節で扱ったように、チットロンジョン・パークをひとつの核として、ベンガルのネットワークはより広範

　　イデンティティ」を"folk identity"という英語表現で語っていた。
93）例えば、チットロンジョン・パークの略史を作成したP.K.ラエ氏は、「アッサムのシルチャルのベンガル人は、西ベンガルでも東ベンガルのベンガル人でもない、シルチャルのベンガル人という意識がある」と述べていた。2002年4月7日、インタビュー。

に広がっていることとも関わっていた。チットロンジョン・パークの周辺には衛星のようにベンガル人居住地が存在し、周辺以外にもかなりの規模のベンガル人居住地が存在する。デリー各所に散在するカリバリのような宗教施設や250カ所に及ぶとされるドゥルガ・プジャはデリーのベンガル人を相互に結びつけ、文学協会のような活動はデリーを越えてインド全土のベンガル人とのネットワークを形成している。

　第3節ではドメスティックな言語としてのベンガル語の保持とアイデンティティの問題を検討した。パンジャービー避難民とは異なり、デリーのベンガル人は母語であるベンガル語の保持に意欲的である。しかし、他方でデリーがベンガル語圏ではないという事情に加えて、教育や職業のためには英語が重視されることによって、ベンガル語の保持が容易ではない状況が生じている。これにより、世代間のベンガル語やベンガル文化に対する想いにはかなりのギャップが存在する。

　また、デリーのコスモポリタン的環境は、他の文化との接触状況を必ずしも否定的に捉えない意識や、異カースト、非ベンガル人、外国人との結婚も許容する態度を生んでいる。これと関連して、デリーに居住しているからこそ良い教育や就職の機会を得ているとの認識、及び教育や職業それらに基づくホワイトカラーのミドル・クラスとしてのアイデンティティこそを重視する価値観も生み出してきた。

　自らが数世代にわたってベンガル地域の外に居住する人々にとって、もはや東ベンガルも西ベンガルも模倣の対象でも帰依する対象でもないとの認識も広がっている。その先鋭的な例として、「在外ベンガル人」を掲げる団体はインド国内における「ベンガル人ディアスポラ」という概念すら掲げて、東でも西でもない「在外」のベンガル人を固有の存在として提起している。このように、人々のアイデンティティは、単なる同質的「ベンガル人」にはなく、状況に適応的で重層的、かつ選択的なものとなっているのである。

第10章

近隣関係の構築と都市化・再開発

　前章では、アソシエーション的連合とその活動に注目して、チットロンジョン・パークにおける生活空間の構築について検討した。本章では、「近隣(neighborhood)」を分析の枠組みと設定することで、チットロンジョン・パークというローカルな「場」に対する住民達の意味づけや、住民間の関係のあり方について考えてみたい。「近隣」に注目する理由について、以下に述べておきたい。インド社会の研究における「コミュニティ」概念の特徴については、前章で紹介したとおりである。Upadhya [2001: 53-54] によれば、コミュニティはカースト、村落、宗教セクトなどと結びつけられ、個人、国家、市場、近隣、ビジネス組織、階級などとは対立するものとして捉えられてきた。よって、コミュニティは経済ではなく文化の領域に属するもので、それ故に真正の社会的構成やアイデンティティの最も重要な源泉であるとされてきた。

　チットロンジョン・パークは自然村のようなものではなく、政府との交渉の末に建設されたものである。住民達の多数はベンガル人であるとはいえ、故郷から切り離され、方々から集まって来た人々であり、アイデンティティの拠り所はカーストよりも教育と職、都市のミドル・クラスとしての自己認識にあると述べるような人々である。そして、以下にみていくように、チットロンジョン・パークは常にデリーで進む都市化、市場、コマーシャリズム、再開発などによって影響を被ってきたのであり、従来のコミュニティ概念では捉えることができない。

　こうした状況を捉えるために、本章では「近隣」に注目する。インドの都市の近隣に関する論集を編集した De Neve and Donner [2006: 2-7] は、グローバリゼーションへの関心が高まる現代の社会分析においては、ローカルな事柄には十分な注意が向けられず軽視されてきたと指摘する。彼らによれば、ローカルな「場(space/place)」は高度に政治的で流動的であり、そこにおいてこそジェンダー、カースト、コミュニティ・アイデンティティなどが、空間的な実践や空間概念の変容によって、常に生産され、交渉され、問われているとして、場そのものに注目す

ることの重要性を強調する。そして、社会的に構築された「場」としての近隣の形態や意味を捉えること、近隣がいかに意味ある場としてつくられるのかを問うことが都市生活の理解の根本であると主張する。

　彼らの視点は、ローカルな場における政治的交渉に重きを置いたものだが、本章では彼らの問題意識を共有したうえで、チットロンジョン・パークにおける近隣がいかにコロニーを取り巻く都市化、市場、コマーシャリズム、再開発などの影響を被り、それらの環境要因との間で交渉しながら形づくられてきたのかを検討する。これにより、チットロンジョン・パークがどのように「意味ある場」としてつくられてきたのかを問いたい。

　以下、第1節でデリーにおける都市化の進展状況について確認したうえで、第2節では、ヒンドゥー教のドゥルガ女神の年祭礼であるドゥルガ・プジャ（*durgā pūjā*：プジャとは祭礼や年祭礼を意味する）を取り上げる。この年祭礼は、ベンガル人にとって最も重要な年祭礼である。コロニーが完成に至る以前から、住民の入居が進む過程で様々なコミュニティ活動が開始されていたことは、すでに述べた。ドゥルガ・プジャは住民の協働によって開催された初めての祭礼である。当初1カ所で開始されたドゥルガ・プジャは、その後コロニーの開発が進み、住民の数が増えるとともに増加し、現在では9カ所で開催されるようになっている。その過程では、コマーシャリズムの介入によって、祭礼が肥大化する一方で、それを嫌う住民達によって、より親密さが感じられる方向へもプジャは分裂していった。ドゥルガ・プジャの拡大・分裂の過程の検討を通じて、いかにコロニー内の近隣関係が構築され、また都市的な環境との交渉によって近隣に関する意味づけが変動していったのかを検討する。

　デリーのカシミーリー・ゲート（Kashimiri Gate）やティマルプル（Timarpur）など、古くからのベンガル人居住地では、ベンガル人住民の多くは、すでに他所へ転出してしまっているにもかかわらず、ドゥルガ・プジャだけが一貫して同じ場所で開催されている事例も存在する。プジャがかつての近隣の残像として現地に留まっているのである。こうした事例も検討に加える。

　第3節では、より直接的に都市化や再開発の問題を取り上げる。デリー南部への都市圏の拡大と都市開発の進行によって、チットロンジョン・パークは不動産開発と土地価格の高騰に見舞われてきた。その結果、コロニーからのベンガル人の流出と非ベンガル人の流入が生じて、近隣の住民構成は変動するようになった。マーケット再開発も同様にベンガル人店主の流出と、非ベンガル人店主の流入をもたらした。これらによって、当初は排他的にベンガル人避難民のみによって成

立していた近隣は変化し、ミニ・ベンガルにも揺らぎをもたらしている。

第1節　デリーにおける都市化の進展

　デリーの歴史は古く、紀元前にはマハーバーラタに描かれている都インドラプラスタが所在していたともいわれる。史実としては、8世紀から12世紀末にかけてのヒンドゥー諸王権による支配を経て、13世紀以降は奴隷王朝をはじめとするデリー・サルタナットと呼ばれる5つの王朝がデリーに成立した。その後、16世紀からのムガル朝の時代になると、第3代皇帝のアクバルの時代に、帝国の首都はアーグラーなどへ移されたものの、第5代のシャー・ジャハーン帝の時代には再びデリーに首都が移され、シャージャハーナーバード、すなわち現在オールドデリーと称される市街地が建設された。

　デリーはその後、ムガル帝国の弱体化とともに一時マラーター勢力の支配を受けるなどを経て、1803年にイギリスの支配下に入った。1857年のインド大反乱を経て、1912年には英領インドの首都がカルカッタ（コルカタ）からデリーへ移され、それを受けて新首都の建設が進められ1931年に完成した。現在に至るデリーの原型はここにできあがった。

　イギリスによるデリーへの首都移転以降、デリーは一貫して拡大を続けてきた。遷都から1931年までの間に、ニューデリーや軍宿営地の開発が新たに進められ、オールドデリーの北側に位置するシビル・ライン（Civil Lines）にニューデリー完成までの臨時の政庁が置かれた。その後、独立の時期までに、オールドデリーとニューデリーをつなぐエリアが開発されていった。図表10−1「デリーの領域拡大プロセス」は、デリーがイギリスの支配下に入った1803年以降のデリーの発展の様子を示している。

　遷都宣言時の1911年のデリーの都市面積は、わずか43.3km²であった。首都建設が完了したのは1931年とされるが、この時には169.4km²に拡大したものの、その10年後の1941年になっても174.3km²と、この当時にはさほど拡大はしていなかった［Dupont 2000: 229-239］。都市面積が拡大していったのは、独立以降になってからである。1951年には201.4km²、61年には326.6km²、71年には446.3km²、81年には540.8km²へと拡大し［同上］、さらに91年には685.3km²、2001年には924.7km²、2011年には1113.7km²と拡大を続けてきた。ちなみに、現在のデリーの「総面積」

図表 10 − 1　デリーの領域拡大プロセス（1803 年から 1958 年まで）

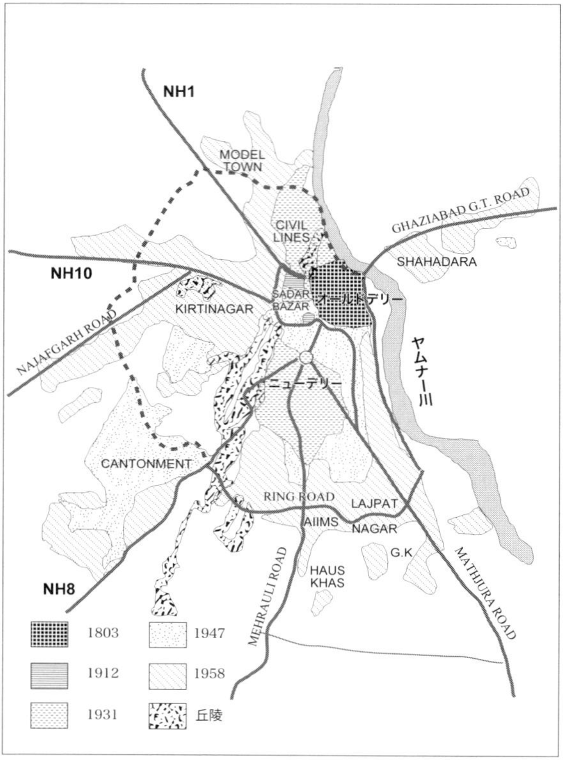

出典：Government of India［1999: 3］より作成

は 1483.0km²である［Government of NCT of Delhi 2015: 17］。実はデリーでは行政上、総面積は「都市面積」と「農村面積」に区分されており、上記の都市面積の拡大とは、総面積のなかで都市面積が拡大する一方で、農村面積の部分が相対的に縮小してきたことも表している。

　人口増加の規模とペースについても、独立以降の時期にめざましい。国勢調査（センサス）データによれば、デリー遷都が宣言された 1911 年には 41.4 万人であった人口（ここでは都市と農村の両面積での合算）は、独立前の 1941 年には 91.8 万人となっていた。独立直後には、インド・パキスタンの分離独立による避難民流入が大きく影響して、1951 年には 174.4 万人へと急増した。1941 ～ 51 年の 10 年間では人口は 90％も増加したことになる。その後も、20 世紀の後半には 10 年ごとにほぼ 50％前後の人口増加を示し、2001 年には 1,385.1 万人、2011 年には 1,678.8

万人へと増加した［同上］。

　こうした急激な都市面積や人口の拡大において重要なひとつの点は、デリーには域外からの多様な人口が継続的に流入してきたことである。人口増加については、自然増と域外からの流入による増加の 2 つの要素が考えられる。デリーでは分離独立時の大量の避難民流入の時期以降においても、人口増加数に占める域外流入者の構成比は、1961 ～ 71 年の期間で 62％、71 ～ 81 年で 60％、81 ～ 91 年で 50％であり［Dupont 2000: 235］、人口増加のかなりの部分は域外からの流入者によってもたらされてきた。この傾向は現在に至るまで継続している。

　インドの脈絡においては、都市化（urbanization）といった場合、それは第一に都市人口比率の高さを意味している［Sivaramakrishnan et al. 2007］[1]。そして都市人口比率の高さは、単に地理的範囲が拡大することだけではなく、うえにみたように都市エリア（面積）の領域が拡大することと表裏一体である。よって本章では、都市化を都市人口の上昇圧力とともに、都市エリアが拡大していくプロセスと考えておく。その過程において、各地の開発や再開発が進み、それとともに地価上昇をみてきたのがデリーにおける一貫した傾向である[2]。このようなコンテクストにおいて、チットロンジョン・パークにおける近隣の問題を検討する。

　なお、本章で単に「デリー」という場合、デリー連邦首都直轄地（NCT of Delhi）の全体を指すこととする。関連した地域区分として、デリーを中心とする経済圏の拡大に対応する形で、デリー連邦首都直轄地を核としてハリヤーナー州、ウッタル・プラデーシュ州、ラージャスターン州の一部を加えた「デリー首都圏（National Capital Region）」という括りもある[3]。

---

1) もちろん、都市化には様々な現象が関わっており、都市化を捉える指標は、都市人口比率や都市エリアの拡大だけではない。人口密度、性別・年齢構成比、識字率などの社会的指標や、雇用、貧困率などの経済的指標、住居アメニティや生活インフラなど、多岐にわたっている。そして、これらの指標の改善が都市計画や政府の施策の重要な役割となっている。都市計画については 2007 年に新たに策定された「デリー・マスター・プラン（Master Plan for Delhi 2021）」を参照のこと［Puri 2010; Singh 2007］。デリー政府の施策については、デリー初の「人間開発レポート」を参照のこと［Government of NCT of Delhi 2006］。

2) 特に、1990 年代から始まった経済自由化政策によって、インドがグローバル経済と結びつき、国外からの資本流入や国内投資が都市を中心にもたらされたことが、インドでの都市化を進展させていると指摘されている［Sivaramakrishnan et al. 2007: 26］。デリーもまさにこのような大きな潮流のなかにあると考えられる。

3) National Capital Region Planning Board, Ministry of Housing and Urban Affairs, Government of India のサイトより（http://ncrpb.nic.in/ncrconstituent.html）。2018 年 9 月 15 日閲覧。デリーの都市圏の拡大については、月刊『地理』63-7（通巻 758 号）、2018 年の特集「インド　変わる大都市圏」を参照のこと。

第2節　ドゥルガ・プジャ（ドゥルガ女神年祭礼）の拡大と分裂

（1）ドゥルガ・プジャの歩み
　1）ドゥルガ・プジャとベンガル人
　ドゥルガ女神は、ヒンドゥー教において最も親しまれている神のひとつである。シヴァ神のシャクティ（śakti:性力）を体現する女神であるが、パールバティー女神のように静の面ではなく、カーリー女神とともに、動の面ないしは荒ぶる面を司っている。ベンガルにおいては、常設の寺院としてはカーリー寺院が重要であり、通常ドゥルガ女神の常設の寺院はない。しかし、毎年ベンガル暦アシン月（aśvin）の最初の白分（月が満ちていく期間）におこなわれるドゥルガ・プジャは、ベンガルで数々催される年祭礼のなかでも、最も大規模かつ重要なものであるとしても過言ではない。
　ドゥルガ女神について最もよく知られているのは、「水牛の姿をした魔神を殺す女神」という物語である。10本の腕を持つドゥルガ女神が、その乗り物であるライオンのうえから水牛の姿をした魔神を三叉の鉾でひと突きにしている場面は、よく親しまれている姿であり、ドゥルガ女神の年祭礼の際も多くの場合、この姿が祭壇に安置される。また、ベンガルでは、女神像を中心に4人の子ども達（ガネーシャ、ラクシュミー、サラスヴァティー、カールッティケーヤ）も並んで祭壇に安置される。ドゥルガ女神は嫁ぎ先であるシヴァ神のカイラーサ山から子ども達を連れて年に一度、里帰りをする、それがドゥルガル・プジャの機会であると理解されている。そして、これに倣うかのように、ベンガルでは、実際に嫁いだ女性が嫁ぎ先から子どもを連れて里帰りする機会となっている［外川 2008］。
　ドゥルガ・プジャには、その担い手について大きな歴史的展開がある。それは、王権によるものから、英領時代の富裕層・在地領主によるもの、そして民衆によるものへと転換してきた［外川 1992; Banerjee 2004］。今日一般的に見られる、近隣の人々が協働してひとつのコミュニティ・プジャとして開催されているプジャ、すなわち「すべての人々のための年祭礼（ショルボジョニン・プジャ / sarbajanīn pūjā）」と呼ばれる形態は、民衆によるプジャの時代になって成立した。ドゥルガ・プジャは極めて都市的な性格を持っていることもひとつの特徴である。従って、ベンガルの中心都市であるコルカタは、現在に至るまでドゥルガ・プジャの本場であり続けている。デリーのベンガル人は、盛大に開催されるコルカタのドゥルガ・プ

ジャを多少とも意識しており、逆にチットロンジョン・パークでのドゥルガ・プジャはコルカタでテレビ報道されるなど、ドゥルガ・プジャはベンガル人の間ではとても関心が高い祭礼である。

2）デリーにおけるドゥルガ・プジャの歴史

デリーにおいて、ベンガル人による初めてのドゥルガ・プジャが開催されたのは、一説によれば、1842 年に東ベンガルのラジシャヒ地方の在地領主（ザミーンダール）であったババニ・モジュムダールという人物が所用でデリーに来た時に、たまたまそれがプジャの季節に重なったために開催したという話がある［Cittarañjan Pārk Kālī Mandir Sosāiṭi 1998: 49］。ただし、これは個人で開催したものであり、「すべての人々のための」プジャではない。

デリーにおいて最も古い「すべての人々のための」ドゥルガ・プジャとして知られているのは、デリー北部のカシミーリー・ゲートのプジャである。1910 年から開始され、筆者が訪れた 2008 年には 99 周年を迎えていた。翌年の 100 周年をアピールする 2008 年発行のパンフには、次のようにプジャの淵源が記されている。

> 今年は、我々のデリー・ドゥルガ・プジャ・ショミティが 99 年目を迎える特別な年です。100 年前、すなわち 1910 年を思い起こしてみると、デリーはまだ城壁に囲まれた小さな町でした。そして狭い曲がりくねったバリマランという路地に、わずかな数の敬虔なベンガル人が住んでいて、今とかわらぬ歓喜と崇敬の念を持ってドゥルガ・プジャを祝っていました。しかし、彼らのグループがわずかであったのは、そう長い期間には及びませんでした。なぜなら、その後すぐに、インドの首都がコルカタからデリーへと移されたことによって、数多くの家族が移ってきたからです。そのほとんどはベンガル人でした。家族が増えるに従って、町も栄え、ドゥルガ・プジャも盛んとなっていったのです[4]。

カシミーリー・ゲートのプジャは、デリーへの遷都が宣言される前年から開始されたが、遷都によってそれまでの首都であったコルカタで統治政府の役人として働いていた人々も大量にデリーに移住することになり、そのことでベンガル人の人口も増え、人口が増えたことでドゥルガ・プジャも盛んになったというので

---

[4] "Delhi Durga Puja Samiti 1910-2009", Bengali Club, Kashmere Gate, Delhi, 2008.

ある。

　デリーへの遷都後、ニューデリーが完成する1931年までは、政庁はカシミーリー・ゲートの北側のシビル・ラインに置かれていたことはすでに述べた。ニューデリーが完成して政庁が移ると、今度はそれにあわせてベンガル人の役人達もニューデリーのエリアの方へ移ることとなった。そのあたりの事情を、チットロンジョン・パークのカーリー寺院ソサエティの設立25周年記念誌（以下、記念誌）は、次のように述べている。

　　（筆者注：イギリスがニューデリーへ官庁を移動させたことで）ベンガル人の公務員も転居しました。それは単に転居ということではなく、さらに新しいベンガル人が入ってくることで、ベンガル人が居住する新しい地区が誕生していったことを意味しています。例えば、ゴールマケットがそうです。ベンガル人の数が増えるに従い、ドゥルガ・プジャの数も増えていきました。ゴールマケット（これはニューデリー・カリバリの敷地内でおこなわれる）、カロルバーグ、デブナガル、ジョムナ河の対岸にはラクシュミナガル、サーフダーラー、ディラサード・ガーデン、マユールビハール、アーナンダビハール、ビベクビハール、ジルミル・コロニー、西部ではパーラーム・コロニー、ポスチム・ビハール、ラージョウリー・ガーデン、グレーター・カイラースI、ソロジニナガル、モティバーグ、ディフェンス・コロニーなど、ほかにも数えられないほどあります。そして、現在約80万人のベンガル人のなかで、250以上のドゥルガ・プジャが行われているのです［同上：50］。

　ニューデリーの完成と政庁の規模拡大によって、さらに多くのベンガル人がデリーに転勤等で移住することになり、デリーの各所に居住地を構えるようになった。そうなるとそれぞれの地域で各自のドゥルガ・プジャが開催されるようになり、記念誌が発行された1998年の頃には、デリーで250を超える数のドゥルガ・プジャが開催されているというのである[5]。分離独立時には公務員に加えて民間のベンガル人も存在していた。独立後も転勤、教育、求職などで西ベンガル州からデリーに来る人々の流れは継続し、現在に至るまでベンガル人はデリーに一定の地歩を築いて来た。そして、チットロンジョン・パークの事例がまさに示すように、ベンガル人の人口が増加し、居住地域が広がるに従って、デリーにおける

---

[5] この点は、すでに第7章で検討した通り、ドゥルガ・プジャ最終日に流される神像の数を考えると、デリー全体では250カ所において開催されていると考えても誤りではない。

ドゥルガ・プジャの開催地の数も増加していったのである。

（２）チットロンジョン・パークにおけるドゥルガ・プジャの変遷

　まず、チットロンジョン・パークにおけるドゥルガ・プジャの歴史を辿ってみたい。本章では2008年（ベンガル暦1415年）にチットロンジョン・パークで開催されたドゥルガ・プジャを取り上げる。2008年現在で、9カ所で開催されており、そのすべてを回ってインタビューや資料収集をおこなった[6]。また、記念誌には1970年代までの経緯が記されている。それらをあわせて検討すると、チットロンジョン・パークにおける現在までのドゥルガ・プジャの推移は、大きく次の5つの段階に区分できる。

　図表10－2「チットロンジョン・パークにおけるドゥルガ・プジャ会場配置」は、それぞれの会場の場所を地図上に示している[7]。地図上の丸数字はそれぞれの会場の位置を表し、地図下の枠内には対応する丸数字とプジャを主催する実行委員会の名称を記している。これをみると、現在ではチットロンジョン・パークの領域をおおむね網羅するような数と配置のドゥルガ・プジャが開催されていることが分かる。

　なお、チットロンジョン・パークは、20のブロックと2つのDDAフラット（デリー開発局によって建設された集合住宅）に区分されている。ブロックにはアルファベットが振り分けられ、22のうち、ブロックAからKまでの11のブロックが土地配分の第1期から第3期までに割り当てられた区画である。これらのいわば本体部分に加えて、第3期の選からもれた人々（714グループ）が独自の活動の末に獲得した土地区画が、9つのブロックに分散して存在している。チットロンジョン・パーク本体の隣接地にポケット40、ポケット52、本体内部の周縁エリアにポケットK、L、M、N、O、P、K1の7カ所である。よって、③、⑦、⑧の3カ所は、それぞれのブロックの名称をプジャ（実行委員会）の名称としていることになる。

1）第1段階：1カ所での開催（1970年から75年まで）

　チットロンジョン・パークで初めてのドゥルガ・プジャが開始されたのは、す

---

[6] ドゥルガ・プジャに関する調査は、科学研究費補助金「南アジア地域における消費社会化と都市空間の変容に関する文化人類学的研究」（研究課題番号：18251016、代表者：国立民族学博物館　三尾稔、2006～2009年）によって実施した。

[7] 図1ではチットロンジョン・パークの境界が分かりにくいが、地図の中程を東西に走るISU Darshan Munjal Margと地図左下を東西に走るUday Shankar Margに囲まれている領域、および⑤が示されている部分周辺が、チットロンジョン・パークの領域である。

図表 10 − 2　チットロンジョン・パークにおけるドゥルガ・プジャ会場配置

①カーリー寺院ソサエティ
②コーポレイティブ・グラウンド
③Bブロック
④メラ・グラウンド
⑤ノボポッリ
⑥ドッキンポッリ
⑦Dブロック
⑧Eブロック
⑨ミロン・ショミティ
※丸数字は、図上の丸数字と対応している。
※スケールは厳密ではない。

でに述べた通り 1970 年である[8]。同時にこれは、住民達が協働で開催した記念すべき最初の宗教行事でもあった。この頃はまだ土地の分譲が開始された直後であり、家屋の数も少なかった。記念誌によれば、すでに家屋が完成した 18 〜 20 世帯の住民と、家屋を建設中の住民達の協力で、1 番マーケットの向かいの J ブロックの公園（zonal park）で、カルカジ・プジャ・ショミティの名前で初めてのドゥルガ・プジャが開催された［同上：46］[9]。これが 3 年間続いた。続く 1973 〜 75 年の 3 年間は、当初の公園から少し東に移動した C ブロックで開催された。1973 年にコロニーの名称が現在のものに変更されたのを受けて、ショミティ（実行委員会）の名前も、チットロンジョン・パーク・プジャ・ショミティと変更された［同上：47］。

ここまでの 6 年間は、チットロンジョン・パークにおける「すべての人々のためのプジャ」としてのドゥルガ・プジャは、一カ所のみで開催されていたことになる。

2）第 2 段階：世帯の増加とともに分裂増加（1976 年から 1990 年代初頭まで）

その後、コロニーへの入居が進み、世帯の数が増えるに従って、1 カ所では混雑しすぎるようになり、複数の場所で開催されるようになった。複数開催は、より自分達の居住するブロックに近いところでプジャを開催したいという、住民の希望から生じた。記念誌によれば、1976 年に何人かの住民が、この年のドゥルガ・プジャをコロニーのかなり東側に位置するメラ・グラウンド（図表 10 − 2 の④）という場所へ移転することを主張した。これに対して、コロニーの西側のエリアに居住する A、B、K ブロックの人々が、それでは自分達のところから遠くなりすぎると反対したことで、その主張は受け入れられなかった。しかし、トラブルを回避するために、この年には、それまでのチットロンジョン・パーク・プジャ・ショミティによる C ブロックでのプジャは開催されず、結果的に、メラ・グラウンドと J ブロックでそれぞれ開催されたとのことである［同上］。コロニーの「すべての人々のため」に活動していた、もともとの主催者は中立を保って開催せず、東側でやりたい人々が独自に開始する一方で、西側の人々もやはり自分達のプジャを開催した。こうして 1976 年に初めて、ドゥルガ・プジャの分裂

---

8) 開始年については、記念誌［Cittarañjan Pārk Kālī Mandir Sosāiṭi 1998: 46］および EPDPA の機関誌 *Pūrbbācaler Kathā* に掲載されている年譜にも記されているところであり［Ray 1982: 26］、間違いないであろう。

9) 1970 年にはまだチットロンジョン・パークの名称はなかった。カルカジ（カールカージー）とは、チットロンジョン・パークが所在する地域の名称で、計画段階から「カルカジに建設する予定のコロニー」というような形容がなされていたので、当時の人々もこの名称を採用していた。

みた。

　記念誌は以上のように説明するが、各実行委員会が毎年プジャの時期に発行するしおり（souvenir）やインタビューによると、1976 年には 2 つに分裂というよりも、3 つに分裂していた可能性もある。コロニーの東寄りに位置するメラ・グラウンド、西側の A、B、K のブロックに囲まれる形となるコーポレイティブ・グラウンド（J ブロック内、図表 11 − 2 の②）、そして西端に位置する B ブロック（図表 11 − 2 の③）の 3 カ所では、いずれも 2008 年で 33 年目を迎えるとしている（つまり 1976 年から開始）[10]。

　そして翌年、1977 年からはそもそも唯一の実行委員会であったチットロンジョン・パーク・プジャ・ショミティは、カーリー寺院ソサエティの場所でプジャを開催するようになり（図表 10 − 2 の①）、1992 年までこのショミティの名前で 23 年間ドゥルガ・プジャを開催した。チットロンジョン・パークにおけるドゥルガ・プジャは、こうして 1976 〜 77 年の時期に、一気に 4 カ所へと拡大分裂したのである。これら 4 カ所のプジャは、その歴史の古さと規模の大きさにおいて、今日においてもチットロンジョン・パークのドゥルガ・プジャを代表するといってよい。

　カーリー寺院ソサエティは、その後 1993 年からは、チットロンジョン・パーク・プジャ・ショミティではなく、ソサエティの名称において独自のプジャを自前の敷地で開催することを決定して、ここにチットロンジョン・パーク・プジャ・ショミティは事実上解散となった。このことは象徴的である。つまり、ここにおいて、チットロンジョン・パークを総括代表する組織名称は放棄され、ドゥルガ・プジャ

---

10) この点については、記念誌では触れられていない。コーポレイティブ・グラウンのしおりには、歴代役員名のリストが掲載されていて、そのリストは 1976 年から開始されているので、この 3 カ所での開始年は公式的には 1976 年と考えるべきなのであろう。コーポレイティブ・グラウンドで開始当初からの主要メンバーであった人物へのインタビュー（2008 年 10 月 4 日）では、「ドゥルガ・プジャが J ブロックから C ブロックにシフトしたものの、そこで混雑するようになってしまったので、プジャはメラ・グラウンドと J ブロックに分かれた。メラ・グラウンドは存続したが、J ブロックはさらに B ブロックとコーポレイティブ・グラウンドの 2 カ所に分かれた」とのことであった。この説明に基づいたうえで、1976 年からコーポレイティブ・グラウンドが開始されたと考えると、メラ・グラウンドと J ブロックの 2 つに分かれたのは、遅くとも 1975 年となり、記念誌の記す 1976 年とは齟齬が生じる。別の実行委員会（D ブロック）の古参へのインタビュー（2008 年 10 月 4 日）では、メラ・グラウンドと J ブロックに分かれた後には、J ブロックでは 1 年しか開催されなかったとのことなので、これらを総合すると、1975 年にメラ・グラウンドと J ブロックに分裂し、1976 年にさらに J ブロックから B ブロックとコーポレイティブ・グラウンドの 2 カ所に分かれたと考えるのが妥当であろう。しかし、カーリー寺院ソサエティの役員は、インタビュー（2008 年 10 月 14 日）において、「1977 年からカーリー寺院でも開催されることになったので、我々は J ブロックのプジャを B ブロックへ移した。そして、J ブロックで一緒にやった人々の何人かが、別途コーポレイティブ・グラウンドでも始めた」として、「1977 年から 4 カ所体制となった」とはっきり述べていた。このように B ブロックとコーポレイティブ・グラウンドの開始年が 1977 年であるとする意見もある。いずれにせよ、ここでは 1 年くらいの齟齬はたいした問題ではないであろう。1976 〜 77 年のごく短期間のうちに、ひとつの開催地から 4 カ所にまで分裂したことが重要である。

は名実ともに、それぞれの地区の実行委員会の手に委ねられることになったのである。

　ドゥルガ・プジャの分裂増加は、行事内容や運営方針をめぐる実行委員会内部における様々な意見の相違や対立の結果という面もあるものの、基本的には分譲地への入居が進んで世帯数が増加することで、プジャの会場が混雑するようになり、家屋が広がる領域もコロニー内の広範囲に及ぶようになって、会場が遠距離になるという不便が生じるなかで、いわば自然発生的・自発的に新規のプジャが開始されてきたとみることができる[11]。メラ・グラウンドの実行委員会関係者は、このようにプジャが分裂増加していく状況について、「そのようなことはよくあります。それは例えるとすれば、家に何人かの息子がいて、成長するとそれぞれが独立して新たに生計を始めるようなものです」と述べていたが[12]、現地の人々にとってはプジャの分裂はこのようなニュアンスもあり、必ずしも否定的には捉えられてはいない。

　ドゥルガ・プジャが分裂増加を続けてきた要因として、それを可能とするオープン・スペースが、チットロンジョン・パークには豊富に存在していたことも指摘できる。うえにみてきた4カ所は、いずれもそれぞれの敷地で大規模な集会や運動競技会が開催可能なほどの広いスペースを有している。コロニー建設のプランの段階から、各ブロックにはそれぞれある程度のオープン・スペースが確保されていたことが、物理的にもプジャの分裂と増加を可能としてきたのである。

3）第3段階：1990年代の入居者によるプジャの開始（1992年から1995年にかけて）

　1977年から4カ所体制になった後、1980年代まではドゥルガ・プジャの分裂は生じなかったようであるが、1990年代になると様々な動きが生じた。そのひとつは、第3期の分譲からもれていた714グループの人々が、1990年代初頭より新たな区画を得て入居し始めたことである。彼らも自分達のプジャを開始した。ノボポッリ（図表10－2の⑤）は、主にポケットK1とポケット40の2つの地区をカバーする形で1992年から開始されている。ドッキンポッリ（図表10－2の⑥）は1995年から、主としてポケット52、およびその周辺のM、N、O、Pなどのポケットの住民達の協働によって開催されている。彼らが新しくドゥルガ・プジャを始

---

11) ただし、それぞれのプジャの実行委員会メンバーは、排他的に開催地周辺の住民だけから構成されているわけではない。特により歴史の古いドゥルガ・プジャとなるほど、メンバーはブロック横断的に集まっていたのであり、そのつながりが現在でも維持されている。従って、たとえ自分の居住ブロックで新たなプジャがはじまったとしても、その以前から属していたプジャ、例えばカーリー寺院ソサエティやBブロックなどでも、継続的に実行委員会メンバーとなっているケースも珍しくはない。
12) 2008年10月7日、メラ・グラウンドのスポンサーシップ担当役員より。

めた理由は、「自分達は他のところから新しい地区に入ってきたので、新しいところで新しいプジャをやろうと思った」[13]、「ほかのところへ出かけて行くのでは混雑するので自分達も始めた」[14]とのことであり、第2段階までと同様に、人口増加と居住エリアの拡大を理由として、新たなプジャが生まれている。

4) 第4段階：プジャの肥大化とコマーシャリズムの介入（1990年代後半以降）

チットロンジョン・パークにおけるドゥルガ・プジャは、第3段階の1990年代半ばに至って計6カ所で開催されるようになった。チットロンジョン・パークでは、ひとつの住宅エリアのなかで複数のドゥルガ・プジャ会場を巡ることができることもあって、コロニー内部のみならず、外部からも大量の人々が訪れるようになった。この状況は、企業広告にとって格好の場となり、多数の企業がドゥルガ・プジャの会場に広告を出すようになった。プジャが企業の広告塔となる状況がこの頃より生じたのである。1990年代は、経済自由化政策に伴って企業活動が活発になり、より多くの宣伝広告費が費やされるようになったと考えられる。そうした状況も、プジャとコマーシャリズムの結びつきを後押しした。プログラムのある部分、例えば、何かのコンテストについて特定企業がスポンサーとなって賞品をその企業が出していたり、会場の仮設神殿の壁面にいくつもの企業ロゴが掲示されたりしている光景は当たり前のものとなっている。プジャの主催者の側にとっても、地道に家庭を回って寄付金を集めるよりも、企業広告を受け入れることではるかに大きな資金を獲得できるようになった。これにより、神像の華美を競ったり、コルカタ方面から著名なミュージシャンを招いたりなど、エンターテイメント化が進んだ。

5) 第5段階：親密さへの回帰（1990年代後半以降）

次の第5段階は、このようなプジャの肥大化とともに生じていたといってもよい。プジャが肥大化することで、外からの来訪者も増加して混雑を極めるようになり、住民が会場を訪れることすら困難な状況さえ生じた。よって、現在でもそうだが、住民向けに通行証をつくって、別の入り口から出入りするような措置まで取られるようになった。このようなプジャの肥大化と混雑を嫌い、より親密でパーソナルな関係を取り戻したいとして、3つのグループが新たに生まれた。それぞれミロン・ショミティ（1995年、図表10−2の⑨）、Dブロック（1998年、図表

---

13) 2008年10月8日、ノボポッリ実行委員会の委員長より。
14) 2008年10月5日、ドッキンポッリ実行委員会の事務局長より。

10－2の⑦)、Eブロック（2000年、図表10－2の⑧）という形で新しく実行委員会を組織して、独自のプジャを開始するようになった。また、個人宅でまさにパーソナルなプジャを開始しているケースもみられる。これら第4と第5の段階については、項を改めて検討する。

6）ドゥルガ・プジャの概要

　ここで行事内容の概要を示しておきたい。ドゥルガ・プジャでは、宗教儀礼としてのプジャ以外にも、様々な行事（文化プログラム）が開催される。例として、コーポレイティブ・グラウンド会場を取り上げる。まず、祭礼の部分についての概要は次の通りである。2008年のドゥルガ・プジャの祭礼は、西暦では10月5日から、ベンガル地方で用いられているベンガル暦では1415年のアシン月19日から開催された。この日は、ドゥルガ・プジャの第6日目（ショスティ / ṣaṣṭhī）にあたり、女神の目覚め（bodhan）、勧請（āmantraṇ）、前夜の祈り（adhibās）の儀礼が行おこなわれた。これらによってドゥルガ女神とその子ども達とされる神々が、プジャの会場に勧請され、これ以降会場には神々が座していることになる。翌10月6日の第7日目（ショプトミ / saptamī）では、9種類の植物を束ねたノボポットリカ（nabapatrikā）と呼ばれる聖物が安置される。これは農耕儀礼に由来するとされる［外川2008: 68］。10月7日の第8日目（オシュトミ / aṣṭamī）には、少女を女神の顕現として祈りを捧げる処女儀礼（kumārī pūjā）が執りおこなわれる。第8日目の終了から第9日目（ノボミ / nabamī）のはじまりの時間帯にかけては、ションディ・プジャ（sandhi pūjā）がおこなわれる。ドゥルガ女神が水牛の姿をした魔神の部下を打ち倒したのが、その時間帯であったことによる。そして、最終日の10月9日、第10日目（ドショミ / daśamī）には、既婚の女性たちによって、女神の像に吉なる赤い塗料を塗るシンドゥール・ケラ（sindur khelā）という儀礼がおこなわれる。それから女神達の神像は会場を離れ、にぎやかな行進とともにデリー南部を流れる川まで運ばれて、川に流される（bisarjan）。このように、ドゥルガ・プジャは農耕や女性性など様々な要素を含む複合的な祭礼である。

　ドゥルガ・プジャの後には、10月28日と29日に同じ実行委員会によってカーリー女神の祭礼（カーリー・プジャ / kālī pūjā）が催行される。これは、ほかの会場においても同様である。ドゥルガ・プジャをやれば、カーリー・プジャもやらなければいけないと考えられている。

　祭礼以外にも、数々の世俗的なお楽しみイベントが開催される。以下は、祭礼が開始される前にプレイベントとして開催されたものである。

9月13〜14日：詩などの朗読コンテスト
9月20〜21日：歌唱コンテスト
9月25日：楽器演奏コンテスト
9月26日：クイズ・コンテスト
9月27〜28日：歌の尻取りコンテスト（予選）
9月29日：カラオケ・コンテスト（予選）
9月30日：歌の尻取りコンテスト（準決勝）
10月1日：カラオケ・コンテスト（決勝）
10月2日：仮装コンテスト
10月3日：歌の尻取りコンテスト（決勝）
10月4日：家庭料理の展示販売・コンテスト（アノンド・メラ）

　これらはすべて住民参加によって開催される。詩の朗読と歌唱のコンテストは、「幼稚園児」「1〜3年生」……「16歳以上」など、年齢別に開催される。仮装コンテストも幼稚園児から第6年生までを3つの年齢別に分けて実施されている。2008年ではラージャスターニー（民族衣装）、スバース・チャンドラ・ボース、タゴール、クリシュナ神、修行者、テロ被害者、魚など、非常にユニークな仮装がみられた。コンテストでは、単に仮装するだけではなく、何らかの社会的な意味合いを持ったメッセージの発言も求められる。もうひとつのユニークな企画は「アノンド・メラ（$ananda\ mel\bar{a}$）」（楽しい市）というもので、家庭料理の展示販売・コンテストである（図表10－3「アノンド・メラ」を参照のこと）。これはベンガル料理だけに限定されているわけではないが、各家庭の自慢の料理を会場に出品販売し、あわせて審査員による評価がなされる。2008年は21組の参加者があった。これもかなりの人出があって盛況であった。これらのほかにも、この会場では開催されなかったが、徒競走やスプーン・レースなどの運動競技会、絵画コンテストなども各地で開催されていた。

　祭礼期間に入ってからは、10月4日から9日までの夜間に、プロのミュージシャンを招いてのミュージック・コンサートやダンス・ショーが毎日開催された。コルカタ方面からも演奏者が招かれた。また、ヒンドゥー教の儀礼に関わるコンテストも開催された。儀礼の際に鳴らす巻き貝（$śaṅkha$）や、儀礼の際に女性が舌を左右にふるわせながら出す吉祥の音（ulu）を、いかに一息で長時間鳴らすことができるかといったコンテストが開催される。アルポナ（$\bar{a}lpan\bar{a}$）という儀礼の際に描かれる絵のコンテストもある。以上は女性のみの参加でおこなわれる。

男女ともに参加するコンテストとしては、聖火（ārati）コンテストがある。これは樟脳を焚いている素焼きの壺を複数用いてのパフォーマンスで、神像の前で壺を両手に持ったり、あるいは頭やあごに乗せたりしながら、各自が独自の振り付けで演技を繰り広げる（図表10－4「聖火コンテストの様子」を参照のこと）。

このように、ドゥルガ・プジャは宗教儀礼としてだけではなく、世代を問わず地域住民が様々な形で参加しながら楽しみ、交流を深める地域イベントとしての役割も担っている。

最後に、ドゥルガ・プジャ開催に関わる経費についても検討しておく。コーポレイティブ・グラウンドにおける前年度（2007年）の決算を取り上げてみると、総予算額は284.6万ルピーで、そこから

図表10－3　アノンド・メラ

2008年10月4日、筆者撮影

図表10－4　聖火コンテストの様子

2008年10月8日、筆者撮影

翌年への繰越金などを除いた純支出額は245.8万ルピーと報告されている[15]。そのうち、費目として大きなものは会場設営約94.5万ルピー、文化行事約51.3万ルピー、供物約33.9万ルピー、神像約12.6万ルピー、儀礼約11.4万ルピーなどである。ほかの会場においても、近年のおおよその予算規模についてたずねると、Bブロック350万ルピー、カーリー寺院ソサエティ300万ルピー、メラ・グラウンド250万ルピーとのことであった。これら1977年からの4カ所体制となった

15）Receipt & Payment Account for the year 2007-2008, Cooperative Ground Puja Samity (Regd), Chittaranjan Park, New Delhi. コーポレイティブ・グラウンドでは、毎年発行されるドゥルガ・プジャのしおりに、前年度の会計報告が掲載されている。

会場以外でも、ノボポッリは250万ルピーとかなりの規模であるが、Eブロックは80万ルピーとのことで、うえに述べた第5段階のプジャの予算規模はそう大きくはないと思われる。また、個人宅では5万ルピーほどである。

(3) コマーシャリズムと融合するドゥルガ・プジャ

　大きな予算規模のところでは、近年ドゥルガ・プジャに多額の経費がかけられているが、その額は毎年のように上昇してきた。例えば、コーポレイティブ・グラウンドでは、2000年の支出実績は201.3万ルピーであったが、2005年は223.8万ルピー、2006年は減って189.3万ルピーだったが、2007年には245.8万ルピーと変化してきた[16]。カーリー寺院ソサエティでは、2000年にドゥルガ・プジャを含めてこの年にカーリー寺院ソサエティが開催した主要なプジャすべてを合算した支出実績額が178.9万ルピーであったが、2006年はドゥルガ・プジャだけで222.2万ルピー、2007年は259.3万ルピーと、こちらでも支出額はかなり高額化している[17]。

　このような予算額の上昇は、物価上昇などの要因もあるにせよ、基本的には各地区の実行委員会がより良いプジャをやろうと、競うように予算規模を拡大してきたことが大きく影響している。コーポレイティブ・グラウンドの初期の役員は、そうした状況について次のように述べていた。

> 今のプジャは以前とはまったく変わってしまいました。今は完全にコマーシャライズされています。以前は、人と人との間でアタッチメントがありましたし、関係がとても良かったものです。しかし、今ではより沢山の資金を集めて来ることができる人間が主導権を持つようになりました。プジャにあった伝統はもう今はありません。今は各会場が、ほかの会場のプジャよりも、より良いプジャをしようとして、互いが競争相手となってしまいました。その結果、競争が激しくなるにつれて、行事自体もエンターテイメント過多になっています。より良い文化プログラムをやって、ほかの会場よりも、よ

---

16) 同上。コーポレイティブ・グラウンドの各年収支報告より。

17) Budget Estimates for 2001-2002, Chittaranjan Park Kali Mandir Society (Regd.) 及び ［Cittarañjan Pārk Kālī Mandir Sosāiṭi 2008］より。ただし、第9章でも述べたとおり、カーリー寺院ソサエティの場合には、収入額が支出額を大幅に上回っていて、それがソサエティそのものの運営に大きく貢献している点が特徴である。コーポレイティブ・グラウンドの場合には、大幅な黒字はみられない。2006年は企業からの資金集めが振るわず、2.7万ルピーの赤字、2007年は24.7万ルピーの黒字であった（各年しおりの決算報告より）。カーリー寺院ソサエティでは、支出額は大差ないものの、収入額がコーポレイティブ・グラウンドよりも大きいので、2006年で114.0万ルピー、2007年は150.6万ルピーの黒字であった。

り多くの人を集めるようにと考えるようになってしまっています[18]。

　このコメントに示されているように、規模の拡大はプジャのエンターテイメント化によるところが大きいのは確かであろう。この場合のエンターテイメント化とは、第一には祭礼以外のミュージック・コンサートなどの文化プログラムが肥大化していることを意味しているが、それ以外の要素もある。うえにも述べられている対抗意識や競争意識は、文化プログラムだけではなく、祭礼に関わる部分、例えば会場の設営や神像の出来栄え、あるいはどれだけの数の参拝者に食事（供物のお下がり）を振る舞うかといったことにも向けられている。

　ドゥルガ・プジャでは、オープン・スペースに仮設の神殿が設置されて、そこに神像が安置される。神像は西ベンガル州から招請した職人がデリーに住み込みながら数か月をかけて制作している。この仮設神殿と神像は、新聞社（The Times of India）が主催するコンテストによって、まさに競争の対象となっており、コーポレイティブ・グラウンドの神像は2008年のプジャでは神像部門において、デリー南部エリアの最優秀賞（Best Idol）を獲得している（図表10－5「コーポレイティブ・グラウンドの神像」を参照のこと）。参拝者への振る舞いについても、これを重視しているとのコメントはいくつもの会場で聞かれたところであり、我々のところでは毎日3,500食だ、うちでは5,000食だなどと、いかに多くの人々に提供しているかが、ひとつの大きな関心事となっている。

　このような流れにおいては、ある時点からはプジャにかかる経費を住民からの寄付のみに頼るのは困難となっている。競争意識が高まれば高まるほど、あらゆる点でプジャは盛大となり、それに応じて費用も莫大となって行った。そこで重要なのが企業からの資金調達である[19]。これには大きく分けて、i）しおりへの

---

[18] 2008年10月4日、コーポレイティブ・グラウンドでの開始当初からのメンバーで、後に何度も実行委員長を務めた人物より。

[19] チットロンジョン・パークのドゥルガ・プジャとコマーシャリズムとの結びつきが顕著となったのは1990年代後半以降と考えられるが、コルカタではもっと早い段階からこうした傾向はみられた。Banerjee［2004: 57-60］によれば、コルカタでは、西ベンガル州政府がスポンサーとなって、1975年にはじめてコンテストが開催された。その後、州政府によるコンテストは中断したものの、1985年にインドの塗料製造大手 Asian Paints がコンテスト（Sharad Samman）を開始した。この企業によるコンテストは、当初5年間は「神像（best idol）」「会場（best pandal）」「電飾（best lighting）」の3部門で実施されたが、そのことが各主催者に対して特定部門狙いの傾向を促し、プジャの伝統を損なっているとの批判を受けて、1990年からは総合的な賞（award）のみとなった。Asian Paints 主催のコンテストの成功を分水嶺として、様々な企業によるコンテストが花盛りの状態へと至った。企業はスポンサーシップの力によって、プジャの主催者に対する圧力団体のようになり、また主催者の側にとっても、プジャの知名度を確保し、多くの見学者を集めることは、翌年の企業からのスポンサーシップの多寡に影響することから、賞の獲得は重大な関心事となった。Banerjee の記述に従えば、コルカタではチットロンジョン・パークよりも10年ほど早くから、このようなコマーシャリズムとの結びつきが始まっていた

図表 10 − 5　コーポレイティブ・グラウンドの神像

2008 年 10 月 6 日、筆者撮影

広告掲載、ii）特定プログラムのスポンサーシップ、iii）会場でのバナー広告、iv）会場でのブース設置の 4 つの形態がある。

　i）しおり（souvenir）には著名人からの祝辞やエッセイ、実行委員会の構成などの情報も掲載されているが、ほとんどのページは企業広告で占められている[20]。広告掲載料はスペースの大きさや場所によって細かく規定されており、2008 年にコーポレイティブ・グラウンドが作成していた申込用紙によれば、最も高額なのは冊子の裏表紙で 2 万ルピー、次いで表紙の裏面が 1.5 万ルピーで、本文中は 1 ページ全面が 5,000 ルピー、半ページが 3,000 ルピーであった。

　ii）のスポンサーシップとは、特定のプログラムのスポンサーとなることで、当該プログラム開催中に企業ロゴが掲示されたり、企業名がアナウンスされたりするものである。こちらについても、スポンサーへの説明用にイラスト入りの詳しいカラー印刷パンフが作成されていた。例えば、子どものスポーツと絵画プログラムで 2 万ルピー、コンサートなどの大きな文化行事のスポンサーとなると正面ステージの背景部分に企業ロゴが掲示されて、これで 30 万ルピー、参拝者への振る舞いでは 1 日 1.5 万ルピーで企業ロゴがバナー・ポストに掲載されるなどである。

　iii）のバナー広告は、特定プログラムとの関連ではなく、純粋に企業広告を会場に設置するものだが、これも設置場所によって金額が大きく異なる。最も目立つメインゲートのところは 15 万ルピー、幹線道路に面するほかの主要ゲートのところが 6 万ルピーとなっていた。図表 10 − 6「会場のバナー広告」は、メラ・グラウンド会場のものであるが、メインゲートに設置されたインドの不動産デベ

ようである。コルカタのドゥルガ・プジャについては、Chaliha and Gupta［1990］も参照のこと。
20）例えば、コーポレイティブ・グラウンドのしおりでは 2007 年は 203 件、2008 年では 247 件、カーリー寺院ソサエティのしおりではさらに多く、2007 年で 477 件の企業広告が掲載されていた。カーリー寺院ソサエティでは、2007 年は収入目標額 360 万ルピーのうち、しおり掲載の広告料で 215 万ルピー（目標額の 59.7％）を集めたと報告している［Durga Puja 2007 Celebrations, Souvenir Committee, Kali Mandir Society］。

ロッパーの全面バナー広告の例である。

最後の iv）会場でのブース設置もかなり大きな収入源となる。会場には飲食店、食品メーカー、銀行、ギフト・おもちゃ、宗教団体、携帯会社、自動車販売（実物の自動車も展示）、不動産デベロッパー、雑誌社、書籍販売などの多種多様なブースが並んでいる。飲食店向けのブースは間口約 10 メートル × 奥行き約 9 メートルとかなり広く取ってあり、このスペースで 6 万ルピー、一般ブースは 3 メートル四方で 4 万ルピーの使用料を課している。図表 10 − 7「自動車会社のブース」は、日本の自動車メーカー・スズキのディーラーがメラ・グラウンドに出していたブースである。

現在の大規模なプジャでは、これらの企業から調達する資

図表 10 − 6　会場のバナー広告（メラ・グラウンド）

2008 年 10 月 7 日、筆者撮影

図表 10 − 7　自動車会社のブース

2008 年 10 月 7 日、筆者撮影

金が大きなウエイトを占めている。2007 年のコーポレイティブ・グラウンドの決算によると、i）の広告掲載が 92.5 万ルピー、ii）から iv）までのスポンサーシップ、バナー広告、ブースがあわせて 159.2 万ルピーで、企業からの資金収入は計 251.7 万ルピーとなっている。この年の支出実績はすでに述べたとおり 245.8 万ルピーだったので、実は企業資金だけで支出を上回る収入が得られている。個人を回って募る寄付は 13.3 万ルピー、会場に設置される募金箱への寄付は 4.3 万ルピーにすぎない[21]。資金面だけでいえば、最近の大規模プジャは近隣関係を超越してしまっているのである。よって、B ブロックのように、各戸を回って寄付

21）前掲、Cooperative Ground Durga Puja Samity (Regd.), Chittaranjan Park, New Delhi.

を集めてくるマンパワーもないとして、最初から住民による寄付は全く集めずに、企業からの資金に全面的に頼っている例もみられる[22]。また逆に、大規模なプジャであってもノボポッリのように、各戸からの寄付はとても少額だが、参加意識の点では重要なので続けているという例もあり[23]、住民からの資金集めの扱いや意義は微妙な状況にある。

　いずれせよ、今日のプジャでは企業資金は不可欠である。実数は不明だが、住民のみならず外部からの来訪者も含めて毎日数万から数十万人の人出が見込めるドゥルガ・プジャは、企業にとっても宣伝の格好の舞台となっている[24]。ドゥルガ・プジャでは、常設の寺院ではなく、オープン・スペースに仮設の大きな施設を設置するために、至る所に広告スペースを確保できること、むしろ最初からそれも織り込みずみで準備できることも、メリットであろう。

　このような企業宣伝との結びつきは、1990年代半ばくらいから始まったことはすでに述べた。メラ・グラウンドのスポンサーシップ担当役員は、次のようにその頃のことを回想していた。

> 　私達のところのプジャも初めは小さかったのです。人口も少なかったし、費用も住民の寄付でまかなっていましたので。しかし、徐々に人口も増えてプジャは大きくなって行きました。そして、1995年に初めて、スポンサーシップをコカコーラから得ました。コカコーラがブースを出して、それに対して16,000ルピーを得ることができました。それで私達は、企業がお金を出すことを知ったのです。それまでは、プジャの費用は20〜40万ルピーでしたが、今では250万ルピーです。会場の設営には2か月もかかって費用は120〜150万ルピー、神像の作成には10万ルピーがかかるようになっています[25]。

　ドゥルガ・プジャが肥大化していくなかで、企業宣伝の場としてのコマーシャリズムとの融合は不可避的に生じたといえよう。主催者間の競争意識はプジャを肥大化させ、肥大化したことで多くの来訪者を集めるようになり、多くの人が集まることで企業宣伝の場となり、それによって得られる企業からの資金が肥大化したプジャを支えるという、ひとつのシステムができあがっているのである。

---

22) 2008年10月7日、Bブロックの事務局長より。
23) 2008年10月8日、ノボポッリ実行委員会の委員長より。
24) メラ・グラウンドの関係者は、今では毎日15〜20万人が訪れる、ノボポッリの関係者は4日間で60万人（1日15万人）が訪れると述べていた。
25) 2008年10月7日、メラ・グラウンドのスポンサーシップ担当役員より。

ただし、主催者達はまったく無自覚にエンターテイメント化に突き進んでいるわけではない。例えば、Bブロックの主催者は、「大きなプジャではパーソナル・タッチが失われるのは確かだが、それでも我々はそれがあるようにと努力しています。様々な文化プログラムにしても、それをおこなうことで住民のタレントを示す機会を提供していますし、コルカタ方面から呼ぶ演奏家にしても、今売り出し中の人を呼んで、ステージでパフォーマンスをする機会を提供しています。ベンガル文化を振興しようと考えています」と述べていた[26]。

　とはいえ、現在のプジャは開始当時のものとは大きく様変わりしており、プジャが持っていた住民同士のアタッチメントや親密感が失われているとの指摘は多く聞かれた。そこで、次にみるように、親密さへ回帰するためにプジャの分裂が生じた。

（4）親密さへ回帰するドゥルガ・プジャ

　1977年から4カ所体制になって以降、そこからミロン・ショミティ、Dブロック、Eブロックという3つのプジャが分裂している。ミロン・ショミティの実行委員会メンバーはすべてコーポレイティブ・グラウンドから離脱した人々であるが、後者2つはどこかひとつの実行委員会から集団離脱したわけではなく、様々な実行委員会に関わっていた人々が寄り集まって開始された。

　親密さへの回帰という点をもっとも明確に表明しているのはDブロックである。Dブロックに当初から関わっているある役員は、プジャに対する考えを次のように述べていた。

> 　あの頃、チットロンジョン・パークのドゥルガ・プジャはコマーシャライズされていると感じるようになっていました。パーソナル・タッチが失われ、住民の参加も希薄になって来ていました。お金の力によって大規模予算のプジャが横行するようになり、人間的な温かみが欠ける（impersonal）ようになっていました。そこで私達は伝統的な近隣のドゥルガ・プジャ（traditional form of neighborhood Durga Puja）に戻ろうと考えました。プジャの重点を飲食店や物販などのコマーシャルな面にではなく、祭礼としてのプジャに置こうと考えました。伝統的なスタイルに戻りたかったのです。それで私達は意識的にコマーシャライズにならないように気をつけながら、とてもシンプルに近隣の人々の間で関わりが生まれるようにやっています。私達ももちろん資金は必

---

26) 2008年10月7日、Bブロックの事務局長より。

要ですが、コマーシャリゼーションと宗教のバランスを取るべきであると考えています。ですから、ここでのエンターテイメントは、多額の費用をかけて外部から人を呼ぶのではなく、ほとんどの文化プログラムはローカルの子ども達や大人によるものです。神像を安置する祭壇に描く絵も近隣の子ども達によって描かれています[27]。

このようにDブロックでは、コマーシャリズムをできるだけ排して、従来の近隣集団を中心とするパーソナルなプジャを再興しようとしてきた。一方、ミロン・ショミティの実行委員長は、新しくプジャを立ち上げた理由について、インタビューの冒頭では、従来のプジャに親密さや人間味が欠けるようになったからではなく、プジャの進め方について意見が合わなかったことや、年を重ねていけば世代交代して行くものといったことを述べていた。しかし、さらに話を聞いていくと、次のように家族・近隣の絆を深める場としてプジャを考えていることも話してくれた。

> 私達がドゥルガ・プジャを開催する目的のひとつは祭礼をおこなうことで、もうひとつは妻や子ども達も含めた家族の集まりの場をつくることです。ですから、文化プログラムも最低限のものにしています。もし大きなものをやると、外からも人が沢山来て、たいへん混雑してしまうことになります。将来もこのようなプジャの伝統を守りたいと考えています。懇親のためのプジャ（get together puja）というがコンセプトです。プジャのために仕事を休み、一緒に座り、一緒に食べ、一緒に会話をする、一緒にプジャをする、そのような仲間意識が私達のところにはあるので、それを守っていきたいと考えています[28]。

このように、ミロン・ショミティにおいても明確にパーソナルなプジャ、それも家族ぐるみの近隣の交流を念頭に置いたプジャが意図されている。資金面については、Dブロックにしろ、ミロン・ショミティにしろ、企業からの資金調達もおこなっているが、それが過度にならないようにと留意している。ミロン・ショ

---

[27] 2008年10月4日、Dブロックの元実行委員長で、現在は顧問を務める人物より。この人は、以前にはメラ・グラウンドのプジャに関わっていたとのことである。インタビューの引用のうち、英語表記の部分は本人が英語で表現したとおりに記述している。
[28] 2008年10月6日、ミロン・ショミティの実行委員長より。ここも、引用文中の英語表現は、本人によるものである。

ミティには、35 軒の家族がメンバーとして加わっているが、どの家族もそこそこの良い職に就いているので、メンバー以外の一般各戸を回っての寄付集めはしていないとのことであった。自己資金と企業資金で運営しているようである。

Eブロックは 2000 年開始と一番新しい。ある役員によると、こちらも人口が増えた

図表 10 − 8　個人宅でのドゥルガ・プジャ

2008 年 10 月 8 日、筆者撮影

のでプジャの数が増えるようになったとの説明であった。コマーシャリズムの介入や親密さの欠如についての意見は、「すべてのプジャが良い。プジャはどのようなものでも良いのであって、いかなるプジャも悪いとは感じられない。プジャとはすなわちいつでも良いものなのだ」として、コマーシャルなものであろうが、そうでなかろうが、とにかくプジャは良いものだとのことであった[29]。

ところで、現在のドゥルガ・プジャにおいて、もうひとつ見逃してはならないのは、個人宅で開催されるプジャである。チットロンジョン・パークでの実数は不明だが、2008 年には、B ブロックだけで 2 つの個人宅プジャ（bāḍir pūjā）を確認した。そのひとつの家主による説明は次の通りである（図表 10 − 8「個人宅でのドゥルガ・プジャ」を参照のこと）。

　　私のところでは、今年初めてドゥルガ・プジャを始めました。一度始めると、3 年間は続なくてはいけないといわれています。私は以前には B ブロックのプジャに 30 年間関わっていて、役員をしていたこともあります。今でも彼らと関わりはありますが、B ブロックではあまりに混雑しすぎていますし、人との関わりも薄いです。自宅でやれば、家族、近隣の人々との関わりのなかでプジャをやることができます。費用は約 5 万ルピーで、神像の制作に 1 万ルピーかかります。費用は各戸を回っての寄付集めはしていません。基本的にすべて自弁していますが、近所の人などが、プジャのこの部分については自分が出しましょうといった申し出もありますし、毎日の供物を持っ

---

29) 2008 年 10 月 7 日、E ブロックの役員より。

てきてくれたりもします。プジャの期間中に雇っている司祭はコルカタの親族の家で、代々司祭を担当している人です。そのコルカタの家では95年間ドゥルガ・プジャを継続しています[30]。

大きなプジャでは困難な、家族や近隣の人々との親密な関係のなかでのプジャ開催を望んで始めたとのことであった。家主の弟からは、彼らの母親の意向で今年から自宅でプジャを始めたとも聞いた[31]。ご近所の意見でも、例えば、2軒隣の住民は、個人宅でおこなうプジャの方が良いと言っていた。お祈りを自分達でじっくりとできるし、個人の方が家庭的な感じ（homely）がして良い、大きくなるとどうしても人間的温かみに欠ける感じ（impersonal）になってしまうとのことであった[32]。

以上の通り、チットロンジョン・パークの住民達はコロニーの拡大とともに、自宅により近い場所でのドゥルガ・プジャ開催を模索し、そのことで開催地が分裂増加すると、行事の華美を競うなど、プジャを巡って様々な住民間の交渉がなされてきた。さらに、市場やコマーシャリズムの介入という極めて都市的な外的影響に晒され、それらとも交渉してきた。そして肥大化したプジャを「パーソナル」「伝統的」「近隣」「家庭的」などの観念によって再定義しなおすことで、自らの近隣意識を問い直し、プジャをめぐる近隣関係の適正規模化を図ってきた。チットロンジョン・パークにおける近隣は、これらの諸観念に基づき意味あるローカルな「場」として再定義・再構成が試みられて来たのである。

ドゥルガ・プジャはいくつもの社会関係のチャンネルを提供してきたことも、最後に指摘しておきたい。各会場のプジャは周辺の住民のみで担われているのではない。特に、第2段階のプジャでは歴史が古いこともあり、様々なブロックの人々が現在でも実行委員会に加わっている。プジャが分裂したとしても、その後も交流が維持されているケースも珍しくない。プジャを通じた友人関係など、近隣関係とは別の関係も育んできた。さらに、ドゥルガ・プジャでは里帰りした家族・親族や友人とも旧交を温めるなどの機会ともなっている。

（5）近隣の残像としてのドゥルガ・プジャ

ドゥルガ・プジャはローカルな場としての近隣で開催され、住民達による様々

---

[30] 2008年10月7日、Bブロックで個人宅プジャを開催した家主より。
[31] 今日の大規模なプジャにおける混雑具合からすると、高齢の人々が会場を訪れるのはかなりの負担であり、そうした状況も個人宅でのプジャ開催の要因のひとつとなっているのかも知れない。
[32] 2008年10月7日、Bブロックでの個人宅プジャに参加していた人物より。

な領域での交渉が展開されることで、やがて近隣意識が問い直され、プジャをめぐる近隣関係の適正規模化をもたらしたと指摘した。ここで興味深いのは、元々の住民達のほとんどが転居して事実上住宅地が消滅したにも関わらず、ドゥルガ・プジャが今日まで維持されているケースである。

都市は常に変動を伴っている。新しい新興住宅地が成立する一方で、既存の住宅地域が衰退したり、世代の交代によって変容したりしてしまうのが都市の特徴である。常識的には、プジャの主たる担い手である地域住民がいなくなり、近隣関係が衰退・消滅すれば、プジャも消滅すると考えるのが普通であろう。しかし、以下に示す2つのケースでは、地域住民がいなくなった後も、ドゥルガ・プジャが近隣の残像のごとく維持されてきた。住民の喪失という現実に抗うように、過去につくられた場の「意味」のみが残存し、逆にそのことが失われた近隣を一時的に復活させる役割を果たしているのである。

ひとつめのケースは、すでに述べた、デリーで最も古いとされるカシミーリー・ゲートのプジャ（Delhi Durga Puja Samiti）である。開始年は1910年で、2008年は99年目であった。現在の会場は、カシミーリー・ゲートではなく、カシミーリー・ゲートから2キロメートルほど北にあるベンガリー・シニア・セカンダリー・スクール（Bengali Senior Secondary School）という高等学校の校庭である。役員へのインタビューの概要は以下の通りである。

> 私はカシミーリー・ゲートで生まれ、高等学校もそこで通っていました。ここのプジャは、そもそもはチャンドニーチョークのバリマランというところでやっていて、それがカシミーリー・ゲートに移りました。それがさらに、40年ほど前に現在の場所に移されました。以前には、カシミーリー・ゲートには100軒ほどのベンガル人の家族が住んでいましたが、今は誰も住んでいません。現在、実行委員会に積極的に関わっているメンバーは20〜25人いますが、現在の開催地周辺に住んでいる人はいません。私自身も、現在住んでいるのはポスチム・ビハールという所ですし、ほかのメンバー達も様々なところに分散して住んでいます。それでも、ドゥルガ・プジャの時には、皆ここに集まります。古いつながりのある人はプジャの際にはここに来るのです。
>
> 私は10月2日からずっとここに泊まり込んでいます。予算は、去年は90万ルピーでしたが、物価の上昇もあり、今年は110万ルピーほどです。私達のプジャの特徴のひとつは、ドゥルガをはじめ、すべての神像をひとつの

フレームのなかに収める形式（*ek cālā*）を守り続けていることです。神像の色もずっと同じ色を用いていて、一切変えていません。神像を制作する職人も、父から子へと世代を通じて同じ所の人が携わっています。はじめにプジャを開始した人々は、ほとんどが中央政府の職員でした。1〜2人は民間の人がいて、チャンドニチョークの薬局の人や印刷会社の人がいました。それで今でも、この印刷会社にプログラムやしおりの印刷を依頼しています。誰も押しのけるようなことをしたくないですし、つながりができた人は、そのつながりを保ちたいからです。実行委員会には若い人も加わっています。人の顔ぶれも変わって行きますが、私達のところでは、分裂して、新しい実行委員会ができるようなことはありません[33]。

カシミーリー・ゲートでは、実行委員会のメンバーのなかで、開催地に居住する人はおらず、ドゥルガ・プジャの際に各所から集まって来ている。そして、彼らが伝統と考える事柄に強いこだわりを持ち続けている。

もうひとつのケースは、1914年に結成されたティマルプル・シビルライン・プジャ・ショミティ（Timarpur Civil line Puja Samiti）である。2008年は95周年であった。実行委員会の名称が示す通り、ニューデリー完成以前に政庁が設置されていたエリアで開催されている。ここもやはり、かつてはベンガル人が多数居住していてドゥルガ・プジャが開始された。現在ではベンガル人の居住者は少ないものの、かつての居住者やその子弟が集まってくることで、現在でもプジャが維持されている。エンターテイメント担当役員へのインタビューから概要を示すと次の通りである。

　　ティマルプルは、今も昔も中央政府の職員のための居住地です。イギリスが首都を遷都した時に、印刷所で仕事をしていた職員がデリーに転勤となって、ティマルプルに宿舎を得ました。その人たちが1908年にはじめてドゥルガ・プジャを開催しました。しかし、その時には正式に団体登録はしませんでした。それからしばらく中断して、1914年に再開して、登録されました。ここは中央政府職員の宿舎ですから、ベンガル人以外にもあらゆる地域出身の人々が居住して来ました。また、時代の流れで新しい技術や産業が導入されると、新しい人々が入って来ましたし、住んでいた人が他所へ移ったり、帰郷したりなどで、現在ここに居住しているベンガル人はわずか20人

---

33) 2008年10月8日、カシミーリー・ゲートの実行委員会の役員より。

くらいのものです。

　私達は外に住んでいて、プジャのために来ています。私自身は、父がここに宿舎を得ていたので、ティマルプル生まれです。私のようにティマルプルで生まれた人は多いのですが、父親は公務員であっても、息子達も公務員になるとは限りません。私自身も公務員ではないので、ここには住んでいません。ここから20キロほど離れたヴィカシュプリというところに住んでいます。実行委員会のほかのメンバー達も遠いところに住んでいますが、プジャの時にはここに集うのです。現在では、ティマルプルに住んでいる人は少ないのです。私達はプジャのために、4～5日間はここで部屋を賃貸で借りて泊まり込んでいます。みな友人同士です。ベンガル人ではない南インド出身ですが、かつて一緒にここで暮らしていた人もメンバーのなかにいます。

　私達の予算は55万ルピーほどで、けっして多くはありません。個人からの寄付や企業のスポンサーシップ、広告などでまかなっています。文化プログラムの内容は、ベンガルのものだけではありませんが、たとえヒンディーのプログラムであったとしても、ヒンディーの映画音楽のようなものはやらず、愛国的なものであればやるというようにしています。行事のなかにはアノンド・メラという家庭料理を出品するものがありますが、私達の所ではここに住んでいる人が少ないのが問題です。遠方から家で料理したものを持ってくるのはたいへんです。ですから、以前には50～60組みもの参加がありましたが、今では減ってしまって20組くらいとなっています[34]。

　ティマルプルでもドゥルガ・プジャの際に、かつての近隣集団が遠方から集まって開催している。ここではプジャが中央政府職員のための宿舎で開催されていたために、世代交代によって公務員宿舎に居住するベンガル人の近隣集団が崩壊した。にもかかわらず、ドゥルガ・プジャは2008年時点で95年間も維持されてきたのである。

　どちらのケースにおいても、実質的に近隣が地域から失われたにもかかわらず、ドゥルガ・プジャが近隣の残像のごとく維持されてきた。時代の変化や世代交代などの住宅地を取り巻く環境要因との交渉の末に、かつての近隣関係は地域から引き剝がされた。しかし、その現実に抗うように、ドゥルガ・プジャによって過去100年近く繰り返しつくられてきた場の「意味」のみが残存し、逆にそのことが失われた近隣関係を一時的に復活させる役割を果たしているのである。

---

34) 2008年10月4日、ティマルプルの実行委員会の役員より。

De Neve and Donner［2006］は、ローカルな「場」としての近隣をジェンダー、カースト、コミュニティ・アイデンティティなどの様々な社会的要素が生産され、交渉されるアリーナ（現場）とみて、近隣の形態や意味がいかに社会的に構築されるのかを捉える必要があると述べていた。しかし、これら2つの事例は彼らの認識を超えて、「場」の意味はつくられるだけではなく、一旦つくられた「場」の意味は時や空間の限界を超えて存続し、逆に作用因となって長期的に都市における行動・実践に影響し続ける可能性を示唆している。

ところが、時空の限界を超えるかのように「場」を意味づける現象の存在をよそに、次節で検討する通り、デリーの都市環境はチットロンジョン・パーク成立時に構築された近隣の基盤を急激に切り崩す方向に進んでいる。

第3節　都市開発によるミニ・ベンガルの揺らぎ

本節では、都市開発と近隣の変動について検討する。避難民コロニーの建設は、分離独立以降のデリーの都市エリア拡大と都市人口増加という都市化のプロセスのなかに埋め込まれる形で進行してきた。チットロンジョン・パークもその大きなプロセスの一部を成していた。

チットロンジョン・パークは独立以降に、急速に開発されたデリー南部の新興エリアの一角を占めることから、1970年前後のコロニー建設途上の段階からすでに不法占拠やスラムの発生など都市開発に伴う影響を被ってきた。そして、1970年代半ばまでには不動産開発業者が流入するようになり、土地区画の不法譲渡の問題が発生していたことも、第7章ですでに述べた。都市開発は常に地価の上昇をもたらしてきたが、住民達の間では、「ネルー・プレイスができた頃から土地価格が上昇した」、「これが近くにあることが、チットロンジョン・パークの土地価格を上昇させている」としばしば語られる。近年では、近くに地下鉄のネルー・プレイス駅が開業している。住宅地としての価値だけではなく、こうした周辺環境の変化も地価上昇の要因となっている。

チットロンジョン・パークでは、一貫した不動産開発業者の介入によって土地やフラット（数階建て家屋のフロアー）が開発や投機の対象となることで、地価高騰を招き、その結果、コロニーからのベンガル人の流出と非ベンガル人の流入が生じて近隣の住民構成は変動するようになった。マーケット再開発も同様にベンガ

ル人店主の流出と、非ベンガル人店主の流入を招いている。これらによって、当初は排他的にベンガル人避難民のみによって成立していた近隣は変化し、ミニ・ベンガルに揺らぎをもたらしている。

（1）不動産開発と地価高騰

　開発業者（ビルダー）による一般的な手法は、例えば、次の通りである。まず、業者が土地受給者と話をつけて、既存の建物を取り壊して、建物を地下1階・地上3階建てなどの建物に建て替える。土地受給者には現金と1階部分を与えて、彼らもそのまま居住できるようにする。そして、業者は残りのフラットを販売して利益を得る。あるいは、土地受給者が自宅部分とは別に、もうひとつ別のフラットを得て、こちらは賃貸で貸し出す場合もある。

　このような手法によって、実際にチットロンジョン・パークのかなりの部分が開発されていることは、現地を訪れてみれば明らかである。なかには、投機目的というよりも、世代の交代にあわせて、複数階建ての建物に建て替えて、親子や兄弟で居住している例も見られる。しかし、門前に1階から3階までの表札が並べられているなかで、異なる姓、それもベンガル人ではない姓の入居者のものが含まれていることも珍しくはない。

　土地の分譲当時は、土地面積には大きさによっていくつかのタイプがあったが、建物は中二階的な部分はあったものの、基本的にすべて一律に平屋建てであった（図表10－9「分譲当時の家屋（右側建物）」を参照のこと）。当人によるものと業者によるものを含めて、現在では建て替えが進み、分譲当時の家屋をみるのは稀である。住宅地の景観としても、分譲当時と開発が進んだ現在では、大きな違いがある（図表10－10「現在の住宅地景観」を参照のこと）。

　ところで、不動産開業業者による開発においては、ひとつ留意すべき点がある。それは、第7章ですでに述べたように、ベンガル人の土地受給者が政府から取得した土地は、当初は99年間の「リース」として、政府から受給者に与えられた（貸し出された）ものであって、勝手に売却などできない仕組みになっていたことである。受給後10年間は譲渡を禁ずると規定され、10年を超えたとしても他者に譲渡する場合には政府の許可が必要とされていた。受給者をそのまま1階に住まわせる形でおこなう開発は、リースの名義を左右せずに開発ができる手法であった[35]。

---

35) 開発業者が介入して家屋を複数階に建て直し、一部を地主に与えて残りを業者が入手する手法はデリーで一般的に採られてきたものである。Kaur［2007: 175］は、こうした開発によって、開発業者と地主が2フロアーずつ獲得し、さらに地主は1フロアーを賃貸することで老後の家計を支える収入も得

図表10-9　分譲当時の家屋（右側建物）

2002年4月23日、筆者撮影

図表10-10　現在の住宅地景観

2013年3月29日、筆者撮影

しかし、開発の勢いはより早い時期から土地自体に手を出す手法も生み出していた。それは、「委任証書（power of attorney）」を用いることで進められた。委任証書とは、自分のリース名義となっている土地について、その管理運用について一切を委任しますという契約証書である。これによって、政府と土地受給者との間でのリース契約自体には触らずに、土地の運用のみを担う権利を業者が獲得したのである。法律の隙間をかいくぐるような手法であるが、これも実際におこなわれていた。

1970年代半ばには、この手法がチットロンジョン・パーク内部でも問題視されるようになっていた。委任証書そのものは法に則った書類ではあっても、その目的は明らかに避難民のリハビリテーションとは矛盾していたのであり、例えば、1975年のEPDPAの機関誌において、そのようなことに手を染めないようにと注意が喚起されていた[36]。

また、この頃には、土地を手放している人々の事情にも問題があった。土地を手放す理由として、土地を受給したものの土地代の支払いができない、土地代は支払ったものの家屋の建設まで及んでいないなど、経済的な問題を抱えていた人々が存在したのは確かである。しかし、土地売却者のなかには、はじめから

ることができると紹介している。このような建築と賃貸の手法は、1980年代末に建築に関する条例が緩和されたことでデリー中に広まったという。

36) *Pūrbbācaler Kathā*, Quarterly Publication of the EPDPA 4 (2), 1975（頁番号なし）。この部分についても第7章を参照のこと。

転売の投機目的で土地の受給を狙っていた人々も含まれていたのである。彼らは首尾よく入手した土地区画をパンジャービーなどに高額で売却して利益を得ていた[37]。

付言すると、これも何度もふれたとおり、1990年代になってからは一定額を当局に支払えば、土地の扱いを「リース（leasehold）」から「自由保有（freehold）」へと変更できるように制度変更されており、自由保有にすれば、「違法」ではなく「合法」的な土地の譲渡が可能となっている。このことも土地の移転に拍車をかけていると思われる。

このように、チットロンジョン・パークは早い時期から開発の波に飲み込まれてきた。開発は土地価格とフラットの価格の上昇をもたらしてきた。そもそも土地が分譲された当時、受給者が政府に支払った土地代金（プレミアム）は、平方ヤードあたり30ルピーで、小さめの区画であった160平方ヤード区画では計4,800ルピーであった。この土地区画の取得者の何人かにインタビューしたところでは、当時彼らの給与は400〜500ルピーから700ルピーであり、とても1,000ルピーには及ばなかったとのことであり、給与の1年分程度で家1軒分の土地が入手できたことになる。

当時の取得価格と単純に比較はできないが、土地価格は上昇を続けて2000年代初めには、この160平方ヤード区画でゆうに土地価格は1,000万ルピーを超えていた。2013年にコロニー内に店舗を構える不動産業者に確認した際には同6,500万ルピーとのことであった[38]。あまりの高額に何度も業者に聞き返したほどの高騰振りである。

土地だけではなく、フラットの価格も上昇している。同じ不動産業者によれば、さらに小さな区画の125平方ヤードの土地区画に建つ建物のひとつのフラット（2つのベッドルーム）が、2000年代初頭には210万ルピーであったのが、2007年時点で600万ルピー、2013年では1,600〜1,700万ルピーに上昇しているとのことであった。160平方ヤード区画のフラット（3つのベッドルーム）は、2007年時点で1,000万ルピーだったものが、2013年時点では2,250万ルピーとのことであった[39]。

このようなレベルとなってくると、チットロンジョン・パークのもともとの

---

37) *Pūrbbācaler Kathā*, Quarterly Publication of the EPDPA 7 (3・4), 1978, p.12. 同様に、この部分も第7章を参照のこと。
38) 2013年3月27日、1番マーケットで営業する不動産業者より。
39) 2007年時点までの情報は2007年8月31日、2013年時点については2013年3月27日に、1番マーケットで営業する同じ不動産業者より。

入居者であるベンガル人自身が、コロニー内に新たな土地やフラットを得ることが困難な状況を生んでいる。彼らは避難民として、たまたまチットロンジョン・パークに区画を得たのであり、所得レベルが高い人々のみではない。結果として、新たに土地やフラットを得て入居してくるのは、デリーの他所に住んでいたパンジャービーなどの非ベンガル人が多くを占めるようになっている。筆者がEPDPAの機関誌に掲載されている2001年版の住民ダイレクトリーに掲載されている氏名をチェックしてみると、全体の16.7％は非ベンガル人と思われる氏名が占めていた。非ベンガル人がチットロンジョン・パークに多く入居していることは疑いない。

　非ベンガル人が入ってくる一方で、ベンガル人が流出する傾向もみられる。1970年代に長くEPDPAのセクレタリーを務めたビモルブション・チョクロボティ氏が2005年のある記事で示した見解では、チットロンジョン・パーク全体のうち、すでに17〜18％の区画が非ベンガル人に売却されているのではないかと見積もられている［Cakrabarttī 2005: 頁番号なし］。チットロンジョン・パークの自分の土地を売却して、売却益でもって他所に別の不動産を取得することもおこなわれており、売却益が大きければ、別の不動産を取得してもさらに余剰が生じるケースもある。このようにして、チットロンジョン・パークの土地を手放してベンガル人が流出し、代わりに非ベンガル人の入居が進んでいる。土地の譲渡、特にベンガル人以外の人々への土地売却は、住民構成に影響を与え、「ミニ・ベンガル」としてのチットロンジョン・パークの揺らぎに対する懸念を住民に与えている。また、すでに述べたように、子どもが海外へ移住し、もう帰ってくる望みが薄いと考えているような人々が、高齢になった際に土地を売却しているケースもある。

（2）マーケット再開発

　都市開発というコンテクストにおいて、もうひとつチットロンジョン・パークに揺らぎをもたらしたのは、マーケットの再開発問題である。チットロンジョン・パークにはかなり早い段階から4つのマーケットが存在していた。名称は1番から4番まで、単純に番号で割り振られている。いずれも当初の開発プランに含まれていたものだが、1番と2番は当局によるマーケット開発が始まる前から、早々に不法占拠が進み、それから長い間、不法占拠の解消と再開発が課題となった。ある店主は、1969年に初めて現地を見学した時のことを、次のように回想していた。

1969 年に来てみましたが、まだ住宅にしても何もないといってよい状態でした。マーケットもありませんでした。2、3 軒の小さな小屋がけの店があるだけでした。ただ、ここはベンガル人が住むところ、難民のコロニーだったので、同じような境遇の人々が集まってくることは分かっていました。また、4 つのマーケットの計画があると知って、ここに来る店主達が連帯して定着すれば、将来は良くなると思いました[40]。

このようにコロニー成立の当初は、まだ不法占拠の店舗はまばらであったが、その後店舗数は増加し、住民の日々の食材や日用品の調達先として機能してきた。ある意味、自然発生的な不法占拠であるがゆえに、住民のニーズに応じた店舗が集まり、ベンガル人の好む魚、野菜、お菓子をはじめ、ベンガルの儀礼用品や暦、ベンガル語の新聞・雑誌など、コルカタのマーケットかと見間違うほどの品揃えがなされていた。2001 年に筆者が初めて現地を訪れた際は、まだ再開発事業が開始される以前であり、一部コンクリートづくりの店舗もあったものの、ほとんどは小屋がけの店舗が軒を連ねていた。1 番マーケットでは、1971 年に商店主達によって、ヒンドゥー教の寺院も設立された。

不法占拠とはいえ、商店主達は 1 番と 2 番の商店主をあわせて 96 名によって、1975 年に「東パキスタン避難民商業組合（EPDP Trader's Association）」という名称の商店主組合を結成し、これ自体は政府に団体登録されていた。この組合のメンバーは、すべて東ベンガルからの避難民で構成されていた。この当時、組合のメンバー以外にも、マーケットには沢山の業者が入り込んでいて、かなり混沌とした状況となっていたようである。マーケット用地からもはみ出して店舗が連なり、当局による強制撤去が実施されたことが何度もあった[41]。

マーケットの再開発事業が実施されたのは 2001 年頃からである。事業内容は、古い不法占拠店舗を一掃したうえで、新たに鉄筋コンクリート造りのマーケットを建設することであった。この再開発事業も、基本的には東パキスタンからの避難民を対象としたものであったので、誰が新しいマーケット・スペースに入居する資格があるのか、この時までに当局によって避難民かどうかの審査と選考がおこなわれていた。その結果、組合のメンバーすべて、すなわち 1 番マーケットで 49 名、2 番マーケットで 47 名の計 96 名が資格ありとされた。

その一方で、この 96 名以外の商店主、1 番マーケットで 64 名、2 番マーケッ

---

[40] 2002 年 8 月 9 日、1 番マーケットで家具店を経営する店主より。
[41] 同上。

トで126名が資格なしとされた。また、その後の裁定によって、資格なしとされた者のうち12名が追加で認められた。よって、計108名が最終的に資格ありとされた[42]。

ところがその後、資格なしとされた人々が、自分達も生活がかかっていると声を上げたことで、彼らのためのスペースも考慮することとなり、結局のところ300軒近い数の店舗スペースが確保されることとなった[43]。

図表10－11「マーケットの再開発前の店舗状況」[44]は、再開発前にどのような種類の店舗が2つのマーケットで営業していたのかを示している（追加で12名が資格ありとされる前の状況）。まさに生活に密着した日常の買物の用を足すためのマーケットであったことが分かる。

再開発事業は、土地を管理する中央政府の都市開発省/土地・開発局（Land and Development Office, Ministry of Urban Development）によって主管されたが、開発工事そのものはデリー政府のデリー開発局によって実施された。再開発工事は2005年前後に完了した[45]。

1番マーケットの新しい建物は、2階建てコンクリートづくりで、内側にオープン・スペースがある。1階部分は建物の外側（道路側）と内側（オープン・スペース側）に店舗スペースがあるが、2階部分は建物内部の廊下を挟んで左右に店舗が入るようになっている。2番の方は、同じコンクリートづくりだが、オープン・スペースはなく、2階建てと3階建ての部分が組み合わされている（図表10－12「再開発後の2番マーケット」を参照のこと）。

新しい建物への入居にあたっては、避難民としての有資格者であっても費用の負担が必要であり、これによって再開発後にはベンガル人の店主の割合が減少し

---

42) 新しいマーケットに区画を取得した商店主が保持していた2001年7月16日付、Land and Development Office, Ministry of Urban Development, Government of India 発行の書類より（タイトルなし）。
43) この部分については、当局が作成した書類等によっては確認できていないが、実際に2つのマーケットをあわせて、当初の有資格者108件をはるかに超える数のスペースがつくられていることは確かである。ある店主は、当局は既存の店舗を収用した後の余剰分についてはオークションで販売する予定だったと述べていたので、やはり当初から東パキスタン避難民の店主の数以上のスペースが盛り込まれていたのであろう。いずれにせよ、新しい建物への入居には、かなりの費用負担が伴っていたので、無資格と判定された店主（避難民有資格者以外）については、費用の支払い能力がある者が入居できたにすぎないと考えることもできる。
44) この資料は1番マーケットで不動産業者を営む業者が所持していた。2つのマーケットの店主について、有資格者と無資格者を氏名や店舗種類とともにリスト化されていた。
45) 2005年版のEPDPAの機関誌は、「1番マーケットはすでに完成し、2番マーケットもまもなく完成する」と報告している。厳密に年月を特定するのは困難であるが、この記述から、マーケットの再開発は2005年前後で完了していたと思われる［*Pūrbbācaler Kathā* (Purbachaler Katha), 2005, New Delhi: EPDPA（頁番号なし）］。筆者はあいにく再開発工事が進行中であった期間には現地訪問してないが、2006年9月に訪問した際には、2番マーケットも完成していたことを確認している。

図表 10 − 11　マーケットの再開発前の店舗状況（店舗数）

店舗種類	資格あり 1番マーケット	資格あり 2番マーケット	資格なし 1番マーケット	資格なし 2番マーケット
魚屋	0	0	27	19
肉屋	4	1	1	2
野菜・果物店	0	0	3	14
卵販売店	0	0	1	0
米屋	0	0	0	1
ハラール（イスラーム食材）店	0	0	0	3
菓子屋	3	3	0	1
パン屋	1	1	0	0
レストラン	2	2	1	1
スナック店	0	1	4	1
パーン（嗜好品）店	0	0	4	6
茶店	2	0	1	4
ケータリング	1	0	1	0
食料雑貨店	0	2	1	6
雑貨店	7	4	1	2
衣料品店	3	0	2	2
仕立屋	3	0	1	4
本屋	3	2	1	2
薬屋	1	2	1	0
カセット・CD店	2	3	0	1
儀礼用品店	2	1	0	1
家具屋	2	0	1	1
散髪・理容屋	2	1	0	3
花屋	0	0	0	3
不動産屋	0	1	2	2
電気屋	0	2	2	6
電話店	0	2	0	3
その他	4	6	7	27
閉鎖中	4	2	1	4
不明	3	6	1	7
3番マーケットに移転した店	0	5	0	0
店舗数計	49	47	64	126

出典：デリー市当局作成のリストより

図表 10 − 12　再開発後の 2 番マーケット

2008 年 10 月 4 日、筆者撮影

た。再開発の前から不動産業を営み、現在も 1 番マーケットの新しい建物で営業を続けている人物は次のように事情を説明する。

　　新しい建物に入居するための費用負担は、1 階が 394,000 ルピーで、2 階が 675,000 ルピーでした。それを前払いで 28％、建物の完成後に残りの 72％を支払うことになっていました。このように、かなり高額の資金が必要だったので、入居する資格を得たとしても、支払いができなかった人もいました。そのような人々は、ここには入居せずに、入居の権利を売って他所に出ていきました。現在の相場は、1 階が 500 万ルピーで、2 階が 200 万ルピーくらいになっています。さらに同じ 1 階でも道路に面したスペースは 600 万ルピー以上になっています。スペースの売買が盛んになっているので、現在では 1 番マーケットでは、店主のなかのベンガル人の割合は 70％程度となっています。2 番マーケットではベンガル人店主は 60％ほどにすぎないでしょう。新しく入ってくる店主のなかには、ベンガル人もいるにはいますが、パンジャービーの人々が多いです[46]。

　新しい建物に入居するための費用負担が、避難民店主にとっては必ずしも容易ではなかったことに加えて、すでにみた宅地がそうであるように、マーケットにおいても再開発と需要高によって店舗スペースの価格が高騰してしまい、今や普通のベンガル人店主には手が出せないような状況になってしまっているのである。

---

[46] 2007 年 9 月 4 日、1 番マーケットで営業する不動産業者より。この人物は、再開発後の入居にあたっての資格審査では、当初資格なしとされたものの、その後資格が認められた 12 名のうちのひとりである。彼が中心となって働きかけて、資格が認められたこともあり、この件については事情通といってよい。彼も東パキスタン出身で、1964 年に地元で宗派暴動が発生したために西ベンガル州に逃れ、キャンプに収容されていたこともある。しかし、デリーに来たのは 1970 年とのことであったので、おそらくデリーに来た時期が問題となり、当初は外されていたものと思われる。同じ人物から 2013 年 3 月 27 日に聞いたところでは、区画の価格は 1 階の道路側で 1,000 万ルピー、内側で 500〜600 万ルピー、2 階で 500〜600 万ルピーとのことであった。

その結果、マーケットにおけるベンガル人店主の割合は減少を続けている。

ところで現在では、1階部分が2階部分よりもはるかに高値となっているが、分譲当時には、2階部分よりも1階部分の方の価格が安かった。その理由は、同じ不動産業者によれば、1階部分に108人の避難民有資格者が優先的に分譲を受け、かつ本来の有資格者であったために負担費用が安く抑えられたためとのことであった[47]。

図表10－13　再開発後の1番マーケット

2007年9月9日、筆者撮影

分譲後には2階よりも1階部分、それも1番マーケットで言えば建物の内側よりも道路に面した外側の相場が高い理由は、商売上の立地条件に尽きる。つまり人通りが多いところが高くなっている。1階部分、それも道路側は常に人の往来があるのに対して、2階部分はほとんどないといってよい。よって、2階にスペースを得た雑誌・書籍販売の業者などは、「客は新聞や雑誌を買いにわざわざ2階までは来ない」として、1階部分のオープン・スペースに降りてきて営業しているほどである。図表10－13「再開発後の1番マーケット」はマーケットの道路側1階部分である。

再開発によって生じたもうひとつの問題は、業種によって必要な店舗スペースは異なるにもかかわらず、店舗スペースが一律に狭く画一化されてしまったことである。うえに引用した不動産業者によれば、当初の有資格と無資格者あわせて300軒近い数のスペースを確保しようとしたために、区画が狭くなってしまったのだという。よって、ひとつの区画は約8.4平方メートル（9.5フィート×9.5フィート）ほどしかなく、不動産業やCD販売店などでは何とか営業できるものの、例えば、ベンガル料理のレストランなどでは厨房のスペースが取れずに、かなり営業に支障をきたしている。

買物に訪れる住民からは、開発前には雨が降ると路面に水があふれ、衛生状態も良くなかったマーケットがきれになって良かったとの意見も聞かれるが、ベンガル人避難民の店主からすると、新たな費用支払いや店舗のスペース問題は、再

47）2007年9月9日、同上。

図表10－14　再開発前の1番マーケット

2002年2月24日、筆者撮影

開発によって強いられた負担であった。図表10－14「再開発前の1番マーケット」は再開発前の様子を示している。狭い路地を挟んで多くの店舗が雑多に軒を連ねていた。

　無資格とされた178名のうち、実際に何名の店主達が新しい建物に入居したのかについては調査できていないが、現地で入手した「有資格者」「無資格者」リストをみると、無資格者についても、その姓名からすると大多数がベンガル人のようである。これの意味するところは、チットロンジョン・パークのマーケットには、避難民ではないベンガル人、すなわち東パキスタン出身ではあるがデリーに移住する時期が遅かった者や、西ベンガル州あたりから機会を求めてきた者も含めて、チットロンジョン・パークがベンガル・コロニーであるが故に集まってきたベンガル人店主達が多く含まれていたということである。有資格者のなかにさえ、費用負担ができずに流出した者がいる状況からすると、より費用負担が高かった彼らについては、店舗スペースを獲得できなかった者も少なくなかったのではないかと推測される。

　その後の店舗の入居状況については、2009年3月及び2013年3月に訪れた際でも、1階部分では多くの店舗が営業していたものの、2階部分は薄暗く、多くの店舗スペースがシャッターを閉じたままであった。入居店舗数のキャパシティは増えたものの、スペースの狭さと相まって、まともに営業できている店舗は再開発前よりも減少しているのではないかと思えるほどの状況である。

　マーケットの再開発は、合法化と衛生や環境の整備をもたらした反面、新たな費用負担や店舗スペースの減少という問題、1階と2階部分でのビジネス条件の格差などの混乱をもたらした。また、新区画への入居に伴う負担は一部の店主をチットロンジョン・パークから退出させ、店舗区画価格の上昇は宅地での不動産開発同様に、店主のベンガル人比率を低下させている。

小　括

　本章では、「近隣」に注目し、開発が進むデリーの都市環境において、チットロンジョン・パークがその成立と成熟の過程においてどのように近隣を構築し、またそれが変動してきたのかを検討した。まず、ドゥルガ・プジャを事例に検討した。コロニーの整備が進み、住民の入居が広範囲に及び人口が増加するに伴い、ドゥルガ・プジャも拡大していった。しかし、その過程で開催地が分裂増加すると、行事の華美を競うなど、プジャを巡って様々な住民間の交渉がなされてきた。さらに、市場やコマーシャリズムの介入という極めて都市的な外的影響に晒され、それらとも交渉してきた。そして肥大化したプジャを「パーソナル」「伝統的」「近隣」「家庭的」などの観念によって再定義しなおすことで、自らの近隣意識を問い直し、プジャをめぐる近隣関係の適正規模化を図ってきた。このようにチットロンジョン・パークにおける近隣は、流動的に様々な事象が織りなし交渉する「場」として、再構成され続けてきた。ドゥルガ・プジャの変遷はコロニーの完成と成熟の歩みを反映し、軌を一にしてきたのである。

　カシミーリー・ゲートやティマルプルの事例では、実質的に近隣が地域から失われたにもかかわらず、ドゥルガ・プジャが近隣の残像のごとく維持されてきた状況を検討した。人々が隣り合って居住する近隣が喪失した後も、その現実に抗うように、ドゥルガ・プジャによって過去100年近く繰り返しつくられてきた場の「意味」のみが残存し、逆にそのことが失われた近隣関係を一時的に復活させる役割を果たしていた。このことは、一旦つくられた「場」の意味は時と空間の限界を超えて存続し、逆に作用因となって長期的に都市における行動・実践に影響し続ける可能性を示唆している。

　しかし、時空の限界を超えるかのように「場」を意味づける現象の存在をよそに、デリーの都市環境はチットロンジョン・パーク成立時に構築された近隣の基盤を急激に切り崩す方向に進んでいる。1970年代から不動産開発業者のターゲットとなってきたチットロンジョン・パークは、今日では周辺には高級住宅街グレーター・カイラース、多数のオフィス、店舗、高級ホテル、シネマ・コンプレックスを擁するネルー・プレイスという巨大なビジネス・センター、さらには地下鉄のネルー・プレイス駅に隣接する環境からも、ミドル・クラスないし上位ミドル・クラス層の住宅地としての認知度を高めるに至っている。その評価ゆえ

に、不動産開発と地価高騰の波が押し寄せ、結果的にベンガル人が流出して代わりに、パンジャービーなどの非ベンガル人の流入増加をみている。加えて、マーケットの再開発は、かつて自然発生的に成立していたマーケットを刷新する過程で、ここでもやはりベンガル人店主の一部を流出させていた。

　デリーで進む都市化や再開発は、「ミニ・ベンガル」としての近隣に対して揺らぎを与え続けてきたのである。さらに敷衍すると、分離独立以降、域外からの多数の流入者を受け入れながらデリーは拡大を続け、デリーに文化的な多様性も与えてきたにもかかわらず、急速な都市化の進展は市街地が有していた個性を弱め、市場原理のなかに絡め取ってしまうかのように作用しているのである。

結　　論

　本書に通底する大きな問題意識は、南アジアの近代史と現代史の結節点であるインドとパキスタンの独立について、そのもうひとつの側面である「分離 (partition)」という面から問い直すことであった。そのための具体的な研究対象として、分離によって生じた東パキスタン難民を取り上げ、分離を伴った独立が、人々にどのような影響を与え、何をもたらしたのかを明らかにしようとした。人々は分離という現実をどのように受け止め、いかに対応したのか。分離によって、どのようなプロセスで移動し、再定住に至ったのか。再定住先において、人々はどのように新たな社会関係を築き、生活空間をつくりあげ、地域社会を構築してきたのか。事例として、西ベンガル州・ノディア県の農村部の再定住地とインドの首都デリーに建設されたベンガル人避難民コロニーを取り上げた。以下、まずは各章の議論を振り返っておきたい。

　第1部、第1章では分離独立に至る歴史過程について検討した。ムスリムはイギリス統治による官僚制度や土地システムの変更によってかつての地位を失い、ヒンドゥーの地主の元で小作人や農業労働者となり、社会経済的に不均衡な関係となっていた。そして、独立への政治過程においては、両者の関係は次第にコミュナルな対立関係となり分離独立へと至った。ヒンドゥー・ムスリム関係とナショナリズム運動の過程がインド・パキスタン分離独立へと結び付いたのである。また「分離」による国境の画定は多くの混乱を生みながら、両国において取り残されるマイノリティの人々を難民化させることとなった。

　第2章では、南アジアにおける難民問題の概要を示した後に、分離独立難民の流入動向と政府による難民政策の特徴について扱った。難民の流入動向に関しては、西パキスタンからの難民流入が「人口交換」といわれるほどに大規模かつ短期間に完了したのに対して、東パキスタンからの難民流入は長期間に及んだ。このことが、両地域における難民リハビリテーションの相違をもたらした。西パキスタンと接する側では、流出した難民が残置した土地が有効活用されたのに対し

て、東パキスタンと接する側ではそれが少なく、活用があまりできなかったうえに、流入が継続したことで対応も遅れた。

　第2部は、西ベンガル州・ノディア県の農村部における事例である。まず第3章では世帯調査とインタビューによって、東パキスタン難民の基礎的な情報に関して、単に属性だけではなく、移動の時期、その理由、移動の経緯なども含めて多角的かつ相互関連的に検討した。これにより、先行研究では扱われてこなかった農村部での移動と再定住の実態について明らかにした。具体的には、調査村では西ベンガル州出身者はわずか9.2％にすぎず、村民人口の大多数が東パキスタンからの移住者で占められており、正に難民ベルトの中心に位置していることが確認された。属性については、高・中カーストは少なく、低カーストが多数を占めていて、教育レベルも全体的に低く、農業従事者が多いものの、小規模な製造業やサービス業など多様な営みがみられた。移動の理由に関しては、直接的な暴力から逃れた人々の数は少なく、むしろ将来の暴力に対する恐れや、それまでの社会秩序が崩壊したとの認識、ヒンドゥーとムスリムそれぞれの国ができたからという認識が人々を移動させていた。移動経緯についても、父系親族のみならず、姻族や母系親族など、あらゆるチャンネルが活用されていたことも明らかとなった。

　移動過程については、移動時期、出身地、カーストに関して相関関係がみられたことが特徴的である。調査村には、1950年代初頭までに移住したマヒッショやマロをはじめとする旧ノディア県出身者のグループと、1970年代まで一貫して連鎖移動が継続したフォリドプルとその周辺県出身のノモシュードロという2つの大きなグループが存在していた。移住時期、出身地、カーストの3つの要素によって区別されるこの2つのグループの移住の特徴は、第4章で検討した再定住のパターンの相違とも関係していた。

　第4章は、主として土地をめぐる再定住の過程について検証した。ベンガル地域では、大多数の難民は土地提供によるリハビリテーションはなされなかったとする先行研究に対して、ベンガル地域でもやはり、政策的にも土地が最重要課題と考えられ、政府のスキームによる土地供与は難民自身にとっても大きな関心事であったことを示した。また、むしろ問題は提供された土地の多寡のみにあったのではなく、土地の質や手続に問題があり、受給後の維持に問題があったことを明らかにした。土地供与によるリハビリテーションとともに、財産交換という方法が採られていたことも検討した。こちらも再定住のための戦略であり自助努力の手法であったが、手続き上の課題や譲渡する面積とされる面積とのギャップ

も存在した。どちらの手法においても、その後の土地の維持は容易ではなかった。特に、娘の結婚、子どもの教育、病気治療などの経済的負担に耐えきれずに土地を手放しているケースが多々みられた。

　土地取得に関しては、土地取得のパターンと難民の移動の時期、移動距離、カースト属性などが明確に連関していたことも明らかとなった。政府リハビリテーションで土地を受給したのは、遅めの時期に遠方から来て1950年代後半以降にキャンプに滞留していたノモシュードロのみであった。一方で、財産交換はほぼ1950年代初頭までに、ごく近距離の移動によって移住が完了した旧ノディア県出身者によってのみ実践された。このように、移動の時期と距離よって、難民の再定住のための手段・戦略はおのずと限定される面もあった。これら以外の自力定着も含めて、再定住後の経済的自立に関しては、多くの場合スタートアップ時の資源の有無よりも、その後の個々人の努力や戦略が大きく作用していた。

　第5章は、フォリドプルのガンディーと呼ばれた社会活動（奉仕）家、チョンドロナト・ボシュとその協働者達の活動について取り上げた。ボシュはB村を含めて、ノディア県のボーダー・エリアへの難民リハビリテーションを進め、西ベンガル州外のドンドカロンノへも難民を送ろうとした。これらの活動には、ボシュの指導のもとにノモシュードロ難民の人々も参加した。難民自身が難民のリハビリテーションに関わったのである。彼らの働きかけによって、先に来て土地を取得していた難民が、後から来た難民のために土地の一部を供出することまでおこなわれていた。このような自主的な活動は、再定住後のNGO活動に引き継がれ、地域社会の構築へと展開していった。

　先行研究では、難民の主体的な活動に関しては、コルカタの都市部においてミドル・クラス層の難民達が展開した不法占拠コロニーに関わる運動が注目され、難民の政治的な行為主体性が注目されてきた。しかし、本書では、難民による主体的な活動を政治過程にのみ還元したのでは捉えられない、難民の意識や感情、多様な活動の実態を地域社会との関係のなかで記述した。そこで明らかになったのは、難民支援からさらに地域社会への貢献という活動の展開のなかで、彼らは自己規定を「難民」から「社会奉仕者」「地域の開発者」へと転換していったこと、そして、このことが彼らの行為主体性の基盤となっていたことであった。

　第6章では、ノモシュードロ難民の間で信仰されている宗教や宗教行事の事例分析を通して、難民の間でのカースト間関係について論じた。難民ベルトの中心に位置する調査村においては、難民と地元民との関係よりも、難民同士の間での関係構築が重要であり、また容易ではなかった。まず、ノモシュードロがイギリ

ス植民地時代にひとつのカーストとして実体化していったこと、またモトゥアと呼ばれる宗教を生み出すことによって、独自の信仰と職業倫理観を育んできたことをみた。

　ノモシュードロの文化意識は、ナムジョッゴという宗教行事においても明確に主張されていた。行事には、ノモシュードロとマヒッショのカースト集団ごとの行事に対する宗教的・情緒的な価値観の相違が色濃く反映されていた。また、移住前の「記憶」とともに、自らの移住バックグラウンドのコンテキストが反映される形で演奏家グループが雇われ、行事が開催されていた。単なるカースト・アイデンティティではなく、移住経験とも絡みながら独自の行事が成立していた。両者の間では他者認識においてもズレがあった。ノモシュードロは、近隣から早い時期に移動したマヒッショのことを「地元民」と認識し表現していた。一方、マヒッショはそれを是としながらも、自分たちも国境を越えてきたというジレンマを抱えていた。難民移動の時期と距離も両者の自己認識と他者認識に大きな影響を与えていたのである。カースト・ヒエラルヒーの問題については、ヒエラルヒーを強く意識しているのはマヒッショよりもむしろノモシュードロの方であること、一方、マヒッショは文化の違いとしてカーストの相違を説明しようとするなど、両者の関係は水面下において対抗意識や反発をはらんでいた。

　第3部は、インドの首都デリーにおける、チットロンジョン・パークという東パキスタン難民（避難民）のために建設されたコロニーの事例を扱った。デリーの事例は、西ベンガル州以外に再定住した事例であること、都市部に位置すること、そして、コロニー建設が独立後のデリーにおける都市形成の歴史の一端を担ってきたとともに、そのことで都市化や市場の影響に晒され続けてきたことなどの諸点において、第2部の事例とは大きく異なっている。

　第7章では、チットロンジョン・パークの獲得運動について詳細に記した。政府が積極的に建設を進めた西パキスタンからの避難民コロニーとは異なり、チットロンジョン・パークでは、避難民自身によるコロニー建設要求とその実現のための主体的な活動が展開されていた。その過程でまず強く現出していたのは、自分たちを「難民」ではなく「避難民」とする自己認識であった。建設の過程において、コロニーの名称を「東パキスタン避難民コロニー」から「チットロンジョン・パーク」に変更し、チットロンジョン・ダスの「犠牲と奉仕の精神」が主張されることで、コロニーは明示的には一般的なデリーの市街地として、また暗示的には「東ではないベンガル」「デリーのベンガル」へとコロニーの自己定義が転換された。このプロセスは東でも西でもない「デリーのベンガル人」へという

住民自身の自己認識の転換ともパラレルであり、そうした自己認識にこそ人々の行為主体性は立脚していたことを論じた。

東パキスタン避難民コロニーは、西パキスタンからの避難民向けコロニーとともに、独立後のデリーにおける都市開発の重要な一翼を担ったが、大都市圏における住宅地・市街地開発という手法によって施行されたために、避難民コロニーが完成する前から不法占拠、ビルダー（開発業者）の介入と土地区画の不法譲渡、投機の対象となっていた。当初から都市的な課題を内包していたことも指摘した。

第8章では、チットロンジョン・パークで実施した世帯調査から住民の属性や移動の過程について検討した。現地では「チットロンジョン・パークの住民は、独立のかなり以前にデリーに移住して、連邦政府職員として働いていた、かなり裕福な人々」というイメージが持たれていたが、実際には独立前からの移住者は少数であり、独立後の移住者も多数含み、避難民というよりも難民的な人々も含んでいることが明らかとなった。まず、住民の属性は西ベンガル州の事例とは大きく異なり、カヨスト、ブラフマン、ボイドなどのベンガルの3つの高カーストが多く、8割程度が学士以上の学歴を有し、9割近くが公務員、専門職、民間被雇用者などのホワイトカラーの就業者であった。これらの特徴は、彼らがいわゆるボドロロク層に属することを示していた。世帯調査におけるチットロンジョン・パーク住民の移住過程に関するデータは、独立前からのそのようなボドロロクの移動パターンが、独立以降もしばらく継続していたことを示していた。分離によって、彼らにとって東パキスタンでの環境が望ましいものではなくなり、将来に不安を感じるようになっていたことも、この従来のボドロロク的な移動パターンを継続させる要因となっていた。

ボドロロク的移動の一方で、より純粋に暴力や治安悪化から逃れてきた難民的な人々も、チットロンジョン・パークの避難民には含まれていた。実際のところ、土地区画応募の資格要件は独立前からのデリー居住を求めていなかったことで、チットロンジョン・パークの住民イメージに反して、独立後の移住者を含むより多様な人々に対して土地は配分されていたのである。

インタビューにおいて、移動過程に関する事柄とともに語られる彼らの記憶には、牧歌的な東ベンガルの景観、自然に恵まれた平穏な生活、ヒンドゥーとムスリムとの友好関係などが情緒的に刻み込まれていた。その一方で、西ベンガル州に対する評価には厳しいものがあった。

第9章は、チットロンジョン・パークの住民たちがどのように今日「ミニ・ベンガル」と呼ばれる生活空間を構築してきたのかという点、及び「ベンガル」を

めぐるアイデンティティの問題を検討した。個人とその協働に基づくアソシエーション的連合と活動を生活空間構築の基盤と捉えて検討した。その結果、多くの団体が「ベンガル」を掲げ、互いに重複する活動も含みながらも、政治的陳情、住民サービス、医療福祉、宗教、個人儀礼、宿泊施設、(ベンガル)文化、歴史的人物の顕彰、女性、教育・奨学金、各種行事、地域性など、それぞれの理念と指向性のなかで活動を展開し、それらの総和として住民達の日常や非日常に関わるチットロンジョン・パークの生活空間が構築されてきたことを明らかにした。また、これらの活動実践によって、同質的で閉じた「ミニ・ベンガル」が構築されてきた訳ではないことも指摘した。

次に、デリー各所に散在するカリバリのような宗教施設や250カ所に及ぶとされるドゥルガ・プジャはデリーのベンガル人を相互に結びつけ、文学協会のような活動はデリーを越えてインド全土のベンガル人を結びつけるなど、「ベンガル」によるネットワークが存在していることを論じた。

最後に、ドメスティックな言語としてのベンガル語の保持とアイデンティティの問題を検討した。デリーはベンガル語圏ではないという事情に加えて、教育や職業のためには英語やヒンディー語が重視されることによって、ベンガル語の保持が容易ではない状況が生じている。これにより、世代間のベンガル語やベンガル文化に対する想いにはかなりのギャップが存在する。また、「ベンガル人」というアイデンティティの一方で、デリーのコスモポリタン的環境においては、少なからぬ人々が他の文化との接触状況を必ずしも否定的に捉えてはおらず、異カースト、非ベンガル人、外国人との結婚も許容する考えを持っていた。デリーという環境が可能とする教育や職業、それらに基づくミドル・クラスとしてのアイデンティティも重視されていた。さらに、数世代にわたってベンガル地域の外に居住する人々にとって、もはや東ベンガルも西ベンガルも模倣の対象でも帰依する対象でもないとの認識も広がっていた。その先鋭的な例として、「在外ベンガル人」を掲げる団体は「ベンガル人ディアスポラ」という概念すら掲げていた。このように、人々のアイデンティティは、単なる同質的「ベンガル人」にはなく、状況に適応的で重層的、かつ選択的なものとなっていた。

第10章は、「近隣」に注目し、デリーの都市環境において、チットロンジョン・パークがその成立と成熟の過程においてどのように近隣を構築してきたのかについて、ドゥルガ・プジャを手がかりに検討した。コロニーの整備が進み住民人口が増加していった時期にはドゥルガ・プジャも拡大し、行事の華美を競うなどの住民間の競争・交渉や、市場やコマーシャリズムとの交渉が生じた。しかし、コ

ロニーの成熟とともに、肥大化したプジャは「パーソナル」「伝統的」「近隣」「家庭的」などの観念によって再定義し直され、近隣意識が問い直されることで、プジャをめぐる近隣関係は適正規模化が図られるようになった。このようにチットロンジョン・パークにおける近隣は、流動的に様々な事象が織りなし交渉する「場」として、再構成され続けてきたことを検討した。

　また、実質的に近隣が地域から失われた後もドゥルガ・プジャが近隣の残像のごとく維持されてきたカシミーリー・ゲートやティマルプルの事例では、一旦つくられた「場」の意味は時空の限界を超えて存続し、逆に作用因となって長期的に都市における行動・実践に影響し続ける可能性を示唆していることを指摘した。

　しかし、時空の限界を超えるかのような現象の存在をよそに、デリーの都市環境はチットロンジョン・パークの近隣の基盤を急激に切り崩す方向に進んでいることを最後に検討した。チットロンジョン・パークは、今日ではミドル・クラスないし上位ミドル・クラス層の住宅地としての認知度を高めるに至っているが、その評価ゆえに不動産開発と地価高騰の波が押し寄せ、結果的にベンガル人が流出して、代わりにパンジャービーなどの非ベンガル人の流入増加をみている。加えて、マーケットの再開発は、かつて自然発生的に成立していたマーケットを刷新する過程で、ここでもやはりベンガル人店主の一部を流出させていた。デリーで進む都市化や再開発は、「ミニ・ベンガル」としての近隣に対して揺らぎを与え続けてきたのである。分離独立以降、域外からの多数の流入者を受け入れることでデリーは文化的な多様性を有していたが、急速な都市化の進展は市街地が有していた個性を弱め、市場原理のなかに絡め取ってしまうかのように作用しているのである。

　最後に、序論で示した大きな問題意識について議論しておきたい。これまでの歴史研究においては、「分離」に関する研究は政治家によるハイ・ポリティクスに注目し、なぜ「分離」が生じたのかという原因論に集約されてきた。また、そのことによってこの時期には学問上の分断があり、多くの研究が1947年8月をある時代の終わりとみなすとともに、この時点以降を新たな時代の始まりとみなし、その結果、1947年を挟む数十年の間の社会変化に関する研究は無視されてきたとされる。しかし、「パーティションとは1947年8月に完了したのではなく、むしろそのときに始まった」とのチャタジーによる指摘通り、独立のひとつの帰結としての分離は、その後においてこそ大きな影響を数十年という単位で及ぼしてきたのである。

　本書は、まさにこの無視されてきた数十年の検証を試みた。西ベンガル州の村

では、東パキスタンの治安情勢に応じて、独立後もバングラデシュ独立時まで一貫して移動が続いたのであり、国境線は引かれたものの、国境は人の移動を完了はさせなかった。当時、東パキスタンに残して来た土地の処分は一大関心事であり、インドを出て行ったイスラーム教徒との財産交換の試みは、1950年代まで続いた。政府によるリハビリテーションも1960年代初頭まで継続された。デリーでは東パキスタン避難民コロニーの建設は1966年の1回目の募集の後、第2回目は1967年、第3回目は1977年と10年以上の期間にわたって募集手続が継続されたうえに、これらから漏れた人々への対応のために、最終的にコロニーの土地配分が完了するには、1990年代初頭までの年月を要した。さらに、不法占拠化されたマーケットの再開発が完了したのは2005年前後であり、コロニー開発のすべての工程が完了したのは、独立後半世紀を経てのことであった。

　独立後、長期に渡って継続したこれらの過程は、その規模の大きさと現代社会への影響の大きさにおいても際立っている。従来、西パキスタンとの間で生じたような「人口交換」は、東パキスタンとの間では生じなかったとされてきた。しかし、調査村ではイスラーム教徒がすべて東パキスタン側へ流出し、代わりにヒンドゥー教徒が村へと流入することによって、形と規模は違えども人口交換は生じていた。分離は地域の宗教構成を根底から変化させたのである。デリーでは西パキスタンからの難民とともに東パキスタン難民のためのコロニー建設が、独立後の都市建設の大きな基軸となって、現在の大都市圏デリーを形成した。

　序論では、分離独立難民に関する先行研究に関連して、第2部と第3部における議論に対応する形で、さらに2つの問題意識も示しておいた。ひとつは、歴史研究同様に、分離独立難民の研究においても多分に政治分析やボドロロクが注目され、結果として、大都市コルカタでのボドロロクによる土地に関わる運動と州政治が主な関心事となってきた点である。これに対して本書の第2部では、農村部に再定住した低カーストを含む難民の事例を取り上げることで、都市ではなく農村部、ボドロロクではなく低カースト農民らの難民としての経験について論じた。そこで明らかになったのは、ボドロロクではない難民達による多様な移住・再定住戦略の有様であった。難民自身が後から来住する難民のためにリハビリテーション活動を担い、それをその後の地域社会の構築のためにつなげるなど試行錯誤してきた姿からは、政治性のみには還元できない行為主体性を読み取ることができた。

　さらに、調査村での主要カーストであったノモシュードロ達への注目からは、村における難民間の相互関係は、移住前の記憶や経験に基づく宗教・文化的価

値観の差異、これらに加えて重要な要素として移動の時期や距離などの移住過程、強制移住の経験と記憶など難民としての経験が、結果的にカーストを準拠枠としていることなどが絡み合いながら成立していたことを明らかにした。加えて、ヒエラルヒー的な意味でのカースト要因も作用することで、さらに微妙な緊張感と他者感覚を伴いながら、難民間の関係が保持されてきたことを指摘した。本書で捉えようとしたのは、単なるカースト・アイデンティティではなく、移住経験とも深く関わるカースト間関係の有り様であった。

　もうひとつは、サバルタン研究的な視点についてである。分離独立に関する研究は、1990年代以降、サバルタン研究の影響のもとに、暴力をめぐる記憶や語りを取り上げ、周縁化され隠蔽されてきた声を取り上げることで新たな成果を生んできた。しかし、分離独立難民に関する研究という点では、個人の記憶や語りに注目するが故に、移動の末に語り手達がどのように生活空間をつくりあげ、地域社会を構築してきたのかという長期的で空間的・社会的な側面への注目が欠落しているように思われた。第3部ではそうした側面に注目しながら、デリーにおける避難民コロニーの建設とその後の歩みを取り上げた。

　そこでまず明らかになったのは、長期に渡るコロニー獲得運動が展開される過程において、「難民」ではなく「避難民」、さらに「避難民」から「東でも西でもないデリーのベンガル人」へという自己認識の転換があり、そこに人々の行為主体性が立脚していたことであった。こうした流れを基軸としながら、住民達が今日「ミニ・ベンガル」と呼ぶ生活空間がチットロンジョン・パークには構築されてきた。しかし、それは単なる同質的で閉じたベンガルではなく、それぞれに異なる理念と方向性を有する様々なアソシエーション的連合に基づく住民活動によって担われてきたものであった。また、ドゥルガ・プジャの事例からは、住民達の近隣意識が市場やコマーシャリズムとの交渉に晒されながらも再認識され、プジャをめぐる近隣関係の適正規模化が図られる様子などを捉え、様々な事象が交渉する「場」としての地域社会について検討した。こうした議論によって、本書では、分離独立難民に関する先行研究にはみることができない新たな視点からの分析をおこなった。

　最後に、デリーの事例は、インド系移民（Indian diaspora）研究にも接合していることを付言しておきたい。海外移住したインド系の移民研究には膨大な蓄積があるが（例えば、［Jayaram 2009］を参照のこと）、海外移民が直面する言語や世代間の問題などはデリーのベンガル人が抱える問題とも共通している。逆に言えば、インドでは国内移住者も海外移民と同様の問題を抱えていると指摘できる。デリーの

ような大都市圏になると、人口のかなりの部分は外部からの移住者で占められている。こうした視点でのインド社会研究も必要なのではないだろうか。

あとがき

　分離独立に伴う難民という対象に対して、現地フィールドワークという方法によってアプローチしたことは、確かに有効であったと調査を振り返って改めて思う。とはいえ、朝からお昼を挟んで夕方まで自転車で家々を回っての調査はたいそう骨が折れた。村では家に表札などかかっておらず、集落名と氏名を頼りにサンプル調査の対象者に辿り着かねばならなかった。朝の中途半端な時間に訪ねても、農民達は田畑に出ていて不在のことも多かった。

　現地の人々とのやり取りでは齟齬も生じた。昔のフィールド日誌を見直していると、例えば次のような記述があった。「インタビューをしていると、時たま怒ったような表情をしている人がいる。しかし、後から考えるとこれは怒っているというよりも、こちらがあまりにも東パキスタン時代のことを詳しく尋ねるので、インドからバングラデシュに送還されるのではないかと緊張し、こわばっていたようだった」。まだ比較的近年の移住者もいるなかで、一部の人々には不安を与えてしまったようである。

　だが、これを逆手にというか、ネタとして遊びながら協力してくれた村人もいた。同じく日誌より、「自転車修理のお兄さんは、そんなにやみくもに訪ねても空振りになるので、あなたはここで待っていてくれ。私が子どもを使いにやるからと言ってくれた。するとお兄さんは使いの子どもに対して、『○○を呼んで来い。来ないとバングラデシュへ送り返すぞ！と言って呼んで来い』と指示した。子どもは妙にはしゃいで『バングラデシェ　パタベ！（バングラデシュに送るぞ！）』と何度も叫びながら、走って呼びに行ってくれた。」誤解を与えたことの反省の思いが、こうした現地の人々のおおらかさや逞しさに救われる、これもインドでのフィールドならではといえようか。

　調査村には「難民村」と看板が掛かっていて、そこへ行けばすべてを説明してくれる案内事務所がある訳ではない。一見したところ、どこにでもある普通の村の歴史を掘り起こしていく作業は、気づきと疑問、その疑問に答える検証作業の繰り返しだった。はじめは断片的でよく分かっていなかった内容が、何人もの人々に話を聞くなかで、そして過去に聞いた話と何度も往復させることで、徐々に形を成して行くというプロセスの反復だった。

　デリーでの調査に関しては、西ベンガル州やコルカタでの経験があればこそ、

何がベンガル的であるかを判別できるのではと、意義を感じていた。しかし、実際に調査してみると、チットロンジョン・パークでは、教育や言語の問題などを除いては、あまりにすべてがベンガル的すぎて、この点については実は拍子抜けした面もあった。文化行事といえばタゴールの詩や歌、宗教ごとはすべて西ベンガル州から雇ったバラモンが仕切り、家庭の食事もほぼベンガル料理とくれば、非ベンガル的な要素を見いだす方が難しかった。

　ただ、これまでみてきたベンガルとは異なる面もあった。多くの住民がデリーで働く（働いていた）ホワイトカラーの勤め人であったせいか、あらゆる事柄が割合にきっちりと時間通りに動き、コロニー内で運営されている諸施設もコルカタでは考えられないくらいに綺麗に管理されていた。今日は時間がないので、この日の何時に来てくれと言われたら、その通りに行けば必ず本人はその時間に待っていてくれた。都合が悪くなれば、先方から電話をくれることもしばしばであった。施設の受付の人にお願いすれば、幹部スタッフにコンタクト取ってくれるというパターンにも助けられた。

　デリーでの調査においても、パズルの断片をいくつも発見し、それらを繋ぎ合わせて全体を見いだしていくような作業の繰り返しだった。特に、避難民コロニー設置に至る経緯や具体的な建設プランについて解明することは、当初は困難であった。何人もの関係者に話を聞けば、ある程度全体像はみえてくるが、何か決定打に欠けるようなところがあった。この点については、筆者にとっての避難民コロニーの案内事務所（チットロンジョン・パークにはある程度これに相当するものがあり、第9章で取り上げた諸施設がこの役割を果たしていた）のひとつであったEPDPAオフィスにて重要書類、すなわち計3回にわたる区画募集を告知する政府のプレスノートを含む、1980年頃までの関連書類を入手できたことで、一気に進むこととなった。当然のこと、何か書類があれば見せてくださいとひと言いえば、その場ですぐに書類を出してくれたのではなく、何か月にも渡って粘り強くやり取りしての末である。これによって、文書を踏まえてインタビューすることで話の内容を確認し、逆に話によって文書の内容がその通りに実現したのかを確認する作業もできることとなり、大いに恩恵にあずかった。

　チットロンジョン・パークの調査では自転車は必要なかった。現地へさえ行けば、あとはすべて徒歩圏内にあり、都合は良かった。しかし、人々のプライバシー意識は高く、筆者単独で訪ねても、趣旨を説明し、賛同を得て協力してもらうことは必ずしも容易ではなかった。この点については、後述するデブ氏に大いに助けられた。チットロンジョン・パークの第2世代でコロニーに知己が多く、飛び

込みであれ、事前に電話連絡のうえであれ、彼を伴って訪ねると、訪問先では好意的に対応してもらうことができた。世帯調査の対象はサンプリングに基づいてはいたものの、対象のかなりの人々とは彼自身または第1世代の彼の父が知り合いであり、スムーズに調査を進めることができた。

　こうして、ナム・キルトンの演奏家達との出会いから始まった分離独立難民に関する筆者の調査は、西ベンガル州の農村から大都市デリーへと展開して終了した。この2つの調査地に関しては、実は村とチットロンジョン・パークが繋がったことがあった。第6章で扱ったナム・ジョッゴの調査では、行事の開催に合わせてデリーでの調査を中断してノディア県の村に戻っていたのだが、ノモシュードロ達が雇った演奏家達のなかには、筆者が修士課程時代の調査でお世話になった人たちが偶然にも何人か含まれていて、邂逅を喜びあった。それだけではなく、話のなかで次の巡業地がどこかを尋ねると、「デリーのチットロンジョン・パークというところへ行く」と言われて、とても驚嘆した。チットロンジョン・パークでは、第9章で紹介したアシュラムを主宰するベンガル人の宗教家に雇われて、彼の行事のためにキルトンを含む演奏をしたにすぎなかった。しかし、ベンガル人のネットワークが西ベンガル州の村とデリーの間で繋がり、またそこに筆者の個人的な関係もクロスしたことに驚きを禁じ得なかった。

　人の動きが都鄙をまたいで繋がっていることに感慨を覚える一方で、農村部と都市部を往復するなかで、あらためて西ベンガル州の農村と大都市デリーの状況、さらに敷衍するとインドにおける農村と都市の相違や断絶についても感じざるを得なかった。この点について、最後に触れておきたい。都市にも様々な状況があり、チットロンジョン・パークの状況を一般化はできないが、人々はデリーの恵まれた教育や雇用機会を好み、英語を自由に駆使して生活していた。土地区画を受給しなかった人々も同様に高学歴でホワイトカラー職の人々が多く、同じような人々が集まって暮らしていた。対して西ベンガル州の農村では、たとえ地元の英語ミディアムの学校へ通ったとしても、その先が恵まれた高等教育や雇用機会と繋がっている訳ではない。ノモシュードロの人達の職業は多様化していたが、例えばマロの人々はひたすら魚を捕っていた。マロの家に行くと、本当に家財道具らしきものがほとんどなく、いったい、いつからこの人達はこのような生活を続けているのだろうと、素朴に感じる程であった。デリーでは人々は家電製品に囲まれて暮らし、忙しい両親の元では、子どもは衛星テレビでアニメばかり観ていたし、休みの日には家族で字幕もない英語のハリウッド映画を観ていた。しかし、村ではマロ達はがらんとした家屋のなかで何もせずに座っているか、おしゃ

べりをしているにすぎなかった。これ以上、インドの農村―都市問題について触れる余裕はもはやない。

　本書を上梓するまでには、これまで多くの方にお世話になってきた。西ベンガル州での調査に関してはインド人類学調査局のP. P. マハト先生やカルカッタ大学人類学科のP. K. ボウミク先生にお世話になった。また、まえがきでもふれたプロフッロ・チョクロボティ氏とオニル・シンホ氏には、多くのご教示を受けた。

　デリー大学の客員研究員として滞在中には、アンドレ・ベテイユ先生やオビジット・ダスグプト先生にご指導いただいた。特にダスグプト先生には、デリーでの全調査期間にわたって、有益なアドバイスや関係者のご紹介を通じてサポートしていただいた。故S.P. ロイ氏からは、チットロンジョン・パークに関する予備知識を得ることができ、またEPDPAの当時のプレジデントをご紹介いただいて、調査の端緒を開くことができた。

　フィールド調査では数え切れないほどの方々にお世話になった。西ベンガル州の農村やデリーの調査地においてインタビューの対象となっていただいた方々への感謝はもとよりであるが、以下の方々に特に感謝したい。西ベンガル州ではB.R. アンベードカル・カレッジの学長を務められていたモンゴル・チョンドロ・モウリク氏とその家族に感謝したい。モウリク氏との出会いがなければ、ノディア県での調査はできなかったであろう。村では他にも、中学校の校長であったチョンドロ・モホン・ダス氏や教諭のロケシュ・ビッシャス氏にも調査にご協力いただいた。本文中でも何度もその言葉を引用している故プルノ・チョンドロ・ショルカル氏、ブリンダーボン・ボクト氏、チョンドロ・シェコール・パンデ氏、チャルミヒル・ショルカル氏らには、筆者の調査に理解とご協力をいただいた。また、諸氏との交流では、難民となった人々の生き様を感じるとともに、調査を進めるにあたって多くのインスピレーションを得た。

　デリーでの調査は、ある意味でノディア県の農村よりも困難を極めたが、そのブレークスルーを果たすことができたのは、アシスタントとして協力してくれたシャントヌ・デブ氏のおかげである。筆者と同い年のデブ氏は、たまたま求職中の身であったので時間に余裕があり、調査に全面的に協力してくださった。デブ氏はその後、再就職されたので、彼には申し訳ない話であるが、彼が失業中の時機を逸していれば、筆者のデリーでの調査は十分には叶わず、本書も生まれなかったかもしれない。ゆえに感謝の念に堪えない。また、デブ氏を紹介してくれたチットロンジョン・パークの1番マーケットのジャドブ・チョンドロ・デ氏をはじめとする店主の方々についても謝意を表したい。インフォーマントとして話をして

くださるだけではなく、いつも気さくに接していただいたことで、調査の疲れを癒やすことができた。

　日本でも、多くの先生方や同年代の研究者の方々よりご指導や刺激を受けてきたことにも感謝したい。田中雅一先生には大学院生時代より、様々な機会でご指導いただいてきた。筆者が修士課程に入りたての頃、何名かのインド研究の大学院生とともにデュモンの『ホモ・ヒエラルキクス』（英語版）の読書会を定期開催してくださったことがあった。これに参加できたことが、その後の筆者の南アジア研究の出発点となった。

　ベンガル地域に関する研究のうえでは、臼田雅之先生と谷口晋吉先生に薫陶を受けてきた。筆者としては、先生方の歴史研究の背中をみてきたところもあったように思う。本書が扱ってきたのは分離独立前後からの時期に過ぎないが、現在から過去に遡る視点を持ち、実証的な手法を心がけてきたことは、先生方の研究に負うところが大きい。

　同年代の研究者のなかでは、まずコルカタでの留学仲間でもある外川昌彦氏に感謝したい。これまでの業績のかなりの部分は、外川氏による企画への参画によって生まれてきたといっても過言ではない。この点では、三尾稔氏にも同様の謝意を表したい。この他、名前を挙げるときりがないが、高田峰夫氏、田辺明生氏、名和克郎氏、森日出樹氏、南真木人氏らには常に教えと刺激を受けてきた。

　甲南大学の大学院時代には指導教授として故藤岡喜愛先生にご指導いただいた。先生からは学問の自由さやフィールド研究の大切さについて学んだ。同じ藤岡先生門下である八木祐子氏、窪田幸子氏、鈴木文子氏、故前田弘氏、そして杉藤重信氏らの諸先輩からも多くを学んだ。博士論文の作成にあたっては、森田三郎先生、西川麦子先生、出口晶子先生にご指導を受けた。心より感謝したい。また、石森秀三先生にも厳しくも温かいご指導をいただいてきた。難民というテーマをまとめるにあたっては、立命館大学にて故江口信清先生と藤巻正己先生が定期的に開催されていた研究会に参加させていただいたことが大きく役立った。記して謝意を表したい。

　本書をまとめるための研究活動は、インド政府奨学金（Indo-Japan Mixed Commission 1995-96 Scheme I.C.C.R.）、笹川科学研究助成（1995年）、文部科学省長期在外研究員（2001～2002年）のほか、科学研究費補助金では外川氏を代表とする「南西アジア地域における宗教紛争と平和構築に関する比較研究（課題番号22310156）」、三尾氏を代表とする「南アジア地域における消費社会化と都市空間の変容に関する文化人類学的研究（課題番号18251016）」、及び筆者を代表者とする「経済成長下の

南アジア地域における宗教と観光に関する比較研究（課題番号20510235）」などによっても支えられてきた。

　本書のような冗長な図書の出版を快く引き受けてくださった明石書店に感謝したい。編集者の佐藤和久氏には細部に至るまでごていねいに対応をしていただき、厚く御礼申し上げる。また、明石書店をご紹介いただいた大橋正明氏にも深謝したい。

　最後に、これまで筆者を支えてくれた妻の中谷純江に感謝するとともに、本書を亡くなった両親に捧げたい。

2019年5月

中　谷　哲　弥

参考文献

〈政府関連文書〉

Chatterjee, Mondip, 1975, *A Broad Outline to Action Programme for the Development of Refugee Colonies in the C.M.D*, Calcutta: CMDA.

Delhi Development Authority, 1962, *Master Plan for Delhi*, Vol. 1; Vol. 2.

Government of India, 1947-48, *Annual Report of the Ministry of Rehabilitation*, New Delhi.

―――, 1950, *Report of the Committee set up for Examining the Schemes of Rehabilitation*, New Delhi: Ministry of Rehabilitation.

―――, 1954, *Census of India 1951: Paper No.4, Displaced Persons*, New Delhi.

―――, 1956, *Second Five Year Plan*, New Delhi: Planning Commission.

―――, 1961, *Third Five Year Plan*, New Delhi: Planning Commission.

―――, 1957, *Rehabilitation Retrospect*, New Delhi: Ministry of Rehabilitation.

―――, 1976, *Report of the Working Group on the Residual Problem of Rehabilitation in West Bengal*, New Delhi: Ministry of Supply and Rehabilitation.

―――, 1999, *Delhi 1999 A Fact Sheet*, New Delhi: National Capital Region Planning Board, Ministry of Urban Development.

Government of NCT of Delhi, 2002, *Economic Survey of Delhi 2001-2002*, New Delhi: Planning Department, Government of NCT of Delhi.

―――, 2006, *Delhi Human Development Report 2006: Partnership for Progress*, New Delhi: Oxford University Press.

―――, 2009, *Economic Survey of Delhi 2008-2009*, New Delhi: Planning Department, Government of NCT of Delhi.

―――, 2015, *Economic Survey of Delhi 2014-2015*, New Delhi: Planning Department, Government of NCT of Delhi.

Government of West Bengal, 1951a, *Report on the Complete Enumeration of Displaced Persons Migration from East Pakistan to the State of West Bengal, Calcutta*: Refugee Rehabilitation Department (prepared by State Statistical Bureau).

―――, 1951b, *Report on the Sample Survey for Estimating the Socio-Economic Characteristics of Displaced Persons migrating from Eastern Pakistan to the State of West Bengal*, Calcutta: State Statistical Bureau.

―――, 1954, *Report of the Committee of Ministers for the Rehabilitation of Displaced Persons in West Bengal*, Calcutta: Refugee Relief and Rehabilitation Department.

―――, 1956a, *Rehabilitation of Refugees: A Statistical Survey, 1955*, Calcutta: State

Statistical Bureau.

―――, 1956b, *The Relief and Rehabilitation of Displaced Persons in West Bengal*, Home (Publicity) Department.

―――, 1973, *A Master Plan for Economic Rehabilitation of Displaced Persons in West Bengal*, Calcutta.

―――, 1974, *Proposals for Allocation of Special Funds for Refugee- Concentrated Areas in West Bengal in the Fifth Five-Year Plan*, Calcutta: Refugee Relief & Rehabilitation Department.

―――, 1981, *Report of the Refugee Rehabilitation Committee set up by the Left Front Government in 1978*, Calcutta.

Majumdar, Durgadas, 1978, *West Bengal District Gazetteers: Nadia*, Calcutta: Government of West Bengal.

Rao, U. Bhaskar, 1967, *The Story of Rehabilitation*, New Delhi: Ministry of Information and Broadcasting, Government of India.

〈ベンガル語現地資料・文献〉

Ācārya, Debiprasanna, 1972, "I-pi-ḍi-pi Esosiyeśaner Itibṛtta", *Pūrbbācaler Kathā*, Quarterly Publication of the EPDPA, 1(4), New Delhi: EPDPA（頁番号なし）.

Bandyopādhyāy, Hiraṇmay, 1970, *Udbāstu, Kalikātā*: Sāhitya Saṃsad.

Cakrabarttī, Bimalbhūṣaṇ, 2005, "I.pi.ḍi.pi. Kalonī o Cittarañjan Pārker Itihās", *Golden Jubilee Celebration 1954-2004*, New Delhi: EPDPA（頁番号なし）.

Cakrabartī, Haripad, 1985, *Sevabratī Candranāth Basu*, Kalikātā: Candranāth Basu Sebā Saṃgha.

Candranāth Basu Sebā Saṃgha, 1995, *Candranāth Basu Smārakgranth*, Kalikātā: Candranāth Basu Sebā Saṃgha.

Cittarañjan Pārk Kālī Mandir Sosāiṭi, 1998, *Cittarañjan Pārk Kālīmandir Sosāiṭi Rajat Jayantī Barṣa Smaraṇikā*, New Delhi: Kālī Mandir Sosāiṭi.

―――, 2008, *Sosāiṭir 2007-2008 sāler Kāryyabibaraṇī ebṃ 2008-2009 sāler Prastābita Kāryyasūcī sambandhe Saciber Bibṛti*, New Delhi: Kālī Mandir Sosāiṭi.

―――, 2008/2009, *Pañjikā 1415 (iṃ 2008-2009)*, New Delhi: Kālī Mandir Sosāiṭi.

Dās, Subimalcandra, 1979, "Cittarañjan Pārker Ādikathā", *Pūrbbācaler Kathā*, Quarterly Publication of the EPDPA, 8(4), New Delhi: EPDPA, pp. 45-48.

Gāṅgulī, Gītā, 2005, "Si. Ke. Mukhārjjī Smaraṇe", *Golden Jubilee Celebration 1954-2004*, New Delhi: EPDPA（頁番号なし）.

Hāldār, Paramānanda, 1994, *Matuyā Dharma Āndolaner Saṃksipta Itihās*, Thākurnagar: Matuyā Mahāsaṃgha.

Mallik, Kumudanath, 1986（初版ベンガル暦 1317）, *Nadīyā Kāhinī*, Kalikātā: Pustak Bipani.

Mukhārjjī, Minatī, 2005, "Smṛtitarpan Sbargīya Candrakumār Mukhārjjī (Si. Ke. Mukhārjjī)", *Pūrbbācaler Kathā*, Quarterly Publication of the EPDPA, New Delhi: EPDPA（頁番号なし）.

Mukhopadhyay, Kalidas, 1979, "I-piḍi-pi Esosiyeśan", *Pūrbbācaler Kathā*, Quarterly Publication of the EPDPA, 8 (4), New Delhi: EPDPA, pp. 1-10.

Rāy, Pīyūṣkānti, 1982, "Cittarañjan Pārker 'Pratham' o 'Ghaṭnāpañjī'", *Pūrbbācaler Kathā*, Quarterly Publication of the EPDPA, 11(3/4), New Delhi: EPDPA, pp. 25-32.

Sen, Prabhatcandra, 1979, "Śrī Si. Ke. Mukhārjī Smaraṇe", *Pūrbbācaler Kathā*, Quarterly Publication of the EPDPA, 8(4), New Delhi: EPDPA, pp. 55-57.

Senvarmā, Syāmā Prasanna, 1973, "Kālkāji Kaloni", *Pūrbbācaler Kathā*, Quarterly Publication of the EPDPA, 2(4), New Delhi: EPDPA, pp. 11-16.

―――, 1979, "Rājdhānīte Pūrba Pākistāner Udbāstu-Punarbāsan", *Pūrbbācaler Kathā*, Quarterly Publication of the EPDPA, 8(4), New Delhi: EPDPA, pp. 63-66.

Sinha, Anil, 1979, *Paścim Bāṃlār Jabardakhal Udvāstu Upanibeś*, Kalikātā: Nyāśanyāl Buk Ejensī.

―――, 1995, *Paścimbaṅge Udvāstu Upanibeś*, Kalikātā.

Talukdār, Kiran, 1987, *Viswa Mahāmaṇḍale Matuyā Dharma*, Kalikātā: Dekās Prakāśanī.

〈英文現地資料〉

Bardhan, B.M. and P.C. Dhar, "The Dream and the Reality", *Chittaranjan Bhavan Inauguration on 16 January 1993*, New Delhi: Deshbandhu Chittaranjan Memorial Society（頁番号なし）.

Chakraborty, Arun, 2002, *Who's Who of Bahirbanga*, New Delhi: Prangshu.

Chakraborty, Bidhu Bhushan, 2005, *Sri Sri Ram Thakur: Ram Thakur Katha & other Writings*, New Delhi: Sri Sri Thakaur Ramchandra Dev Association.

―――, 2008, *Stories of Sri Sri Ram Thakur*, New Delhi: Smt Renu Sen.

Chittaranjan Park Kali Mandir Society, 1999, *Memorandum of Association and Rules & Regulations as amended on 25-9-1983, 16-01-1994 and 27-06-99 respectively*, New Delhi: Kali Mandir Society.

―――, 2002, *Secretary's Report on the activities to be undertaken including Budget Estimates during the current financial year 2001-2002*, New Delhi: Kali Mandir Society.

Deshbandhu Chittaranjan Memorial Society, 2001, *131st Birth Anniversary Celebration*, New Delhi: Deshbandhu Chittaranjan Memorial Society.

―――, 2002, *Annual Report & Statements of Accounts 2001-2002*, New Delhi: Deshbandhu Chittaranjan Memorial Society.

East Pakistan Displaced Persons' Association (Delhi), 1992, *Constitution as amended up to 2*

February 1992, New Delhi: East Pakistan Displaced Persons' Association.
Mitra, Chira Ranjan, 2000, "A Few Word about Samaj", *Paush Mela - 2000: 26th Annual Festival of Art & Culture*, New Delhi: Chittaranjan Park Bangiya Samaj.
Purbosree Mahila Samity, 1998, *Silver Jubilee Year 1973-1998*, New Delhi: Purbosree Mahila Samity.
―――, 2001, *Purbosree Mahila Samity 2001*, New Delhi: Purbosree Mahila Samity.
Sarkar, D.M., 2005, "Rehabilitation of 714 Bonafide Displaced Persons at Chittaranjan Park, New Delhi", *Golden Jubilee Celebration 1954-2004*, New Delhi: EPDPA（頁番号なし）.
―――, 2006, "Rehabilitation of the remaining 714 Bonafide Displaced Persons vis-a-vis other Bonafide Displaced Persons from East Pakistan rehabilitated earlier at Chittaranajan Park in Delhi", New Delhi, pp.1-15.
Sreehatta Sammilani Delhi, 1997, *40th Annual Cultural Day*, New Delhi: Sreehatta Sammilani Delhi.

〈邦文参考文献〉
粟屋利江、2007、「『サバルタン・スタディーズ』と南アジア社会史研究（特集 シンポジウム 歴史学再考――社会史の現状をめぐって）」、『メトロポリタン史学』、3、51-77頁。
井坂理穂、1995、「インド独立と藩王国の統合――藩王国省のハイダラーバード政策」、『アジア経済』、36(3)、33-51頁。
―――、1998、「インド・パキスタン分離独立――中央の論理・地方の論理」、樺山紘一ほか（編）『岩波講座世界歴史24 解放の光と影 1930～40年代』、岩波書店、185-205頁。
―――、2002a、「インド・パキスタン分離独立と暴力をめぐる記憶・語り」、『アジア・アフリカ地域研究』、2、281-291頁。
―――、2002b、「サバルタン研究と南アジア」、長崎暢子（編）『現代南アジア1――地域研究への招待』、東京大学出版会、257-275頁。
臼田雅之、1994、「ジョゲンドロナト・モンドルと不可触民運動」、内藤雅雄（編）『叢書 カースト制度と被差別民 第三巻 解放の思想と運動』、明石書店、81-150頁。
臼田雅之・佐藤宏・谷口晋吉編、1993、『もっと知りたいバングラデシュ』、弘文堂。
大平栄子、2015、『インド英語文学研究――「印パ分離独立文学」と女性』、渓流社。
加賀谷寛・浜口恒夫、1977、『南アジアⅡ パキスタン・バングラデシュ』、山川出版社。
辛島昇編、2004、『南アジア史』、山川出版社。
辛島昇・前田専学・江島惠教・応地利明・小西正捷・坂田貞二・重松伸司・清水学・成沢光・山崎元一監修、2012、『新版 南アジアを知る事典』、平凡社。
木村真希子、2012、「社会運動と集合的暴力――アッサムの反外国人運動と『ネリーの

虐殺』を事例に」、『現代インド研究』、2、21-34 頁。
久保忠行、2014、『難民の人類学——タイ・ビルマ国境のカレンニー難民の移動と定住』清水弘文堂。
桑島昭、1972、「インド・パキスタン分離独立の前提」、中村平治（編）『インド現代史の展望』、青木書店、46-97 頁。
近藤高史、2003、「パキスタンの民族問題に関する一考察——スィンド州のムハージル運動を事例として」、『アジア社会文化研究』、4、30-49 頁。
——、2005、「パキスタン・スィンド州における『ムハージル』の変容」、『アジア社会文化研究』、6、137-149 頁。
近藤光博、2004、「現代インドの対『ムスリム』偏見——コミュナリズム論から宗教研究の理論的再検討へ」、『宗教研究』、78(2)、397-421 頁。
——、2009、「インドのセキュラリズムの行方——インド憲法、ガンディー、ヒンドゥー・ナショナリズム」、『世俗化とライシテ』（UTCP Booklet 6）、105-113 頁。
佐藤宏、2004a、「南アジア東部地域における宗派暴動と難民」、荒井悦代（編）『東部南アジア地域の地域関係（研究会中間成果報告書）』、アジア経済研究所、1-74 頁。
——、2004b、「南アジアにおける難民と国籍」、『地域研究』、6(2)、101-125 頁。
——、2005a、「南アジアにおけるマイノリティと難民」、『アジア経済』、46(1)、2-34 頁。
——、2005b、「南アジアにおけるコミュナル暴動と難民化——1950 年暴動とネルー・リヤーカト合意」、『アジア経済』、46(7)、2-33 頁。
杉山圭以子、1995、「首都デリーの政治構造と"周縁化"住民」、『思想』、850、158-183 頁。
須田敏彦、2006、「食料需給の構造と課題」、内川秀二編『躍動するインド経済——光と陰』、アジア経済研究所、31-76 頁。
関根康正、2002、「文化人類学における南アジア」、長崎暢子編『現代南アジア——地域研究への招待』、東京大学出版会、91-127 頁。
高田峰夫、2006、『バングラデシュ民衆社会のムスリム意識の変動——デシュとイスラーム』、明石書店。
田辺明生、2002、「ポストモダンの課題と南アジア」、長崎暢子編『現代南アジア——地域研究への招待』、東京大学出版会、277-305 頁。
——、2010、『カーストと平等性——インド社会の歴史人類学』、東京大学出版会。
外川昌彦、1992、「宮廷儀礼から民衆儀礼へ——ベンガルのドゥルガ女神祭祀における動態的記述の試み」、『民族學研究』、57(2)、174-196 頁。
——、2003、『ヒンドゥー女神と村落社会——インド・ベンガル地方の宗教民俗誌』、風響社。
——、2004、「バングラデシュにおける宗教的マイノリティの現状と課題」、『アジア経済』、45(1)、22-45 頁。
——、2008、「水牛の姿をした魔神を殺す女神——ベンガルにおけるドゥルガ女神

祭祀の諸相」、鈴木正崇（編）『神話と芸能のインド』、山川出版社、52-70頁。
内藤雅雄・中村平治編、2006、『南アジアの歴史——複合的社会の歴史と文化』、有斐閣。
ドングレイ、J.、2001、「インドにおける国家とボランタリーセクターの関係」、『政策科学』、9(1)、111-119頁。
中里成章、2008、『インドのヒンドゥーとムスリム』、世界史リブレット、山川出版社。
中谷哲弥、1994、「共同体再生の響き——インド・西ベンガルのキールタン」、『季刊民族学』、70、74-83頁。
———、1995、「東インドにおける宗教音楽の現状——キールタン（賛歌）演奏家グループの社会組織をめぐって」、『民族藝術』、11、130-138頁。
———、1999、「フォリドプルのガンディーとその仲間たち——印パ分離独立時の東パキスタン難民の定住活動」、『遡河』、10、22-31頁。
———、2000、「東ベンガルからの移住者の村を訪ねて——西ベンガル州ナディア県」、『コッラニ』、16、133-139頁。
———、2003a、「キールタン・感情体験・聖人信仰——ヒンドゥー教のバクティ信仰をめぐる一考察(I)」、『奈良県立大学研究季報』、14(2・3)、173-180頁。
———、2003b、「聖なる都の観光空間——インド・ベンガルの聖人チャイタニヤの生誕地をめぐって」、『アジア遊学』、51、4-14頁。
———、2004a、「宗教体験と観光——聖地におけるまなざしの交錯」、堀野正人・遠藤英樹（共編）『「観光のまなざし」の転回』、春風社、183-202頁。
———、2004b、「残留パキスタン人——バングラデシュ独立の一側面」、『遡河』、15、18-27頁。
———、2006a、「キールタン・感情体験・聖人信仰——ヒンドゥー教のバクティ信仰をめぐる一考察（II）」、『奈良県立大学研究季報』、17(3・4)、103-117頁。
———、2006b、「宗教と観光——親和性の検討」、『観光社会文化論講義』、安村克己・遠藤英樹・寺岡伸悟（共編）、くんぷる、101-110頁。
———、2010a、「多宗教世界」、田中雅一・田辺明生編『南アジア社会を学ぶ人のために』、世界思想社、92-103頁。
———、2010b、「インド・デリーにおける近隣関係の構築と都市化・再開発——ベンガル人避難民コロニーを事例として」、三尾稔編『南アジア地域における消費社会化と都市空間の変容に関する文化人類学的研究』、科学研究費補助金［基盤研究（A）（海外）、研究課題番号：18251016］研究成果報告書、159-195.
———、2012、「マーヤープル——聖者の世界進出と聖地のグローバル化」、星野英紀・山中弘・岡本亮輔編『聖地巡礼ツーリズム』弘文堂、pp.136-39.
———、2015、「デリー都市圏における近隣関係の構築と変容——東パキスタン避難民コロニーを事例として」、三尾稔・杉本良男編『現代インド6　環流する文化と宗教』（現代インドシリーズ第6巻）、東京大学出版会、73-95頁。

―――、2018、「デリー首都圏における市街地の形成と変化」、『地理』63(7)、通巻758号、古今書院、16-23頁。
中村平治、1977、『南アジア現代史Ⅰインド』、山川出版社。
長崎暢子、1978、「インド亜大陸のムスリムに関する若干の問題」、『イスラム世界』（日本イスラム協会）、14、56-74頁。
―――、1989、『インド独立――逆光の中のチャンドラ・ボース』、朝日新聞社。
西川麦子、2001、『バングラデシュ――生存と関係のフィールドワーク』、平凡社。
広瀬崇子、1998、「ムハージル民族運動とパキスタン国民統合の課題」、広瀬崇子（編）『21世紀の民族と国家　第3巻　イスラーム諸国の民主化と民族問題』、未來社、130-177頁。
藤井毅、2003、『歴史のなかのカースト――近代インドの〈自画像〉』、岩波書店。
真島一郎、2006、「中間集団論」、『文化人類学』、71(1)、24-49頁。
松井美樹、1994、「農村社会変革へのパンチャーヤットの役割――インド・西ベンガル州左翼戦線政権の経験」、『大阪市大論集』、76、61-106頁。
森明子、2008、「ソシアルなものとは何か」、『民博通信』、121、2-5頁。
―――、2014、『ヨーロッパ人類学の視座――ソシアルなものを問い直す』、世界思想社。
森日出樹、2006、「インドにおける農村住民の政治参加と開発・政治に関する意識――西ベンガル州のパンチャーヤト政治の事例から」、『松山東雲女子大学人文学部紀要』、14、21-43頁。
ラピエール D. & L・コリンズ、1981（原著1975）、『今夜、自由を――インド・パキスタンの独立』（上・下）、早川書房。

〈英文参考文献〉

Aiyar, Swarna,1995, "'August Anarchy': The Partition Massacres in Punjab, 1947", *South Asia*, 18 (Special Issue), pp. 13-36.

Alexander, Claire, Joya Chatterji and Annu Jalais, 2016, *The Bengal Diaspora: Rethinking Muslim Migration*, Oxon: Routledge.

Ansari, Sarah, 2005, *Life after Partition: Migration, Community and Strife in Sindh 1947-1962*, New Delhi: Oxford University Press.

Bagchi, Jasodhara and Subhoranjan Dasgupta, 2003, *The Trauma and the Triumph: Gender and Partition in Eastern India*, Kolkata: Stree.

Bandyopadhyay, Sekhar, 1989, "Social Protest or Politics of Backwardness? The Namasudra Movement in Bengal, 1872-1911", in Basudeb Chattopadhyay, Hari S.Vasudevan and Rajat Kanta Ray (eds), *Dissent and Consensus: Social Protest in Pre-Industrial Societies*, Calcutta: KP Bagchi & Company, pp. 170-232.

――― , 1990, *Caste, Politics and the Raj: Bengal 1872-1937*, Calcutta: K.P.Bagchi &

Company.

———, 1994, "Development, Differentiation and Caste: The Namasudra Movement in Bengal 1872-1947", in Sekhar Bandyopadhyay, Abhijit Dasgupta and Willem van Schendel, (eds.), *Bengal: Communities, Development and States*, New Delhi: Manohar Publishers & Distributors, pp. 90-119.

———, 1995, "Popular Religion and Social Mobility in Colonial Bengal: The Matua Sect and the Namasudras", in Rajat Kanta Ray (ed.), *Mind Body & Society: Life and Mentality in Colonial Bengal*, Calcutta: Oxford University Press, pp.152-192.

———, 1997, *Caste, Protest and Identity in Colonial India: The Namasudras of Bengal, 1872-1947*, Surrey: Curzon Press.

———, 2001, "Mobilizing for a Hindu Homeland: Dalits, Hindu Nationalism and Partition in Bengal (1947)", in Mushirul Hasan and Nariaki Nakazato (eds.), *The Unfinished Agenda: Nation-Building in South Asia*, New Delhi: Manohar Publishers & Distributors, pp. 151-195.

Banerjee, Sudeshna, 2004, *Durga Puja: Yesterday, Today & Tomorrow*, New Delhi: Rupa & Co.

Barkat, Abul, 2011, "Political Economy of Deprivation of Hindu Minority in Bangladesh: Living with the Vested Property Act", in Abhijit Dasgupta, Masahiko Togawa, and Abul Barkat (eds.), *Minorities and the State: Changing Social and Political Landscape of Bengal*, New Delhi: Sage Publications India Pvt Ltd, pp. 92-118.

Basu, M.N., 1951, "A Study of the Refugees", *Man in India*, 31(1), pp. 40-43.

Basu Ray Chaudhury, Sabyasachi, 2000, "Exiled to the Andamans: The Refugees from East Pakistan", in Bose, Pradip Kumar (ed.), 2000, *Refugees in West Bengal: Institutional Practices and Contested Identities*, Calcutta: Mahanirban Calcutta Research Group.

Bengal Rehabilitation Organization, 1950, *The Tragedy of East Bengal Hindus and How to Resettle and Rehabilitate them*, Calcutta: East Bengal Relief Committee.

Bhattacharyya, Gayatri, 1988, *Refugee Rehabilitation and its Impact on Tripura's Economy*, New Delhi / Guwahati: Omsons Publications.

Bhattacharya, S., 1956, "Relief and Rehabilitation", in S.K.Sen & E.N. Sengupta (eds.), *West Bengal: Land and People*, Calcutta: City College, Commerce Department, pp. 99-108.

Bhowmik, Sharit, 2009, "Urban Sociology", Yogesh Atal (ed.) *Sociology and Social Anthropology in India*, Delhi: Indian Council of Social Science Research.

Bose, Nirmal Kumar, 1968, *Calcutta: 1964 A Social Survey*, Bombay: Lalvani Publishing House.

———, 1975, *The Structure of Hindu Society*, New Delhi: Orient Longman Limited.

Bose, Pradip Kumar (ed.), 2000, *Refugees in West Bengal: Institutional Practices and Contested Identities*, Calcutta: Mahanirban Calcutta Research Group.

Bose, Tapan K. and Rita Manchanda, 1997, *States, Citizens and Outsiders: The Uprooted Peoples of South Asia*, Kathmandu: South Asia Forum for Human Rights.

Butalia, Urvashi, 1993, "Community, State and Gender: On Women's Agency during Partition", *Economic and Political Weekly*, 28(17), pp. WS12-WS24.

―――, 2000 [1998], *The Other Side of Silence: Voices from the Partition of India*, London: Hurst & Company.（ウルワシー・ブターリア、藤岡恵美子訳、『沈黙の向こう側：インド・パキスタン分離独立と引き裂かれた人々の声』、明石書店、2002 年）

Chakrabarti, Prafulla K., 1990, *The Marginal Men: The Refugees and the Left Political Syndrome in West Bengal*, Kalyani: Lumiere Books.

Chakrabarty, Dipesh, 1996, "Remembered Villages: Representation of Hindu-Bengali Memories in the Aftermath of the Partition", *Economic and Political Weekly*, 31(32), pp. 2143-2151.

Chakrabarty, Ramakanta, 1985, *Vaisnavism in Bengal 1486-1900*, Calcutta: Sanskrit Pustak Bhandar.

Chakrabarty, Saroj, 1974, *With Dr. B. C. Roy and Other Chief Ministers: A Record up to 1962*, Calcutta: Benson's.

―――, 1978, *With West Bengal Chief Ministers: Memoirs 1962 to 1977*, New Delhi: Orient Longman.

―――, 1982, *My Years with Dr. B. C. Roy: A Record up to 1962, A Documentary in -depth Study of Post-independence Period*, Calcutta.

Chakrabatti, Rai Monmohan, 1999, *A Summary of the Changes in the Jurisdiction of Districts in Bengal 1757-1916*, Calcutta: West Bengal District Gazetteers, Department of Higher Education, Government of West Bengal.

Chakravartty, Gargi, 2005, *Coming out of Partition: Refugee Women of Bengal*, New Delhi: Bluejay Books.

Chaliha, Jaya and Bunny Gupta, 1990, "Durga Puja in Calcutta", in S. Chaudhuri (eds.), *Calcutta: The Living City, Vol.2: Present and Future*, Oxford: Oxford University Press, pp. 331-336.

Chandra, Bipan, 1990, *Modern India: A History Textbook for Class XII*, New Delhi: National Council of Educational Research and Training.（ビパン・チャンドラ、粟屋利江訳、2001、『近代インドの歴史』、山川出版社）

Chatterjee, Amiya Bhusan, 1978, "Some Geographical Aspects of Refugee (Bangladesh, formerly East Pakistan) and their Settlement in West Bengal", *The Calcutta Review*, IV (1&2), Calcutta: University of Calcutta, pp. 53-56.

Chatterjee, Nilanjana, 1990, "The East Bengal Refugees: A Lesson in Survival", in S. Chaudhuri (ed.), *Calcutta: The Living City, Vol.2: Present and Future*, Oxford: Oxford University Press, pp. 70-77.

―――, 1992, *Midnight's Unwanted Children: East Bengal Refugees and the Politics of Rehabilitation*, Ph.D. Dissertation submitted to Brown University, USA.

Chatterjee, Partha, 1993, "Bengal Politics and the Muslim Masses, 1920-47", in Mushirul Hasan (ed.), India's Partition: *Process, Strategy and Mobilization*, Delhi: Oxford University Press (初出 : *Journal of Commonwealth and Comparative Politics*, 13, 1, March, 1982).

Chatterjee, S. P., 1947, *The Partition of Bengal: A Geographical Study*, Calcutta: Calcutta Geographical Society.

Chatterji, Joya, 1994, *Bengal Divided: Hindu Communalism and Partition 1932-1947*, Cambridge: Cambridge University Press.

―――, 1999, "The Fashioning of a Frontier: The Radcliffe Line and Bengal's Border Landscape, 1947-52", *Modern Asian Studies*, 33(1): 185-242.

―――, 2001a, "The Decline, Revival and Fall of Bhadralok Influence in the 1940s: A Historiographical Review", in Sekhar Bandyopadhyay (ed.), *Bengal: Rethinking History: Essays in Historiography*, New Delhi: Manohar Publishers and Distributors, pp. 297-315.

―――, 2001b, "Right or Charity? The Debate over Relief and Rehabilitation in West Bengal, 1947-50", in Suvir Kaul (ed.), *The Partitions of Memory: The Afterlife of the Division of India*, Delhi: Permanent Black, pp. 74-110.

―――, 2007, *The Spoils of Partition: Bengal and India, 1947-1967*, Cambridge: Cambridge University Press.

Chaudhuri, Pranati, 1983, *Refugees in West Bengal : A Study of the Growth and Distribution of Refugee Settlements within the CMD*, Occasional Paper No. 55, Calcutta: Centre for Studies in Social Sciences.

Clarke, C., C. Peach, and S. Vertovec (eds), 1990, *South Asians Overseas: Migration and Ethnicity*, Cambridge: Cambridge University Press.

Das, Amal Kumar, and Ramendra Nath Saha, 1989, *West Bengal Scheduled Castes and Scheduled Tribes: Facts and Information*, Special Series No. 32, Bulletin of the Cultural Research Institute, Calcutta: Scheduled Castes and Tribes Welfare Department, Government of West Bengal.

Das, Suranjan, 1989, "The Crowd in Calcutta Violence 1907-1926", in Basudeb Chattopadhyay, Hari S. Vasudevan and Rajat Kanta Ray (eds), *Dissent and Consensus: Social Protest in Pre-Industrial Societies*, Calcutta: KP Bagchi & Company, pp. 233-272.

―――, 1990, "The Politics of Agitation: Calcutta 1912-1947", in S. Chaudhuri (ed.), *Calcutta: The Living City, Vol. 2: Present and Future*, Oxford: Oxford University Press, pp. 15-26.

―――, 1991, *Communal Riots in Bengal 1905-1947*, New Delhi: Oxford University Press.

Das, Veena, 1995, *Critical Events: An Anthropological Perspective on Contemporary India*, Delhi: Oxford University Press.

Dasgupta, Abhijit, 2000, "The Puzzling Numbers: The Politics of Counting 'Refugees' in West

Bengal", *South Asian Refugee Watch*, 2 (2), pp. 64-73.

―――, 2001, "The Politics of Agitation and Confession: Displaced Bengalis in West Bengal" in Sanjay K. Roy (ed.), *Refugees and Human Rights: Social and Political Dynamics of Refugee Problem in Eastern and North-Eastern India*, Jaipur: Rawat Publications, pp. 95-129.

―――, 2002, "Refugees as Political Actors: The Displaced Bengalis in West Bengal", in Joshua C. Thomas (ed.), *Dimensions of Displaced People in North-East India*, New Delhi: Regency Publications, pp. 316-343.

Dasgupta, Anindita, 2001, "Denial and Resistance: Sylheti Partition 'Refugees' in Assam", *Contemporary South Asia*, 10 (3), pp. 343-360.

―――, 2004, "Partition Migration in Assam: The Case of the Sylheti Bhadralok", in Imtiaz Ahmed, Abhijit Dasgupta & Kathinka Sinha-Kerkhoff (eds.), *State, Society and Displaced People in South Asia*, Dhaka: University Press Limited, pp. 117-148.

Datta, V.N., 1986, "Panjabi Refugees and the Urban Development of Greater Delhi" in R. E. Frykenberg (ed.), *Delhi through the Ages: Essays in Urban History, Culture and Society*, Delhi: Oxford University Press, pp. 442-460.

De Neve, Geert and Henrike Donner, 2006, *The Meaning of the Local: Politics of Place in Urban India*, London: Routledge.

Devi, M., 1974, *Exodus*, Calcutta: Sushir Das.

Dumont. L., 1966, *Homo Hierarchicus: Le système des castes et ses implications*, Paris: Gallimard（田中雅一, 渡辺公三共訳、2001、『ホモ・ヒエラルキクス：カースト体系とその意味』、みすず書房）

Dupont, Veronique, 2000, "Spatial and Demographic Growth of Delhi since 1947 and the Main Migration Flows" in Veronique Dupont, Emma Tarlo, & Denis Vidal (eds.), *Delhi: Urban Space and Human Destinies*, New Delhi: Manohar Publishers and Distributors, pp. 229-239.

Elahi, K. Maudood, 1981, "Refugees in Dandakaranya", *International Migration Review*, 15(1), pp. 219-225.

Elahi, K. M. and S. Sultana, 1991[1985], "Population Redistribution and Settlement Change in South Asia: A Historical Evaluation", in L. A. Kosinski and K. M. Elahi, eds., *Population Redistribution and Development in South Asia*, Jaipur: Rawat Publications, pp. 15-35.

Ferris, Elizabeth G., 1993, *Beyond Borders: Refugees, Migrants and Human Rights in the Post-Cold War Era*, Geneva: WCC Publications.

Fuller, C. J., 1996, "Introduction", in C. J. Fuller (ed.) *Caste Today*, New Delhi: Oxford University Press, pp. 1-31.

Gardner, Katy, 1991, *Songs At the River's Edge: Stories From a Bangladeshi Village*, London : Little, Brown Book Group.（K. ガードナー、田中典子訳、2002 年、『河辺の詩：バン

グラデシュ農村の女性と暮らし』、風響社）

Ghosh, Gautam, 1998, "God is a Refugee: Nationality, Morality and History in the 1947 Partition of India", *Social Analysis*, 42(1), pp. 33-62.

Ghosh, T.K. & Surendra Nath (eds.), 1996, *People of India Volume XX Delhi*, New Delhi: Manohar Publishers and Distributors (on behalf of Anthropological Survey of India).

Gordon, Leonard A., 1993, "Divided Bengal: Problems of Nationalism and Identity in the 1947 Partition", in Mushirul Hasan (ed.), *India's Partition: Process, Strategy and Mobilization*, Delhi: Oxford University Press, pp. 279-321.（初出：*Journal of Commonwealth and Comparative Politics* 16, 2, July 1978）

Guha, B.S., 1954, *Studies in Social Tensions among the Refugees from Eastern Pakistan*, Delhi: Department of Anthropology, Government of India, Memoir No.1.

Guha Samar, 1951, *Non-Muslims behind the Curtain of East Pakistan*, Dacca: East Bengal Minorities'Association.

Gupta, Dipankar, 1993, "The Indian Diaspora of 1947: The Political and Ethnic Consequences of the Partition with Special Reference to Delhi", in Milton Israel and N. K. Wagle (eds.), *Ethnicity, Identity, Migration: the South Asian Context*, Toronto: University of Toronto, Centre for South Asian Studies, pp. 15-42.

Gurung, Susma, 2001, "Bengali Refugees in a West Bengal Village", in Sanjay K. Roy (ed.), *Refugees and Human Rights: Social and Political Dynamics of Refugee Problem in Eastern and North-Eastern India*, Jaipur: Rawat Publications, pp 156-173.

Haque, C. Emdad, 1995, "The Dilemma of 'Nationhood' and Religion: A Survey and Critique Studies on Population Displacement resulting from the Partition of the Indian Subcontinent", *Journal of Refugee Studies*, 8(2), pp. 185-209.

Hasan, Mushirul (ed.), 1993, *India's Partition: Process, Strategy and Mobilization*, Delhi: Oxford University Press.

Hasan, Mushirul and Nariaki Nakazato, 2001, *The Unfinished Agenda: Nation-building in South Asia*, New Delhi: Manohar Publishers and Distributors

Hodson, H V, 1969, *The Great Divide: Britain, India, Pakistan*, London: Hutchinson & Co.

Holborn, L.W., 1968, "Refugees: World Problems", in David L. Sills (ed.), *Encyclopedia of the Social Sciences* 13, USA: Crowell Collier and Macmillan, pp. 361-373.

Inden, Ronald. B. and Ralph. W. Nicholas, 1977, *Kinship in Bengali Culture*, Chicago: University of Chicago Press.

Independent Commission on International Humanitarian Issues, 1986, *Refugees: The Dynamics of Displacement: A Report for the Independent Commission on International Humanitarian Issues*, London: Zed Books.

Jaffrelot, Christophe, 2000, "The Hindu Nationalist Movement in Delhi: From 'Locals' to

Refugees-and towards Peripheral Groups ?", in Veronique Dupont, Emma Tarlo, & Denis Vidal (eds.), *Delhi: Urban Space and Human Destinies*, New Delhi: Manohar Publishers and Distributors, pp. 181-203.

Jain, A. K., 2000, *The Cities of Delhi*, Dehradun: Management Publishing.

Jalal, Ayesha, 1985, *The Sole Spokesman*, Cambridge: Cambridge University Press. （アーイシャ・ジャラール、井上あえか訳、1999、『パキスタン独立』勁草書房）

Jayaram, N., 2009, "The Study of Indian Diaspora", in Yogesh Atal (ed.), *Sociology and Social Anthropology in India*, New Delhi: Indian Council of Social Science Research, pp. 392-445.

Kamra, A.J., 2000, *The Prolonged Partition and its Pogroms: Testimonies on Violence against Hindus in East Bengal 1946-64*, New Delhi: Voice of India.

Kaul, Suvir (ed.), 2001, *The Partitions of Memory: The Afterlife of the Division of India*, Delhi: Permanent Black.

Kaur, Ravinder, 2007, *Since 1947: Partition Narratives among Punjabi Migrants of Delhi*, New Delhi: Oxford University Press.

Keller, Stephen L., 1975, *Uprooting and Social Change: the Role of Refugees in Development*, Delhi: Manohar Publishers and Distributors.

Kudaisya, Gyanesh, 1995, "The Demographic Upheaval of Partition: Refugees and Agricultural Resettlement in India, 1947-67", *South Asia*, 18(Special Issue), pp. 73-94.

―――, 1996, "Divided Landscapes, Fragmented Identities: East Bengal Refugees and their Rehabilitation in India, 1947-79", *Singapore Journal of Tropical Geography*, 17(1), pp. 24-39.

Kuhlman, T., 1991, "The Economic Integration of Refugees in Developing Countries: A Research Model", *Journal of Refugee Studies*, 4(1), pp. 1-20.

Major, Andrew J., 1995, "'The Chief Sufferers': Abduction of Women during the Partition of the Punjab", *South Asia*, 18 (special issue), pp. 57-72.

Mallick, Ross, 1993, *Development Policy of a Communist Government: West Bengal since 1977*, Cambridge: Cambridge University Press.

―――, 1999, "Refugee Resettlement in Forest Reserves: West Bengal Policy Reversal and the Marichjhapi Massacre", *Journal of Asian Studies*, 58(1), pp. 104-125.

Malkki, Lissa H., 1995, "Refugees and Exile: from Refugee Studies to the National Order of Things", *Annual Review of Anthropology*, 24, pp. 495-523.

Mandal, Monika, 2011, *Settling the Unsettled: A Study of Partition Refugees in West Bengal*, New Delhi: Manohar Publishers and Distributors.

Menon, Ritu (ed.), 2004, *No Woman's Land: Women from Pakistan, India & Bangladesh Write on the Partition of India*, New Delhi: Woman Unlimited.

Menon, Ritu and Kamal Bhasin, 1993, "Recovery, Rupture, Resistance: Indian State and

Abduction of Women during Partition", *Economic and Political Weekly*, 28(17), pp. WS2-WS11.

————, 1998, *Borders and Boundaries: Women in India's Partition*, New Delhi: Kali for Women.

Menon, V.P., 1957, *The Transfer of Power in India*, Madras: Orient Longman.

Misra, Chitta Ranjan, 2000, "Sarat Chandra Bose: Opponent of the Partition of Bengal 1947", *Bengal Past & Present*, 119, pp. 133-156.

Mitra, A., 1953, *The Tribes and Castes of West Bengal, Census 1951 West Bengal*, Calcutta: Land and Revenue Department, Government of India.

Mukherjee, Aditi, 1996, *Language Maintenance and Language Shift: Punjabis and Bengalis in Delhi*, New Delhi: Bahri Publications.

Mukherjee, Samar, 2001, "Rehabilitation of the Bengali Refugees in Eastern and North-Eastern India: An Unfinished Struggle", in Sanjay K. Roy (ed.), *Refugees and Human Rights: Social and Political Dynamics of Refugee Problem in Eastern and North-Eastern India*, Jaipur: Rawat Publications, pp. 130-155.

Mukherji, A.B., 1991(1985), "A Cultural Ecological Appraisal of Refugee Resettlement in Independent India", in L. A. Kosinski and K. M. Elahi (eds.), *Population Redistribution and Development in South Asia*, Jaipur: Rawat Publications, pp. 89-109.

Mukherji, Partha N, 1974, "The Great Migration of 1971", *Economic and Political Weekly*, 9 (9,10,11), pp. 1-13.

Muni, S.D., and Lok Raj Baral, (eds.), 1996, *Refugees and Regional Security in South Asia*, Delhi: Konarak Publishers.

Munshi, Shoma, 1996, "Social Composition of the 19th-Century Bhadralok in Calcutta", *Bengal Past & Present*, 115, pp. 28-47.

Nag, Sajal, 1990, *Roots of Ethnic Conflict: Nationality Question in North East India*, New Delhi: Manohar Publishers and Distributors.

Nair, Rav, 1997, "Refugee Protection in South Asia", *Journal of International Affairs*, 51(1), pp. 201-220.

Nakatani, Tetsuya, 2000, "Away from Home: the Movement and Settlement of Refugees from East Pakistan in West Bengal, India", *Journal of the Japanese Association for South Asian Studies*, 12, pp.73-109. [reproduced in Imtiaz Ahmed, Abhijit Dasgupta & Kathinka Sinha-Kerkhoff (eds.), 2004, *State, Society and Displaced People in South Asia*, Dhaka: University Press Limited, pp. 79-116.]

————, 2003a. "Refugees" in V. Das (ed.), *The Oxford India Companion to Sociology and Social Anthropology*, New Delhi: Oxford University Press, pp. 283-302.

————, 2003b, "A Sacred Place or Tourist Spot? Rediscovery of Sri Caitanya's Birth Place and the Development of Mayapur as a Mass Attraction Site", *Journal of the Japanese Association for South Asian Studies*, 15, pp.113-141.

―――, 2007, "Bengalis outside Bengal: The 1947 Partition of India and the Formation of a Bengali Displaced Person's Colony in South Delhi, India", in David Gellner, Hiroshi Ishii & Katsuro Nawa (eds.), *Northern South Asia: Political and Social Transformations*, Delhi: Manohar Publishers and Distributors, pp. 293-317.

―――, 2011, "Partition Refugees on Borders: Assimilation in West Bengal", in Abhijit Dasgupta, Masahiko Togawa, and Abul Barkat (eds.), *Minorities and the State: Changing Social and Political Landscape of Bengal*, New Delhi: Sage Publications India Pvt Ltd, pp. 66-87.

―――, 2015, "Durga Puja and Neighbourhood in a Displaced Persons' Colony in New Delhi", in Crispin Bates and Minoru Mio (eds.), *Cities in South Asia*, London: Routledge, pp. 159-179.

Pakrasi, Kanti, 1965, "On Some Aspects of Family Structure of the Refugees of West Bengal, 1947-48", *Sociological Bulletin*, 14(1), pp.13-20.

―――, 1966, "Caste, Family Structure and Mode of Migration among the Refugees of West Bengal, 1947-48", *Indian Journal of Social Research*, 7(2), pp. 145-154.

―――, 1967, "Occupation Class, Migration and Family Structure among the Refugees of West Bengal, 1947-48", *Man in India*, 47(3), pp 200-213.

―――, 1971, *The Uprooted*, Calcutta: Editions Indian.

Pandey, Gyanendra,

―――, 1991, "In Defence of the Fragment: Writing about Hindu-Muslim Riots in India Today", *Economic and Political Weekly*, 26 (11/12), pp. 559-572.

―――, 1994, "The Prose of Otherness", in David Arnold and David Hardiman (eds.), *Subaltern Studies VIII*, New Delhi: Oxford University Press, pp. 188-221.

―――, 1997a, "Community and Violence: Recalling Partition", *Economic and Political Weekly*, 32(32), pp. 2037-2045.

―――, 1997b, "Partition and Independence in Delhi: 1947-48", *Economic and Political Weekly*, 37(36), pp. 2261-2272.

―――, 2001, *Remembering Partition: Violence, Nationalism and History in India*, Cambridge: Cambridge University Press.

―――, 2006, *Routine Violence: Nations, Fragments, Histories*, Delhi: Permanent Black.

Puri, V.K., 2010, *Modified Master Plan for Delhi 2021 as amended up to 15th October 209*, New Delhi: JBA Publishers.

Rahman, Md. Mahbubar & Willem van Schendel, 2003, "I Am Not a Refugee: Rethinking Partition Migration", *Modern Asian Studies*, 37(3), pp. 551-584.

Raj, Dhooleka Sarhadi, 1997, "Partition and Diaspora: Memories and Identities of Punjabi Hindus in London", *International Journal of Punjab Studies*, 4(1), pp. 101-127.

Risley, H. H., 1891 (reprinted in 1981), *The Tribes and Castes of Bengal* (I · II), Calcutta: Firma Mukhopadyay.

Roy, A, 1983, *The Islamic Syncretistic Tradition in Bengal*, Princeton University Press.

Roy, Beth, 1994, *Some Trouble with Cows*, New Delhi: Vistaar Publications.

Roy, Sanjay K., 2001, *Refugees and Human Rights: Social and Political Dynamics of Refugee Problem in Eastern and North-Eastern India*, Jaipur: Rawat Publications.

Roy, S. and M.Barua, 1988, "Occupational Adaptation of the Refugees in Bengal Village", *Human Science*, 37(2), 146-56.

Saksena, R.N., 1961, *Refugee: A Study in Changing Attitude*, Bombay: Asian Publishing House.

Samaddar, Ranabir (ed.), 1997, *Reflections on Partition in the East*, New Delhi: Vikas Publishing House.

————, 1999, *The Marginal Nation: Trans border Migration from Bangladesh to West Bengal*, New Delhi: Sage Publications.

Sanyal, Hitesranjan, 1981, *Social Mobility in Bengal*, Calcutta: Papyrus.

Sarma, Jyotirmoyee, 1980, *Caste Dynamics among the Bengali Hindus*, Calcutta: Firma KLM.

Sen, Asok, 1992, *Life and Labour in a Squatter's Colony*, Occasional Paper No. 138, Calcutta : Centre for Studies in Social Sciences.

Sen, Ashok and Alok Banerjee, 1983, *Calcutta Metropolitan District in the Urban Context of West Bengal* (1951-1981), Occasional Paper No. 60, Calcutta : Centre for Studies in Social Sciences.

————, 1983, *Migrants in the Calcutta Metropolitan District (1951-71)*, Occasional Paper No. 62, Calcutta: Centre for Studies in Social Sciences.

Sen, K. N. and L. Sen, 1953, "Sex Life of Refugees in a Transit Camp: Some Case Studies", *Man in India*, 33(1), pp. 55-66.

Sen, Sarbani, 2000, The Legal Regime for Refugee Relief and Rehabilitation in West Bengal: 1946-1958, in Pradip Kumar Bose (ed.), 2000, *Refugees in West Bengal: Institutional Practices and Contested Identities*, Calcutta: Mahanirban Calcutta Research Group, pp. 49-64.

Sengupta, Debjani, 2016, *The Partition of Bengal: Fragile Borders and New Identities*, New Delhi: Cambridge University Press.

Settar, S. & Indira Baptista Gupta (eds.), 2002a, *Pangs of Partition volume I: The Parting of Ways*, New Delhi: Manohar Publishers and Distributors (Indian Council of Historical Research).

————, 2002b, *Pangs of Partition Volume II: The Human Dimension*, New Delhi: Manohar

Publishers and Distributors (Indian Council of Historical Research).

Singh, K. S. S., 1993, *The Scheduled Castes: People of India Volume II*, New Delhi: Oxford University Press.

Singh, Vijay, 2007, *Delhi Master Plan 2021: Reader Friendly*, New Delhi: Rupa & Co.

Sinha-Kerkhoff, Kathinka, 2000, "Futurising the Past: Partition Memory, Refugee Identity and Social Struggle in Champaran, Bihar", *South Asia Refugee Watch*, 2(2), pp.74-93.

———, 2006, *Tyranny of Partition: Hindu in Bangladesh and Muslims in India*, New Delhi: Gyan Publishing House.

Sivaramakrishnan, K.C., Amitabh Kundu, and B.N. Singh, 2007, *Handbook of Urbanization in India*, Second Edition, New Delhi: Oxford University Press.

Srinivas, M. N., 1987, *The Dominant Caste and Other Essays*, New Delhi: Oxford University Press.

Talbot, Ian and Gurharpal Singh, 1999, *Region and Partition: Bengal, Punjab and the Partition of the Subcontinent*, Karachi: Oxford University Press.

Talbot, Ian and Darshan Singh Tatla, 2006, *Epicentre of Violence: Partition Voices and Memories from Amritsar*, New Delhi: Permanent Black.

Talukder, Rochita, 1986, *The Styles of Adjustment of Bengali Refugees: A Sociological Inquiry: 1950-1980*, Ph.D. dissertation, Jawaharlal Nehru University, New Delhi.

Tan, Tai Yong, 1997, "'Sir Cyril Goes to India': Partition, Boundary - Making and Disruption in the Punjab", *International Journal of Punjab Studies*, 4(1), pp.1-20.

Tan, Tai Yong & Gyanesh Kudaisya, 2000, *The Aftermath of Partition in South Asia*, London: Routledge.

Thomas, Joshua C. (ed.), 2002, *Dimensions of Displaced People in North-East India*, New Delhi: Regency Publications.

UNHCR, 2018, *Global Trends: Forced Displacement in 2017*, Geneva: UNHCR.

Upadhya, Carol, 2001, "The Concept of Community in Indian Social Sciences: As Anthropological Perspective," in Surinder S. Jodhka (ed.), *Community and Identities: Contemporary Discourses on Culture and Politics in India*, New Delhi: Sage Publicatins, pp. 32-58.

Vakil, C.N. and Perin H. Cabinetmaker, 1956, *Government and the Displaced Persons: A Study in Social Tensions*, Bombay: Vora & Co., Publishers Private.

van der Veer, Peter (ed.), 1995, *Nation and Migration: The Politics of Space in the South Asian Diaspora*, Philadelphia: University of Pennsylvania Press.

van Schendel, Willem, 2005, *The Bengal Borderland: Beyond State and Nation in South Asia*, London: Anthem Press.

Waseem, Mohammad, 1997, "Partition, Migration and Assimilation: A Comparative Study of

Pakistani Punjab", *International Journal of Punjab Studies*, 4(1), pp. 21-41.

———, 2004, Muslim Migration from East Punjab: Patterns of Settlement and Assimilation, in Ian Talbot and Shinder Thandi (eds.), *People on the Move: Punjabi Colonial, and Post-Colonial Migration*, Karachi: Oxford University Press, pp. 63-77.

Weiner, Myron, 1993, "Rejected Peoples and Unwanted Migrants in South Asia", *Economic and Political Weekly*, 28(34), pp. 1737-1746.

Zolberg, A. R., A. Suhrke, and S. Aguayo, 1989, *Escape from Violence: Conflict and the Refugee Crisis in the Developing World*, Oxford: Oxford University Press.

索　引

EPDPA　　293, 311, 315, 319-320, 324, 339, 363, 391, 452
714グループ　　317-327, 334, 340, 391, 429, 433

〔ア行〕

アイデンティティ　　18, 23, 29, 31, 33-34, 39, 45, 47, 65, 237-238, 242, 246, 252, 284-285, 351, 360-362, 400, 414, 417-418
アソシエーション　　295, 315, 318, 361-363, 386, 399, 411
アッサム州　　32, 62, 66, 283-284, 340, 342, 388
アンダマン　　32, 140, 283
アンベードカル　　51, 233, 246, 276
アンモクタル　　161, 165-166, 181
移住証明書（migration certificate）　　76, 121-127, 129, 131-132, 306
イスラーム　　19, 26, 43-47, 245, 251, 388, 391, 393, 397
委任証書（power of attorney）　　159, 161-168, 170, 181, 214, 312-313, 452
インド国民軍　　54, 387
インド統計研究所（Indian Statistical Institute）　　25
ヴァルナ　　101
ヴィシュヌ派　　196, 243, 248-250, 253, 261
英語ミディアム　　92, 201, 233, 336, 378, 401, 403, 405, 409-412
エイジング　　415
英領インド　　17, 19-20, 57-58, 63, 290, 305, 423
エンターテイメント化　　434, 439, 443

〔カ行〕

カースト　　23-24, 26-27, 30, 34, 38-39, 47-48, 72, 93-95, 100-102, 105-111, 117-118, 157, 164, 175-176, 185-187, 198, 215, 217-218, 223, 229-234, 237-239, 259, 268-270, 276-278, 289-290, 329, 342-343, 360, 413-414, 470-471
カースト・ヒエラルヒー　　238-239, 276, 278-279, 466
カーリー寺院　　291, 293-294, 314, 332, 336, 364-373, 390-394, 396, 402, 412, 416-417, 426, 432-433, 437-438
カールカージー　　288, 300, 331, 335, 384, 431
会議派　　20-21, 48-56, 59-60, 209, 246-247, 337-338, 356, 363-364
改宗　　30, 44-45, 50, 251, 276
開発業者　　325-326, 332, 339, 450-451, 461, 467
カシミーリー・ゲート　　422, 427-428, 447-448, 461, 469
カリバリ　　364, 393-396, 420, 428, 468
ガンディー　　20, 50-52, 54-55, 192-195, 197, 199-200, 204, 224-225, 246, 374
企業広告　　434, 440
キャンプ　　23, 27-28, 72, 79-80, 87, 117, 122, 124-133, 140, 143-145, 148, 152, 154, 158, 168, 172, 188, 202-203, 206-208,

210, 213-214, 217, 220-222, 284, 287-288, 352, 465

旧移住者　27, 36, 78-80, 82-83, 147-148, 206, 306

教育　26, 31, 46, 80, 82, 106-108, 114, 116, 161, 171, 182, 185, 188, 190, 194, 198, 204, 206, 210-212, 227-229, 231, 233, 244-245, 255, 258-259, 290-292, 336, 343, 348, 350, 353-354, 357, 367, 369, 373, 378, 388, 400-401, 408-411, 414-415, 419-421, 428, 465, 468

強制移住（forced migration）　239, 274-276, 280, 471

キルトン　196, 248, 251-255, 260-265

近隣　34, 39, 284, 292, 314, 361, 396, 421-423, 444-447, 449-451, 461-462, 466, 468-469

近隣の残像　422, 446-447, 449, 461, 469

グラム・ポンチャヤト　91-92, 99

クリシュナ意識国際協会（International Society for Krishna Consciousness）　367, 397

クリシュナ神　243, 248, 251-253, 257, 260-261, 364, 366-370, 372, 436

グルチャンド　244-247, 252, 254-255

化身　44, 248, 250-253, 256, 258, 261

言語運動　68

憲法　18, 93, 233, 337, 398

行為主体性（agency）　23, 29, 33-34, 189-190, 236, 284, 286, 327-328, 465, 467, 470-471

五カ年計画　74, 77-78, 82, 140

国境画定　19, 38, 57-58, 60, 62

コマーシャリズム　421-422, 434, 438-439, 442, 444-446, 461, 468, 471

コミュナリズム　48

コミュナル裁定（Communal Award）　22, 51-52, 246

コミュニティ　48, 51, 115, 212, 242, 245, 289, 360-361, 419, 421-422, 450

コルカタ　23, 27, 47, 49, 55, 59, 67, 70-72, 88, 95-98, 112, 128-129, 137, 140-141, 162, 177-179, 184-185, 189, 194-195, 199-204, 211-212, 215, 225, 230, 236, 269-270, 283-284, 286, 290-292, 294, 313, 326, 345, 347-350, 357-358, 389-391, 395, 397, 401, 404-407, 409, 412-416, 423, 426-427, 434, 436, 439-440, 443, 446, 455, 465, 470

コロニー（colony）　23-24, 26-29, 39, 69, 71, 77, 79, 81-82, 127, 190, 206, 236, 283-284, 286, 288, 290-296, 300, 303-304, 306, 308-317, 319-324, 327-329, 332-336, 338, 360, 362-363, 371, 374, 381-382, 389, 422, 428, 431-434, 450, 453-455, 460-461, 465-468, 470-471

コロニー開発　81, 308, 327, 470

コロニーの名称変更　284, 315-317

〔サ行〕

再開発　39, 81, 284, 309, 334, 421, 422, 425, 450, 454-460, 462, 469-470

在外ベンガル人　362, 404, 416-419, 420, 468

財産交換　38, 113, 117-118, 128, 132, 138, 155-172, 175, 181, 188-189, 208, 214, 273, 350, 464-465, 470

サバルタン研究　21-22, 24, 29, 33, 471

ザミーンダール　46-47, 96, 143, 198, 298

左翼戦線　74, 92, 143, 356-357

サラスヴァティー、ダヤーナンダ　45

サンプル・サーベイ　26, 97

残余問題　77-78, 82

シク教徒　19, 29, 49, 58, 64, 364

市場　91, 145, 284, 326, 361, 387, 421-422, 446, 461-462, 466, 468-469, 471

指定カースト　26, 30, 93-95, 97, 100-102, 106, 176, 185-187, 201, 204, 217, 229-233, 246, 268, 276-278, 414

市民権　33, 37, 64-65, 122, 124, 126, 128,

132-135, 302, 349
地元民　27, 32, 39, 234-236, 267-268, 270-273, 278-279, 465, 466
ジャールカンド　32, 283
社会開発　38, 106, 189-190, 224, 228
集合住宅　293, 304, 307, 319, 327, 332, 334, 339, 390-392, 429
ジュート　59, 89-90, 92, 103-105, 118, 131, 141, 160, 176-177, 179-183, 256, 348
植民地主義　45, 63-64, 360
女性　30, 51, 77, 80, 82, 99, 127, 178, 197, 229, 243, 253, 261, 278, 312, 361, 377, 380-382, 388, 391, 393, 415, 419, 426, 435-436, 468
女性協会　314, 377-382
ショホジア　249
自力再定住　172-175, 187
シレット　32, 62, 341, 386-388
新移住者　36, 77, 79, 82-83
人口交換（exchange of population）　31, 72, 75, 110, 205, 463, 470
人口増加　75, 93, 96, 287, 289, 424-425, 434, 450
シンド　31-32, 287
ジンナー　20-21, 50, 53-55, 57
親密さへの回帰　434, 443
スラム　311, 360, 377-378, 381-382, 391, 393, 450
スリランカ　63-65
スワデーシー運動　22, 245, 385
世帯調査　37-39, 87, 94-95, 97-99, 115, 125, 134-135, 139, 155, 209, 237, 306, 324, 329, 338-339, 358, 414-415, 464, 467
全インド・ベンガル文学会議　367, 395, 398-399, 402
センサス　19, 25, 35, 47, 58, 61-62, 64, 66, 69, 88-89, 91-94, 96, 99, 101, 241-242, 287, 291, 424
宣誓供述書（affidavit）　302-303, 313
選択政府職員（optee Government Servants）　305
遷都　290-291, 358, 395, 409, 423-424, 427, 428, 448
センボルマ、シャマ・プロションノ　297-301, 303, 308, 315, 336

〔タ行〕

タゴール　367-368, 374, 377, 379, 383, 399-400, 406-407, 417
ダス、チットロンジョン　50, 294, 314, 316-317, 327, 374-375, 377, 380, 416, 466
チッタゴン丘陵地　59, 61
チットロンジョン・パーク　39, 283-284, 286, 291-294, 313-317, 319, 329-332, 334-337, 358, 361-363, 371, 389-391, 414-416, 421-422, 443, 450-454, 466-469
チベット難民　65
チャタジー、J.　18, 21-23, 60, 469
チャンダーラ　102, 240
チョイトンノ　88-89, 248-253, 255-258, 260-261, 367-368, 387-388
直接行動　55, 67, 199
チョンドロナト・ボシュ奉仕協会　190-191, 215, 228
デュモン　237
デリー　20, 24, 30, 34, 39, 66, 75, 91, 199-200, 233, 271, 283-284, 286-296, 300-302, 304-307, 317, 331, 337-338, 345-353, 356-357, 367, 378-379, 382-386, 389-402, 423-428, 435, 447-448, 454, 461-463, 466-471
デリー・タミル教育アソシエーション（Delhi Tamil Education Association/ DTEA）　411
デリー・タミル協会（Delhi Tamil Sangam）　398
デリー開発局　303, 321-327, 332, 334, 390, 429, 456
デリー市（MCD: Municipal Corporation of

Delhi） 302, 324, 332, 335-337, 363, 382, 384, 457

デリー首都圏（National Capital Region） 425

デリー連邦首都直轄地（National Capital Territory of Delhi） 283, 323, 337, 425

テント暮らし 152

動産 138, 172-174, 176

ドゥルガ・プジャ 39, 195, 256-257, 260, 266, 291-293, 314, 323, 335, 348, 365, 370, 374, 384, 388-389, 391-392, 394-396, 399, 402, 404, 406, 413, 416, 420, 422, 426-435, 437-449, 461, 468-469, 471

ドゥルガ女神 260, 266, 366, 374, 388, 422, 426, 435

都市化 34, 284, 288, 313, 326, 360, 421-423, 425, 450, 462, 466, 469

都市開発 286, 312, 328, 422, 450, 454, 467

都市面積 423-425

土地取得ローン 139, 142-143, 146, 148, 150, 210, 215, 217

土地の不法譲渡 312, 467

ドンドカロンノ（Dandakaranya） 32, 79-80, 130, 138, 189, 195, 202-203, 205-208, 218-224, 226, 235, 283, 465

〔ナ行〕

ナショナリズム 22-24, 29, 38, 43, 45, 47-50, 65, 245-247, 279, 294, 316-317, 335, 377, 385, 388

ナム・ジョッゴ 225, 239, 259-266, 272-275, 277, 279

難民 18-21, 23, 34-37, 43, 63-65, 87, 137-139, 236, 272-273, 275-280, 283-285, 294-296, 302-306, 327-329, 331, 339, 345-348, 350, 353, 356, 358, 386, 388, 409, 414, 455, 463-467, 470-471

難民証明書 302, 392

難民条約 34-36

難民性（refugeehood） 29, 272

難民リハビリテーション委員会（Refugee Rehabilitation Committee） 69, 78, 143

西パキスタン 18-19, 26-28, 31, 35-36, 38, 58, 64-66, 68, 72-76, 121, 137, 162, 274-275, 286-287, 291, 295-296, 310, 327-328, 362, 463, 466-467, 470

西パンジャーブ 31, 73, 137, 287, 289

西ベンガル州 20, 22-24, 26-28, 32, 36, 60, 62, 66-72, 74-83, 87-88, 92-98, 100-104, 109-110, 118-119, 127, 130, 135, 137-140, 142, 144, 146, 150, 162-163, 172, 186, 200-204, 206-207, 212, 215-216, 218, 235, 260, 271, 283, 292, 296, 298, 302, 306, 329, 340-343, 352-353, 356-359, 383, 385, 388-391, 393, 396, 407, 414, 417, 428, 439, 458, 460, 463-467, 469

西ベンガル州政府 26-27, 36, 69-70, 74-76, 89, 94, 97, 142, 144, 184-185, 202, 230, 385, 399, 411, 439

二民族論 19, 21, 53

ネルー・プレイス 308, 331-332, 389, 450, 461

ネルー・リヤーカト協定（Nehru-Liaquat Pact） 75-76

農業 80, 89, 92, 100-108, 137, 139, 143-144, 146, 154, 175-181, 183, 185, 202, 208, 210, 217, 219-220, 240, 242-243, 256, 267-269, 278, 343, 353

農民大衆党（Krishak Praja Party） 22, 52, 246

ノディア 88, 96, 108, 255

ノディア県 20, 24, 37, 59, 70, 87-89, 93-98, 102, 108-110, 112, 115, 124-127, 136, 139, 145-146, 156-158, 162, 168, 189, 200, 202-203, 208, 214, 235, 262, 265, 267-272, 298, 351, 463-465

ノモシュードロ 100-102, 106-113, 136,

147, 154-155, 183, 188-190, 215-218, 234-235, 237-247, 252, 255, 257-259, 262-279, 343, 356, 414, 464-466, 470

〔ハ行〕

ハイデラバード　17-18, 68
パイナ　143-144, 150, 210, 217
パキスタン　17-22, 30-32, 35-36, 38-39, 43, 53, 55-61, 64, 66-69, 72-73, 75, 88, 93, 95, 110, 113, 115, 123, 137-138, 155, 157, 159, 162, 171, 289, 295, 305, 322, 350, 366, 386, 424, 463
パスポート・システム　76, 121, 126, 157
バネルジー、タロク　209-210
パル、ビピン・チョンドロ　294, 335, 385, 388
藩王国　17-18, 52, 55, 68
バングラデシュ　18-19, 28, 32-33, 55, 62-65, 68-69, 79, 89, 92, 94, 98, 109-110, 112, 120-121, 130-131, 151, 158, 173, 182, 184, 195, 201, 204, 216, 232, 265, 273-276, 292, 315, 342, 356, 386, 391, 393, 411, 470
パンジャービー　18, 28, 31, 66, 289-290, 296, 313, 317, 331, 362-363, 393, 401, 413, 419-420, 453-454, 458, 462, 469
パンジャーブ　19, 29, 31, 52-53, 55, 58, 66-67, 72-73, 75-76, 80, 110, 137, 138, 155, 188, 205, 286, 398, 409, 413
ヒエラルヒー構造　237, 243, 278
ビガ　103, 143-146, 169-170, 202, 213-215, 219
東パキスタン　18-20, 23-28, 32-36, 38-39, 43, 59, 62, 64-68, 70, 72, 74-79, 82, 88, 93, 96-98, 100-101, 103-104, 107-110, 112-121, 124-127, 132, 134-135, 138, 140, 145, 147, 150, 155-156, 158-159, 162-163, 165, 168-170, 172-176, 181, 189, 195, 198-206, 212-216, 276, 283, 286-288, 291-298, 300-306, 313-315, 317-318, 327-328, 332, 336, 338-341, 346-352, 358, 363, 374, 386, 389, 455-456, 458, 460, 463-464, 466-467, 470
東パンジャーブ　31, 73, 137, 138, 287
東ベンガル　22, 23, 28, 38, 43, 47, 49, 55, 59-62, 68, 70, 100, 102, 118-119, 137, 144, 148, 158-159, 190, 192, 194, 197, 200-201, 204, 206, 208, 212-214, 216, 218, 223, 227, 234-235, 237, 240, 245, 247, 254, 260, 262-265, 271, 273-275, 291-292, 295, 298-300, 302-303, 306, 316, 329, 345-348, 350, 353, 355-356, 358-359, 368, 388, 390, 392-393, 397, 401, 415-416, 419-420, 427, 455, 467-468
砒素汚染　92, 230, 232
避難者財産　31, 73, 137-138, 205, 287
避難民　20, 34-37, 39, 63, 65, 73-75, 77, 139, 142, 283-288, 291-296, 298, 300-307, 310, 313-314, 317-318, 322, 324, 326-329, 336, 338-339, 345, 350, 353, 358, 360, 362-363, 366, 380, 401, 419-420, 422, 424-425, 451-452, 454-456, 458-460, 463, 466-467, 471
避難民コロニー　24, 286, 290-294, 310, 317, 321, 327-328, 332, 360, 374, 450, 463, 466-467, 470-471
避難民（補償と復興）法　36, 73, 75
ビニモイ　155, 159
ビハール州　32, 65-67, 199, 283-284, 340, 351
非ベンガル人　289, 314, 325-326, 372, 403, 413, 415, 420, 422, 450-451, 454, 462, 468-469,
ヒンディー語　289, 378-379, 399, 400-402, 405, 409, 412, 417, 420, 468
ヒンドゥー　20-22, 29-30, 38, 43-53, 55-56, 58-64, 66, 68, 76, 112-116, 119-120, 135, 138, 155, 157-159, 162-163, 165, 185, 197, 199-201, 239, 243, 245, 247-248, 250-252, 274-275, 294, 349, 352-354,

356, 359, 365, 370, 397, 399, 423, 463-464, 467
ヒンドゥー・ナショナリズム　24, 50
ヒンドゥー・ムスリム関係　38, 43, 463
ヒンドゥー教　44-46, 88, 196, 248-250, 252, 351, 365, 367, 373, 398, 422, 426, 436, 455
フォリドプル県　97-98, 102, 108-110, 118, 121-123, 126, 128, 144, 147, 157, 159, 190, 199, 243, 254-255, 269-273, 275, 277, 340
フォリドプルのガンディー　190, 192-194, 204-205, 224-225, 235, 465
父系的イデオロギー　30
ブックフェアー　402, 404-407
プネー協定　51, 246
不法占拠　26, 28-29, 69-71, 77, 81-82, 137, 189-190, 236, 284, 309, 311-312, 328, 334, 450, 454-455, 465, 467, 470
文　学　30-31, 314, 365, 367-368, 375, 377, 398-400, 407, 409, 412, 417-418
分離　17-24, 31-32, 35-37, 49, 55-58, 62, 68, 292, 295, 305, 354, 358, 386, 463, 467, 469, 470
分離研究　20, 23-25, 31
分離選挙　49, 51, 53, 56
分離独立　18, 20-25, 28-33, 36, 38, 43, 47, 49, 56-58, 63-68, 73, 76, 79, 87-88, 97, 100, 110, 112-113, 118-119, 121, 125-128, 132, 158, 188, 194, 199, 204, 254, 256, 273-275, 284, 286-287, 289-293, 295, 305, 307, 327, 345-347, 351, 358, 386, 393, 424, 425, 428, 450, 462-463, 469, 471
分離独立文学（partition novels）　31
ベンガル　18-19, 21-24, 29, 32-33, 39, 44-45, 47, 49-50, 52-56, 58, 61-62, 66-67, 72, 74-76, 89, 91, 96, 101-102, 106, 109-110, 112, 116, 137-138, 155, 157, 187, 194, 198-199, 201, 205-207, 239-241, 245-260, 265, 283, 294-295, 298, 306, 327, 329, 340, 342, 353-354, 358, 360, 361, 364-370, 373, 375, 377, 382-386, 388-390, 393, 396-400, 409-414, 416-420, 426, 435, 449, 455, 464, 466-468, 471
ベンガル・アソシエーション（Bengal Association）　298, 399, 405
ベンガル学校　336, 370, 399, 402, 408, 410, 411
ベンガル語　31, 39, 68, 118, 165-166, 191-192, 241, 244, 285, 289-291, 294-295, 315, 336, 362, 368, 375, 378, 383, 387-388, 390, 393, 396-397, 399-413, 417-418, 420, 455, 468
ベンガル語教室　402-403, 405
ベンガル人　18, 20, 22, 32-33, 34, 44, 47, 52, 72, 193, 283-286, 289-294, 300, 302, 314-315, 317, 323, 325-327, 335-336, 339-342, 353, 357, 359, 361-362, 364-365, 367, 371-372, 374-375, 378-379, 383, 388-407, 409-411, 413-422, 426-428, 447-451, 454-456, 458-460, 462-463, 466, 468-469, 471
ベンガル人居住地　283, 286, 292-294, 327-328, 362, 389, 391, 394, 420, 422
ベンガル文化　285, 382-383, 385, 395, 411, 413, 416, 420, 468
ポウシュ・メラ　382-384, 408
暴動　30, 36, 43, 48, 50, 55-56, 65, 67-68, 72, 75, 79, 109, 111, 113-116, 120, 195, 197, 199, 275, 295, 351-352, 355, 360, 458
暴力　22, 24, 29-30, 32, 36, 48, 65, 113-114, 116, 135, 239, 275, 284, 347, 350-351, 353, 358, 360, 464, 467, 471
ボーダー　70, 97-98, 100, 103, 150-154, 158, 167-168, 171, 202-203, 209, 215-217
ボーダー・エリア　38, 95, 98, 145, 150, 158, 189, 202-203, 205, 207-208, 213, 215-218, 221-222, 226, 235, 465

索引　503

ボーダー・スリップ　69, 121-123, 158, 184-185, 302, 306, 349
ボシュ、チョンドロナト　144-145, 160, 181, 189-230, 240, 258-260, 262, 465
ボシュ・スキーム　142, 144-153, 161, 208, 210, 212, 214-215
補償　75, 81, 138, 155, 162, 188, 295
ボドロロク　21-24, 29, 32, 34, 72, 101, 189, 237, 245, 283-285, 290-292, 340, 342-344, 346-347, 350, 353, 356, 358, 361, 467, 470
ホリチャンド　243-244, 247-258

〔マ行〕

マイノリティ　18, 22, 32-33, 49, 51-52, 60-61, 63-65, 75-76, 119, 276, 418, 463
マイノリティ言語機関（Linguistic Minority Institutions）　410-411
マウントバッテン　56-57, 60
マナ・キャンプ　128-130, 203
マヒッショ　100-102, 106, 108-113, 126-127, 136, 139, 154-156, 159, 188, 235, 238-239, 259, 262-268, 272-279, 343, 464, 466
ミドル・クラス　22, 29, 31, 46, 52, 68, 70-72, 95, 112, 141, 189, 236-237, 245, 249, 332, 356, 397, 410-411, 414, 421, 461, 469
ミニ・ベンガル　39, 283, 360-362, 389, 419, 423, 450-451, 462, 467-469, 471
ムカルジー、シャーマープラサード　50, 195, 198, 200, 399
ムカルジー、プロノブ　323, 324, 384
ムスリム　19-22, 27, 29-30, 32-33, 38, 43-56, 58-66, 68, 73, 75, 93, 95, 100, 113-120, 127-130, 135, 137-138, 140, 150, 155-156, 158-159, 162-171, 173, 177, 181, 184, 197, 199, 208-210, 214, 234, 242-243, 245, 247, 274-275, 287, 289, 350, 352-356, 359, 411, 463-464, 467

ムスリム連盟　20, 22, 49-50, 52-56, 59, 67, 199, 246
ムハージル　31
ムルシダバド　59, 61, 92-93, 95, 98, 100, 195, 200, 203, 268, 390
メヘルプル　88, 108, 112, 158, 160, 162, 167, 265-268, 272-273, 277
モトゥア　239-240, 243-244, 247-260, 264, 270, 276-277, 279, 466
モトゥアの集会　253, 258
モンドル、ジョゲンドロナト　219, 246

〔ヤ行〕

誘拐　30, 72, 199

〔ラ行〕

ラーマクリシュナ・ミッション（Ramakrishna Mission）　368, 372, 376, 393, 396-397
ライシナ・ベンガリ・スクール（Raisina Bengali School）　336, 408-410
ラエ、ビダン・チョンドロ　202, 203, 206, 218, 296
ラジャカル（Razakar）　274
ラドクリフ　57-60, 62, 88, 386
ラム・タクル（Sri Ram Thakur）　397
リハビリテーション　28-29, 31-36, 38, 66, 73-82, 95, 117-118, 122-123, 125-129, 131-133, 137-151, 153-155, 157, 161, 171-172, 174-175, 181, 187-188, 190-191, 195, 200, 202-208, 212-221, 226-227, 235-236, 259, 262, 276, 284, 286-288, 291, 295-296, 300-301, 306-307, 311, 313, 317, 320, 322, 326, 328, 363, 376, 380, 401, 463-465, 470
リハビリテーション大臣　216-218, 296, 298, 301, 308, 316, 320-322
レリーフ・リハビリテーション省　68, 76
連鎖移動　112, 118, 136, 464
ローイ、ラーム・モーハン　45, 247-248

〈著者略歴〉
中谷 哲弥（なかたに　てつや）
1961 年生まれ。
1990 〜 92 年　在バングラデシュ日本国大使館専門調査員
1996 年　甲南大学大学院人文科学研究科博士後期課程単位取得退学
1996 年　奈良県立商科大学（現奈良県立大学）専任講師
2001 〜 02 年　Delhi School of Economics（デリー大学）客員研究員
現在、奈良県立大学地域創造学部教授。博士（社会学）
専攻は文化人類学、南アジア地域研究。

主な著作
「デリー都市圏における近隣関係の構築と変容──東パキスタン避難民コロニーを事例として」、三尾稔・杉本良男編『現代インド 6　環流する文化と宗教』、東京大学出版会、2015 年、"Durga Puja and Neighbourhood in a Displaced Persons' Colony in New Delhi", in Crispin Bates and Minoru Mio (eds.), *Cities in South Asia*, Routledge, 2015、「マーヤープル──聖者の世界進出と聖地のグローバル化」、星野英紀・山中弘・岡本亮輔編『聖地巡礼ツーリズム』、弘文堂、2012 年ほか。

インド・パキスタン分離独立と難民
──移動と再定住の民族誌

2019 年 6 月 5 日　初版第 1 刷発行

著　者　　中　谷　哲　弥
発行者　　大　江　道　雅
発行所　　株式会社　明石書店

〒 101-0021 東京都千代田区外神田 6-9-5
電　話　03（5818）1171
FAX　03（5818）1174
振　替　00100-7-24505
http://www.akashi.co.jp

組版／装丁　　明石書店デザイン室
印　刷　　　　株式会社文化カラー印刷
製　本　　　　本間製本株式会社

（定価はカバーに表示してあります。）　ISBN978-4-7503-4835-3

JCOPY 〈出版者著作権管理機構　委託出版物〉
本書の無断複製は著作権法上での例外を除き禁じられています。複製される場合は、そのつど事前に、出版者著作権管理機構（電話 03-5244-5088、FAX 03-5244-5089、e-mail: info@jcopy.or.jp）の許諾を得てください。

エリア・スタディーズ

144 パレスチナを知るための60章
臼杵陽、鈴木啓之 編著

145 ラトヴィアを知るための47章
志摩園子 編著

146 ニカラグアを知るための55章
田中高 編著

147 台湾を知るための60章
赤松美和子、若松大祐 編著

148 テュルクを知るための61章
小松久男 編著

149 アメリカ先住民を知るための62章
阿部珠理 編著

150 イギリスの歴史を知るための50章
川成洋 編著

151 ドイツの歴史を知るための50章
森井裕一 編著

152 ロシアの歴史を知るための50章
下斗米伸夫 編著

153 スペインの歴史を知るための50章
立石博高、内村俊太 編著

154 フィリピンを知るための64章
大野拓司、鈴木伸隆、日下渉 編著

155 バルト海を旅する40章 7つの島の物語
小柏葉子 著

156 カナダの歴史を知るための50章
細川道久 編著

157 カリブ海世界を知るための70章
国本伊代 編著

158 ベラルーシを知るための50章
服部倫卓、越野剛 編著

159 スロヴェニアを知るための60章
柴宜弘、アンドレイ・ベケシュ、山崎信一 編著

160 北京を知るための52章
櫻井澄夫、人見豊、森田憲司 編著

161 イタリアの歴史を知るための50章
高橋進、村上義和 編著

162 ケルトを知るための65章
木村正俊 編著

163 オマーンを知るための55章
松尾昌樹 編著

164 ウズベキスタンを知るための60章
帯谷知可 編著

165 アゼルバイジャンを知るための67章
廣瀬陽子 編著

166 済州島を知るための55章
梁聖宗、金良淑、伊地知紀子 編著

167 イギリス文学を旅する60章
石原孝哉、市川仁 編著

168 フランス文学を旅する60章
野崎歓 編著

169 ウクライナを知るための65章
服部倫卓、原田義也 編著

170 クルド人を知るための55章
山口昭彦 編著

171 ルクセンブルクを知るための50章
田原憲和、木戸紗織 編著

172 地中海を旅する62章 歴史と文化の都市探訪
松原康介 編著

173 ボスニア・ヘルツェゴヴィナを知るための60章
柴宜弘、山崎信一 編著

――以下続刊

◎各巻2000円
（一部1800円）

〈価格は本体価格です〉

エリア・スタディーズ

108 カーストから現代インドを知るための30章　金基淑 編著
109 カナダを旅する37章　飯野正子、竹中豊 編著
110 アンダルシアを知るための53章　立石博高、塩見千加子 編著
111 エストニアを知るための59章　小森宏美 編著
112 韓国の暮らしと文化を知るための70章　舘野皙 編著
113 現代インドネシアを知るための60章　村井吉敬、佐伯奈津子、間瀬朋子 編著
114 ハワイを知るための60章　山本真鳥、山田亨 編著
115 現代イラクを知るための60章　酒井啓子、吉岡明子、山尾大 編著
116 現代スペインを知るための60章　坂東省次 編著
117 スリランカを知るための58章　杉本良男、高桑史子、鈴木晋介 編著
118 マダガスカルを知るための62章　飯田卓、深澤秀夫、森山工 編著
119 新時代アメリカ社会を知るための60章　明石紀雄 監修　大類久恵、落合明子、赤尾千波 編著
120 現代アラブを知るための56章　松本弘 編著
121 クロアチアを知るための60章　柴宜弘、石田信一 編著
122 ドミニカ共和国を知るための60章　国本伊代 編著
123 シリア・レバノンを知るための64章　黒木英充 編著
124 EU（欧州連合）を知るための63章　羽場久美子 編著
125 ミャンマーを知るための60章　田村克己、松田正彦 編著
126 カタルーニャを知るための50章　立石博高、奥野良知 編著
127 ホンジュラスを知るための60章　桜井三枝子、中原篤史 編著
128 スイスを知るための60章　スイス文学研究会 編
129 東南アジアを知るための50章　今井昭夫 編集代表　東京外国語大学東南アジア課程 編
130 メソアメリカを知るための58章　井上幸孝 編著
131 マドリードとカスティーリャを知るための60章　川成洋、下山静香 編著
132 ノルウェーを知るための60章　大島美穂、岡本健志 編著
133 現代モンゴルを知るための50章　小長谷有紀、前川愛 編著
134 カザフスタンを知るための60章　宇山智彦、藤本透子 編著
135 内モンゴルを知るための60章　ボルジギン・ブレンサイン 編著　赤坂恒明 編集協力
136 スコットランドを知るための65章　木村正俊 編著
137 セルビアを知るための60章　柴宜弘、山崎信一 編著
138 マリを知るための58章　竹沢尚一郎 編著
139 ASEANを知るための50章　黒柳米司、金子芳樹、吉野文雄 編著
140 アイスランド・グリーンランド・北極を知るための65章　小澤実、中丸禎子、高橋美野梨 編著
141 ナミビアを知るための53章　水野一晴、永原陽子 編著
142 香港を知るための60章　吉川雅之、倉田徹 編著
143 タスマニアを旅する60章　宮本忠 著

エリア・スタディーズ

72 ケベックを知るための54章
小畑精和、竹中豊 編著

73 アルジェリアを知るための62章
私市正年 編著

74 アルメニアを知るための65章
中島偉晴、メラニア・バグダサリヤン 編著

75 スウェーデンを知るための60章
村井誠人 編著

76 デンマークを知るための68章
村井誠人 編著

77 最新ドイツ事情を知るための50章
浜本隆志、柳原初樹 著

78 セネガルとカーボベルデを知るための60章
小川了 編著

79 南アフリカを知るための60章
峯陽一 編著

80 エルサルバドルを知るための55章
細野昭雄、田中高 編著

81 チュニジアを知るための60章
鷹木恵子 編著

82 南太平洋を知るための58章 メラネシア ポリネシア
吉岡政德、石森大知 編著

83 現代カナダを知るための57章
飯野正子、竹中豊 編著

84 現代フランス社会を知るための62章
三浦信孝、西山教行 編著

85 ラオスを知るための60章
菊池陽子、鈴木玲子、阿部健一 編著

86 パラグアイを知るための50章
田島久歳、武田和久 編著

87 中国の歴史を知るための60章
並木頼壽、杉山文彦 編著

88 スペインのガリシアを知るための50章
坂東省次、桑原真夫、浅香武和 編著

89 アラブ首長国連邦（UAE）を知るための60章
細井長 編著

90 コロンビアを知るための60章
二村久則 編著

91 現代メキシコを知るための70章[第2版]
国本伊代 編著

92 ガーナを知るための47章
高根務、山田肖子 編著

93 ウガンダを知るための53章
吉田昌夫、白石壯一郎 編著

94 ケルトを旅する52章 イギリス・アイルランド
永田喜文 著

95 トルコを知るための53章
大村幸弘、永田雄三、内藤正典 編著

96 イタリアを旅する24章
内田俊秀 編著

97 大統領選からアメリカを知るための57章
越智道雄 著

98 現代バスクを知るための50章
萩尾生、吉田浩美 編著

99 ボツワナを知るための52章
池谷和信 編著

100 ロンドンを知るための60章
川成洋、石原孝哉 編著

101 ケニアを知るための55章
松田素二、津田みわ 編著

102 ニューヨークからアメリカを知るための76章
越智道雄 著

103 カリフォルニアからアメリカを知るための54章
越智道雄 著

104 イスラエルを知るための62章[第2版]
立山良司 編著

105 グアム・サイパン・マリアナ諸島を知るための54章
中山京子 編著

106 中国のムスリムを知るための60章
中国ムスリム研究会 編

107 現代エジプトを知るための60章
鈴木恵美 編著

エリア・スタディーズ

36 マラウィを知るための45章〔第2版〕 栗田和明 著

37 コスタリカを知るための60章 国本伊代 編著

38 チベットを知るための50章 石濱裕美子 編著

39 現代ベトナムを知るための60章〔第2版〕 今井昭夫、岩井美佐紀 編著

40 インドネシアを知るための50章 村井吉敬、佐伯奈津子 編著

41 エルサルバドル、ホンジュラス、ニカラグアを知るための45章 田中高 編著

42 パナマを知るための70章〔第2版〕 国本伊代 編著

43 イランを知るための65章 岡田恵美子、北原圭一、鈴木珠里 編著

44 アイルランドを知るための70章〔第3版〕 海老島均、山下理恵子 編著

45 メキシコを知るための60章 吉田栄人 編著

46 中国の暮らしと文化を知るための40章 東洋文化研究会 編

47 現代ブータンを知るための60章〔第2版〕 平山修一 著

48 バルカンを知るための66章〔第2版〕 柴宜弘 編著

49 現代イタリアを知るための44章 村上義和 編著

50 アルゼンチンを知るための54章 アルベルト松本 編著

51 ミクロネシアを知るための60章〔第2版〕 印東道子 編著

52 アメリカのヒスパニック=ラティーノ社会を知るための55章 大泉光一、牛島万 編著

53 北朝鮮を知るための55章〔第2版〕 石坂浩一 編著

54 ボリビアを知るための73章〔第2版〕 真鍋周三 編著

55 コーカサスを知るための60章 北川誠一、前田弘毅、廣瀬陽子、吉村貴之 編著

56 カンボジアを知るための62章〔第2版〕 上田広美、岡田知子 編著

57 エクアドルを知るための60章〔第2版〕 新木秀和 編著

58 タンザニアを知るための60章〔第2版〕 栗田和明、根本利通 編著

59 リビアを知るための60章 塩尻和子 著

60 東ティモールを知るための50章 山田満 編著

61 グアテマラを知るための67章〔第2版〕 桜井三枝子 編著

62 オランダを知るための60章 長坂寿久 著

63 モロッコを知るための65章 私市正年、佐藤健太郎 編著

64 サウジアラビアを知るための63章〔第2版〕 中村覚 編著

65 韓国の歴史を知るための66章 金両基 編著

66 ルーマニアを知るための60章 六鹿茂夫 編著

67 現代インドを知るための60章 広瀬崇子、近藤正規、井上恭子、南埜猛 編著

68 エチオピアを知るための50章 岡倉登志 編著

69 フィンランドを知るための44章 百瀬宏、石野裕子 編著

70 ニュージーランドを知るための63章 青柳まちこ 編著

71 ベルギーを知るための52章 小川秀樹 編著

エリア・スタディーズ

1 現代アメリカ社会を知るための60章　明石紀雄、川島浩平 編著
2 イタリアを知るための62章[第2版]　村上義和 編著
3 イギリスを旅する35章　辻野功 編著
4 モンゴルを知るための65章[第2版]　金岡秀郎 著
5 パリ・フランスを知るための44章　梅本洋一、大里俊晴、木下長宏 編著
6 現代韓国を知るための60章[第2版]　石坂浩一、福島みのり 編著
7 オーストラリアを知るための58章[第3版]　越智道雄 著
8 現代中国を知るための52章[第6版]　藤野彰 編著
9 ネパールを知るための60章　日本ネパール協会 編
10 アメリカの歴史を知るための63章[第3版]　富田虎男、鵜月裕典、佐藤円 編著
11 現代フィリピンを知るための61章[第2版]　大野拓司、寺田勇文 編著
12 ポルトガルを知るための55章[第2版]　村上義和、池俊介 編著
13 北欧を知るための43章　武田龍夫 著
14 ブラジルを知るための56章[第2版]　アンジェロ・イシ 著
15 ドイツを知るための60章　早川東三、工藤幹巳 編著
16 ポーランドを知るための60章　渡辺克義 編著
17 シンガポールを知るための65章[第4版]　田村慶子 編著
18 現代ドイツを知るための62章[第2版]　浜本隆志、髙橋憲 編著
19 ウィーン・オーストリアを知るための57章[第2版]　広瀬佳一、今井顕 編著
20 ハンガリーを知るための60章[第2版] ドナウの宝石　羽場久美子 編著
21 現代ロシアを知るための60章　下斗米伸夫、島田博 編著
22 21世紀アメリカ社会を知るための67章　明石紀雄 監修　赤尾千波、大類久恵、小塩和人、落合明子、川島浩平、高野泰 編
23 スペインを知るための60章　野々山真輝帆 著
24 キューバを知るための52章　後藤政子、樋口聡 編著
25 カナダを知るための60章　綾部恒雄、飯野正子 編著
26 中央アジアを知るための60章[第2版]　宇山智彦 編著
27 チェコとスロヴァキアを知るための56章[第2版]　薩摩秀登 編著
28 現代ドイツの社会・文化を知るための48章　田村光彰、村上和光、岩淵正明 編著
29 インドを知るための50章　重松伸司、三田昌彦 編著
30 タイを知るための72章[第2版]　綾部真雄 編著
31 パキスタンを知るための60章　広瀬崇子、山根聡、小田尚也 編著
32 バングラデシュを知るための66章[第3版]　大橋正明、村山真弓、日下部尚徳、安達淳哉 編著
33 イギリスを知るための65章[第2版]　近藤久雄、細川祐子、阿部美春 編著
34 現代台湾を知るための60章[第2版]　亜洲奈みづほ 著
35 ペルーを知るための66章[第2版]　細谷広美 編著

南インドの芸能的儀礼をめぐる民族誌
生成する神話と儀礼
古賀万由里著
◎4800円

南アジア系社会の周辺化された人々
下からの創発的生活実践　関根康正、鈴木晋介編著
◎3800円

バングラデシュの船舶リサイクル産業と都市貧困層の形成
佐藤彰男著
◎4200円

世界のチャイナタウンの形成と変容
フィールドワークから華人社会を探究する
山下清海著
◎4600円

「ファット」の民族誌
現代アメリカにおける肥満問題と生の多様性
碇陽子著
◎4000円

「社会的なもの」の人類学
フィリピンのグローバル化と開発にみるつながりの諸相
関恒樹著
◎5200円

日本に暮らすロシア人女性の文化人類学
移住、国際結婚、人生作り
ゴロウィナ・クセーニヤ著
◎7200円

人とウミガメの民族誌
ニカラグア先住民の商業的ウミガメ漁
高木仁著
◎3600円

貧困からの自由
世界最大のNGO・BRACとアベッド総裁の軌跡
イアン・スマイリー著　笠原清志監訳　立木勝訳
◎3800円

社会調査からみる途上国開発
アジア6カ国の社会変容の実像
稲田十一編著
◎2500円

医療人類学を学ぶための60冊
医療を通じて「当たり前」を問い直そう
澤野美智子編著
◎2800円

開発政治学を学ぶための61冊
開発途上国のガバナンス理解のために
木村宏恒監修　稲田十一、小山田英治、金丸裕志、杉浦功一編著
◎2800円

湾岸アラブ諸国の移民労働者
「多外国人国家」の出現と生活実態
細田尚美編著
◎5500円

乳がんと共に生きる女性と家族の医療人類学
韓国の「オモニ」の民族誌
澤野美智子著
◎2600円

草原と鉱石
モンゴルチベットにおける資源開発と環境問題
棚瀬慈郎、島村一平編著
◎3700円

テュルクの歴史
古代から近現代まで
世界歴史叢書
カーター・V・フィンドリー著　小松久男監訳　佐々木紳訳
◎5500円

〈価格は本体価格です〉

インド現代史【上巻】 1947-2007　世界歴史叢書	ラーマチャンドラ・グハ著　佐藤宏訳	◎8000円
インド現代史【下巻】 1947-2007　世界歴史叢書	ラーマチャンドラ・グハ著　佐藤宏訳	◎8000円
ガンディー　現代インド社会との対話　同時代人に見るその思想・運動の衝撃　世界歴史叢書	内藤雅雄著	◎4300円
バングラデシュの歴史　二千年の歩みと明日への模索　世界歴史叢書	堀口松城著	◎6500円
バングラデシュ建国の父　シェーク・ムジブル・ロホマン回想録　世界歴史叢書	シェーク・ムジブル・ロホマン著　渡辺一弘訳	◎7200円
大河が伝えたベンガルの歴史　「物語」から読む南アジア交易圏　世界歴史叢書	鈴木喜久子著	◎3800円
パキスタン政治史　民主国家への苦難の道　世界歴史叢書	中野勝一著	◎4800円
イギリスの歴史【帝国の衝撃】　イギリス中学校歴史教科書　世界の教科書シリーズ34	ジェイミー・バイロンほか著　前川一郎訳	◎2400円
インド地方都市における教育と階級の再生産　高学歴失業青年のエスノグラフィー　世界人権問題叢書90	クレイグ・ジェフリー著　佐々木宏ほか訳	◎4200円
開発なき成長の限界　現代インドの貧困・格差・社会的分断	アマルティア・セン、ジャン・ドレーズ著　湊一樹訳	◎4600円
議論好きなインド人　対話と異端の歴史が紡ぐ多文化世界	アマルティア・セン著　佐藤宏、粟屋利江訳	◎3800円
発展途上国の困難な状況にある子どもの教育　難民・障害・貧困をめぐるフィールド研究	澤村信英編著	◎4800円
教員政策と国際協力　未来を拓く教育をすべての子どもに	興津妙子、川口純編著	◎3200円
東方キリスト教諸教会　研究案内と基礎データ	三代川寛子編著	◎8200円
東南・南アジアのディアスポラ　叢書グローバル・ディアスポラ2	駒井洋監修　首藤もと子編著	◎5000円
東南アジア・南アジア　開発の人類学　実践人類学シリーズ6	信田敏宏、真崎克彦編著　みんぱく	◎5000円

〈価格は本体価格です〉